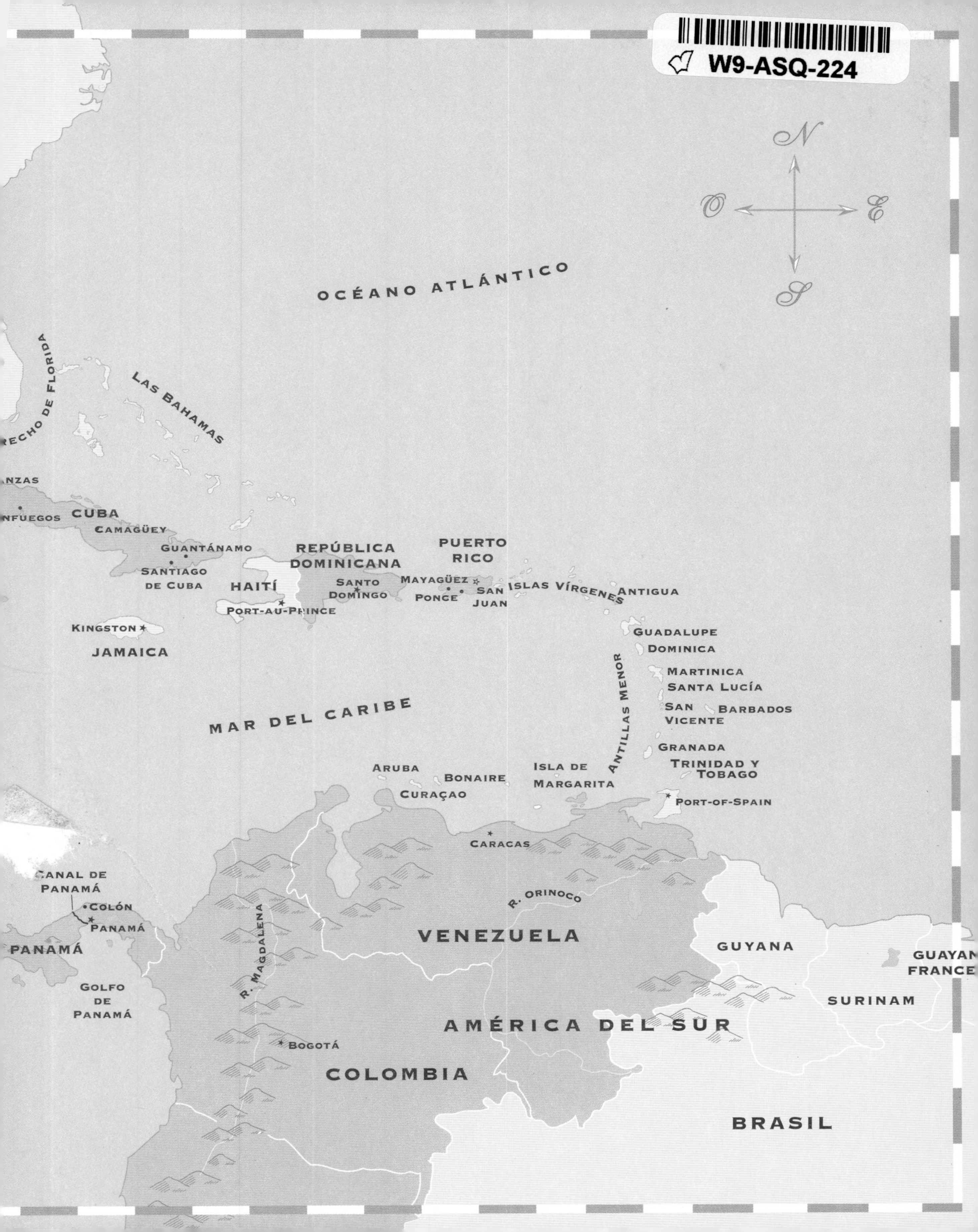
N
O
E
S
OCÉANO ATLÁNTICO
RECHO DE FLORIDA
LAS BAHAMAS
NZAS
NFUEGOS
CUBA
CAMAGÜEY
GUANTÁNAMO
SANTIAGO
DE CUBA
HAITÍ
PORT-AU-PRINCE
REPÚBLICA
DOMINICANA
SANTO
DOMINGO
PUERTO
RICO
MAYAGÜEZ
PONCE
SAN
JUAN
ISLAS VÍRGENES
ANTIGUA
GUADALUPE
DOMINICA
MARTINICA
SANTA LUCÍA
SAN
VICENTE
BARBADOS
GRANADA
TRINIDAD Y
TOBAGO
PORT-OF-SPAIN
ANTILLAS MENOR
KINGSTON
JAMAICA
MAR DEL CARIBE
ARUBA
BONAIRE
CURAÇAO
ISLA DE
MARGARITA
CARACAS
CANAL DE
PANAMÁ
COLÓN
PANAMÁ
PANAMÁ
GOLFO
DE
PANAMÁ
R. MAGDALENA
R. ORINOCO
VENEZUELA
GUYANA
GUAYAN
FRANCE
SURINAM
AMÉRICA DEL SUR
BOGOTÁ
COLOMBIA
BRASIL

¡ARRIBA!

Comunicación y cultura

SECOND EDITION

Eduardo Zayas-Bazán
EAST TENNESSEE STATE UNIVERSITY

Susan M. Bacon
UNIVERSITY OF CINCINNATI

José B. Fernández
UNIVERSITY OF CENTRAL FLORIDA

Prentice Hall
Upper Saddle River, New Jersey 07458

Library of Congress Cataloging-in-Publication Data
Zayas-Bazán, Eduardo.
¡Arriba!: Comunicación y cultura/Eduardo Zayas-Bazán, Susan M.Bacon, José B. Fernández. --2nd ed.
p. cm.
Includes index.
ISBN 0-13-398942-9 (student text).—ISBN 0-13-570219-4 (annotated instructor's ed.)
1. Spanish language—Textbooks for foreign speakers—English.
I. Bacon, Susan, II. Fernández, José B., 1948- . III. Title. PC4112.Z38 1996
468.2'421--dc20

President: J. Philip Miller
Senior Managing Editor: Deborah Brennan
Project Editor: Glenn A. Wilson
Associate Editor: María F. García
Editorial Assistant: Heather Finstuen
Interior Design/Page Layout: Elizabeth Calleja
Cover Design: Elizabeth Calleja
Creative Design Director: Leslie Osher
Cover Illustration: Matt Walton
Illustrations: Andrew Lange
Photo Reasearch: Francelle Carapetyan
Manufacturing Buyer: Tricia Kenny

Printed in the United States of America
10 9 8 7 6 5 4 3 2

Text ISBN 0-13-398942-9
Text with Cassettes ISBN 0-13-596016-9
Annotated Instructor's Edition ISBN 0-13-570219-4

Prentice Hall International (UK) Limited, *London*
Prentice Hall of Australia Pty. Limited, *Sydney*
Prentice Hall Canada Inc., *Toronto*
Prentice Hall Hispanoamericana, S.A., *México*
Prentice Hall of India Private Limited, *New Delhi*
Prentice Hall of Japan, Inc. *Tokyo*
Prentice Hall of Southeast Asia Pte. Ltd, *Singapore*
Editora Prentice Hall do Brasil, Ltda., *Rio de Janeiro*

Dedicado a

Dr. Dorothy L. Hoffman

•

Manuel Eduardo Zayas-Bazán Recio

(1912-1991)

Y aunque la vida murió,

nos dejó harto consuelo

su memoria

Jorge Manrique

•

Wayne, Alexis y Camille

SCOPE & SEQUENCE

COMUNICACIÓN

Hola, ¿qué tal?

LECCIÓN 1

2 - 31

Introducing yourself • Greeting and saying good-bye to friends • Describing your classroom • Understanding classroom expressions

¿De dónde eres tú?

LECCIÓN 2

32 - 67

Describing yourself and others Asking and responding to simple questions • expressing *to be* using **ser** in Spanish

¿Qué estudias?

LECCIÓN 3

68 - 107

Exchanging information about classes Asking for and telling time • Expressing possession and location • Expressing the way you and others feel • Extending simple invitations • Asking for and giving simple directions

COMUNICACIÓN

LECCIÓN 4
Las relaciones personales
108 - 143
Talking about the family • Making comparisons • Expressing desires and preferences • Planning activities
Extending and responding to invitations

LECCIÓN 5
¡A divertirnos!
144 - 183
Making and reacting to suggestions
Expressing likes and dislikes • Extending and responding to invitations • Expressing interest, emotion and indifference

LECCIÓN 6
¡Buen provecho!
184 - 215
Discussing food • Getting service in a restaurant • Requesting information at a restaurant • Giving and following instructions and commands

ESTRUCTURAS

CULTURA

Comunicación

¿En qué puedo servirle?

LECCIÓN 7

216 - 249

Shopping • Reading and responding to advertisements • Describing a product
Reporting past events

Vamos de viaje

LECCIÓN 8

250 - 283

Requesting travel-related information • Making travel arrangements • Describing travel experiences • Talking about events in the past

La rutina diaria

LECCIÓN 9

284 - 321

Expressing needs related to personal care • Performing household chores
Expressing how long ago actions started or finished • Describing daily routines and habits

Estructuras	Cultura
Ordinal numbers 223 • The preterite of regular verbs 225 • Verbs with irregular preterite forms 232 • Other irregular verbs in the preterite 236 Preterite of stem-changing verbs **(e → i),** and **(o → u)** 239	De compras 222 • Las tiendas especializadas 231 • **¡A leer!:** Ciro Alegría *Los rivales y el juez* 243 • **Nuestro mundo:** La América Central 246
The imperfect of regular verbs 256 • Irregular verbs in the imperfect 259 • **Por** vs. **para** 261 Adverbs ending in **-mente** 267 • Preterite vs. imperfect 269	Las aerolíneas del mundo hispano 253 El turismo en los países hispanos 269 **¡A leer!:** Marco Denevi *No hay que complicar la felicidad* 275 • **Nuestro mundo:** Venezuela y Colombia 280
Reflexive constructions: pronouns and verbs 291 Reciprocal reflexives 295 • **Hacer** in time expressions 296 • Impersonal and passive **se** 305 • **Se** for unplanned occurrences 308 The relative pronouns **que, quien, lo que** 310	El noviazgo 290 • Las tareas domésticas 303 • **¡A leer!:** Enrique Anderson Imbert *El crimen perfecto* 315 • **Nuestro mundo:** Chile 319

Comunicación

¡Tu salud es lo primero!

LECCIÓN 10

322 - 357

Expressing wishes, requests and emotions Talking about your own condition and that of others • Talking about health care Giving advice

¿Para qué profesión te preparas?

LECCIÓN 11

358 - 391

Expressing doubt, denial and uncertainty Persuading others • Expressing your point of view • Describing your job • Gaining information from the want ads • Writing a brief business letter • Interviewing for a job

¿Me puede decir...?

LECCIÓN 12

392 - 425

Exchanging money at a bank • Asking for and giving directions • Requesting information at a post office • Making a hotel reservation • Registering and requesting services in a hotel

EL TIEMPO
Habrá semana de
De la Calle responde a acusaciones
Honores a Santander
EL MERCURIO
Con Visto Bueno de S.E.
Gobierno Tiene Listas Reformas Constitucionales
Patrullaje Militar Detiene

COMUNICACIÓN

APÉNDICES

PREFACE

We hope you will enjoy the Second Edition of ***¡Arriba! Comunicación y cultura.*** Published in 1993, the first edition of ***¡Arriba!*** became one of the most successful first-year Spanish programs in colleges and universities throughout Canada and the United States. As authors, we are delighted with the favorable reviews, letters and comments we have received from colleagues and students.

Throughout the preparation of the second edition we have made good use of users' feedback. Many of their suggestions as well as our familiarity with trends in language teaching have been incorporated into this new edition and we are happy to share them with you.

¡Arriba!, Second Edition, continues to be a complete and versatile first-year Spanish program designed to offer a balanced approach to language and culture. Rich in pedagogy and supported by carefully integrated supplementary materials, this edition is the result of our continuing development and class testing.

¡Arriba!, Second Edition is unabashedly eclectic in its pedagogical approach. Its highly flexible format and superior ancillary package offer each instructor a range of choices to suit individual curricula, student interests and methodological preferences.

The ***¡Arriba!*** program owes its success to its effective pedagogical apparatus as well as its design. As you review the Annotated Instructor's and Student versions of ***¡Arriba!***, Second Edition, you will notice a cleaner, lighter, and breezier format than in other texts. Photos from around the world and illustrations by Andrew Lange are linked to the instructional format of ***¡Arriba!***, and therefore are placed in the running text rather than used as decoration in the margins. Each illustration and photograph has been carefully assessed by a team of native speakers for cultural authenticity. Students will find the book more accessible and user-friendly than other books with which they may be familiar.

HIGHLIGHTS OF THE SECOND EDITION

Scope and sequence. With the idea of achieving a more functional and even distribution of grammatical topics, the following major changes have been made:

- **Grammar presentation and pacing.** We have consolidated the presentation of important grammatical structures such as the preterite and imperfect tenses, each of which are now presented without interruption. Key structures and functions have been redistributed to give the text a more even, comfortable pace.
- **Vocabulary and grammar control.** The exercises and activities require students to make use only of previously taught words and structures. Cognates are included in exercises and activities when they are deemed useful for comprehension or communication. Their inclusion is indicated in the Annotated Instructor's Edition. Grammar explanations have been revised and simplified.
- **New technology.** With the new ***¡Arriba!***, Second Edition CD-ROM, students can hear native Spanish speech, complete activities using text-tied illustrations and video, and draw on a wealth of references, including grammar explanations, culture notes, and English translations. There will also be a dual-platform software program with self-check, grammar practice and assessment functions.
- **World Wide Web.** Students can link via the Internet to the Prentice Hall ***¡Arriba!*** Home Page which revolutionizes language learning through text-tied activities that must be completed using various sites on the World Wide Web. Students are reminded of these activities in each *Síntesis*.
- **New video program.** *En pantalla*, the video program to accompany ***¡Arriba!***, Second Edition is completely new. A mix of semi-scripted and authentic video footage, the new program will reinforce the vocabulary and structures presented in each *lección* and will take students on visually exciting journeys throughout the Spanish-speaking world. Students are reminded to watch the video clips in each *Síntesis*.

- **New Part Opener design.** The clean, student-friendly appearance, successful in the First Edition of ***¡Arriba!***, has been retained in the new edition. In addition, the conversations, photos, realia and readings that open each *parte* have a fresh, new look that is visually exciting, with text that sets the stage for assimilation of the content of each *lección*.
- **Preview boxes.** Key grammatical points are now presented lexically in earlier lessons, allowing the student to make active use of them.
- ***Práctica* activities.** The exercises in this section have been revised and contextualized to underscore and reinforce grammatical points.
- ***Comunicación* activities.** More communicatively oriented exercises and activities have been added in every *lección*. Of particular note is a series of new collaborative activities which require students to exchange specific information. In these information gap activities, each student possesses information that the other does not have, and natural curiosity spurs students to complete the activities successfully.
- ***Síntesis.*** This section has been revamped to offer more opportunities for a more integrated and communicative practice. Mechanical exercises have been replaced by problem-solving activities. Each *Síntesis* also reminds students to watch the video clips and complete the World Wide Web activities corresponding to the current *lección*.
- **Integration of culture.** Each *lección* has been carefully designed within a culturally authentic framework. The *A propósito ...* sections offer insightful information on Hispanic culture, make comparisons between life in English-speaking North America and life in the Spanish-speaking world, and serve as a point of departure for class discussion. Content in the excitingly designed *Nuestro mundo* sections has been updated and suggestions for pre- and post-reading activities have been added.
- **Listening activities.** All *¡A escuchar!* activities have been revised to require students to apply their acquired knowledge to new situations, recycling grammar and vocabulary in new contexts. Dialogs, announcements, radio commercials and short narratives have been recorded by native Spanish speakers from all over the world. The *¡A escuchar!* activity in the *Síntesis* section is based on a completely new listening text, which combines and recycles chapter vocabulary and structures.
- **Reading.** The *¡A leer!* sections now provide an expanded and improved focus on reading strategies. The development of systematic reading skills is accomplished in the first five *lecciones* through the ongoing *Tirofijo va a Málaga* detective story with pre- and post-reading exercises and activities revised to integrate listening and writing skills. The other *lecciones* contain a selection of literary and popular-press texts representing a variety of genres that appeal to students' interests. The pre-reading and post-reading activities that accompany these selections help develop reading skills with an easy-to-follow, step-by-step approach.

- ***Nuestro mundo.*** The content in this section (*Mundo hispánico* in the previous edition) has been updated. Pre- and post-reading activities have been added. Each *Nuestro mundo* has been individually designed by Elizabeth Calleja and is sure to capture students' interest and motivate them toward learning more about the Spanish-speaking world.

ORGANIZATION AND PEDAGOGY

¡Arriba!, Second Edition, contains fourteen *lecciones*, topically organized and designed to encourage communication and to offer valuable insights into the language and culture of over 300 million people. Each of the fourteen *lecciones* in ***¡Arriba!***, Second Edition is divided into three equivalent sections: *Primera parte, Segunda parte,* and *Síntesis*, a recycling/review section. Each *lección* maintains the following consistent structure:

¡Así es la vida! (That's life!). Each *parte* opens with a combination of lively conversations, drawings, photos, realia or readings that set the stage for assimilating communication functions, grammatical structures and culture.

¡Así lo decimos! (That's how we say it!). The vocabulary lists are grouped functionally whenever possible. Active vocabulary is listed within each section. Translations are aligned so that students may cover English during self-tests. Supplementary word sets appear in an appendix which facilitates the development of an active, personalized lexicon.

¡A escuchar! (Let's listen!). ***¡Arriba!***, Second Edition features both in-text and laboratory audio components. The in-text *¡A escuchar!* sections contain recordings of each *¡Así es la vida!* Students are encouraged to complete accompanying listening comprehension activities at home.

Estructuras (Structures). The grammatical explanations in ***¡Arriba!***, Second Edition are clear and concise, thematically illustrated, and contrast English and Spanish wherever possible. The *Práctica* and *Comunicación* sections range from contextualized mechanical drills to guided communication practice. Study tips are included to assist students with structures which non-native speakers of Spanish often find particularly difficult.

A propósito ... (By the way ...). The authors have carefully designed each chapter within a culturally authentic framework. Key contrasts are highlighted in the **A propósito ...** sections, which also provide insightful questions as points of departure for classroom discussion.

Síntesis (Synthesis). Each *lección* comes together in the *Síntesis.* Through a variety of activities students recombine structures, vocabulary, and cultural topics in open-ended situational, communicative contexts. This section also contains guided composition and problem-solving activities.

¡A leer! (Let's read!). Each of the first five *lecciones* concludes with an episode in an ongoing detective story. The *Tirofijo va a Málaga* comic strip, illustrated by renowned artist Andrew Lange, tells the saga of two students who have mysteriously disappeared. The remaining nine *lecciones* feature articles and short stories by contemporary Latin American writers and Hispanic writers from the United States. All of the stories are supported by pre- and post-reading activities.

Nuestro mundo (Our world). Each *lección* ends with a short narrative selection in simple Spanish about different countries and regions of the Spanish-speaking world, including Hispanics in the United States. Each *Nuestro mundo* has activities intended to inspire participation and communicative interaction.

PROGRAM COMPONENTS

Student Text. The student text is available with or without two sixty-minute cassettes that contain recordings of the in-text *¡A escuchar!* activities.

Annotated Instructor's Edition. Notes in the margin of the AIE include warm-up and expansion activities as well as teaching tips and other information specifically designed for novice teaching assistants or adjunct faculty who may be teaching Spanish language courses for the first time in many years.

Workbook. The organization of the Workbook parallels that of the main text. Written by ***¡Arriba!*** co-author José B. Fernández, the Workbook features more reading comprehension activities, sentence building and completion exercises, fill-ins, realia and picture-cued activities, as well as composition exercises.

Lab Manual, Cassettes and Tapescript. The organization of the Lab Manual also parallels that of the main text. Each chapter contains activities based on scripted and semi-authentic recordings of native Spanish speakers in situations thematically related to the corresponding *lección* in the main text. The Lab Manual challenges students to move beyond the in-text activities to guided, more realistic listening texts and contexts.

Workbook/Lab Manual Combination. New to the Second Edition, we are offering the Workbook and Lab Manual in a combined volume.

Instructor's Resource Manual. The IRM is especially useful in schools offering multiple sections of first-year Spanish. It includes lesson plans for each *lección*, ideas and materials for additional classroom activities, translations of the *¡Así es la vida!* dialogs and general hints and guidelines for novice teaching assistants.

Testing Program. The Testing Program consists of quizzes and tests for each *lección,* and alternative midterm and final examinations.

Video. There is a completely new video program to accompany the Second Edition of ***¡Arriba!***. A mix of semi-scripted and authentic footage, the video offers students a panoramic view of the Spanish-speaking world.

Transparencies. Beautiful full-color transparencies of maps, illustrations, photographs and realia provide visual enhancement of the student text and offer the instructor flexibility in presenting new vocabulary, creating activities and reviewing the content in each *lección.*

World Wide Web Home Page. The ***¡Arriba!*** Second Edition Home Page revolutionizes language learning through text-tied activities that must be completed using sites on the World Wide Web. Students are reminded to visit the ***¡Arriba!*** Home Page in the *Síntesis* section of each *lección*.

CD-ROM. The new interactive CD-ROM allows students to hear native Spanish speech, complete activities using text-tied illustrations and video footage, and draw on a wealth of references including grammar explanations, verb charts, cultural notes and English translations.

IBM and MacIntosh Tutorial Software. Completely integrated with the text, both software packages have been designed for students with little or no computer experience.

ACKNOWLEDGEMENTS

The Second Edition of ***¡Arriba!*** is the result of careful planning between ourselves and our publisher and ongoing collaboration with students and you — our colleagues— who have been using the First Edition since ***¡Arriba!***'s debut. We look forward to continuing this dialog and sincerely appreciate your input. We owe a special thanks to the many members of the Spanish teaching community whose comments and suggestions helped shape the pages of every *lección*. We gratefully acknowledge and thank:

Peter Alfieri	Salve Regina University
Marta Antón	Indiana University
Catherine Bellver	University of Nevada-Las Vegas
Kathleen Boykin	Slippery Rock University
Elaine Brooks	University of New Orleans
Rosalea Postma-Carttar	University of Kansas
Aristófanes Cedeño	Marquette University
Joseph Collentine	East Carolina University
Hilde Cramsie	Mount San Antonio College
Scott Despain	North Carolina State University
Jorge Febles	Western Michigan University
Reyes I. Fidalgo	Bowling Green State University
Ken Fleak	University of South Carolina
Alejandro Herrero	University of Nebraska-Lincoln
Maria Jofre	Miami Dade Community College
John F. Kellogg	Golden West College
Jurgen Kempf	University of California-Irvine
Constance Kihyet	Saddleback College
April Koch	University of Texas-El Paso
Marcelay LaBounty	University of Nevada-Las Vegas
Virginia B. Levine	State University of New York-Cortland
Enrique Mallén	University of Florida-Gainesville
Loknath Persaud	Pasadena City College
Vicki Porras	Prince Georges Community College
Manuel Puerta	Ferris State University
Cynthia Ramsey	University of Southern California-Los Angeles
Sara Saz	Indiana University
Arsenio Rey-Tejerina	University of Alaska-Anchorage

We owe thanks to the people who helped us to get the Second Edition ready for publication, especially Alison Garrard, who also prepared the Instructor's Annotated Edition, Gregg Courtad for preparing the World Wide Web activities, Glenn Harvey for his help in securing permissions, graduate students in the Seminar in Teaching at the University of Cincinnati for their thorough review of the First Edition and students and instructors at the University of Cincinnati for working with and reacting to the Second Edition activities and readings.

We wish to thank everyone who participated in Prentice Hall's new and extensive quality assurance process. Thanks go to Teresa Chimienti, Lucy Delacruz-Gibb and Ana Suárez for their detailed readthrough of the final pages ensuring consistency and accuracy throughout the book.

Thanks go to the following native speakers of Spanish for their valuable contribution to the authenticity of ***¡Arriba!***'s cultural content and language usage: Napoleón Sánchez, Juan Velasco, Edmée Fernández Rodríguez and Rafael P. Foley.

Unique to this process of quality assurance, a readthrough by veteran students and instructors of Spanish has helped to guarantee the workability and effectiveness of its activities. We thank Pamela Flint, R. Cecilia Ryan, and Marylin Laurent.

We wish to express our gratitude and appreciation to the people at Prentice Hall whose efforts have made the Second Edition of ***¡Arriba!*** the solid program that it is. We are especially indebted to Glenn Wilson, our Project Editor, for helping to shape the Second Edition. His countless good ideas and unswerving commitment to the project have added quality to every page of this book. Thanks also go to Phil Miller for his support, Deborah Brennan, Senior Managing Editor, for her tireless dedication to the entire project, María F. García for her efforts in coordinating many aspects of the program including the preparation of the Lab Manual, tapescripts and other supplements, Elizabeth Calleja for her creative talents and beautiful design work even under a sometimes grueling schedule, to Leslie Osher and Joseph Rattan for the chapter opener design, Ximena de la Piedra Tamvakopoulos for her helpful insight and suggestions, Andrew Lange for his clever and humorous illustrations and Siren Design for its detailed reproduction of the many realia pieces included, to Shannon Simonsen and Aileen Ugural for coordinating marketing and promotion, and to Heather Finstuen, for coming in on the project in its final stages with willingness and enthusiasm.

Finally, our love and deepest appreciation go to our families: Carolyn, Melinda, John Thomas, Eddy, Elena, Mimi, Denyse, Rosie, Wayne, Alexis and Camille.

LECCIÓN 1

Hola, ¿qué tal?

Comunicación

- Introducing yourself
- Greeting and saying good-bye to friends
- Describing your classroom
- Understanding classroom expressions

Preview: Talking about yourself
Asking questions about others

Cultura

- Introductions and greetings among Spanish-speaking people
- Regional variations in Spanish

Estructuras

Primera parte

- The Spanish alphabet
- Numbers 0–30

Segunda parte

- Definite and indefinite articles; gender of nouns
- Number: noun plurals
- Form, position, and agreement of adjectives

¡A leer!: *Ellos, ellas*
Nuestro mundo: Introducción a los países hispánicos

PRIMERA PARTE

¡Así es la vida!

Saludos y despedidas

En la cola

ELENA: ¡Buenos días! ¿Cómo te llamas?
JUAN CARLOS: ¡Hola! Me llamo Juan Carlos Fernández.
ELENA: Mucho gusto. Soy Elena Acosta.
JUAN CARLOS: El gusto es mío.

En clase

PRA. LÓPEZ: Hola. ¿Cómo se llama usted?
MARÍA LUISA: Me llamo María Luisa Gómez.
PRA. LÓPEZ: Mucho gusto. Soy la profesora López.
MARÍA LUISA: Encantada.

En el pasillo

JORGE: Hola, Rosa. ¿Qué tal? ¿Cómo estás?
ROSA: Muy bien, Jorge, ¿y tú?
JORGE: Más o menos.

En la biblioteca

JOSÉ MANUEL: Buenas tardes, señora Peñalver, ¿cómo le va?
SRA. PEÑALVER: Bastante bien, José Manuel. ¿Cómo estás?
JOSÉ MANUEL: No muy bien.
SRA. PEÑALVER: ¿Verdad? Lo siento, José Manuel.

En el parque

EDUARDO: Hasta mañana, Raúl.
RAÚL: Adiós, Eduardo.

¡Así lo decimos!

Saludos

Buenos días.	*Good morning.*
Buenas tardes.	*Good afternoon.*
Buenas noches.	*Good evening.*
Hola.	*Hi.*
¿Qué tal?	*What's up? How's it going?*
¿Qué hay?	*What's new?*
¿Cómo estás?	*How are you?* (familiar)
¿Cómo está usted?	*How are you?* (formal)
¿Cómo te va?	*How's it going?* (familiar)
¿Cómo le va?	*How's it going?* (formal)

Respuestas

(Muy) bien, gracias. ¿Y tú/usted?	*Fine, (Great,) thank you. And you?* (familiar/formal)
Bastante bien.	*Pretty well.*
Regular.	*So, so.*
(Muy) mal.	*(Very) bad.*
Más o menos.	*More or less, so so.*
No muy bien.	*Not very well.*

Despedidas

Adiós.	*Good-bye.*
Hasta mañana.	*See you tomorrow.*
Hasta luego.	*See you later.*
Hasta pronto.	*See you soon.*

Presentaciones

¿Cómo te llamas?	*What's your name?* (familiar)
¿Cómo se llama usted?	*What's your name?* (formal)
Me llamo ...	*My name is ...*
Soy ...	*I am ...*
Encantado(a).	*(I'm) delighted.*
Mucho gusto.	*It's a pleasure (to meet you).*
El gusto es mío.	*The pleasure is mine.*
Igualmente.	*Same here.*

Títulos

profesor (masculine)	*professor*
profesora (feminine)	*professor*
señor (Sr.)	*Mr.*
señora (Sra.)	*Mrs.*
señorita (Srta.)	*Miss*

Otras expresiones

(Muchas) gracias.	*Thank you (very much).*
De nada.	*You're welcome.*
Lo siento.	*I'm sorry.*
¿Verdad?/¿De veras?	*Really?*

¡A ESCUCHAR!

Saludos y despedidas. You will hear several short conversations. Listen to each one and indicate the relationship between the speakers by writing the number of the conversation in the appropriate blank below.

___ two friends saying good-bye
___ a student greeting a professor
___ two friends greeting each other
___ two students introducing themselves
___ a teacher and student introducing themselves

PRÁCTICA

1-1 ¿Qué tal? Respond politely to each statement or question on the left with a logical match from the right.

MODELO: Adiós.
► Hasta luego.

___ 1. Adiós.
___ 2. ¿Qué tal?
___ 3. Gracias.
___ 4. ¿Cómo se llama usted?
___ 5. Mucho gusto.
___ 6. No muy bien.

a. Me llamo Pedro Guillén.
b. De nada.
c. Igualmente.
d. Bien, gracias.
e. Hasta luego.
f. ¡Lo siento!

1-2 ¡Hola! The people in the illustrations below are meeting for the first time. What would they say to each other?

MODELO: E1: Buenas tardes, señorita. Me llamo José Molina.
E2: Buenas tardes, señor Molina. Me llamo Ángela Jiménez.
E1: ¿Cómo le va?
E2: Muy bien, gracias. Y usted, ¿cómo está?

el profesor Solar, Ester Moniz

la Sra. Aldo, la Sra. García

Patricia, Marco

Eduardo, Manuel

1-3 El (La) asistente(a). You work as an assistant in an academic department. How would you greet the following people in Spanish?

MODELO: ► Buenos días, profesora García. ¿Cómo está usted?

1. Prof. Raimundo Ruiz, 3:00 P.M.
2. Srta. Pérez, 3:15 P.M.
3. Sra. González, 9:00 A.M.
4. José Luis, 10:00 A.M.
5. Mrs. Murphy, 5:00 P.M.
6. Prof. Lucía Suárez, 8:00 P.M.
7. Amanda, 9:00 A.M.
8. Sr. Gómez, 12:30 P.M.

COMUNICACIÓN

1-4 ¿Cómo te llamas? It's the first day of class. Greet and introduce yourself to at least three other people and ask their names.

1-5 Hola, ¿qué tal? Greet another student and ask his/her name and how he/she is. Then say good-bye.

1-6 ¿Cómo está usted? With a classmate, assume the roles of instructor and student. Greet each other and ask how things are.

A PROPÓSITO ... INTRODUCTIONS AND GREETINGS

Many Hispanics use nonverbal signs when interacting with each other. These signs will vary, depending on the social situation and the relationship between the speakers. In general, people who meet each other for the first time shake hands both when greeting and saying good-bye to each other. Relatives and friends, however, are usually more physically expressive. Men who know each other well often greet each other with an **abrazo,** or hug, and pats on the back. Women tend to greet each other and their male friends with one or two light kisses on the cheek or with a hug.

Vamos a comparar

How do you greet people you're meeting for the first time? relatives? friends? Does the age of the person you are greeting make a difference? When do people embrace, hug, or kiss each other on the cheek?

Hola, ¿qué tal?

María, ¿cómo estás?

ESTRUCTURAS

1. El alfabeto en español

- The Spanish alphabet contains 27 letters, including one that does not appear in the English alphabet: **ñ.**

LETRA *(LETTER)*	NOMBRE *(NAME)*	EJEMPLOS *(EXAMPLES)*
a	a	**Ana**
b	be	**Bárbara**
c	ce	**Carlos**; **Cecilia**
d	de	**Dios**; **Pedro**
e	e	**Ernesto**
f	efe	**Fernando**
g	ge	**gato**; **Germán**
h	hache	**Hernán**; **hola**
i	i	**Inés**
j	jota	**José**
k	ka	**kilómetro**
l	ele	**Luis**
m	eme	**María**
n	ene	**Nora**; **nachos**
ñ	eñe	**niño**
o	o	**ocho**
p	pe	**Pepe**
q	cu	**Quique**; **química**
r	ere	**Laura**
s	ese	**Sara**
t	te	**Tomás**
u	u	**usted**; **Úrsula**
v	ve (chica) *or* uve	**Venus**; **vamos**
w	doble ve (*or* uve doble)	**Washington**
x	equis	**excelente**; **México**
y	i griega	**soy**; **Yolanda**
z	zeta	**zorro**

- The letter names are feminine: **la be, la jota,** etc.
- Until mid-1994 the Spanish alphabet had three additional letters: **ch, ll,** and **rr**. If you use a dictionary published prior to 1995, you will find sections for letters beginning with **ch** (following **c**), and **ll** (following **l**). The letter combination **rr** never appears at the beginning of a word. You will find an explanation of the sounds of these diagraphs (pairs of letters representing a single speech sound) in the pronunciation sections.
- The letters **b** and **v** are pronounced exactly alike, as a **b**.
- The letters **k** and **w** are not common, and appear only in borrowed words, such as **karate** and **whisky**.

- At the beginning of a word, **r** is always pronounced as a trilled **rr,** for example, **Ramón, Rosa, ron**.
- Depending on its position, the letter **y** can be a semivowel, as in **Paraguay, voy,** or a consonant like the Spanish **ll: yo, maya.**
- The letter **c** is pronounced like **s** before **e** or **i: cero, cita.** It sounds like the English *k* before **a, o,** or **u: casa, Colombia, Cuba.**
- The letter **z** is voiceless in Spanish and is pronounced like the English *s*: **gazpacho, zona, avestruz.**
- In much of Spain, **c** before **e** and **i,** and **z** before **a, o,** or **u** are pronounced like the English *th*, as in **zapato** or **cielo.**
- The letter **g** is pronounced like the Spanish **j** (or hard English *h*) before **e** or **i: Germán, gitano.** The combination **ga, go, gu, gue,** or **gui** are pronounced like the English *g* in *gate*: **gato, Gómez, Gutiérrez, guerra.**
- The combination **qu** is pronounced like the English *k* but without the puff of air: **que, quitar, quien.**
- When a letter carries an accent, say **con acento** after saying the name of the letter: **eme - a - ere - i con acento - a (María).**

PRONUNCIACIÓN

Spanish vowels

Each Spanish vowel consists of one clear, short sound that varies little in pronunciation. The crisp sound contrasts with English, where often a vowel consists of two sounds, or diphthonged glides, as in the words *note*, *mine*, and *made*. The Spanish vowels are pronounced as follows:

1. **a** is like *a* in *father.*
   casa **mañana** **papá** **Marta**
2. **e** is like *e* in the English word *egg.*
   Pepe **mes** **té** **mete**
3. **i** is like *e* in the English word *me.*
   ti **sí** **mi** **libro**
4. **o** is like a shortened *o* in the English word *so.*
   poco **tono** **rosa** **caso**
5. **u** is like the *oo* sound in the English word *moon.*
   luna **usted** **uno** **Susana**

PRÁCTICA

1-7 ¿Qué letra falta? What Spanish letters are missing from the following place names? Check your answers by looking for these countries on the map on the inside front and back covers.

MODELO: M ___ ___ ic ___
► é (e con acento), x (equis), o

1. ___ onduras
2. Boliv___ ___
3. ___ h ___ le
4. República D ___ ___ in ___ cana
5. V ___ ne ___ ue ___ ___
6. El ___ al ___ a ___ o ___
7. Ec ___ ___ dor
8. Cos ___ a ___ ica
9. Para ___ ua ___
10. Es ___ a ___ a

1-8 ¿Cómo se escribe? Practice spelling these Spanish names aloud.

MODELO: México
► eme - e con acento - equis -i - ce - o

1. México
2. Cuba
3. Perú
4. Colombia
5. Guatemala
6. Panamá
7. España
8. Argentina
9. Chile
10. Uruguay

COMUNICACIÓN

1-9A Otra vez, por favor. A classmate will spell names of Hispanic cities, people, or things to you. Write them out in the categories below. If you do not get the whole spelling the first time, ask your partner to repeat by saying **otra vez, por favor.**

When you see an **A** next to the number of an activity, you will work in collaboration with another student. One of you will use the **A** activity, the other will use the **B** activity, which can be found in the Appendix on page A1.

MODELO: cosa: (enchilada)
► e- ene - ce - hache - i - ele - a - de - a

1. persona famosa ___________
2. ciudad ___________
3. cosa *(thing)* ___________
4. persona ___________
5. ciudad ___________
6. cosa ___________

Now spell your list, shown below, to your classmate. Be careful to just spell the names and words, not say them.

1. persona famosa (Andy García)
2. ciudad (Lima)
3. cosa *(thing)* (banana)
4. persona famosa (Antonio Banderas)
5. ciudad (San José)
6. cosa (cañón)

2. Los números 0-30

0	cero	11	once	22	veintidós
1	uno	12	doce	23	veintitrés
2	dos	13	trece	24	veinticuatro
3	tres	14	catorce	25	veinticinco
4	cuatro	15	quince	26	veintiséis
5	cinco	16	dieciséis	27	veintisiete
6	seis	17	diecisiete	28	veintiocho
7	siete	18	dieciocho	29	veintinueve
8	ocho	19	diecinueve	30	treinta
9	nueve	20	veinte		
10	diez	21	veintiuno		

- **Uno** becomes **un** before a masculine singular noun and **una** before a feminine noun:

un libro	**una** mesa
un profesor	**una** profesora

- In compound numbers, **-uno** becomes **-ún** before a masculine noun and **-una** before a feminine noun:

veintiún libros	**veintiuna** profesoras

- The numbers **dieciséis** through **veintinueve** *(16-29)* are generally written as one word, though you may occasionally see them written as three words, especially in older publications: **diez y seis ... veinte y nueve**.

¿Cuál es tu número favorito?

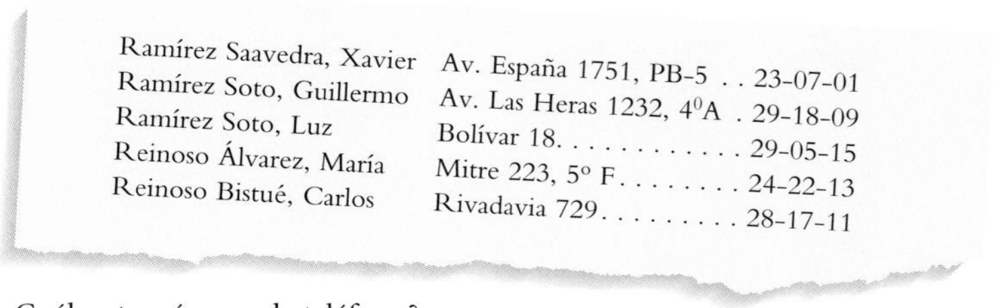

Ramírez Saavedra, Xavier	Av. España 1751, PB-5 . .	23-07-01
Ramírez Soto, Guillermo	Av. Las Heras 1232, 4ºA .	29-18-09
Ramírez Soto, Luz	Bolívar 18.	29-05-15
Reinoso Álvarez, María	Mitre 223, 5º F.	24-22-13
Reinoso Bistué, Carlos	Rivadavia 729.	28-17-11

¿Cuál es tu número de teléfono?

PRÁCTICA

1-10 Problemas de matemáticas. Solve the following math problems in Spanish.

MODELOS: 2 + 3 =
► Dos más tres son cinco.

3 x 5 =
► Tres por cinco son quince.

4 - 2 =
► Cuatro menos dos son dos.

8 ÷ 2 =
► Ocho entre dos son cuatro.

más (+) menos (-) por (x) entre (÷) son/es (=)

1. 5 x 5 =
2. 11 + 11 =
3. 20 ÷ 2 =
4. 10 x 2 =
5. 16 ÷ 4 =
6. 14 - 2 =
7. 8 + 9 =
8. 9 x 3 =
9. 15 + 15 =

1-11 ¿Qué número falta? Complete the following sequences with the logical number in Spanish.

MODELO: uno, <u>tres</u>, cinco, siete, nueve

1. dos, _____, seis, ocho, _____, doce, _____
2. _____, _____, cinco, siete, ______, once
3. uno, cinco, _____, _____, diecisiete
4. cinco, diez, _________, veinte, veinticinco, _________
5. treinta, veintinueve, ________, _________, veintiséis, _________, _________

COMUNICACIÓN

1-12 ¿Cuál es tu número de teléfono? Write your telephone number, including the area code, below. Then dictate it to a classmate.

MODELO: ¿Cuál es tu número de teléfono?
► cinco, uno, tres - cinco, cinco, seis - uno, ocho, cuatro, cero (513-556-1840)

1-13 ¿Qué hacer en Madrid? With a classmate, take turns saying on what page of the tourist guide you can find information about what to do in Madrid.

MODELO: música
► en la página veinte

En Madrid

La **Semana Santa** madrileña ofrece un buen número de procesiones.

El 30 se corre la famosa **Mapoma** (Maratón Popular de Madrid) con meta en el Paseo de Coches del Retiro.

El 23 se celebra el **Día del Libro,** cientos de tenderetes se instalan por las zonas más céntricas donde se pueden comprar ejemplares con descuentos interesantes y algunas novedades.

Atención, advertimos a los numerosos visitantes que se acercan a los museos que se cercioren de los horarios especiales de Semana Santa.

La Oficina de Congresos da la bienvenida a los participantes de los siguientes congresos: **The 6th SICOT Trainees Meeting.**

El Teléfono del Turismo 902 202 202
La línea turística le proporciona amplia información sobre: hoteles, paradores, campings, hostales, etc.; las mejores ofertas para viajar; dónde y cómo reservar.

010 Telé del Consumidor
Teléfono del consumidor y toda la información cultural y de servicios del Ayuntamiento de Madrid.

ABRIL - 1995 N.º 158

- Ballet 13
- Conciertos 12
- Congresos 18
- Datos útiles 26
- Deportes 14
- Exposiciones 4
- Ferias 14
- Fiestas 20
- Miscelánea 23
- Música 20
- Niños 22
- Ópera 14
- Paseo del arte 31
- Puntos de interés 27

EDITA Patronato Municipal de Turismo Mayor, 69, 28013, Madrid. Tel.: 588 29 00
el p.m.t. no se responsabiliza de los cambios de última hora.

SEGUNDA PARTE

¡Así es la vida!

En la clase

1. el borrador
2. el estudiante
3. la estudiante
4. el mapa
5. la silla
6. el cuaderno
7. los libros
8. el pupitre
9. el papel
10. la pizarra
11. la tiza
12. la profesora
13. el bolígrafo
14. el lápiz
15. la puerta
16. la mochila
17. la luz
18. el reloj
19. el escritorio
20. la ventana
21. la pared
22. la mesa

¡ASÍ LO DECIMOS!

PREGUNTAS

¿Cuánto(s) ... ?	*How much? How many?*
¿Cuánto cuesta(n) ... ?	*How much is ... ? How much are ... ?*
¿Qué hay en ... ?	*What's in ... ?*
¿Qué es esto?	*What's this?*
¿De qué color es ... ?	*What color is ... ?*
¿Cómo es ... ?	*What is ... like?*

RESPUESTAS

Hay[1] un/una/unos/ unas ...	*There is a..., There are some ...*
Esto es un/una	*This is a ...*
Cuesta(n) ...	*It costs..., They cost...*
Es ...	*It is ...*
Necesito un/una ...	*I need a ...*
Tengo un/una ...	*I have a ...*

[1]**Hay** means *there is* or *there are*. Note that it uses the same form for singular and plural.

ADJETIVOS

caro(a)	*expensive*
barato(a)	*cheap, inexpensive*
redondo(a)	*round*
cuadrado(a)	*square*

ADVERBIOS

mucho	*a lot*
poco	*a little*

LOS COLORES

blanco(a)	*white*
rojo(a)	*red*
negro(a)	*black*
amarillo(a)	*yellow*
anaranjado(a)	*orange*
morado(a)	*purple*
rosado(a)	*pink*
gris	*grey*
verde	*green*
marrón	*brown*
azul	*blue*

AMPLIACIÓN

Expresiones para la clase

Abra(n) el libro.	*Open the book.*
Cierre(n) el libro.	*Close the book.*
Conteste(n) en español.	*Answer in Spanish.*
Escriba(n).	*Write.*
Escuche(n).	*Listen.*
Estudie(n) la lección.	*Study the lesson.*
Lea(n) la lección.	*Read the lesson.*
Repita(n).	*Repeat.*
Vaya(n) a la pizarra.	*Go to the board.*
aquí	*here*
allí (ahí)	*there, over there*

¿Qué colores hay?

¡A ESCUCHAR!

¿Qué haces cuando ... ? You will hear a Spanish teacher making various requests in the classroom. Write the number of each request beside the English equivalent.

____ Answer in Spanish, please.
____ Open your book, please.
____ Read, please.
____ Do your homework, please.
____ Sit down, please.
____ Close your book, please.
____ Listen, please.
____ Repeat what you hear, please.

PRÁCTICA

1-14 ¿Qué hay en la clase? With a classmate, take turns saying whether or not these people and things are in your classroom.

MODELO: un escritorio
E1: Sí, hay.
E2: No, no hay.

1. una pizarra
2. un profesor
3. estudiantes
4. un bolígrafo
5. una profesora
6. una ventana
7. un lápiz
8. una mesa
9. una mochila
10. un reloj
11. un mapa
12. cuadernos
13. libros
14. una estudiante
15. un estudiante
16. puertas
17. una silla
18. tiza
19. borradores
20. pupitres

1-15 ¿Qué color? With a classmate, decide what color you associate with the following classroom objects.

MODELO: la pizarra
► verde

1. la tiza
2. la mochila
3. la puerta
4. el mapa
5. el cuaderno
6. la silla
7. la mesa
8. el bolígrafo
9. el libro de español

1-16 ¿Es mucho o poco? Say how much each item costs; then indicate whether it is a lot or a little.

MODELO: El lápiz cuesta 10 dólares.
► Es mucho.

1. La tiza cuesta 9 dólares.
2. La mesa cuesta 5 dólares.
3. La mochila cuesta 15 dólares.
4. El bolígrafo cuesta 2 dólares.
5. La silla cuesta 30 dólares.
6. El libro cuesta 16 dólares.
7. El cuaderno cuesta 4 dólares.
8. El mapa cuesta 25 dólares.
9. El escritorio cuesta 29 dólares.
10. El reloj cuesta 21 dólares.

COMUNICACIÓN

From time to time you will be presented with basic information about a structure you will study later in more detail. Use the information to complete the following activities.

Mira hacia adelante ... Lección 2

necesito	*I need*	**Necesito** un libro. *I need a book.*
necesitas	*you need*	¿Qué **necesitas**? *What do you need?*
tengo	*I have*	**Tengo** un libro. *I have a book.*
tienes	*you have*	¿**Tienes** una mochila? *Do you have a backpack?*

1-17 ¿Qué necesitas? With a classmate, say what you need for the following activities.

MODELO: to do your math homework
► Necesito un lápiz, un libro y papel.

1. to do your English homework
2. to do your Spanish homework
3. to write a letter home
4. to leave the room
5. to look outside
6. to read
7. to have class
8. to put away your books
9. to write a check
10. to tell time
11. to see where Uruguay is
12. to sit down

1-18A Necesito ... Below is a list of items you need. Tell a classmate what you need and check off the items she/he has.

MODELO: E1: Necesito un pupitre.
E2: Tengo. (No tengo.)

Necesito ...

___ un pupitre
___ tres libros
___ una silla
___ un borrador
___ una ventana
___ una mochila
___ papel
___ dos lápices
___ cinco mesas

1-19A ¿Tienes ... ? Tengo ... Ask your partner if he/she has the same number and kinds of items as you do. Circle the items that you have in common.

MODELO: E1: ¿Tienes treinta lápices?
E2: Sí, tengo treinta lápices.

15 cuadernos grandes
30 lápices
11 mesas
14 cuadernos negros
16 escritorios
5 ventanas
21 libros
3 lápices verdes
18 bolígrafos azules
17 mochilas marrones
10 sillas rojas
6 relojes

PRONUNCIACIÓN

Syllabification

Spanish words are divided into syllables according to the following rules:

1. Single consonants (including **ch, ll, rr**) are attached to the vowel that follows: **si-lla, ro-jo, me-sa, bo-rra-dor.**
2. Two consonants are usually separated: **tar-des, i-gual-men-te, ver-de.**
3. When a consonant is followed by **l** or **r**, both consonants are attached to the following vowel: **Pe-dro, Pa-blo.** However, the combinations **nl, rl, sl, tl, nr,** and **sr** are separated: **Car-los**.
4. In groups of three or more consonants, only the last consonant, or the one followed by **l** or **r** (with the exceptions listed in rule 3) begins a syllable: **ins-ta-lar, in-glés, es-cri-to-rio.**
5. Adjacent strong vowels (**a, e, o**) form separate syllables: **ma-es-tro, le-an.**
6. Generally, when there is a combination of a strong vowel (**a, e,** or **o**) with a weak vowel (**i** or **u**), they form a diphthong and the stress falls on the strong vowel. **E-duar-do, puer-ta.** However, in some instances the diphthong may be broken when the stress falls on either of the weak vowels, **i** or **u**. Then the weak vowel carries a written accent: **Ma-rí-a, dí-as.**
7. When two weak vowels are together, the second of the two is stressed: **viu-da, bui-tre, fui.**

Word stress

1. Words that end in a vowel, **n** or **s** are stressed on the next to the last syllable:

   mo-*chi*-la, *Car*-los, re-*pi*-tan.

2. Words that end in a consonant other than **n** or **s** are stressed on the last syllable:

   us-*ted*, to-*tal*, pro-fe-*sor*.

3. Words that do not follow the previous rules require a written accent on the stressed syllable:

   lá*-piz, *Víc*-tor, lec-*ción

4. A written accent is also used to differentiate between words that are spelled the same but have different meanings:

tú	*you*	**tu**	*your*
él	*he*	**el**	*the*
sí	*yes*	**si**	*if*

5. All interrogative and exclamatory words carry a written accent on the stressed syllable: **¿cuánto?** *(how much)*, **¿qué?** *(what)*, **¡Qué sorpresa!** *(What a surprise!)*.

PRÁCTICA

1-20 ¡A dividir! Divide the following words into syllables.

MODELO: Argentina
► Ar-gen-ti-na

1. pupitre	3. tardes	5. luego	7. mañana
2. bolígrafo	4. regular	6. bastante	8. Nicaragua

1-21 ¿Cómo se escribe? Listen to your instructor pronounce the following words. First, underline the stressed vowel. Then write an accent if required.

MODELO: ► mochila

1. mañana	5. pared	9. veintidos	13. lapiz
2. universidad	6. reloj	10. repitan	14. estudiante
3. boligrafo	7. leccion	11. escritorio	15. lecciones
4. clase	8. colores	12. matematicas	16. borrador

A PROPÓSITO ... WHY STUDY SPANISH?

There are over 360 million Spanish speakers in the world today. Spanish is the official language of Spain, Mexico, much of Central and South America (except Brazil), and much of the Caribbean. Spanish is also spoken in the Philippines and North Africa. An old form of Spanish, much as it was spoken in fifteenth century Spain, is still spoken by some families in modern day Israel. The United States, with 26 million people whose first language is Spanish, is the fifth largest Spanish-speaking country in the world. Between 1979 and 1989, the number of Spanish speakers in the U. S. increased by 65%, and by the year 2010, Spanish speakers will comprise the largest minority in the country. [1]

The enormous diversity of Spanish speakers results in pronunciation and vocabulary differences, similar to the differences in accent and expressions found among English speakers. Some examples can be found in the chart below.

Vamos a comparar

Can you think of differences in accent or in the expressions people use in regions of the U.S., England, India, Australia, or Canada?

ENGLISH	SPANISH WORDS			
	SPAIN	COLOMBIA	MEXICO	ARGENTINA
car	**coche**	**carro**	**carro**	**auto**
apartment	**piso**	**apartamento**	**departamento**	**departamento**
bus	**autobús**	**bus**	**camión**	**ómnibus, colectivo**
sandwich	**bocadillo**	**sándwich**	**sándwich, bocadillo**	**sándwich, bocadillo**

[1] Language Characteristics and Schooling in the United States, A Changing Picture: 1979 and 1989, National Center of Education Statistics, S/N 065-000-00623-5.

ESTRUCTURAS

3. Definite and indefinite articles; gender of nouns

Spanish, like English, has definite articles *(the)* and indefinite articles *(a, an)*. In Spanish, the forms of the definite and indefinite articles vary according to the gender and number of the noun to which they refer.

el libro, **los** libros	*the book, the books*
la silla, **las** sillas	*the chair, the chairs*

Definite articles *(the)*

Spanish has four forms equivalent to the English definite article, *the:* **el, la, los, las.**

	MASCULINE		FEMININE	
SINGULAR	**el** bolígrafo	*the pen*	**la** silla	*the chair*
PLURAL	**los** bolígrafos	*the pens*	**las** sillas	*the chairs*

- The definite article is used with titles when talking about someone. However, it is omitted when addressing someone directly.

El profesor Gómez habla español.	*Professor Gómez speaks Spanish.*
¡Buenos días, profesor Gómez!	*Good morning, Professor Gómez!*

Indefinite articles *(a, an, some)*

Un and **una** are equivalent to *a* or *an*. **Unos** and **unas** are equivalent to *some (or a few).*

	MASCULINE		FEMININE	
SINGULAR	**un** bolígrafo	*a pen*	**una** silla	*a chair*
PLURAL	**unos** bolígrafos	*some pens*	**unas** sillas	*some chairs*

Gender of nouns

Words that identify persons, places, or objects are called nouns. Spanish nouns —even those denoting non-living things— are either masculine or feminine in gender.

MASCULINE		FEMININE	
el hombre	*the man*	**la mujer**	*the woman*
el muchacho	*the boy*	**la muchacha**	*the girl*
el profesor	*the professor*	**la profesora**	*the professor*
el lápiz	*the pencil*	**la mesa**	*the table*
el libro	*the book*	**la clase**	*the class*
el mapa	*the map*	**la universidad**	*the university*

Most nouns ending in **-o** or those denoting male persons are masculine: **el libro, el hombre.** Most nouns ending in **-a** or those denoting female persons are feminine: **la mesa, la mujer.** Some common exceptions are: **el día** *(day)* and **el mapa,** which are masculine. Another exception is **la mano** *(hand),* which ends in **-o** but is feminine.

STUDY TIPS Gender of nouns

These basic rules may help you remember the gender of some nouns.

1. Many person nouns have corresponding masculine **-o** and feminine **-a** forms:

   el muchacho / la muchacha; el niño / la niña *(boy/girl).*

2. Most masculine nouns ending in a consonant simply add **-a** to form the feminine:

   el profesor / la profesora, el león / la leona, un francés / una francesa.

3. Certain person nouns use the same form for masculine and feminine, but change the article:

   el estudiante / la estudiante *(male / female student)*

4. When in doubt, the article will tell you what the gender of the noun is:

   una clase, un lápiz.

5. Most nouns ending in **-ad, -ión, -ez, -ud,** and **-umbre** are feminine:

   la universidad, la nación, la niñez *(childhood),*
   la juventud *(youth),* **la legumbre** *(vegetable).*

PRÁCTICA

1-22 En la clase. Provide the correct form of the definite article. Then change the definite article to the indefinite article.

MODELO: las sillas
► unas sillas

1. ____ profesores
2. ____ mesa
3. ____ puerta
4. ____ relojes
5. ____ cuaderno
6. ____ bolígrafos
7. ____ lápiz
8. ____ mapas
9. ____ hombre
10. ____ mujeres
11. ____ libro
12. ____ lápices
13. ____ pizarra
14. ____ pared
15. ____ lección
16. ____ días
17. ____ ciudad
18. ____ mapa

1-23 ¿Qué son? Identify the people and objects in the classroom. Use the definite article.

MODELO: ► El número uno es el estudiante.

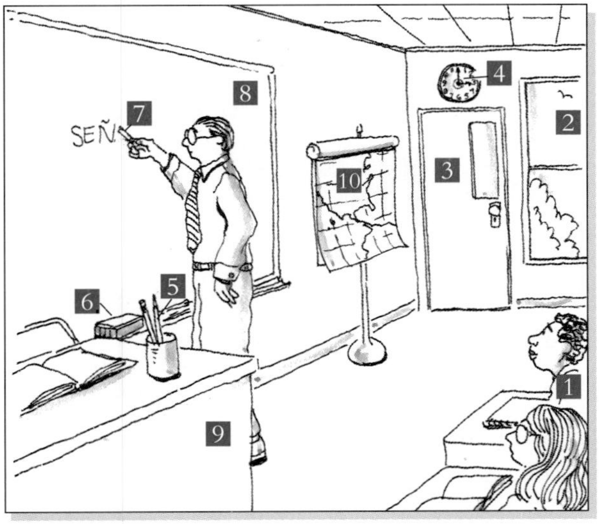

COMUNICACIÓN

1-24 ¿Qué necesita? In pairs, ask each other what the following people or places need. Use the indefinite article.

MODELO: E1: ¿Qué necesita un profesor de informática *(computer science)?*
E2: Un profesor de informática necesita una computadora ...

¿Qué necesita ...

1. un profesor de historia?
2. un científico?
3. una profesora de japonés?
4. un matemático?
5. un profesor de matemáticas?
6. una clase de ingeniería?
7. una clase de español?
8. una librería *(bookstore)*?
9. un estudiante de español?
10. una profesora de geografía?

4. Number: noun plurals

SINGULAR	PLURAL
el muchacho	los muchachos
el hombre	los hombres
la mesa	las mesas
la mujer	las mujeres
el profesor	los profesores
el lápiz	los lápices

- Nouns that end in a vowel form the plural by adding **-s: mesa → mesas.**
- Nouns that end in a consonant add **-es: mujer → mujeres.**
- Nouns that end in a **-z** change the **z** to **c**, and add **-es: lápiz → lápices.**
- **¡Ojo!** *(Watch out!)* When the last syllable of a word that ends in a consonant has an accent mark, the accent is no longer needed in the plural: **lección → lecciones.**

PRÁCTICA

1-25 Más de uno. Give the plural form of each of these nouns to show that there are more than one:

MODELO: la computadora
► las computadoras

1. la lección
2. el lápiz
3. la mochila
4. la profesora
5. la ventana
6. el papel
7. el reloj
8. el día
9. el mapa
10. la mujer

1-26 En la clase de español. Complete the paragraph about a Spanish class using the correct form of the definite or indefinite article.

En (1) ______ clase de español, hay (2) _______ mapa, (3) _______ pizarra, (4) _______ escritorio, (5) _______ sillas y (6) _______ pupitres. (7) _______ estudiantes son *(are)* muy inteligentes. (8) _______ profesor/profesora es (9) _______ señor/señora/señorita ...

COMUNICACIÓN

1-27A ¿Qué hay en la clase? Ask your classmate questions about your classroom. Then respond to questions she/he asks you.

MODELO: E1: ¿Cuántos estudiantes hay en la clase?
E2: Hay veinticuatro.

1. ¿Cuántos pupitres hay en la clase?
2. ¿Qué hay en la pizarra?
3. ¿Hay un mapa?
4. ¿Cuántas ventanas hay?
5. ¿Cuántas sillas hay?
6. ¿Hay algo más *(anything else)?*

5. Form, position, and agreement of adjectives

- Descriptive adjectives, such as those denoting size, color, shape, etc., describe, and give additional information about objects and people.

un libro **fascinante**	*a fascinating book*
una clase **grande**	*a big class*
un cuaderno **rosado**	*a pink notebook*

- Descriptive adjectives agree in gender and number with the noun they modify, and they usually follow the noun. Note that adjectives of nationality are not capitalized in Spanish.

el profesor **colombiano**	*the Colombian professor*
la señora **mexicana**	*the Mexican woman*
los estudiantes **españoles**	*the Spanish students*

- Adjectives whose masculine form ends in **-o** have a feminine form that ends in **-a**.

el profesor **argentino**	*the Argentine professor* (male)
la profesora **argentina**	*the Argentine professor* (female)

- Adjectives ending in a consonant or **-e** have the same masculine and feminine forms.

un coche **azul**	*a blue car*
una silla **azul**	*a blue chair*
un libro **grande**	*a big book*
una clase **grande**	*a big class*

- Adjectives of nationality that end in a consonant and adjectives that end in **-dor** add **-a** to form the feminine. If the masculine has an accented final syllable, the accent is dropped in the feminine and the plural forms.

el profesor **español**	*the Spanish professor*
la estudiante **española**	*the Spanish student*
un libro **francés**	*a French book*
una mochila **francesa**	*a French backpack*
un señor **trabajador**	*a hardworking man*
una profesora **trabajadora**	*a hardworking professor*

- Adjectives generally follow the same rules as nouns to form the plural.

SINGULAR		PLURAL	
mexicano	rebelde	mexicanos	rebeldes
española	romántico	españolas	románticos
inteligente	trabajador	inteligentes	trabajadores

PRÁCTICA

1-28 ¿Cómo es? Describe your Spanish professor and one or more students in your class.

MODELO: ► Cristina es inteligente y trabajadora.

1. El (la) profesor(a) es _____.
2. (nombre de un(a) estudiante) es _____.

1-29 ¿De qué color es? Look at the following items in your classroom and say what color they are.

MODELO: la pizarra
► La pizarra es negra.

1. la tiza
2. el lápiz
3. el mapa
4. los libros
5. la mochila
6. los papeles
7. los cuadernos
8. el bolígrafo
9. la puerta
10. el escritorio

Mira hacia adelante ... Lección 2

es	*is*	¿Cómo **es**?	*What is it like?*
son	*are*	¿Cómo **son**?	*What are they like?*

1-30 ¿Cómo es? ¿Cómo son? Combine nouns and adjectives to describe things in a logical manner. Remember that articles, nouns, and adjectives agree in gender and number.

MODELO: la profesora
► La profesora es simpática.

el libro de español		fascinante
la universidad		interesante
el profesor		simpático *(nice)*/antipático
la profesora		activo/trabajador/perezoso *(lazy)*
las sillas	es/son	inteligente
la clase		bueno/malo
los estudiantes		rojo/anaranjado/amarillo/negro
la pizarra		barato/caro
mi mochila		grande/pequeño *(small)*

COMUNICACIÓN

1-31 Yo soy ... Introduce and describe yourself to a classmate.

MODELO: ► Me llamo ... Soy ..., ... y ... (adjectives).

1-32 ¿Cómo eres? Ask a classmate what he/she is like.

MODELO: E1: ¿Cómo eres?
E2: Soy ...

SÍNTESIS

¡Al fin y al cabo!

¡A REPASAR!

¡A ESCUCHAR!

¿Quién habla? Listen to various people talking just before or during class. Then indicate in Spanish who the speakers probably are.

MODELO: ► una estudiante

1. un ________________________ 2. unos ________________________

1-33 ¿Y tú? What information about yourself would you want to share with a potential roommate? Write five sentences in Spanish for a housing application. Use the connector **y** *(and)* to connect your thoughts.

MODELO: ► Soy activo y paciente. No soy pesimista. Tengo clases interesantes y profesores trabajadores.

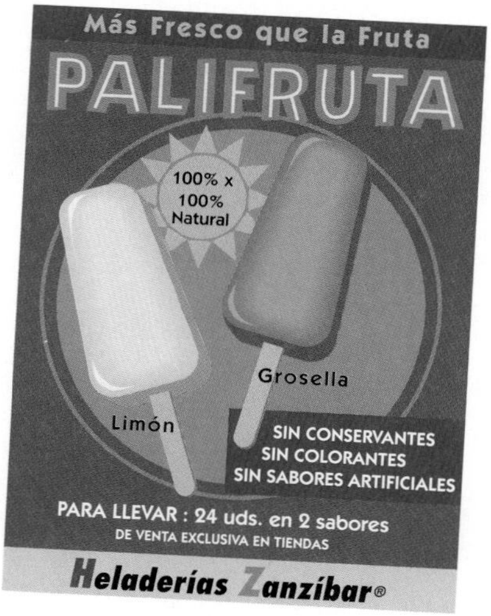

1-34 PALIFRUTA. Answer these questions based on the ad.

1. ¿De qué color es el palifruta de limón?
2. ¿De qué color es el palifruta de grosella?
3. ¿Son buenos o malos los palifrutas? ¿Por qué?

1-35 De compras. You and a classmate are responsible for buying supplies for an academic department. Figure out how many of the following items you need to order and write the number next to the item. (Be sure to show your calculation.)

Hay nueve profesores y dos secretarias. Cada *(each)* profesor necesita una mesa. Tres profesores necesitan un cuaderno y cuatro bolígrafos. Tres profesores necesitan cuatro lápices y una silla. Dos profesores necesitan cinco cuadernos y una pizarra. Un profesor necesita cuatro diccionarios, dos borradores y dos cuadernos. Las secretarias necesitan cinco bolígrafos, una computadora, dos lápices, quince borradores y un escritorio.

MODELO: ► nueve mesas: 9 x 1 = 9

1. ______ cuadernos: ______
2. ______ bolígrafos: ______
3. ______ borradores: ______
4. ______ escritorios: ______
5. ______ lápices: ______
6. ______ pizarras: ______
7. ______ computadoras: ______

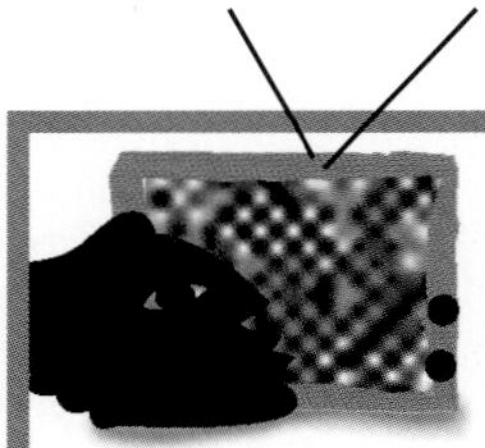

View clips from the ¡ARRIBA! Video. Activities are available through your instructor or on the Prentice Hall Home Page.

1-36 Unas personas curiosas. In **Lección 2**, you will begin reading a detective story that features the characters shown below. Use adjectives you have learned in this lesson to describe their physical appearance. Also try to guess the personality of each person.

Tirofijo

MODELO: ¿Cómo es Tirofijo?
► Tirofijo es viejo, ...

alto / bajo	*tall / short*
delgado / gordo	*thin / fat*
rubio / moreno	*blond / dark-haired*
bonito / feo	*pretty / ugly*
joven / viejo	*young / old*
gracioso / aburrido	*funny / boring*
misterioso / exótico	
romántico / idealista / realista / pesimista	
paciente / impaciente	

1. ¿Cómo es Tirofijo?
2. ¿Cómo es Blanca Delgadillo?
3. ¿Cómo es la señora Piedrahita?
4. ¿Cómo es Alfredo Marcos?
5. ¿Cómo es Rosa del Sur?

Blanca Delgadillo

señora Piedrahita

Alfredo Marcos

Rosa del Sur

1-37 Una encuesta. Ask a classmate what he/she considers to be ideal qualities of the following people, places, and things. Then give your own opinion. You may wish to refer to the list of adjectives in 1-36 above.

MODELO: E1: ¿Cómo es la clase ideal?
E2: La clase ideal es pequeña.
E1: La clase ideal es interesante.

1. ¿Cómo es la profesora ideal?
2. ¿Cómo es el (la) amigo(a) ideal?
3. ¿Cómo es el libro ideal?
4. ¿Cómo es la universidad ideal?

¡A LEER!

There will be a brief reading selection in each **Síntesis** section. Remember that you do not have to understand every word in order to grasp the general meaning of the passage and to glean essential information from it. The related activities will help you develop reading comprehension strategies.

1-38 Colores favoritos. Have five friends tell you their favorite color and record the information.

MODELO: ► Carlos: el rojo

Now categorize the preferences:

COLORES FAVORITOS

Ellos (los hombres) __________ __________ __________

Ellas (las mujeres) __________ __________ __________

Can you make any generalization regarding the preferences of men versus those of women in your class?

Ellos, ellas y los colores.

En un hospital de París se desarrolló un estudio en el que se les pidió a pacientes adultos, hombres y mujeres, que pintaran acuarelas con sus colores favoritos. En los resultados se observó que el 85% de los hombres prefirió usar los tonos verdes y los azules, mientras que la mayoría de las mujeres escogió los rojos y los amarillos, mostrando así —una vez más— las marcadas diferencias que en cuanto a preferencias de colores existen entre los dos sexos.

Vanidades, 34 (20), p. 16.

1-39 ¿Comprendes? Complete these statements according to the article.

1. Los colores favoritos de los hombres son ...
2. Los colores favoritos de las mujeres son ...

1-40 ¿Qué opinas? How does this study compare with your findings in 1-38 above?

Los hombres franceses son como *(like)* los hombres norteamericanos.	sí	no
Las mujeres francesas son como las mujeres norteamericanas.	sí	no

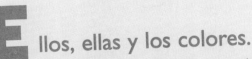

Introducción a los países hispánicos

1-43 ¿Qué sabes tú? Can you name ... ?

1. some Spanish-speaking countries?
2. the number of people worldwide who speak Spanish as their first language?
3. some capital cities in the Spanish-speaking world?
4. the most populous city in the world?

1-44 A buscar. Scan the reading to discover the following information:

MODELO: El número de países independientes es 20.

1. El número de hispanohablantes en los Estados Unidos es ...
2. El número de continentes donde se sitúan es ...
3. El número de personas hispanohablantes es ...
4. Los países de la Península Ibérica son ... y ...
5. Las 3 Américas son: la América del ..., la América ..., y la América del ...
6. La ciudad más grande del mundo es ...
7. Los países hispanos del Caribe son ... y ...
8. Un estado libre asociado de los Estados Unidos es ...

Países de mayor extensión (km^2)

1. Argentina	2.779.221
2. México	1.958.201
3. Perú	1.285.215
4. Colombia	1.141.748
5. Bolivia	1.098.581
6. Venezuela	916.445
7. Chile	736.902
8. España	504.750
9. Paraguay	406.752
10. Ecuador	275.800

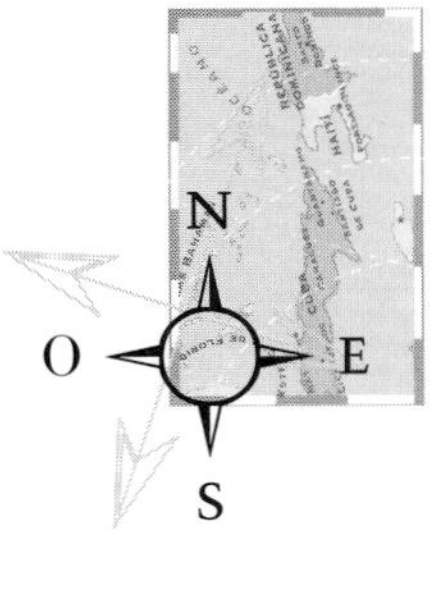

1-45 El mapa. With a classmate, review the maps of the Spanish-speaking world on the inside cover of your text. Indicate in which country, continent, or body of water the following places are located.

MODELO: ► San Salvador está en El Salvador.

1. Asunción	7. Venezuela	13. Montevideo
2. Bolivia	8. Miami	14. Buenos Aires
3. La Habana	9. Puerto Rico	15. Chile
4. Salamanca	10. Barcelona	16. Santo Domingo
5. Mérida	11. Tegucigalpa	17. Lima
6. Paraguay	12. el Canal de Panamá	18. Guatemala

Barrio de la Recoleta en Buenos Aires. Argentina.

¿Qué opinas?

El mundo hispánico es enorme. Tiene un total de 20 países independientes. En estos países situados en 4 continentes hay más de 360 millones de personas que hablan español. En los Estados Unidos hay más de 26 millones de hispanohablantes[1]. El mundo hispánico comienza[2] en Europa con España, que junto con Portugal forma la Península Ibérica. El hemisferio occidental se extiende desde los Estados Unidos hasta Tierra del Fuego, Argentina. México forma parte de la América del Norte, y está al sur de los Estados Unidos. La capital de México es la ciudad más grande del mundo. Su población es dos veces mayor que[3] la de la ciudad de Nueva York. Hay 6 países hispanos en la América Central, y 9 en la América del Sur. En el Mar Caribe hay dos países hispanos: la isla de Cuba y la República Dominicana. Puerto Rico es un estado libre asociado[4] de los Estados Unidos cuyo[5] idioma principal es el español.

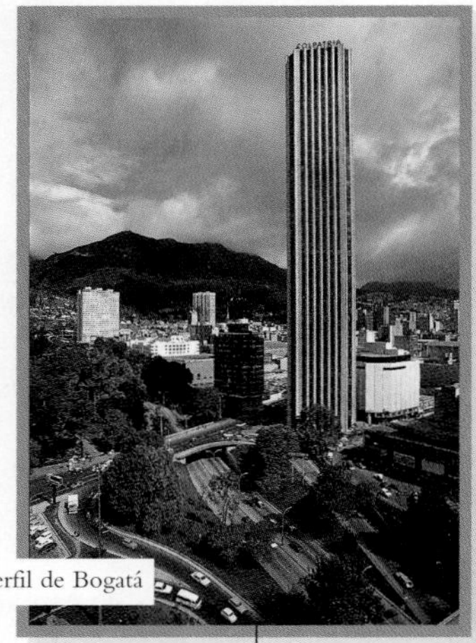

Perfil de Bogatá

CAPITALES

	CAPITALES	HABITANTES
1.	México, D.F. (México)	27.000.000
2.	Buenos Aires (Argentina)	11.625.000
3.	Bogotá (Colombia)	5.788.849
4.	Santiago (Chile)	4.364.497
5.	Lima (Perú)	4.164.597
6.	Madrid (España)	3.188.297
7.	Caracas (Venezuela)	2.386.367
8.	La Habana (Cuba)	1.952.373
9.	Ciudad de Guatemala (Guatemala)	1.629.189
10.	Santo Domingo (La República Dominicana)	1.313.172

¿COMPRENDES?

Mira hacia adelante ... Lección **3**

está is San Salvador **está** en El Salvador. *San Salvador is in El Salvador.*

1-46 ¿Dónde está? With a classmate, take turns naming and locating other places in the Hispanic world.

MODELO: ¿Dónde está Madrid?
Está en España.

Un mercado al aire libre en Chichicastenango, Guatemala

[1]Spanish-speakers, [2]begins, [3]bigger than, [4]free associated state, [5]whose

Festival de la Virgen de Guadalupe

La Plaza Mayor en Madrid

1-47 ¿Cómo es? Working with a classmate, complete the information missing from the chart below. (Note, some answers will vary.)

MODELO: Cuba, pequeño, La Habana, el Caribe

	PAÍS	EXTENSIÓN	CAPITAL	LUGAR
1.	__________	pequeño	La Habana	__________
2.	Colombia	grande	__________	__________
3.	__________	grande	Buenos Aires	__________
4.	__________	__________	Caracas	Suramérica
5.	__________	__________	Washington D.C.	__________
6.	__________	__________	San Salvador	__________
7.	__________	grande	__________	__________
8.	__________	pequeño	__________	__________
9.	__________	__________	Santo Domingo	el Caribe
10.	__________	__________	San José	__________

Vista de Santiago de Chile y la cordillera de los Andes

LECCIÓN 2

¿De dónde eres tú?

COMUNICACIÓN

- Describing yourself and others
- Asking and responding to simple questions
- Expressing *to be* using **ser** in Spanish

CULTURA

- Spanish names and nicknames
- Higher education in Spanish-speaking countries

ESTRUCTURAS

PRIMERA PARTE

- Subject pronouns and the present tense of **ser** *(to be)*
- Formation of questions
- Negation

SEGUNDA PARTE

- The present tense of **-ar** verbs
- The present tense of **tener** *(to have)*

¡A leer!: *Tirofijo va a Málaga*
EPISODIO 1: ¡Una llamada urgente!
Nuestro mundo: La maravillosa España

PRIMERA PARTE

¡Así es la vida!

¿Quién soy?

¡Hola! Me llamo José Ortiz. Éstos son mis amigos.

Se llama Daniel Gómez Mansur. Es de Madrid, la capital de España. Es alto y delgado.

Se llama Isabel Rojas Lagos. Es argentina. Es inteligente y muy trabajadora. También es muy simpática.

PACO: ¿De dónde eres tú, María?

MARÍA: Soy de Miami, pero mis padres son de Cuba. Y tú, ¿de dónde eres?

PACO: Soy de Puerto Rico.

CARLOS: ¿Ustedes son colombianas?

LUPE: No, somos venezolanas.

CARLOS: ¿Verdad? Yo también soy venezolano.

LUPE: ¿Sí? ¿De qué ciudad eres?

CARLOS: De Maracaibo.

LUPE: ¡Ay! ¡Nosotras también!

CARLOS: ¡Qué pequeño es el mundo!

¡ASÍ LO DECIMOS!

Para expresar origen

Soy de ...	*I'm from ...*
Somos de ...	*We're from ...*
Son de ...	*They're from ...*
la capital	*capital city*
la ciudad	*city*
el país	*country*

Palabras interrogativas y preguntas

¿Cómo ... ?	*How ... ? What ... ?*
¿Cuál ... ?	*Which (one) ... ? What ... ?*
¿Cuáles ... ?	*Which (ones) ... ?*
¿Cuándo ... ?	*When ... ?*
¿De dónde ... ?	*Where ... from?*
¿Qué ... ?	*What ... ?*
¿De qué ... ?	*From which ... ? Of what ... ?*
¿Por qué ... ?	*Why ... ?*
¿Quién ... ?	*Who ... ?* (singular)
¿Quiénes ... ?	*Who ... ?* (plural)
¿De quién(es) ... ?	*Whose ... ? From whom ... ?*
¿De veras? ¿Verdad?	*Is that right? Really?*
¿Cómo eres?	*What are you like?*
¿Cómo son?	*What are you* (plural) *like? What are they like?*

Más adjetivos descriptivos

alto(a)/bajo(a)	*tall/short*
bonito(a)/feo(a)	*pretty/ugly*
delgado(a)/gordito(a)	*slender/plump*
flaco(a)/gordo(a)	*thin/fat*
guapo(a)	*handsome, good-looking*
joven/viejo(a)	*young/old*
nuevo(a)	*new*
rico(a)/pobre	*rich/poor*
trabajador(a)	*hardworking*

Adjetivos de nacionalidad

argentino(a)	*Argentine*
colombiano(a)	*Colombian*
cubano(a)	*Cuban*
chileno(a)	*Chilean*
dominicano(a)	*Dominican*
español(a)	*Spanish*
mexicano(a)	*Mexican*
norteamericano(a)	*American*
panameño(a)	*Panamanian*
puertorriqueño(a)	*Puerto Rican*
venezolano(a)	*Venezuelan*

Otras palabras y expresiones

amigo(a)	*friend*
novio(a)	*boyfriend/girlfriend*
entonces	*then*
mis padres	*my parents*
muy	*very*
pero	*but*
¡Qué pequeño es el mundo!	*What a small world!*
porque	*because*
también	*also*

A PROPÓSITO ... NOMBRES Y APODOS (*NICKNAMES*)

People with Hispanic backgrounds generally use both their paternal surname (**apellido paterno**) and maternal surname (**apellido materno**). For example, María Fernández Ulloa takes her first surname, Fernández, from her father and her second, Ulloa, from her mother. In some Hispanic countries, women always keep their paternal surname when they marry. They may attach their husband's paternal surname using the preposition **de**. Thus if María Fernández Ulloa marries Carlos Alvarado Gómez, her married name is María Fernández de Alvarado. It would be common to refer to her as **la señora de** Alvarado, and to the couple as **los** Alvarado. She may still be known as María Fernández, as well.

The use of a nickname (**apodo**) in place of a person's first name is also very common in Hispanic countries. A person's nickname is often a diminutive form of his/her given first name formed using the suffix **-ito** for men or **-ita** for women. For example, Clara becomes Clarita. As in English, there are also conventional nicknames like those listed below.

Vamos a comparar

1. When do women in the U.S. keep their maiden name after marriage? Are there instances when married women use both their maiden and their married names?
2. Do you have a nickname? Who uses it? Under what circumstances? Do you prefer to be called by your nickname?

MALE		FEMALE	
Alejandro	*Alex, Alejo*	Ana	*Anita*
Antonio	*Tony, Toño*	Carmen	*Menchu*
Enrique	*Quique*	Concepción	*Concha*
Francisco	*Paco, Pancho*	Dolores	*Lola*
Guillermo	*Memo, Guille*	Graciela	*Chela*
José	*Pepe, Chepe*	Guadalupe	*Lupe*
Ignacio	*Nacho*	María Isabel	*Maribel*
Luis	*Lucho*	María Luisa	*Marilú*
Manuel	*Manolo*	Mercedes	*Mencha, Meche*
Ramón	*Mongo*	Rosario	*Charo, Chayo*
Roberto	*Beto*	Teresa	*Tere*

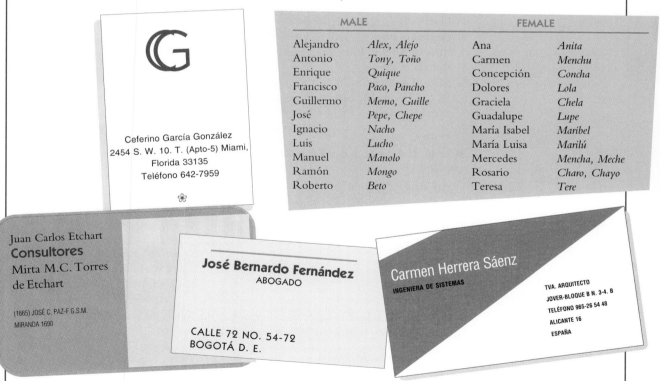

Ceferino García González
2454 S. W. 10. T. (Apto-5) Miami,
Florida 33135
Teléfono 642-7959

Juan Carlos Etchart
Consultores
Mirta M.C. Torres
de Etchart
(1665) JOSÉ C. PAZ-F.G.S.M.
MIRANDA 1690

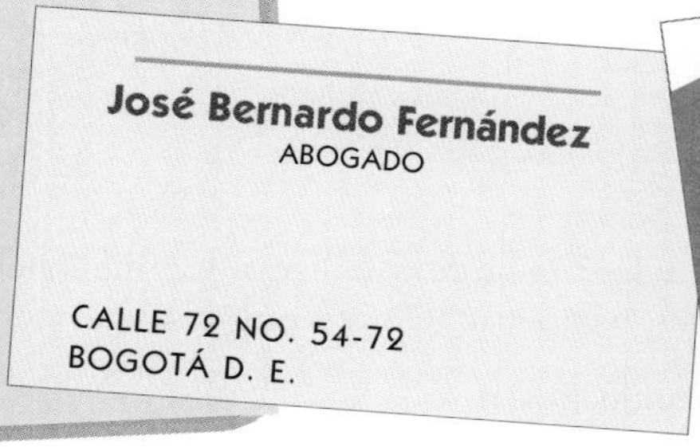
José Bernardo Fernández
ABOGADO
CALLE 72 NO. 54-72
BOGOTÁ D. E.

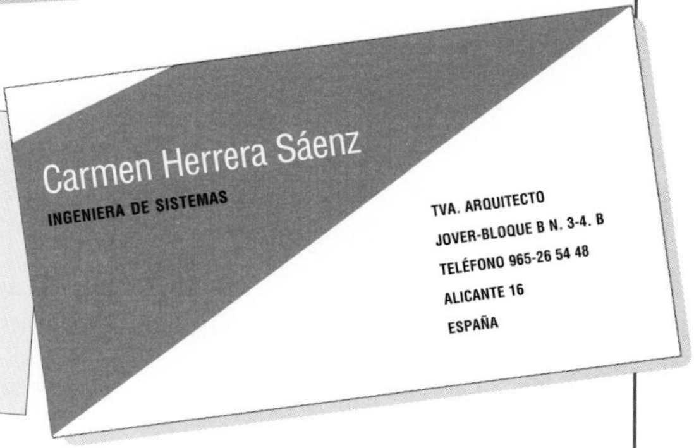
Carmen Herrera Sáenz
INGENIERA DE SISTEMAS
TVA. ARQUITECTO
JOVER-BLOQUE B N. 3-4. B
TELÉFONO 965-26 54 48
ALICANTE 16
ESPAÑA

- ¿Cuál es el apellido paterno de José? ¿de Ceferino?
- ¿Cuál es el apellido paterno de Carmen?
- ¿Cuál es la nacionalidad de José? ¿de Carmen?
- ¿Cuál es el apodo de José?
- ¿Cuál es tu apellido materno? ¿tu apellido paterno?

¡A ESCUCHAR!

¿Quién eres tú? You will hear several monologs spoken by José's friends. From the information in **¡Así es la vida!**, indicate who is the most probable speaker for each monolog.

1. ____ Isabel
2. ____ Daniel
3. ____ María
4. ____ Carlos
5. ____ Paco
6. ____ Lupe

PRÁCTICA

2-1 ¿Cómo es el mundo hispánico? Complete each statement with an appropriate word or phrase from **¡Así lo decimos!**

MODELO: ► Argentina es un _país_ de Suramérica.

1. Lima es la _________ del Perú.
2. Bogotá es una __________ colombiana.
3. Buenos Aires es muy ___________ y cosmopolita.
4. Bolivia es un __________.
5. Madrid es una ciudad española; Los Ángeles es una ciudad ______________.
6. La Ciudad de México no es pequeña. Es ________ grande.

Mira hacia adelante ... Lección **3**

mi/mis	*my*	**Mi** perro es gordo. *My dog is fat.* **Mis** padres son simpáticos. *My parents are nice.*

2-2 ¿Cierto o falso? Indicate whether or not the following statements are true of yourself and your experience. Correct any false statements.

MODELO: Soy antipático(a).
► Falso. Soy simpático(a).

1. Soy alto(a).
2. Mis padres son trabajadores.
3. Mi amigo es gordito.
4. Mi amiga es simpática.
5. Mi universidad es grande.
6. Mi madre es baja.
7. Mi perro *(dog)* es gordo.
8. Mi mochila es morada.
9. Mi ciudad es pequeña.
10. Mi país es bonito.

2-3 En una fiesta. Complete the conversation with appropriate words and expressions that you have learned.

—Hola ... Soy Juan Luis Ruiz. ¿(1) ______ te llamas?
—(2) ______ María del Sol. ¿De (3) ______ eres, Juan?
—Soy (4) ______, de Santo Domingo, la capital.
—Soy (5) ______, de San Juan, pero vivo *(I live)* en Nueva York.
—¿Sí? ¡Yo (6) ______! ¡Qué (7) ______ es el mundo!

2-4 ¿Cómo son? With a classmate, describe the people working out at the gym.

MODELO: Eugenio
► Eugenio es alto, ...

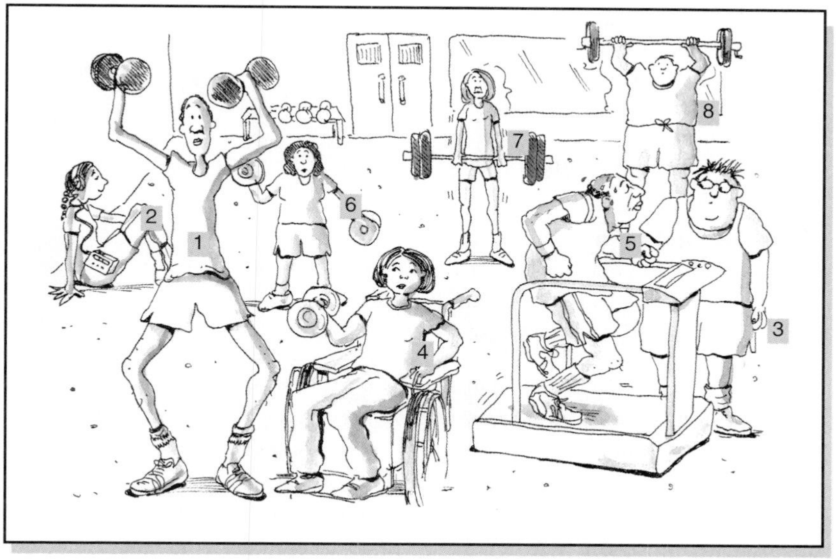

1. Eugenio
2. María Eugenia
3. Antonio
4. María Antonia
5. Gonzalo
6. Virginia
7. Alicia
8. Juan Manuel

COMUNICACIÓN

2-5 ¿Cómo son? With a classmate, take turns describing these people, places, and things to see if you agree with each other. When you agree, say **Sí, es cierto**. When you disagree, offer your own opinion.

MODELO: La universidad es ...
E1: La universidad es pequeña.
E2: Sí, es cierto. (No, es grande.)

1. La biblioteca es ...
2. El profesor/la profesora es ...
3. La ciudad es ...
4. La clase es ...
5. Mi amigo es ...
6. Mi amiga es ...
7. Cuba es ...
8. El mundo es ...

2-6A ¿Quién eres tú? With a classmate take turns asking questions and supplying appropriate responses. Be sure to take note of the responses so you can report back to the class

MODELO: E1: ¿Cómo es el profesor?
E2: Es alto y simpático.

1. ¿Cómo te llamas?
2. ¿Cómo estás?
3. ¿Cómo eres?
4. ¿De dónde eres?
5. ¿Cómo es el (la) profesor(a)?

2-7 ¿Quiénes son? In Spanish, ask two classmates to supply the following biographical information.

- their full name (both surnames)
- where they are from
- what they are like

MODELO: E1: ¿Cómo te llamas?
E2: Me llamo Susan Smith Jones.

Mira hacia adelante... Lección 3

vivo *I live*	**Vivo** en San Francisco. *I live in San Francisco.*
vive *he, she lives; you live*	Edward James Olmos **vive** en Los Ángeles. *Edward James Olmos lives in Los Angeles.*

2-8 ¿De dónde es? With a classmate, take turns asking each other the country of origin and nationality of these famous people in order to complete the chart.

MODELO: El rey Juan Carlos vive en Madrid.
E1: ¿De dónde es el rey Juan Carlos?
E2: Es de España. Es español.

VIVE EN ...	ES DE ...	ES ...
Fidel Castro vive en La Habana.		
Alberto Fujimori vive en Lima.		
Gabriel García Márquez vive en Bogotá.		
Gabriela Sabatini vive en Buenos Aires.		
Colin Powell vive en Washington, D.C.		
Carlos Menem vive en Buenos Aires.		
Sandra Cisneros vive en Chicago.		
Octavio Paz vive en la Ciudad de México.		
Rubén Blades vive en la Ciudad de Panamá.		

PRONUNCIACIÓN

Linking

In Spanish, as in English, speakers group words into units that are separated by pauses. Each unit, called a breath group, is pronounced as if it were one long word. In Spanish, the words are linked together within the breath group, depending on whether the first word ends in a consonant or a vowel. The chart below gives the basic conventions.

1. In a breath group, if a word ends in a vowel and the following word begins with a vowel, the vowels join to form one syllable.

   Tú eres de la capital. (**Túe**-res de la ca-pi-tal)
   ¿Cómo estás tú? (Có-**moes**-tás-tú)

2. When the vowel ending one word and the vowel beginning the next word are identical, they are pronounced as one sound.

   una amiga (u-**na**-mi-ga)

3. If a word ends in a consonant and the following word begins with a vowel, they form a single syllable.

   ¿Él es de Puerto Rico? (É-**les**-de-Puer-to-Ri-co)

ESTRUCTURAS

1. Subject pronouns and the present tense of *ser* *(to be)*

Subject pronouns

In Spanish, subject pronouns refer to people (*I*, *you*, *he*, etc.). They are not generally used for inanimate objects or animals.

SINGULAR		PLURAL	
yo	*I*	**nosotros/nosotras**	*we*
tú	*you* (familiar)	**vosotros/vosotras**	*you* (familiar, Spain)
usted	*you* (formal)	**ustedes**	*you* (formal)
él/ella	*he/she*	**ellos/ellas**	*they*

- In Spanish, there are several ways to express *you*. In the singular, both **tú** and **usted** mean *you*. **Tú** is used in informal situations when addressing friends, family members, and pets. **Usted** denotes formality or respect when you address someone with whom you are not well acquainted, or a person in a position of authority, such as a supervisor, teacher, or elder. In some families, children use **usted(es)** when addressing their parents as a sign of respect.

- In Latin America, the plural of **tú** is **ustedes**. In Spain, **vosotros/vosotras** are used almost exclusively when addressing more than one person in a familiar context. In this book, **ustedes** is used as the plural of **tú**.
- The pronouns **usted** and **ustedes** are commonly abbreviated as **Ud.** and **Uds.** or **Vd.** and **Vds.**
- In some parts of Latin America, including Costa Rica, Argentina, Uruguay, and parts of Colombia, the pronoun **vos** is commonly used instead of **tú**. Its corresponding verb form differs as well. The **vos** form is not used in this book.
- Because the verb form indicates the subject of a sentence, subject pronouns are usually omitted unless they are needed for clarification or emphasis:

¿Eres de Puerto Rico?	*Are you from Puerto Rico?*
Sí, soy de Puerto Rico.	*Yes, I'm from Puerto Rico.*
Yo, no, pero **ellos** sí son de Puerto Rico.	*I'm not, but they are from Puerto Rico.*

The verb *ser* *(to be)*

¡Nosotras somos bailarinas!

ser ***(to be)***					
SINGULAR			PLURAL		
yo	**soy**	*I am*	nosotros/nosotras	**somos**	*we are*
tú	**eres**	*you are* (fam.)	vosotros/vosotras	**sois**	*you are* (fam.)
usted	**es**	*you are* (formal)	ustedes	**son**	*you are* (formal)
él/ella	**es**	*he/she is*	ellos/ellas	**son**	*they are*

- **Ser** is an irregular verb whose forms do not follow a set pattern.
- **Ser** is used to express origin, occupation, or inherent qualities.

¿De dónde eres?	*Where are you from?*
Soy de Nebraska.	*I am from Nebraska.*
Mi padre es profesor.	*My father is a professor.*

STUDY TIPS

Conjugating verbs in Spanish

1. You must learn six basic forms for each verb. Note that **usted**, **él**, and **ella** correspond to the same verb form, as do **ustedes**, **ellos**, and **ellas**.
2. The ending of the verb tells you who is the subject. Once you recognize a pattern, it will be easier to identify the subject.
3. Try saying real sentences in which you use the target verb forms. For example, how many sentences can you say about yourself using **soy**? (**Soy estudiante. Soy inteligente. Soy de ... No soy ... No soy de ...**, etc.)

PRÁCTICA

2-9 ¿Cuál es su nacionalidad? With a classmate, decide where the following people are from and state their nationality.

MODELO: Ernesto Zedillo es de la Ciudad de México. Es de México.
► Es mexicano.

1. Celia Cruz es de La Habana.
2. Juan Carlos de Borbón es de Madrid.
3. Juan Luis Guerra es de Santo Domingo.
4. Vicente Fernández es de la Ciudad de México.
5. Gabriela Sabatini es de Buenos Aires.
6. Chelsea Clinton es de Arkansas.
7. Isabel Allende es de Santiago de Chile.
8. Antonio Banderas es de Madrid.
9. Yo ...
10. Tú ...
11. Nosotros ...

2-10 ¿De dónde son? With a classmate, identify each person's country and point it out on the map.

MODELO: Mario Vargas Llosa y su hermana son peruanos.
► Son de Perú.

1. Julio Iglesias es español.
2. Rita Moreno es puertorriqueña.
3. Los Samper son colombianos.
4. Laura Esquivel es mexicana.
5. Gabriel García Márquez es colombiano.
6. Bianca Jagger es panameña.
7. Jodie Foster es norteamericana.
8. Tú y yo ...

2-11 Biografía. Complete the following paragraph with the appropriate form of **ser**.

¡Hola! (Nosotros) (1) _____ Fernando Mendoza y Marta Pérez. (2) _____ chilenos. Fernando (3) _____ de Concepción y yo (4) _____ de Viña del Mar. Mis padres (5) _______ de Santiago. Santiago (6) _____ la capital del país. (7) _____ una ciudad muy bonita. ¿De dónde (8) ______ tú?

COMUNICACIÓN

2-12 Autobiografía. Supply biographical information about yourself and your parents, using activity 2-11 as a model.

2-13 ¿De dónde eres? Team up with a student you do not already know. Introduce yourselves and try to learn as much information about each other as you can.

MODELO: E1: Hola, me llamo …
E2: ¿Qué tal, … ? Soy …
E1: ¿De dónde eres, …?
E2: Soy de … ¿Y tú?
E1: ¿Cómo eres? …

2-14 ¿Cómo es … ? ¿De dónde es … ? ¿Qué es … ? In groups of three, describe five different famous people in as much detail as possible. Then challenge another group to guess who your personalities are. A list of professions and adjectives appear in the box below.

MODELO: ► Es alto y serio. Es de Kripton. Es un héroe. (Clark Kent)

PROFESIÓN	CÓMO ES	
actor	cómico	conservador
agente secreto	cínico	elegante
atleta	creativo	idealista
boxeador	realista	intelectual
dictador	tradicional	liberal
doctor	dramático	brillante
poeta	nervioso	ridículo
político	demócrata	estupendo
presidente	republicano	socialista

2. Formation of questions

Yes/No questions

- A yes/no question can be formed by inverting the position of the subject and the verb in a declarative sentence, or by modifying the intonation pattern. Note that an inverted question mark (¿) is used at the beginning of the question, as well as the standard question mark at the end.

  INVERSION: Tú eres de México.
  → ¿Eres tú de México?

  INTONATION: Ellos son de los Estados Unidos.
  → ¿Ellos son de los Estados Unidos?

- A yes/no question can also be formed by adding a "tag" word or phrase at the end of a statement.

  Juan Carlos es de Madrid, **¿verdad?**
  Juan Carlos is from Madrid, right?

  La profesora es de Colombia, **¿no?**
  The professor is from Colombia, isn't she?

- Other frequently used tag questions are:

  ¿Cierto? *Right?*
  ¿De veras? *Really?*
  ¿Sí? *Yes?*

Interrogative words

- Interrogative words are often used at the beginning of a sentence to form questions. The most frequently used words are:

¿Cómo … ?	*How … ? What … ?*	**¿Por qué … ?**	*Why … ?*
¿Cuál(es) … ?	*Which (one/ones) … ?*	**¿Qué … ?**	*What … ?*
¿Cuándo … ?	*When … ?*	**¿De qué … ?**	*From which (what) … ?*
¿Cuánto(a)(s)?	*How much (many) …?*	**¿Quién … ?**	*Who … ?*
¿Dónde … ?	*Where … ?*	**¿Quiénes … ?**	*Who … ?* (plural)
¿De dónde … ?	*From where … ?*	**¿De quién(es) … ?**	*Whose … ?*
¿Adónde … ?	*(To) where … ?*		*From whom … ?*

- When you ask a question using an interrogative word, your intonation will fall.

¿Cómo se llama el profesor?

EXPANSIÓN More on structure and usage

The interrogatives **qué** and **cuál** may cause some confusion for English speakers learning Spanish because each may be translated as *what* or *which* in different contexts. When **¿qué?** is used alone, it is a request for a definition and is translated as *what?* in English. When followed by a singular or plural noun, **¿qué?** means *which?* and requests information about one or some among many.

¿**Qué** tienes?	*What do you have?*
¿**Qué** área de estudio prefieres?	*Which field of study do you prefer?*
¿**Qué** es la vida?	*What is life?*

¿Cuál(es)?, meaning *which?*, is generally used alone and implies selection from a group. It can also be translated as *what?* in English.

¿**Cuáles** son tus padres?	*Which ones are your parents?*
¿**Cuál** es la fecha de hoy?	*What is today's date?*
¿**Cuál** es la capital de Colombia?	*What is the capital of Colombia?*

In summary, before verbs, use **qué** when asking for a definition or defining characteristic; use **cuál** before a verb to indicate a choice.

3. Negation

- To make a sentence negative, simply place **no** before the verb.

Tú **no** eres de Chile.	*You're not from Chile.*
Nosotros **no** somos de España.	*We're not from Spain.*

- When answering a question in the negative, the word **no** also precedes the verb.

—¿Son Elena y Ramón de Caracas?	*Are Elena and Ramón from Caracas?*
—**No**, **no** son de Caracas.	*No, they're not from Caracas.*

PRÁCTICA

2-15 ¡Repite, por favor! You can't believe what a friend is saying to you. Ask him/her questions by inverting the subject and the verb in order to get him/her to clarify his/her statements.

MODELO: El profesor López es de Caracas.
► ¿Es de Caracas el profesor López?

1. Andy García es actor.
2. Donald Trump es pobre.
3. Cindy Crawford es baja y fea.
4. Luis Miguel es mexicano.
5. Ricardo Montalbán es trabajador.
6. Jimmy Smits es guapo.
7. Carolina Herrera es de Venezuela.
8. Óscar de la Renta es dominicano.

2-16 ¿Qué es la vida? Imagine that a philosopher is pondering important questions about life. Complete his/her questions with **qué**, **cuál**, or **cuáles**, depending on the context.

1. ¿________ es la vida?
2. ¿________ hay al final de la vida?
3. ¿________ son las posibilidades?
4. ¿________ es la respuesta (*answer*)?
5. ¿________ opciones (*choices*) tengo?
6. ¿________ esperanza (*hope*) tengo?

2-17 ¿Quiénes son? Answer the following questions affirmatively or negatively based on the information provided in the ID cards below.

1. Luisa es de Colombia, ¿verdad?
2. Rodolfo es muy delgado, ¿cierto?
3. El apellido materno de Luisa es Pérez, ¿no?
4. El apellido paterno de Rodolfo es Gómez, ¿verdad?
5. Rodolfo es de Puerto Rico, ¿cierto?
6. Luisa es alta, ¿no?
7. Luisa es flaca, ¿verdad?
8. Rodolfo es español, ¿no?
9. Luisa es mexicana, ¿verdad?
10. Rodolfo es profesor, ¿cierto?

2-18 ¿Quién eres? Use interrogative words to complete the following exchanges between Carmen and Jesús.

JESÚS: ¿(1) ____ te llamas?
CARMEN: Me llamo Carmen Domínguez.
JESÚS: ¿(2) ____ eres, Carmen?
CARMEN: Soy de Bilbao, España.
JESÚS: ¿(3) ____ estudias en la universidad?
CARMEN: Estudio matemáticas y computación.
JESÚS: ¿(4) ____ estudias matemáticas?
CARMEN: ¡Es muy interesante!
JESÚS: ¿(5) ____ es tu profesor?
CARMEN: Es el profesor Sánchez Mejías.
JESÚS: ¿(6) _____ es?
CARMEN: Es joven y muy inteligente.
JESÚS: ¿(7) _____ es la clase?
CARMEN: ¡Es ahora *(now)*!

COMUNICACIÓN

Mira hacia adelante ... Lección **3**

tu/tus	¿Cómo son **tus** amigos?
your	*What are your friends like?*

2-19 Una entrevista. Interview a classmate to complete the biographical information on the form below. Use the conversation in exercise 2-18 as a model.

MODELO: E1: ¿Cómo te llamas?
E2: Me llamo Ramón.

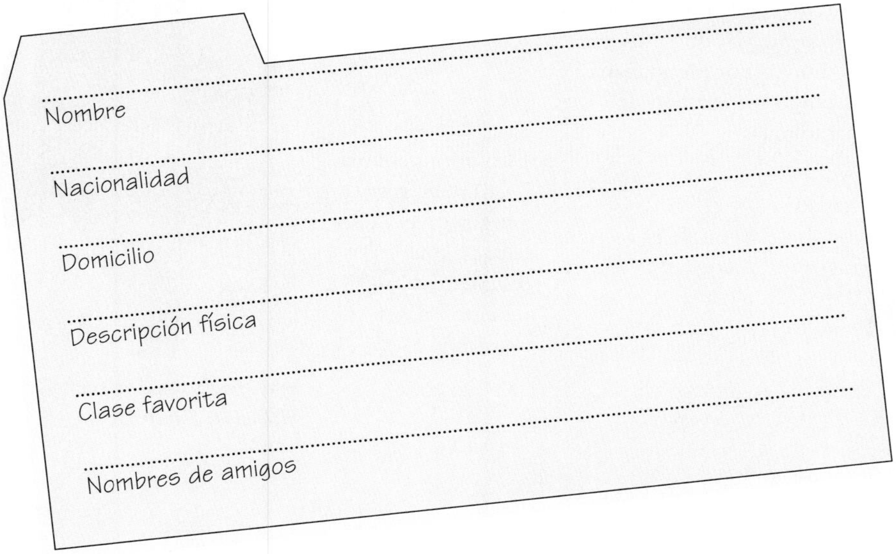

2-20A ¿Cuál es tu opinión? Your partner will ask you to describe different people, places, and things. Use the vocabulary you have learned. Be sure to conjugate the verb **ser** and make certain that all adjectives agree with the noun they describe.

MODELO: E1: En tu opinión, ¿cómo es la universidad?
E2: Es buena.

2-21 Una persona interesante. You have the opportunity to ask your teacher any question you wish. She/he may or may not respond truthfully. What do you think?

MODELO: E1: ¿De dónde es usted?
E2: Soy de Bolivia.
E3: Es verdad./No es verdad. Es de ...

SEGUNDA PARTE

¡Así es la vida!

¿Qué haces?
¿Qué te gusta hacer?

Andrea Alvarado Salinas,
28 años, Santiago de Chile

Hablo español y alemán. Estudio medicina en la Universidad de Chile. Hoy tengo que estudiar mucho porque mañana tengo un examen de biología.

Estudio ingeniería. Esta noche mis amigos y yo vamos a bailar a una discoteca. No tenemos clases mañana.

Rosalía Bermúdez Fiallo,
19 años, Santo Domingo

Carlos Alberto Mora Arce,
22 años, San José, Costa Rica

Hablo español y un poco de inglés. Estudio derecho en la Universidad Nacional y por la tarde trabajo en una librería. Hoy tengo que practicar fútbol con mis amigos.

¡Así lo decimos!

Actividades

bailar	*to dance*
conversar	*to converse, to chat*
caminar	*to walk*
enseñar	*to teach*
escuchar	*to listen*
estudiar	*to study*
hablar	*to talk*
llegar	*to arrive*
mirar	*to look at, to watch*
nadar	*to swim*
necesitar	*to need*
practicar	*to practice*
preparar	*to prepare*
tomar	*to take, to drink*
trabajar	*to work*

Áreas de estudio

la administración de empresas	*business administration*
el arte	*art*
la biología	*biology*
las ciencias	*sciences*
las comunicaciones	*communications*
el derecho	*law*
la filosofía y las letras	*humanities/liberal arts*
la geografía	*geography*
la historia	*history*
la informática	*computer science*
la ingeniería	*engineering*
las matemáticas	*mathematics*
la medicina	*medicine*
la mercadotecnia	*marketing*
la pedagogía	*education*

Idiomas

el alemán	*German*
el árabe	*Arabic*
el chino	*Chinese*
el coreano	*Korean*
el francés	*French*
el hebreo	*Hebrew*
el inglés	*English*
el italiano	*Italian*
el japonés	*Japanese*
el portugués	*Portuguese*
el vietnamés	*Vietnamese*

Algunos deportes

el básquetbol, el baloncesto	*basketball*
el béisbol	*baseball*
el fútbol	*soccer*
la natación	*swimming*
el tenis	*tennis*

Expresiones claves

tengo ...	*I have ...*
tengo que ...	*I have to ...*
estudio ...	*I study ...*
hablo ...	*I speak ...*
trabajo ...	*I work ...*
vamos a *(+ infinitive)*	*we are going* (+ infinitive)
¿Qué te gusta hacer?	*What do you like to do?*
Me gusta *(+ infinitive)*	*I like* (+ infinitive)

Otras palabras y expresiones

el (la) amigo(a)	*friend*
con	*with*
esta noche	*tonight*
el examen	*exam*
la librería	*bookstore*
mañana	*tomorrow*
mucho	*a lot, plenty, much*
por la tarde	*in the afternoon*

¡A ESCUCHAR!

¿Quién lo dice? You will hear several monologs spoken by the people presented in **¡Así es la vida!** As you listen, indicate who is the most probable speaker for each monolog.

A: Andrea **C:** Carlos **R:** Rosalía

1. _____ 3. _____ 5. _____ 7. _____
2. _____ 4. _____ 6. _____ 8. _____

PRÁCTICA

2-22 ¿Qué pasa? Match the activities depicted in the illustrations with the following statements.

a. Los amigos estudian para un examen.
b. Hablo francés.
c. Pablo trabaja en una librería.
d. Nosotros practicamos fútbol.
e. Jorge y Teresa toman café y conversan.
f. Ana mira la telenovela.

1. _______

2. _______

3. _______

4. _______

5. _______

6. _______

2-23 Una estudiante argentina. Use words and expressions from **¡Así lo decimos!** to complete the description that Ana María writes about herself.

¡Hola! Me (1) ____ Ana María Torres. (2) ____ de Buenos Aires, Argentina. (3) ____ 18 años y estudio (4) ____ en la Universidad de Buenos Aires. La universidad es muy (5) ____. Tiene muchos estudiantes y muchos (6) ____. Hoy tengo que (7) ____ con el profesor de arte sobre el examen. Esta noche (8) ____ con unos amigos. Mañana es un día feriado *(holiday)* y no hay (9) ____.

COMUNICACIÓN

2-24 Tu experiencia. With a classmate, take turns suggesting fields of study or sports that meet the following criteria according to your experience or opinion.

MODELO: Trabajo mucho.
► las ciencias, los idiomas

1. Hablo mucho.
2. Practico mucho.
3. Estudio mucho.
4. Tengo muchos libros.
5. Tengo muchos mapas.
6. Tengo muchos exámenes.
7. Es muy difícil.
8. No es muy difícil.
9. Tengo una calculadora.
10. Me gusta enseñar.

Mira hacia adelante ... Lección 5

me gusta (+ verb or singular noun)
I like (+ verb or singular noun)

Me gusta nadar.
I like to swim.

Me gusta la historia.
I like history.

2-25 Me gusta ... No me gusta ... Tell a classmate the names of three activities or subjects that you like and three that you don't like.

MODELO: ► Me gusta practicar el fútbol. No me gusta la geografía.

PRONUNCIACIÓN

Spanish intonation in questions

Intonation is the sequence of voice pitch (rising or falling) in normal speech in accordance with the type of message intended and the context in which it is communicated. Intonation patterns in Spanish are very useful when posing questions. With yes/no questions, the pattern is somewhat different. The voice rises to an above normal pitch at the end of the question. Note the following examples:

¿Ellos son de los Estados Unidos?

¿Tú eres de la capital?

In questions that use interrogative words, the pitch level at the beginning is high and gradually falls toward the end of the question. Note the following examples:

¿De dónde es Jaime?

¿Quién es el profesor?

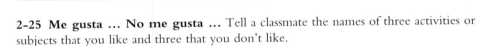

A PROPÓSITO ... HIGHER EDUCATION IN SPANISH-SPEAKING COUNTRIES

University studies in Spanish-speaking countries are structured differently than in the United States and Canada. Students in these countries generally choose a major during their first or second year of college; students in Spain and Latin America must choose their field of study prior to enrolling. Moreover, each specialization usually involves taking a pre-established set of courses each semester. Thus few, if any, elective courses are available to Hispanic students outside of their designated field of study.

Clase universitaria en Santiago de Chile

Vamos a comparar

What are the advantages and disadvantages of the way studies are structured in the United States and Canada? In the Spanish-speaking world? Which system appeals more to you?

ESTRUCTURAS

4. The present indicative of *-ar* verbs

Spanish verbs are classified into three groups according to their infinitive ending (**-ar**, **-er**, or **-ir**). Each of the three groups uses different endings to produce verb forms (conjugations) in the various tenses.

hablar (*to speak, to talk*)							
	SINGULAR FORMS				PLURAL FORMS		
	STEM	ENDING	VERB FORM		STEM	ENDING	VERB FORM
yo	habl	+ **o**	**hablo**	nosotros(as)	habl	+ **amos**	**hablamos**
tú	habl	+ **as**	**hablas**	vosotros(as)	habl	+ **áis**	**habláis**
usted / él, ella	habl	+ **a**	**habla**	ustedes / ellos, ellas	habl	+ **an**	**hablan**

All regular **-ar** verbs are conjugated like **hablar**. Other common **-ar** verbs are:

bailar	*to dance*	**estudiar**	*to study*	**practicar**	*to practice*
caminar	*to walk*	**llegar**	*to arrive*	**preparar**	*to prepare*
conversar	*to speak*	**mirar**	*to look at*	**regresar**	*to return*
enseñar	*to teach*	**nadar**	*to swim*	**tomar**	*to take, to drink*
escuchar	*to listen*	**necesitar**	*to need*	**trabajar**	*to work*

The Spanish present indicative tense has several equivalents in English. In addition to the simple present, it can express ongoing actions and even future actions. Note the following examples:

Yo **estudio** ingeniería. — { *I study engineering.* / *I am studying engineering.* }

Hablamos con Marta mañana. — *We will speak with Marta tomorrow.*

STUDY TIPS

Learning regular verb conjugations

1. The first step in learning regular verb conjugations is being able to recognize the infinitive stem. This can be done quite easily as the stem is the part that does not contain the ending.

INFINITIVE		STEM
hablar	habl~~ar~~	habl
estudiar	estudi~~ar~~	estudi
trabajar	trabaj~~ar~~	trabaj

2. Practice conjugating several **-ar** verbs in writing first. Identify the stem, then write the various verb forms by adding the present tense endings listed above. Once you have done this, say the forms you have written out loud several times.
3. Next, you will need to practice **-ar** verb conjugations orally. Create two sets of index cards. On one set, write down the subject pronouns listed on page 39 (one per card). On the other set, write some of the **-ar** verbs you have learned. Select one card from each set and conjugate the verb with the selected pronoun.
4. Think about how each verb action relates to your own experience by putting verbs into a meaningful context for you and your acquaintances. For example, think about what you and each of your friends study: **Estudio matemáticas. Juan estudia ingeniería**, etc.

PRÁCTICA

2-26 ¿Qué hacen ahora? Create sentences by matching the person or persons in each drawing with the activities listed below.

MODELO: practicar tenis
► Eugenia practica tenis.

1. escuchar música
2. mirar la televisión
3. conversar en el café
4. trabajar en el laboratorio
5. caminar por las tardes
6. hablar por teléfono
7. estudiar en la biblioteca
8. nadar mucho
9. bailar en una fiesta
10. preparar una pizza

a.

b.

c.

d.

e.

f.

g.

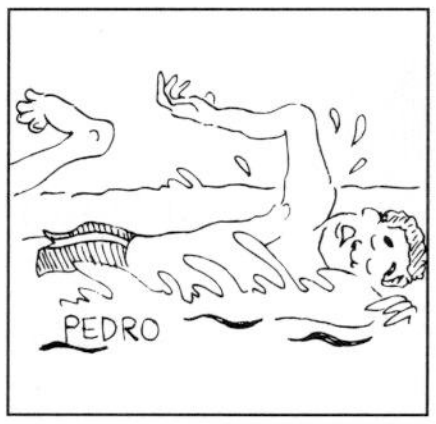

h.

i.

j.

2-27 ¿Y tú? Write a short paragraph in which you discuss your activities using verbs that end in **-ar**. Connect your thoughts by using the expressions **pero**, **y**, and **también**.

MODELO: ► Estudio dos idiomas: inglés y español. También estudio ciencias y comercio. Trabajo en la librería. Me gusta conversar con los amigos y practicar fútbol también. Mañana necesito preparar un examen.

2-28 Un mal día. Complete the paragraph about Sarita's very bad day with the appropriate form of a logical **-ar** verb.

bailar	escuchar	estudiar	hablar
mirar	practicar	tomar	trabajar

Hoy (yo) (1) ____ mucho porque mañana hay examen de filosofía. Mis amigos y yo (2) ____ mucho porque la clase es muy difícil. (Yo) (3) ____ con María por teléfono. Por la noche, María (4) ____ un partido de baloncesto en la televisión, porque ella no (5) ____ la clase de filosofía. ¡Ella (6) ____ música y (7) ____ en la discoteca con los amigos porque no tiene examen mañana!

2-29 Las actividades de los estudiantes. Combine a word or phrase from each column to form at least six complete, logical sentences in Spanish. Be sure to conjugate the verbs.

MODELO: ► Mi amigo trabaja en la librería.

Yo	estudiar	la lección
Los amigos	escuchar	en la cafetería
Tú	tomar	fútbol (natación, tenis)
El (La) profesor(a)	trabajar (en)	por teléfono
Mi amigo(a)	practicar	español (francés, etc.)
Mis compañeros y yo	hablar	mucho (poco)
	conversar (en)	la radio
	bailar	café

COMUNICACIÓN

2-30 ¡Hola! ¿Qué estudias? In the next few minutes, see how many of these majors you can find in your class. Greet each person, then ask what he/she studies and write his/her name on the appropriate line. Then tally your results and report them to the class.

MODELO: E1: ¡Hola! ¿Qué estudias?
E2: Estudio arte.
E1: ¿Cómo te llamas?
E2: Me llamo …

arte:	__________	inglés:	__________
biología:	__________	pedagogía:	__________
derecho:	__________	política:	__________
comunicaciones:	__________	ingeniería:	__________
filosofía:	__________	administración de empresas:	__________
historia:	__________	(original):	__________

2-31A Entrevista. Answer your classmate's questions about your studies and activities. Then form questions using the **tú** form of the verb to obtain information from a classmate. She/he will interview you as well. Be prepared to report back to the class.

MODELO: ¿Qué estudia en la universidad?
E1: Jorge, ¿qué estudias en la universidad?
E2: Estudio español, …
E1: Jorge estudia español …

1. ¿Qué estudia en la universidad?
2. ¿Qué idiomas habla bien?
3. ¿Dónde trabaja?
4. ¿Qué deportes practica?

Mira hacia adelante … Lección 5

te gusta *you like*	**¿Te gusta** trabajar? *Do you like to work?*

2-32 Una encuesta. Find out about a classmate's tastes by asking if he/she likes or dislikes the activities listed. Note his/her preferences in the appropriate column.

MODELO: practicar deportes
E1: ¿Te gusta practicar deportes?
E2: ¡Sí, me gusta mucho practicar deportes!
(¡No, no me gusta practicar deportes!)

ACTIVIDAD	¡MUCHO!	UN POCO	¡NO!
1. practicar deportes			
2. conversar en español			
3. nadar			
4. escuchar música clásica			
5. estudiar matemáticas			
6. bailar en la discoteca			
7. escuchar a Rush Limbaugh			
8. conversar con los amigos			
9. tomar café			
10. tocar un instrumento musical			

Mira hacia adelante … Lección 3

voy	*I am going*	**vas**	*you are going*
Voy a estudiar. *I am going to study.*		¿Qué **vas** a hacer? *What are you going to do?*	

2-33 ¿Qué vas a hacer esta noche? Ask at least five people what they are going to do tonight.

MODELO: E1: ¿Qué vas a hacer esta noche?
E2: Voy a trabajar.

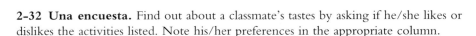

5. The present tense of the verb *tener* (*to have*)

The Spanish verb **tener** is irregular. As in English, **tener** is used to show possession:

Tengo tres clases y un laboratorio.	*I have three classes and a lab.*
¿**Tienes** un bolígrafo?	*Do you have a pen?*

tener (*to have*)			
yo	**tengo**	nosotros(as)	**tenemos**
tú	**tienes**	vosotros(as)	**tenéis**
él, ella, Ud.	**tiene**	ellos, ellas, Uds.	**tienen**

- The verb **tener** is used as well with many day-to-day expressions that are expressed in English with the verb *to be*.

¿**Tienes** hambre?	*Are you hungry?*
No, pero **tengo** frío.	*No, but I am cold.*
Nosotros **tenemos** prisa.	*We're in a hurry.*

- Here are some of the more common expressions with **tener:**

tener hambre	*to be hungry*
tener sed	*to be thirsty*
tener frío	*to be cold*
tener calor	*to be hot*
tener sueño	*to be sleepy*
tener prisa	*to be in a hurry*
tener miedo	*to be afraid*
tener cuidado	*to be careful*
(no) tener razón	*to be right (wrong)*

- Use the verb **tener** to express age and in the expression *to have to* ....

tener ... años	*to be ... years old*
tener que (+ *infinitive*)	*to have to (do something)*
¿Cuántos años tienes?	*How old are you?*
Tenemos que preparar una fiesta.	*We have to prepare a party.*

PRÁCTICA

2-34 ¿Qué tienes? Say whether or not you and others have these items.

MODELO: yo / libro de español
► Tengo un libro de español. (No tengo un libro de español.)

1. yo / clase grande
2. tú / amigos interesantes
3. nosotros / clases buenas
4. el (la) profesor(a) / mucha paciencia
5. tú / clase de biología
6. mis amigos / clase de natación
7. yo / clase de arte
8. mi amigo / mucho dinero *(money)*
9. mis amigos y yo / mucho trabajo
10. yo / examen mañana.

2-35 ¿Qué tienen? Describe how the following people feel.

MODELO: ► ¡Tengo hambre!

1. Alicia y Juanita ...

2. José Luis ...

3. Tú ...

4. Rosa y yo ...

5. Los chicos ...

2-36 ¿Qué tienen todos? Use expressions with **tener** to complete each sentence logically.

MODELO: En un accidente, yo ...
► En un accidente, yo tengo miedo.

1. Hoy es el cumpleaños *(birthday)* de mi amigo. Él ...
2. Cuando nosotros practicamos un deporte, ...
3. Hay examen mañana. Tú y yo ...
4. ¡Una hamburguesa muy grande! Tú ...
5. ¡40° centígrados! Los niños ...
6. ¡Es urgente! Yo ...

COMUNICACIÓN

2-37 ¿Qué tiene la universidad? With a classmate, decide if your university has the features listed below. Put a check mark in the appropriate column.

MODELO: muchas clases
E1: ¿Tiene muchas clases la universidad?
E2: Sí, tiene. (No, no tiene.)

¿TIENE ...?	SÍ, TIENE ...	NO, NO TIENE ...
un presidente		
buenos profesores		
un bar		
un estadio de fútbol		
muchas residencias estudiantiles		
edificios grandes		
clases pequeñas		
una buena librería		
una buena cafetería		

2-38 ¿Qué tienes que hacer? Now discuss with another student what you do and don't have to do tomorrow. Some possible answers are depicted below.

MODELO: E1: ¿Qué tienes que hacer mañana?
E2: Mañana tengo que practicar tenis y tengo que hablar con el profesor.

SÍNTESIS

¡Al fin y al cabo!

¡A REPASAR!

2-39A En el aeropuerto. Describe a friend or acquaintance to a classmate who must meet him/her at the airport. Your classmate may ask questions, and you should provide as much detail as possible, including name, physical characteristics, age, nationality, field of study, etc.

2-40 ¿Qué tienen en común? With a classmate, write 12 sentences in Spanish, saying what various people have in common. Use verbs that end in **-ar**, as well as **ser** and **tener**.

MODELO: ► Whitney Houston y Gloria Estefan son bonitas.
Tienen muchos amigos. Cantan bien.

Hillary Clinton	Ross Perot	Julio Iglesias
Michael Jordan	Roseanne	Danny Glover
Mel Gibson	Jesse Jackson	Yo
Big Bird	Murphy Brown	Christy Brinkley
Mother Theresa	Gloria Estefan	Bart Simpson
Tom Hanks	Whitney Houston	Superman
Michael Jackson	Bobby Brown	Oprah Winfrey

2-41A ¿Es importante o no? Answer your classmate's questions about activities that are important to you. Then ask your classmate how important the following activities are to him/her and indicate the responses in the chart below. Be prepared to report back to the class.

MODELO: practicar en el laboratorio
E1: ¿Es importante practicar en el laboratorio?
E2: Sí, es muy importante. Practico mucho en el laboratorio.

LA ACTIVIDAD	MUY IMPORTANTE	IMPORTANTE	NO ES IMPORTANTE
practicar en el laboratorio			
trabajar 10 horas al día			
conversar con los padres todos los días			
hablar bien otro idioma			
practicar un deporte			
escuchar las noticias todos los días			

For additional activities visit the ¡Arriba! Home Page.
http://www.prenhall.com/arriba

2-42 Maribel y la doctora Recio. Use the following information to write short news articles for *La Prensa*, a student newspaper.

Maribel

La doctora Recio

estudiante, inteligente, simpática, ciencias políticas, Universidad Iberoamericana, México, francés y japonés, fútbol, natación

profesora, informática, elegante, alta, Universidad Católica, Bogotá, alemán y francés, bailar, música clásica

2-43 Una entrevista con una persona muy importante. Write questions you would like to ask a famous person if you could interview him/her. Then use your questions to interview a classmate, jotting down his/her responses. After the interview, write up your notes for *The National Enquirer.*

¿Cómo ... ?	¿Por qué ... ?	¿Qué ... ?
¿Dónde ... ?	¿Cuál ... ?	¿Quién ... ?

View clips from the ¡ARRIBA! Video. Activities are available through your instructor or on the Prentice Hall Home Page.

2-44 ¿Qué vas a estudiar? With a classmate, look at the flyer advertising educational opportunities. Answer the questions based on the information it contains and your own interests.

MODELO: ¿Cómo se llama la academia?
► Se llama Progreso Musical.

1. ¿Qué enseñan en la academia?
2. ¿Tiene clases avanzadas?
3. ¿Son muy grandes las clases?
4. ¿Son caras las lecciones?
5. ¿Cuántos años tienen los niños en la clase de movimiento?
6. ¿Hay una clase para personas mayores *(older)* también?
7. ¿Tienes que tomar exámenes en la academia?
8. ¿Qué instrumento vas a estudiar?

PROGRESO MUSICAL
ACADEMIA DE MÚSICA Y GIMNASIA
Centro reconocido por el Ministerio de Educación y Ciencia
adaptado a la nueva ordenación musical
Exámenes oficiales en el mismo Centro
Grado Elemental y Grado Medio
PROFESORES TITULADOS
GRUPOS REDUCIDOS
PRECIOS ECONÓMICOS
MÚSICA:
Solfeo - Piano - Acordeón - Guitarra - Armonía - Violín - Canto - Trompeta - Saxofón - Flauta - Clarinete - etc.
Movimiento para niños de 4 a 8 años.
PREPARACIÓN PARA EXÁMENES DE MAGISTERIO
GIMNASIA:
Dinámica corporal - Relajación y control mental - 3.ª Edad - Aerobic - Danza española - Sevillanas - Ballet
Tutor, 52 (metro Argüelles) • Tel. 549 50 36 • ¡¡ INFÓRMATE !!
(JUNTO CORTE INGLÉS PRINCESA)

¡A LEER!

This is the first of four episodes in the ongoing saga of Tirofijo and a case of missing persons in Spain. The comic strip characters are the same ones that you speculated about at the end of **Lección 1**. The related activities will help you develop your reading and listening comprehension skills and strategies in Spanish. The story begins with a comic strip and continues with the dramatization in the **¡A escuchar!** section.

2-46 Para completar. Look at (skim) the comic strip to get an idea of what it is about and to complete these statements logically. You may have more than one response.

1. La lectura es ... (seria / cómica / romántica).
2. El señor es ... (activo / pasivo / joven / viejo / guapo / feo).
3. La señorita es ... (activa / inactiva / joven / vieja / bonita / fea).

2-47 Para buscar. Look for specific information in (scan) the reading. Consult with other sources for related information.

1. El señor se llama ...
2. La señorita se llama ...
3. La acción es en ...
4. En el mapa de España, busca *(look for)* Madrid, Málaga y la Costa del Sol.
5. En el diccionario, busca "tiro" y "fijo".
6. ¿Qué significa el nombre "Tirofijo"? __________

2-48 Para pensar. Think about how you would complete this sentence.

En mi opinión, Tirofijo se parece a *(looks like)* ... (Mary Worth, Peanuts, Dick Tracy, Far Side, etc.)

2-49 A leer. Remembering what you can from the first episode, complete the chart below. If something is not clear to you, try to guess what an appropriate response would be.

Los personajes (*The characters*)

	1.	2.	3.	4.
Nombre:	Tirofijo			
Profesión:		estudiantes		
Nacionalidad:				
Edad:				
Rasgos *(traits)* físicos:				

TIROFIJO VA A MÁLAGA

EPISODIO 1: ¡Una llamada[1] urgente!

El inspector Armando Tirofijo trabaja en la comisaría de policía de la ciudad de Madrid. Es el Jefe[2] del departamento de personas desaparecidas[3].
El inspector Tirofijo tiene 47 años, es bajo, un poco gordo y tiene unos bigotes[4] muy finos. Aparte del trabajo[5], la pasión del inspector Tirofijo es el golf. Practica el golf todos los días[6].
INSPECTOR TIROFIJO
La secretaria del inspector Tirofijo se llama Blanca Delgadillo. La señorita Delgadillo es mexicana pero vive en Madrid desde[7] 1994. Es alta, rubia[8] y tiene 25 años. La señorita Delgadillo estudia por las noches[9] en un instituto[10] de arte dramático. Ella quiere ser una actriz famosa.
En este momento, hay calma en la oficina del famoso detective. Tirofijo practica un poco de golf en su oficina. De pronto, la señorita Delgadillo entra en su oficina.
Inspector, hay una llamada telefónica para usted.
¿Sí? ¿Quién es?
Es el comandante Urbina. Es urgente. Dice que[11] han desaparecido[12] dos estudiantes.
¡Ah! Éste es un caso que sólo[13] el inspector Tirofijo puede resolver[14].

[1]*a call*
[2]*director, head*
[3]*Missing Persons*
[4]*moustache*
[5]*work*
[6]*every day*
[7]*she's been living in Madrid since 1994*
[8]*blonde*
[9]*at night*
[10]*school*
[11]*He says that*
[12]*disappeared*
[13]*only*
[14]*can solve*

2-50 ¿Comprendes? Answer briefly in Spanish based on your understanding of the comic strip.

1. ¿Quién contesta el teléfono?
2. ¿Quién llama por teléfono?
3. ¿Por qué llama?
4. ¿Quién va a resolver *(solve)* el caso?
5. En tu opinión …
   a. Dónde están los estudiantes? (en la residencia / en la universidad / en peligro *(in danger)* / con amigos)
   b. ¿Adónde va Tirofijo? (Miami / Málaga / Lima / Barcelona)
   c. ¿Cómo es el caso? (imposible / peligroso *(dangerous)* / difícil / fácil)

¡A ESCUCHAR!

Tirofijo va a Málaga. You will hear a dramatization of **Tirofijo, Episodio 1,** including some additional information about the missing students not included in the text. Use the new information to circle the correct information in the chart below.

Los estudiantes desaparecidos

1. Él:	Jim	John	George
2. Ella:	Sharon	Sara	Susan
3. Origen:	España	Estados Unidos	Canadá
4. Nacido(a) *(born)* en:	Ontario	Barcelona	Colorado
5. Rasgos físicos: él	alto	bajo	gordo
6. Rasgos físicos: ella	morena *(brunette)*	rubia	alta
7. Estudios:	geología	historia	sociología
8. Domicilio:	hotel	apartamento	residencia
9. Conexión con el embajador:	hijos *(children)*	estudiantes	amigos

España

2-51 ¿Qué sabes tú? Can you name ...?

1. la capital de España
2. una famosa obra literaria *(literary work)* de España
3. un autor español famoso
4. el nombre del rey *(king)* de España
5. un producto importante de España

El Rey Juan Carlos I de España

2-52 Para buscar. Scan the reading and photographs for the following information:

1. La población de Barcelona ______
2. El nombre del presidente ______
3. Una plaza donde toman refrescos al aire libre _______
4. El nombre del mar _____________; el nombre del océano _____________
5. La forma de gobierno _______
6. Un producto importante ______
7. Una atracción turística ______
8. Una avenida bonita en Barcelona _______

Estadísticas de España

Nombre oficial: Reino[1] de España
Población: 43.522.000
Ciudades principales: Madrid (Capital) 3.200.000, Barcelona 1.800.000, Valencia 780.000, Sevilla 690.000, Zaragoza 620.000, Málaga 600.000, Bilbao 410.000
Rey: Juan Carlos I
Forma de gobierno: monarquía parlamentaria
Presidente: José María Aznar
Productos principales: automóviles, maquinaria[2], aceite de oliva[3], frutas, acero[4]

La maravillosa España

España tiene una posición privilegiada entre[5] las naciones de Europa porque está entre el mar Mediterráneo y el Océano Atlántico, y entre dos continentes, Europa y África. Como el perímetro de su territorio está formado por cordilleras de montañas[6], España parece un gran castillo. Su extensión total es de 504.750 km^2, un área similar al estado de Texas. Después de Suiza, España es el país más montañoso de Europa. Madrid, su capital, es la capital más elevada de Europa. España tiene 2.732 kilómetros de playas[7] y es el país favorito de los turistas europeos. Más de 50.000.000 de visitantes de todas partes del mundo van a España todos los años. Sus playas están llenas[8] de extranjeros que disfrutan[9] de un mar, un clima y un sol incomparables.

Monumento a Miguel de Cervantes en La Plaza de España, Madrid

[1]*Kingdom*, [2]*machinery*, [3]*olive oil*, [4]*steel*, [5]*among*, [6]*mountains*, [7]*beaches*, [8]*full*, [9]*enjoy*

Madrid, situada en el centro geográfico de la Península Ibérica, es una ciudad con muchas atracciones turísticas. En esta bella ciudad llena de cultura y arte, el visitante puede[10] admirar magníficos edificios y amplias avenidas, fuentes y parques maravillosos, grandes museos y antiguas iglesias[11].

Vista del Palacio Real en Madrid

Playa de Sitges cerca de Barcelona.

La Plaza Mayor

La enorme Plaza Mayor fue construida en el corazón[12] de Madrid en 1619 por el Rey Felipe III. Está formada por una galería cubierta con nueve grandes arcos[13] por donde entra el público. En el centro de la plaza hay una gran estatua ecuestre de Felipe III. La plaza es uno de los lugares favoritos de los turistas que se mezclan[14] con los españoles para tomar aperitivos en sus bares y cafés antes de comer en los numerosos restaurantes que la rodean[15].

Café al aire libre en la Plaza Mayor

[10]*can,* [11]*churches,* [12]*heart,* [13]*covered by nine big arches,* [14]*who mix with,* [15]*surround*

¿COMPRENDES?

2-53 ¿Cierto o falso? Correct any false statements.

MODELO: España es el país que tiene más turistas.
► Cierto.

1. El presidente de España es Felipe González.
2. En España hay un gobierno democrático.
3. Madrid es la capital más elevada de Europa.
4. Muchos turistas visitan la Plaza Mayor para comer *(eat)*.
5. La Plaza Mayor está en Barcelona.
6. España tiene muchas montañas.
7. Madrid es famosa por sus playas.
8. El clima, el sol y las playas son atracciones turísticas.

Las Ramblas en Barcelona

Mira hacia adelante ... Lección 3

está	*is*	Madrid **está** en el centro de España. *Madrid is in the center of Spain.*
están	*are*	Los Pirineos **están** en el norte de España. *The Pyrenees are in the north of Spain.*

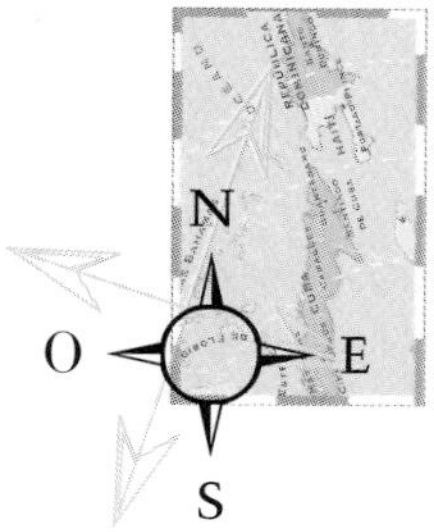

2-54 El mapa. With a classmate, review the map of Spain provided on the inside back cover of your text. Indicate where the following cities, regions, or geographical phenomena are located.

MODELO: Andalucía
► Andalucía está en el sur de España.

1. Madrid
2. los Pirineos
3. Málaga
4. Toledo
5. Bilbao
6. Galicia
7. Barcelona
8. las Islas Baleares
9. el río Tajo
10. Segovia
12. Gibraltar
11. la Sierra de Guadarrama

MADRID: GUÍA TURÍSTICA

2-55 Write a paragraph of at least eight sentences in which you describe some of the features of Spain. Refer to the reading and photographs in *Nuestro mundo*.

MODELO: ► España tiene playas bonitas ...

LECCIÓN 3

¿Qué estudias?

COMUNICACIÓN

- Exchanging information about classes
- Asking for and telling time
- Expressing possession and location
- Expressing the way you and others feel
- Extending simple invitations
- Asking for and giving simple directions

CULTURA

- Universities in Spanish-speaking countries
- Dormitory life in Hispanic countries

ESTRUCTURAS

PRIMERA PARTE

- Telling time
- Giving the date
- Possessive adjectives
- The present tense of **ir** *(to go)* and **dar** *(to give)*

SEGUNDA PARTE

- The present tense of **estar** *(to be)*
- The present tense of regular **-er** and **-ir** verbs
- The present progressive tense

¡A leer!: *Tirofijo va a Málaga,*
EPISODIO 2: *En busca de los estudiantes*

PRIMERA PARTE

¡Así es la vida!

¿Qué materias vas a tomar?

ALBERTO: ¡Oye, Luis! Ya tienes tu horario de clase, ¿verdad?
LUIS: Sí, ¿y tú? ¿Qué materias vas a tomar?
ALBERTO: Mi horario es bastante complicado. Voy a tomar cinco materias: álgebra, química, historia, inglés y computación.
LUIS: ¡Estás loco! Yo solamente voy a tomar cuatro materias este semestre ... ¡Y eso ya es mucho!
ALBERTO: ¿Vas a tomar la clase de inglés con el profesor Smith?
LUIS: ¡No, chico! Es una clase muy difícil.

LUISA: Carmen, ¿qué hora es?
CARMEN: Son las nueve en punto.
LUISA: ¿De veras? ¿Ya son las nueve?
CARMEN: Sí, mira el reloj.
LUISA: Me voy ahora mismo. ¡Mi clase de biología es en cinco minutos! ¿Tú no tienes clase ahora?
CARMEN: No, los martes no tengo clases por la mañana.

ANA: ¡Hola, Roberto! ¿Qué tal?
ROBERTO: ¡Muy bien, Ana! ¿Y tú? ¿Adónde vas?
ANA: Voy al departamento de idiomas. Tengo clase de francés a las diez y cuarto.
ROBERTO: Pero, ¿vas a tomar idiomas?
ANA: Pues sí, Roberto. En el mundo de hoy, aprender idiomas no es un lujo, es una necesidad.

¡Así lo decimos!

Más materias académicas

el álgebra	*algebra*
la computación, la informática	*computer science*
el desarrollo infantil	*child development*
la filosofía	*philosophy*
la economía	*economics*
la literatura	*literature*
las matemáticas	*math*
la música	*music*
la oratoria	*speech*
la química	*chemistry*
la sociología	*sociology*

Lugares y términos académicos

la biblioteca	*library*
la cafetería	*cafeteria*
la calculadora	*calculator*
el centro estudiantil	*student center*
la computadora	*computer*
el curso	*course*
el diccionario	*dictionary*
el horario de clase	*class schedule*
hacer ejercicio	*to exercise*
el gimnasio	*gym*
la materia	*(academic) subject*
el semestre	*semester*

Adjetivos

aburrido(a)	*boring; bored*
complicado(a)	*complicated*
difícil	*hard*
exigente	*challenging, demanding*
fácil	*easy*
interesante	*interesting*

Adverbios

bastante	*rather*
solamente	*only*

Expresiones de tiempo

¿Qué hora es?	*What time is it?*
Son las nueve en punto.	*It's nine o'clock sharp (on the dot).*
de la mañana	*in the morning (a.m.)*
de la tarde	*in the afternoon (p.m.)*
de la noche	*at night (p.m.)*
por la mañana	*in (during) the morning*
por la noche	*in (during) the evening*
por la tarde	*in (during) the afternoon*
ahora mismo	*right now*
tarde	*late*

Palabras y expresiones claves

¿Adónde vas?	*Where are you going?*
mi	*my*
tu	*your* (familiar)
vas a + infinitive	*you are going to* + infinitive
me voy	*I'm going; I'm leaving*
llegar	*to arrive*
regresar	*to return*

Otras palabras y expresiones

chico(a)	*man, kid, boy, girl* (colloquial)
el cumpleaños	*birthday*
es un lujo	*it's a luxury*
es una necesidad	*it's a necessity*
estás loco(a)	*you are crazy* (familiar)
el mundo de hoy	*today's world*
¡Oye!	*Listen!*
pero	*but*
pues sí	*yes, indeed*
ya	*already*

Ampliación

Los días de la semana

lunes	*Monday*	**viernes**	*Friday*
martes	*Tuesday*	**sábado**	*Saturday*
miércoles	*Wednesday*	**domingo**	*Sunday*
jueves	*Thursday*		

- The days of the week in Spanish are not capitalized and are all masculine.
- Calendars begin the week with Monday, not Sunday.
- The definite article is not used with days of the week after **ser**.

  Hoy **es** jueves.
  Today is Thursday.

- *On Monday ... on Tuesday ...* etc. is expressed by using the definite article.

  El examen es **el lunes**.
  The exam is on Monday.

- Days that end in **-s** have the same form in the singular and the plural:

  el lunes, **los lunes**

- In the plural, the days of the week express the idea of doing something regularly.

  La clase de oratoria es **los lunes, los miércoles y los viernes**.
  Speech class is on Mondays, Wednesdays, and Fridays.

  Los sábados voy al gimnasio.
  I go to the gym on Saturdays.

Los meses del año

enero	*January*
febrero	*February*
marzo	*March*
abril	*April*
mayo	*May*
junio	*June*
julio	*July*
agosto	*August*
septiembre	*September*
octubre	*October*
noviembre	*November*
diciembre	*December*

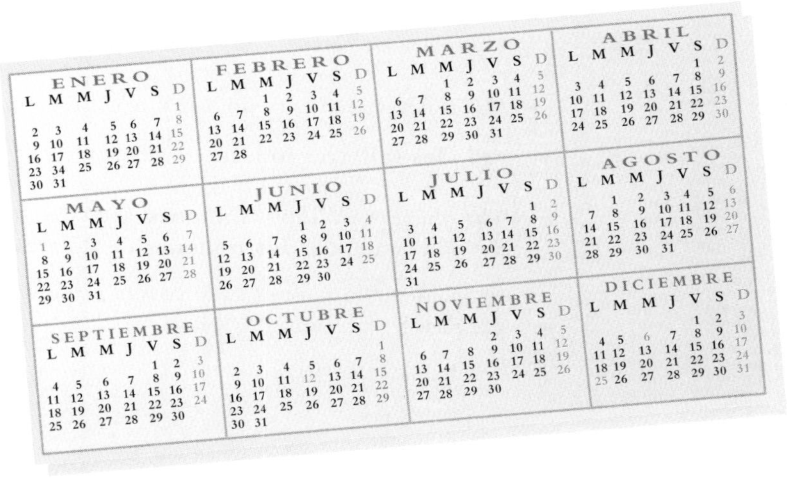

Las estaciones del año

el invierno	*winter*	**el verano**	*summer*
la primavera	*spring*	**el otoño**	*fall*

- The definite article is generally used with the seasons. The months and seasons are not capitalized unless they begin a sentence.

  ¿Cómo es **la primavera** aquí?
  What is spring like here?

Los números de 30 a 1.000.000

30	treinta	300	trescientos, -as
31	treinta y uno	400	cuatrocientos, -as
40	cuarenta	500	quinientos, -as
50	cincuenta	600	seiscientos, -as
60	sesenta	700	setecientos, -as
70	setenta	800	ochocientos, -as
80	ochenta	900	novecientos, -as
90	noventa	1.000	mil
100	cien	4.000	cuatro mil
101	ciento uno	100.000	cien mil
200	doscientos, -as	1.000.000	un millón (de)

- **Cien** is used when it precedes a noun or when counting.

  Aquí hay **cien** estudiantes.
  noventa y nueve, cien, ciento uno, etc.

- **Ciento** is used in compound numbers between 100 and 200:

  ciento diez; ciento treinta y cuatro, etc.

- When the numbers 200-900 modify a noun, they agree with it in gender:

  cuatrocient**os** libros   quinient**as** tizas   doscient**as** pesetas

- **Mil** is never used with **un** and is never used in the plural for counting.

  mil, **dos mil**, **tres mil**, etc.

- The plural of **millón** is **millones**, and when followed by a noun, both take the preposition **de**: **dos millones de dólares**.
- In Spain and in most of Latin America, thousands are marked by a period and decimals by a comma:

U.S./Canada	Spain/Latin America
$1,000	$1.000
$2.50	$2,50
$10,450.35	$10.450,35

¡A ESCUCHAR!

You will hear eight statements made by students you met in the **¡Así es la vida!** section. Indicate the identity of each speaker, using the suggested abbreviations.

MODELO: Sí, tengo mi horario y es complicado.
► The answer is **A**, for **Alberto.**

A: Alberto **L:** Luis **LA:** Luisa **C:** Carmen **N:** Ana **R:** Roberto

1. ____ 3. ____ 5. ____ 7. ____
2. ____ 4. ____ 6. ____ 8. ____

PRÁCTICA

3-1 ¿Qué estudias? Say which subject on the right you study if you have the items on the left.

MODELO: Tengo un libro de Milton Friedman.
► Estudio economía.

1. el drama Romeo y Julieta	matemáticas
2. un mapa	geografía
3. un libro sobre *(about)* Napoleón	biología
4. un diccionario bilingüe	informática
5. un microscopio	música
6. una computadora	literatura
7. un piano	español
8. una calculadora	historia

3-2 ¿Cómo es tu horario? Complete the following dialog. Use words and expressions from **¡Así lo decimos!** and **¡Así es la vida!**

MABEL: (1)__________, Eduardo. ¿Tienes tu (2)__________ de clases?
EDUARDO: Sí, pero es muy (3)__________ porque voy a tomar seis (4)__________. ¿Y tú?
MABEL: Yo solamente tengo cuatro materias: (5)__________, (6)__________,(7)__________ y (8)__________.
EDUARDO: ¿Vas a (9)__________ español con el profesor Correa?
MABEL: ¡(10)__________! Él es muy (11)__________.

3-3 Los días de la semana. Look at the calendar and indicate on which day of the week the following days fall.

MODELO: el 4
► El cuatro de abril es martes.

1. el 17
2. el 21
3. el 30
4. el 11
5. el 27
6. el 8

L	M	M	J	V	S	D
ABRIL						
					1	2
3	4	5	6	7	8	9
10	11	12	13	14	15	16
17	18	19	20	21	22	23
24	25	26	27	28	29	30

3-4 Las materias. Complete each statement by writing in the academic subject depicted in the illustration.

1. Yo estudio __________.

2. Tú practicas _________.

3. Ana tiene clase de _____.

4. Clemencia estudia _____.

5. Teresita y Manolo estudian __________.

3-5 Los meses y las estaciones. Write the season in which each month falls in the Northern Hemisphere. Then do the same with the seasons in the Southern Hemisphere.

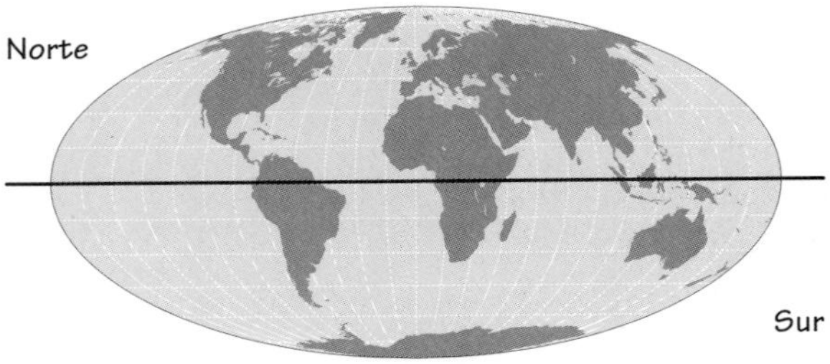

	HEMISFERIO NORTE	HEMISFERIO SUR
1. febrero	______________	______________
2. agosto	______________	______________
3. julio	______________	______________
4. diciembre	______________	______________
5. marzo	______________	______________
6. octubre	______________	______________
7. mayo	______________	______________
8. septiembre	______________	______________
9. enero	______________	______________
10. abril	______________	______________

3-6A Inventario. Write down the inventory your classmate reads to you, writing out the numbers in Spanish. Then dictate the following inventory to your classmate who will write it down. (**¡Ojo!** Watch agreement!)

MODELO: 747 mesas
► setecientas cuarenta y siete mesas

1. 202 diccionarios
2. 816 pizarras
3. 326 edificios
4. 110.000 sillas
5. 5.002 escritorios
6. 52 mapas
7. 2.700.000 libros

3-7 El premio gordo. Answer the questions based on the lottery ticket.

1. ¿Cuál es la fecha del sorteo *(drawing)*?
2. ¿Cuál es el costo del billete?
3. ¿Cuánto paga en nuevos pesos?
4. ¿Cuál es el número del billete?

3-8 ¿En qué año? With a classmate, take turns saying the dates on the left and matching them with an historical event on the right. Include one or more additional dates for each other to guess.

MODELO: 1776

➤ la independencia de los Estados Unidos

1. ______ 1492
2. ______ 1939
3. ______ 1952
4. ______ 1996
5. ______ 1929
6. ______ 1861
7. ______ 1936
8. ______ 1519

a. los Juegos Olímpicos en Atlanta
b. la Guerra Civil española
c. la conquista de México por Cortés
d. la Gran Depresión
e. la Guerra Civil norteamericana
f. Cristóbal Colón llega a Santo Domingo
g. Sputnik
h. la Segunda Guerra Mundial

COMUNICACIÓN

3-9A Trivialidades. Pair up with a classmate and take turns asking your questions.

MODELO: E1: ¿Qué mes tiene 28 días?
E2: Febrero.

1. ¿Cuándo terminan las clases en la universidad?
2. ¿Cuál es el mes que te gusta menos?
3. ¿Cuáles son los meses que tienen 31 días?
4. ¿Qué mes tiene menos de 30 días?
5. ¿Qué mes es más emocionante?
6. ¿Cuál es la fecha de tu cumpleaños y cuántos años tienes?

3-10A ¿Cuánto cuesta...? You are a clerk at the Budget car rental office in Madrid, Spain. A customer asks you about the prices of different vehicles. After inquiring about several models, he/she decides which one he/she wants to rent. (Note: Do you know the current exchange rate for dollars in case your customer asks?)

MODELO: E1: ¿Cuánto cuesta un Renault 21 por tres días?
E2: Cuesta cuarenta y un mil cuatrocientas pesetas por tres días.
E1: ¡Uf! ¡Es mucho!

Budget
rent a car
Tarifa econoplan
Madrid
Tarifas locales
Estébanez Calderón, 5 — Tel. (91) 571 66 60
Gran Vía, 49 — Tel. (91) 248 90 40
Aeropuerto (para reservas) — Tel. (91) 747 99 03
Tarifas locales
Todo incluido
Precios en pesetas

Grupo	Codigo CR	Modelos de coche	Por día 1-6 días	Por día 7 días	Día adicional
A	ECMN	Fiat Uno Renault 5	5.200	33.650	4.800
B	EXMN	Ford Fiesta 1.1	6.200	40.350	5.750
C	CCMN	Ford Escort 1.3 Seat Ibiza	6.900	44.850	6.400
D	ICMN	Ford Orion 1.4 Fiat Tipo	8.600	56.100	8.050
I	LXMR	Ford Sierra 2.0 Renault 21	13.800	89.700	12.800
M	MVMN	Minibus	17.250	112.125	16.050

Estos precios incluyen: Kilometraje ilimitado, seguro a todo riesgo, Seguro de ocupantes e IVA.
No incluyen: Gasolina.
Alquile un coche a **PRECIO FIJO**, sin sorpresas de última hora.

3-11 Las clases. Make a class schedule like the one below. Then compare your schedule with a classmate's.

MODELO: Yo tengo español los lunes. ¿Y tú?
► Yo tengo francés y álgebra los lunes. ¿Qué tomas los martes?

	LUNES	MARTES	MIÉRCOLES	JUEVES	VIERNES

A PROPÓSITO ... HISPANIC UNIVERSITIES

Generally speaking, classes in Hispanic universities are conducted in a more formal and structured environment. In Spanish-speaking countries:

- classes tend to be much larger, ranging from 50 to 200 students per class.
- classes normally take the form of a lecture, with little time allowed for open discussion.
- classes generally meet just once or twice per week.
- final grades often depend on the results of one all-encompassing final exam.

Vamos a comparar

¿Cuántos estudiantes hay en una clase típica en tu universidad? ¿en una clase de idiomas? ¿Cuántas clases hay por semana? ¿Es muy importante el examen final? ¿Hablan mucho los estudiantes en tus clases? ¿Te gusta más el sistema norteamericano o el sistema hispano?

ESTRUCTURAS

1. Telling time

¿Qué hora es?

- The verb **ser** is used to express the time of day in Spanish. Use **es** + **la** with **una**, *(one o'clock)*. With all other times, use **son** + **las**.

Es la una.	*It's one o'clock.*
Son las dos de la tarde.	*It's two o'clock in the afternoon.*
Son las siete.	*It's seven o'clock.*

- The equivalent of *past* or *after* is **y** and the equivalent of *to* or *till* is **menos**. **El mediodía** is the equivalent of *noon*; **la medianoche** is the equivalent of *midnight*.

Son las tres **y** cinco.	*It's five past three.*
Son las siete **menos** diez.	*It's ten to seven.*
Es **el mediodía**.	*It's noon.*
Es **la medianoche**.	*It's midnight.*

- The terms **cuarto** and **media** are equivalent to the English expressions *quarter* and *half*.

Son las cinco menos **cuarto**.	*It's a quarter to five.*
Son las cuatro y **media**.	*It's half-past four.*

- As in English, numbers can be used in place of the expressions **cuarto** y **media.**

Son las cinco menos **quince**.	*It's fifteen minutes to five.*
Son las cuatro y **treinta**.	*It's four-thirty.*

- To ask at what time an event takes place, use **¿A qué hora ... ?** To answer, use **a** + **las** + time.

¿A qué hora llega Carmen?	*At what time does Carmen arrive?*
Llega **a las ocho** y media.	*She arrives at half-past eight.*

- The expressions **de la mañana**, **de la tarde**, or **de la noche** are used when telling specific time. **En punto** is the equivalent of *on the dot* or *sharp*.

Miro la televisión a las ocho **de la noche.**	*I watch TV at eight o'clock in the evening.*
La clase es a las nueve **en punto**.	*The class is at nine sharp.*

- The expressions **por la mañana** and **por la tarde** are used as a general reference to *in the morning* and *in the afternoon*.

No tengo clases **por la mañana**.	*I don't have classes during the morning.*

- In many Spanish-speaking countries, the twenty-four hour clock is used for schedules and official time keeping. To convert from the twenty-four hour clock, subtract twelve hours.

21:00 = **las nueve de la noche**
16:30 = **las cuatro y media de la tarde**

STUDY TIPS **Learning to tell time in Spanish**

1. To become proficient in telling time in Spanish, you'll need to make sure you have learned Spanish numbers well. Practice counting by fives to thirty: **cinco**, **diez**, **quince**, **veinte**, **veinticinco**, **treinta**.
2. Think about and say aloud times that are important to you: **Tengo clase a las 9**, **a las 10**, ..., **Tengo que practicar ... a las ...,** etc.
3. Every time you look at your watch, say the time in Spanish.

PRÁCTICA

3-12 El horario de Gloria Fernández, una estudiante dominicana. Answer the questions by looking at Gloria's class schedule.

inglés	9:00 a.m.
química	11:00 a.m.
informática	1:10 p.m.
español	3:30 p.m.
biología	4:45 p.m.
historia	7:15 p.m.

MODELO: ¿Qué clases tiene Gloria por la tarde?
► Tiene informática, español y biología.

1. ¿Cuáles son las clases de Gloria por la mañana?
2. ¿A qué hora es la clase de informática?
3. ¿A qué hora es la clase de español?
4. ¿Qué clase tiene Gloria por la noche?
5. ¿A qué hora es la clase?
6. ¿A qué hora es la clase de biología?
7. ¿Cómo es el horario de Gloria?

3-13 ¿A qué hora? Say at what time the people in the illustrations do the activities depicted. Follow the model and use the expressions **de la mañana**, **de la tarde**, **de la noche**.

MODELO: ► Marina va a la escuela a las ocho y media de la mañana.

1. 

2. 

3. 

4. 

5. 

6. 

3-14 ¿Qué hora es en ... ? In small groups, determine what time it is in the cities below. Notice that the chart uses the twenty-four hour clock. State times using the twelve-hour clock, but be sure to specify **de la mañana, de la tarde**, etc.

MODELO: E1: Son las cinco de la tarde en San Diego. ¿Qué hora es en Asunción?
E2: Son las nueve de la noche.

San Francisco	San Diego	17:00
Santa Fé	Boise	18:00
Houston	Tegucigalpa	19:00
Miami	San Juan	20:00
Buenos Aires	Asunción	21:00
Madrid	Bilbao	1:00

3-15 Vuelos a Sevilla. You and a classmate are meeting a friend in Seville. The airline schedule shows the days, flights, departure and arrival times from various cities in Spain. Your friend's copy of the schedule is torn in half and only shows departure/arrival times. As your friend supplies flight information, tell him/her where the flight is from. Note that schedules use the 24-hour clock, which means that the time 13,00 is **la una de la tarde.**

MODELO: E1: Todos los días. Salida a las once y cinco. Llegada a mediodía.

E2: De Alicante.

GRUPO IBERIA

VUELOS A SEVILLA DESDE:

VALIDEZ: HASTA 24 DE OCTUBRE 1996

	DÍAS	VUELO	SALIDA	LLEGADA
ALICANTE	DIARIO	AO 463.1	11,05	12,00
ALMERÍA	L X V D	AX 111	11,15	12,20
	L X V D	AX 143	21,45	22,50
ARRECIFE DE LANZAROTE	X D	AO 522.0	17,50	20,45
BARCELONA	**DIARIO**	**IB 1102**	**07,30**	**08,55**
	LMXJV	**IB 1104**	**12,15**	**13,40**
	DIARIO	**IB 1108**	**17,00**	**18,25**
	LMXJV(*)	**IB 1112**	**20,10**	**21,35**
	DIARIO	**IB 1114**	**22,55**	**00,20**
BILBAO	**L X V D**	**IB 5206**	**10,30**	**11,45**
	M J S	**IB 5662**	**10,30**	**11,45**
FUERTEVENTURA	D	AO 154.0	12,25	15,20
LAS PALMAS DE GRAN C.	**DIARIO**	**IB 2960**	**09,20**	**12,20**
	DIARIO(**)	**IB 2840**	**23,55**	**02,55**
MADRID	**DIARIO**	**IB 0104**	**06,25**	**07,20**
	DIARIO	**IB 0118**	**08,40**	**09,35**
	D	AO 153.0	09,05	10,00
	M J (*)	**IB 0108**	**10,45**	**11,40**
	L X V	**IB 0108**	**10,45**	**11,40**
	D	**IB 0132**	**10,45**	**11,40**
	L X V (*)	**IB 0132**	**11,55**	**12,50**
	M J S	**IB 0132**	**11,55**	**12,50**
	LMXJV(*)	**IB 0122**	**14,05**	**15,00**
	DIARIO	**IB 0112**	**16,40**	**17,35**
	DIARIO	**IB 0114**	**19,45**	**20,40**
	DIARIO	**IB 0134**	**21,00**	**21,55**
	LMXJV	**IB 0134**	**21,00**	**21,55**
	DIARIO	**IB 0128**	**22,25**	**23,20**
	DIARIO	**IB 0102**	**23,25**	**00,20**
MÁLAGA	L X V D	AX 702	08,30	09,15
	L X V D	AX 742	19,00	19,45
PALMA DE MALLORCA	M X J S D	AO 461.0	14,15	15,30
	L V	AO 461.0	18,00	19,15
SANTIAGO DE C.	**DIARIO**	**IB 2961**	**20,00**	**21,10**
SANTA CRUZ DE TENERIFE	**DIARIO**	**IB 2860**	**09,55**	**13,00**
	DIARIO(**)	**IB 2862**	**22,35**	**0140**

PRONUNCIACIÓN

Sounds of Spanish *b*, *v* and *p*

1. In Spanish, the letters **b** and **v** are pronounced in exactly the same manner. They have two different sounds:
   - At the beginning of a breath group or after the letters **m** or **n**, the **b** and **v** are pronounced like the *b* in the English word *boy,* as in these words.

     buen **v**aso **b**astante **v**ino in**v**ierno

   - In any other position, the **b** and **v** are pronounced with the lips slightly open, which allows air to pass through them, creating a little friction.

     una **b**i**b**lioteca ellos **v**an nosotros **viv**imos la **v**entana

2. The **p** is pronounced like the English *p*, but without the strong puff of air.

   pa**p**á **p**a**p**el **p**oco

COMUNICACIÓN

3-16A ¿A qué hora? Answer your classmate's questions about when you do certain activities. Then ask a classmate at what time he/she does the following. Be ready to summarize your classmate's activities for the class.

MODELO: arrives at the university

E1: ¿A qué hora llegas a la universidad?

E2: Llego a la/las ...

E1: ... llega a la universidad a las ...

1. has to prepare the Spanish lesson
2. practices (piano, football, baseball, etc.)
3. walks home (**a casa**)
4. talks on the phone (**por teléfono**)
5. listens to the radio (**la radio**)
6. arrives at class
7. has to study

2. Giving the date

¿Cuál es la fecha de hoy?	*What's today's date?*
Hoy es el veintiuno de marzo.	*Today is March twenty-first.*
Es el ocho de septiembre.	*It's September eighth.*
El primero de abril es mi cumpleaños.	*My birthday is April first.*

- Use cardinal numbers to give the date. The only exception is **primero** *(first)*.

el primero de mayo de 1998	*May 1, 1998*
el dos de septiembre de 1949	*September 2, 1949*

- Remember that the names of the months are not capitalized in Spanish.

PRÁCTICA

3-17 Las fechas. Tell the date of the following celebrations. If the celebration does not always fall on the same day, say in which month it usually falls.

MODELO: ► el diecisiete de marzo

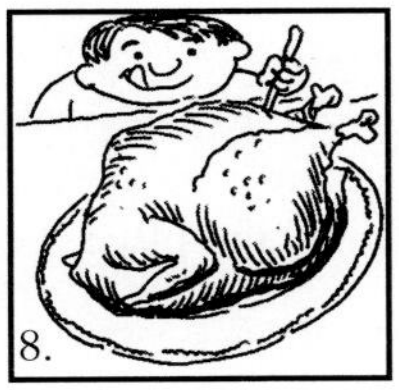

3-18 Admisiones. Answer the questions based on the notice below.

PONTIFICIA UNIVERSIDAD CATÓLICA MADRE Y MAESTRA

DEPARTAMENTO DE ADMISIONES

El Departamento de Admisiones de la Pontificia Universidad Católica Madre y Maestra, Recinto Santo Tomás de Aquino, les informa las fechas de Examen de Admisión y las fechas límites para depositar los documentos o requisitos de admisión (previos al examen).

FECHA EXAMEN DE ADMISIÓN	FECHA LÍMITE PARA DEPOSITAR DOCUMENTOS
Sábado 17 de marzo, 1995	**9 de marzo, 1995**
Sábado 21 de abril, 1995	**17 de abril, 1995**
Sábado 23 de junio, 1995	**15 de junio, 1995**

Para mayor información debe dirigirse al Departamento de Admisiones de la Pontificia Universidad Católica Madre y Maestra y/o llamar al teléfono 555-7786, Ext. 70.

1. ¿Cómo se llama la universidad?
2. ¿Cuál es el teléfono del Departamento de Admisiones?
3. ¿Cuántos exámenes de admisión hay?
4. ¿Cuáles son las fechas del examen de admisión?
5. ¿Cuál es la fecha límite para presentar la solicitud para el examen de admisión del 17 de marzo?

COMUNICACIÓN

3-19 La fecha. With a classmate, determine when the following events take place.

MODELO: los Juegos Olímpicos en Atlanta
E1: ¿Cuándo son los Juegos Olímpicos en Atlanta?
E2: Son en agosto de 1996.

1. las vacaciones de diciembre
2. su cumpleaños
3. las vacaciones de primavera
4. el cumpleaños del (de la) profesor(a)
5. las vacaciones de verano
6. el examen final
7. la Copa Mundial de fútbol

3-20 Fechas importantes. Pair up with a classmate and ask each other about two events you are looking forward to in the near future. Say on what dates these events will take place. Follow the model.

MODELO: ► El jueves tres de marzo tengo una fiesta.

3. Possessive adjectives

Possessive adjectives			
SUBJECT PRONOUN	SINGULAR	PLURAL	
yo	**mi**	**mis**	*my*
tú	**tu**	**tus**	*your* (inform.)
él, ella, usted	**su**	**sus**	*his, her, your* (form.)
nosotros(as)	**nuestro(a)**	**nuestros(as)**	*our*
vosotros(as)	**vuestro(a)**	**vuestros(as)**	*your* (inform.)
ellos, ellas, ustedes	**su**	**sus**	*their, your* (form.)

- Possessive adjectives agree in number with the nouns they modify. Note that **nuestro(a)** and **vuestro(a)** are the only possessive adjectives that show both gender and number agreement.
- In Spanish, possessive adjectives are always placed before the noun they modify and, unlike their English counterparts, they never receive intonational stress.

Mis clases son grandes.	*My classes are large.*
Nuestros amigos llegan a las ocho.	*Our friends arrive at eight o'clock.*

- In Spanish, the construction **de** + noun can also be used to indicate possession. It is equivalent to the English apostrophe s.

El libro **de** Raúl es interesante.	*Raúl's book is interesting.*
La hermana **de** Laura estudia derecho.	*Laura's sister studies law.*

- When the preposition **de** is followed by the definite article **el**, it contracts to **del**.

de + el = del

Los libros **del** profesor son interesantes.
The professor's books are interesting.

- The preposition **de** does not contract with **la**, **las**, **los**, or the subject pronoun **él**.

Los lápices **de la** estudiante son amarillos.	*The student's pencils are yellow.*
No es mi mochila, es **de él**.	*It's not my backpack, it's his.*

EXPANSIÓN More on structure and usage

Because the possessive adjectives **su** and **sus** can have different meanings *(your, his, her, their)*, the context in which they are used can often help clarify who the possessor is.

María lee **su** libro.	*María reads her book.*
Ramón y José hablan con **sus** amigos.	*Ramón and José speak with their friends.*

When the context does not clearly indicate the identity of the possessor, the construction **de** + noun or **de** + subject pronoun is used for clarification.

¿**De quién** es el libro?	*Whose book is it?*
Es su libro. Es el libro **de Paco**.	*It's his book. It's Paco's book.*
¿Son **sus** amigas?	*Are they her friends?*
Sí, son las amigas **de ella**.	*Yes, they're her friends.*

PRÁCTICA

3-21 En la cafetería. Complete this paragraph about what goes on in the university cafeteria with the correct form of the possessive adjective. In each sentence, the subject and the possessor are the same.

A las 7:30 de la mañana yo tomo (1)___ primer café porque (2)___ clase de historia es a las 8:00. Chalo y Beto llegan a (3)___ clases a las 9:00 y 10:00 de la mañana, pero después *(after)* vamos a la cafetería de (4)___ universidad al mediodía. En la cafetería, hablamos con (5)___ amigas y con (6)___ profesores. Estudiamos (7)___ lecciones. Yo practico inglés con (8)___ amigos norteamericanos y (9)___ amigas Carol y Kim practican el español con (10)___ amigos mexicanos. Los mexicanos van a la cafetería de (11)___ universidad con (12)___ amigos también.

3-22 ¿De quién es? With a classmate, take turns asking and indicating to whom each of the following items belongs.

MODELOS: E1: ¿Es el libro de la profesora?
E2: Sí, es de la profesora. Es su libro.

E1: ¿Es tu bolígrafo?
E2: Sí, es mi bolígrafo.

1. ¿Es el diccionario de Luis?
2. ¿Es la mochila de Alicia?
3. ¿Son mis sillas?
4. ¿Es tu cuaderno?
5. ¿Son los mapas de Ángel?
6. ¿Son los lápices del profesor?
7. ¿Es tu calculadora?
8. ¿Son los bolígrafos de ustedes?
9. ¿Es nuestra clase?
10. ¿Es mi reloj?

3-23 ¿De quién es? Indicate where or to whom the following items belong, using your imagination.

MODELO: calculadora
► La calculadora es del profesor de matemáticas.

1. sillas
2. cafetería
3. diccionario
4. mapas
5. horario de clases

biblioteca
centro estudiantil
doctor ...
señor ...
profesora de ...
universidad

3-24 ¿De qué color es? Pair up with a classmate and take turns asking each other questions about items in the classroom. Follow the model.

MODELO: tu mochila
E1: ¿De qué color es tu mochila?
E2: Mi mochila es azul.

1. tus cuadernos
2. tus lápices
3. mi escritorio
4. nuestra mesa
5. nuestras sillas
6. mi mapa
7. el libro del (de la) profesor(a)
8. el reloj de ...

COMUNICACIÓN

3-25 Nuestras clases. In small groups, discuss your classes and instructors, filling in the chart below with the information you find out.

MODELO: E1: Juan, ¿cómo es tu clase de español?
E2: Mi clase de español es muy buena.
E1: ¿Y tu profesor?
E2: ¡Mi profesor es muy exigente!

NOMBRE	SU CLASE DE .../ SU LIBRO DE...	SU PROFESOR DE ...	SU HORARIO DE CLASE
Juan	español	buena, exigente	

4. The present tense of ir *(to go)* and dar *(to give)*

	SINGULAR			PLURAL	
	IR	DAR		IR	DAR
yo	**voy**	**doy**	nosotros(as)	**vamos**	**damos**
tú	**vas**	**das**	vosotros(as)	**vais**	**dais**
él, ella, Ud.	**va**	**da**	ellos, ellas, Uds.	**van**	**dan**

- The Spanish verbs **ir** and **dar** are irregular.
- **Ir** is often followed by the preposition **a**. When the definite article **el** follows the preposition **a**, they contract to **al**.

  Luis y Ernesto **van al** centro estudiantil.
  Luis and Ernesto are going to the student center.

- The preposition **a** does not contract with **la**, **las**, **los,** or with the subject pronoun **él**.

  Carmen va **a la** cafetería.
  Carmen is going to the cafeteria.

- The construction **ir** + **a** + infinitive is used in Spanish to express future action. It is equivalent to the English construction *to be going to* + infinitive.

  ¿Qué **vas a hacer** esta noche?
  What are you going to do tonight?

  Voy a estudiar en la biblioteca.
  I'm going to study in the library.

- Besides its basic meaning, *to give*, **dar** is used in a number of common expressions.

dar una fiesta	*to give (have) a party*
dar un examen	*to take an exam; to give an exam*
dar una película	*to show a film*
dar un paseo	*to take (go for) a walk*
dar la una, las dos, ...	*to strike one, two, ... (o'clock)*

PRÁCTICA

3-26 Los amigos. Complete this paragraph about the schedules of several students using the correct forms of **ir** and **dar**.

José, Marta, María y yo somos buenos amigos. Nosotros (1)______ juntos *(together)* a la universidad todos los días. José (2)_____ a la clase de español a las nueve y luego *(then)* (3)_____ a la clase de inglés. Marta y María (4)_____ a la clase de geografía a las once y a las doce (5)_____ a la clase de biología en la que la profesora (6)_____ muchos exámenes. Yo también (7)_____ con ellas a la clase de geografía pero cuando el reloj (8)_____ las doce, (9)_____ a la cafetería. Nosotros (10)_____ a la biblioteca a las tres y por la tarde (11)_____ un paseo antes de regresar a casa. ¿A qué hora (12)_____ ustedes a la universidad?

3-27 ¿Adónde van? Where are these people likely to be going? Express each destination by making a statement with the verb **ir**, one of the places mentioned below, and the article or contraction **al** as necessary.

MODELO: Tengo hambre.
► Voy a la cafetería.

ALGUNOS LUGARES

biblioteca	centro estudiantil	clase	banco	oficina
laboratorio	gimnasio	librería	cafetería	bar

1. Tengo que preparar la lección de biología.
2. Tenemos sed.
3. Tienes que estudiar.
4. Tienes mucha prisa.
5. Tomás tiene que comprar un cuaderno.
6. Tenemos que practicar el vólibol.
7. Elvira y Luisa tienen que trabajar hoy.
8. Los chicos necesitan dinero.
9. Tengo que practicar la lección de francés.
10. Tenemos una reunión con nuestros amigos.

COMUNICACIÓN

3-28 El fin de semana. Describe your plans for the coming weekend, indicating at least two things you are going to do each day. Then find out what a classmate is going to do.

MODELO: ► El viernes por la noche voy a dar una fiesta. ¿Qué vas a hacer tú?

EL DÍA	YO	MI COMPAÑERO(A)
El viernes por la noche:	______________	______________
El sábado:	______________	______________
El domingo:	______________	______________

3-29 Un día típico. Write down your daily routine at the university, using the verb **ir**. Compare notes with a classmate and check off the activities you have in common. Use expressions such as **por la mañana**, **por la tarde**, and **por la noche**, as well as specific times.

MODELO: ► Por la mañana, voy a la clase de informática. A las once, voy a la cafetería a conversar con los amigos…

3-30 Los planes. With two or three other students, make plans for an outing. Use the questions below to guide your discussion. Then have one member of your group tell the rest of the class your plans.

MODELO: ► Vamos a Puerto Vallarta con nuestros amigos de la clase de español…

1. ¿Con quiénes van?
2. ¿Qué día van?
3. ¿Por cuánto tiempo van?
4. ¿Adónde van?
5. ¿A qué hora van?
6. ¿Qué van a hacer *(do)*?
7. ¿Cuándo van a regresar?

SEGUNDA PARTE

¡Así es la vida!

¿Dónde está la librería?

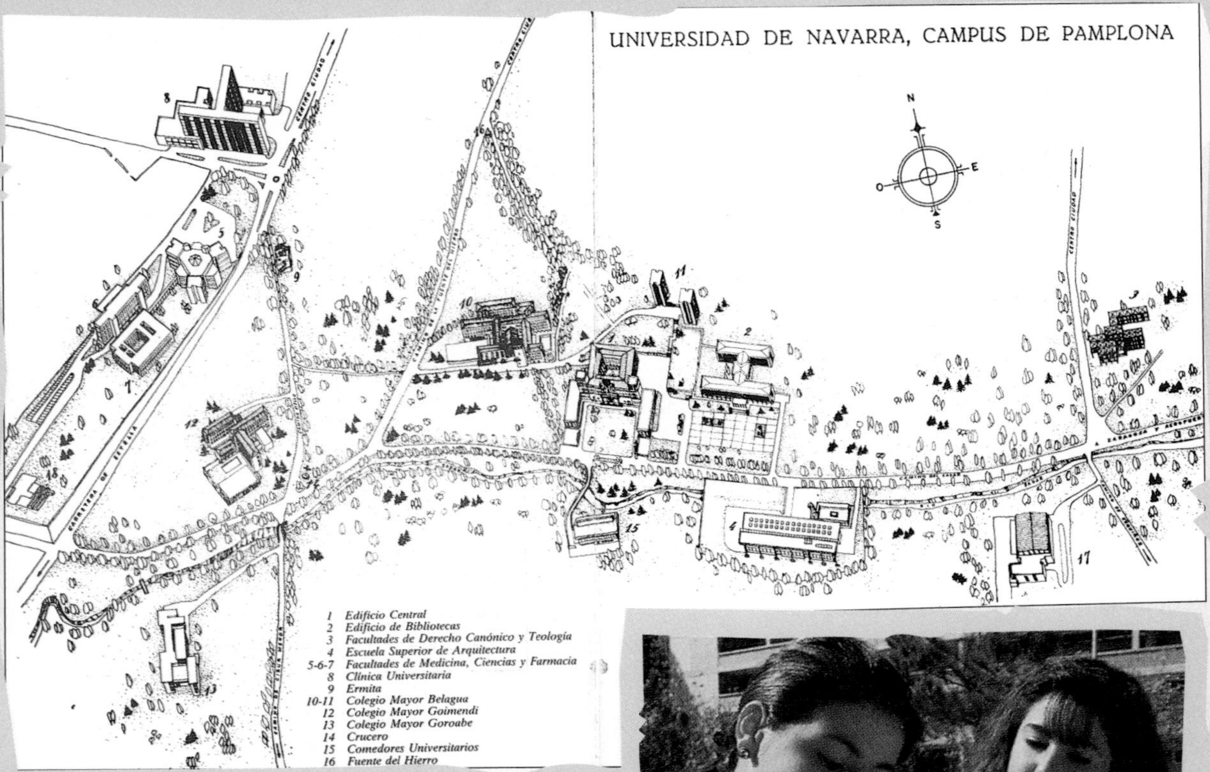

Son las once y media de la mañana. Ana Rosa y Carmen están conversando en un café cerca de la universidad mientras comen un bocadillo y beben un refresco.

CARMEN: ¿Qué vas a hacer después del almuerzo?

ANA ROSA: Chica, tengo que ir a la librería para comprar un diccionario inglés-español. Necesito escribir una composición para mañana.

CARMEN: ¿Y dónde está la librería? Yo también tengo que ir mañana.

ANA ROSA: Está detrás de la biblioteca. ¿Por qué no vamos juntas ahora?

CARMEN: No, gracias, Ana Rosa. Ahora tengo que ir a la casa de mi novio que está enfermo, y él vive muy lejos.

¡ASÍ LO DECIMOS!

Para expresar localidad

está a la derecha	*it's to (on) the right*
está a la izquierda	*it's to (on) the left*
está al lado (de)	*it's next to*
está cerca (de)	*it's near*
está delante (de)	*it's in front of*
está detrás (de)	*it's behind*
está lejos (de)	*it's far from*
está enfrente (de)	*it's in front of, across from*
está entre	*it's between*

Actividades

asistir a	*to attend*
beber	*to drink*
buscar	*to look for*
comer	*to eat*
comprar	*to buy*
doblar	*to turn*
escribir	*to write*
están conversando	*they are talking*
hacer	*to do, to make*
leer	*to read*
ver	*to see, to watch (television)*
veo	*I see, watch*
vivir	*to live*

Edificios universitarios

la facultad de ...	*school of ...*
arte	*art*
ciencias	*sciences*
derecho	*law*
filosofía y letras	*humanities*
ingeniería	*engineering*
medicina	*medicine*
el laboratorio de lenguas	*language lab*
la rectoría	*administration building*

Comidas y bebidas

el agua mineral	*mineral water*
el bocadillo	*sandwich*
el café	*coffee*
la ensalada	*salad*
la hamburguesa	*hamburger*
el jugo	*juice*
la leche	*milk*
el refresco	*soft drink, soda*

Expresiones de cortesía

Con permiso, ...	*Excuse me, ...*
Perdón, ...	*Pardon me, ...*
Por favor, ...	*Please, ...*

Otras palabras y expresiones

el almuerzo	*lunch*
después (de)	*after*
enfermo(a)	*sick*
es necesario	*it's necessary*
el (la) esposo(a)	*spouse*
junto(a)	*together*
hay que	*one has to*
mientras	*while*
el (la) novio(a)	*boyfriend/girlfriend*

¡A ESCUCHAR!

¿Es probable o no? Indicate whether the statements you hear are probable (**Sí**) or not (**No**) based on the conversation between Ana Rosa and Carmen in **¡Así es la vida!**

MODELO: Carmen y Ana Rosa tienen que ir a la librería.
► The correct response is **Sí**.

1. ____	3. ____	5. ____
2. ____	4. ____	6. ____

PRÁCTICA

3-31 ¿En qué categoría? For each of the items and places below decide in which category it belongs. In some cases you may choose more than one category.

MODELO: jugo
► para beber

CATEGORÍAS

para beber	para comer	donde estudiar
donde vivir	donde trabajar	donde comprar

COSAS Y LUGARES

1. la biblioteca _____
2. la leche _____
3. el refresco _____
4. la ensalada _____
5. el laboratorio de lenguas _____
6. la librería _____
7. el almuerzo _____
8. la Facultad de Arte _____
9. la hamburguesa _____
10. la rectoría _____
11. el bocadillo _____
12. la residencia estudiantil _____

3-32 En la cola *(Standing in line).* It's the first basketball game of the season and students are waiting in line to buy tickets. Indicate where the students in the illustrations are by choosing the correct word in parentheses.

1. Pepe está __________ Marcela y Paula. (entre/al lado de)
2. Mercedes y Adrián están __________ la taquilla.(cerca de/ lejos de)
3. Marcela está __________ la taquilla. (enfrente de/ detrás de)
4. Adrián está __________ de Mercedes. (al lado de/enfrente de)
5. Marcela, Pepe y Paula están __________ Mercedes y Adrián. (delante de/detrás de)

3-33 ¿Dónde están? Where are the people in the illustrations? Remember to use definite articles when indicating their location.

MODELO: El profesor Robles prepara un experimento en el laboratorio de …

► … la Facultad de Ciencias.

Facultad de Arte	Facultad de Filosofía y Letras
Facultad de Ciencias	librería
Facultad de Derecho	Facultad de Medicina

1. Andrina está en una clase en …

2. Vicente está en el laboratorio de lenguas de …

3. Juana y Germán están en …

4. Alfredo y Jacobo están en …

5. Gabriela Estrada trabaja en …

COMUNICACIÓN

3-34A Las materias, la hora, el lugar. With a classmate, take turns asking each other questions and supplying information so that you can complete the listings in your university class schedule.

MODELO: ► ¿A qué hora es la clase de … ?

LA HORA	LA CLASE	EL LUGAR	EL (LA) PROFESOR(A)
12.00		Facultad de Arte	Juan Ramón Jiménez
	diseño *(design)*		Ramón Sánchez Guillón
	física		Carlos Santos Pérez
	cálculo	Facultad de Informática	María Gómez García
10.35	biología		Ligia Gómez Salazar

3-35 Tu universidad. Work with two other students to prepare a skit in which one of you plays a new student needing directions to various places on campus and the other two describe the location of these places.

1. la librería
2. la cafetería
3. la Facultad de …
4. una pizzería buena
5. el laboratorio de lenguas
6. la rectoría

PRONUNCIACIÓN

Sounds of Spanish *k*, *c* and *z*

1. In Spanish, the **k** and the combinations **qu**, **ca**, **co**, and **cu** are pronounced with a sound like the English *c* in the word *cut*, but without the puff of air: **kilómetro**, **Quito**, **casa**, **color**, **cuna**.
2. In Spanish America, the letter **c** before **e** and **i**, and the letter **z** are pronounced like the English *s* in the word *sense*. In most of Spain, these sounds are pronounced like the *th* in *think*: **cine**, **cena**, **ciudad**, **zapato**, **zona**, **manzana**.

ESTRUCTURAS

5. The verb *estar* (*to be*)

The English verb *to be* has two equivalents in Spanish, **ser** and **estar**. You have already learned the verb **ser** in **Lección 2**, and you have used **está**, a form of **estar,** to say where things and places are.

Madrid **está** en España.
Madrid is in Spain.

The chart shows the present tense forms of **estar**.

estar (*to be*)			
yo	**estoy**	nosotros(as)	**estamos**
tú	**estás**	vosotros(as)	**estáis**
él, ella, usted	**está**	ellos, ellas, ustedes	**están**

- **Estar** is used to indicate the location of specific objects, people, and places.

Los estudiantes **están** en Málaga.	*The students are in Málaga.*
Málaga **está** en la Costa del Sol.	*Málaga is on the Costa del Sol.*

- **Estar** is also used to express a condition or state, such as how someone is feeling.

¡Hola, Tirofijo! ¿Cómo **estás**?	*Hi, Tirofijo! How are you?*
¡Hola, Blanca! **Estoy** apurado.	*Hi, Blanca! I'm in a hurry.*
Dos estudiantes **están** perdidos.	*Two students are lost.*

- Some common expressions used to describe a current condition or state are:

estar...

aburrido(a)	*to be bored*	**enfermo(a)**	*to be sick*
apurado(a)	*to be in a hurry*	**muerto(a) (de)**[1]	*to be dead (dying of ...)*
cansado(a)	*to be tired*	**ocupado(a)**	*to be busy*
casado(a) (con)	*to be married (to)*	**perdido(a)**	*to be lost*
contento(a)	*to be happy*	**preocupado(a)**	*to be worried*
divorciado(a)	*to be divorced*	**soltero(a)**	*to be single*
enojado(a)/ enfadado(a)	*to be angry*	**triste**	*to be sad*

Tirofijo **está casado con** Mariela.	*Tirofijo is married to Mariela.*
La Sra. Piedrahita **está divorciada**.	*Sra. Piedrahita is divorced.*
¡Estoy muerto de hambre!	*I'm dying of hunger!*

EXPANSIÓN More on structure and usage

Hay *(there is, there are)* is used when the subject is indefinite.

Hay una residencia en la Plaza Mayor.	*There is a student residence in the Plaza Mayor.*
Hay una señora que vive en la residencia.	*There is a woman who lives in the residence.*
Hay playas muy bonitas en España.	*There are very pretty beaches in Spain.*

[1]**Estar muerto(a) de** is the equivalent of the English expression *to be dying of* in colloquial usage, e.g. *to be dying of hunger, thirst, heat, embarassment*, etc., and is not used literally. To say that someone is dying of a disease or condition, the reflexive verb **morirse** is used. You will learn reflexive verbs in **Lección 9.**

PRÁCTICA

3-36 Una conversación telefónica. Paco and Pepe are talking on the telephone. Complete their conversation with the correct forms of **estar**.

PEPE: Hola, ¿cómo (1)__________ tú?
PACO: Muy bien, ¿y tú?
PEPE: Yo (2)__________ bastante bien, gracias.
PACO: ¡Oye!, ¿dónde (3)__________ tú ahora?
PEPE: (4)__________ en la cafetería.
PACO: ¿(5)__________ Raúl y Roberto allí?
PEPE: No, ellos (6)__________ en la residencia estudiantil.
PACO: ¿(7) __________ enfermos?
PEPE: No, (8) __________ cansados. Y, ¿dónde (9)__________ María Aurora?
PACO: (10)__________ en la biblioteca porque (11)__________ muy ocupada.
PEPE: Nosotros también (12)__________ muy ocupados.
PACO: Bueno, hasta luego.
PEPE: Adiós.

3-37 ¿Cómo están? Describe how the people shown are feeling.

MODELO: ► Bárbara está apurada.

1. La señora Reyes __________.

2. La señora Martínez __________.

3. Javier ________.

4. José y Francisco ______________.

COMUNICACIÓN

3-38 ¿En qué línea está? In pairs, look at the map of Madrid and find the following places. Use expressions from **¡Así lo decimos!** to describe their location.

MODELO: el Parque del Retiro
E1: ¿Dónde está el Parque del Retiro?
E2: Está cerca de Retiro en la línea roja.

1. la Ciudad Universitaria
2. la estación de trenes Chamartín
3. la Estación del Norte
4. Alcorcón
5. el cementerio
6. el aeropuerto Barajas
7. la estación de trenes Atocha
8. el Zoo

3-39A ¿Cómo estás? With a classmate, take turns asking each other how you feel in different situations. Possible states of being are listed below. Ask additional questions to find out more information. Be prepared to report back to the class.

MODELO: en una fiesta
E1: ¿Cómo estás en una fiesta?
E2: Estoy contento(a).
E1: ¿Por qué?
E2: Porque bailo y converso con mis amigos.
E1: En una fiesta, ... está contento(a) porque baila y conversa con sus amigos.

apurado(a)	ocupado(a)
enfermo(a)	contento(a)
cansado(a)	enfadado(a)
triste	muerto(a)
perdido(a)	preocupado(a
aburrido(a)	

1. a medianoche
2. en clase
3. después de un examen
4. cuando hay mucho trabajo
5. en la Casa Blanca
6. cuando vas a un restaurante
7. después de la clase
8. en una ciudad grande
9. cuando llegas tarde a la clase
10. antes de un examen

6. The present tense of *-er* and *-ir* verbs

You have already learned the present tense forms of regular **-ar** verbs in **Lección 2**. The following chart includes the forms for regular **-er** and **-ir** verbs.

	hablar (*to speak*)	**comer** (*to eat*)	**vivir** (*to live*)
yo	**hablo**	**como**	**vivo**
tú	**hablas**	**comes**	**vives**
él, ella, usted	**habla**	**come**	**vive**
nosotros(as)	**hablamos**	**comemos**	**vivimos**
vosotros(as)	**habláis**	**coméis**	**vivís**
ellos, ellas, ustedes	**hablan**	**comen**	**viven**

- The present tense endings of **-er** and **-ir** verbs are identical except for the **nosotros** and **vosotros** forms.
- Other common **-er** and **-ir** verbs are:

abrir	*to open*	**decidir**	*to decide*
aprender (a)	*to learn*	**escribir**	*to write*
beber	*to drink*	**leer**	*to read*
creer	*to believe*	**vender**	*to sell*
deber	*ought to, must; to owe*	**recibir**	*to receive*

PRÁCTICA

3-40 Quique y yo. Laura Ruiz and Quique Salgado are two students from Quito, Ecuador. Complete Laura's statements to find out more about them, using the correct form of the verbs in parentheses.

MODELO: Enrique y yo _____ (ser) estudiantes.
➤ somos

1. Quique y yo _____(asistir) a la universidad.
2. Él _____(vivir) en una residencia estudiantil pero yo ______(vivir) en un apartamento.
3. Nosotros _____(comer) en la cafetería por la noche porque la comida que ellos _____(vender) en la cafetería no es cara.
4. Quique siempre ______(beber) refrescos y yo ______(beber) jugo.

5. Nosotros _____(deber) estudiar en la biblioteca esta noche porque mañana hay examen.
6. Nosotros ____(aprender) inglés.
7. Quique _____(leer) la lección de inglés.
8. Yo _____(escribir) los ejercicios en inglés.
9. Vamos a la librería donde (ellos) _____ (vender) el cuaderno de ejercicios.
10. Nosotros ____(creer) que el inglés es interesante.

3-41 ¿Qué hacen? Say what some of the students in the illustrations below are doing. Use **-er** and **-ir** verbs from the list on page 96.

MODELO: ► Anita y Pedro comen un bocadillo

3-42 ¡Un baile! The international club of your university is having a dance. Describe what people are thinking and doing by combining elements from the two columns to form sentences. Make sure that you conjugate the verbs correctly.

MODELO: ► Mi profesora cree que la música rock es fea.

1. Mi profesor(a)	vender las entradas
2. Tomás	vender los refrescos
3. Tú y yo	deber preparar los bocadillos
4. Mi profesor(a) y yo	abrir la puerta del centro estudiantil
5. Marta y María	deber bailar con Miguel
6. Yo	aprender a bailar con Raquel
7. Tú	beber refrescos
8. Lola y Pepe	comer bocadillos
9. Usted	creer que bailamos bien
10. (original)	recibir las entradas

3-43 Un día típico. Retell the following story, changing the narrator to two of your best friends and using the **nosotros** verb forms.

Vivo en la residencia estudiantil. Como en la cafetería todos los días. A menudo *(often)* como bocadillos o ensalada. Tengo clases por la mañana y por la tarde. Escribo y leo mucho en la biblioteca. Aprendo mucho. A veces *(at times)* escribo cartas por la noche. Todos los sábados voy a bailar. ¡Estoy muy ocupado(a)!

3-44 Una carta de Lula. The mail carrier dropped Lula's letter in a puddle and many of her words are missing. Choose words from the following list to recreate her message. (You may have to use several words more than once.)

aprendo	asistimos	beber	bebo
comer	debemos	debo	es
escribir	escribo	están	leer
recibimos	recibir	son	vamos
voy			

Monterrey, 14 de febrero de 1997

Queridos papás:

¿Cómo (1) _____? Yo estoy muy bien. (2)_____ para contarles sobre mi semestre. Los lunes, miércoles y viernes (3)_____ a tres clases: química, biología y física. (4)_____ mucho, especialmente en biología. Después de las clases, Francisca y yo (5)_____ a la cafetería a (6)_____ refrescos y (7)_____ bocadillos. Son muy buenos. A veces (8)_____ café si (9)____ estudiar mucho por la tarde. Después (yo) (10)_____ a la biblioteca a (11)_____ y (12)_______ la tarea. Nosotras (13)_______ trabajar mucho, y por eso (14)_______ buenas notas (grades) en las clases. Los martes y jueves Francisca y yo (15)_____ a las clases de francés e inglés. Las clases (16)_______ buenas. Me gusta mucho mi horario, pero (17)_____ un poco complicado. Bueno, es tarde. Espero (18)_______ una carta de ustedes.

Reciban un fuerte abrazo de,
Lula

COMUNICACIÓN

3-45A ¿Cómo es tu vida? Get to know a classmate better by asking and answering questions about university life, using your respective lists. Be prepared to report back what you have learned to the class.

MODELO: E1: ¿Qué bebes en una fiesta?
E2: Bebo refrescos.
E1: … bebe refrescos en una fiesta.

1. ¿Con quién vives?
2. ¿Qué comes en el almuerzo?
3. ¿Qué bebes por la mañana?
4. ¿Cuándo escribes cartas?
5. ¿Qué aprendes en la clase?
6. ¿A qué hora lees el libro de español?
7. ¿Qué debes estudiar esta noche?

7. The present progressive

The present progressive tense describes an action that is in progress at the time the statement is made.

Present progressive of *hablar*

yo	**estoy**	**hablando**
tú	**estás**	**hablando**
él, ella, usted	**está**	**hablando**
nosotros(as)	**estamos**	**hablando**
vosotros(as)	**estáis**	**hablando**
ellos, ellas, ustedes	**están**	**hablando**

- The present progressive is formed using the present indicative of **estar** as an auxiliary verb and the **-ndo** form of the main verb, also called the present participle.

- To form the present participle of regular **-ar** verbs, add **-ando** to the verb stem:

  HABLAR: habl- + -ando = **hablando**

- To form the present participle of **-er** and **-ir** verbs, add **-iendo** to the verb stem:

  COMER: com-+ -iendo = **comiendo**
  ESCRIBIR: escrib-+ -iendo = **escribiendo**

- The present participle is invariable. It never changes its ending regardless of the subject. Only the auxilliary verb (**estar**) is conjugated when using the present progressive forms.

COMMON IRREGULAR PRESENT PARTICIPLES

decir	*to say; to tell*	**diciendo**	*saying; telling*
dormir	*to sleep*	**durmiendo**	*sleeping*
leer	*to read*	**leyendo**	*reading*
pedir	*to ask for*	**pidiendo**	*asking for*
seguir	*to follow*	**siguiendo**	*following*
servir	*to serve*	**sirviendo**	*serving*

EXPANSIÓN **More on structure and usage**

Unlike English, the Spanish present progressive is not used to express future time. Instead, Spanish uses the present indicative or, as you have already seen, **ir** + **a** + infinitive.

Vamos al cine el próximo domingo.	*We are going to the movies next Sunday.*
Regreso a la universidad el lunes.	*I am returning to the university on Monday.*
Voy a comprar un libro mañana.	*I'm going to buy a book tomorrow.*

PRÁCTICA

3-46 ¿Qué están haciendo? Look at the illustrations and describe what the people are doing.

MODELO: Mi hermana / una carta
► Mi hermana está escribiendo una carta.

1. Mi hermano/la televisión

2. Mis padres/un libro

3. Yo/un refresco

4. Mis tías/bocadillos

5. Mi abuela/por teléfono

6. Mi hermana/la siesta

7. Beatriz/con su novio

8. El estudiante/la comida

3-47 Un día festivo. Answer the questions based on the bookmark to the right.

1. ¿Qué se celebra *(is celebrated)* el 23 de abril?
2. ¿Qué día de la semana es el 23 de abril?
3. ¿Qué están haciendo las dos personas?

3-48A ¿Dónde están? Tell your classmate what people are doing using the present progressive as in the model. She/he will tell you where they are.

MODELO: Mis amigos / estudiar / para su examen de biología
E1: Mis amigos están estudiando para su examen de biología.
E2: Están en el laboratorio de biología.

1. Julio Antonio / leer / libro
2. Carlos / escuchar / al profesor
3. Patricia y Sara / bailar / con sus amigos
4. Juan Ramón / practicar / el béisbol
5. Tú y yo / comer / pizza
6. Tú / comprar / el libro de texto
7. Yo / dormir
8. El profesor / escribir / un examen
9. Tú / ver / la televisión
10. Roberto / hacer / ejercicio

3-49 ¡Imagínate! Imagine what the following famous people are doing right now, matching the names on the left with the activities on the right. Use the present progressive.

MODELO: ► El presidente de México, Ernesto Zedillo, está visitando Chiapas.

Jimmy Smits	jugar al béisbol
Julia Child	preparar una comida
José Canseco	cantar
Meryl Streep	hablar con Charlie Brown
Tom Cruise	tocar el piano
Billy Joel	actuar en el teatro
Snoopy	hacer una película
Enya	charlar con el presidente
el vicepresidente	visitar Guatemala

COMUNICACIÓN

3-50 Lo siento, no está aquí. Imagine that several friends call on the phone to talk to your roommate but he/she is busy and can't come to the phone. Role-play this situation with a classmate, mentioning six different things he/she might be doing right now.

MODELO: E1: ¿Está Carlos?
E2: Lo siento, no está aquí. Está comiendo.

SÍNTESIS

¡Al fin y al cabo!

¡A REPASAR!

3-51 En la tele. Look at the TV sports schedule; then tell a classmate which events you are going to watch and at what time. Your classmate will report back to the class.

MODELO: E1: Voy a ver el fútbol a las once y media de la noche (23:30).
E2: ... va a ver el fútbol a las once y media de la noche.

Sábado

Fútbol

Final del campeonato de la Liga Brasileña Flamengo-Botafogo (Canal +, 23.27)
Resumen de los partidos de fútbol correspondientes a la liga 1991-92. Real Madrid-FC Barcelona y FC Barcelona-Real Madrid (Canal 33, 22.00)

Ciclismo

Tour, final de la etapa Saint Gervais-Sestriéres en directo (La 2, 14.00)

Golf

Open Británico desde Muirfield (Escocia), tercera jornada, retransmitida en directo (Canal +, 16:00)
Atletismo
V Juegos Iberoamericanos desde Sevilla (Canal Sur, 20.30)

Tenis

Semifinales de la copa Federación femenina desde Stuttgart (Canal 33, 16.00)

Domingo

Tenis

Final de la Copa Federación femenina desde Stuttgart (Canal 33, 13.00)

Atletismo

V Juegos Iberoamericanos desde Sevilla (Canal 33, 18.00/Canal Sur, 21.00)

Fútbol

Final del campeonato de la Liga Brasileña Flamengo-Botafogo (Canal +, 0.54) • Barcelona Atlético de Madrid, partido correspondiente a la Liga 1991-92 (Canal Sur, 0.10)

Golf

Open Británico desde Muirfield (Escocia) • Última jornada, en directo (Canal +, 15.52)

Ciclismo

Tour, final de la etapa Sestriéres-L'Alpe-d'Huez en directo (La 2, 11.30)

Motociclismo

Campeonato del Mundo de Velocidad Gran Premio de Francia (125cc,50cc y 250cc) desde el circuito de Magny-Cours (La 2, *Domingo* deporte)

AMPLIACIÓN

el día de la Independencia	el 4 de julio
la Noche Vieja	el 31 de enero
el Año Nuevo	el 1° de enero
la Navidad	el 25 de diciembre
la Noche Buena	el 24 de diciembre
la Pascua Florida	en la primavera
mi cumpleaños	¿...?
el día de Acción de Gracias	el tercer jueves de noviembre
el día de los Inocentes	el primero de abril

3-52 ¡Imagínate! Imagine that today is a special day at your house. Tell a classmate what each person is doing.

MODELO: ► Es el día de Acción de Gracias. Mis padres están preparando la comida...

3-53A ¿Qué tienen en común? With a classmate, take turns asking what these personalities have in common. You may wish to incorporate some of the suggestions provided in the list below.

MODELO: E1: ¿Qué tienen en común Mickey Mouse y Donald Duck?
E2: Viven en Florida (y en California).

comer en McDonald's
jugar al tenis
ir al cine los viernes
vivir en la Casa Blanca
escribir libros
bailar bien (mal)
trabajar mucho (poco)
cantar bien (mal)
beber cerveza (café, refrescos)
tener mucha tarea

1. Janet Jackson y Whitney Houston
2. Gabriel García Márquez y Hemingway
3. el presidente y su familia
4. el rey de España y la reina de Inglaterra
5. tú y yo
6. Gabriela Sabatini y Arantxa Sánchez

For additional activities visit the ¡ARRIBA! Home Page.

http://www.prenhall.com/arriba

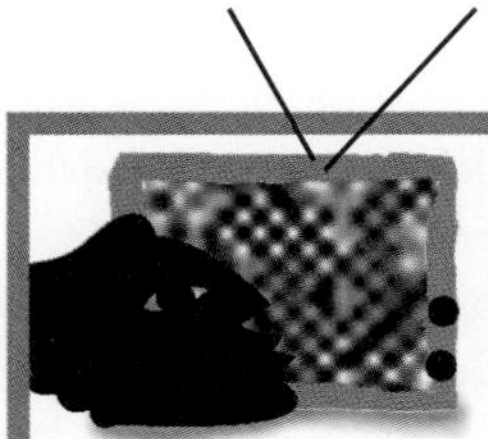

View clips from the ¡ARRIBA! Video. Activities are available through your instructor or on the Prentice Hall Home Page.

¡A ESCUCHAR!

Nuestros horarios de clase. You will hear a conversation between two students who are discussing their class schedules. The first time, listen for general information. Then rewind the tape and listen a second time, completing the schedules below with as much information as you can.

EL HORARIO DE ANA MARÍA

lunes	martes	miércoles	jueves	viernes

EL HORARIO DE GONZALO

lunes	martes	miércoles	jueves	viernes

3-54 Una carta a ... Write a letter to a friend or family member about your experience as a student. Begin by writing out the responses to the questions below. Then, incorporate this information into your letter, following the format of Lula's letter in exercise 3-44, above. Use connecting words such as **y**, **pero** and **porque** to connect your thoughts.

¿Cómo son los profesores?
¿A qué hora son tus clases?
¿Qué estudias este semestre?
¿Adónde vas por la noche?
¿Recibes buenas notas?
¿Con quién asistes a tus clases?
¿Dónde comes el almuerzo?
¿Te gusta la universidad?
¿Dónde estás?
¿Cuál es la fecha?

A PROPÓSITO ... STUDENT DORMITORY LIFE IN HISPANIC COUNTRIES

Most universities in Spanish-speaking countries do not have dormitories like those at North American colleges and universities. Students live either at home with their families or, if studying away from home, rent rooms in a boarding house known as **una residencia estudiantil, una casa de huéspedes,** or **una pensión.** These boarding houses are usually run by a family and students often must share a room without amenities such as telephone, television, or private bathroom. Most **residencias** include meals served at a set time.

Vamos a comparar

¿Vives en una residencia, en un apartamento, o en casa? ¿Vives cerca o lejos de la universidad? ¿Cuál te gusta más: el sistema hispánico o el norteamericano?

¡A LEER!

3-55 ¿Quiénes son? Match the name of each comicstrip character on the left with a description on the right.

1. Blanca	4. Urbina	a. el inspector	d. la estudiante
2. Jim	5. Madrid	b. el comandante	e. el estudiante
3. Tirofijo	6. Susan	c. la secretaria	f. la capital

3-56 Lee ... Read the first few frames of the comic strip in order to complete the chart below. If you cannot fill in a blank, make a guess and write it in.

LOS PERSONAJES:				
NOMBRE:	Alfredo			
CONEXIÓN CON SUSAN Y JIM:		señora de la residencia		
AHORA ESTÁ ...:			en casa	universidad

TIROFIJO VA A MÁLAGA

EPISODIO 2: En busca de los estudiantes

Voy a la residencia estudiantil cerca de la Universidad Complutense. Si llama mi esposa, infórmele que voy a llegar tarde a casa esta noche.
Muy bien. Hasta luego, inspector.
RESIDENCIA ESTUDIANTIL
¿Tiene alguna foto de ellos?
Son estudiantes típicos. Llevan vaqueros, camiseta, gorra[1]...
No, pero hay un recado inexplicable en la pared. Mire Ud.
¡Socorro! ¡Llamar a Manolo!
El inspector continúa sus investigaciones en la Universidad Complutense de Madrid. Habla con Alfredo Marcos, un amigo de Susan Timmer.
FACULTAD DE DERECHO
¿Sabe Ud. quién es Manolo?
Hmmm. No sé... Con frecuencia vamos Susan, Jim y yo juntos al cine y a los bares... Hay un café que se llama Tablón de Manolo.
¿Manolo? ¿Tablón de Manolo? ¡Está en la Plaza Mayor! Pero, ¿por qué ...
Es un lugar divertido: música animada, tapas[2], bebidas... y un ambiente misterioso.

[1]hat, [2]appetizers

3-57 ¿Comprendes?

1. ¿Qué llevan *(are wearing)* los estudiantes?
2. ¿Cómo se llama un lugar favorito de los estudiantes en Madrid?
3. ¿Cómo es el lugar?

3-58 ¿Cuál es tu opinión? Answer each question with an opinion or guess based on what you know up to this point.

1. ¿Quién es Manolo? (un amigo / un terrorista / un policía / un espía / un profesor …)
2. ¿Dónde están los estudiantes? (en casa / en clase / en la residencia / en el Tablón / …)
3. ¿De qué color es el lápiz labial (*lipstick*) de Susan?

¡A ESCUCHAR!

En busca de los estudiantes. You will hear a dramatization of the second episode, including some additional information about Tirofijo not in the text itself. As you listen, fill in the detective's notes below.

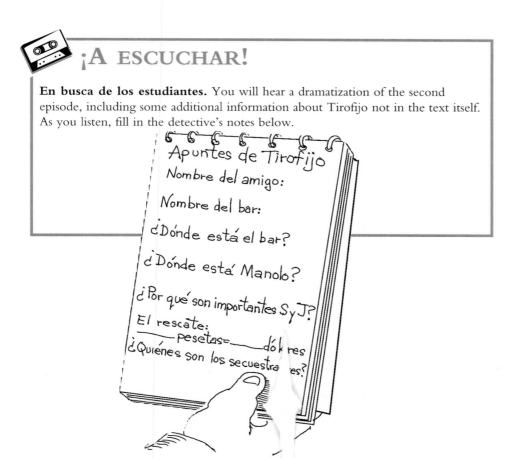

LECCIÓN 4

Las relaciones personales

COMUNICACIÓN

- Talking about the family
- Making comparisons
- Expressing desires and preferences
- Planning activities
- Extending and responding to invitations

CULTURA

- The Hispanic family
- Social events and customs in Hispanic countries

ESTRUCTURAS

PRIMERA PARTE

- Comparisons of equality and inequality
- Superlatives

SEGUNDA PARTE

- The present tense of stem-changing verbs (**e → ie**)
- Summary of uses of **ser** and **estar**
- Direct objects and the personal **a**
- **Saber** and **conocer**

¡A leer!: *Tirofijo va a Málaga,* *EPISODIO 3: ¿Quién es Rosa del Sur?*

Nuestro mundo: México lindo

¡Así es la vida!

Una carta

José Antonio recibe una carta de su amiga Marilú Suárez, una joven mexicana que estudia en la universidad con él. Marilú está pasando unos días con su familia.

Querido José Antonio:

Aquí estoy con mi familia en Guadalajara. Realmente es fabuloso poder estar con ellos y descansar.

Mi familia y yo estamos muy unidos. Mi papá es dentista y mamá trabaja como profesora en una escuela secundaria.

Mi hermana mayor se llama Carmen y es abogada. Ernesto es menor que yo y estudia en la escuela secundaria. Finalmente está la menor, mi hermanita Lucía.

Mis abuelos, los padres de papá, viven con nosotros, y mis tíos Julia y Rosendo no viven muy lejos. Ellos tienen un hijo único, mi primo Pedrito, que es tan majadero como mi hermano Ernesto y da tanta guerra como él... Ahora están jugando y están haciendo mucho ruido. Gracias a Dios que ya estoy acabando esta carta.

Regreso a la universidad el domingo próximo. ¿Cuándo regresas tú? Espero verte pronto.

Un abrazo,
Marilú

¡A SÍ LO DECIMOS!

Miembros de la familia

el (la) abuelo(a)	*grandfather/grandmother*
el (la) cuñado(a)	*brother-in-law/ sister-in-law*
el (la) esposo(a)	*husband/wife*
el (la) hermano(a)	*brother/sister*
el (la) hermanastro(a)	*stepbrother/stepsister*
el (la) hijo(a)	*son/daughter*
el (la) hijo(a) único(a)	*only child*
la madrina	*godmother*
el (la) nieto(a)	*grandson/granddaughter*
la nuera	*daughter-in-law*
la mamá, madre	*mother*
la madrastra	*stepmother*
el papá, padre	*father*
el padrastro	*stepfather*
los padres	*parents*
el padrino	*godfather*
el (la) pariente	*relative*
el (la) primo(a)	*cousin*
el (la) sobrino(a)	*nephew/niece*
el (la) suegro(a)	*father-in-law/ mother-in-law*
el (la) tío(a)	*uncle/aunt*
el yerno	*son-in-law*

Para comparar personas y objetos

el (la) más bonito(a)	*the prettiest one*
mayor	*older*
menor	*younger*
el (la) menos tímido(a)	*the least timid one*
tan (+ adj.) como	*as* (+ adj.) *as*
tanto(a)(s) (+ noun) como	*as much/many* (+ noun) *as*

Adverbios

apenas	*hardly*
despacio/rápido	*slowly/rapidly*
finalmente	*finally*
realmente	*really*
tanto	*so much*
tanto como	*as much as*

Saludos y despedidas para cartas

Saludos	*Greetings*
Querido(a)(s) ...	*Dear...*
Mi(s) querido(a)(s) amigo(a)(s)	*My dear friend(s)*
Queridísima familia	*Dearest family*
Despedidas	*Closings*
Cariñosamente	*Love, Affectionately*
Un abrazo de ...	*A hug from ...*
Un beso de ...	*A kiss from ...*
Con todo el cariño,	*With all my love,*
Tu novio(a) que te quiere,	*Your boyfriend/ girlfriend who loves you,*

Otras palabras y expresiones

el (la) abogado(a)	*lawyer*
la boda	*wedding*
la carta	*letter*
como	*since, as*
da tanta guerra como	*causes as much trouble as*
descansar	*to rest*
es fabuloso	*it's great*
la escuela secundaria	*high school*
gracias a Dios	*thank God*
el ruido	*noise*

Adjetivos

alegre	*happy*
amable	*kind*
atractivo(a)	*attractive*
fascinante	*fascinating*
fuerte	*strong*
majadero(a)	*annoying*
responsable	*responsible*
rico(a)	*rich*
unido(a)	*close, close-knit*

¡A ESCUCHAR!

Entre familia. Listen to Roberto Guillén describe his family to his friend Tom. As he talks, complete Roberto's family tree, writing in the names of the three generations of family members.

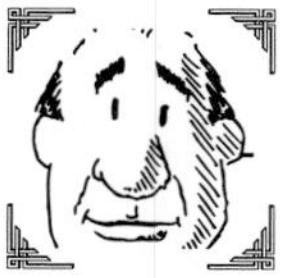

1. ________ 70 años

2. ________ 72 años

los abuelos

3. ________ 45 años

4. ________ 42 años

los padres

los hijos

5. ________ 8 años

6. ________ 21 años

7. ________ 20 años

PRÁCTICA

4-1 Una familia. Answer the questions based on the family tree.

MODELO: ¿Es Carmen la abuela de Pablo?
► Sí, Carmen es su abuela.

1. ¿Qué relación hay entre María y Pablo?
2. ¿Son Paco y Teresa los tíos de Pablo?
3. ¿Es Amalia la prima de Pablo?
4. ¿Se llama Gustavo el hermano de Pablo?
5. ¿Quién es el abuelo de Pablo?
6. ¿Es Elena la esposa de Gustavo?
7. ¿Es Elena la cuñada de Pablo?
8. ¿Qué relación hay entre Rosendo y María?

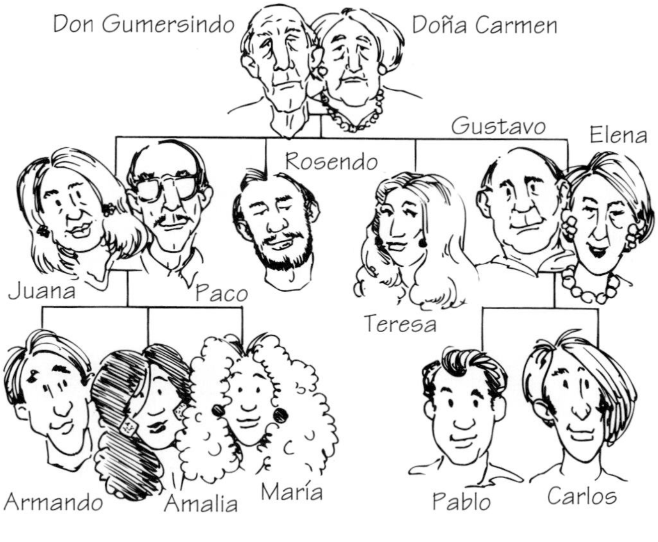

4-2 Los abuelos orgullosos *(Proud grandparents).* Like all grandparents, Blanca and Javier love to talk about their family. What are they saying? Be sure to add possessive adjectives and change nouns, verbs, and adjectives, as necessary.

MODELO: nieto / Tito / paciente
► Nuestro nieto Tito es muy paciente.

1. nieta / Isabel / inteligente
2. hija / Rosaura / bueno
3. hijo / Humberto / alegre
4. nietos / Joaquín y José / guapo
5. sobrinas / Ramona y Meche / simpático
6. nieta / Andrea / trabajador
7. hijas / Mabel y Susana / bonito
8. sobrino / José Miguel / responsable

4-3 Un árbol genealógico. Draw a family tree and present it to other members of the class. It may be your own family tree or one you invent.

4-4 La boda de Hilda y Eduardo. Answer the questions based on the wedding invitation.

1. ¿Quiénes son los novios?
2. ¿Cómo se llama el padre del novio?
3. ¿Cómo se llama la madre?
4. ¿Quiénes son los padres de la novia?
5. ¿Cuál es el nombre completo de Hilda antes de casarse *(getting married)?* (nombres, apellido paterno y apellido materno)
6. ¿Cuál es el nombre completo de Hilda después de casarse? (nombres, apellido paterno, apellido materno, de, apellido del esposo)
7. ¿Dónde es la ceremonia?
8. ¿En qué fecha y a qué hora es la ceremonia?

Joaquín Beléndez Buenahora
Hilda Ferrero Bravo
y
José Luis Sosa y Loret de Mola
María Elena Fernández de Sosa
tienen el honor de invitarle
al matrimonio de sus hijos
Hilda Teresa y Eduardo Antonio
el viernes veintiséis de mayo
de mil novecientos noventa y cinco
a las siete de la noche
en Misa Nupcial
Iglesia San Jorge
Santurce, Puerto Rico

COMUNICACIÓN

4-5 ¿Quién es? ¿Qué es? With a classmate, supply names of people, places, or things that fit the following descriptions.

MODELO: un hombre fuerte
► Arnold Schwarzenegger es un hombre fuerte.

1. una película fascinante
2. una persona paciente
3. un joven guapo
4. una familia unida
5. un restaurante elegante
6. una mujer famosa
7. una estación alegre
8. un chico majadero
9. un hombre atractivo
10. una persona amable
11. una familia rica
12. un libro bueno

4-6A ¿Cómo es tu familia? With a classmate, ask and respond to questions about your families.

MODELO: E1: ¿Viven tus abuelos con tu familia?
E2: Sí, viven con nosotros. (No, no viven con nosotros.)

1. ¿Dónde vive tu familia?
2. ¿Es grande o pequeña tu familia?
3. ¿De dónde son tus padres?
4. ¿Dónde trabajan?
5. ¿Cómo son tus padres?
6. ¿Cuántos tíos tienes?
7. (pregunta original)

4-7 Un artículo para el periódico. Write a brief description of your classmate's family based on the conversation you had in 4-6. Add background details that would be of interest to the readers of your campus newspaper.

4-8 El censo. You are a census taker. Ask a classmate to provide the information required in the census form.

MODELO: número de personas
► ¿Cuántas personas hay en su familia?

NÚMERO DE PERSONAS:	________			
NOMBRES:	________	________	________	________
EDAD:	________	________	________	________
PROFESIÓN:	________	________	________	________
RELACIÓN:	________	________	________	________

A PROPÓSITO ... THE HISPANIC FAMILY

The concept of family is important in the Hispanic world. Families may have few or many children, but the children tend to stay at home longer than those in non-Hispanic families in the United States and Canada. Unmarried sons and daughters often live at home, even while holding full-time jobs or attending school. Other family members, such as grandparents, aunts, uncles, and even cousins may all live under the same roof. Often relatives outside of the nuclear family live in the same city, and even in the same neighborhood. This extended family is very loyal and affords stability and security to each of its members.

Vamos a comparar

¿Con quién vives ahora? ¿Qué miembros de tu familia viven contigo? ¿Dónde viven tus otros parientes?

¿Cómo son los novios?

PRONUNCIACIÓN

Sounds of *d* and *t*

1. The Spanish **d** has two distinct sounds. At the beginning of a breath group or after the letters **l** or **n**, the **d** is a dental sound: it is pronounced with the tip of the tongue pressed against the back of the upper front teeth. In all other cases, the **d** is interdental, that is, it is pronounced by placing the tip of the tongue between the upper and lower teeth, like the weak English *th* in *that*. Note the following examples:

dar	**andar**	**caldera**
Daniel	**todo**	**senda**
modo	**cada**	**verdad**

2. The Spanish **t** is also a dental sound: it is pronounced by pressing the tip of the tongue against the upper front teeth rather than against the ridge above the teeth as in English. The Spanish **t** is also pronounced without the puff of air that normally follows the English *t*. Note the following examples:

torre	**meta**	**tú**
Tomás	**puerta**	**otoño**
tanto	**octubre**	**taco**

ESTRUCTURAS

1. Comparisons of equality

- In Spanish, you may make comparisons of equality with adjectives (e.g., as nice as) and adverbs (e.g., as quickly as) by using the following construction. Notice that **tan** is invariable in comparisons of an adjective or an adverb.

tan + adjective/adverb + **como**

Pedro es **tan** amable **como** Rafael.	*Pedro is as nice as Rafael.*
María habla **tan** rápido **como** su hermana.	*María speaks as rapidly as her sister.*

- Make comparisons of equality with nouns *(e.g., as much money as; as many friends as)* by using the following construction. Notice that **tanto** acts as an adjective and agrees in gender and number with the noun or pronoun it modifies.

tanto (-a, os, as) + noun + **como**

Tú tienes **tanta** paciencia **como** nosotros.	*You have as much patience as we (do).*
Marta tiene **tantos** hermanos como mi amigo Carlos.	*Marta has as many brothers as my friend Carlos.*

- Make comparisons of equality with verbs (e.g., works as much as …) by using the following construction. Notice that **tanto como** acts as an adverb and is invariable in comparisons of verbs.

verb + **tanto como** + noun or pronoun

Marilú habla **tanto como** su tía.	*Marilú talks as much as her aunt.*
Mis hermanos estudian **tanto como** tú.	*My brothers study as much as you.*

2. Comparisons of inequality

- A comparison of inequality expresses *more ... than* or *less ... than*. Use this construction with adjectives, adverbs, or nouns:

más/menos + adjective/adverb/noun + **que**

ADJECTIVE:	Neno es **menos** majadero **que** Julio. *Neno is less annoying than Julio.*
ADVERB:	Tu casa está **más** lejos **que** mi casa. *Your house is farther than my house.*
NOUN:	Tengo **menos** primos **que** mi amigo. *I have fewer cousins than my friend.*

- Make comparisons of inequality with verbs using this construction:

verb + **más/menos** + **que**

Tú estudias más que yo.
You study more than I (do).

- With numerical expressions, use **de** instead of **que**.

Tengo **más de** cinco buenos amigos.
I have more than five good friends.

Summary of comparisons of equality and inequality

Equal Comparisons

NOUNS:	**tanto (-a, os, as)** + noun + **como** + noun or pronoun
ADJECTIVES/ADVERBS:	**tan** + adj./adv. + **como** + noun or pronoun
VERBS:	verb + **tanto como** + noun or pronoun

Unequal Comparisons

ADJECTIVES/ADVERBS/ NOUNS:	**más/menos** + adj./adv./noun + **que** + noun or pronoun
VERBS:	verb + **más/menos** + que
WITH NUMBERS:	**más/menos** + **de** + number

EXPANSIÓN More on structure and usage

Some Spanish adjectives have both regular and irregular comparative forms:

ADJECTIVE	REGULAR FORM	IRREGULAR FORM	
bueno(a)	**más bueno**	**mejor**	*better*
malo(a)	**más malo**	**peor**	*worse*
viejo(a)	**más viejo**	**mayor**	*older*
joven	**más joven**	**menor**	*younger*

- The irregular forms **mejor** and **peor** are commonly used over the regular forms **más bueno** and **más malo**.

  El coche de Lucinda es **peor** que el de Felipe.
  Lucinda's car is worse than Felipe's.

  Pedro es **mejor** que Luis en las matemáticas.
  Pedro is better than Luis in math.

- **Mayor** and **menor/más joven** are commonly used with people; **más viejo** may be used with inanimate objects:

  Lucía es **menor** que Beba y yo soy **mayor** que Lucía.
  Lucía is younger than Beba and I am older than Lucía.

  La ciudad de Toledo es **más vieja** que la ciudad de Madrid.
  The city of Toledo is older than the city of Madrid.

PRÁCTICA

4-9 La familia de Lula. Read the descriptions of Lula's family. Then write at least ten different comparisons of equality, using **tan**, or **tanto (a, os, as,) ...como**.

MODELO: Lula tiene prisa y Julieta también.
► Lula tiene tanta prisa como Julieta.
Julieta tiene tanta prisa como Lula.

1. Su hermana bebe muchos refrescos y su prima también.
2. Yo como muchos bocadillos y Lula también.
3. El abuelo de Lula tiene mucho dinero y sus padres también.
4. Su suegra tiene una casa grande y su cuñado también.
5. El cuñado habla muchos idiomas y su padre también.
6. Sus padres leen muchos libros y sus hermanos también.

4-10 Yo trabajo más que tú. In the following statements, a friend is comparing how people behave. Respond to each assertion of inequality with a statement of equality.

MODELO: Yo trabajo menos que tú
► No es verdad. Tú trabajas tanto como yo.

1. Yo bailo más que tú.
2. Tú estudias menos que yo.
3. Los otros estudiantes comen más que yo.
4. Nosotros bebemos menos que tú.

4-11 Humberto y Remberto. Look at the pictures and read the accompanying descriptions. Then pair up with a classmate, and make at least five comparisons of inequality based on the information provided.

Humberto tiene 19 años. Es alto y fuerte, pero no es popular porque es perezoso y muy impaciente.

Remberto tiene 17 años. Es pequeño y delgado. Es popular porque es inteligente, simpático y muy alegre.

4-12 Un(a) alardoso(a) *(A show-off).* If you were to brag and compare yourself with famous people, what might you say? Make creative comparisons of equality and inequality, as in the models.

MODELOS: cómico(a)

► Soy más cómico(a) que Jerry Seinfeld.

primos

► Tengo tantos primos como los Kennedy.

1. alto(a)
2. inteligente
3. bueno(a)
4. dinero
5. amigos
6. libros
7. atractivo(a)
8. (original)

4-13 La familia de Rodrigo. Look at the illustration and compare the family members to each other using the adjectives given and others of your choice. Make both equal and unequal comparisons.

MODELO: elegante

► Tía Ligia es más elegante que tía Norma.
Tía Norma es menos elegante que tía Ligia.

alto/bajo
delgado/gordito
amable
majadero/bueno
fascinante/aburrido
inteligente
joven/viejo
perezoso/trabajador
alegre/triste

COMUNICACIÓN

4-14 ¿Cómo son? With a classmate, describe yourself, your family, and your friends by making equal and unequal comparisons. Be prepared to report back to the class on what you learned from and about each other.

MODELO: E1: Yo trabajo tanto como mi hermano, pero él está más cansado que yo.
E2: ... trabaja tanto como su hermano, pero su hermano está más cansado que él/ella.

4-15 ¿Cómo se comparan? With a classmate, write ten sentences comparing pairs of personalities below. You may use these and other adjectives, but be sure to make them agree with the nouns they modify.

MODELOS: ► La profesora es más inteligente que el presidente.
Los Cowboys de Dallas son tan fuertes como los Sea Hawks de Seattle.

Cindy Crawford	alegre	Roseanne	tímido
amable	Mel Gibson	atractivo	Bobby McFarren
Garfield	feo	yo	liberal
viejo	Oprah	famoso	Ross Perot
Murphy Brown	fascinante	Meg Ryan	impaciente
elegante	Mi profesor(a) de...	majadero	Bobby Brown
Snoopy	rico	Bart Simpson	irresponsable
joven	Michael Jordan	guapo	Michael Jackson
Whitney Houston	activo	Jesse Helms	bajo
pobre	Hillary Clinton	liberal	Tom Cruise

3. Superlatives

- A superlative statement expresses the highest or lowest degree of a quality, for example, the most, greatest, least, or worst. To express the superlative in Spanish, the definite article is used with **más** or **menos**. Note that the preposition **de** is the equivalent of *in* or *of* after a superlative.

definite article + **más** or **menos** + adjective + **de**

Mercedes es **la más inteligente de** la clase.	*Mercedes is the most intelligent one in the class.*
Pepito es **el más joven de** los hijos.	*Pepito is the youngest of the children.*

- When a noun is used with the superlative, the article precedes the noun in Spanish.

  Carla es **la** muchacha más alta de la clase.
  Carla is the tallest girl in the class.

  Pepe es **el** chico más simpático de la residencia estudiantil.
  Pepe is the nicest guy in the dorm.

- Adjectives and adverbs that have irregular forms in the comparative use the same irregular forms in the superlative.

  Ramón es **el mejor de** mis amigos.
  Ramón is the best of my friends.

  Tía Pepita es **la mayor de** mis tías.
  Aunt Pepita is the oldest of my aunts.

PRÁCTICA

4-16 Tía Juana y Tía María. Two friends are bragging about different members of their families, saying that they are superlative in each quality. With another student, recreate their comments following the model.

MODELO: E1: Mi primo Nacho es un chico simpático. (la familia)
E2: Mi primo Nacho es el chico más simpático de la familia.

1. Mi tío Jacinto es una persona trabajadora. (la ciudad)
2. Mi prima Amalia es una chica alegre. (la clase)
3. Nuestros abuelos son unas personas generosas. (el país)
4. Mi cuñado Raúl es un hombre alto. (grupo)
5. Mi tía Rosa es una mujer interesante. (la familia)
6. Mis hermanas Ana y Paula son unas estudiantes inteligentes. (la universidad)

COMUNICACIÓN

4-17A ¿Cómo eres? With a classmate, take turns asking and answering questions about members of your family. Be prepared to report back to the class.

MODELO: más trabajador
E1: ¿Quién es el más trabajador de tu familia?
E2: Mi hermano es el más trabajador de la familia.
E1: El hermano de ... es el más trabajador de su familia.

1. más alegre
2. menor
3. más alto
4. más liberal
5. peor cocinero(a) *(cook)*
6. menos responsable
7. mejor cocinero(a)

4-18 En tu opinión. With a classmate, discuss what restaurants, discos, and cafés in your hometown are good/better/best and bad/worse/worst. Write your selections in the chart below and be prepared to present and defend your choices to the class.

MODELO: un restaurante

E1: La Rosa es un buen restaurante.

E2: Mallorca es mejor.

E1: Barcelona es el mejor de la ciudad.

	BUENO(A)	MEJOR	EL (LA) MEJOR	MALO(A)	PEOR	EL (LA) PEOR
restaurante						
discoteca						
café						

4-19 ¿Cuál es tu opinión? With a classmate, suggest people, places, and things that meet these superlative descriptions. They may be the best or the worst. Be sure to support your opinions, especially when you disagree.

MODELO: interesante

E1: En mi opinión, la clase más interesante es la clase de química.

E2: No tienes razón. La clase más interesante es la clase de historia porque la profesora es muy inteligente y enseña bien.

1. grande
2. impaciente
3. rico
4. atractivo
5. majadero
6. aburrido
7. bueno
8. alegre

SEGUNDA PARTE

¡Así es la vida!

Una invitación

LAURA: Aló.
RAÚL: Sí, con Laura, por favor.
LAURA: Habla Laura.
RAÚL: Laura, es Raúl. ¿Cómo estás?
LAURA: Muy bien. Y esta sorpresa, ¿a qué se debe?
RAÚL: Pues, te llamo para ver si quieres ir al cine esta noche.
LAURA: ¿Qué película están presentando?
RAÚL: En el Cine Rialto pasan una de tus películas favoritas, *Lágrimas de amor*.
LAURA: ¡Sí! Pues vamos. ¿A qué hora es la función?
RAÚL: Es a las siete. A las seis y media paso por ti.
LAURA: De acuerdo.

En una fiesta

¡Así lo decimos!

Expresiones claves

Aló.	*Hello. (when answering the phone)*
Bueno. (Mexico)	
Diga. (Spain)	
¿A qué hora es la función?	*At what time is the show?*
De acuerdo.	*Fine with me. Okay.*
Paso por ti.	*I'll come by for you.*
¿Qué están presentando?	*What are they showing?*
Vamos.	*Let's go.*
Te llamo ...	*I'll call you ...*

Expresiones de afecto *(affection)*

besar	*to kiss*
cariño	*love, dear*
el cumplido	*compliment*
Estás muy guapo(a) (hoy / esta noche).	*You look very handsome/pretty (today/tonight).*
mi amor	*my love*
mi cielo	*sweetheart, darling* (fig.)
mi corazón	*sweetheart*
mi vida	*darling* (fig.)
¡Qué bonito(a) estás (hoy / esta noche)!	*You look so handsome/pretty (today/tonight)!*
Te quiero.	*I love you.*

Actividades y pasatiempos

correr por el parque	*to jog in the park*
ir al cine	*to go to the movies*
ir a la playa	*to go to the beach*
pasear por el centro	*to take a walk downtown*
visitar a los amigos	*to visit friends*
dar (poner, pasar) una película	*to show a movie*
tomar el sol	*to sunbathe*

Cómo hacer una invitación

¿Vamos a ... ?	*Should we go ... ?*
¿Quieres ir a ... ?	*Do you want to go to ... ?*
¿Puedes ir a ... ?	*Can you go to ... ?*

Cómo aceptar una invitación

Sí, claro.	*Yes, of course.*
Me encantaría.	*I would love to.*

Cómo rechazar *(turn down)* una invitación

Gracias, pero no puedo ...	*Thanks, but I can't ...*
Lo siento, tengo que ...	*I'm sorry, I have to ...*

Otras palabras y expresiones

¿A qué se debe ... ?	*What's the reason for ... ?*
celoso(a)	*jealous*
el coche	*car*
divertido(a)	*fun, enjoyable*
la lágrima	*tear*
la orquesta	*orchestra*
la sorpresa	*surprise*
la verdad	*truth*

Te invito a ...

¡A ESCUCHAR!

Una invitación. Listen as Marilú and José talk on the telephone. Then choose the most appropriate completion to each statement about their conversation.

1. Marilú invita a José a ...
   (bailar, comer, dar un paseo)
2. José acepta la invitación para ...
   (esta noche, mañana, las tres de la tarde)
3. Los chicos también van a ver ...
   (un partido, una película, un programa de televisión)
4. Es evidente que los chicos son ...
   (hermanos, novios, amigos)
5. Marilú y José no tienen que estudiar porque ...
   (mañana no hay clase; su clase es fácil; no hay tarea para mañana)

PRÁCTICA

4-20 Los pasatiempos. Complete each sentence appropriately by selecting one of the options given.

1. Nosotros corremos por ...
   a. el parque
   b. la discoteca
   c. el restaurante
2. Alicia toma el sol en ...
   a. la playa
   b. la discoteca
   c. el cine
3. Voy a ver una película en ...
   a. el club
   b. la playa
   c. el cine
4. Yo camino todos los días por ...
   a. la playa
   b. la orquesta
   c. la clase de español

4-21 ¿En qué orden? Make a list of eight activities in order of preference. Then compare your list with a classmate's to determine what activities you have in common.

MODELO: ► Número uno, me gusta correr por el parque. Número dos...

COMUNICACIÓN

4-22 Conversación. Extend a party invitation to two classmates. One should decline the invitation and give you a reason; the other student accepts your invitation. Use the expressions in **¡Así lo decimos!**

MODELO: E1: Hola, Juan. ¿Puedes ir a la fiesta de Sarita?
E2: Lo siento, no puedo ir porque tengo que trabajar.
E1: Hola, Daniela. ¿Puedes ir a la fiesta de Sarita?
E3: Sí, claro. ¿Cuándo es?

4-23A ¡Estoy aburrido(a)! Tell a classmate you're bored so that he/she suggests various activities you might enjoy. Respond negatively to each, making excuses.

MODELO: E1: Estoy aburrido(a).
E2: ¿Por qué no vas a bailar?
E1: No tengo dinero.
E2: ¿Por qué no vas al banco? …

ALGUNAS EXCUSAS

no tener dinero	no tener tiempo
no tener novio(a)	no tener coche
no tener zapatos	no gustarme la música clásica
no gustarme los deportes	etc.

4-24 El fin de semana. In groups of four, make plans for this coming weekend; then summarize your plans for the class. Be sure to include the following:

- where you are going to go
- who is going
- on what day you are going
- where and at what time everybody will meet
- what you are going to do there

A PROPÓSITO … Social Events and Customs in Hispanic Countries

Social clubs are popular in the Spanish-speaking world. In most major cities different types of clubs offer sports and recreational facilities, and sponsor activities such as dances, festivals, sports events, etc. Since most schools do not have intramural sports, teams are identified by the club with which they are affiliated.

A widely-established social custom in Puerto Rico and other Spanish-speaking countries is the **asalto**, which is similar to a surprise party. For an **asalto**, a number of friends get together and decide to have a party at someone's home. Everybody contributes food and beverages so that the owner of the home will not be "unpleasantly" surprised. It is not unusual for an **asalto** to start at 11:00 p.m. and continue until the early morning hours.

Vamos a comparar

¿Son comunes los clubes sociales en los EE.UU.? ¿Eres miembro de un club social o un club deportivo? ¿Qué pasatiempos son populares entre los jóvenes de tu ciudad?

PRONUNCIACIÓN

Sounds of *j* and *g*

1. The Spanish **j** is pronounced like a forceful English *h*, as in the word *hat*.

jamón	**Tajo**	**caja**
jugar	**Jaime**	**jarra**

2. The letter **g** has three distinct sounds:

- Before **e** and **i** it is pronounced like a forceful English *h*, as in *hat*. Note these examples:

gitano	**Germán**	**agitar**	**coger**

- At the start of a breath group or after **n**, the combinations **ga**, **go**, **gu**, **gue,** and **gui** are pronounced with a sound like the weak English *g* in *gate*. Note these examples:

guerra	**gol**	**mango**	**gusto**
ganar	**guitarra**	**un gato**	

- Everywhere else the sound is even weaker, with the breath continuing to pass between the palate and the back of the tongue. Note these examples:

algo	**agricultura**	**agua**
contigo	**ogro**	**negro**

ESTRUCTURAS

4. Stem changing verbs *(e → ie)*

You have already learned how to form the present tense of regular **-ar**, **-er**, and **-ir** verbs, and of a few irregular verbs. Another group of verbs, including **querer,** requires a change in the stem vowel of the present indicative forms.

querer (*to want, to love*)			
yo	**quiero**	nosotros(as)	**queremos**
tú	**quieres**	vosotros(as)	**queréis**
él, ella, usted	**quiere**	ellos, ellas, ustedes	**quieren**

- Note that the changes occur in the first-, second- and third-person singular forms, and in the third-person plural, because in these forms the stem contains the stressed syllable. Other common **e → ie** verbs are:

pensar (en)	*to think (about), to intend*	**entender**	*to understand*
		comenzar	*to begin*
preferir	*to prefer*	**empezar**	*to begin*

Te **quiero**, mi corazón. — *I love you, sweetheart.*
Pensamos en nuestro amor. — *We think about our love.*
Pienso ver una película esta noche. — *I intend to see a movie tonight.*
¿A qué hora **empieza** la función? — *At what time does the show start?*

- Other common **e → ie** verbs, like **tener** and **venir** *(to come)*, have an additional irregularity in the first-person singular. Note especially the **yo** form.

	tener	venir
yo	**tengo**	**vengo**
tú	**tienes**	**vienes**
él, ella, usted	**tiene**	**viene**
nosotros	**tenemos**	**venimos**
vosotros	**tenéis**	**venís**
ellos, ellas, ustedes	**tienen**	**vienen**

Tenemos que pasar por ti a las siete.
We have to stop by for you at seven.

Si tú **vienes** mañana, yo vengo también.
If you come tomorrow, I'll come too.

PRÁCTICA

4-25 María Rosa y Gastón. María Rosa and her boyfriend, Gastón, have plans for the weekend but there is a slight problem. Find out what it is by completing the paragraph with the correct form of the verbs in parentheses.

Mi novio y yo (1) ___________ (tener) planes para este fin de semana. Nosotros (2) ___________ (querer) ir al cine el sábado por la noche. Gastón (3) ___________ (querer) ver una película cómica porque no (4) ___________ (entender) las películas de misterio. Yo (5) ___________ (preferir) las películas de misterio y (6) ___________ (querer) ver una. ¡Qué problema! Las dos películas (7) ___________ (comenzar) a las nueve. ¿Qué (8) ___________ (pensar) tú de esta situación?

4-26 La fiesta de graduación. Imagine that you are organizing a graduation party for a friend. Discuss your plans with a classmate who asks you a number of questions.

MODELO: E1: ¿Cuándo vienen los invitados?
E2: Vienen a las ocho.

1. ¿Cuándo piensas dar la fiesta?
2. ¿A qué hora comienza la fiesta?
3. ¿Vienen todos tus amigos?
4. ¿Piensas invitar a los padres de tu amigo(a)?
5. ¿Quiénes más vienen a la fiesta?
6. ¿Tienes un estéreo?
7. ¿Qué música prefieres para la fiesta?

COMUNICACIÓN

4-27A Una entrevista. With a classmate, take turns interviewing each other to find out the following information. Then write a brief summary of his/her responses.

MODELO: E1: ¿Entiendes las películas en español?
E2: Sí, entiendo. (Entiendo un poco.)

1. ¿Entiendes las películas que no son en inglés?
2. ¿Qué películas prefieres ver?
3. ¿Qué película piensas ver el sábado?
4. ¿A qué hora empieza la película?
5. ¿Quiénes van a ver la película?

4-28 Las películas. These movies were reviewed in a popular magazine. In groups of three or four, read the following movie reviews. Each member of the group decides which movie they want to see and explains why. Afterwards, the group reports to the class which has been the most popular film.

MODELO: ► Quiero ver *Como agua para chocolate* porque prefiero las películas románticas.

Como agua para chocolate
La historia de Tita y Pedro, unos enamorados que están condenados a vivir separados, ya que Tita es la hija menor de Mamá Elena, y la tradición familiar exige que renuncie a casarse para cuidar a su madre en la vejez. Pedro, para estar cerca de Tita, se casa con Rosaura, la hermana mayor. Una mujer que encuentra su destino junto al hombre que ama.

La casa de los espítirus
Esteban Trueba, un humilde minero de fuerte carácter, consigue escapar su destino al comprar una gran hacienda abandonada, que reconstruye completamente. Se casa con Clara, una mujer misteriosa con poderes mágicos, y tienen una hija, Clara, que se enamora de un líder izquierdista. El conflicto generacional ocurre entre padre e hija.

Canción de cuna
La vida de unas religiosas en el interior de un convento. Una bellísima historia de amores y conflictos sutiles. Una maravillosa película de José Luis Garci.

Fresa y chocolate
En La Habana de 1993, dos seres humanos buscan su identidad. David, estudiante de ciencias sociales, y Diego, homosexual aficionado de la cultura. El encuentro entre los dos da lugar a un complejo mundo de relaciones interpersonales en las que se entremezclan la amistad y la pasión política, que llevan a poner en grave riesgo la libertad de ambos.

Frida Kahlo
Frida Kahlo (1907-1954), hija de padre alemán y madre mexicana, se casó con don Diego de Rivera en 1929 y llegó a ser la pintora más importante de su época. Sus cuadros son bellos e inquietantes. Para Rivera, su obra "es la mejor muestra del renacimiento del arte en México".

Esquilache
Una película histórica sobre la vida del Marqués de Esquilache, un italiano que llegó a ser el consejero más influyente de Rey Carlos III. Esquilache hizo cambios importantes en el Madrid y la España del siglo XVII, pero su política fracasó por una conspiración de los nobles españoles que fue motivada por la envidia.

El Mariachi
Un joven músico llega a un pueblo mexicano al mismo tiempo que un peligroso asesino que viene a matar al hombre más poderoso del pueblo. El joven y el asesino llevan traje negro y un estuche de guitarra en la mano. Esta coincidencia hace que los guardaespaldas del amo del pueblo crean que el Mariachi es el asesino. El Mariachi está atrapado entre dos fuegos.

Las águilas no cazan moscas
Después de ser expulsado de una academia militar, el joven Vladimir decide resolver una duda que hace años lo atormenta: quién es realmente su padre. Vuelve al pueblo donde nació y allí investiga hasta encontrar un secreto inesperado.

5. Summary of uses of *ser* and *estar*

***Ser* is used:**

- with the preposition **de** to indicate origin, possession, and to tell what material something is made of.

Evelio **es** de Guatemala.	*Evelio is from Guatemala.*
Los libros **son** de Luisa.	*The books are Luisa's.*
La mochila **es** de nilón.	*The book bag is (made of) nylon.*

- with descriptive adjectives to express characteristics of the subject, such as size, color, shape, religion, and nationality.

Nuestra clase **es** grande.	*Our class is large.*
El coche de Raúl **es** azul.	*Raúl's car is blue.*
Tomás **es** alto y delgado.	*Tomás is tall and thin.*
Los jóvenes **son** católicos.	*The young men are Catholic.*
Somos españoles.	*We are Spaniards.*

- with the subject of a sentence when followed by a predicate nominative (a noun or noun phrase that restates the subject).

Mi hermana **es** abogada.	*My sister is a lawyer.*
Juan Ramón **es** mi suegro.	*Juan Ramón is my father-in-law.*

- to express dates, days of the week, months and seasons of the year.

Es primavera.	*It's spring.*
Es el 28 de octubre.	*It's october 28.*

- to express time.

Son las cinco de la tarde.	*It's five o'clock in the afternoon.*
Es la una de la mañana.	*It's one in the morning.*

- with the preposition **para** to tell for whom or for what something is intended.

¿**Para** quién **es** esa carta?	*For whom is that letter?*
La carta **es para** mi novio.	*The letter is for my boyfriend.*

- with impersonal expressions.

Es importante ir al laboratorio.	*It's important to go to the laboratory.*
Es fascinante estudiar la cultura hispana.	*It is fascinating to study Hispanic culture.*

- to indicate where and when events take place.

La fiesta **es** en mi casa.	*The party is at my house.*
El concierto **es** a las ocho.	*The concert is at eight.*

***Estar* is used:**

- to indicate the location of persons and objects.

La librería **está** cerca.	*The bookstore is nearby.*
Rosa **está** en el hotel.	*Rosa is at the hotel.*

- with the **-ndo** form of the main verb to form progressive constructions.

Marcia **está** bailando.	*Marcia is dancing.*
Carlos y Ana **están** comiendo.	*Carlos and Ana are eating.*
¿Qué **estás** haciendo?	*What are you doing?*

- with adjectives to describe the state or condition of the subject.

Las chicas **están** contentas.	*The girls are happy.*
Pedro **está** enfermo.	*Pedro is sick.*

- with descriptive adjectives to indicate that something is exceptional or unusual. It is often used this way when complimenting someone.

Paco, ¡**estás** muy majadero!	*Paco, you're (being) very annoying!*
Señora del Mar, usted **está** muy elegante esta noche.	*Señora del Mar, you're especially elegant tonight.*

EXPANSIÓN More on structure and usage

Some adjectives have different meanings depending on whether they are used with **ser** or **estar**.

ADJECTIVE	WITH *ser*	WITH *estar*
aburrido(a)	*to be boring*	*to be bored*
listo(a)	*to be clever*	*to be ready*
malo(a)	*to be bad, evil*	*to be sick, ill*
guapo(a)	*to be handsome*	*to look handsome*
bonito(a)	*to be pretty*	*to look pretty*
feo(a)	*to be ugly*	*to look ugly*
vivo(a)	*to be alert, smart*	*to be alive*

Recuerda: To locate an entity or event modified by an indefinite article, or a quantifier (such as **mucho**, **poco**, or a number), use **hay**.

Esta noche **hay** una fiesta en mi casa.
There's a party tonight at my house.

Hay más de 25.000.000 de hispanos en los Estados Unidos.
There are more than 25,000,000 Hispanics in the United States.

Hay muchos jóvenes en la discoteca.
There are many young people in the disco.

PRÁCTICA

4-29 En mi casa esta noche. Ana is describing her family and what is going on at home tonight. Complete her description with the correct forms of **ser** or **estar**, or the verb **hay**.

1. Mi familia __________ grande. __________ quince personas.
2. Mi casa __________ pequeña. __________ en la calle Florida que _______ en el centro de la ciudad.
3. Esta noche __________ una fiesta en mi casa. La fiesta __________ a las ocho de la noche.
4. Mis tíos llegan temprano y ahora ________ conversando con mi mamá. Mi tío Alfredo __________ alto y tiene bigotes *(mustache)*. _____ dentista. Mi tía Julia __________ baja y simpática. Ella ______ psicóloga. Ahora _______ preparando la comida para la fiesta.
5. Mi hermano, Rafa, no tiene hambre porque _________ enfermo. Ahora ______ durmiendo.
6. Ahora _______ las ocho y quince y ________ llegando muchas personas. En frente de la casa __________ veinte coches.
7. Mis amigos _________ saliendo ahora de su coche. Carlos _______ el chico alto y guapo; Saúl _________ el joven bajo y fuerte. _________ argentinos y ________ de la capital.
8. ¡Adelante, amigos! ¡________ música, comida, todo para ustedes!

4-30 Cumplidos *(Compliments)*. Think of nice things to say to the following people.

MODELO: a un amigo que cumple 30 años
► ¡Estás muy joven!

ALGUNOS ADJETIVOS

activo(a)	bonito(a)	grande	guapo(a)
joven	rico(a)	elegante	fuerte
inteligente			

1. a una amiga con una blusa nueva
2. a un amigo con un traje *(suit)* nuevo
3. a una persona que escribe poesías
4. a tu abuelo en su cumpleaños
5. a un niño en su cumpleaños
6. a un amigo que recibe una A en su examen
7. a una amiga que tiene un coche nuevo
8. a un amigo que gana (wins) $1.000.000 en la lotería

4-31 La familia Oquendo. Use the correct forms of **ser** and **estar** to complete the descriptions of the Oquendo family.

La familia Oquendo (1)__________ una familia hispana que ahora (2)__________ en Miami. Antonio, el papá, (3)__________ cubano y muy trabajador. Teresa, la mamá, (4)__________ puertorriqueña y (5)__________ muy amable. Ellos tienen dos hijos: Jaime y Eva. Jaime (6)__________ muy responsable y (7)__________ en el Miami-Dade Community College. Eva (8)__________ muy inteligente y (9)__________ en la Universidad de Miami. Esta noche la familia (10)__________ muy contenta porque van a ir a un concierto. El concierto (11)__________ a las nueve de la noche. (12)__________ en el Orange Bowl, un estadio que (13)__________ cerca de su casa. Ya (14)__________ hora de salir y todos (15)__________ listos.

COMUNICACIÓN

4-32 Describir. With several classmates, describe what you see in the photos, using **ser** and **estar**.

MODELO: ► José y Ana están comiendo ...

4-33 Un(a) compañero(a) de clase. Describe one of your friends to the rest of the class. Here are some of the things you might mention:

- age
- physical features
- place of origin
- where he/she is now
- what he/she is like as a person
- profession or other means of identification
- how he/she looks today

4-34 Entrevístense. First write six questions you would like to ask a classmate using **ser**, **estar**, or **hay**. Then take turns asking each other your questions.

MODELOS: E1: ¿Cómo eres?
E2: Soy alto y guapo.
E1: ¿Qué estás haciendo?
E2: Estoy hablando en español.

6. Direct objects and the personal *a*

Quiero mucho a mis amigos.

Direct objects

A direct object is the noun that generally follows, and is affected directly by, the verb. The direct object answers the question what or whom is receiving the action. Note that the direct object can either be an inanimate object (**un coche**) or a person (**Jorge**).

Pablo va a comprar **un coche**.	*Pablo is going to buy a car.*
Anita está llamando **a su amigo Jorge**.	*Anita is calling her friend Jorge.*

The personal *a*

- When the direct object is a specific person or persons, an **a** precedes the noun in Spanish. This is known as the personal **a**.

Veo **a** Juan todos los días.	*I see John every day.*
Quiero mucho **a** mi papá.	*I love my father a lot.*

- The personal **a** followed by the definite article **el** contracts to form **al**.

Llamo **al** doctor.	*I am calling the doctor.*
Alicia visita **al** abuelo de su novio.	*Alice visits her boyfriend's grandfather.*

- When the interrogative **quién(es)** requests information about the direct object, the personal **a** precedes it.

¿**A** quién está llamando Juanita?	*Whom is Juanita calling?*

PRÁCTICA

4-35 En la universidad. Complete this paragraph, filling the blanks with the personal **a** when needed.

¿(1)_____ quién ves todos los días? Yo siempre veo (2)_____ Karen en la universidad. Karen y yo visitamos (3)_____ Linnette y (4)_____ Scott todas las tardes. Karen tiene (5)_____ una compañera de cuarto muy simpática, pero el compañero de cuarto de Scott es muy antipático. Esta noche todos, excepto él, vamos a ver (6)_____ una película muy interesante.

4-36 ¿Quién es quién? In the following sentences underline and identify the subject (S) and the direct object (DO).

1. Mis amigos van a ver una película esta noche.
2. Están presentando una película española en el cine Mayor.
3. Mi amigo Carlos invita a su novia Amanda.
4. Amanda invita a su amiga Sara.
5. Después de la película tomamos café.

7. *Saber* and *conocer*

Although the verbs **saber** and **conocer** are both equivalent to the English verb *to know*, they are not interchangeable.

	saber (*to know*)	**conocer** (*to know*)
yo	**sé**	**conozco**
tú	**sabes**	**conoces**
él, ella, usted	**sabe**	**conoce**
nosotros	**sabemos**	**conocemos**
vosotros	**sabéis**	**conocéis**
ellos, ellas, ustedes	**saben**	**conocen**

- The verb **saber** means to know a fact or to have knowledge or information about someone or something:

¿**Sabes** el nombre del esposo de Isabel? — *Do you know the name of Isabel's husband?*
No **sé.** — *I don't know.*

- When used with an infinitive, the verb **saber** means to know how to do something.

Sabemos bailar el tango. — *We know how to dance the tango.*
Tía Julia **sabe** escribir bien. — *Aunt Julia knows how to write well.*

- The verb **conocer** means to be acquainted or to be familiar with a person, place or thing:

Tina **conoce** a mis primos. — *Tina knows my cousins.*
Conozco San Diego. — *I know (am acquainted with) San Diego.*

EXPANSIÓN More on structure and usage

The verb **conocer** cannot be followed by an infinitive. When it expresses to know a person, it is always followed by the personal **a.**

La profesora **conoce a** mis padres. *The professor knows my parents.*

PRÁCTICA

4-37 Una amiga. Complete the following statements about our friend Marcela with the correct form of **saber** or **conocer**.

MODELO: ► Yo *conozco* a Marcela Rodríguez.

1. Mis amigos ________ a Marcela también.
2. Nosotros ___________ que ella es mexicana.
3. Luis ___________ que ella está en su clase de química.
4. Ramona ___________ que Marcela habla inglés.
5. Julio ___________ a sus padres pero no ___________ dónde viven.
6. Roberto ___________ que Marcela tiene novio.
7. ¿ ___________ tú al novio de Marcela?
8. Sí, _________ al novio, pero no _________ su apellido.
9. ¿_________ (tú) cuántos años tiene?
10. No ________. Pero sí ________ que es abogado.

COMUNICACIÓN

4-38A Entrevista. With a classmate, take turns asking and answering questions.

MODELO: E1: ¿Conoces a una persona famosa?
E2: Sí, conozco a Julio Iglesias.

1. ¿Conoces a alguna persona famosa?
2. ¿Qué países hispanoamericanos conoces?
3. ¿Cuántos idiomas sabes hablar?
4. ¿Qué deportes sabes jugar?
5. ¿A quiénes de la clase conoces mejor?

4-39 ¿Quién? In the next few minutes, see how many people you can ask questions to find out the information below. Be sure to use **saber** and **conocer** correctly.

MODELO: la fecha
E1: ¿Sabes la fecha?
E2: Sí, sé la fecha. Es el 15 de noviembre.

cantar en español	jugar al béisbol	el nombre de la capital de Costa Rica
un restaurante japonés	bailar bien	dónde vive el presidente de los EE.UU.
si hay examen mañana	mi nombre	una ciudad interesante
preparar guacamole	a un autor	a una persona de Hispanoamérica

SÍNTESIS

¡Al fin y al cabo!

4-40A La familia real española. With a classmate, ask each other questions to complete the family tree of the Spanish royal family. You each have part of the information.

MODELO: E1: ¿Cómo se llama el abuelo de Juan Carlos?
E2: Se llama …

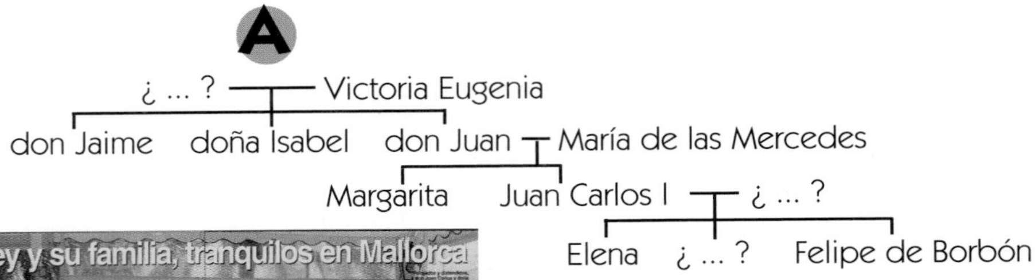

For additional activities visit the ¡ARRIBA! Home Page.
http://www.prenhall.com/arriba

4-41A Una encuesta. Using the expressions below, write a survey with questions asking a classmate about his/her preferences in eating, living, studying, etc. Then, with your classmate, take turns conducting your surveys on each other. Write a summary of your classmate's preferences.

MODELO: preferir…
E1: En la cafetería, ¿qué prefieres beber?
E2: Prefiero beber un refresco.

1. preferir
2. preferir ver
3. querer vivir en
4. pensar en
5. tener
6. venir
7. (original)

4-42 Planes. Make plans for the weekend with two other classmates. Be prepared to tell the rest of the class what you agree to do. Consider the following questions in making your plans:

- ¿Adónde quieren ir?
- ¿Qué quieren hacer?
- ¿Cómo es?
- ¿Qué día?
- ¿Con quiénes?
- ¿A qué hora comienza?
- ¿Saben cuánto tienen que pagar?
- ¿Qué necesitan?
- ¿A qué hora regresan?

4-43 Una película interesante. This ad appeared in *Excelsior,* a newspaper published in Mexico City. With a classmate, answer the questions below based on the ad.

1. ¿Cómo se llama la película?
2. ¿Cuándo es el estreno *(premier)?*
3. ¿Qué opinión tienen los críticos de la película?
4. ¿Cuál es el equivalente de un Óscar en el cine mexicano?
5. ¿Qué premios *(awards)* tiene la película?
6. ¿Quieren ustedes ver la película? ¿Por qué?

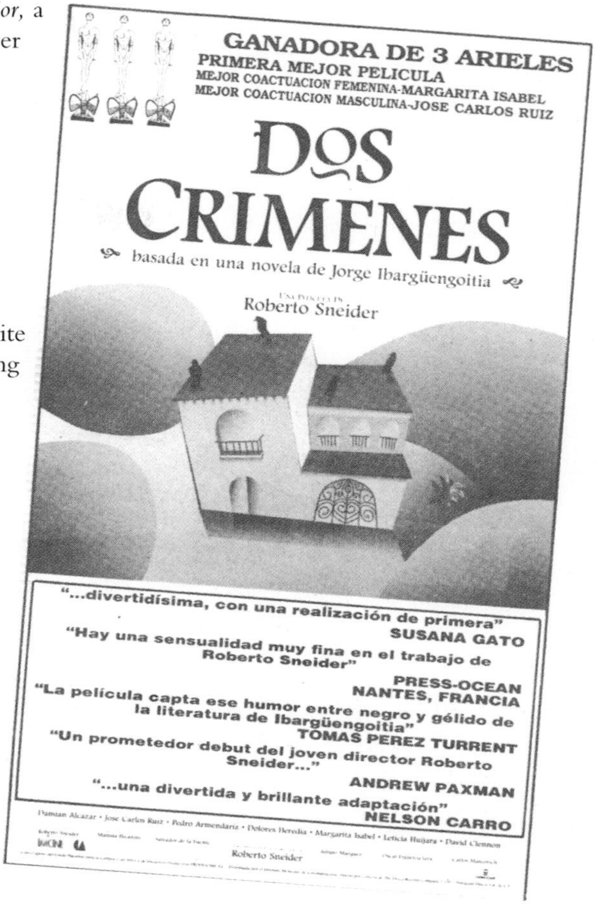
GANADORA DE 3 ARIELES
PRIMERA MEJOR PELICULA
MEJOR COACTUACION FEMENINA-MARGARITA ISABEL
MEJOR COACTUACION MASCULINA-JOSE CARLOS RUIZ
DOS CRIMENES
basada en una novela de Jorge Ibargüengoitia
Roberto Sneider
"...divertidísima, con una realización de primera"
SUSANA GATO
"Hay una sensualidad muy fina en el trabajo de Roberto Sneider"
PRESS-OCEAN NANTES, FRANCIA
"La película capta ese humor entre negro y gélido de la literatura de Ibargüengoitia"
TOMAS PEREZ TURRENT
"Un prometedor debut del joven director Roberto Sneider..."
ANDREW PAXMAN
"...una divertida y brillante adaptación"
NELSON CARRO

4-44 Una invitación. Write a short letter in which you invite a friend to spend the weekend with you. Include the following information.

- fecha
- saludo
- firma *(signature)*
- la invitación
- ¿cuándo?
- ¿por qué?
- ¿adónde?
- despedida

View clips from the ¡ARRIBA! Video. Activities are available through your instructor or on the Prentice Hall Home Page.

¡A ESCUCHAR!

La familia Vivancos. You will hear several relatives of Anita Vivancos describe themselves. Referring to Anita's family tree, identify each speaker by writing his/her name in the blanks provided.

MODELO: Mi esposa es Ana.
► Pedro

1. ________
2. ________
3. ________
4. ________
5. ________
6. ________

Árbol genealógico de la familia Vivancos
Andrés ❤ Leonor
Pedro ❤ Ana
Camilo ❤ Fefa
Ricardo
Anita
Lucía
Rodrigo
María

¡A LEER!

4-45 Emparejar. Drawing on your knowledge of the Tirofijo comic strip, match the characters, places and items on the left with the appropriate descriptions on the right.

1. el embajador	a. vive en los Estados Unidos
2. Manolo	b. 65.000.000 de pesetas
3. los secuestradores	c. representante diplomático de los EE.UU.
4. Alfredo Marcos	d. amigo de los jóvenes
5. Málaga	e. dueño del bar
6. la familia del embajador	f. terroristas
7. el rescate	g. en la Costa del Sol

4-46 ¿Recuerdas ... ? Complete the following statements based on the previous episode of Tirofijo.

MODELO: Tirofijo visita la residencia...
► estudiantil.

1. La residencia está cerca de ...
2. Según la señora, los estudiantes llevan ...
3. Los estudiantes frecuentan el Tablón de Manolo porque ...
4. El embajador dice que es un caso de ...
5. Manolo está en ...

4-47 ¿Cuál es tu opinión?

1. ¿Cuál es la conexión entre Tirofijo y Rosa del Sur?
2. ¿Cómo es Rosa del Sur?
3. ¿Tiene Tirofijo su traje de baño *(bathing suit)*?

¡A ESCUCHAR!

¿Quien es Rosa del Sur? You will hear a dramatization of **Tirofijo, Episodio 3**, that includes some additional information about the disappearance not in the text. Use the new information to complete the newspaper story below.

Un caso misterioso

Ayer, a las (1)_____ de la tarde, dos (2)_____ sospechosos secuestraron al inspector Armando Tirofijo, el famoso (3)_______ de Madrid. Según los testigos, los hombres llevaban gabardina *(trench coat)* y gafas para el sol. Uno de ellos tenía pistola. Un testigo oyó *(heard)* la palabra, "oficina", y el nombre "(4)_____".

TIROFIJO VA A MÁLAGA

EPISODIO 3: ¿Quién es Rosa del Sur?

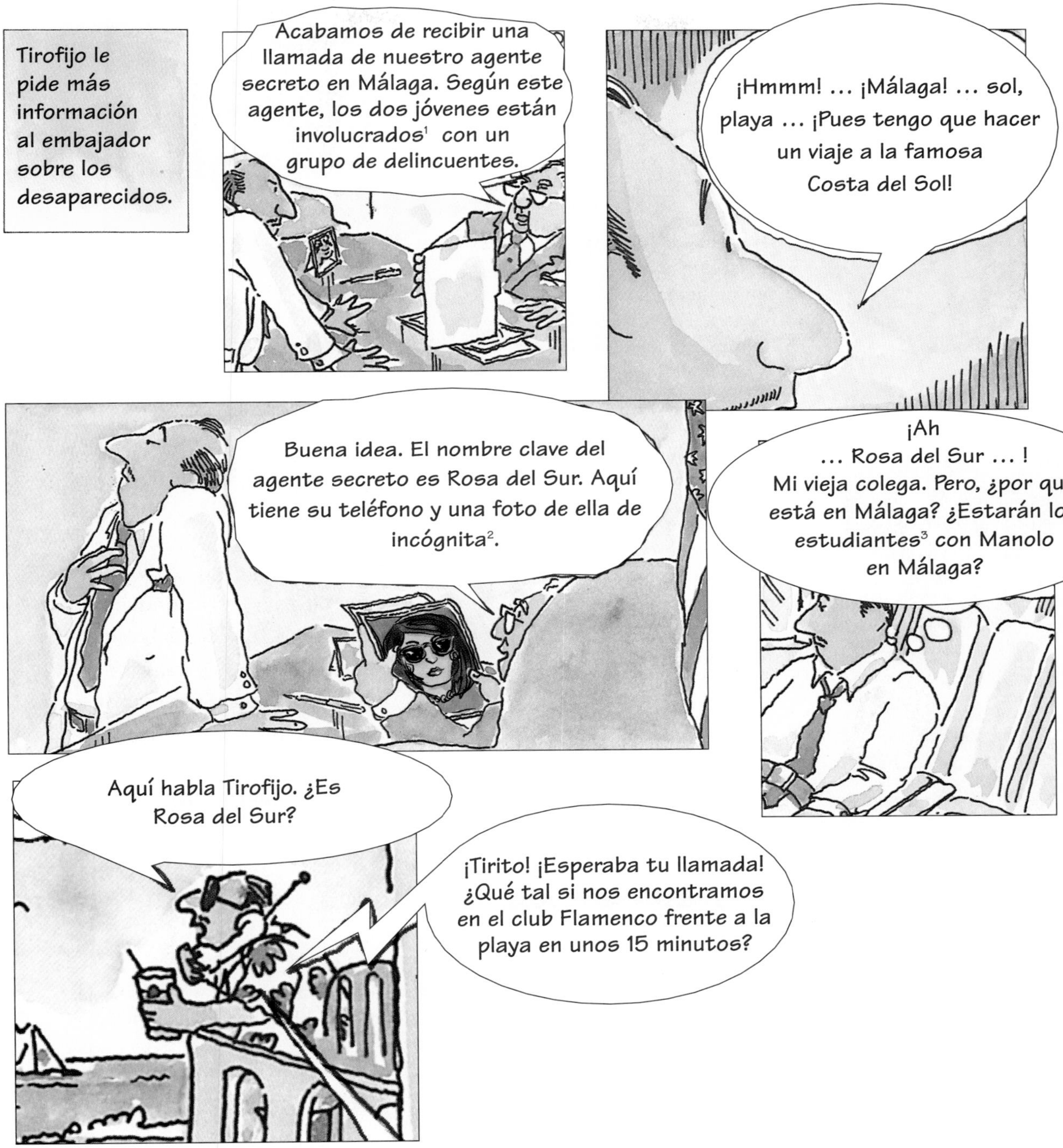

Tirofijo le pide más información al embajador sobre los desaparecidos.
Acabamos de recibir una llamada de nuestro agente secreto en Málaga. Según este agente, los dos jóvenes están involucrados[1] con un grupo de delincuentes.
¡Hmmm! ... ¡Málaga! ... sol, playa ... ¡Pues tengo que hacer un viaje a la famosa Costa del Sol!
Buena idea. El nombre clave del agente secreto es Rosa del Sur. Aquí tiene su teléfono y una foto de ella de incógnita[2].
¡Ah ... Rosa del Sur ... ! Mi vieja colega. Pero, ¿por qué está en Málaga? ¿Estarán los estudiantes[3] con Manolo en Málaga?
Aquí habla Tirofijo. ¿Es Rosa del Sur?
¡Tirito! ¡Esperaba tu llamada! ¿Qué tal si nos encontramos en el club Flamenco frente a la playa en unos 15 minutos?

[1]*involved,* [2]*incognito,* [3]*could the students be*

MÉXICO

Tejedora zapoteca en Oaxaca

¿QUÉ SABES TÚ?

4-48

1. la capital de México
2. una playa bonita
3. un producto de México
4. el presidente de México
5. el cambio nuevo peso/dólar
6. Tratado de Libre Comercio en inglés

PARA BUSCAR

4-49 Scan the reading for the following information:

1. la población de México
2. una antigua civilización
3. un conquistador español
4. una ciudad colonial
5. el color del agua
6. el color de la arena
7. una península

Ballet Folklórico de México

CIUDADES COLONIALES

Imagínese poder volver[1] a la época de Tenochtitlán, la antigua capital del imperio azteca o pasar la noche en la hacienda donde Hernán Cortés vivió[2]. En México hay ciudades pintorescas[3] llenas de tradición que datan del siglo XVI. Allí la vida es apacible[4], las calles[5] y plazas son adoquinadas[6], y podemos ver magníficas catedrales y elegantes haciendas con patios llenos de flores. Algunas de las más conocidas son Guanajuato, San Miguel de Allende, Morelia, Cuernavaca, Mérida, Puebla, Oaxaca y Taxco.

ESTADÍSTICAS DE MÉXICO

Nombre oficial: Estados Unidos Mexicanos
Población: 93.000.000
Ciudades principales: Ciudad de México (área metropolitana) 22.000.000, Guadalajara 3.350.000, Monterrey 2.720.000, Netzahualcóyotl 2.400.000, Tijuana 1.550.000, Puebla 870.000
Centros turísticos: Acapulco, Cancún, Cozumel, Mazatlán, Puerto Vallarta
Area: 1.958.201 km^2
Moneda: nuevo peso mexicano

---

[1]*just imagine being able to return*, [2]*lived*, [3]*picturesque*, [4]*pleasant*, [5]*streets*, [6]*cobblestone*

MÉXICO LINDO

México es el país hispano más conocido por los norteamericanos, porque es nuestro vecino[7]. Esta nación mágica tiene un pasado antiguo que excita la imaginación de los viajeros[8]. Sus pirámides, sus bellos templos construidos en honor a los dioses[9] y sus leyendas mayas y aztecas forman parte de una herencia perdurable[10].

ARTESANÍA

México es un país de artistas y artesanos fantásticos. Pocas naciones del mundo ofrecen[11] su rica cultura con tanta creatividad y con tantos vibrantes colores. El origen de esta artesanía es regional y el turista siempre puede comprar sarapes[12] en Saltillo, platería[13] en Taxco, alfarería[14] en Oaxaca y Puebla, y cestas[15] y hamacas[16] en Mérida.

Artesanía de Oaxaca

ARQUEOLOGÍA

Hay más de 14.000 ruinas arqueológicas en México y continuamente hay nuevos descubrimientos[17]. En la Ciudad de México y sus alrededores[18] se encuentran ciudades aztecas y las famosas ruinas de Teotihuacán, con su magnífica Pirámide del Sol. En la costa del Golfo de México hay ruinas olmecas que datan de[19] 1.200 A.C.[20] En la jungla de Chiapas y la Península de Yucatán está la tierra[21] de los mayas, cuyas[22] mejores ruinas se encuentran en Chichén Itzá y Palenque.

Playas

México tiene unos 10.000 kilómetros de magníficas y emocionantes playas[23]. Cancún, en la punta[24] de la Península de Yucatán, ofrece su arena[25] blanca y sus cristalinas[26] aguas color turquesa. Cerca de allí, en Islas Mujeres y Cozumel, se puede[27] observar el mágico mundo submarino. En Acapulco, en la costa del Pacífico, las montañas y la playa forman un contraste incomparable. Y si usted quiere pescar[28], no hay mejores lugares que Puerto Vallarta y Mazatlán.

Playa cerca de San Miguel en la isla de Cozumel

---

[7]*neighbor*, [8]*travellers*, [9]*gods*, [10]*ever-lasting heritage*, [11]*offer*, [12]*colorful woven blankets*, [13]*silver*, [14]*pottery*, [15]*baskets*, [16]*hammocks*, [17]*findings*, [18]*its surroundings*, [19]*date back to*, *21land*, [22]*whose*, [23]*beaches*, [24]*tip*, [25]*sand*, [26]*clear*, [27]*one can*, [28]*to fish*

¿COMPRENDES?

4-50 El mapa. With a classmate, review the map of Mexico on the inside cover of your text. Indicate where the following cities and other geographical features are located.

MODELO: la Ciudad de México
► La Ciudad de México está en el centro del país.

en el centro
al sur de ...
al oeste de...
en la costa del Caribe
en la península de ...
al norte de...
al este de ...
en la costa del Pacífico
en las montañas
en la costa del Golfo de México

1. México, D.F.
2. Acapulco
3. Monterrey
4. Tijuana
5. Cancún
6. Guadalajara
7. el Río Bravo
8. Mérida

4-51 ¿Cierto o falso? Correct any false statements.

1. México tiene menos de 90.000.000 de habitantes.
2. México es nuestro vecino del norte.
3. La Pirámide del Sol está cerca de la Ciudad de México.
4. La tierra de los mayas está en la costa del Pacífico.
5. Chichén Itzá es una ruina maya.
6. Las ciudades coloniales de México datan del siglo XVII.
7. La vida en estas ciudades es muy tranquila.
8. La artesanía de México no tiene muchos colores.
9. Cada región de México tiene una artesanía diferente.
10. Mazatlán es el mejor lugar para observar el mundo submarino.

4-52 Recomendaciones. In groups of three or four, make recommendations to people planning to visit Mexico. Suggest where they would have the best time, based on their expressed interests. Use the information provided in the **Nuestro Mundo** section.

MODELO: E1: Quiero visitar una ciudad grande.
E2: ¿Por qué no vas a Monterrey? Es una ciudad de más de 2.000.000 de habitantes.

1. Pienso visitar unas ciudades antiguas.
2. Quiero comprar muchos artículos hechos a mano *(handmade)*.
3. Quiero visitar las ciudades coloniales de México.
4. Pienso pasar dos semanas en una playa hermosa.

4-53A México lindo. Work with a classmate to complete the information in your charts. You each have some of the information, but some is missing from both of your charts.

MODELO: E1: Es un lugar en la costa del Pacífico. Es popular con los turistas.
E2: Tiene playas hermosas. ¿Cómo se llama?
—Es Acapulco.

LUGAR	DESCRIPCIÓN	UBICACIÓN	FAMOSO POR ...
	popular con los turistas	en la costa del Pacífico	sus playas hermosas
	una de las ciudades más grandes del mundo		ser construida sobre la antigua capital de los aztecas
	antigua ciudad tolteca		la Pirámide del Sol
Islas Mujeres		en el Golfo de México cerca de Yucatán	su agua turquesa
Monterrey	ciudad grande industrial		su cerveza, Carta Blanca
	ciudad colonial	al sur de la capital	platería

Pirámide del Mago en Uxmal, península de Yucatán

LECCIÓN 5

¡A divertirnos!

COMUNICACIÓN

- Making and reacting to suggestions
- Expressing likes and dislikes
- Extending and responding to invitations
- Expressing interest, emotion, indifference

CULTURA

- Los pasatiempos
- Los deportes

ESTRUCTURAS

PRIMERA PARTE

- The present tense of **salir**, **ver**, **traer**, **poner** and **hacer**
- The present indicative tense of **oír** and **decir**
- Direct object pronouns

SEGUNDA PARTE

- The present tense of stem-changing verbs: **o → ue**
- The indirect object and indirect object pronouns
- **Gustar** and similar verbs
- Prepositional pronouns

¡A leer!: *Tirofijo va a Málaga,* EPISODIO *4: El rescate*

Nuestro mundo: Las islas hispánicas del Caribe: Cuba, la República Dominicana y Puerto Rico

PRIMERA PARTE

¡Así es la vida!

El fin de semana

Escena 1

Karen Banks, Ricardo Rubio, Linnette Ortiz y Scott Breslow estudian en la Universidad de Puerto Rico. Es sábado por la mañana. Karen y su novio Ricardo no saben qué van a hacer y están leyendo algunos anuncios que aparecen en el centro estudiantil de la universidad.

RICARDO: Oye, Karen, ¿por qué no vamos al partido de básquetbol?

KAREN: No sé. Hoy hace buen tiempo y no quiero estar dentro de un gimnasio.

RICARDO: Tienes razón. ¿Qué tal si vamos a la feria internacional?

KAREN: ¡Buena idea! Pero, mira, allí están Scott y Lynn. Vamos a ver qué piensan hacer ellos.

Escena 2

KAREN: Hola, ¿qué hay de nuevo? ¿Qué piensan hacer hoy?

LINNETTE: Pues, hoy es un día perfecto para ir a la playa. Hace sol y mucho calor. ¿Por qué no vamos a Luquillo a nadar en el mar y después hacemos un pícnic?

RICARDO: ¡Bárbaro! ¡Es una estupenda idea!

SCOTT: Yo hago los sándwiches.

LINNETTE: No, mejor los hago yo.

SCOTT: Entonces, yo voy a comprar los refrescos.

KAREN: ¿Y quién trae la sombrilla?

RICARDO: No te preocupes. Yo la traigo.

Escena 3

Al llegar a la playa.

KAREN: ¡Qué bonito está el mar!

SCOTT: ¡Fabuloso! Está ideal para nadar.

LINNETTE: Oye, Scott, ¿dónde está la bolsa con los trajes de baño? No la veo en el baúl.

SCOTT: ¡Qué desgracia! Creo que la dejamos en la residencia de estudiantes.

LINNETTE: ¡Ay bendito! ¡Qué suerte la nuestra! No vamos a poder nadar en el mar.

¡Así lo decimos!

Actividades para el fin de semana

dar un paseo	*to go out for a walk*
ir a un partido	*to go to a game*
ir a un concierto	*to go to a concert*
ir a una discoteca	*to go to a dance club*
nadar en el mar	*to swim in the ocean*
hacer un pícnic/ hacer una merienda	*to have a picnic*
salir con	*to go out with*
ver (una película)	*to see (a movie)*
traer (la comida)	*to bring (the food)*

Cómo pedir opiniones y sugerencias

¿Qué piensas?/¿Qué crees?/ ¿Qué te parece?	*What do you think?*

Cómo reaccionar ante opiniones y sugerencias

Tienes razón.	*You're right.*
No tienes razón./ Estás equivocado(a)	*You're wrong.*
No sé.	*I don't know.*
Es una buena/mala idea.	*It's a good/bad idea.*
Me da igual.	*It's the same to me.*

Expresiones de entusiasmo

¡Magnífico!	*Great! Wonderful!*
¡Estupendo!	*Terrific!*
¡Ideal!	*Ideal!*
¡Fabuloso!	*Great!*
¡Bárbaro!	*Awesome!*
¡Fantástico!	*Fantastic!*

Expresiones claves

No te preocupes.	*Don't worry.*
¿Qué tal si ... ?	*What if ...?*
¿Qué piensan hacer hoy?	*What are you thinking of doing today?*
Es un día perfecto para ...	*It's a perfect day for ...*

Otras palabras y expresiones

los anuncios	*announcements*
¡Ay bendito!	*Oh, no!*
el baúl	*trunk*
la bolsa	*bag*
el cesto	*basket*
la entrada	*ticket*
la heladera	*cooler*
el hielo	*ice*
llevar	*to take, to bring*
¡Oye!	*Listen!*
¡Qué suerte la nuestra!	*It's our tough luck!*
la sombrilla	*beach umbrella*
la toalla	*towel*
el traje de baño	*bathing suit*

Para hablar del clima

Spanish uses the verb **hacer** *(to do* or *to make)* in the third-person singular with weather expressions.

¿Qué tiempo hace?	*What's the weather like?*
Hace buen tiempo.	*It's nice out.*
Hace (mucho) calor.	*It's (very) hot.*
Hace (mucho) frío.	*It's (very) cold.*
Hace (mucho) sol.	*It's (very) sunny.*
Hace (mucho) viento.	*It's (very) windy.*
Hace fresco.	*It's cool.*
Hace mal tiempo.	*The weather is bad.*

Otras expresiones

Llueve/Está lloviendo.	*It rains/It's raining.*
Nieva/Está nevando.	*It snows/It's snowing.*
Está nublado.	*It's cloudy.*
Está despejado.	*It's (a) clear (day).*
Hay contaminación.	*It's smoggy.*
Hay neblina.	*It's foggy.*

¡A ESCUCHAR!

El fin de semana. Listen as Ramón and Carlota make plans for the weekend. Indicate what they decide to do by checking off the appropriate activities below.

___ dar un paseo
___ ir a un partido
___ ver una película
___ nadar en el mar
___ ir a la playa
___ ir a un concierto
___ invitar a sus amigos
___ hacer un pícnic

PRÁCTICA

5-1 ¿Qué hacer? Some friends are talking about their plans for the weekend. Complete their statements with an appropriate word from **¡Así lo decimos!**

1. Queremos ir a escuchar música. Vamos a un ________.
2. Hace buen tiempo. ¿Por qué no vamos al parque, llevamos sándwiches y hacemos un _________.
3. Hoy hace sol. Vamos a dar un ______ por el parque.
4. Los refrescos están en la ________.
5. El sábado va a hacer mucho calor. ¿Por qué no vamos a nadar en _______?
6. Mira este anuncio. El domingo hay un _______ de básquetbol en el gimnasio.
7. ¡Qué feo! Hace muy mal tiempo: está ________ y hay mucha ________.
8. Entonces, es un día perfecto para _________.

5-2 El tiempo. Describe the weather in each illustration using expressions from **¡Así lo decimos!**

5-3 España en abril. With a classmate, take turns answering the questions based on the weather map.

MODELO: E1: ¿Qué tiempo hace en Bilbao?
E2: Está lloviendo.

1. Si quieres visitar un lugar donde hace sol, ¿adónde vas?
2. ¿En qué parte hace fresco?
3. ¿Qué tiempo hace en la capital?
4. ¿Dónde hace muy mal tiempo?
5. ¿Dónde está nevando?
6. ¿Qué tiempo hace en Barcelona?
7. ¿Cuál es la temperatura máxima en centígrados en Córdoba? ¿En qué ciudad hace más calor?
8. ¿Cuál es la temperatura mínima en Oviedo? ¿En qué ciudad hace más frío?
9. ¿Por qué no hace tanto frío en Bilbao como en Salamanca?
10. ¿Qué ciudad deseas visitar y por qué?

5-4 ¿Qué necesitas? With a classmate, think of all the things needed for the following activities.

MODELO: para ir a la playa
► Necesitamos los trajes de baño, buen tiempo, ...

1. para ver una película
2. para hacer un pícnic
3. para ir a un concierto
4. para dar un paseo
5. para ir a una discoteca
6. para ver la televisión
7. para hacer una fiesta
8. para ir a un partido

5-5 Las entradas. Your instructor is giving away tickets to the events shown, and has offered one of them to you. In order to decide which ticket to accept, answer the questions.

1. ¿Qué hay en el Centro Cultural Conde Duque?
2. ¿En qué ciudad es el Festival Internacional?
3. ¿En qué ciudad es el ballet?
4. ¿Cuándo es el ballet?
5. ¿Cómo se llama la orquesta que va a tocar en el festival?
6. ¿A qué hora es la actividad en el Conde Duque?
7. ¿Qué día y a qué hora toca la orquesta?
8. ¿Cuánto cuesta la entrada para el ballet? ¿la orquesta?
9. ¿A cuál de las actividades prefieres ir? ¿Por qué?

COMUNICACIÓN

5-6 No es verdad. Write five statements about the weather at different times of the year and in different places. Then, with a classmate, take turns agreeing or disagreeing with each other's statements depending on the accuracy of each one.

MODELO: E1: En Atlanta nieva en agosto.
E2: No es verdad. En Atlanta llueve en agosto y hace mucho calor.

5-7 ¿Qué haces cuando ... ? With a classmate take turns asking each other what you like to do in various kinds of weather. Note your partner's responses and summarize them for the class.

MODELO: E1: ¿Qué te gusta hacer cuando está nevando?
E2: Me gusta esquiar.
E1: Cuando está nevando, ... esquía.

ALGUNAS ACTIVIDADES

leer ...	dormir	tomar ...	ver la televisión	dar una fiesta
esquiar	nadar	ir a un partido	ver una película	invitar a los amigos
ir a ...	dar un paseo	hacer un pícnic	tomar el sol	ver un concierto

¿Qué te gusta hacer cuando ...

1. hace calor?
2. está lloviendo?
3. hace frío en la playa?
4. hace fresco?
5. está nevando?
6. hace buen tiempo pero tienes que trabajar?

5-8 El pronóstico para la semana. Read the weather report for the week and suggest an appropriate activity for each day to your classmates.

MODELO: ► El lunes va a hacer mucho sol. ¡Magnífico! Vamos a hacer un pícnic.

> El lunes va a hacer mucho sol pero el martes va a llover. El miércoles va a hacer fresco y el jueves va a hacer mucho frío. El sábado va a nevar y el domingo va a hacer buen tiempo.

5-9 Una invitación. With a classmate, role-play the different scenes below. Keep your conversations going as long as possible.

1. Invite your friend to a concert. As he/she questions you about the details without much enthusiasm, be prepared to give the date, time, and information about who is playing.

2. You're at the beach and discover you do not have something you need. Your friend is concerned and tries to find out what the problem is.

3. You're in the mood to do something extravagant! Try to talk your friend into doing it with you, even though he/she is short on money.

4. You're the professor of a rowdy class on a nice day. Address yourself to a student who is more interested in what is going on outside the classroom than inside. Will you decide to hold class outside?

A PROPÓSITO ... LOS PASATIEMPOS

A los hispanos les gusta disfrutar de *(to enjoy)* la vida y dedican mucho tiempo a las actividades recreativas. Generalmente estas actividades son de tipo social y ocurren por la noche: visitar a la familia y a los amigos íntimos; salir en grupo al cine, al teatro, a un concierto, a dar un paseo por el parque; ir a un partido de fútbol, béisbol o básquetbol; o simplemente quedarse *(to stay)* en la casa para ver la televisión o para jugar juegos de mesa como canasta o ajedrez *(chess)* con la familia. Durante el fin de semana es muy común ir a pasarse el día al club social, donde los padres y los hijos se reúnen *(get together)* con sus respectivos amigos para participar en actividades deportivas o para jugar juegos de azar *(games of chance)*.

Vamos a comparar

¿Con quién disfrutas tú de las actividades recreativas? ¿con tus padres? ¿con tus hermanos? ¿con tus amigos? ¿Qué haces para pasar el tiempo? ¿Cuáles son algunos de tus pasatiempos *(hobbies)* favoritos? ¿Cuáles son algunas diferencias entre los pasatiempos de los hispanos y los pasatiempos de los norteamericanos?

¿Quieres ver un partido de fútbol?

PRONUNCIACIÓN

The sounds of Spanish *r* and *rr*

- The Spanish **r** has two distinct sounds. The **rr** represents a strongly trilled sound and is produced by striking the tip of the tongue against the ridge behind the upper front teeth in a series of rapid vibrations. When a single **r** appears at the beginning of a word or after the consonants **l**, **n**, and **s**, it is pronounced like the **rr**. Note the following examples:

Roberto	**repetir**	**correr**	**alrededor**
cerrar	**ratón**	**enredo**	**Israel**

- In all other positions, the single **r** is pronounced with one flap of the tongue against the ridge directly behind the upper front teeth. Known as the flap **r**, its sound is similar to the English *dd* and *tt* in the words *ladder* and *putter*. Note the following examples:

cero	**oro**	**arena**	**abrir**
ladra	**mira**	**pero**	**cara**

ESTRUCTURAS

1. The present tense of *salir, ver, traer, poner,* and *hacer*

Some Spanish verbs are irregular only in the first-person singular form of the present indicative tense. All other forms follow the regular conjugation patterns.

salir	**salgo**	sales	sale	salimos	salís	salen
ver	**veo**	ves	ve	vemos	veis	ven
traer	**traigo**	traes	trae	traemos	traéis	traen
poner	**pongo**	pones	pone	ponemos	ponéis	ponen
hacer	**hago**	haces	hace	hacemos	hacéis	hacen

EXPANSIÓN More on structure and usage

Each of the following expressions with **salir** has its own meaning.

- **salir de:** *to leave a place, to leave on a trip*

  Salgo de casa a las nueve. — *I leave home at nine.*
  Salimos de viaje el lunes que viene. — *We leave on a trip next Monday.*

- **salir para:** *to leave for (a place), to depart*

  Mañana **salen para** Santo Domingo. — *Tomorrow they leave for Santo Domingo.*
  Salimos para las montañas a las dos. — *We leave for the mountains at two.*

- **salir con:** *to go out with, to date*

  Anita **sale con** Adolfo. — *Anita is dating Adolfo.*
  Rosa **sale con** sus amigas esta noche. — *Rosa is going out with her friends tonight.*

- **salir a:** *to go out (to do something)*

  Salen a cenar todos los viernes. — *They go out for dinner every Friday.*
  ¿**Sales a** caminar por las tardes? — *Do you go out walking in the afternoons?*

PRÁCTICA

5-10 Mis planes para hoy. Complete the paragraph about preparations for a day at the beach using the first-person singular form of the verbs in parentheses.

Hoy (1) _______ (salir) para la playa con Karen muy temprano. Antes de salir, (2) _______ (hacer) unos sándwiches para el grupo. Después, (3) _______ (poner) la comida en el baúl y (4) _______ (ver) si Karen está lista. Como hoy hace mucho calor, (5) _______ (traer) muchos refrescos. También, como queremos nadar, (6) _______ (poner) los trajes de baño y dos toallas en la bolsa de Karen.

5-11 Más planes. Describe what Linnette and her friends do during the week by completing each sentence with an appropriate form of the verb **salir** and the correct preposition.

1. Linnette _______ Scott todas las noches.
2. Linnette y Scott a veces _______ Ricardo y Karen.
3. Todos los sábados ellos _______ bailar.
4. Linnette y Scott _______ la residencia de estudiantes a las siete.
5. Después de la película todos _______ comer a un restaurante.
6. Ellos siempre _______ el restaurante a las once de la noche y van directamente a su casa.

5-12 Un día en la playa de Luquillo, Puerto Rico. Complete the dialog with the correct form of a logical verb from the list. Some verbs may be used more than once.

estar	hacer	ir
ser	traer	salir

GABRIELA: ¡Qué día más perfecto! (1) _______ sol, no (2) _______ mucho viento, (3) _______ calor ... ¿Por qué no (4) _______ a la playa de Luquillo?

JORGE: ¡Estupendo! Pero no conozco la playa. ¿(5) _______ muy lejos de aquí?

GABRIELA: No, está muy cerca. (Nosotros) (6) _______ de la universidad por la carretera 28 y (7) _______ directamente a la playa. (8) _______ un viaje de sólo dos horas.

JORGE: ¡Magnífico! ¿Qué tal si yo (9) _______ los refrescos y tú (10) _______ la comida?

COMUNICACIÓN

5-13 ¿Qué planes tienes? With a classmate, take turns finding out about each other's plans.

MODELO: ¿A qué hora salir/tú para ... ?
E1: ¿A qué hora sales para la playa?
E2: Salgo para la playa a las diez de la mañana.

1. ¿A qué hora hacer/tú ... ?
2. ¿Con quiénes ir/tú a ... ?
3. ¿Quién hacer ... ?
4. ¿Dónde poner/tú ... ?
5. ¿Quién traer ... ?
6. ¿Qué ver/tú ... ?
7. ¿A qué hora salir/ustedes de ... ?

2. The present indicative tense of *oír* and *decir*

The verbs **oír** and **decir** are irregular in the present indicative tense.

oír		decir	
oigo	oímos	digo	decimos
oyes	oís	dices	decís
oye	oyen	dice	dicen

- **Oír** *(to hear)* has a **g** in the first-person singular, and the stem vowel **i** changes to **y** in the second- and third-persons singular, and in the third-person plural.

No **oigo** bien la música. — *I don't hear the music well.*
¿**Oyes** a la profesora? — *Do you hear the professor?*

- **¡Oye!** is used to mean *hey!* or *listen up!*

¡Oye! ¿Sabes que hoy hay fiesta? — *Hey! Do you know there's a party today?*

- **Decir** *(to say, tell)* has a **g** in the first-person singular, and the stem vowel **e** changes to **i** in the second- and third-persons singular, and in the third-person plural. The present participle also has an **i** in the stem.

¿**Dices** siempre la verdad? — *Do you always tell the truth?*
No, a veces no **digo** la verdad. — *No, at times I don't tell the truth.*
Estoy diciendo la verdad ahora. — *I am telling the truth now.*

PRÁCTICA

5-14 En la clase de español. Complete each dialog with the correct form of the indicated verb.

1. decir
¿Qué ______ (tú) cuando entras en la clase?
(Yo) ______ "Buenos días, profesora".
¿Qué ______ los otros estudiantes?
(Ellos) ______ "Buenos días" también.
¿Quién ______ "Abran sus libros, por favor"?
La profesora ______ "Abran sus libros".

2. oír
¿Qué ______ (tú) cuando entras en la clase de español?
Yo ______ a los otros estudiantes.
¿Quiénes ______ a la profesora?
Nosotros ______ a la profesora.
¿A quién ______ la profesora?
La profesora ______ a sus estudiantes.

5-15 En Málaga. Complete the dialog with the appropriate form of **oír** or **decir**.

SR. TRUJILLO: ¡(1)_______, Blanca! ¡Vamos! ¿No (2)_______ el reloj? Dan las diez y media y nosotros tenemos que estar en la oficina de la señora Suárez a las once menos cuarto.

BLANCA: ¿Qué (3)_______, señor Trujillo? Yo no (4)______ bien. ¿Quiénes dan una fiesta?

SR. TRUJILLO: No (5)_______ "fiesta". ¡(6)_______ que son las diez y media, Blanca! ¡Vamos ahora!

BLANCA: Está bien, señor Trujillo. Usted (7)________ que dan una película a las diez y media. Pero yo no quiero ir, gracias.

COMUNICACIÓN

5-16 ¿Qué pasa cuando ... ? With a classmate, decide what you say (**decir**) or hear (**oír**) in the following contexts. Be creative and suggest alternative possibilities if you can!

MODELO: en un restaurante

► Digo,"un café, por favor".

1. en una cafetería
2. en una fiesta
3. en la televisión
4. en la radio
5. en la residencia estudiantil
6. en casa
7. en un concierto
8. en el banco
9. en tu coche
10. en clase
11. en la biblioteca

3. Direct object pronouns

A direct object noun is often replaced by a direct object pronoun. The chart below shows the forms of the direct object pronouns.

SINGULAR		PLURAL	
me	*me*	**nos**	*us*
te	*you* (informal)	**os**	*you* (informal)
lo	*him, you, it* (masc.)	**los**	*you, them* (masc.)
la	*her, you, it* (fem.)	**las**	*you, them* (fem.)

- Direct object pronouns agree in gender and number with the noun they replace.

Necesito **la sombrilla**.	**La** necesito.
Necesitamos **los trajes de baño**.	**Los** necesitamos.
Llamo **a Teresa**.	**La** llamo.
Llamamos **a las chicas**.	**Las** llamamos.

- Direct object pronouns are usually placed immediately before the conjugated verb.

¿Dónde ves **a Jorge y a Adela**?	*Where do you see Jorge and Adela?*
Los veo en clase.	*I see them in class.*
¿Visitas **a tu profesora**?	*Do you visit your professor?*
Sí, **la** visito.	*Yes, I visit her.*

- In constructions that use the infinitive or the present progressive forms, direct object pronouns may either precede the conjugated verb, or be attached to the infinitive or the present participle **(-ndo)**. Note that when you attach the direct object pronoun to the **-ndo** form, a written accent is used.

Adolfo va a comprar **un bocadillo**.	*Adolfo is going to buy a sandwich.*
Adolfo va a compar**lo**. Adolfo **lo** va a comprar.	*Adolfo is going to buy it.*
Ana está llamando **a Pepa**.	*Ana is calling Pepa.*
Ana está llamándo**la**. Ana **la** está llamando.	*Ana is calling her.*

- In negative sentences, the direct object pronoun is placed between **no** and the conjugated verb. The object pronoun may also be attached to the infinitive or to the present participle in negative sentences.

Adolfo no **lo** va a comprar. Adolfo no va a comprar**lo**.	*Adolfo is not going to buy it.*

EXPANSIÓN More on structure and usage

Using direct object pronouns in Spanish takes practice. The following general tips may be helpful.

- In English, direct object pronouns are placed after the verb. In Spanish, direct object pronouns usually precede the conjugated verb.
- The direct object pronouns **lo**, **la**, **los**, **las** can refer to both people *(him, her, them)* and objects *(it, them)*.
- In Spanish, as in English, a direct object pronoun should be used only after the noun to which it refers has been introduced by a participant in the conversation. Otherwise, the use of a direct object pronoun creates ambiguity.

PRÁCTICA

5-17 Planes. In pairs, make plans to attend an outdoor concert. Match the questions on the left with the answers on the right.

1. _____ ¿Traen el cesto del profesor?
2. _____ ¿Puedes abrir el baúl, por favor?
3. _____ ¿A qué hora compramos los boletos para el concierto?
4. _____ ¿Estás haciendo tu tarea ahora?
5. _____ ¿Está María haciendo los sándwiches ahora?
6. _____ ¿Qué están haciendo con la heladera?
7. _____ ¿Abren el parque temprano?
8. _____ ¿Vas a llamar a los otros compañeros?

a. Estamos poniéndola en el baúl.
b. Estoy llamándolos ahora mismo.
c. No, la voy a hacer esta mañana.
d. Sí, con mucho gusto lo abro.
e. Vamos a comprarlos a las seis.
f. Sí, aquí está. ¿Dónde lo ponemos?
g. Sí, está preparándolos.
h. Sí, lo abren a las siete y media.

5-18 El (La) olvidadizo(a) *(the forgetful one)*. You and your roommate have forgotten who is doing what for the picnic you have planned. With a classmate, take turns asking and answering questions, following the model.

MODELO: E1: ¿Quién va a comprar los sándwiches?
E2: Tú vas a comprarlos.

1. ¿Quién va a llamar a las chicas?
2. ¿Quién va a buscar el hielo?
3. ¿Quién va a preparar el cesto con la comida?
4. ¿Quién va a llevar un radio?
5. ¿Quién va a comprar los refrescos?
6. ¿Quién va a llevar a las chicas a la residencia de estudiantes?
7. ¿Quién va a buscar el mapa?
8. ¿Quién va a llevar los trajes de baño?

5-19 Carlos y su guía en Nueva York. Using direct object pronouns, complete the dialog between Carlos and a tour guide as they see the sights in New York.

GUÍA: ¿Ve usted las luces de Broadway?
CARLOS: (1) ____________________.
GUÍA: ¿Quiere usted escuchar el concierto de Rubén Blades?
CARLOS: (2) ____________________.
GUÍA: ¿Tiene usted el número de teléfono del hotel?
CARLOS: (3) ____________________.
GUÍA: ¿Ve usted el gorila en el edificio del Empire State?
CARLOS: (4) ____________________.
GUÍA: ¿Quiere usted visitar la Estatua de la Libertad?
CARLOS: (5) ____________________.
GUÍA: Vamos a visitar el estadio de los Yanquis, ¿está bien?
CARLOS: (6) ____________________.
GUÍA: Vamos a visitar un barrio hispano, ¿está bien?
CARLOS: (7) ____________________.
GUÍA: ¿Quiere usted llamarme mañana?
CARLOS: (8) ____________________.

COMUNICACIÓN

5-20 Preparando el fin de semana. With two or three classmates, make plans to attend an outdoor concert this weekend. Ask each other questions to determine who is to be responsible for each task.

MODELO: E1: ¿Quién trae el coche?
E2: Miguel lo trae.

ALGUNAS RESPONSABILIDADES
traer el coche
llevar la sombrilla
preparar los sándwiches
comprar los refrescos
buscar la heladera
llevar el cesto
poner el hielo en la heladera
llevar los trajes de baño
comprar la gasolina
buscar la ruta en el mapa
poner la comida en la heladera

5-21A Una entrevista para *El Norte*. With a classmate, role-play an interview in which you are a reporter for the newspaper, *El Norte*, published in Monterrey, Mexico, and your classmate is a famous person. Ask questions based on the suggestions below.

MODELO: practicar béisbol.
E1: ¿Practica usted béisbol?
E2: Sí, lo practico. (No, no lo practico.)

1. practicar tenis
2. conocer al presidente de México
3. llamar a su esposo(a) todas las noches
4. decir siempre la verdad
5. leer el periódico todos los días
6. querer mucho a su familia
7. visitar México este año
8. preferir la comida mexicana
9. (original)

When you have finished interviewing your classmate, he/she will ask you questions about your work as a reporter.

MODELO: E2: ¿Escribe Ud. artículos en inglés también?
E1: Sí, los escribo. (No, no los escribo.)

5-22A Planes para un viaje. With a classmate, role-play a conversation in which you discuss preparations for a trip. When your classmate asks you if everything is ready, answer yes or no, using a direct object pronoun. If something is not ready, explain why, using some of the suggestions below.

MODELO: E1: ¿Tienes el mapa?
E2: Sí, lo tengo. (No, no lo tengo. Tengo que buscarlo.)

SUGERENCIAS

Tengo que comprar ...
Tengo que buscar ...
Tengo que ir a ...
Necesitamos ...
No ... necesitamos.

5-23 ¿Qué sabes ... ? ¿A quién conoces? With a classmate, take turns asking for the information specified using **saber** or **conocer.** Respond using a direct object pronoun and information that shows you know what you're talking about.

MODELO: la fecha
E1: ¿Sabes la fecha?
E2: Sí, la sé. Es el 29 de noviembre de 1997.

1. la fecha
2. al profesor de ...
3. el nombre de una playa famosa
4. la playa en México que es popular entre muchos norteamericanos
5. la ciudad de ...
6. dónde hay un concierto este fin de semana
7. quién es la profesora de ...
8. qué tiempo hace
9. a una juez de la Corte Suprema
10. al hombre más fuerte de la clase

SEGUNDA PARTE

¡Así es la vida!

Los deportes

María Luján Wierna (argentina)
Me encantan los deportes. En verano, cuando hace calor, juego al tenis y practico ciclismo y natación. En invierno, cuando hace frío, me gusta esquiar en Bariloche. Mi deportista favorita es la tenista argentina, Gabriela Sabatini.

Daniel Prenat Anzola (uruguayo)
Soy entrenador de un equipo de fútbol. Yo les enseño a mis jugadores a ser agresivos y disciplinados. Cuando ellos juegan bien, los aliento gritando: "¡Arriba!" "¡Buena jugada!" "¡Qué pase!" No me caen bien los árbitros pero respeto sus decisiones.

Fernando Vázquez Soto (dominicano)
Yo practico vólibol, básquetbol y béisbol, pero el deporte que más me gusta es el béisbol. Soy jardinero izquierdo del equipo de la universidad. No soy una estrella, pero generalmente bateo bastante bien. La temporada de la liga de béisbol dominicana es de noviembre a enero.

Alejandra Sánchez Sandoval (mexicana)
Hay deportes que me gustan mucho y hay otros que no. El tenis me fascina porque es un deporte muy rápido; pero el golf no me gusta porque lo encuentro lento y muy aburrido. El boxeo no me gusta porque es violento y, aunque no entiendo el fútbol americano, lo encuentro emocionante.

¡ASÍ LO DECIMOS!

ALGUNOS DEPORTES

el atletismo	*track and field*
el boxeo	*boxing*
el ciclismo	*cycling*
el esquí	*skiing*
el esquí acuático	*waterskiing*
la gimnasia	*gymnastics*
el golf	*golf*
el hockey	*hockey*
el tenis de mesa	*table tennis*
el vólibol	*volleyball*

ALGUNOS TÉRMINOS DEPORTIVOS

el (la) aficionado(a)	*fan*
agresivo(a)	*aggressive*
el árbitro	*referee*
el balón	*ball (soccer ball, basketball, volleyball)*
el bate	*bat*
la cancha	*court, playing field*
el campeón / la campeona	*champion*
el campeonato	*championship*
el (la) deportista	*one who participates in a sport*
desanimado(a)	*discouraged*
disciplinado(a)	*disciplined*
el (la) entrenador(a)	*coach, trainer*
los esquís	*skis*
el equipo	*team*
la estrella	*star*
el guante	*glove*
el jardinero	*outfielder*
el (la) jugador(a)	*player*
la pelota	*baseball, tennis ball*
el (la) pelotero(a)	ballplayer
la raqueta	*racket*
el (la) tenista	*tennis player*
la temporada	*season*

ACTIVIDADES DEPORTIVAS

animar	*to encourage*
batear	*to bat*
correr	*to run*
empatar	*to tie (the score)*
esquiar	*to ski*
ganar	*to win*
gritar	*to shout*
jugar (a)	*to play*
lanzar	*to throw (pitch)*
patear	*to kick*
patinar	*to skate*
perder	*to lose*

EXPRESIONES DEPORTIVAS

¡Abajo ... !	*Down with ... !*
¡Ahora!	*Now!*
¡Arriba!	*Yeah!*
¡Buena jugada!	*Good play!*
¡Dale!	*Come On! Go!*
¡Qué jugada!	*What a play!*
¡Qué pase!	*What a pass!*
¡Viva!	*Hurray!*
¡Vamos!	*Let's go!*

¡A ESCUCHAR!

Una conversación entre dos jóvenes. Listen as Raquel and Tomás talk about their interest in sports. Indicate who is interested in which activity by putting a check mark below the appropriate name.

	RAQUEL	TOMÁS
1. jugar al fútbol	_____	_____
2. ver un partido de fútbol	_____	_____
3. jugar al tenis	_____	_____
4. practicar gimnasia	_____	_____
5. practicar atletismo	_____	_____
6. ver el boxeo	_____	_____
7. ser campeón (campeona)	_____	_____
8. ser entrenador(a)	_____	_____
9. esquiar en invierno	_____	_____
10. ver la natación en los Juegos Olímpicos	_____	_____

PRÁCTICA

5-24 ¿Qué necesito para jugar? Identify the object and the sport for which it is needed.

MODELO: ► Es una bicicleta. La necesito para practicar el ciclismo.

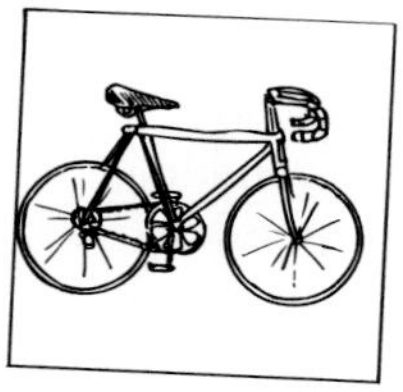

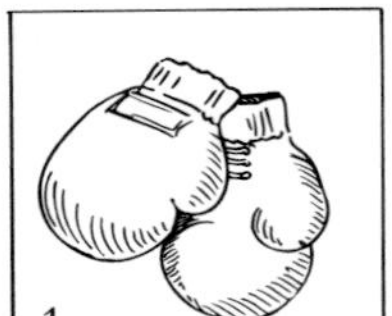

1.

2.

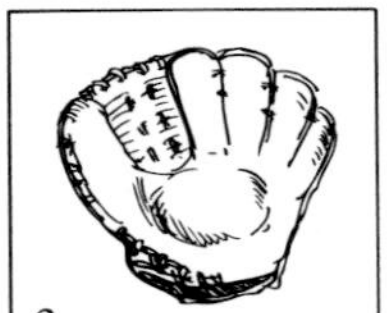

3.

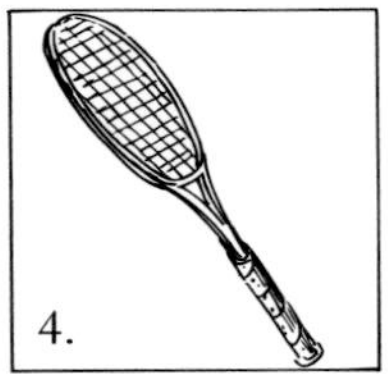

4.

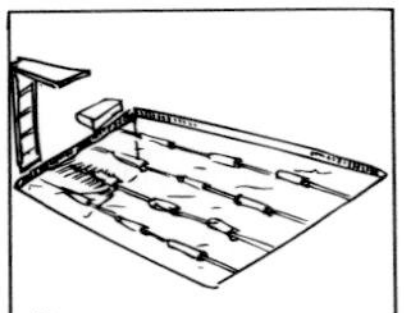

5.

5-25 En el estadio. What would you say in the following situations? Use expressions from **¡Así lo decimos!**

1. The opposing team takes the field.
2. Your favorite team's star player scores a goal.
3. The referee has made a bad call.
4. Your team takes the lead.
5. One of your favorite players makes a great play.
6. Your team wins the championship.

5-26 Excusas. Emilio hates to exercise, but says he is a great sports fan. Use vocabulary you have learned to complete the conversation between him and his friend, Ana.

ANA: Emilio, ¿por qué no practicas deportes?

EMILIO: Bueno ..., el (1) _______ es emocionante, pero tienes que correr mucho. Me gusta el béisbol, pero no me gusta (2) _______. El (3) _______ es violento, y tienes que ser muy fuerte. El hockey me gusta mucho, pero no sé (4) _______ bien. Soy (5) _______ al esquí, pero no me gusta la nieve.

ANA: ¿Y el (6) _______?

EMILIO: Pues, es estupendo, pero no nado bien y siempre tengo mucho miedo. El fútbol es interesante, pero no sé (7) _______ el (8) _______. No tengo (9) _______ para practicar el ciclismo. El (10) _______ también es violento y los (11) _______ son caros.

ANA: ¿Por qué no practicas golf?

EMILIO: Es muy (12) _______ y no me gusta (13) _______.

5-27 Un partido. Look at the advertisement and answer the questions to determine if you are interested in going to the game.

1. ¿Qué pasa hoy?
2. ¿A qué hora es?
3. ¿De dónde son los equipos?
4. ¿Cómo se llaman los equipos?
5. ¿Qué tipo de fútbol es?
6. ¿Dónde van a jugar los equipos?
7. ¿Qué equipo prefieres?
8. ¿Quieres ir?

5-28 En las Olimpíadas. Identify the Olympic sport depicted in each illustration, and say what each person is doing. Use the progressive, following the model.

MODELO: ► Es la gimnasia. Está practicando gimnasia.

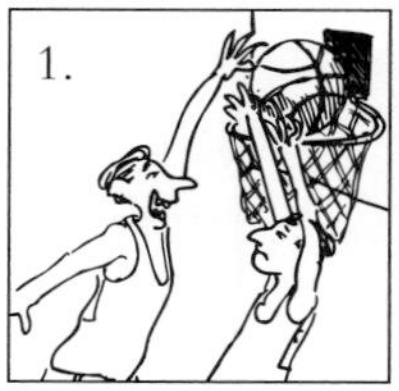

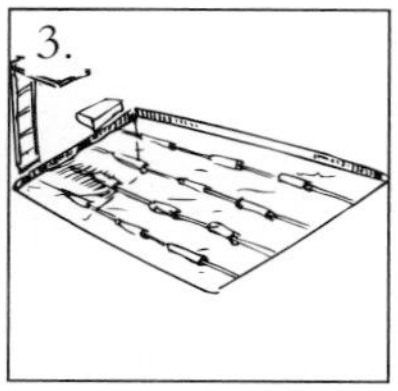

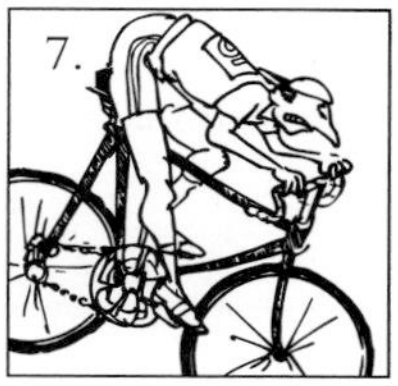

COMUNICACIÓN

5-29 Mis opiniones. Get together with another student to discuss sports. Follow the model and use the adjectives below in your conversation.

MODELO: E1: Creo que el golf es muy interesante.
E2: Pues yo creo que es muy aburrido.

agresivo	emocionante	aburrido	fácil
difícil	lento	interesante	disciplinado
divertido	violento	fascinante	rápido

5-30A Entrevista. With a classmate, take turns asking each other questions about your taste in sports, using the cues given.

MODELO: los deportes
E1: ¿Qué deportes practicas?
E2: Practico el fútbol y la natación.

1. tu deporte favorito
2. tu equipo favorito
3. la descripción del equipo
4. la estrella del equipo
5. tu jugador(a) favorito(a)
6. la descripción de él/ella

A PROPÓSITO ... LOS DEPORTES EN EL MUNDO HISPANO

El deporte más popular del mundo hispano es el fútbol. En cualquier *(any)* país hispano podemos ver a los niños pequeños pateando una pelota de fútbol en los parques, en los terrenos vacíos *(empty lots)* y en las calles. Los jugadores profesionales de fútbol son extremadamente populares y las estrellas de un equipo, como Gabriel Batistuta de Argentina y Fernando Hierro de España, son verdaderos héroes nacionales. En el Caribe, el béisbol es un deporte muy popular. Algunos peloteros *(baseball players)* de Cuba, la República Dominicana y Puerto Rico son estrellas de las Grandes Ligas norteamericanas. En Colombia hay muchos aficionados al ciclismo, y en Argentina, Chile y España el esquí es cada vez más *(more and more)* popular. En España y ciertos países hispanoamericanos como México, Venezuela, Perú, Ecuador y Colombia, las corridas de toros *(bullfighting)* tienen muchos aficionados aunque muchas personas las consideran un espectáculo pero no un deporte.

Vamos a comparar

En tu opinión, ¿cuáles son los dos deportes más populares de los Estados Unidos? ¿y de Canadá? ¿Cuál es la diferencia entre el fútbol y el fútbol americano? ¿Cuál piensas que es el deporte más violento de los EE.UU.? ¿Cuál crees que es el deporte más violento del mundo hispánico?

PRONUNCIACIÓN

Sounds of Spanish *s*, *n*, and *l*

1. The Spanish **s** is pronounced like the English *s* in the word *set*.

casa	**soy**	**soñar**
sábado	**mesa**	**solo**

2. The Spanish **n** is pronounced like the English *n* in the word *never*.

nunca	**andar**	**nada**
nadie	**pan**	**lunes**

However, before the letters **b/v**, **m** and **p**, its pronunciation approximates that of the letter **m**.

un beso	**en vano**	**inmediato**
un padre	**sin mamá**	**con prisa**

3. To pronounce the **l**, place the tip of your tongue on the ridge behind your upper front teeth. Your tongue does not touch the upper front teeth as it does when pronouncing the English *l*.

Luis	**Lola**	**sal**
vela	**lunes**	**loro**

ESTRUCTURAS

4. The present tense of stem-changing verb: *o* → *ue*

Ella siempre sueña
que está en la playa.

volver (*to return, to come back*)			
yo	**vuelvo**	nosotros(as)	**volvemos**
tú	**vuelves**	vosotros(as)	**volvéis**
él, ella, usted	**vuelve**	ellos, ellas, ustedes	**vuelven**

- In **Lección 4**, you learned to conjugate **e → ie** stem-changing verbs. Verbs like **volver** *(to return)* and **encontrar** *(to find)* belong to a different category of stem-changing verbs, one in which the **o** changes to **ue**. As with **e → ie** verbs, there is no stem change in the **nosotros** and **vosotros** forms.
- Other commonly used **o → ue** stem-changing verbs are:

-ar:		**-er:**	
almorzar	*to have lunch*	**llover**	*to rain*
contar	*to tell; to count*	**poder**	*to be able, can*
costar	*to cost*		
encontrar	*to find*	**-ir:**	
jugar	*to play*	**dormir**	*to sleep*
mostrar	*to show*	**morir**	*to die*
volar	*to fly*		
soñar (con)	*to dream (about)*		

EXPANSIÓN More on structure and usage

The verb **jugar** *(to play)*, follows the same conjugation pattern as **o → ue** verbs, even though its stem vowel is **u**.

¿**Juegan** ustedes al golf?	*Do you play golf?*
Sí, **jugamos** todos los sábados.	*Yes, we play every Saturday.*

PRÁCTICA

5-31 ¡Los deportes! Fernando is talking with María about her skiing photos. Complete their conversation with the correct forms of the stem-changing verbs in parentheses.

FERNANDO: Oye, María. ¿Me (1)________ (mostrar) las fotos de Bariloche?

MARÍA: (Yo) no (2)_______(poder) porque están en casa. Te (3)_______ (contar) que yo (4)_______ (soñar) que estoy esquiando en Bariloche casi todas las semanas. El mes próximo yo (5)_______ (volver) de mis vacaciones y si (6)________ (encontrar) las fotos, (tú) las (7)_________ (poder) ver.

5-32 ¿Qué tal tu vida? Combine elements from each column to write at least six meaningful sentences in Spanish.

MODELO: ► Almuerzo con mis amigos en la cafetería.

Yo	almorzar	en (clase, casa, una cafetería, etc.)
Tú	contar	de uno a cien
Mis profesores	dormir	mucho (poco)
Los futbolistas	encontrar	béisbol (fútbol, etc.)
Los entrenadores	jugar al	bien (mal)
Mi mejor amigo(a)	poder	un(a) novio(a)
Tú y yo	soñar (con)	un elefante en …

5-33 La Copa Mundial. You are a sportscaster commentating an important game. Complete each statement with the appropriate form of a logical verb from the list.

almorzar	costar	dormir	encontrar	jugar
mostrar	poder	soñar	volar	volver

1. El equipo ________ en avión.
2. Los jugadores no tienen sueño porque ___________ durante el viaje.
3. Cuando llegan, tienen hambre y ________ en la cafetería.
4. Todos los jugadores _________ con ganar la Copa Mundial.
5. Los boletos para el partido _________ cien dólares.
6. Las estrellas están nerviosas. Buscan el balón pero no lo ___________.
7. El entrenador les __________ una técnica nueva.
8. El equipo __________ bien, pero pierde el partido.
9. El entrenador no lo __________ creer.
10. Todos ____________ a casa muy desanimados.

5-34 Raúl cuenta su día en la playa. Complete each statement with the appropriate form of the verb in parentheses. Then organize the events in a logical way by writing **a** next to the first event, **b** next to the second, and so on.

1. ____ Tía Sofía _______ (contar) anécdotas fascinantes, y los niños no las _______ (poder) creer.
2. ____ Luego, por la noche, los papás _________ (dormir) en hamacas.
3. ____ Poco después papá le _________ (mostrar) las fotos a toda la familia.
4. ____ Al final de las vacaciones todos _________ (volver) a la ciudad.
5. ____ Cuando estamos de vacaciones, los padres descansan y si no ________ (llover), nosotros ________ (jugar) en la playa todo el día.

COMUNICACIÓN

5-35 El (La) curioso(a). With a classmate, take turns interviewing each other. Use the questions to get started.

1. ¿Dónde almuerzas todos los días?
2. ¿Duermes una siesta después de almorzar?
3. ¿Qué haces después de la clase si llueve?
4. ¿Puedes ver la televisión todas las noches? ¿Qué ves?
5. ¿Sueñas mucho o poco? ¿Con qué o con quién sueñas generalmente?

5-36 ¡Sean creativos! In small groups, write a short story, poem, skit, or rap using as many of the verbs from the list as you can. Be prepared to share it with the class.

almorzar	contar	costar	dar	decir
dormir	encontrar	llover	jugar	mostrar
oír	poder	soñar	volar	volver

5. The indirect object and indirect object pronouns

¿Le traigo un café, señor?
No, gracias. Mejor me trae un té con leche.

An indirect object indicates to or for whom an action is carried out. In Spanish the indirect object pronoun is also used to indicate from whom something is bought, borrowed, or taken away. The chart shows the forms of the indirect object pronouns.

SINGULAR		PLURAL	
me	*(to) me*	**nos**	*(to) us*
te	*(to) you* (fam.)	**os**	*(to) you* (fam. Sp.)
le	*(to) him, her, you* (formal)	**les**	*(to) them* (masc. & fem.), *you*

- The indirect object pronouns are identical to the direct object pronouns, except the third-person singular and plural forms.
- Indirect object pronouns agree only in number with the noun to which they refer. There is no gender agreement.

Le escribo un poema. — *I write a poem to him/her.*

- Indirect object pronouns usually precede the conjugated verb.

Le muestro (**a ella**) una foto. — *I show her a photograph.*
Te vendo mi estéreo. — *I'll sell you my stereo.*

- In negative sentences, the indirect object pronoun is placed between **no** and the conjugated verb.

No **te** doy mi pelota. — *I won't give you my ball.*

- In constructions with an infinitive or progressive verb form, the indirect object pronouns may either precede the conjugated verb or be attached to the infinitive or the present participle. Note that when you attach an indirect object pronoun to the present participle, you must also use a written accent over the vowel in the stressed syllable.

Andrés **nos** quiere enseñar a jugar al fútbol.
Andrés quiere enseñar**nos** a jugar al fútbol. } *Andrés wants to teach us to play soccer.*

Le estoy diciendo (**a usted**) la verdad.
Estoy diciéndo**le** la verdad. } *I am telling you the truth.*

- The familiar plural form, **os** (**vosotros**), is used only in Spain. In Latin America, **les** (**ustedes**) is used as the plural of **te**.

EXPANSIÓN More on structure and usage

When a noun used as the indirect object of a verb refers to a specific person or group of people, the corresponding indirect object pronoun is included in the statement. These forms are called redundant or repetitive object pronouns and have no equivalent in English.

Le doy el dinero **a Julia**.	*I give the money to Julia.*
Les escribo una carta **a mis padres**.	*I write a letter to my parents.*

PRÁCTICA

5-37 El Cuerpo de Paz. Before joining the Peace Corps, Elena has to sell or give away everything she owns and take care of her house, pets, etc. Complete her list with the correct form of the indirect object pronoun.

1. _______ doy mis balones. (a ustedes)
2. _______ vendo el bate. (a ti)
3. _______ regalo mis libros de español al profesor.
4. _______ enseño a cuidar *(care for)* a mi perro. *(a ti)*
5. _______ digo dónde están los esquís a mi amigo Rafa.
6. _______ pido el número de teléfono al embajador.
7. _______ vendo mi coche a mis padres.
8. _______ escribo una carta a mis amigos.
9. _______ alquilo *(rent)* mi casa a mi amiga Liliana.
10. _______ digo "hasta luego" a todos ustedes.

5-38 El entrenador. Answer the coach's questions by placing indirect object pronouns before the verb.

MODELO: ¿Vas a traerme el balón?
► Sí, le voy a traer el balón.

1. ¿Vas a enseñarle a jugar al básquetbol a Carlos?
2. ¿Quieres prestarles tus guantes a los jugadores nuevos?
3. ¿Piensas pedirles los patines a tus amigos?
4. ¿Estás mostrándole el bate al aficionado?
5. ¿Estás explicándole cómo batear?
6. ¿Estás enseñándoles cómo ganar a los nuevos jugadores?
7. ¿Vas a darme tu raqueta de tenis?
8. ¿Quieres mostrarnos tu uniforme nuevo?

COMUNICACIÓN

5-39 Preparativos para un viaje. Make a list of at least six things you must do (people you must tell, letters you must write, etc.) before leaving on an extended trip. Then compare your list with a classmate's to see if you have forgotten anything.

MODELO: ► Tengo que escribirle una carta a mi profesor diciéndole que voy a España.

6. *Gustar* and other similar verbs

- The verb **gustar** is used to express preferences, likes, and dislikes. **Gustar** literally means *to be pleasing*, and the verb is always used with an indirect object pronoun, even when a noun is expressed.

Me gusta la natación.	*I like swimming.* *(Swimming is pleasing to me.)*
Le gustan los deportes acuáticos a Fernando.	*Fernando likes water sports.* *(Water sports are pleasing to Fernando.)*

- The subject of the verb **gustar** is whatever is pleasing to someone. Because we generally use **gustar** to indicate that something (singular) or some things (plural) are pleasing, **gustar** is most often conjugated in the third-person singular or third-person plural forms, **gusta** and **gustan**. The indirect object pronoun indicates who is being pleased.

Nos gusta el tenis de mesa.	*We like table tennis.*
¿**Te gustan** los deportes acuáticos?	*Do you like water sports?*

- To express the idea that someone likes to do something, **gustar** is followed by an infinitive. In such cases the singular form is used, even when you use more than one infinitive.

Me gusta jugar al tenis.	*I like to play tennis.*
Nos gusta esquiar y patinar.	*We like to ski and to skate.*

- Some other verbs used like **gustar** are listed below. Note that the equivalent expressions in English are not direct translations.

encantar	*to love* (colloquial)
fascinar	*to be fascinated*
molestar	*to be bothered/annoyed*
interesar	*to be interested*
caer bien	*to like* (a person)
caer mal	*to dislike* (a person)

Me encantan las películas de horror.	*I love horror movies.*
¿**Te molesta** el frío?	*Does the cold bother you?*

EXPANSIÓN More on structure and usage

- Use **caer bien** or **caer mal** to say that you like or dislike someone because of the way that person behaves or acts.

Nos **cae bien** el profesor.	*We like the professor. (He is a great teacher.)*
A Pedro le **caen mal** los árbitros argentinos.	*Pedro does not like the Argentine referees. (He doesn't care for them.)*

- Use **gustar** to express the idea that you are attracted to a person in a physical sense.

Me gusta María.	*I like María. (I am attracted to her.)*
A Elena le gustan los hombres rubios.	*Elena likes blond men. (She is physically attracted to them.)*

- When referring specifically to qualities or defects of a person, the verb **gustar** is used.

Me gusta cómo enseña la profesora.	*I like how the professor teaches.*
No me gustan los jugadores arrogantes.	*I don't like arrogant players.*

PRÁCTICA

5-40 Una carta. Complete Eduardo's letter with the correct forms of the verb **gustar**.

Querida Ana María,

Hoy te voy a hablar de los deportes. Me (1)______ mucho todos los deportes pero a mi hermano Carlos no. Por ejemplo, a él no le (2)______ el boxeo porque dice que es muy violento. A mis padres les (3)______ el fútbol pero no el fútbol americano porque dicen que los jugadores son demasiado agresivos. ¿Qué deportes te (4)______ ? ¿Te (5)______ la natación? Si te (6)______ nadar, este verano vamos a la playa todos los días.

Hasta pronto,
Eduardo

5-41 ¿Te gusta? ¿Te cae bien? With a classmate, take turns making logical statements in Spanish by combining elements from each of the three columns. Write at least eight sentences.

MODELO: ► Me encanta ver partidos de baloncesto en la televisión, pero me molestan los entrenadores.

A mí	encantar	ver ...
A ti	caer bien	los deportes
A mis padres	caer mal	ver un partido en la televisión
A nosotros, los estudiantes	fascinar	ganar
A mi profesor(a)	interesar	los exámenes
A ustedes, los profesores	molestar	las películas extranjeras
Al presidente	gustar	trabajar mucho
A ... (original)		los republicanos
		el congreso
		los liberales
		jugar al ...
		los futbolistas
		los administradores
		(original ...)

COMUNICACIÓN

5-42 ¿A quién ... ? Ask your classmates their impressions of the following people, places, and activities. Write only one name in each square.

MODELO: fascinar el golf
E1: ¿Te fascina el golf?
E2: Sí, me fascina. (No, no me fascina.)

fascinar el golf ____________	molestar los jugadores de tenis ____________	interesar las noticias de los deportes ____________	caer bien los árbitros ____________
gustar ser activo(a) ____________	fascinar los deportes de invierno ____________	caer mal los boxeadores ____________	interesar ver un partido de béisbol ____________
gustar las tarjetas de béisbol ____________	molestar los deportes de invierno ____________	gustar correr ____________	caer bien los jugadores olímpicos ____________
gustar el café colombiano ____________	caer bien los jugadores agresivos ____________	fascinar la música salsa ____________	interesar hablar de deportes ____________

5-43 ¿Qué te interesa? With a classmate, practice making small talk about your interests. Ask each other at least five questions to find out what you have in common.

MODELO: E1: ¿Te interesan los deportes?
E2: Sí, me interesan, especialmente el atletismo …

7. Prepositional pronouns

Prepositional pronouns			
mí	*me*	**nosotros(as)**	*us*
ti	*you* (familiar)	**vosotros(as)**	*you* (Spain)
usted	*you* (polite)	**ustedes**	*you*
él	*him*	**ellos**	*them*
ella	*her*	**ellas**	*them* (fem.)

- Prepositional pronouns are pronouns that follow a preposition. They have the same forms as subject pronouns, except the first-person singular **mí**, and the second-person singular **ti**.

Para **mí** es divertido ir a la playa.	*For me it is fun to go to the beach.*
No vamos a la playa sin **ustedes**.	*We're not going to the beach without you.*
La invitación no es de **ella**, es de **él**.	*The invitation is not from her, it's from him.*

- The preposition **con** has special forms for the first- and second-persons singular: **conmigo** *(with me)* and **contigo** *(with you)*.

¿Vienes **conmigo**?	*Are you coming with me?*
No, no voy **contigo**.	*No, I'm not going with you.*

- In addition to the direct or indirect object pronoun, a phrase consisting of **a** + prepositional pronoun, is often used for emphasis or clarification.

A ti te quiero ver.	*I want to see you.*
A ella le cae bien Carlos.	*She likes Carlos.*

PRÁCTICA

5-44 Pequeños diálogos. Complete the following dialogs with logical prepositional phrases from the list.

sin mí	sin ti	a ustedes	para ti
a mí	a ti	conmigo	contigo
para mí	a nosotros	para nosotros	

LYNN: ¿Vienes a la fiesta (1) _______?
KAREN: No puedo ir (2) _______ porque voy con Ricardo.

ALEJANDRA: (3) _______ el fútbol americano es muy interesante, ¿verdad?
FERNANDO: Sí. Aunque para mí es muy físico, (4) _______ me fascina.

DANIEL: No vas (5) _______ a la fiesta, ¿verdad?
MIRTA: Sin ti, nunca.

RAMÓN: ¿(6) _______ les interesa ver un partido de golf?
ANDRÉS Y JUAN: No, (7) _______ no nos interesa. (8) _______ es una pérdida de tiempo.

5-45 Una entrevista con un entrenador. Raúl Sánchez, coach for the Argentine soccer team, talks about his team playing in the 1998 **Copa Mundial** *(World Cup)* in France. Complete the interview with a logical prepositional pronoun.

REPORTERO: Señor Sánchez, para (1) _______ los norteamericanos es un gran placer verlos jugar. Les deseamos a (2) _______ mucho éxito en la Copa Mundial.
SÁNCHEZ: Muchas gracias. Para (3) _______ es un honor.
REPORTERO: ¿Cuántos jugadores están aquí en Francia con (4) _______ ?
SÁNCHEZ: Hay veintidós con (5) _______ en total. Hay once en el equipo, y otros once por si hay necesidad.
REPORTERO: ¿Es muy difícil para (6) _______ cuando hace mucho calor?
SÁNCHEZ: Es verdad. A (7) _______ les molesta el calor, porque en Buenos Aires hace más fresco.

5-46 ¡A ti te digo! With a classmate, take the roles of Paulina (or Pablito) and Mamá (or Papá). Be emphatic in your response. Follow the model.

MODELO: PAULINA: ¿Me quieres, Mamá?
MAMÁ: Sí, Paulina, a ti te quiero mucho.

1. ¿Me ves cuando juego al béisbol?
2. ¿Te cae bien el árbitro?
3. ¿Les gusta a ustedes cómo juegan los jugadores?
4. ¿Les interesa a ellos ir al Supertazón *(Superbowl)*?
5. ¿Te molesta ir a un concierto de música clásica?
6. ¿Me escuchas?
7. ¿Les gusta a ustedes verme practicar la natación todos los días?
8. ¿Te gusta comprarme cosas?

COMUNICACIÓN

5-47 A mí, sí; a mí, no. With a classmate, take turns making statements using each of the following expressions. Agree or disagree with each other according to your own opinions.

MODELO: gustar

E1: Me gustan mucho los Padres de San Diego. ¿Y a ti?

E2: A mí también. (A mí no. Prefiero los Cubs.)

1. fascinar
2. interesar
3. caer bien
4. gustar
5. molestar

5-48 Tu rutina. With a classmate, take turns finding out about each other's routine, asking as many questions as you can by combining verbs and logical complements. Be sure to use direct object pronouns whenever possible in your response.

MODELO: oír + las noticias deportivas en la radio

E1: ¿Oyes las noticias deportivas en la radio?

E2: Sí, lo oigo. (No, no lo oigo.)

VERBOS	COMPLEMENTOS
oír	siempre la verdad
decir	muchas fiestas
dar	mucho con los amigos
traer	las noticias deportivas en la televisión
salir	siempre la tarea
hacer	bien al (a la) profesor(a)
ver	muchos partidos de fútbol
poner	"buenos días" en clase
	paseos cuando hace buen tiempo
	tu diccionario a clase
	la tarea en el escritorio del (de la) profesor(a)

5-49 Vamos a hacer un viaje. With a classmate, make plans for a trip to a Spanish-speaking country. Use the questions below to make your plans.

- ¿Quiénes van?
- ¿Adónde van?
- ¿En qué fecha? ¿A qué hora?
- ¿Qué tiempo hace allí?
- ¿Cuánto cuesta el viaje?
- ¿Cuándo vuelven?
- ¿Qué pueden ver?
- ¿Qué tienen que llevar?

SÍNTESIS

¡Al fin y al cabo!

¡A REPASAR!

5-50 Una invitación. Write a letter to a friend inviting him/her to do something with you this weekend. Include the following information.

- date, salutation
- a question about his/her family
- the invitation, including when and for how long
- five activities you can do together
- closing

For additional activities visit the **¡ARRIBA!** Home Page.
http://www.prenhall.com/arriba

5-51 ¿Cuál es tu opinión? Write a paragraph of at least five sentences in which you discuss your likes, dislikes, interests, and pet peeves. Use some of the following connecting words to make your paragraph flow smoothly.

pero   porque   cuando   si   y

5-52 Búsqueda. Look in a newspaper, or ask friends who may know, to find this information about sports in the Hispanic world.

1. un jugador de béisbol de Puerto Rico
2. un jugador de fútbol de Argentina
3. la nacionalidad de Gabriela Sabatini
4. un deporte vasco (*Basque*) que es muy rápido
5. un concurso de ciclismo que va por Francia y España
6. un(a) tenista español(a)
7. el deporte de Miguel Induraín
8. el equipo ganador del Supertazón
9. el equipo ganador de la Copa Mundial de 1994

5-53 ¿Adónde vamos? Imagine you are speaking with a new friend from a summer exchange program. Look at the schedule of events below and discuss those that interest you the most, your likes, dislikes, etc. Make arrangements to go to at least two events together.

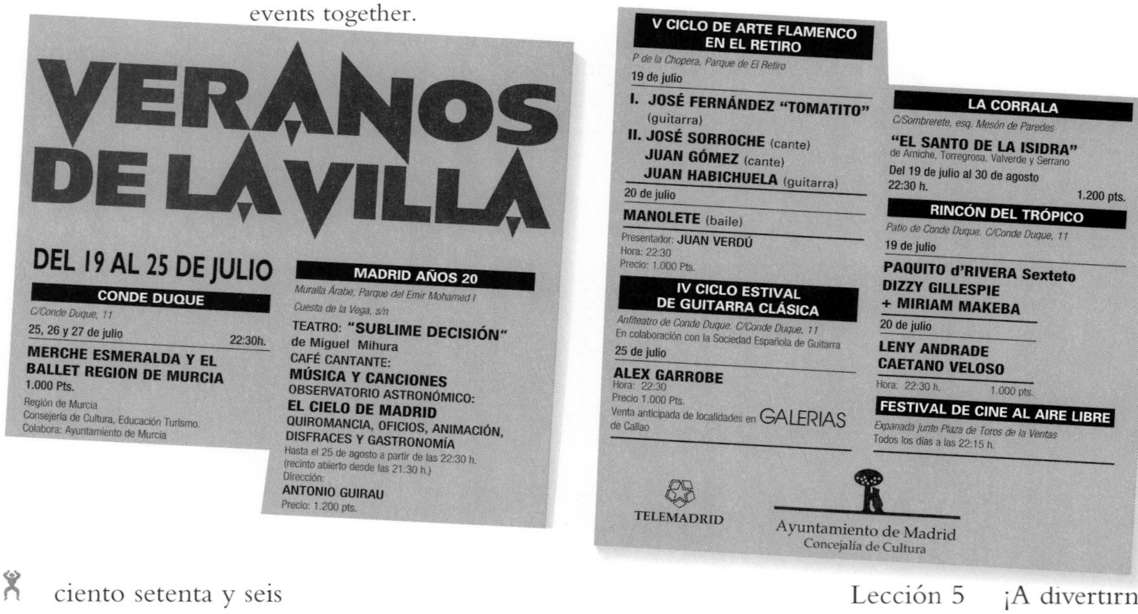

5-54A Consejos. Say how you feel and ask a classmate for advice on what to do. Use some of the expressions below to say why you will or will not take the advice.

MODELO: E1: Estoy aburrido(a). ¿Qué hago?
E2: ¿Por qué no das un paseo?
E1: No quiero. No me gusta salir de noche.

ALGUNAS EMOCIONES		ALGUNAS REACCIONES	
aburrido(a)	triste	no quiero porque …	no puedo porque …
emocionado(a)	impaciente	¡fabuloso!	¡ideal!
cansado(a)	nervioso(a)	tienes razón	me da igual
de mal humor		¡vamos!	¡qué mala idea!
		¡qué buena idea!	no me gusta(an) …

5-55 El mapa meteorológico. Look at the weather map from the newspaper. With a classmate, discuss the weather in several different places. Talk about which places on the map you'd like to visit and why.

¡A LEER!

5-56 Emparejar. Drawing on your knowledge of Spanish and the Tirofijo comic strip, match the characters, places, and items on the left with the appropriate descriptions on the right.

1. ______ el Club Flamenco
2. ______ Tirito
3. ______ una hora
4. ______ unos mensajeros
5. ______ Rosa del Sur
6. ______ los estudiantes
7. ______ la oficina

a. donde espera Rosa del Sur
b. una vieja colega de Tirofijo
c. donde van a reunirse Rosa y Tirofijo
d. están involucrados con unos delincuentes
e. amenazan *(threaten)* a Tirofijo
f. el tiempo que Tirofijo espera a Rosa
g. un apodo para Tirofijo

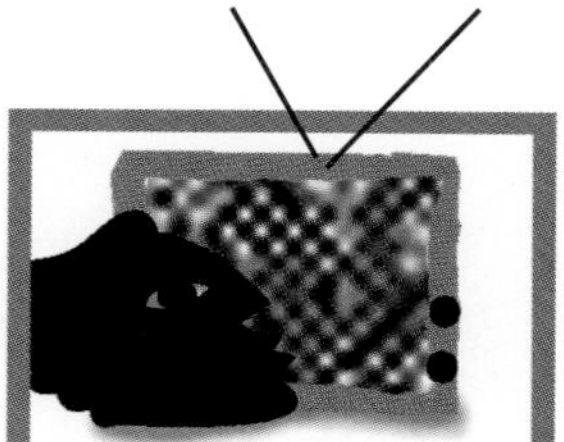

View clips from the ¡ARRIBA! Video. Activities are available through your instructor or on the Prentice Hall Home Page.

5-57 ¿Recuerdas ... ? Complete the following statements based on the previous episode.

1. Rosa y Tirofijo son viejos ______.
2. Los mensajeros representan a ______.
3. Rosa del Sur es agente ______.
4. El embajador le da ______ de Rosa a Tirofijo.

5-58 Anticipar. Which of the following events do you think may occur or be revealed in this episode?

1. Rosa will be revealed as a double agent.
2. Tirofijo and Rosa will join forces to rescue the students.
3. Tirofijo will recognize the kidnappers as friends of Blanca Delgadillo.
4. Tirofijo and Rosa will run off together.

TIROFIJO VA A MÁLAGA

EPISODIO 4: El rescate (*rescue*)

5-59 Leer. Number these events according to the order of their occurrence.

___ Rosa del Sur está contenta de ver a Tirofijo.
___ Susan saluda a Rosa y a Tirofijo, pero Jim no puede hablar.
___ Los agentes sorprenden a los terroristas.
___ Dos hombres llevan a Tirofijo al taller RosaSur.

5-60 Contesta brevemente en español.

1. ¿Por qué está enojado Tirofijo?
2. ¿Quién es Manolo?
3. ¿Qué otra profesión tienen los dos estudiantes?
4. ¿Por qué va a estar agradecido el gobierno de los Estados Unidos?
5. En tu opinión … ¿qué dice Susan cuando ve a Tirofijo? ¿qué dice Jim? ¿qué van a hacer Rosa y Tirofijo ahora?

¡A ESCUCHAR!

Listen to the recording of **Tirofijo, Episodio 4,** which includes some additional information not in the text. Use the new information to complete the following letter.

29 de junio
El _____ de _________ de _______

Ilustrísimo señor embajador:

Nos agrada informarle que los dos estudiantes/agentes, Susan y Jim, están vivos. Cuando los rescatamos, Susan dijo ________ y/nosotros Jim dijo ________ . Ahora necesitamos ir en ________. Vamos a ________ para ________ . Vuelvo a Madrid antes de ________. Le agradecemos muchísimo si usted nos hace el favor de llamar a mi ________ ________, Blanca Delgadillo y a mi ________, la señora de Tirofijo, y de informarles que estamos cansados pero bien. En este momento estamos en ________ donde vamos a ________ y comer ________ .

Le agradecemos su atención.
Sus seguros servidores,

Armando Tirofijo y
Rosa del Sur

LAS ISLAS HISPÁNICAS DEL CARIBE

NUESTRO MUNDO

5-61 ¿QUÉ SABES TÚ? Can you name …

1. las dos naciones de la isla de la Española (Hispaniola)
2. dos productos agrícolas de las islas del Caribe
3. el nombre del explorador español que primero visitó Cuba en 1492
4. la capital de Puerto Rico

5-62 PARA BUSCAR Scan the reading for the following information.

1. la capital de Cuba: ___________
2. la comparación de Cuba con un estado: ______________
3. el nombre del jefe del gobierno cubano: ______________
4. un atractivo de la isla de Cuba: ___________
5. una industria importante de la República Dominicana: ____________
6. el nombre indio de Puerto Rico: ___________
7. el nombre oficial de Puerto Rico: ____________
8. un parque nacional donde hay mucha vegetación tropical: ____________

Estudiantes en la playa de Varadero, Cuba

Estadísticas de Cuba

Nombre oficial: República de Cuba
Población: 11.100.000
Ciudades principales: La Habana (capital) 2.100.000, Santiago de Cuba 405.500, Camagüey 283.000, Holguín 230.000
Jefe del Gobierno: Fidel Castro Ruz
Forma de gobierno: dictadura comunista
Productos principales: azúcar, ron, frutas cítricas, níquel

Cuba, "La perla de las Antillas"

Cuba fue descubierta por Cristóbal Colón el 27 de octubre de 1492. Esta fértil isla verde es la más grande del hemisferio occidental y la séptima en tamaño[1] del mundo.

Cuba tiene un área de 114.524 kilómetros cuadrados, más o menos el tamaño del estado de Pennsylvania.

Antes de la revolución comunista de Fidel Castro, esta acogedora[2] isla era[3] la favorita de los turistas norteamericanos por sus playas magníficas, sus monumentos históricos, sus bellas avenidas, su excelente pesca[4] y caza[5] y la famosa vida nocturna de La Habana con sus incomparables cabarets que atraían[6] a las más famosas estrellas internacionales.

Vista del capitolio de La Habana, Cuba

Estadísticas de la República Dominicana

Nombre oficial: República Dominicana
Población: 7.800.000
Ciudades principales: Santo Domingo (capital) 2.200.000, Santiago de los Caballeros 500.000, La Romana 115.000
Forma de gobierno: democracia representativa
Productos principales: oro, azúcar, café, níquel

Catedral de Santa María, la menor en Santo Domingo.

La Española

En la isla de la Española hay dos países: Haití, donde se habla francés, y la República Dominicana, donde se habla español. La Española fue descubierta por Colón el 5 de diciembre de 1492. Toda la isla les perteneció[7] a los españoles hasta el año 1697, año en que los españoles firmaron[8] el Tratado[9] de Ryswick que les daba[10] a los franceses Haití, el tercio occidental[11] de la isla.

La República Dominicana ocupa los dos tercios orientales de la isla. Santo Domingo, su capital, fue fundada[12] en 1496 por Bartolomé Colón, el hermano de Cristóbal, y es la ciudad más antigua del hemisferio occidental. Hoy día la República Dominicana es un importante centro turístico adonde van los viajeros a admirar sus verdes valles, sus majestuosas palmeras y sus blancas playas.

---

[1]*size,* [2]*friendly,* [3]*was,* [4]*fishing,* [5]*hunting,* [6]*used to attract,* [7]*belonged,* [8]*signed,* [9]*Treaty,* [10]*gave,* [11]*the western third,* [12]*was founded*

Mujer puertorriqueña en un festival en las calles de San Juan.

Estadísticas de Puerto Rico

Nombre oficial: Estado Libre Asociado de Puerto Rico
Población: 3.400.000
Ciudades principales: San Juan (capital) 475.000, Bayamón 215.000, Ponce 200.000, Carolina 175.000
Forma de gobierno: democracia representativa
Gobernador: Pedro Roselló
Productos principales: químicos, farmacéuticos, alimentos

La bella Borinquén

Puerto Rico, llamada por los indios Borinquén[13], es la más pequeña de las Antillas Mayores. Fue descubierta por Cristóbal Colón en 1493 durante su segundo viaje. Su capital, San Juan, fue fundada por Ponce de León en 1508. La capital tiene una parte antigua llamada[14] el Viejo San Juan donde el turista puede apreciar bellos edificios coloniales como el Castillo del Morro.

Puerto Rico tiene un clima tropical con abundante lluvia y un suelo[15] rico para la agricultura. San Juan es una ciudad moderna con excelentes hoteles y magníficos restaurantes. En el interior de la isla se encuentra El Yunque, un bosque tropical[16] donde se pueden ver cientos de plantas y flores tropicales.

El Yunque, parque nacional.

5-63 ¿Cierto o falso? Make false statements true.

1. Cuba es la isla más grande de las Antillas.
2. La Habana era famosa por sus excelentes cabarets.
3. Antes de Fidel Castro muchos turistas norteamericanos visitaban *(used to visit)* Cuba.
4. La República Dominicana ocupa dos tercios de la isla de La Española.
5. Santo Domingo fue fundada por Cristóbal Colón.
6. Bayamón es la capital de Puerto Rico.
7. El nombre indio de Puerto Rico es Borinquén.
8. El Yunque es el bosque tropical de Puerto Rico.

[13]Many Puerto Ricans still refer to home affectionately as Borinquen. Note that in contemporary usage, most Puerto Ricans stress the word on the second-to-last syllable, so it may appear with or without the written accent mark.
[14]*called,* [15]*soil,* [16]*rain forest,*

5-64 El mapa. With a classmate, use the map of the Caribbean inside the front cover of your text to locate these places.

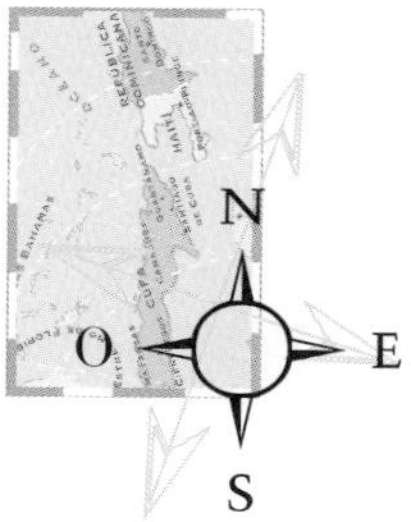

en el centro
al oeste de …
en la costa del Atlántico
al este de …
al norte de …
cerca de la Florida
entre
al sur de …
en la costa del Caribe
en la península de …

MODELO: E1: ¿Dónde está Puerto Rico?
E2: Es una isla en el Caribe, al este de Cuba.

1. Jamaica
2. Guantánamo
3. Las Bahamas
4. El Estrecho de la Florida
5. La península de Yucatán
6. San Juan
7. Puerto Rico
8. Granada
9. Las Islas Vírgenes

5-65 **Recomendaciones.** In groups of three or four, make recommendations to the people making the statements below. Suggest the Caribbean island they would most enjoy visiting, based on their interests.

1. Quiero visitar barrios antiguos.
2. Quiero visitar la isla más bella de las Antillas.
3. Quiero conocer un país bajo una dictadura comunista.
4. Me gustan los bosques tropicales, las plantas y flores exóticas.
5. Deseo hablar francés.
6. Quiero visitar una isla, pero no quiero usar mi pasaporte.

5-66 Un viaje a … With a classmate, plan a trip to a place in the Caribbean. Write a list of what you have to do before you go and what you have to take with you.

MODELO: ► Número 1: buscar mi pasaporte

Playa de Luquillo en Puerto Rico

LECCIÓN 6

¡Buen provecho!

COMUNICACIÓN

- Discussing food
- Getting service in a restaurant
- Requesting information at a restaurant
- Giving and following instructions and commands

CULTURA

- Las comidas
- La compra de la comida

ESTRUCTURAS

PRIMERA PARTE

- The present tense of stem-changing verbs: **e → i**
- Demonstrative adjectives and pronouns

SEGUNDA PARTE

- **Tú** commands (regular and irregular)
- **Tú** commands with one object pronoun
- Indefinite and negative expressions

¡A leer!: Andrés Rivero, *Cuento 5*

PRIMERA PARTE

¡Así es la vida!

¡Buen provecho!

Escena 1

MARTA: Me muero de hambre, Arturo. ¿Por qué no vamos a almorzar?
ARTURO: Está bien. Vamos a este restaurante. Sirven unas hamburguesas deliciosas con papas fritas.
MARTA: No como hamburguesas porque tienen mucha grasa. ¿Por qué no vamos al restaurante Don Pepe? Allí sirven platos típicos españoles.

Escena 2

ARTURO: Camarero, nos trae el menú, por favor.
CAMARERO: En seguida lo traigo. Mientras tanto, ¿desean algo de beber?
MARTA: Sí. Me trae una copa de vino tinto, por favor.
ARTURO: Y yo quisiera una limonada, por favor.

Escena 3

MARTA: ¿Podría Ud. decirme cuál es la especialidad de la casa?
CAMARERO: Con mucho gusto. La especialidad del chef son los camarones a la parrilla.
MARTA: ¿A la parrilla?
CAMARERO: Sí, señorita. Son realmente exquisitos. ¿Los quiere probar?
MARTA: ¡De ninguna manera! Soy alérgica a los camarones. Prefiero un bistec de solomillo con papas fritas y una ensalada.
ARTURO: Yo sí voy a pedir los camarones.

Escena 4

MARTA: ¿De veras que te gustan los camarones a la parrilla?
ARTURO: ¡Mmm! ¡Estos camarones están como para chuparse los dedos! ¿Qué tal está tu comida?
MARTA: ¡Horrible! El bistec está crudo y las papas fritas están frías. ¡No vuelvo nunca más a este restaurante!

¡ASÍ LO DECIMOS!

LAS COMIDAS

almorzar	*to have lunch*
cenar	*to have dinner*
desayunar	*to have breakfast*
el desayuno	*breakfast*
el almuerzo	*lunch*
la merienda	*afternoon snack*
la comida/la cena	*dinner*

LAS CARNES

el bistec de solomillo	*sirloin steak*
las chuletas de cerdo	*pork chops*
el filete de res	*beef fillet*
el pollo asado	*broiled chicken*
el jamón	*ham*
la ternera	*veal*

LOS PESCADOS Y MARISCOS

el atún	*tuna*
el bacalao	*codfish*
el calamar	*squid*
los camarones, las gambas (España)	*shrimp*
el filete de pescado	*fish fillet*
la langosta	*lobster*

LOS GRANOS Y SUS DERIVADOS

el arroz	*rice*
el cereal	*cereal*
los frijoles	*beans*
el pan	*bread*
las tostadas	*toast*

LOS POSTRES

el flan	*caramel custard*
el helado	*ice cream*
la torta	*cake*

LAS BEBIDAS

el agua (f) **mineral**	*mineral water*
el café con leche	*coffee with milk*
el café solo	*black coffee*
la cerveza	*beer*
el vino (tinto)	*(red) wine*
la gaseosa, el refresco	*soft drink*
el jugo, el zumo (España)	*juice*
de naranja	*orange juice*
de toronja	*grapefruit juice*
la limonada	*lemonade*
el té	*tea*

LAS LEGUMBRES

el bróculi	*broccoli*
la cebolla	*onion*
los espárragos	*asparagus*
las habichuelas	*red beans*
las judías	*green beans*
la lechuga	*lettuce*
el maíz	*corn*
la papa, la patata (España)	*potato*
el tomate	*tomato*
la zanahoria	*carrot*

LAS FRUTAS

la banana	*banana*
la fresa	*strawberry*
la manzana	*apple*
la naranja	*orange*
la pera	*pear*
el plátano	*plantain, banana*
la uva	*grape*

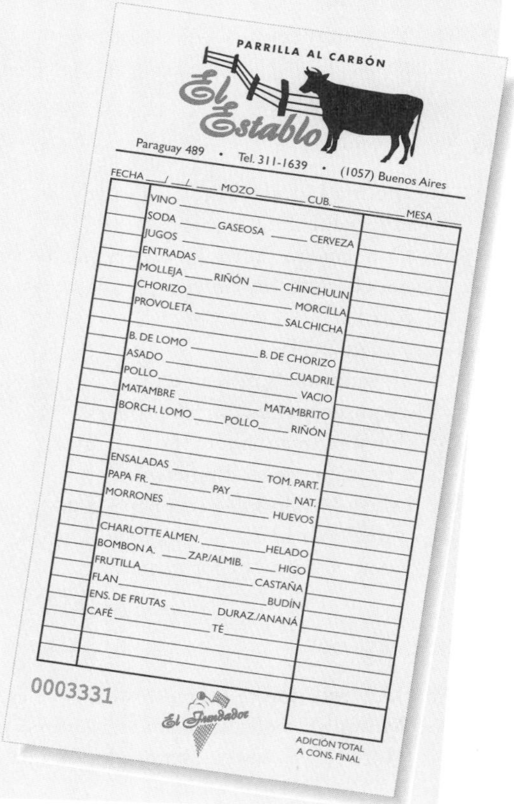
PARRILLA AL CARBÓN
El Establo
Paraguay 489 • Tel. 311-1639 • (1057) Buenos Aires
FECHA ___/___/___ MOZO ______ CUB. ______ MESA ______
VINO
SODA ______ GASEOSA ______ CERVEZA
JUGOS
ENTRADAS
MOLLEJA ______ RIÑON ______ CHINCHULIN
CHORIZO ______ MORCILLA
PROVOLETA ______ SALCHICHA
B. DE LOMO
ASADO ______ B. DE CHORIZO
POLLO ______ CUADRIL
MATAMBRE ______ VACIO
BORCH. LOMO ______ MATAMBRITO
______ POLLO ______ RIÑON
ENSALADAS
PAPA FR. ______ TOM. PART.
PAY ______ NAT.
MORRONES ______ HUEVOS
CHARLOTTE ALMEN. ______ HELADO
BOMBON A. ______ ZAP./ALMIB. ______ HIGO
FRUTILLA ______ CASTAÑA
FLAN ______ BUDÍN
ENS. DE FRUTAS ______ DURAZ./ANANÁ
CAFÉ ______ TÉ
0003331
El Fundador
ADICIÓN TOTAL A CONS. FINAL

Otras comidas y condimentos

el azúcar	*sugar*
el aceite de oliva	*olive oil*
el cátsup	*catsup*
los huevos fritos	*fried eggs*
los huevos revueltos	*scrambled eggs*
la mantequilla	*butter*
la mayonesa	*mayonnaise*
la mermelada	*jam, marmalade*
la miel	*honey*
la mostaza	*mustard*
las papas fritas	*french fries*
el queso	*cheese*
la salsa de tomate	*tomato sauce*
la sopa	*soup*

En el restaurante

¡Buen provecho!	*Enjoy your meal!*
el (la) camarero(a)	*waiter/waitress*
el (la) cliente	*customer, client*
cortar	*to cut*
la cuenta	*bill*
¿De veras que te gusta(n) ... ?	*Do you really like ... ?*
desear	*to want*
en seguida	*right away*
la especialidad de la casa	*the speciality of the house*
Me muero de hambre.	*I'm starving (to death); I'm dying of hunger.*
el menú, la carta	*menu*
pedir	*to ask for (something)*
¿Podría + inf.	*Could you* + inf.
probar (ue)	*to try (taste)*
la propina	*tip*
Quisiera + inf.	*I would like* + inf.
reservar una mesa	*to reserve a table*
sazonar	*to season*

Para describir la comida

Está(n) como para chuparse los dedos.	*It's (They're) finger-licking good.*
a la parrilla	*on the grill*
bien cocido(a), muy hecho(a)	*well done*
caliente	*hot*
crudo(a), poco hecho(a)	*raw; rare*
exquisito(a)	*exquisite*
fresco(a)	*fresh*
picante	*hot (spicy)*
sabroso(a)	*savory, tasty*
a término medio	*medium*

Otras palabras y expresiones

allí	*there*
¡De ninguna manera!	*No way!*
la grasa	*grease, fat*
largo(a)	*long*
mientras tanto	*in the meantime*
sucio(a)	*dirty*

Mole: una salsa de chocolate, chiles y otros sabrosos ingredientes

AMPLIACIÓN **Los utensilios de la mesa**

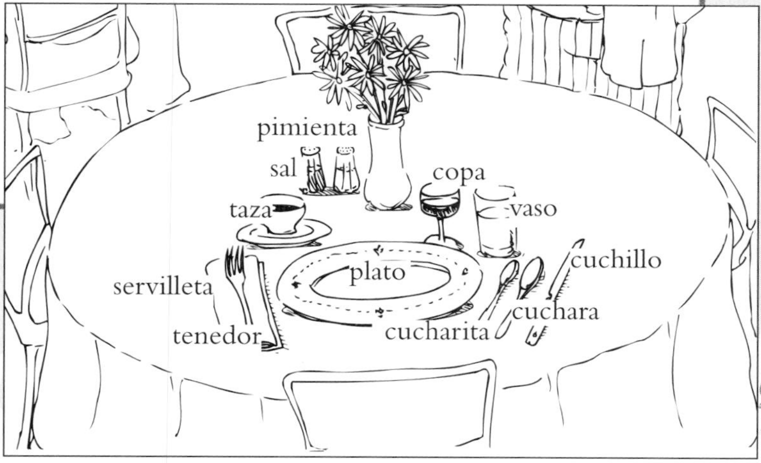

¡A ESCUCHAR!

¡Buen provecho! You will hear Marta and Arturo ordering a meal in a restaurant. On the order form below, indicate what each one orders by writing **A** or **M** beside the items they select.

A: Arturo **M:** Marta

Para comer	**Para beber**	**De postre**
_____ cereal	_____ café	_____ fruta
_____ sándwich	_____ té	_____ flan
_____ tostadas	_____ leche	_____ helado
_____ ensalada	_____ refresco	
_____ pan	_____ vino	
_____ filete de res		
_____ pollo		
_____ langosta		

PRÁCTICA

6-1 ¡Fuera de lugar! In each set of words, circle the word that is out of place.

1. a. lechuga	b. zanahoria	c. leche	d. frijoles
2. a. cereal	b. pan	c. huevos	d. postre
3. a. refrescos	b. vino	c. espárragos	d. agua mineral
4. a. habichuelas	b. uvas	c. fresas	d. banana
5. a. jamón	b. filete	c. arroz	d. chuletas
6. a. café	b. cuchara	c. tenedor	d. cuchillo
7. a. camarones	b. langosta	c. pollo	d. pescado
8. a. papa	b. fresa	c. manzana	d. uvas

6-2 ¿Qué necesitas para *(in order to)* **... ?** Say what you need in order to do these food-related activities.

MODELO: Para cortar la carne ...
► Para cortar la carne necesito un cuchillo y un tenedor.

1. Para cortar el pan ...
2. Para beber vino ...
3. Para tomar sopa ...
4. Para comer flan ...
5. Para beber leche ...
6. Para comer espárragos ...
7. Para tomar café ...
8. Para sazonar la carne ...
9. Para ponerle mantequilla al pan ...
10. Para ponerle azúcar al café ...

6-3 ¿Qué prefieres? Complete the sentences with a logical word or expression from **¡Así lo decimos!**

MODELO: ¿Qué prefieres de postre __________ o __________ ?
► flan o helado

1. ¿Quieres ______ para el desayuno?
2. ¿Qué prefieres para beber ____________ o _____________ ?
3. Camarero, necesito ______ en el café.
4. El atún es un ______; los camarones son ________.
5. El (La) ________ es mi carne favorita.
6. Siempre bebo ______ en el desayuno.
7. No me gusta comer tostadas sin ______.
8. ¿Tienes ________ para el cereal?
9. ¿Qué fruta prefieres, ________ o ________?
10. Me gusta poner ___________ en mi hamburguesa.

6-4 ¿Qué comen? State what the following people are eating or drinking.

MODELO: ► Antonio está comiendo una hamburguesa.
Él bebe un vaso de agua.

1.

2.

3.

4.

5.

6.

6-5 Ahora comenta. Look at the drawings in the previous activity and comment on what you see.

MODELO: ► Antonio no debe comer hamburguesas porque tienen mucha grasa.

C O M U N I C A C I Ó N

6-6 Entrevista. Ask a classmate about his/her eating habits and tell him/her about your own.

MODELO: E1: ¿Qué comes en el desayuno?
E2: Como pan con mantequilla, ¿y tú?
E1: Como un plato de cereal y un vaso de jugo de naranja.

6-7 La comida: ¿qué te gusta y qué no te gusta? Ask your classmates about their preferences in foods, using the cues provided in the chart. Each time someone responds affirmatively, write his/her name in the square. Write only one name in each square.

MODELO: desayunar todos los días
E1: ¿Desayunas todos los días?
E2: Sí, desayuno todos los días. (No, no desayuno todos los días.)

cenar a la hora española (a las 10 de la noche) ____________	desayunar fuerte ____________	desear salsa de tomate con las papas fritas ____________
gustar bien cocido el bistec ____________	gustar los espárragos ____________	ser vegetariano(a) ____________
comer poca grasa ____________	gustar la ensalada ____________	tomar refrescos con la comida ____________
encantar la langosta ____________	ser alérgico(a) a los mariscos ____________	preferir el café al té ____________

6-8 ¿Qué compramos para la cena? With a classmate, look at the flier from *Jumbo* in Madrid and decide what to buy for dinner tonight. Justify your choices, keeping some of the following or other concerns in mind.

- Uno(a) de ustedes es vegetariano(a).
- Uno(a) de ustedes es deportista.
- Uno(a) de ustedes está a dieta.
- Uno(a) de ustedes está muy ocupado(a).
- \$1.00 = 135 Pts.(*pesetas*)

VERNEL 4 Lts.
269
Jamón Cocido
LARSA SANDWICHES
San Millán
Mortadela de Bolonia MORTE, Kg. 659
Jamón cocido extra FAMILA, Kg. 749
Salchichón SERRA Y MOTA, Kg. 799
Lomo embuchado SAMANDY, Kg. 1.699
Centros de jamón ARGAL, Kg. 1.659
Queso semi curado EL CIGARRAL, Kg. 879
Queso sandwich LARSA, Kg 689
Queso brie PRESIDENT, Kg. 789
Queso azul BERGADER, Kg. 879
Quesitos Emmental, 8 porciones 99
Quesitos HOCHLAND, 8 porciones 99
Salchichas Frankfurt CABO, 7 piezas. 49
Sobre de jamón york MORTE, 100 gr. 149
Queso SAN MILLAN, natural o sabores 149
Sobre de salmón ahumado SKANDIA, 100 gr. 499

Ciruela rojo, Kg. 129
Melocotón, Kg. 179
Melón piel de sapo, piezas 2 Kg. aprox. 148
Sandías, piezas 4 Kg. aprox. 148
Judías verdes, Kg. 99
Patatas, bolsa 5 Kg. 189
Panchito piel, Kg. 229
Almendra tostada, Kg. 899
Patatas fritas, Kg. 399

6-9 ¿Qué dices? In pairs, role-play the following situations using expressions from **¡Así lo decimos!**

1. A waiter/waitress is suggesting that a customer order the **especialidad de la casa**, but the customer would rather have a broiled lobster.
2. The soup is cold. The waiter/waitress asks if the food is O.K.
3. A group of four needs a table in a restaurant. A waiter/waitress greets them.
4. A customer wants to know about the speciality of the house.
5. The customers are in a hurry. The waiter/waitress is taking a long time with their food and drinks.

6-10A La Casa Botín. *La Casa Botín* is an exclusive restaurant in Madrid. If there are 125 pesetas to the dollar, the speciality, **cochinillo asado** *(roast suckling pig)*, costs about $15.00. You and a classmate have $50.00 to spend on dinner. Decide what each of you will order. A third classmate, referring to the instructions in 6-10B will play the role of waiter/waitress to answer your questions and take your order.

RESTAVRANTE
ANTIGVA CASA
SOBRINO DE
BOTÍN
(1725)
TELEFONO 2664217
28005 MADRID-
CVCHILLEROS, 17

Entremeses y jugos de fruta

Pomelo 1/2	355
Jugos de Tomate, Naranja	300
Entremeses variados	750
Lomo de cerdo Ibérica	1.550
Jamón de Bellota	2.100
Melón con Jamón	1.825
Jamón con Piña	1.825
Ensalada Riojana	750
Ensalada de luchuga y tomate	380
Ensalada BÓTIN (con pollo y jamón)	895
Ensalada de endivias	650
Ensalada de endivia con Queso	880
Morcilla de Burgos	415
Croquetas de Pollo y Jamón	625
SALMÓN AHUMADO	1.685
SURTIDO DE AHUMADOS	1.850

Sopas

Sopa al cuarto de hora (de pescados y mariscos)	1.295
Sopa de Ajo con huevo	450
Caldo de Ave	375
Gazpacho campero	550

Huevos

Huevos revueltos con patatas y morcilla	490
Huevos revueltos con salmon ahumado	850
Huevos revueltos con champiñón	510
Huevos a la flamenca	550
Tortilla con gambas	885
Tortilla con jamón	520
Tortilla con chorizo	520
Tortilla con espárragos	625
Tortilla con escabeche	510

Legumbres

Espárragos dos salsas	1.110
Guisantes con jamón	700
Alcachofas salteadas con jamón	700
Judías verdes con tomate y jamón	700
Setas a la Segoviana	800
Champiñón salteado	700
Patatas fritas	290
Patatas asadas	290

Asados y Parrillas

COCHINILLO ASADO	1.875
CORDERO ASADO	1.990
Pollo asado 1/2	690
Pollo en cacerola 1/2	990
Pechuga "Villeroy"	900
Perdiz estofada (o escabeche) 1/2	1.100
Chuletas de cerdo adobadas	975
Filete de ternera con patatas	1.500
Escalope de ternera con patatas	1.500
Ternera asada con guisantes	1.500
Solomillo con patatas	2.190
Solomillo con champiñón	2.190
Entrecot a la plancha, con guarnición	1.990
Ternera a la Riojana	1.600

Postres

Cuajada	500
Tarta helada	500
Tarta de crema	500
Tarta de manzana	475
Tarta de limón	550
Tarta de frambuesa	690
Flan	300
Flan con nata	500
Helado de vainilla, chocolate o caramelo	400
Espuma de chocolate	500
Fruta del tiempo	450
Queso	700
Piña natural al Dry-Sack	480
Fresón al gusto	575
Sorbete de limón	450
Sorbete de frambuesa	450
Natillas	490
Melón	490

A PROPÓSITO ... LAS COMIDAS

Los hábitos de comer de los hispanos difieren de país a país. Para muchos, el desayuno es entre las siete y las ocho de la mañana, es casi siempre ligero *(light)* y consiste en café con leche o chocolate caliente, pasteles *(pastries)* o pan y mantequilla. El almuerzo es la comida más importante del día y, según el país, ocurre entre la una y las cuatro de la tarde. Un almuerzo típico comienza con una sopa, después hay pescado o carne, algún vegetal o arroz; y luego termina con el postre y un café[1]. A eso de las seis de la tarde, es común la merienda, un sándwich de jamón y queso o algo parecido *(similar)* que va acompañado de un refresco, un batido *(shake)* o café con leche. La última comida es la cena, que tiene lugar entre las ocho y las once de la noche, y es menos abundante que el almuerzo.

Vamos a comparar

¿Cuáles son algunas de las diferencias entre los norteamericanos y los hispanos en los hábitos de comer? ¿En qué consiste el desayuno de muchos hispanos? ¿Cuál es la comida más importante en los países hispanos? Describe un almuerzo típico en un país hispano. ¿Existe la merienda o su equivalente en los Estados Unidos o en Canadá?

[1]In Spanish, **café** when used alone is often understood as referring to the type of coffee called *espresso* (an Italian word) in English.

PRONUNCIACIÓN

Sounds of *y*, *ll*, and *ñ*

- The Spanish **y** has two distinct sounds. At the beginning of a word or within a word, it is pronounced like the *y* in the English word *yes*, but with slightly more force.

Yo	o**y**e
Yolanda	le**y**es
ya	arro**y**o

- When **y** is used to mean *and*, or appears at the end of a word, it is pronounced like the Spanish vowel **i**.

Jorge **y** María	ha**y**
cantar **y** bailar	vo**y**

- The double **l (ll)** is pronounced like the **y** in **yo**.

llamar	bri**ll**a
llorar	se**ll**o

- The **ñ** is pronounced by pressing the middle part of the tongue against the roof of the mouth or palate. Its sound is similar to the *ny* sound in the English word *onion*.

ma**ñ**ana	pu**ñ**o
ni**ñ**o	se**ñ**al

ESTRUCTURAS

1. Stem-changing verbs: *e → i*

A third class of stem-changing verbs changes the stressed **e** of the stem to **i** in all forms except the first and second person plural.

pedir (*to ask for, to request*)			
yo	**pido**	nosotros	**pedimos**
tú	**pides**	vosotros	**pedís**
él, ella, Ud.	**pide**	ellos, ellas, Uds.	**piden**

- All **e → i** stem-changing verbs have the **-ir** ending. Some other common **e → i** verbs are:

servir	*to serve*
conseguir	*to get, to obtain*
seguir	*to follow*
reñir	*to quarrel*
repetir	*to repeat, to have a second helping*

  El camarero nos **sirve** el almuerzo.
  The waiter serves us lunch.

  Cuando tengo mucha hambre, **repito**.
  When I'm very hungry, I have a second helping.

- These verbs also have a stem change in the present participle.

p**e**dir	p**i**diendo	s**e**guir	s**i**guiendo
s**e**rvir	s**i**rviendo	r**e**ñir	r**i**ñendo
cons**e**guir	cons**i**guiendo	rep**e**tir	rep**i**tiendo

  Estamos **pidiendo** el solomillo.
  We are asking for the sirloin steak.

  Paca y Hugo están **riñendo** con el camarero.
  Paca and Hugo are arguing with the waiter.

PRÁCTICA

6-11 Una reunión familiar. Describe what is going on at a family reunion. Complete each statement with the progressive form of the verb in parentheses.

MODELO: Los niños ______ (reñir) con sus padres.
► Los niños están riñendo con sus padres.

1. La señora González ______ (servir) la cena.
2. Yo _____ (pedir) un vaso de agua fría.
3. Carlos ________ (repetir) la ensalada de lechuga y tomate.
4. Carmen y Adela _______ (seguir) las instrucciones de su madre.
5. Tú _______ (pedir) un poco de arroz con vegetales.
6. Mi hermano _______ (reñir) con mi madre.
7. El señor González _______ (conseguir) los refrescos.

6-12 En un restaurante del Caribe. Describe what is happening in a restaurant by combining words or expressions from the three columns to form logical sentences.

la señora Gálvez	repetir	¡No me gusta el pescado!
los camareros	conseguir	a los clientes
Tomás y Rosalía	servir	los frijoles
mis compañeros	pedir	con el camarero
tú	decir	¡Tengo hambre!
nosotros	seguir	las reservaciones
el chef	reñir	los espárragos

6-13 Una excursión a la playa. Complete the paragraph with the correct form of a verb from the list below.

conseguir	decir	pedir	reñir
repetir	seguir	servir	

En julio vamos a la playa todos los fines de semana. Antes de salir para la playa, nosotros (1) ______ hielo para la heladera. Mamá (2) ______ que hay refrescos en el refrigerador. Abuela siempre (3) ______ la sombrilla grande. Conchita nos (4) ______ en su coche. Los niños (5) ______ mucho. Yo les (6) ______ que son muy majaderos. En la playa, papá (7) ______ los refrescos y abuela y yo (8) ______ la comida. Mamá nos (9) ______ que tenemos que tener cuidado en el agua. Los abuelos (10) ______, "hasta luego", y nosotros salimos a nadar.

COMUNICACIÓN

6-14 Cómo planear una comida. You and two other classmates are planning a dinner party, but have yet to decide how it will be organized. To sort things out, take turns asking each other the following questions. Then briefly summarize the arrangements you have made.

1. ¿Qué servimos de comida?
2. ¿Dónde conseguimos los platos?
3. ¿Quién prepara la comida?
4. ¿A quién le pedimos ayuda con el postre?
5. ¿A qué hora servimos el postre?
6. ¿Qué tipo de vino servimos?
7. ¿Quién consigue el vino?

6-15A ¡Problemas, problemas! Tell your classmate what problems or dilemmas you have. She/he will offer solutions. Be prepared to report back to the class.

MODELO: E1: Mi novio(a) no me habla.
E2: Le dices "adiós".

PROBLEMA	SOLUCIÓN
Mi novio(a) no me quiere.	
En un restaurante, no me gustan los platos fríos.	
En casa, prefiero comida fuerte.	
Estoy enojado(a) con mi amigo(a).	
Me gustan los vegetales frescos.	
Mis amigos no me escuchan.	
Quiero comer algo interesante.	

2. Demonstrative adjectives and pronouns

Demonstrative adjectives

Demonstrative adjectives are used to point out people and objects. As in English, these adjectives indicate the relative position and distance between the speaker and the object or person that is being modified.

	SINGULAR	PLURAL	
MASCULINE	**este**	**estos**	*this/these*
FEMININE	**esta**	**estas**	
MASCULINE	**ese**	**esos**	*that/those*
FEMININE	**esa**	**esas**	
MASCULINE	**aquel**	**aquellos**	*that/those (over there)*
FEMININE	**aquella**	**aquellas**	

- Demonstrative adjectives are usually placed before the modified noun and agree with it in number and gender.

¿De quién es **esa** banana?	*To whom does that banana belong?*
Esa banana es de mi hijo.	*That banana belongs to my son.*

- Note that the **ese/esos** and **aquel/aquellos** forms, as well as their feminine counterparts, are equivalent to the English *that/those*. In normal, day-to-day usage, these forms are interchangeable, but the **aquel** forms are preferred for pointing out objects and people that are relatively farther away than others.

  Yo voy a comprar **esas** peras y **aquellas** naranjas.
  I am going to buy those pears and those oranges (over there).

- Demonstrative adjectives are usually repeated before each noun in a series.

  Este jugo, **esa** manzana y **aquel** sándwich son de Édgar.
  This juice, that apple, and that sandwich are Edgar's.

PRÁCTICA

6-16 ¿Qué vas a comer? Role-play this situation with a classmate: Your best friend, presuming to know what you like, repeatedly questions you as you look over the food at a buffet. Answer your friend (who, unfortunately, is never right) following the model.

MODELO: E1: ¿Vas a comer ese pollo asado? (chuletas de cerdo)
E2: No, voy a comer estas chuletas de cerdo.

1. ¿Vas a beber aquel vino? (refresco)
2. ¿Vas a comer esos mariscos? (pollo asado)
3. ¿Vas a comer esos postres? (frutas)
4. ¿Vas a beber esa gaseosa? (jugo de naranja)
5. ¿Vas a comer ese bistec de solomillo? (langosta)
6. ¿Vas a pedir esas legumbres? (ensalada de lechuga y tomate)
7. ¿Vas a comer esa torta? (flan)

6-17 En el hipermercado *Jumbo*. You can buy anything in a hypermarket. With a classmate, compare items sold in Madrid's *Jumbo* using demonstrative adjectives. Refer to the list of adjectives as necessary.

MODELO: uvas y peras
E1: Estas uvas son sabrosas.
E2: Sí, pero estas peras son más sabrosas que esas uvas.

crudo	delicioso	medio crudo	divino
sabroso	fresco	exquisito	horrible

1. lechuga y tomates
2. chuletas y bistec
3. pollo y pescado
4. queso y jamón
5. papas y cebollas
6. zanahorias y habichuelas
7. espárragos y frijoles
8. flan y torta
9. atún y camarones
10. frijoles y arroz

6-18 En el supermercado. Alejandro and Sandra are at the supermarket. Complete their conversation by filling in the blanks with correct demonstrative adjective forms. Use the illustration to determine the location of the food items.

SANDRA: Mira, Alejandro, ¡qué fresco está (1) ______ bacalao!

ALEJANDRO: Sí, pero yo prefiero (2) ______ chuletas de cerdo que están allí y (3) ______ bistec.

SANDRA: Voy a comprar el atún y también voy a comprar (4) ______ camarones y (5) ______ langostas porque quiero hacer una sopa de mariscos.

ALEJANDRO: Yo solamente voy a comprar (6) ______ pollo que está aquí porque todas (7) ______ carnes están muy caras.

COMUNICACIÓN

6-19A ¿Qué tal esa fruta? You have 7.000 pesos to spend in the produce market in Puebla, Mexico. Ask the merchant if his/her produce is any good, and how much it costs. Be prepared to report back what you've bought and how much you've spent.

MODELO: E1: ¿Qué tal esas papas?

E2: Estas papas están muy buenas, pero la verdad es que estos frijoles son exquisitos …

E1: ¿Cuánto cuestan?

E2: Estas papas cuestan 1.000 pesos el kilo, pero para usted, …

E1: Pues, gracias. Entonces voy a comprar …

Demonstrative pronouns

Demonstrative adjectives function as pronouns when the noun they modify is omitted. To differentiate them from demonstrative adjectives, an accent mark is written on the stressed vowel of the demonstrative pronouns.

MASCULINE		FEMININE		NEUTER
SINGULAR	PLURAL	SINGULAR	PLURAL	
éste	**éstos**	**ésta**	**éstas**	**esto**
ése	**ésos**	**ésa**	**ésas**	**eso**
aquél	**aquéllos**	**aquélla**	**aquéllas**	**aquello**

Esta cafetería y **aquélla** son muy buenas.
This cafeteria and that one are very good.

No me gustan aquellos postres, pero me encantan **éstos**.
I don't like those desserts, but I love these.

- The neuter forms, **esto**, **eso**, and **aquello**, do not take a written accent nor do they have plural forms. They are used to point out ideas, actions, or concepts, or to refer to unspecified objects or things.

Aquello no me gusta.
I don't like that.

No digo **eso**.
I am not saying that.

- These forms may also be used to inquire generally about the nature of objects or things.

¿Qué es **eso**? *What's that?*
Es un bacalao. *It's a codfish.*

¿Qué es **esto**? *What's this?*
Es un camarón. *It's a shrimp.*

PRÁCTICA

6-20 De compras. Your friends have stopped at a local vegetable stand. Complete their thoughts using appropriate demonstrative pronouns.

MODELO: ► No me gustan estas zanahorias; prefiero aquéllas.

1. No quiero esas legumbres; quiero ______.
2. Prefiero no comprar aquellas manzanas; prefiero comprar ______.
3. No me gustan estos espárragos; me gustan ______.
4. No voy a comprar esta naranja; voy a comprar ______.
5. No quiero aquel arroz; quiero ______.
6. Prefiero no comprar esos frijoles; prefiero comprar ______.
7. No me gusta esta pera; me gusta ______.
8. No quiero aquellos tomates; quiero ______.

6-21 En un restaurante vegetariano. With a classmate, take turns asking the following questions and answering negatively.

MODELO: ¿Vas a comer en este restaurante de enfrente? (que está en el centro)
E1: ¿Vas a comer en este restaurante de enfrente?
E2: No, voy a comer en aquél que está en el centro.

1. ¿Vas a pedir esas frutas? (que están cerca de ti)
2. ¿Vas a hablar con aquel camarero? (que está allí)
3. ¿Vas a pedir ese menú? (que está allí)
4. ¿Vas a pedir esos postres? (que están en el refrigerador)
5. ¿Vas a conseguir esa mesa? (que está cerca de la ventana)
6. ¿Vas a beber esa cerveza? (que está en la mesa)
7. ¿Vas a comer esta ensalada de frutas? (que están preparando ahora)
8. ¿Vas a pagar esta cuenta? (que tiene el camarero)

COMUNICACIÓN

6-22 El (La) inconforme. With a classmate, invent a short dialog between two friends in a buffet line, then present it to the class.

MODELO: E1: ¿Quieres estos camarones?
E2: No, quiero ésos.
E1: ¿Vas a comer ese …

6-23 ¿Qué es esto? With a classmate, take turns asking each other to identify the objects in the illustration to the right.

MODELO: E1: ¿Qué es esto?
E2: ¿Eso? Es un(a) …

SEGUNDA PARTE

¡Así es la vida!

En la cocina

Buenas noches, querida televidente. Hoy en el programa de *La tía Julia cocina* vamos a enseñarte a hacer un plato exquisito: el arroz con pollo. No hay ningún plato más popular que éste en la región del Caribe. A continuación te voy a dar una de las mejores recetas.

Primero corta el pollo en pedazos pequeños y luego pon los pedazos en un recipiente. Añádeles a los pedazos jugo de limón y un poco de ajo picado.

Ahora calienta un poco de aceite de oliva en una cazuela, añade los pedazos de pollo y pon a freír el pollo a fuego mediano. Añade una cebolla y un ají verde bien picados. Deja cocinar todo unos cinco minutos.

Añade una taza de salsa de tomate, una cucharada de sal, una pizca de pimienta y azafrán, media taza de vino blanco y dos tazas de caldo de pollo. Deja cocinar todo unos cinco minutos más.

Añádele ahora dos tazas de arroz blanco a la cazuela. Mezcla todo bien y cuando vuelva a hervir, tapa la cazuela y deja cocinar todo a fuego lento unos veinticinco minutos.

Ya está listo el delicioso arroz con pollo. Sirve el arroz con pollo caliente y ... ¡Buen provecho!

¡Así lo decimos!

Las medidas

la cucharada	*tablespoonful*
la cucharadita	*teaspoonful*
el gramo	*gram* (approx. 500 gr. = 1 lb.)
el litro	*liter*
el pedazo	*piece*
una pizca	*a pinch (of salt, pepper, etc.)*

Aparatos de la cocina

la cafetera	*coffeepot*
el congelador	*freezer*
la estufa	*stove*
el fregadero	*sink*
el horno	*oven*
el lavaplatos	*dishwasher*
el microondas	*microwave*
el refrigerador	*refrigerator*
la tostadora	*toaster*

Utensilios de la cocina

la cazuela	*stewpot, casserole dish, saucepan*
el cucharón	*large spoon*
la espátula	*spatula*
el molde	*baking pan*
el recipiente	*generic pot, bowl, dish, etc.*
la (el) sartén	*skillet, frying pan*

Actividades de la cocina

añadir	*to add*
batir	*to beat*
echar	*to add; to throw in*
freír (i,i)	*to fry*
hervir (ie,i)	*to boil*
hornear	*to bake*
mezclar	*to mix*
pelar	*to peel*
picar	*to cut, to slice*
prender	*to light; to turn on*
secar	*to dry*
tapar	*to cover*
tostar	*to toast*
voltear	*to turn over, to toss*

Ingredientes y condimentos especiales

el ají verde, el pimiento	*green pepper*
el ajo	*garlic*
el azafrán	*saffron*
el cilantro	*coriander; cilantro*
el jugo de limón	*lemon juice*
la salsa picante	*hot sauce*

Otras palabras y expresiones

a fuego alto	*over high heat*
a fuego mediano	*over medium heat*
a fuego bajo (lento)	*over low heat*
picado(a)	*chopped*
la receta	*recipe*
el sabor	*taste*

¡A escuchar!

En la cocina con la tía Julia. Listen to tía Julia explain how to make **huevos rancheros**. Circle the ingredients she uses, the utensils and measurements she refers to, and the steps she takes.

INGREDIENTES		UTENSILIOS/MEDIDAS		ACCIONES	
agua	ají	cucharadita	espátula	cortar	echar
cebolla	huevos	cucharada	molde	freír	pelar
aceite	sal	recipiente	sartén	tostar	mezclar
cilantro	leche			voltear	
salsa picante	tomate				

PRÁCTICA

6-24 En la cocina. Choose the word that best completes each of the following sentences.

1. ______	Voy a freír el pescado en ...	a. la cazuela
2. ______	Ella mezcla los huevos en ...	b. la cafetera
3. ______	Tú lavas los platos en ...	c. el refrigerador
4. ______	Están tostando el pan en ...	d. el horno
5. ______	Hay una botella de agua en ...	e. la sartén
6. ______	Preparamos el café en ...	f. la tostadora
7. ______	Cocino el arroz en ...	g. el recipiente
8. ______	Horneo el pastel en ...	h. el fregadero

6-25 ¿Qué necesitas? With a classmate, think of everything you need to keep or prepare the following foods.

MODELO: café

► una cafetera, leche, azúcar, una taza

1. té
2. huevos fritos
3. pollo asado
4. helado
5. una papa al horno
6. una torta
7. papas fritas
8. pan tostado
9. sopa
10. flan
11. una hamburguesa
12. limonada

6-26 ¡Describe! Say what the people in the illustrations are doing. Use words and expressions from **¡Así lo decimos!**

MODELO: ► Mario pone el pollo en el horno.

1.

2.

3.

4.

5.

6.

6-27 ¿Cómo se hace la tortilla? How do you make a Spanish **tortilla**? Find out by conjugating each verb in italics and sequencing the items below in a logical way. Make sure to place object pronouns correctly after conjugating verbs. Compare your version with a classmate's to see if you would do things in the same order.

Hoy voy a hacer una tortilla española …

_____ __________ *batir* los huevos con un poco de agua.
_____ __________ *añadir* sal y pimienta.
_____ __________ *mezclar* los ingredientes en un recipiente.
_____ __________ *picar* la cebolla y el ají verde.
_____ __________ *poner* la sartén a fuego lento.
_____ __________ *pelar* las papas y las corto en pedazos pequeños.
_____ __________ *voltear* la tortilla y la cocino otros diez minutos.
_____ __________ *servirla* con pan francés y cerveza o una copa de vino.
_____ __________ *mirar* la receta.
_____ __________ *pasar* todo a una sartén.
_____ __________ *freírlas* en la sartén y las seco en una servilleta de papel.
_____ __________ *cocinarla* durante diez minutos.

COMUNICACIÓN

6-28A El gazpacho. Gazpacho is a favorite summertime dish in Spain. Although there are many versions, it is most often made with fresh tomatoes, cucumbers, onions, pepper,s and garlic, as well as olive oil and French bread (**barra de pan**). This version is served ice cold, with chopped tomatoes and onions. In the following activity, work with a classmate to find out if you have all the ingredients you need to prepare **gazpacho**. One of you has the recipe, the other, the ingredients. Consulting each other, make a grocery list of the items and the quantities you still need to buy.

MODELO: E1: Necesitamos un kilo de tomates.
E2: Tenemos medio kilo. Necesitamos otro medio kilo.

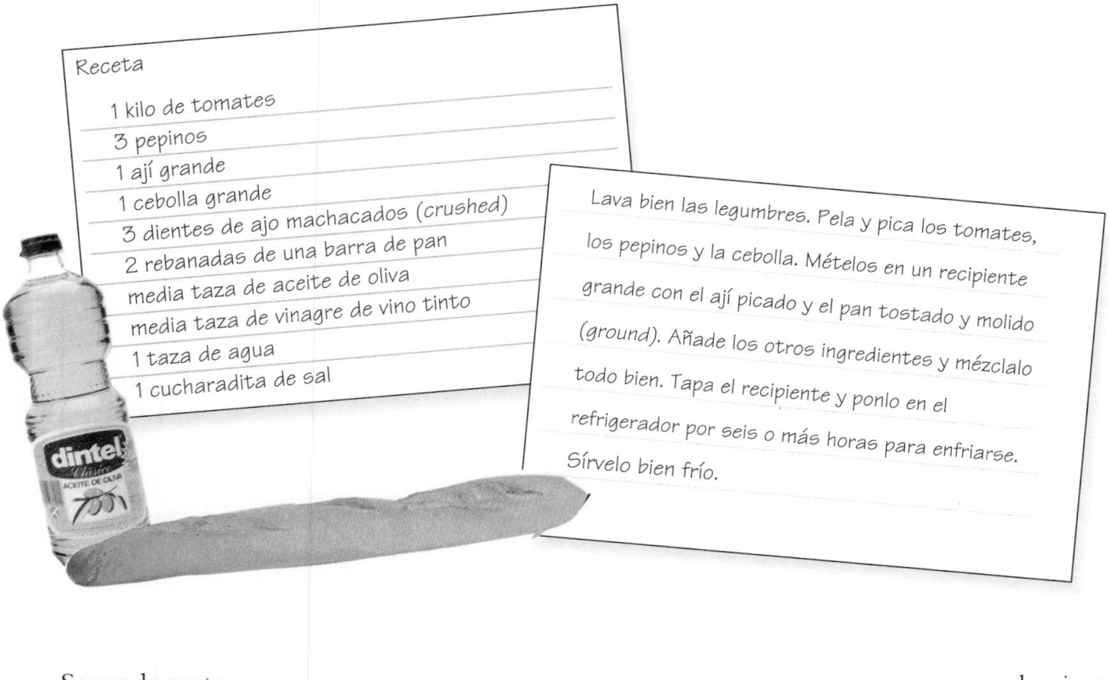
Receta
1 kilo de tomates
3 pepinos
1 ají grande
1 cebolla grande
3 dientes de ajo machacados (crushed)
2 rebanadas de una barra de pan
media taza de aceite de oliva
media taza de vinagre de vino tinto
1 taza de agua
1 cucharadita de sal

Lava bien las legumbres. Pela y pica los tomates, los pepinos y la cebolla. Mételos en un recipiente grande con el ají picado y el pan tostado y molido (ground). Añade los otros ingredientes y mézclalo todo bien. Tapa el recipiente y ponlo en el refrigerador por seis o más horas para enfriarse. Sírvelo bien frío.

6-29 En orden de importancia. Imagine that you and a classmate are roommates and have a $600 budget for equipping the kitchen. Together, order the items listed according to their importance to both of you. Then state what you are going to buy for $600.

ORDEN DE IMPORTANCIA	LOS APARATOS Y UTENSILIOS	EL COSTO
______	un refrigerador	$250
______	un congelador	$150
______	una estufa	$200
______	un horno	$350
______	una tostadora	$25
______	una cafetera	$50
______	un microondas	$150
______	una sartén	$30
______	un recipiente	$5
______	cucharones, moldes, cazuelas	$100
	TOTAL:	________

6-30 ¿Qué dices? With a classmate, take turns explaining or offering suggestions in each situation.

MODELO: E1: La sopa no tiene sabor.
E2: La sopa necesita más condimentos. Voy a echarle cebolla, ajo y un poquito de cilantro.

1. La carne no tiene sabor.
2. El café tiene un sabor muy malo.
3. Quiero una hamburguesa especial.
4. No sé qué comer para el desayuno.

A PROPÓSITO ... LA COMPRA DE LA COMIDA EN LOS PAÍSES HISPANOS

La comida juega un papel muy importante en el mundo hispano. Se puede decir que para los hispanos la comida sirve una función social muy importante. La típica ama de casa *(housewife)* planea las comidas consciente de que la familia va a disfrutar *(to enjoy)* lo que ella le sirve en el almuerzo y en la cena.

Aunque los supermercados ya son muy populares, todavía es común ir al mercado dos o tres veces por semana para asegurarse *(to be sure)* que los productos son frescos. El mercado típico es un edificio enorme con tiendas pequeñas donde se venden todos tipos de comestibles *(food)*. En el mercado también hay tiendas especiales como carnicerías, pescaderías y fruterías. En cada barrio también existe una panadería, una pastelería y una heladería.

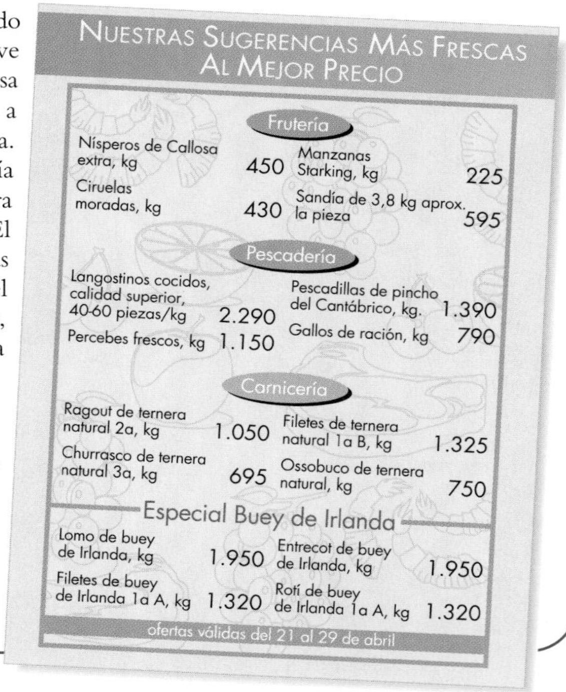

Nuestras Sugerencias Más Frescas Al Mejor Precio
Frutería
Nísperos de Callosa extra, kg 450
Manzanas Starking, kg 225
Ciruelas moradas, kg 430
Sandía de 3,8 kg aprox. la pieza 595
Pescadería
Langostinos cocidos, calidad superior, 40-60 piezas/kg 2.290
Pescadillas de pincho del Cantábrico, kg. 1.390
Percebes frescos, kg 1.150
Gallos de ración, kg 790
Carnicería
Ragout de ternera natural 2a, kg 1.050
Filetes de ternera natural 1a B, kg 1.325
Churrasco de ternera natural 3a, kg 695
Ossobuco de ternera natural, kg 750
Especial Buey de Irlanda
Lomo de buey de Irlanda, kg 1.950
Entrecot de buey de Irlanda, kg 1.950
Filetes de buey de Irlanda 1a A, kg 1.320
Rotí de buey de Irlanda 1a A, kg 1.320
ofertas válidas del 21 al 29 de abril

Vamos a comparar

¿Por qué es común todavía ir al mercado dos o tres veces por semana? ¿Cómo es el mercado típico en el mundo hispano? ¿Cuáles son algunas tiendas especiales que hay en el mercado típico? ¿Dónde compra tu familia los productos? Para tí, ¿qué es mejor, comprar en un supermercado o en el mercado típico del mundo hispano?

ESTRUCTURAS

3. *Tú* commands

> **¡Come más fibra!**
>
> Una dieta alta en fibra (20 a 35 gramos diarios) ayuda a reducir el riesgo de cáncer del colon, baja el colesterol, controla el azúcar de la sangre y regula el peso del cuerpo. Para obtener estos beneficios, incluye más a menudo en tu dieta comidas ricas en fibra.

- We use commands to give instructions or to ask people to do things. In Spanish, commands have special forms for formal (**usted/ustedes**) and informal (**tú/vosotros**) address. The following chart shows how to form **tú** commands.

INFINITIVE	AFFIRMATIVE	NEGATIVE
comprar	compra	no compres
pensar	piensa	no pienses
comer	come	no comas
atender	atiende	no atiendas
escribir	escribe	no escribas
pedir	pide	no pidas

- Affirmative **tú** commands have the same form as the third-person singular of the present indicative.

Mezcla los huevos en el recipiente.	*Mix the eggs in the bowl.*
Come más pollo.	*Eat more chicken.*
Escribe la receta.	*Write the recipe.*

- Negative **tú** commands of **-ar** verbs are formed by adding **-es** to the stem of the first-person singular of the present indicative.

No peles las papas ahora.	*Don't peel the potatoes now.*
No cortes las cebollas todavía.	*Don't cut the onions yet.*
No tuestes el pan.	*Don't toast the bread.*

- Most of the negative **tú** commands of **-er** and **-ir** verbs are formed by adding **-as** to the stem of the first-person singular of the present indicative.

No hiervas la salsa.	*Don't boil the sauce.*
No batas los huevos.	*Don't beat the eggs.*

Irregular *tú* commands

- The following verbs have irregular affirmative command forms:

decir	**di**	**Di** por qué.	*Tell (Say) why.*
hacer	**haz**	**Haz** la tortilla.	*Make the omelette.*
ir	**ve**	**Ve** a la cocina.	*Go to the kitchen.*
poner	**pon**	**Pon** la mesa.	*Set the table.*
salir	**sal**	**Sal** de aquí.	*Get out of here.*
ser	**sé**	**Sé** amable.	*Be nice.*
tener	**ten**	**Ten** paciencia.	*Be patient.*
venir	**ven**	**Ven** a mi casa.	*Come to my house.*

- **Ir** and **ser** have irregular negative command forms as well.

No te vayas. *Don't go away.*
No seas tonto. *Don't be foolish.*

PRÁCTICA

6-31 El gerente del restaurante. You are the manager of a restaurant. Give instructions based on the cues below to a recently hired waiter/waitress on what to do and not to do.

MODELOS: atender bien a los clientes
► Atiende bien a los clientes.

no añadir más sillas a las mesas
► No añadas más sillas a las mesas.

1. no llegar tarde al trabajo
2. no comer en el trabajo
3. poner los cubiertos correctamente en las mesas
4. ser amable con los clientes
5. estudiar el menú
6. tomar bien las órdenes
7. servir rápido
8. escuchar bien a los clientes regulares
9. limpiar las mesas
10. hablar con los clientes
11. hacer todo enseguida
12. venir mañana domingo a trabajar

6-32 La cena del Club Cervantes. As president of the Spanish Club you are in charge of dinner plans. Tell the members of the club who are helping what to do by changing the infinitives to the **tú** command.

MODELO: ► Chela, por favor, no <u>pongas</u> (poner) las cervezas en la mesa.

1. Manolo, ________ (ir) a comprar diez botellas de vino blanco.
2. Berta, por favor ________ (leer) la receta para la paella.
3. Carmen, no ________ (freír) las cebollas en la sartén pequeña.
4. José ________ (salir) con Mirta a buscar los condimentos.
5. Adolfo, no ________ (calentar) el aceite de oliva todavía.
6. Marisa, ________ (comenzar) a cortar el pescado y el pollo.
7. Pedro, ________ (hacer) la ensalada.
8. Patricia, no ________ (ir) a echarle demasiada pimienta al arroz.
9. Julio, ________ (poner) los refrescos en la heladera.
10. Pablo, ________ (venir) a picar el ajo.

COMUNICACIÓN

6-33A Necesito consejo. With a classmate, take turns asking each other for advice regarding the problems listed below, and responding with an affirmative or a negative **tú** command. Take note of the advice your partner gives you, and whether or not you think it's reasonable.

MODELO: mucho sueño
E1: Tengo mucho sueño pero no me gusta el café.
E2: ¡Toma una taza de chocolate!

ALGUNOS PROBLEMAS

- alergia a la leche
- planes para una comida elegante
- poco interés en cocinar
- un(a) novio(a) que no come legumbres
- problemas con la estufa
- unos amigos que van a los restaurantes más elegantes

4. *Tú* commands with one object pronoun

- With affirmative commands, direct and indirect object pronouns must follow the command form and be attached to it. When an object pronoun is attached to a command form of two or more syllables, an accent mark is added to show that the stress of the original verb remains the same.

Compra **el pollo frito**.	*Buy the fried chicken.*
Cómpra**lo**.	*Buy it.*
Añade la salsa **a la carne**.	*Add the sauce to the meat.*
Añáde**le** la salsa.	*Add the sauce to it.*

- With negative commands, direct and indirect object pronouns are placed between **no** and the command form.

No pagues **la cuenta**.	*Don't pay the bill.*
No **la** pagues.	*Don't pay it.*
No **le** sirvas el pescado al cliente.	*Don't serve the fish to the client.*

PRÁCTICA

6-34 En la Cafetería de la Luna. La señora de Ruiz tells her employees what to do to get ready to serve the food. Following the model, replace the object nouns in Sra. Ruiz's instructions with object pronouns.

MODELO: Rosario, abre la cafetería temprano.
► Ábrela temprano.

1. Sara, prepara la paella valenciana.
2. Carlos, haz una lista de precios para este mes.
3. Jorge, lee bien esta receta para caldo de pollo.
4. Ramón, busca las servilletas.
5. Juan, calienta la estufa.

6-35 El Pollo Dorado. With a classmate, take turns playing the waiter/waitress and manager of the restaurant El Pollo Dorado. The waiter/waitress will ask questions and the manager will give instructions using **tú** commands.

MODELO: atender a los clientes
E1: ¿Atiendo a los clientes?
E2: Sí, atiéndelos.

1. poner los platos en la mesa
2. traer el pan y la mantequilla
3. abrir la botella de vino ahora
4. pedirle ayuda al otro camarero
5. mencionar los postres
6. servir el café
7. preparar la cuenta

COMUNICACIÓN

6-36 Unos consejos. With a classmate, take turns asking each other's advice in the following situations. Give each other advice using commands with direct or indirect object pronouns.

MODELO: E1: Mi novio está enojado conmigo.
E2: Llámalo. Invítalo a cenar. Págale la comida.

1. Mi novio(a) quiere cenar con nosotros(as).
2. Mi mejor amigo(a) está enfermo(a).
3. Es el cumpleaños de mi mamá.
4. Mi amigo(a) necesita ayuda con los preparativos para una cena especial.
5. A mi jefe le gustan los postres.

5. Indefinite and negative expressions

Afirmativo		Negativo	
algo	*something, anything*	**nada**	*nothing, not anything*
alguien	*someone, anyone*	**nadie**	*nobody, no one*
algún, alguno(a)(s)	*any, some*	**ningún, ninguno(a)**	*none, not any*
siempre	*always*	**nunca**	*never*
también	*also, too*	**tampoco**	*neither, not either*
o ... o	*either ... or*	**ni ... ni**	*neither ... nor*

- In Spanish, the adverb **no** is used with a second negative expression to form a double negative. In this case, the second negative (e.g., **nada**, **nadie**, **ningún**) either immediately follows the verb or is placed at the end of the sentence.

  No como **nunca** carne.
  I never eat meat.

  No le doy la cuenta a **nadie**.
  I don't give the bill to anyone.

- When the negative expression precedes the verb, **no** is omitted.

  Nunca como carne.
  I never eat meat.

  A **nadie** le doy la cuenta.
  I don't give the bill to anyone.

- The expressions **nadie** and **alguien** refer only to persons and require the personal **a** when they appear as direct objects of the verb.

  ¿Invitas a **alguien** especial?
  Are you inviting someone special?

  No invito a **nadie**.
  I'm not inviting anyone.

- The adjectives **alguno** and **ninguno** drop the **-o** before a masculine singular noun in the same way the number **uno** shortens to **un**. Note the use of a written accent when the **-o** is dropped.

  Ningún estudiante viene a la comida.
  No student is coming to the dinner.

  Voy a preparar **algún** tipo de pollo.
  I am going to prepare some type of chicken.

- Once a sentence is negative, all other indefinite words are also negative.

  Lucía **no** conoce a **nadie tampoco**.
  Lucía doesn't know anybody either.

PRÁCTICA

6-37 Misterio en el restaurante La Cueva. Use negative expressions to complete the following paragraph.

Entro en el restaurante La Cueva. No veo a (1) ________ persona en el bar. No veo a (2) ________ en la cocina. Busco la luz, pero no veo (3) _______. No hay (4) _____ camareros (5) _______ clientes (6) _________. (7) _________ tengo miedo, pero sí estoy un poco nervioso. Ésta es la última vez que vengo a este restaurante un domingo a las tres de la mañana.

6-38 El lunes, a la una de la tarde. Rewrite the previous paragraph specifying a new time and day of the week, and using affirmative expressions.

6-39 Planes para una cena en casa. With a classmate, take turns asking each other these questions. Answer each other using negative expressions.

MODELO: E1: ¿Hay algo en el refrigerador?
E2: No, no hay nada.

1. ¿Alguien va a planear la cena?
2. ¿Tienes algo que preparar?
3. ¿Repites la carne o el pescado?
4. ¿Siempre comes el postre al final?
5. ¿Te gusta el bacalao también?
6. ¿Alguno de nosotros sabe cocinar?

6-40 ¡No quiero hacer nada! Your roommate doesn't want to do anything today. Role-play the situation with a classmate, asking him/her the following questions. He/she will answer in the negative.

MODELO: E1: ¿Vas a llamar a alguien?
E2: No, no voy a llamar a nadie.

1. ¿Vas a visitar a alguien?
2. ¿Vas a ver algún programa esta noche?
3. ¿Vas a estudiar o vas a escuchar música?
4. ¿Vas a escribirle una carta a algún amigo?
5. ¿Vas a cenar con alguna amiga?
6. ¿Vas a leer algo?
7. ¿Qué vas a hacer entonces?

6-41 ¡De ninguna manera! You want to go to a new restaurant, but your friend, who has already been there, doesn't care for it. Ask your friend about the restaurant. He/she will answer in the negative, using the correct form of **ninguno**.

MODELO: E1: ¿Sirven platos típicos?
E2: No, no sirven ningún plato típico.

1. ¿Preparan platos de dieta?
2. ¿Tienen buenas ensaladas?
3. ¿Sirven pescado fresco?
4. ¿Tienen vinos españoles?
5. ¿Hay camareros/camareras amables?
6. ¿Tienen vegetales frescos?
7. ¿Aceptan tarjetas de crédito?
8. ¿Hay platos sabrosos?

COMUNICACIÓN

6-42A ¡Contéstame! With a classmate, take turns asking questions about each other's eating habits.

MODELO: E1: ¿Siempre tomas leche con la comida?
E2: Sí, siempre tomo leche. (No, no tomo leche nunca.)

1. ¿Siempre comes a la misma hora?
2. ¿Tienes algunos invitados a cenar este fin de semana?
3. ¿Conoces algún buen restaurante en esta ciudad?
4. ¿No hay nada de comer en tu casa ahora?
5. ¿Preparas la comida siempre en tu casa?
6. ¿Te gusta comer en algún restaurante especial?
7. ¿Te gusta comer cereal con fruta?

SÍNTESIS

¡Al fin y al cabo!

¡A REPASAR!

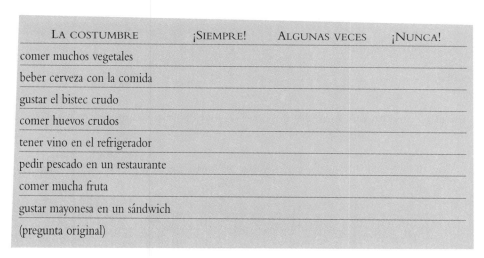

For additional activities visit the ¡ARRIBA! Home Page.

http://www.prenhall.com/arriba

6-43 Una encuesta. Interview a classmate to find out his/her eating habits for an article in the student newspaper. Then write a summary, including your opinion of his/her eating habits. Do you consider him/her typical of students at your university?

MODELO: comer muchos vegetales
E1: ¿Comes muchos vegetales?
E2: ¡Siempre! (¡Nunca!, etc.)

LA COSTUMBRE	¡SIEMPRE!	ALGUNAS VECES	¡NUNCA!
comer muchos vegetales			
beber cerveza con la comida			
gustar el bistec crudo			
comer huevos crudos			
tener vino en el refrigerador			
pedir pescado en un restaurante			
comer mucha fruta			
gustar mayonesa en un sándwich			
(pregunta original)			

6-44 ¡Come más fibra! In groups of three or four, make a list of high-fiber foods. Determine how many of these the members of your group eat regularly. Then compare your findings with those of the rest of your class.

MODELO: E1: ¿Cuántas veces a la semana comes brócoli?
E2: Lo como dos veces a la semana, ¿y tú?
E3: Yo no como brócoli.

6-45 Planes para una comida especial. With a classmate, make plans for a special meal. First, write the menu, then write a shopping list. Finally, write an invitation to your guests.

Costo:
Carnes: ____ ____
Pescados y mariscos: ____ ____
Legumbres: ____ ____
Frutas: ____ ____
Bebidas: ____ ____
Otros: ____ ____

6-46 La pirámide de alimentación. With a classmate, take turns comparing what you normally eat with what you should eat according to the food pyramid.

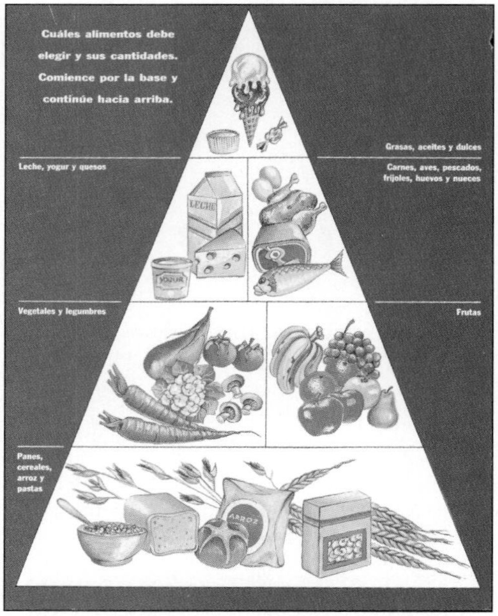

View clips from the ¡ARRIBA! Video. Activities are available through your instructor or on the Prentice Hall Home Page.

¡A ESCUCHAR!

En el Centro Vasco. Listen to the narrative and the related dialog that follows. Then complete the exercises below.

1. You will hear a series of nine statements in Spanish. Indicate if each statement is logical or illogical by placing a check mark in the **Lógico** or **Ilógico** column in the chart.

	a.	b.	c.	d.	e.	f.	g.	h.	i.
Lógico									
Ilógico									

2. Based on the narrative and dialog you have just heard, decide which of the three answers best fits each of the statements below.

   a. José Luis y María Elena son _____.
      1. profesores
      2. novios
      3. hermanos

   b. José Luis _____ durante la semana de examen.
      1. duerme poco
      2. come mucho
      3. no ve a María Elena

   c. En el restaurante, María Elena le dice a José Luis que _____.
      1. van a divertirse mucho
      2. tienen que pensar en otras cosas
      3. van a enfermarse

   d. José Luis piensa que el mejor plato de la casa es _____.
      1. el pescado
      2. el pollo asado
      3. el solomillo

   e. José Luis y María Elena _____.
      1. se besan
      2. se abrazan
      3. se quieren

¡A LEER!

Andrés Rivero nació en Cuba en 1936. Desde 1959 vive en los Estados Unidos donde es profesor, periodista y editor. Ha sido premiado por el *National Endowment for the Arts*. Esta selección es de **49 cuentos mínimos y una triste leyenda**, publicada en 1979.

6-47 Para completar. Fill in the following biographical data about the author.

1. Nombre:
2. Nacionalidad:
3. Fecha de nacimiento:
4. Edad cuando vino a los EE.UU.:
5. Tipo de obras que escribe:

6-48 Para anticipar. In a narrative, action usually occurs in the past. See if you can match these actions with their English equivalents to get an idea of what the story is about.

1. El asesino tenía que *(had to)* matarla, **liquidarla**.
2. Por algunos instantes **dudó**.
3. **Pensó** en las consecuencias.
4. **Dejó caer** el puño derecho *(right fist)*.

a. he doubted
b. he dropped
c. liquidate her
d. he thought

6-49 Empieza a leer. Scan the reading to find the following information.

1. Número de personajes: (1 / 2 / 3)
2. Su estado de ánimo: (angustiado / deprimido / animado / optimista)
3. Su decisión: (bailar / cantar / hablar con la víctima / matar *[kill]*)

6-50 Para pensar antes de leer. Have you ever been driven to measures that may have had dire consequences? You may have had occasion to consider long and hard whether the end justified the means. Such is the case in the following segment where the narrator weighs the pros and cons of the deed he feels he must commit.

Cuento 5

Tenía que matarla. No le quedaba más remedio[1]. No es que él fuera asesino. Ni aún cruel. Era que, simplemente, tenía que liquidarla.

No le quedaba más remedio.

Pero se detuvo a pensar. ¿Y las consecuencias?

[1] *He had no other choice.*

Dudó. A su mente atribulada se introdujeron pensamientos conflictivos, polémicos, dubitativos; ideas, modos, maneras y métodos confusos.

Volvió[2] a la realidad. Comprendió que no tenía alternativa. Tenía que matarla a pesar de[3] las consecuencias.

Midió[4] bien, con precisión, y súbitamente dejó caer el puño derecho[5] sobre el plato hondo de sopa que estaba frente a él.

Sí, mató la mosca[6]. Pero la salpicadura[7] de sopa por la mesa, sobre él mismo—los brazos, la cara, la ropa[8], el suelo, la silla, las paredes cercanas, es indescriptible …

6-51 Para completar. Decide which word or expression best completes the following statements.

1. La acción es en …
   a. un parque
   b. un restaurante
   c. clase
   d. una fiesta
2. Los personajes principales son un hombre y …
   a. una mujer
   b. un insecto
   c. una chica
   d. una actriz
3. Las consecuencias de su acción son …
   a. trágicas
   b. ridículas
   c. horribles
   d. serias

6-52 Emparejar. Can you match the items on the left with their English equivalents on the right?

1. los brazos
2. el suelo
3. la cara
4. la ropa
5. la silla
6. las paredes

a. walls
b. arms
c. clothing
d. chair
e. face
f. floor

[2]*He returned,* [3]*in spite of,* [4]*He measured,* [5]*right fist,* [6]*fly,* [7]*splash,* [8]*clothing*

6-53 Para poner en orden. Read the story again and indicate the order in which you see the following emotions:

____ duda
____ enojo
____ resolución
____ desilusión

6-54 ¿Cuál es su opinión? In a small group, ask each other your opinion of what you do or feel in a similar situation.

	NUNCA …	A VECES …	SIEMPRE
Detesto las moscas.			
En un restaurante, mato una mosca.			
Insisto en recibir otro plato.			
No es justo matar a los seres vivos *(living creatures)*.			
Es necesario controlar la pasión.			
Prefiero las moscas a las arañas *(spiders)*.			
Prefiero una ensalada a una sopa.			
(original) Prefiero … a …			

6-55 Consejos. Write a short letter to the character in the narrative giving him advice on how to behave the next time he finds himself in a similar situation.

LECCIÓN 7

¿En qué puedo servirle?

Comunicación

- Shopping
- Reading and responding to advertisements
- Describing a product
- Reporting past events

Cultura

- De compras
- Las tiendas especializadas

Estructuras

PRIMERA PARTE

- Ordinal numbers
- The preterite of regular verbs

SEGUNDA PARTE

- Verbs with irregular preterite forms
- Other irregular verbs in the preterite
- Preterite of stem-changing verbs: **e → i**, **o → u**

¡A leer!: Ciro Alegría, *Los rivales y el juez*
Nuestro mundo: La América Central

PRIMERA PARTE

¡Así es la vida!

De compras

Victoria Prado y su hermano Manuel, dos jóvenes peruanos, piensan ir de compras. Antes de salir, encienden el televisor para ver las ofertas que hay hoy en los almacenes y en las tiendas de Lima.

El Almacén Vigo te ofrece muchas gangas hoy. Tenemos grandes rebajas. Tenemos camisas de algodón, corbatas de seda, chaquetas y cinturones de cuero a un descuento del 30%. Puedes comprarlos hoy y pagarlos a plazos después. El Almacén Vigo, donde siempre tienes un amigo.

¡Atención! ¡Atención! Hay una gran venta-liquidación en el centro comercial La Gran Vía. Tenemos más de cincuenta tiendas y vendemos ropa para todos los gustos. De noche o de día, ¿por qué no viene a La Gran Vía a comprar ropa de moda, zapatos, regalos, artículos para el hogar. En el centro comercial La Gran Vía, comprar es un placer.

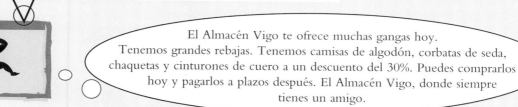

En el Almacén Vigo

DEPENDIENTE: Buenos días, joven. ¿En qué puedo servirle?
MANUEL: Quisiera ver las chaquetas y las camisas que están de rebaja.
DEPENDIENTE: Las chaquetas están en el tercer piso y las camisas están aquí. ¡Son una verdadera ganga! ¿Cuál es su talla?
MANUEL: Creo que es la cuarenta. ¿Puedo probarme esa camisa?
DEPENDIENTE: Sí, claro. Allí está el probador.

(Unos minutos más tarde)

MANUEL: ¿Qué tal me queda?
DEPENDIENTE: Le queda muy bien.
MANUEL: Entonces, me la llevo.
DEPENDIENTE: Favor de tomar este recibo y presentarlo en la caja.

(Manuel va a la caja.)

MANUEL: ¡Ay, caramba! Mi billetera está en casa.
CAJERO: No importa. Puede ir a buscar su billetera, que yo le guardo la camisa.
MANUEL: Gracias, ahora veo por qué en el Almacén Vigo siempre tengo un amigo.

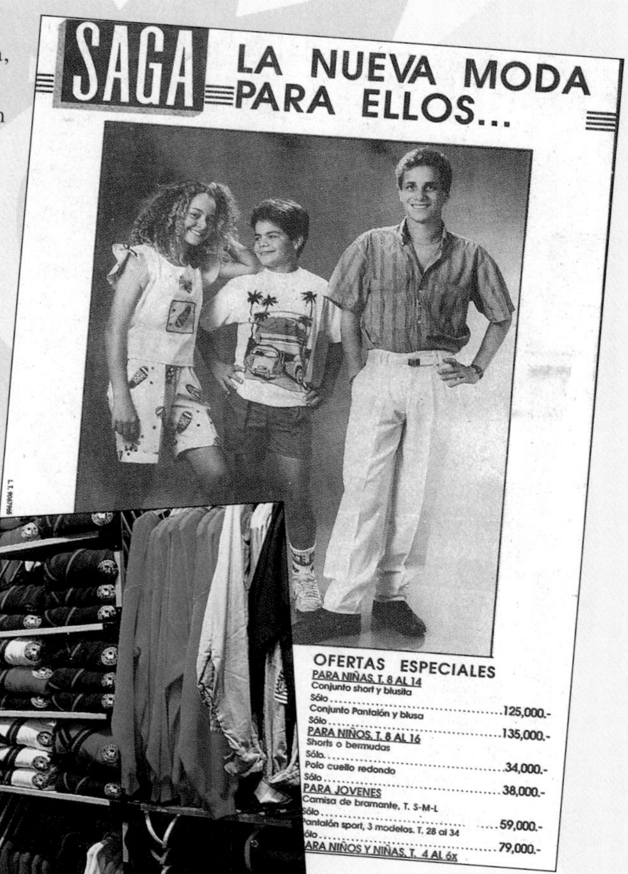

¡Así lo decimos!

Lugares donde vamos de compras

el centro comercial	*shopping center*
el almacén	*department store*
la tienda	*store*
la tienda de segunda mano	*second-hand store*

Partes de una tienda

la caja	*cash register*
el mostrador	*counter*
el piso	*floor*
la planta (Spain)	*floor*
el probador	*fitting room*
la sección de ropa para hombres	*men's clothing section*
la sección de ropa para mujeres	*women's clothing section*
la vitrina	*display case/window*

Expresiones claves

Dependiente(a):	***Clerk:***
¿En qué puedo servirle(s)?	*How may I help you?*
¿Necesita(n) ayuda?	*Do you need help?*
Es una ganga.	*It's a bargain.*
Le queda muy bien.	*It fits you nicely.*
No importa.	*It doesn't matter.*
Cliente:	***Customer:***
Me lo (la) llevo.	*I'll take it.*
Me queda estrecho(a).	*It's too tight.*
Me queda grande.	*It's too big for me.*
¿Puedo probarme ... ?	*May I try on ... ?*
¿Qué tal me queda?	*How does it fit me?*

La ropa

el abrigo	*overcoat*
la billetera/la cartera	*wallet*
la blusa	*blouse*
la bolsa	*purse*
el calcetín	*sock*
la camisa	*shirt*
la camiseta	*T-shirt*
la chaqueta	*jacket*
el cinturón	*belt*
la corbata	*tie*
la falda	*skirt*
los guantes	*gloves*
el impermeable	*raincoat*
los jeans/vaqueros	*jeans*
los pantalones	*pants, slacks*
los pantalones cortos	*shorts*
las pantimedias	*pantyhose*
la playera	*polo shirt*
el saco	*coat*
el sombrero	*hat*
el suéter	*sweater*
el traje	*suit*
el vestido	*dress*

El calzado

las botas	*boots*
las sandalias	*sandals*
los zapatos	*shoes*
los (zapatos de) tenis	*tennis shoes*

Las telas

el algodón	*cotton*
el cuero, la piel	*leather*
la lana	*wool*
la seda	*silk*

Descripciones

de cuadros	*plaid*
de manga corta	*short-sleeved*
de manga larga	*long-sleeved*
de rayas	*striped*

Las tallas

grande	*large*
mediano(a)	*medium*
pequeño(a)	*small*

Palabras y expresiones claves

el artículo	*article, item*
la calidad	*quality*
el descuento	*discount*
de moda	*in style*
la ganga	*bargain*
de rebaja, en venta	*on sale*
la etiqueta	*price tag*
la oferta	*sale*
el par	*pair*
el precio	*price*
el recibo	*receipt*
la venta-liquidación	*clearance sale*

Verbos

ahorrar	*to save*
aprovechar	*to take advantage*
ir de compras	*to go shopping*
llevar	*to wear, to carry*
rebajar	*to lower (in price)*
regalar	*to give (as a gift)*
regatear	*to bargain*
usar	*to wear (a size), use*

¡A ESCUCHAR!

En el almacén. Manuel is shopping the sales at the end of the season. As you listen to his conversation with a clerk, check off each item he decides to buy. Then listen again, and write how much he has to pay for each item.

ARTÍCULO	COSTO
1. los calcetines	_____
2. la camisa	_____
3. la cartera	_____
4. la corbata	_____
5. los pantalones	_____
6. el saco	_____
7. el suéter	_____
8. el traje	_____

PRÁCTICA

7-1 Los amigos de Samuel. Samuel's friends are all unique dressers. Complete the following descriptions with logical words and expressions from **¡Así lo decimos!**

MODELO: ► Lupe lleva un traje de baño aunque llueve en la playa.

1. Eduardo lleva su dinero en la ______ y Anita pone las entradas en la ______.
2. A Samuel le gustan las ______ de seda. Las compra en una tienda de segunda mano.
3. Ramón siempre lleva ______ porque no tiene mucho pelo.
4. Francisca se pone una ______ de cuero cuando monta en su motocicleta.
5. Carlos siempre lleva un ______, aún *(even)* cuando nieva.

7-2 De compras. Complete this paragraph with appropriate words from the list below.

almacén	artículos	cuadros	caja
dependiente	etiqueta	mostrador	piso
probador	rebaja	vitrina	

Estoy en un (1) _____ muy grande. Estoy en el segundo (2) _____ porque allí están los (3) _____ de rebaja. Quiero comprar la camisa de (4) _____ que tienen en la (5) _____. Según la (6) _____ cuesta dos mil pesetas. El (7) _____ me muestra una y yo voy al (8) _____ a probarme la camisa. Me queda muy bien. Me la llevo y pago la cuenta en la (9) _____ que está detrás del (10) _____. El precio es muy bueno porque las camisas están de (11) _____.

7-3 En un almacén. Answer the questions based on what you see in the illustration.

1. ¿Qué está comprando la señora?
2. ¿Cómo paga ella?
3. ¿Quién está detrás del mostrador?
4. ¿Cuáles son los artículos que están de rebaja?
5. ¿Cómo son las camisas que miran las jóvenes?
6. ¿Quién las atiende?

COMUNICACIÓN

7-4A ¿Qué tienes? ¿Cuánto pagaste? With a classmate, take turns asking each other if you have the following items and how much you paid for each.

MODELO: blusa/seda

E1: ¿Tienes una blusa de seda?
E2: Sí, tengo una.

E1: ¿Cuánto pagaste por ella?
E2: Pagué 50 dólares.

blusa/manga corta
chaqueta/lana
sandalias/cuero
playera/algodón
pantalones/lana
impermeable/algodón
vestido/lana
impermeable/cuadros
camisa/seda
cinturón/cuero
camisa/manga larga

7-5A ¿Qué llevas cuando ... ? With a classmate, take turns asking each other what you wear on different occasions. Be sure to take note of the your partner's responses.

MODELO: E1: ¿Qué llevas cuando tienes examen?
E2: Llevo vaqueros y una playera.

OCASIÓN	ROPA
quieres impresionar a una persona importante	
vas de vacaciones a Cancún	
un día de enero	
el día del examen final	
invitas a tus compañeros a una fiesta en tu casa	
vas al cine	
practicas un deporte	

7-6 ¡A describir! Pair up with a classmate and describe how another student in the class is dressed today. Use the model as a guide.

MODELO: ► Tom lleva una camisa azul de manga larga. Tiene unos pantalones negros. Sus zapatos son marrones. ¡Está muy elegante!

7-7 En la tienda. In pairs, role-play a conversation between a clerk and a customer in a department store. Use the words and expressions from **¡Así lo decimos!**

MODELO: E1: Buenas tardes. ¿En qué puedo servirle?
E2: Quiero ver ...

A PROPÓSITO ... DE COMPRAS

En muchos países hispanos las tiendas funcionan de manera diferente que en los Estados Unidos. En España, por ejemplo, las tiendas abren generalmente a las nueve o a las diez de la mañana y cierran a las dos de la tarde durante tres horas para el almuerzo y la siesta. Vuelven a abrirse a las cinco de la tarde y se cierran finalmente a las ocho o a las nueve de la noche. Las tiendas están abiertas de lunes a viernes y el sábado por la mañana.

En México y en otros países hispanoamericanos es posible regatear el precio de un artículo en el mercado público o con vendedores ambulantes *(street vendors)*. En España esta costumbre no es tan común.

En España y en muchos otros países hispanos los empleados tienen derecho *(the right)* a un mes de vacaciones al año. La mayoría de los empleados prefiere tomar las vacaciones durante el verano. Muchos dueños *(owners)* deciden cerrar sus comercios durante un mes en el verano y así ellos toman sus vacaciones al mismo *(the same)* tiempo que sus empleados. El turista que va a España en los meses de julio y agosto va a encontrar algunas tiendas y restaurantes cerrados.

Vamos a comparar

¿Qué diferencias hay entre las tiendas en los EE.UU. y las tiendas en el mundo hispano? ¿Es práctico cerrar las tiendas a la hora de almorzar? ¿Por qué? ¿Qué piensas de la idea de que todos los empleados tienen derecho a un mes de vacaciones? ¿Crees que hay muchos dueños de comercios en los EE.UU. que cierran su comercio durante un mes? ¿Por qué?

ESTRUCTURAS

1. Ordinal numbers

primero(a)	*first*	**sexto(a)**	*sixth*
segundo(a)	*second*	**séptimo(a)**	*seventh*
tercero(a)	*third*	**octavo(a)**	*eighth*
cuarto(a)	*fourth*	**noveno(a)**	*ninth*
quinto(a)	*fifth*	**décimo(a)**	*tenth*

- Ordinal numbers in Spanish agree in gender and number with the noun they modify.

  Es la **primera** rebaja del año.
  It's the first sale of the year.

  El **segundo** vestido es más bonito.
  The second dress is prettier.

- **Primero** and **tercero** are shortened to **primer** and **tercer** before masculine singular nouns.

  El almacén está en el **tercer** piso.
  The store is on the third floor.

  Es el **primer** mostrador a la derecha.
  It's the first counter on the right.

- In Spanish, ordinal numbers are rarely used after **décimo** *(tenth)*. The cardinal numbers are used instead, and follow the noun.

  La oficina del director está en el piso **doce**.
  The director's office is on the twelfth floor.

PRÁCTICA

7-8 El Almacén *La Gran Vía*. Consult the floor plan for *La Gran Vía* to complete the statements that follow.

ALMACÉN LA GRAN VÍA	
1er. Piso	ropa de hombres calzado caja
2do. Piso	ropa de mujeres oficinas de admistración
3er. Piso	ropa infantil artículos deportivos
4to. Piso	restaurante cambio de moneda

1. Si quieres comprarle una blusa a tu mamá, la vas a buscar en el ________ piso.
2. Si tienes hambre, puedes ir al ______ piso.
3. Si necesitas ropa para un bebé, puedes ir al ________ piso.
4. Si buscas zapatos, los compras en el ______ piso.
5. Si quieres comprarle una pelota a tu sobrina, vas al __________ piso.
6. Si quieres pagar tu cuenta, puedes encontrar la caja en el ________ piso.
7. Si vas a comprarle una corbata a tu tío, la vas a encontrar en el _______ piso.
8. Si buscas empleo, la oficina está en el __________ piso.
9. Si tienes dólares y necesitas pesetas, puedes ir al _______ piso.

COMUNICACIÓN

7-9 Tu orden de importancia. Which of the following items do you need most? Put them in order of importance (**primero a séptimo**) and be prepared to justify your priorities. Then compare your list with a classmate's.

MODELO: ► Primero, necesito comprar una camisa de mangas largas porque todas mis camisas son viejas.

MI LISTA		LA LISTA DE MI COMPAÑERO(A)
________	una corbata de seda	________
________	una camiseta de algodón	________
________	una falda de lana	________
________	un suéter de lana	________
________	un par de pantimedias	________
________	un traje de rayas	________
________	un vestido de rayón	________

7-10 En la oficina de información. Role-play the following situation in groups of three or four. You work at the information booth of ***El Almacén Gran Vía.*** As your customers ask questions about the departments listed below and those in 7-8 above, tell them where each department is located.

MODELO: E1: Señor(ita), ¿dónde está la sección de ropa para hombres?
E2: Está en el segundo piso.

ropa para mujeres	la caja	los artículos de piel
las corbatas de seda	los probadores	las playeras de rebaja
los artículos deportivos	ropa de niños	

2. The preterite of regular verbs

Spanish has two simple past tenses: the preterite and the imperfect. In this chapter, you will learn about the preterite.

The preterite forms			
	-AR TOMAR	-ER COMER	-IR VIVIR
yo	tom**é**	com**í**	viv**í**
tú	tom**aste**	com**iste**	viv**iste**
él/ella/usted	tom**ó**	com**ió**	viv**ió**
nosotros(as)	tom**amos**	com**imos**	viv**imos**
vosotros(as)	tom**asteis**	com**isteis**	viv**isteis**
ellos/ellas/ustedes	tom**aron**	com**ieron**	viv**ieron**

- The preterite tense is used to report actions completed at a given point in the past and to narrate past events.

Gasté mucho dinero en ropa.	*I spent a lot of money on clothes.*
Comimos en el restaurante del almacén.	*We ate in the store's restaurant.*
Hablaste con el dependiente.	*You talked with the store clerk.*

- The preterite forms of **nosotros** are identical to the present forms for **-ar** and **-ir** verbs. The situation or context of the sentence will clarify the meaning.

En la primavera **compramos** mucha ropa.	*We buy a lot of clothes in the spring.*
El mes pasado **compramos** dos camisas.	*Last month we bought two shirts.*
Vivimos cerca del centro comercial ahora.	*We live close to the shopping center now.*
Vivimos lejos el año pasado.	*We lived far away last year.*

- Always use an accent mark on the final vowel of the first- and third-person singular preterite forms of regular verbs.

Compré un saco para la entrevista.	*I bought a coat for the interview.*
Ana **vendió** su coche ayer.	*Ana sold her car yesterday.*

EXPANSIÓN More on structure and usage

Verbs ending in **-car**, **-gar**, and **-zar** have the following spelling changes in the first-person singular of the preterite. All other forms of these verbs are conjugated regularly:

c → qu	buscar	yo **busqué**
g → gu	llegar	yo **llegué**
z → c	almorzar	yo **almorcé**

Te **busqué** esta mañana.	*I looked for you this morning.*
Llegué muy contento ayer.	*I arrived very happy yesterday.*
Almorcé poco hoy.	*I had little for lunch today.*

Other verbs that follow this pattern are:

abrazar	*to embrace*	**obligar**	*to force*
comenzar	*to begin*	**pagar**	*to pay*
empezar	*to begin*	**practicar**	*to practice*
explicar	*to explain*	**tocar**	*to touch*, or *to play a musical instrument*
jugar (a)	*to play*		

PRÁCTICA

7-11 Una conversación. Alina and Mario are talking about how hectic final exam week was. Complete their conversation with the preterite form of the verb in parentheses.

ALINA: La semana no me (1)_____ (gustar) nada.
MARIO: A mí tampoco. Yo (2)_____ (estudiar) muchísimo y (3)_____ (descansar) sólo cinco horas cada noche.
ALINA: Yo también. Además, (4)_____ (trabajar) en la tienda veinte horas. No (5)_____ (salir) de la biblioteca y (6)_____ (comer) sólo en la cafetería. (7)_____ (Perder) más de tres kilos.
MARIO: Yo no, porque la tensión me (8)_____ (abrir) el apetito. (9)_____ (Engordar) más de un kilo de peso. Gracias a Dios que ya los exámenes (10)_____ (terminar).

7-12 Me gustó; no me gustó. Say whether or not you liked the following items in the department store.

MODELOS: la playera de algodón
► Me gustó mucho la playera de algodón.

1. las rebajas
2. los dependientes
3. la ropa que compraste
4. las venta-liquidación
5. las corbatas con flores
6. los precios altos
7. los suéteres de algodón
8. el impermeable rosado
9. la chaqueta de cuero
10. la sección de ropa para niños

COMUNICACIÓN

7-13 Este fin de semana. Use some of the following verbs to write a brief paragraph saying what you did last weekend. (Note, use connecting words like **y**, **pero**, **cuando** whenever possible.)

MODELO: estudiar

► Estudié todo el día el sábado, pero salí con mis amigos el sábado por la noche.

trabajar	comprar	salir	visitar
nadar	llamar	comer	ganar
ahorrar	estudiar	escribir	correr

7-14 De compras. Interview a classmate about a recent shopping trip. Be prepared to report back to the class.

MODELO: E1: ¿A qué hora saliste para el centro?
E2: Salí a la(s) ...

1. ¿Caminaste o tomaste el autobús?
2. ¿Hablaste con muchos amigos en las tiendas?
3. ¿Compraste muchas cosas? ¿Qué compraste?
4. ¿Cuánto pagaste?
5. ¿Miraste bien las liquidaciones?
6. ¿Gastaste mucho dinero? ¿Cuánto?
7. ¿Cuándo volviste a casa?

7-15 Te creo; no te creo. Write at least three things that you have done, and three that are stretching the truth. Then, with a classmate, take turns trying to guess whether or not each other is telling the truth.

MODELO: E1: Una vez conocí a Tom Cruise.
E2: ¿Cuándo?
E1: En 1992.
E2: Te creo. (No te creo.)

ALGUNAS ACTIVIDADES

besar (a)	comer	conocer (a)	llevar
salir con	trabajar (en)	comprar	ver
visitar	vivir		

SEGUNDA PARTE

¡Así es la vida!

¿Qué compraste?

Victoria ya está de vuelta en casa y está conversando con su hermano Manuel sobre sus compras cuando suena el teléfono.

VICTORIA: ¿Aló?
LUCÍA: Hola, Victoria. Te habla Lucía. ¿Cómo estás?
VICTORIA: Muy bien. ¿Qué tal, Lucía?
LUCÍA: Oye, llamé tres veces a tu casa y no contestó nadie. ¿Qué hiciste hoy? ¿Adónde fuiste?
VICTORIA: Fui de compras a La Gran Vía y estuve allí todo el día.
LUCÍA: ¡Ah sí! … ¿Y qué compraste?
VICTORIA: Compré esos vaqueros que están de moda. Luego fui a la joyería y le compré un llavero de plata a mi novio Gustavo. Por fin, en la perfumería, le compré un frasco de colonia a papá y un frasco de perfume a mamá.
LUCÍA: ¿Gastaste mucho?
VICTORIA: Un poco, pero lo bueno es que no tuve que pagar al contado. Usé mi tarjeta de crédito.
LUCÍA: ¡Pero Victoria! ¡Nunca pagaste la cuenta del mes pasado!
VICTORIA: No importa. Lo pago todo el mes que viene.
MANUEL: Siempre es la misma historia. ¡Eres un caso!

¡Así lo decimos!

Tipos de tiendas

la droguería (Spain)	*drugstore*
la farmacia	*pharmacy*
la joyería	*jewelry store*
la papelería	*stationery store*
la perfumería	*perfume shop*
la sastrería	*tailor shop*
la zapatería	*shoe store*

Las joyas y los metales preciosos

el anillo	*ring*
la cadena	*chain*
el collar	*necklace*
el llavero	*key chain*
la medalla	*medal*
el oro	*gold*
los pendientes; los aretes	*earrings*
la plata	*silver*
la pulsera	*bracelet*
el reloj de pulsera	*wristwatch*

Artículos de tocador

el cepillo de dientes	*toothbrush*
el champú	*shampoo*
el desodorante	*deodorant*
el frasco de colonia	*bottle of cologne*
el frasco de perfume	*bottle of perfume*
el jabón	*soap*
el maquillaje	*makeup*
la pasta de dientes	*toothpaste*
el talco	*powder*

Métodos de pago

a plazos	*in installments*
al contado	*cash payment*
en efectivo	*in cash*
con cheque	*with a check*
con tarjeta de crédito	*with a credit card*

Verbos

aceptar	*to accept*
arreglar	*to fix*
devolver (ue)	*to return (something)*
gastar	*to spend*
sonar (ue)	*to ring*

Cómo pedir información sobre un evento en el pasado

¿Adónde fuiste?	*Where did you go?*
¿Cómo te fue?	*How did it go?*
Cuéntame.	*Tell me about it.*
¿Dónde estuviste?	*Where were you?*
¿Qué hiciste?	*What did you do?*
¿Qué pasó?	*What happened?*
anoche	*last night*
ayer	*yesterday*

Otras palabras y expresiones

estar de vuelta	*to have returned*
hacer juego (con)	*to match, to go well with*
la misma historia	*the same old story*

¡A ESCUCHAR!

¡Yo también fui de compras! Listen as Lucía tells Victoria what she did yesterday. Indicate the stores she visited and the items she bought by checking off the appropriate items below.

TIENDAS

___ el almacén
___ la farmacia
___ la joyería
___ la papelería
___ la perfumería
___ la sastrería
___ el supermercado
___ la zapatería

ARTÍCULOS

___ una agenda
___ un reloj
___ una blusa
___ unas sandalias
___ una camisa
___ talco caro
___ desodorante
___ un frasco de colonia
___ una torta de queso
___ una pulsera
___ un traje

PRÁCTICA

7-16 De compras. Choose the word or phrase that best completes each statement.

1. En este almacén ________ cheques y tarjetas de crédito.
   a. aceptan
   b. arreglan
   c. pagan
2. Si no te gusta la blusa, debes ________.
   a. gastarla
   b. devolverla
   c. comprarla
3. Si no tienes suficiente dinero, siempre puedes pagar ______.
   a. en efectivo
   b. a plazos
   c. al contado
4. ¡Qué elegante estás cuando llevas tu _____!
   a. frasco de colonia
   b. collar de oro
   c. pasta de dientes

7-17 En la joyería. Complete the following exchange using expressions from **¡Así lo decimos!**

SEÑOR: Busco un (1)_____ para mi novia.
DEPENDIENTE: ¿Lo quiere de (2)_____ o de (3)_____?
SEÑOR: De (4)_____. ¿Cuánto (5)_____?
DEPENDIENTE: (6)_____ cien dólares.
SEÑOR: ¿Puedo pagar (7)_______?
DEPENDIENTE: Sí, con mucho gusto. ¿Algo (8)_____?
SEÑOR: Sí, (9)_____ para mi mamá.
DEPENDIENTE: Aquí tiene usted algunos preciosos. Son de (10)_____ y sólo cuestan $500.
SEÑOR: Hmm, mejor le regalo una de mis fotos. Gracias.
DEPENDIENTE: De nada.

A PROPÓSITO ... LAS TIENDAS ESPECIALIZADAS

Aunque en el mundo hispano hay grandes almacenes y supermercados, también hay una gran cantidad de tiendas especializadas. Es fácil identificar estas tiendas porque por lo general llevan el nombre del producto en el que se especializan y éste casi siempre termina en **-ería**. Así, en todos los pueblos y ciudades hay peleterías (tiendas donde venden artículos de piel), perfumerías, zapaterías, sastrerías, fruterías, sombrererías, etc. Los productos que se venden en estas tiendas muchas veces son fabricados por los mismos dueños y son de excelente calidad.

Vamos a comparar

¿Puedes nombrar algunas tiendas especializadas en los Estados Unidos o en Canadá? ¿Por qué crees que no hay más tiendas especializadas? ¿No son prácticas? ¿No nos interesa la calidad? ¿Podemos obtener productos de calidad en otros tipos de tiendas?

7-18 ¿Dónde buscas ... ? Using complete sentences in Spanish, name the store or shop where you would look for the following items.

MODELO: un anillo de oro
► Lo busco en una joyería.

1. un helado de chocolate
2. una barra de pan
3. un pastel de manzanas
4. un vestido para una fiesta
5. un traje de seda
6. un par de sandalias
7. una pasta de dientes
8. un anillo de plata
9. una colonia española
10. una pulsera de oro
11. una cadena de plata
12. unos vaqueros de moda
13. un llavero de oro
14. un champú

una joyería

una farmacia

una pastelería

una zapatería

una perfumería

una sastrería

una heladería

una panadería

COMUNICACIÓN

7-19 ¿Hacen juego? With a classmate, decide whether or not the following items go well together. If they don't go well together, suggest something that would.

MODELO: traje de baño y zapatos de cuero.
► No hacen juego. Es mejor llevar tenis con un traje de baño.

1. una camisa de cuadros y pantalones de rayas
2. un vestido de seda y botas de cuero
3. un collar de oro y pendientes de plata
4. un traje de poliéster y una camisa de seda
5. sandalias y calcetines
6. anillos de plástico y una pulsera de oro
7. vaqueros y tenis
8. una falda y pantalones cortos
9. perfume y talco
10. una billetera y un cinturón
11. un llavero y un coche
12. un collar y una medalla

ESTRUCTURAS

3. Verbs with irregular preterite forms

Irregular preterite forms

	SER/IR	ESTAR	ANDAR	TENER	DAR	HACER
yo	**fui**	**estuve**	**anduve**	**tuve**	**di**	**hice**
tú	**fuiste**	**estuviste**	**anduviste**	**tuviste**	**diste**	**hiciste**
él/ella/usted	**fue**	**estuvo**	**anduvo**	**tuvo**	**dio**	**hizo**
nosotros(as)	**fuimos**	**estuvimos**	**anduvimos**	**tuvimos**	**dimos**	**hicimos**
vosotros(as)	**fuisteis**	**estuvisteis**	**anduvisteis**	**tuvisteis**	**disteis**	**hicisteis**
ellos/ellas/udstedes	**fueron**	**estuvieron**	**anduvieron**	**tuvieron**	**dieron**	**hicieron**

- The verbs **ser** and **ir** have the same forms in the preterite. The context of the sentence or the situation will clarify the meaning.

Fui de compras al centro.	*I went shopping downtown.*
La venta-liquidación **fue** ayer.	*The liquidation sale was yesterday.*

- Note that **estar** and **tener** have the same irregularities in the preterite. **Andar** is conjugated similarly.

Ayer **anduve** al centro.	*Yesterday I walked downtown.*
Mis padres **estuvieron** en la tienda hasta las tres.	*My parents were in the store until three.*
Yo **tuve** que salir temprano para el trabajo.	*I had to leave for work early.*

- The preterite forms of **dar** are the same as for regular **-er** and **-ir** verbs. Because the first- and third-persons have only one syllable, they do not require a written accent mark.

Victoria le **dio** el recibo al dependiente.	*Victoria gave the receipt to the salesclerk.*
Le **di** el regalo a Manolo.	*I gave the present to Manolo.*

- **Hacer** changes the stem vowel from **a** to **i** and the **c** to **z** in the third-person singular.

Yo **hice** muchas compras hoy.	*I made many purchases today.*
Hizo mucho frío ayer.	*It was very cold yesterday.*

PRÁCTICA

7-20 El anillo de compromiso. Complete Celestino's letter, using the correct preterite forms of the verbs in parentheses.

Estimado Julián:

Ayer Paco y yo (1) _____ (ir) de compras al centro. (2) _____ (Estar) en tres joyerías y yo (3) _____ (tener) mucho cuidado cuando (4) _____ (hacer) la selección del anillo porque no tengo mucho dinero. Después de comprarlo, (5) _____ (ir) a la residencia de María del Carmen y le (6) _____ (dar) el anillo y un gran beso. (7) _____ (Ser) un momento muy romántico y ella entonces me (8) _____ (dar) muchos besos y abrazos. Después nosotros (9) _____ (ir) a comer a un restaurante de lujo y después (10) _____ (hacer) planes para nuestra boda.

Te dejo porque tengo que estudiar.

Un fuerte abrazo,
Celestino

7-21 En *El Corte Inglés*. Combine subjects on the left with complements on the right to say what these people did the last time they went to the *Corte Inglés* in Madrid. Be sure to use the correct preterite tense form of the verb.

MODELO: ► Yo fui a la sección de música.

Yo	ir a la sección de ...
Nosotros	hacer muchas compras
La dependienta	estar allí cinco horas
Mis amigos	darle su tarjeta al dependiente
Mi compañera española	(no) estar en un probador por una hora
Antonio Banderas	ir al baño
La infanta Cristina	tener que pagar a plazos
Rafael	pagar con cheque
Tú	empezar a salir sin las compras
Mis padres	buscar la sección de ...
Mi profesor(a)	abrazar a ...
Algunos estudiantes españoles	tener que pagar con tarjeta de crédito
Julio Iglesias	almorzar en el restaurante del almacén
(Original)	darle el dinero al dependiente

7-22 El Globo, centro comercial sin igual. Complete the following paragraph with the correct preterite tense form of the verb in parentheses.

Ayer yo (1) _____ (ir) de compras al centro comercial El Globo con mi amigo Abelardo. Nosotros (2) _____ (llegar) allí a las diez de la mañana. Nosotros (3) _____ (entrar) en el Almacén Martínez y (4) _____(ir) al tercer piso. Un dependiente nos (5) _____ (atender) y nos (6) _____ (preguntar): "¿En qué puedo servirles?" Yo le (7) _____ (contestar): "Necesito una chaqueta de cuero". Yo (8) _____ (mirar) bien la chaqueta y después (9) _____ (ir) al probador. Me (10) _____ (gustar) mucho la chaqueta y la (11) _____ (comprar). (12) _____ (Tener) que pagar al contado porque allí no aceptan tarjetas de crédito. Abelardo le (13) _____ (comprar) una blusa y una falda a su novia. Nosotros (14) _____ (hacer) otras compras en otras tiendas y (15) _____ (estar) en el centro hasta las dos de la tarde. Abelardo y yo (16) _____ (ahorrar) mucho dinero porque (17) _____ (aprovechar) las grandes rebajas.

7-23A Entre amigos. Imagine that you and a classmate are employees in a department store. Take turns asking each other what you did yesterday.

MODELO: llegar tarde al trabajo

E1: ¿Llegaste tarde al trabajo?

E2: No, no llegué tarde al trabajo. (Sí, llegué tarde al trabajo.)

1. comenzar el trabajo a las ocho
2. explicarles bien las rebajas a los clientes
3. practicar nuevas técnicas de vender la ropa
4. buscar nuevos clientes
5. obligarles a pagar al contado a los clientes
6. empezar a poner los nuevos artículos en la vitrina

COMUNICACIÓN

7-24 ¿Qué hiciste? Get together with two or three classmates to find out what everybody did last weekend. Use **ir**, **tener**, **estar**, and other irregular verbs in the preterite tense to ask each other questions.

7-25 ¿Quién ... ? Ask your classmates if they did the activities in the chart below last week. Write one name for each activity.

MODELO: jugar al béisbol
E1: ¿Jugaste al béisbol?
E2: Sí, jugué al béisbol. (No, no jugué al béisbol.)

almorzar en un restaurante ______	comenzar a regatear con el dependiente ______
empezar a trabajar en una tienda ______	ir al centro comercial ______
tocar el piano ______	pagar con una tarjeta de crédito ______
explicarles los artículos a los clientes ______	hacer compras ______
hacer todas las etiquetas ______	tener problemas con un cliente ______
abrazar a un cliente ______	darle un regalo a tu mejor amigo(a) ______
estar en la tienda todo el día ______	llegar tarde a la venta-liquidación ______
tener que trabajar mucho ______	hacer bien los recibos ______

7-26 ¡Qué mala suerte! Think of a day when everything went wrong for you and use some of the following verbs to write what happened. Then, share your account with a classmate.

MODELO: ► Hizo mal tiempo. Llegué tarde a clase ...

abrazar	almorzar
buscar	estar
dar	ir
practicar	llegar
empezar	jugar
pagar	tener

4. Other irregular verbs in the preterite

¿Dónde pusiste los chocolates?

	PODER	PONER	VENIR	TRAER	DECIR
yo	**pud**e	**pus**e	**vin**e	**traj**e	**dij**e
tú	**pud**iste	**pus**iste	**vin**iste	**traj**iste	**dij**iste
él/ella/Ud.	**pud**o	**pus**o	**vin**o	**traj**o	**dij**o
nosotros(as)	**pud**imos	**pus**imos	**vin**imos	**traj**imos	**dij**imos
vosotros(as)	**pud**isteis	**pus**isteis	**vin**isteis	**traj**isteis	**dij**isteis
ellos/ellas/Uds.	**pud**ieron	**pus**ieron	**vin**ieron	**traj**eron	**dij**eron

- The preterite forms of **poder** and **poner** have a **u** in the stem. **Saber** (→ **supe**) is conjugated similarly in the preterite. (See also **estar**, **tener** on p. 232.)

  Magdalena **pudo** ir al centro comercial.
  Magdalena was able to go to the mall.

  ¿**Pusiste** el vestido en la vitrina?
  Did you put the dress in the display case?

  Supimos el precio en seguida.
  We found out (learned about) the price right away.

- The preterite of **venir** has an **i** in the stem. Other verbs conjugated similarly in the preterite are: **decir** → **dije** and **querer** → **quise**. (See also **hacer** → **hice**, on p. 232.)

  Vine de la tienda temprano.
  I came from the store early.

  El dependiente **dijo** la verdad.
  The clerk told the truth.

  Mis padres **quisieron** ir de compras ayer.
  My parents tried to go shopping yesterday.

- Since the stem of the preterite forms of **decir** and **traer** ends in **j**, the third-person plural form of these verbs ends in **-eron** not **-ieron**.

  Los clientes me **dijeron** todo. *The customers told me everything.*
  Trajeron muchas cosas de la tienda. *They brought many things from the store.*

EXPANSIÓN More on structure and usage

Certain Spanish verbs have different meanings when used in the preterite.

	Present	Preterite
conocer	*to know*	*to meet someone (the beginning of knowing)*
poder	*to be able (have the ability)*	*to manage (to do something)*
(no) querer	*to want*	*to try (to refuse)*
saber	*to know*	*to find out, to learn (the beginning of knowing)*
tener	*to have*	*to get, to receive (the beginning of having)*

Juana **conoció** a un chico venezolano ayer.	*Juana met a Venezuelan boy yesterday.*
Por fin **pude** terminar el libro.	*I finally managed to finish the book.*
Supe de la venta-liquidación ayer.	*I learned of the liquidation sale yesterday.*
Quisimos hablar con la dependienta, pero no **quiso** contestar el teléfono.	*We tried to talk with the clerk, but she refused to answer the phone.*
Tuve una carta de ella el mes pasado.	*I received a letter from her last month.*

PRÁCTICA

7-27 Cuestiones amorosas. Find out what's going on with Beatriz by completing the letter she wrote with the preterite form of the verbs in parentheses.

Querida María Antonia,

La semana pasada Marisa y yo (1) _____ (ir) a la playa. El jueves (2) _____ (andar) por la arena y el viernes (3) _____ (tener) la oportunidad de conversar con muchos chicos mexicanos. Yo (4) _____ (conocer) a Mateo y (5) _____ (saber) que el año pasado él (6) _____ (estar) en Monterrey pero ahora estudia ingeniería en nuestra universidad. Mateo me (7) _____ (decir) que me (8) _____ (conocer) en una fiesta de su facultad, pero yo no lo recuerdo. Anoche Mateo (9) _____ (venir) a verme. Me (10) _____ (traer) unas flores muy bellas y yo las (11) _____ (poner) en un florero en mi habitación. Creo que voy a salir con él esta noche a cenar. Dime qué piensas de todo esto.

Tu amiga,
Beatriz

7-28 Pero ayer ... Complete each sentence, describing what made yesterday an unusual day. Use appropriate object pronouns to avoid repeating the object nouns mentioned.

MODELO: Siempre hago la tarea por la noche, pero ayer ...
► Siempre hago la tarea por la noche, pero ayer no la hice.

1. Siempre puedo hablar con el dependiente, pero ayer ...
2. Todas las mañanas andamos por el centro comercial, pero ayer ...
3. El dependiente siempre dice la verdad sobre los precios, pero ayer ...
4. Todos los días Roberto y Julia quieren ir de compras, pero ayer ...
5. Todas las tardes los dependientes hacen las cuentas, pero ayer ...

7-29 El Día de los Enamorados. Complete Celestino's diary entry with the appropriate form of a logical verb from the list below.

andar	estar	ir	poder
ver	dar	querer	ser
traer	decir	hacer	saber
venir	tener		

martes 8 de febrero

Ayer Paco y yo (1) _____ por el centro. (2) _____ de compras al centro comercial de Guadalupe para comprarle un regalo a mi novia, María del Carmen. (3) _____ en tres tiendas. (4) _____ ver muchos frascos de colonia. Yo (5) _____ mucho cuidado cuando (6) _____ la selección de la colonia porque no (7) _____ conseguir mucho dinero para la ocasión. En la Perfumería París, la dependienta me (8) _____ un frasco de colonia muy bello y a buen precio. Lo pensé bien y decidí comprarlo. Le pedí un descuento porque soy estudiante y me lo (9) _____. (¡Sólo me costó treinta y cinco pesos!) Después, (10) _____ a la casa de María del Carmen y le (11) _____ la colonia por el Día de los Enamorados. (12) _____ un momento muy romántico. Ella me (13) _____ muchos besos y abrazos y me (14) _____ "Gracias, Celestino, te quiero". Pero entonces, ella abrió el frasco y no le gustó nada el perfume. ¡Qué mala suerte! Me (15) _____ "Celestino, vamos a salir a comer algo". Nosotros (16) _____ a comer a un restaurante italiano. Invitamos a sus padres, pero no (17) _____ ir. Por eso, María del Carmen y yo (18) _____ solos en el restaurante. Nosotros (19) _____ planes para nuestra boda. La comida (20) _____ buena, pero me costó mucho dinero y (21) _____ que usar mi tarjeta de crédito. (¡María del Carmen no (22) _____ lavar los platos!)

COMUNICACIÓN

7-30A El año pasado. With a classmate, take turns asking each other what you did last year. Be prepared to summarize what you learn for the rest of the class.

MODELO: E1: ¿Conociste a una persona interesante?
E2: Sí, conocí a …
E1: … conoció a … el año pasado.

1. ¿Aprendiste mucho este año?
2. ¿Anduviste siempre a clase?
3. ¿Le dijiste siempre "buenos días" al (a la) profesor(a)?
4. ¿Tuviste clases difíciles?
5. ¿Viniste a clase todos los días?
6. ¿Hiciste siempre la tarea?

5. Preterite of stem-changing verbs: *e* → *i*, *o* → *u*

	pedir (*to ask for*)	**dormir** (*to sleep*)
yo	pedí	dormí
tú	pediste	dormiste
él/ella/usted	p**i**dió	d**u**rmió
nosotros(as)	pedimos	dormimos
vosotros(as)	pedisteis	dormisteis
ellos/ellas/ustedes	p**i**dieron	d**u**rmieron

Stem-changing **-ir** verbs in the present also have stem changes in the preterite. The changes are **e** → **i** and **o** → **u** and occur only in the third-persons singular and plural.

The following verbs exhibit the same pattern.

mentir (ie, i)	*to lie*	**repetir (i, i)**	*to repeat*
morir (ue, u)	*to die*	**seguir (i, i)**	*to follow; to continue*
preferir (ie, i)	*to prefer*	**sentir (ie, i)**	*to feel; to be sorry for*
reír (i, i)	*to laugh*	**servir (i, i)**	*to serve*

Mi abuelo **murió** a la edad de 90 años. — *My grandfather died at the age of 90.*
Ramona **sirvió** la comida rápidamente. — *Ramona served the food fast.*
Javier no **durmió** bien anoche. — *Javier did not sleep well last night.*
Mis compañeros **pidieron** el recibo. — *My friends asked for the receipt.*

PRÁCTICA

7-31 En la fiesta. Complete the statements below that describe a recent party using the preterite forms of the verbs in parentheses.

1. María y Paco________ (reír) cuando oyeron el chiste *(joke)*.
2. Alfonso ________ (servir) platos deliciosos.
3. Carlos ________ (sentir) tener que volver temprano.
4. Yo ________ (seguir) bailando hasta las dos de la mañana.
5. Mi amigo Roberto ________ (servir) unos bocadillos de queso y jamón.

COMUNICACIÓN

7-32A ¿Qué pasó? With a classmate, take turns asking each other what happened in different situations and places. Be sure to conjugate the verbs in the preterite.

MODELO: en la fiesta familiar
E1: ¿Qué pasó en la fiesta familiar?
E2: Mi mamá sirvió nuestra comida favorita.

1. en el restaurante estudiantil
2. en la película …
3. en clase ayer
4. en el hotel
5. en la cena con …

SÍNTESIS

¡Al fin y al cabo!

¡A REPASAR!

7-33 ¿Cómo fue? Using some of these verbs and others you have learned, write a brief composition about a meal you had at a restaurant or at a friend's house. Then share your story with a classmate.

conseguir	mentir
poder	poner
servir	seguir
preferir	pedir
reír	repetir
traer	venir

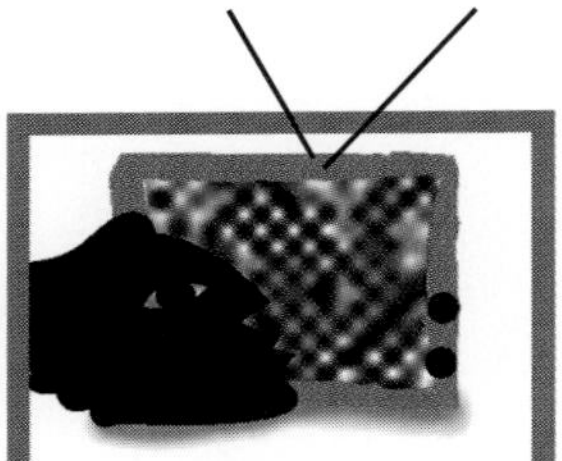

View clips from the ¡ARRIBA! Video. Activities are available through your instructor or on the Prentice Hall Home Page.

7-34A Muchas compras, poco dinero. You are about to begin a new job, and must update your wardrobe. Because you only have $500, you are planning your purchases carefully. In the list below, write in the articles that you need to buy, indicating which are your first and second priorities. Then tell the store clerk (your classmate) what you are looking for, and ask the price of each item, bringing up other questions as necessary.

MODELO: E1: Necesito una falda.
E2: Tenemos muchas. ¿De qué tela?
E1: De lana. ¿Cuánto cuesta?
E2: Cuesta $150.
E1: Es mucho.
E2: Pero es de primera calidad. (etc.)

ARTÍCULO	PRIMERA PRIORIDAD	SEGUNDA PRIORIDAD	COSTO

7-35 ¿Qué buscas en un buen almacén? In groups of three or four discuss the services you expect in a department store. Be prepared to present your list to the class.

MODELO: ► En un buen almacén, aceptan tarjetas de crédito, …

7-36 *El Corte Inglés.* Look at the brochure below and with a classmate plan a shopping trip.

MODELO: E1: Primero, vamos a almorzar en la cafetería. Está en la séptima planta.
E2: No, mejor vamos primero a … (etc.)

P / 3-2

Servicios: Aparcamiento.

P-1

Servicios: Aparcamiento. Carta de Compra. Taller de Montaje de accesorios de automóvil.

1.er SOTANO

Departamentos: **Tejidos.** Boutique. Mercería. Sedas. Lanas. **Supermercado.** Alimentación. Limpieza. **Imagen y Sonido.** Hi-Fi. Ordenadores. Radio. TV. Vídeos. Librería. Papelería.

Servicios: Patrones de moda. Reparación de Calzado. Plastificado de Carnet. Duplicado de llaves. Grabación de objetos. Consultorio Esotérico.

PLANTA BAJA

Departamentos: **Complementos de Moda.** Perfumería y Cosmética. Joyería. Bisutería. Bolsos. Fumador. Marroquinería. Medias. Pañuelos. Relojería. Sombreros. Turismo. Fotografía.

Servicios: Reparación relojes y joyas. Estanco. Quiosco de Prensa. Información. Servicio de Intérpretes. Objetos perdidos. Optica 2000. Revelado rápido de Fotografías. Empaquetado de Regalos.

1.a PLANTA

Departamentos: **Hogar Menaje.** Artesanía. Cerámica. Cristalería. Cubertería. Accesorios Automóvil. Bricolaje. Loza. Orfebrería. Porcelanas (Lladró, Capodimonte). Platería. Regalos. Vajillas. Saneamiento. Electrodomésticos. Muebles de Cocina.

Servicios: Listas de Boda.

2.a PLANTA

Departamentos: **Niños/as.** (4 a 10 años) Confección. Boutiques. Complementos. Juguetería. **Chicos/as.** (11 a 14 años) Confección. Boutiques. **Bebés.** Confección. Carrocería. Canastillas. Regalos bebé. Zapatería bebé. **Zapatería.** Señoras, Caballeros y Niños.

Servicios: Estudio Fotográfico y realización de retratos.

3.a PLANTA

Departamentos: **Confección Caballeros.** Confección. Ante y Piel. Boutiques. Ropa Interior. Sastrería a Medida. Artículos de Viajes. Complementos de Moda. Zapatería. Tallas Especiales.

Servicios: Unidad Administrativa (Tarjeta de compra El Corte Inglés. Venta a plazos. Envíos al extranjero y nacionales. Devolución I.V.A.). Peluquería Caballeros y Niños. Centro de Seguros. Agencia de Viajes.

4.a PLANTA

Departamentos: **Señoras.** Confección. Punto. Peletería. Boutiques Internacionales. Lencería y Corsetería. Futura Mamá. Tallas Especiales. Complementos de Moda. Zapatería. Pronovias.

Servicios: Peluquería Señoras. Conservación de pieles.

5.a PLANTA

Departamentos: **Juventud.** Confección. Tienda Vaquera. Lencería y Corsetería. Punto. Boutiques. Complementos de Moda. **Deportes.** Prendas deportivas. Zapatería deportiva. Armería. Complementos. Marcas internacionales.

6.a PLANTA

Departamentos: **Muebles y Decoración.** Dormitorios. Salones. Lámparas. Cuadros. **Hogar Textil.** Mantelerías. Toallas. Visillos. Alfombras y Moquetas. Cortinas. Edredones. Ropa de cama y mesa.

Servicios: **"Creamos Hogar".** Post-Venta. Enmarque de cuadros. Realización de Retratos. Centro de Comunicaciones (Llamadas telefónicas nacionales e internacionales). Cambio de Moneda Extranjera.

7.a PLANTA

Departamentos: **Oportunidades.** Promociones.

Servicios: Cafetería. Buffet. Restaurante.

ANEXOS

Preciados, 1. Video-Tienda (Discos, Cassettes, Películas Vídeo, Video-Club).
Preciados, 2. Lainez (Tienda especializada en confección de caballeros).

7-37 Una buena experiencia. Write a letter to a friend in which you tell about something interesting that you did recently. Be sure to use connecting words, such as **porque**, **cuando**, **y**, and **pero**. Follow a letter format and answer the following questions (not necessarily in this order):

¿qué?	¿por qué?
¿dónde?	¿cuándo?
¿con quién(es)?	¿por cuánto tiempo?
¿cuándo volvió?	¿cómo se sintió?

For additional activities visit the ¡ARRIBA! Home Page.
http://www.prenhall.com/arriba

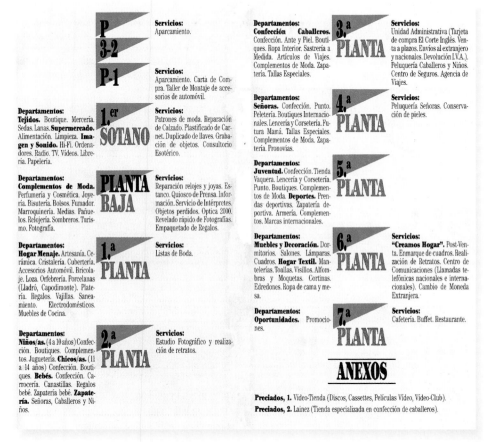

7-38 ¿Eres gastador(a) *(spendthrift)*? When was the last time you and your classmates did some of the activities listed below while on a shopping trip? In groups of three, ask each other questions about several of the following activities. Be sure to get some supporting details, and see what conclusions you can draw about the shopping habits of the people in your group. (Note: If you have never done an activity, you can respond, **No lo hice nunca.**)

MODELO: ir al centro comercial
E1: ¿Cuándo fue la última vez que fuiste al centro comercial?
E2: Fui ayer.
E1: ¿Con quiénes fuiste? (etc.)

ALGUNAS ACTIVIDADES

ir de compras a otra ciudad
estar más de cinco horas en una tienda
pedirle dinero a un amigo para comprar algo
pagar más de cien dólares por algo
tener que pagar con tarjeta de crédito
comer en el restaurante de un gran almacén
salir de la tienda sin comprar nada
ver un artículo muy caro que te gustó
dar un regalo extravagante a alguien
comprar algo que realmente no te gustó
mentir sobre cuánto gastaste en la tienda
hacer un itinerario de tiendas a visitar

¡A ESCUCHAR!

Las compras de Julia y Paco. After listening to the description of Julia's and Paco's shopping trip, list ten items they bought .

1. ____________________
2. ____________________
3. ____________________
4. ____________________
5. ____________________
6. ____________________
7. ____________________
8. ____________________
9. ____________________
10. ____________________

¿Cierto o falso? Now you will hear ten statements about Julia's and Paco's shopping trip. Indicate whether each is **cierto** or **falso**.

	CIERTO	FALSO		CIERTO	FALSO
1.	______	______	6.	______	______
2.	______	______	7.	______	______
3.	______	______	8.	______	______
4.	______	______	9.	______	______
5.	______	______	10.	______	______

¡A LEER!

Ciro Alegría nació en Huamachuco, Perú en 1909, y murió en 1967. Vivió muchos años entre los indios y muchas de sus obras se dedican a valorar sus tradiciones y su folklore. *Los rivales y el juez* es una fábula.

7-39 Datos biográficos. Fill in the following biographical information about the author.

Nombre:
Nacionalidad:
Fecha de nacimiento:
Edad cuando murió:
Tipo de obras que escribió:

7-40 ¿Quiénes son? Match each character with its description:

______ el sapo	a. pequeña, negra, seis patas
______ la cigarra	b. alta, gris, elegante, pico largo
______ la garza	c. bajo, verde o pardo, cuatro patas, feo

7-41 Para pensar. Think about fables you have read in English and personality traits of people you know. Write examples of the following:

1. el nombre de un escritor de fábulas: ______
2. el nombre (en inglés) de una fábula famosa: «_________ »
3. el nombre de una persona ufana *(conceited)*: _________.

7-42 Para anticipar. Guess the completions to the following statements.

1. La acción tiene lugar en ...
   ___ la universidad
   ___ una laguna
   ___ mi casa

2. Los personajes principales son ...
   ___ animales
   ___ niños
   ___ jóvenes

3. Una fábula siempre termina ...
   ___ trágicamente
   ___ felizmente
   ___ con una moraleja *(moral)*

7-43 Para pensar. Fables are usually narrated in the past, as is true for this one. Some of the actions come from these verbs. Can you match the highlighted verbs with their English equivalents to anticipate what the fable is about?

1. _____	El sapo y la cigarra pasaban toda la noche **cantando**.	a. jumped
2. _____	El sapo y la cigarra **saltaron** y **saltaron** hasta que **vieron** a la garza.	b. spent
		c. ate
3. _____	La garza **dijo**, «Buenos días».	d. said
4. _____	La garza **dijo**: «Acérquense (*come close*) para **oír**los bien».	e. saw
5. _____	La garza se los **comió**.	f. singing
		g. hear

7-44 Empieza a leer. Scan the reading to put the following events in order.

____ El sapo canta «toc, toc, toc».
____ La garza es juez.
____ El sapo y la cigarra están ufanos.
____ La cigarra canta «chirr, chirr, chirr».
____ Toda la noche se oye «toc, chirr, toc, chirr, toc, chirr».

Now, look at the text and label these parts of the story:

a. la introducción
b. la descripción de fondo (*background*)
c. el clímax
d. el fin

Los rivales y el juez
Ciro Alegría

Un sapo estaba muy ufano[1] de su voz y toda la noche se la pasaba cantando: toc, toc, toc ...

Y una cigarra estaba más ufana de su voz, y se pasaba toda la noche y también todo el día cantando: chirr, chirr, chirr ...

Una vez se encontraron[2] y el sapo le dijo: «Mi voz es mejor».

Y la cigarra contestó: «La mía es mejor».

Se armó una discusión que no tenía cuándo acabar[3].

El sapo decía que él cantaba toda la noche.

La cigarra decía que ella cantaba día y noche.

El sapo decía que su voz se oía a más distancia y la cigarra que su voz se oía siempre.

Se pusieron a cantar alternándose: toc, toc, toc ...; chirr, chirr, chirr ... y ninguno se convencía[4].

Y el sapo dijo: «Por aquí a la orilla[5] de la laguna, se para[6] una garza. Vamos a que haga de juez[7]».

Y la cigarra dijo: «Vamos». Saltaron y saltaron hasta que vieron a la garza ...

[1]*conceited,* [2]*they met each other,* [3]*had no end,* [4]*would give in,* [5]*bank,* [6]*stands,* [7]*judge*

Y la cigarra gritó: «Garza, queremos únicamente que nos digas cuál de nosotros dos canta mejor».

La garza respondió «Entonces acérquense[8] para oírlos bien». …

El sapo se puso a cantar, indiferente a todo … y mientras tanto la garza se comió a la cigarra.

Cuando el sapo terminó, dijo la garza: «Ahora seguirá la discusión en mi buche[9]», y también se lo comió. Y la garza, satisfecha de su acción, encogió una pata[10] y siguió mirando tranquilamente el agua.

---

[8]*come closer,* [9]*belly,* [10]*drew up a leg*

7-45 ¿Comprendiste? Contesta brevemente en español.

1. ¿Quiénes son los tres personajes de esta fábula?
2. ¿Cuál de los personajes canta mejor?
3. ¿Cuál de los personajes es el más inteligente?
4. En tu opinión, ¿cuál es la moraleja de esta fábula?

7-46 Ahora tú eres escritor(a). Write a description of two or three characters for a fable. Give their names in Spanish and their physical and personal characteristics.

ALGUNOS ANIMALES

el perro	*dog*
el gato	*cat*
el zorro	*fox*
el loro	*parrot*
el lobo	*wolf*
el pato	*duck*
la culebra	*snake*
la araña	*spider*
el águila	*eagle*
el mapache	*raccoon*
la ardilla	*squirrel*
¿ … ?	(original)

NUESTRO MUNDO

7-47 ¿QUÉ SABES TÚ? Can you name ... ?

1. un país importante por su canal
2. una nación que sufrió un terremoto
3. una mujer guatemalteca que ganó el premio Nóbel de la Paz
4. una civilización antigua de la América Central

7-48 Las nacionalidades. Write the name of the country to which each nationality refers in the statements below.

MODELO: Oscar Arias es costarricense.
► Es de Costa Rica.

1. Rigoberta Menchú es guatemalteca.
2. Rubén Blades es panameño.
3. Copán es un sitio arqueológico hondureño.
4. El arzobispo Óscar Romero era *(was)* salvadoreño.
5. Violeta Chamorro es nicaragüense.
6. San José es una ciudad costarricense.

Niños indígenas de Guatemala

7-49 PARA BUSCAR. Scan the reading to find the following information.

1. el número de naciones en la América Central: _____
2. el nombre de un país donde el español no es un idioma oficial: ______
3. la extensión del Canal de Panamá: _____
4. un volcán activo: _____
5. el país más grande: ____
6. el país más poblado: _____

LA AMÉRICA CENTRAL

La América Central es la región que se encuentra entre México y Colombia. Esta región está dividida en siete pequeñas naciones, seis donde se habla español, y Belice, país de habla inglesa que obtuvo[1] su independencia de Inglaterra en 1981. El resto de los países son de norte a sur: Guatemala, El Salvador, Honduras, Nicaragua, Costa Rica y Panamá.

Esta región exótica está llena de pájaros[2] multicolores, espesas[3] selvas verdes y volcanes activos. Centroamérica, otro nombre que se le da a esta región, tiene una población mayormente indígena y mestiza, aunque también abundan personas de ascendencia africana en la costa del Atlántico, y en Costa Rica la mitad de la población es de ascendencia europea. Recientemente Centroamérica ha recibido la atención del mundo por sus graves problemas militares, políticos económicos. Sin embargo[4], Nicaragua, después de unas elecciones democráticas en 1990 en las que doña Violeta Chamorro ganó la presidencia, parece que ha entrado en[5] un proceso pacífico de recuperación. En enero de 1992 se firmó un tratado de paz en El Salvador, poniendo fin a una sangrienta[6] guerra civil de más de diez años. Algunas figuras centroamericanas han sido importantes en la resolución de los problemas de la región. El costarricense Óscar Arias ganó el premio Nóbel de la Paz en 1987 por sus esfuerzos en negociar la paz entre los países centroamericanos. Aunque todavía en el exilio, en 1992, la guatemalteca Rigoberta Menchú también ganó el Premio Nóbel de la Paz por sus esfuerzos en mejorar las condiciones de los indios de Guatemala. Todo indica que los países de esta región están tratando de resolver pacíficamente sus problemas.

[1]*obtained,* [2]*birds,* [3]*dense,* [4]*However,* [5]*has entered,* [6]*bloody*

Sitios de interés en la América Central

EL CANAL DE PANAMÁ

El Canal de Panamá fue terminado a principios de siglo por el Cuerpo de Ingenieros del Ejército de los Estados Unidos. Esta fantástica obra[7] de ingeniería comenzó a funcionar en 1914 y tiene 51 millas de largo y un mínimo de 300 pies de ancho[8]. La zona del canal se extiende cinco millas a cada lado del canal y tiene una área total de 535 millas cuadradas.

El Canal de Panamá

EL IRAZÚ

El volcán Irazú, una de las montañas más altas de Costa Rica, es una gran atracción turística. De 1963 a 1966, época en que estuvo activo, casi todos los días enviaba[9] una lluvia de cenizas volcánicas[10] al valle central. Hoy día, su cráter es similar a un paisaje lunar[11]. En un día claro es posible ver desde su cumbre[12] el Mar Caribe y el Océano Pacífico.

ESTADÍSTICAS DE CENTROAMÉRICA

País	Área	Población	Capital	PNB[13] (per capita)
Guatemala	108.890 km^2	10.300.000	Ciudad de Guatemala	$1.250
El Salvador	21.393 km^2	7.258.419	San Salvador	$1.040
Honduras	112.088 km^2	5.292.584	Tegucigalpa	$900
Nicaragua	130.000 km^2	4.300.000	Managua	$860
Costa Rica	51.000 km^2	3.089.548	San José	$2.125
Panamá	77.082 km^2	2.468.286	Ciudad de Panamá	$2.350

[7]*work,* [8]*wide,* [9]*it would send,* [10]*showers of volcanic ash,* [11]*moon landscape,* [12]*peak,*
[13]Producto nacional bruto *(Gross National Product),* [14]*would consume*

TIKAL

La ciudad de Tikal es la más grande y antigua de las ruinas mayas excavadas hasta ahora. Tikal está situada en la selva de El Petén en Guatemala y allí se pueden ver algunas de las más impresionantes edificaciones de la arquitectura maya. El turista también puede admirar el maravilloso sistema de canales que se usaban para aprovechar el agua de lluvia que consumían[14] los 40.000 indios mayas que allí vivían.

Recolectora de café en Costa Rica

7-50 ¿Cierto o falso?

1. Hay siete naciones en la América Central.
2. En Belice la lengua oficial es el español.
3. Panamá está entre Costa Rica y Colombia.
4. En Centroamérica la población es mayormente europea.
5. La mayoría de las personas de ascendencia africana están en la costa del Pacífico.
6. En Nicaragua hay ahora una democracia.
7. Violeta Chamorro es presidenta de Honduras.
8. El Canal de Panamá tiene 51 millas de largo.
9. El volcán Irazú estuvo activo durante tres años en los años sesenta.
10. Tikal tiene fantásticos edificios mayas.
11. El Salvador es el país más pequeño de Centroamérica.
12. Costa Rica es el país que tiene el PNB más alto.
13. Guatemala es el país más pobre.

7-51 La América Central. With a classmate, complete the chart with information about Central America and people from Central America.

MODELO: E1: Ganó el Premio Nóbel. Es costarricense.
E2: Es Óscar Arias.

NOMBRE	IMPORTANCIA	PAÍS
	Ganó el Premio Nóbel.	Costa Rica
Rigoberta Menchú		
San Salvador		
	la más grande de las ruinas mayas	
	mayormente europeos y mestizos	
	conecta los océanos Atlántico y Pacífico	
	Es presidenta.	
Tegucigalpa		
Belice		

7-52 En el mapa. With a classmate, consult the map on the inside cover to locate the following places of interest.

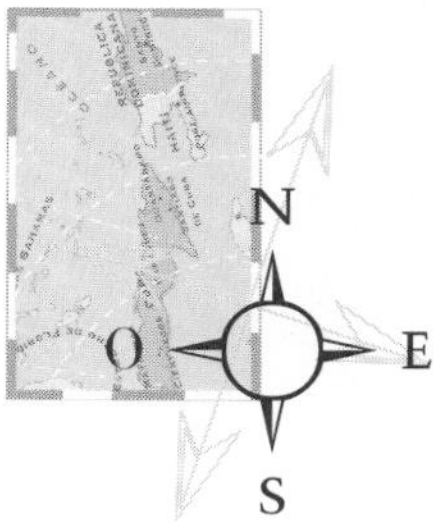

MODELO: Colón
► Es una ciudad de Panamá, al este del Canal.

1. León
2. Copán
3. San José
4. Lago de Nicaragua
5. Puntarenas
6. Tikal

7-53 Un viaje. In groups of three or four, decide what country you'd like to visit, and what additional information you need to know about it.

MODELO: Queremos visitar … Necesitamos buscar información sobre …

LECCIÓN 8

Vamos de viaje

COMUNICACIÓN

- Requesting travel-related information
- Making travel arrangements
- Describing travel experiences
- Talking about events in the past

CULTURA

- Las aerolíneas del mundo hispánico
- El turismo norteamericano en los países hispanos

ESTRUCTURAS

PRIMERA PARTE

- The imperfect of regular verbs
- Irregular verbs in the imperfect
- **Por** vs. **para**

SEGUNDA PARTE

- Adverbs ending in **-mente**
- Preterite vs. imperfect

¡A leer!: *No hay que complicar la felicidad,* Marco Denevi

Nuestro mundo: Venezuela y Colombia

¡Así es la vida!

Un viaje de luna de miel

Jorge Suárez y Susana García son dos jóvenes cubanoamericanos de Miami que están preparando su viaje de luna de miel. Están en la oficina de Rosario Díaz, una amiga de Susana que trabaja en una agencia de viajes.

ROSARIO: Hola, ¿cómo están? ¿Qué dicen los futuros esposos?
SUSANA: Pues, aquí nos tienes, corriendo de un lado a otro.
ROSARIO: Bueno, ¿y ya saben adónde van de luna de miel?
JORGE: Yo quiero ir a Cancún porque allí fue donde nos conocimos y era un lugar maravilloso.
SUSANA: No, mi amor. De eso nada. En Cancún había demasiados turistas y hacía mucho calor.
ROSARIO: (Mostrándoles un folleto) Un momento, Susana. No riñas con Jorge. Mira, aquí les ofrecen un viaje por dos semanas a Costa Rica.
SUSANA: ¿Qué incluye el viaje?
ROSARIO: Incluye pasaje de ida y vuelta, hospedaje, comidas y excursiones. ¡Todo esto por sólo 800 dólares por persona!
SUSANA: ¡Fantástico!
JORGE: Pues, mi cielo, entonces ... ¡vamos a Costa Rica!

Un mes más tarde Jorge y Susana contraen matrimonio. Después de la boda salen para Costa Rica en su viaje de luna de miel. Ahora están en la sala de espera de LACSA, en el aeropuerto internacional de Miami. Al poco rato oyen la voz del agente ...

AGENTE: Buenas tardes, señores pasajeros. LACSA anuncia la salida del vuelo 621 con destino a San José. Favor de pasar a la puerta de salida número 22. ¡Buen viaje!

(Más adelante, cuando están sentados dentro del avión, ellos escuchan ...)

AZAFATA: En nombre del capitán Recio les damos la bienvenida a bordo del vuelo 621. El viaje va a durar dos horas y media y vamos a volar a 10.000 metros de altura. ¡Favor de no fumar!

¡ASÍ LO DECIMOS!

En la agencia de viajes

el boleto/el billete	*airline ticket*
la excursión	*tour*
el folleto	*brochure*
el (la) guía	*tour guide*
la guía	*guide book*
el hospedaje	*lodging*
la luna de miel	*honeymoon*
el pasaje	*fare, ticket*
el pasaje de ida y vuelta	*roundtrip fare/ticket*
el viaje	*trip*
viajar	*to travel*
el vuelo sin escala	*nonstop flight*

En el aeropuerto

la aduana	*customs*
el aduanero	*customs inspector*
cancelar	*to cancel*
la cola	*line*
el equipaje	*luggage*
el equipaje de mano	*hand luggage*
facturar el equipaje	*to check in the luggage*
la lista de espera	*waiting list*
la maleta	*suitcase*
el mostrador de la aerolínea	*airline counter*
el (la) pasajero(a)	*passenger*
el pasaporte	*passport*
la puerta de salida	*gate*
la sala de espera	*waiting room*
la sala de reclamación de equipaje	*baggage claim room*
la torre de mando	*control tower*

En el avión

el ala	*wing*
el asiento	*seat*
la azafata, el (la) aeromozo(a)	*stewardess, flight attendant*
la cabina	*cabin*
la casilla del piloto	*cockpit*
el cinturón de seguridad	*seat belt*
la clase turista	*coach class*
la cola	*tail*
el motor	*engine*
el/la piloto	*pilot*
la primera clase	*first class*
la salida de emergencia	*emergency exit*
la sección de no fumar	*no-smoking section*
la ventanilla	*window*

Cuando viajas en avión ...

a bordo	*on board*
a tiempo	*on time*
el destino	*destination*
revisar	*to inspect*
la altura	*altitude*
aterrizar	*to land*
el aterrizaje	*landing*
¡Buen viaje! ¡Feliz viaje!	*Have a nice trip!*
despegar	*to take off*
el despegue	*takeoff*
demorado(a)	*delayed*
la llegada	*arrival*
la salida	*departure*
la tarjeta de embarque	*boarding pass*

Otras expresiones claves

contraer matrimonio	*to get married*
de eso nada	*no way*
demasiado(a)	*too many, too much*
dentro de	*inside of*

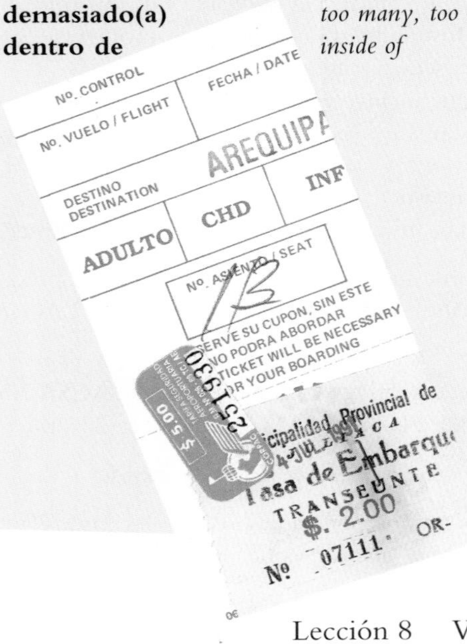

¡A ESCUCHAR!

Un vuelo en avión. You will hear an announcement on board an airplane. Circle the correct information about the flight, as it is provided.

1. Aerolínea:
   a. Iberia
   b. VIASA
   c. LACSA
2. Número:
   a. 895
   b. 985
   c. 995
3. Destino:
   a. San Juan
   b. San José
   c. Santo Domingo
4. Película:
   a. cubana
   b. venezolana
   c. colombiana
5. Temperatura:
   a. 30°C.
   b. 30°F.
   c. 32°C.
6. Hora de llegada:
   a. 3:30 am
   b. 6:30 pm
   c. 3:30 pm

A PROPÓSITO ... LAS AEROLÍNEAS DEL MUNDO HISPANO

Mientras que en los Estados Unidos hay muchas aerolíneas que cubren las rutas nacionales e internacionales, en cada país hispano por lo general hay una sola aerolínea principal. Muchas de estas aerolíneas pertenecen a los gobiernos de los diferentes países y estos gobiernos mantienen un monopolio sobre las rutas internas del país. En los últimos años, sin embargo, la tendencia a privatizar las empresas estatales ha ocasionado la privatización de aerolíneas nacionales como Aerolíneas Argentinas, Aeroméxico, LAN Chile y otras. Aeroperú es ahora parte de Aeroméxico. A continuación aparece una lista de las principales aerolíneas del mundo hispano:

Argentina	Aerolíneas Argentinas
Chile	LAN Chile
España	Iberia
Colombia	AVIANCA
México	Mexicana, Aeroméxico
Ecuador	Saeta
Perú	Aereoperú
Venezuela	VIASA
Panamá	Air Panamá

Lacsa
Líneas Aéreas de Costa Rica

IBERIA
LINEAS REAS DE ESPAÑA

MEXICANA

Vamos a comparar

¿Cuáles son las aerolíneas principales de los Estados Unidos y de Canadá? ¿Existen monopolios de aerolíneas en ciertas regiones de los EE.UU. y Canadá? ¿Fuiste alguna vez en avión a un país hispano? ¿A cuál(es)? ¿Te acuerdas de la(s) aerolínea(s) que tomaste?

PRÁCTICA

8-1 De viaje. Choose the word or expression that best completes each sentence.

1. El motor de este avión está en la ...
   a. sala de espera
   b. cola
   c. salida
2. Puse mi chaqueta dentro de la ...
   a. lista de espera
   b. maleta
   c. azafata
3. Le enseñé mi ... al aduanero.
   a. pasaporte
   b. luna de miel
   c. folleto
4. Le di mi tarjeta de embarque a la ...
   a. cabina
   b. pasajera
   c. azafata
5. Mi boleto cuesta muy caro porque es un boleto de ...
   a. clase turista
   b. la sección de no fumar
   c. primera clase
6. El ... del avión fue peligroso.
   a. aterrizaje
   b. equipaje
   c. hospedaje

8-2 Anuncios. Read the following advertisement and answer the questions.

1. ¿Cómo se llama la agencia de viajes?
2. ¿Qué anuncia la agencia?
3. ¿Dónde está la agencia?
4. ¿Cuál es el viaje más caro?
5. ¿Cuál es el más barato?
6. ¿A qué ciudades del Caribe hay excursiones?
7. ¿Cuál de los viajes prefieres y por qué?

Global Travel
AGENCY
Tarifas de ida y vuelta:
Centro y Suramérica
Managua 355 Guatemala 342 Panamá 340
Salvador 467 San José 298 San Pedro 448
Tegucigalpa 442 Quito 478 La Ceiba 453
Belice 387 Bogotá 493 Guayaquil 478
Lima 470 S. Chile 788 Caracas 280
Islas del Caribe
Sto. Domingo 316
San Juan 278
Estados Unidos
Las Vegas 468
Los Ángeles 374
New York 223
Tenemos más tarifas y excursiones económicas, para destinos en los Estados Unidos y a cualquier parte del mundo.
¡LLÁMENOS HOY! LO PROMETIDO CUMPLIDO.
SU AGENCIA AMIGA EN EL CORAZÓN DE MIAMI.
(305) 555-8042 320 S.E. 8 St. #54

8-3 En la agencia de viajes. Complete the following conversation using the correct words from **¡Así lo decimos!**

AGENTE: Buenos días, señorita. ¿En qué puedo servirle?
SEÑORITA: Quiero hacer un (1) _____ a Brasil.
AGENTE: Bien, ¿quiere que le muestre un (2) _____?
SEÑORITA: Sí, por favor.
AGENTE: Aquí tiene.
SEÑORITA: ¿Incluye (3) _____ en un hotel?
AGENTE: Sí, y también incluye una (4) _____ a Río de Janeiro.
SEÑORITA: ¿Habla español el (5) _____?
AGENTE: Sí, por supuesto.
SEÑORITA: Quiero un (6) _____ sin escala.
AGENTE: Sí, señorita.
SEÑORITA: Entonces compro un (7) _____ de (8) _____ turista.
AGENTE: ¿Dónde prefiere usted sentarse?
SEÑORITA: Al lado de (9) ______ para poder ver.
AGENTE: Muchas gracias y ¡(10) _____ _____!

COMUNICACIÓN

8-4 En el mostrador de LACSA. Imagine that you are a LACSA agent and that one of your classmates is a passenger checking in for a flight. Be sure to do the following as you enact this situation:

- greet him/her
- ask him/her for his/her airline ticket
- ask him/her for his/her seating preference
- ask him/her for his/her luggage
- tell him/her where to board the plane
- announce the flight's departure

8-5 Especiales de viaje. With several classmates, decide on a travel destination based on the advertisement. Discuss the following information.

- el país/la ciudad que van a visitar
- algunas actividades que van a hacer
- el número de días de la excursión
- si quieren invitar también a otros
- los precios y cuánto quieren gastar
- el tipo de ropa que van a llevar
- si van a necesitar un taxi para ir al aeropuerto o a la estación de autobuses

ESTRUCTURAS

1. The imperfect of regular verbs

CAMINÁBAMOS, SUBÍAMOS CERROS
Y NOS SENTÍAMOS LOS DUEÑOS DEL MUNDO.
NISSAN TERRANO, DE CIDEF.

You have studied the preterite tense in **Lección 7**. Here you will be introduced to the imperfect, the other simple past tense in Spanish.

- The imperfect of regular verbs is formed as follows.

	hablar	comer	escribir
yo	habl**aba**	com**ía**	escrib**ía**
tú	habl**abas**	com**ías**	escrib**ías**
él/ella/usted	habl**aba**	com**ía**	escrib**ía**
nosotros (nosotras)	habl**ábamos**	com**íamos**	escrib**íamos**
vosotros (vosotras)	habl**abais**	com**íais**	escrib**íais**
ellos/ellas/ustedes	habl**aban**	com**ían**	escrib**ían**

- With **-ar** verbs, only the first-person plural form has a written accent mark. All **-er** and **-ir** verbs have the same imperfect endings, and all forms have a written accent mark.
- Known as the descriptive past tense, the imperfect is used to describe repeated or continuous actions, states, or events in the past.

  Cuando yo **viajaba** a Costa Rica iba en LACSA.
  When I travelled to Costa Rica, I used to go on LACSA.

  Ellos **leían** los folletos todos los días.
  They read the brochures every day.

- The Spanish imperfect has three common English equivalents: the simple past, the past progressive and the *used to* + infinitive construction.

Rosario **trabajaba** en la agencia. { *Rosario worked at the agency.* / *Rosario was working at the agency.* / *Rosario used to work at the agency.* }

- The imperfect is used to describe repeated or continued events in the past, with no reference to the beginning or end of the action.

Jorge **pensaba** en el viaje de luna de miel todo el tiempo.
Jorge was thinking about the honeymoon trip all the time.

Susana **iba** al aeropuerto a menudo.
Susana used to go to the airport often.

- The imperfect is also used to express an event or action occurring at the same time as another event or action. The other event or action may be expressed by the imperfect or the preterite.

Mientras Rosario **hablaba** con Susana, Jorge **miraba** el folleto.
While Rosario was talking with Susana, Jorge was looking at the brochure.

Estaban en la sala de espera cuando **llegó** el piloto.
They were at the waiting room when the pilot arrived.

PRÁCTICA

8-6 En el aeropuerto. Describe what was happening at the airport while the González family waited for their flight.

MODELO: El señor González / leer una novela
► El señor González leía una novela.

1. los aduaneros / revisar el equipaje
2. El hijo / conversar con los otros pasajeros
3. Su esposa / beber un refresco en el bar
4. Los niños / ver el despegue de los aviones
5. Un joven / mirar al aeromozo
6. Una azafata / caminar con su equipaje

8-7 En el Rastro. El Rastro is a huge flea market in Madrid. Complete Chela's recollection of childhood shopping expeditions with her brother to **el Rastro**. Use each verb only once.

atender	ayudar	encantar	hablar
buscar	poder	tomar	trabajar

A mi hermano Beto y a mí nos (1) _____ el Rastro en Madrid. Siempre íbamos *(we went)* de compras y (2) _____ artículos a buen precio. Conchita, una amiga, (3) _____ allí y nos (4) _____ en el mercado. Para empezar, ella nos (5) _____ a encontrar las mejores gangas, una camiseta de algodón o unos jeans de moda. Los precios eran muy buenos allí, aunque no siempre (6) _____ encontrar mi talla. Después (7) _____ café en la Plaza Mayor, donde (8) _____ de nuestras compras.

8-8 Cuando iba de viaje. Based on the illustrations, describe what Carlos used to do whenever he travelled. Include the given time expressions.

MODELO: Cuando Carlos iba de viaje,
► Siempre consultaba con el agente de viajes.

Siempre …

1. 

Después …

2. 

Luego …

3. 

A poco rato …

4. 

Entonces …

5. 

Siempre …

6. 

Por lo general …

7. 

Después …

8. 

A menudo …

8-9 Caos en la agencia de viajes. Everyone was taking advantage of a price war on airline tickets when Lydia walked into the travel agency. Describe what she found going on.

MODELO: La agente __________ (hablar) por teléfono.
► La agente hablaba por teléfono.

1. Carlos __________ (reñir) por teléfono con un agente de la aerolínea.
2. Ana Julia __________ (preparar) los boletos.
3. Los novios __________ (querer) planear su viaje de luna de miel.
4. Un chico __________ (traer) los folletos nuevos.
5. Algunos muchachos __________ (ver) un video del Perú.
6. Una amiga del agente __________ (estar) visitándolo.
7. Dos estudiantes __________ (dormir) en el sofá.
8. Varios clientes __________ (estar) muy impacientes.

COMUNICACIÓN

8-10 Los cambios en mi vida. With a classmate, discuss what you do differently now than you used to do four or five years ago.

MODELO: ► Ahora estudio mucho, pero en la escuela secundaria estudiaba muy poco.

8-11 Los recuerdos de tus papás. List at least six ways in which things have changed since your parents were young. Then compare your list with a classmate's. Are there any similarities in your lists?

MODELO: ► Cuando mi padre tenía 16 años, él jugaba en el equipo de básquetbol de su escuela secundaria.

8-12 ¿Qué ocurría? With a classmate, take turns telling each other what was going on the last time you entered these places.

MODELO: el cine
► En el cine daban una película.

1. la clase
2. la casa de algunos amigos
3. tu casa
4. el restaurante …
5. el gimnasio
6. el aeropuerto
7. el estadio
8. (original)

2. Irregular verbs in the imperfect

There are only three verbs that are irregular in the imperfect.

	ir	**ser**	**ver**
yo	**iba**	**era**	**veía**
tú	**ibas**	**eras**	**veías**
él/ella/usted	**iba**	**era**	**veía**
nosotros (nosotras)	**íbamos**	**éramos**	**veíamos**
vosotros (vosotras)	**ibais**	**erais**	**veíais**
ellos/ellas/ustedes	**iban**	**eran**	**veían**

- Only the first-person plural forms of **ir** and **ser** have a written accent mark; all forms of **ver** require a written accent.

PRÁCTICA

8-13 En Arequipa, Perú. María Elvira grew up in Arequipa, Perú. Complete her autobiographical description with a logical verb in the imperfect. Some may be used more than once.

cantar	estar	estudiar	gustar	hacer	ir	jugar
leer	querer	ser	tener	trabajar	ver	vivir

Cuando yo (1) _____ joven, mi familia (2) ____ en Arequipa, una ciudad de los Andes. Nuestra casa (3) _____ cerca de una escuela, y mis hermanos y yo (4) ______ a la escuela todas las mañanas. En la escuela yo (5) _____ muchas amigas y siempre (6) _____ contenta. Nuestra casa (7) _____ grande y vieja. (8) _____ un solo piso y (9) _____ muchos dormitorios. Mi hermana Berta y yo (10) _____ en uno, y mis hermanos Hugo y Juanito en otro. Mis hermanos (11) _____ mayores que nosotras y (12) _____ tener más espacio y silencio. Hugo (13) _____ en un almacén y Juanito (14) _____ en la universidad. Berta y yo (15) _____ mucho y (16) _____ mucho ruido. Por eso, (nosotras) (17) _____ en el jardín cuando no (18) _____ mal tiempo. Todas las noches (19) _____ la televisión, (20) _____ una novela o (21) ______ con la guitarra. (22) _____ una vida muy linda y agradable.

COMUNICACIÓN

8-14 En mi otra vida. Imagine that you lived a life before this one. Use the imperfect to write at least five sentences about what things were like in your other life. Be as imaginative as you can and compare your fantasy with a classmate's.

MODELO: ► En mi otra vida era piloto. Volaba en un avión 747 a Madrid dos veces a la semana. El aeromozo siempre me servía el café y la comida. Cuando estaba en Madrid, me gustaba visitar la Plaza Mayor, donde tomaba un refresco y veía a la gente.

8-15A Entrevista. With a classmate, take turns asking about each other's childhood experiences. Be sure to expand on your responses and be prepared to report what you learn from your classmate to the rest of the class.

MODELO: E1: De niño(a), ¿eras tímido(a) o sociable?
E2: Era sociable con mis amigos. Siempre me gustaba jugar con ellos.
E1: De niño(a), era sociable con sus amigos.

1. De niño(a), ¿eras trabajador(a) o perezoso(a)?
2. ¿Adónde ibas los sábados?
3. ¿Tenías novio(a)? ¿Cómo era? ¿Lo (La) veías a menudo?
4. ¿Qué te gustaba estudiar en la escuela? ¿Sacabas buenas notas?
5. ¿Leías libros o revistas? ¿Cuáles?
6. ¿Cómo era tu escuela? ¿Cómo eran tus clases?
7. ¿Cuáles eran tus clases favoritas? ¿Por qué?

3. *Por* vs. *para*

Although the prepositions **por** and **para** are both often translated as *for* in English, they are not interchangeable. Each word has a distinctly different use in Spanish, as outlined below.

Por ...

- expresses the time during which an action takes place, or its duration *(during, for)*.

Vamos a visitar al aeropuerto **por** la tarde.	*We are going to the airport during the afternoon.*
Pienso estar en Costa Rica **por** tres meses.	*I am planning to be in Costa Rica for three months.*

- expresses *because of, in exchange for, on behalf of.*

Tuve que cancelar el vuelo **por** una emergencia.	*I had to cancel the flight because of an emergency.*
¿Quieres cinco dólares **por** esa guía?	*Do you want five dollars for that guidebook?*
¿Lo hiciste **por** mí?	*Did you do it for me?*

- expresses the object/goal of an action, or person being sought after *(for)*.

Venimos **por** usted a las dos.	*We'll come by for you at two o'clock.*
Vamos **por** helado.	*We're going out for ice cream.*

- expresses motion *(through, by, along, around)*.

Pasé **por** la agencia ayer.	*I went by the agency yesterday.*
Entré **por** la puerta central.	*I entered through the main door.*

- expresses means by or manner in which an action is accomplished *(by, for)*.

¿Enviaste la carta **por** avión?	*Did you send the letter by air?*
Hicimos las reservaciones **por** teléfono.	*We made the reservations by telephone.*

- is used in many common idiomatic expressions:

por ahora	*for now*	**por favor**	*please*
por aquí	*around here*	**por fin**	*finally*
por Dios	*for God's sake*	**por lo general**	*in general*
por eso	*that's why*	**por supuesto**	*of course*
por ejemplo	*for example*	**por último**	*finally*

Para ...

- expresses the purpose of an action (*in order to* + infinitive) or an object *(for)*.

Vamos a España **para** conocer el país.	*We're going to Spain in order to get to know the country.*
La cámara es **para** sacar fotos.	*The camera is for taking pictures.*

- expresses destination (a place or a recipient).

Mañana salimos **para** México.	*Tomorrow we leave for Mexico.*
Esta guía es **para** ti.	*This guidebook is for you.*

- expresses work objective.

Elvira estudia **para** agente.	*Elvira is studying to be an agent.*

- expresses time limits or specific deadlines *(by, for)*.

Necesito el pasaporte **para** esta tarde.	*I need the passport for this afternoon.*
Pienso estar en San Juan **para** las ocho de la noche.	*I plan to be in San Juan by eight o'clock at night.*

- expresses comparison with others (stated or implicit).

Para enero, hace buen tiempo.	*For January, the weather is nice.*
Para tener cinco años, tu hija sabe mucho.	*For a five year old, your daughter knows a lot.*

- expresses readiness *(to be about to do something)* when used with **estar** + infinitive.

Estoy **para** salir.	*I am about to leave.*
Estamos listos **para** ir a San José.	*We are ready to go to San José.*

EXPANSIÓN **More on structure and usage**

The uses of **por** and **para** have apparent similarities, which sometimes cause confusion. In some cases it may be helpful to link their uses to the questions **¿para qué?** *(for what purpose?)* and **¿por qué?** *(for what reason?)*.

¿**Por qué** viniste? *Why (For what reason) did you come?*	¿**Para qué** viniste? *For what purpose did you come?*
Vine **porque** necesitaba los boletos. *I came because I needed the tickets.*	Vine **para** pedirte un favor. *I came (in order) to ask you a favor.*

In many instances the use of either **por** or **para** will be grammatically correct, but the meaning will be different. Compare the following sentences:

Mario camina **para** el parque. *Mario is walking to (toward) the park.* (destination)	Mario camina **por** el parque. *Mario is walking through (in) the park.* (motion)

PRÁCTICA

8-16 Planes para un viaje a Puerto Rico. Complete the following narrative with **por** or **para.**

En enero hago un viaje a Puerto Rico. Quiero ir (1) ______ Semana Santa, que es en la primavera. Llamo a mi amiga Carmen y le digo que paso (2) ______ ella a las tres antes de salir (3) ______ la agencia de viajes. Carmen y yo pasamos (4) ______ el parque Central, (5) ______ Times Square, y (6) _____ fin, (7) ______ Grand Central Station. En la agencia le decimos a la directora que (8) ______ nosotras la primavera es la mejor estación del año. (9) ______ eso, queremos hacer el viaje en abril. Con la agente hacemos los planes: vamos a pescar (10) ______ el río y vamos a hacer una excursión (11) ______ el parque nacional. En total, vamos a pasar quince días recorriendo Puerto Rico. ¿Cuánto nos cobra (12) ______ un viaje tan bonito? ¡Sólo $750! ¡(13) ______ mí es una ganga! La agente dice, "Está bien. Estos billetes de avión son (14) ______ ustedes (15) _____ el viaje. Pero tienen que pasar (16) ______ la librería a comprar una guía turística (17) ______ el viaje". (18) ______ Dios, es verdad. Tenemos que ir al banco también (19) ______ comprar cheques de viajero. Al día siguiente (20) _____ fin estamos listas (21) ______ ir.
—¡(22) ______ favor, Carmen, llámame temprano (23) ______ despertarme el día del viaje!

8-17 Un día fantástico. You and your friends have just returned from a trip. Combine words from each of the four columns to form complete statements that describe what you did. Use the correct form of the preterite and choose between **por** and **para.**

MODELO: ► Leticia salió para el aeropuerto.

Leticia	salir		el aeropuerto
nosotros	entrar		la puerta de salida
yo	querer llegar	por	las 8:00 A.M.
Carlos y Pepe	pasear	para	tres horas
todos	caminar		el avión
Ana y Patricia	estar		en la sala de espera
			las maletas

COMUNICACIÓN

8-18 Los motivos. Write short explanations of your motives and goals in each of these contexts, using **por** and **para** in your statements. Then compare your reasons and goals with those of a classmate. Do you have any in common?

MODELO: viajar

► Viajo por mi trabajo. Viajo para visitar a mis padres. Ellos viven lejos y me gusta verlos por los menos dos veces al año.

1. ir al cine
2. estudiar
3. querer ser...
4. visitar
5. ayudar a ...
6. trabajar
7. leer

SEGUNDA PARTE

¡Así es la vida!

Una carta a Raquel

Al regresar de su viaje de luna de miel, Susana le escribe una carta a su amiga Raquel.

el 23 de junio de 1997

Querida Raquel,

¡Qué lástima que no pudiste venir a nuestra boda! Fuimos a Costa Rica de luna de miel y lo pasamos maravillosamente bien. Estuvimos en San José por tres días y allí visitamos el Museo Nacional y el Teatro Nacional. Luego hicimos varias excursiones por las siete provincias de Costa Rica. En una de las excursiones visitamos la ciudad de Heredia que es conocida como "La ciudad de las flores". Las orquídeas que vimos allí eran preciosas. En otra de las excursiones paramos en un hotel cerca del volcán Irazú. La vista desde el balcón de nuestro cuarto era impresionante. Temprano por la mañana podíamos ver perfectamente el volcán. Todas las tardes Jorge salía a caminar por el jardín y me traía flores. ¡Qué romántico! Perdona Raquel, pero tengo que dejarte porque mi suegra me está llamando por teléfono.

¡Por Dios que me vuelve loca! Prometo llamarte por teléfono la próxima semana para contarte los otros sucesos de nuestro viaje.

Un abrazo de tu amiga,

Susana

Raquel lee una carta de su amiga

¡ASÍ LO DECIMOS!

Lugares turísticos

el bosque	*forest*
la isla	*island*
el lago	*lake*
la montaña	*mountain*
el monumento	*monument*
el museo	*museum*
el parque nacional	*national park*
el río	*river*
la vista	*view*
el volcán	*volcano*

Actividades típicas de los viajeros

tomar el sol	*to sunbathe*
escalar montañas	*to climb mountains*
ir de excursión	*to go on an outing, tour*
montar a caballo	*to go horseback riding*
pescar	*to fish*
planear	*to plan*
sacar fotos	*to take pictures*
comprar recuerdos	*to buy souvenirs*

Objetos que llevamos en los viajes

los binoculares	*binoculars*
la cámara fotográfica	*camera*
la cámara de video	*video camera, camcorder*
las gafas de sol	*sun glasses*
el rollo de película	*roll of film*

Expresiones para describir los viajes

Lo pasamos maravillosamente bien.	*We had a wonderful time.*
Lo pasamos regular.	*We had an okay time.*
Fue una estadía interesante.	*It was an interesting stay.*
Es precioso(a).	*It's beautiful, It's very pretty.*
Es una vista impresionante.	*It's an impressive view.*

Otras palabras y expresiones

el árbol	*tree*
las cataratas	*waterfall*
cómodo(a)	*comfortable*
cuidadoso(a)	*careful*
enorme	*huge; enormous*
la estadía	*stay*
las flores	*flowers*
Me vuelve loco(a).	*It (She/He) drives me crazy.*
parar	*to stay; to stop*
prometer	*to promise*
¡Qué lástima!	*What a pity!*
tranquilo(a)	*quiet*
único(a)	*only; unique*

¡A ESCUCHAR!

Una llamada por teléfono. Listen to Susana's telephone conversation with her mother. Choose the most logical completion for each statement.

1. Susana y Jorge llegaron …
   a. ayer
   b. la semana pasada
   c. el miércoles
2. Hicieron un viaje a un país …
   a. centroamericano
   b. sudamericano
   c. caribeño
3. Una actividad que no hicieron fue …
   a. montar a caballo
   b. escalar montañas
   c. tomar el sol
4. Les gustaron especialmente …
   a. la vistas preciosas
   b. el parque nacional
   c. los museos y monumentos
5. Tuvieron que comprarse …
   a. otras gafas de sol
   b. otra cámara de video
   c. otros rollos de película
6. Susana le prometió a su mamá …
   a. llevarla a visitar el lugar
   b. mostrarle sus fotos
   c. hablarle más sobre el viaje

PRÁCTICA

8-19 Fuera de lugar. Circle the letter of the word or expression that is out of place.

1. a. lago	b. montaña	c. cámara	d. río
2. a. cocinar	b. escalar	c. pasear	d. pescar
3. a. jardín	b. flores	c. equipaje	d. orquídeas
4. a. museo	b. monumento	c. gafas de sol	d. parque nacional
5. a. mapa	b. guía turística	c. binoculares	d. volcán

8-20 De viaje en Costa Rica. Complete the following statements with words and expressions from **¡Así lo decimos!**

1. En el jardín del museo había unas _______ preciosas.
2. _______ desde el balcón de nuestro hotel era impresionante.
3. Para ver mejor aquellas montañas necesitábamos _______.
4. Tuvimos que comprar muchos _______ para nuestra cámara fotográfica.
5. Había muchos árboles en _______.
6. Vimos las obras de arte más importantes en _______.
7. Un día fuimos a la playa porque queríamos _______.
8. En fin, lo _______ maravillosamente bien.

8-21 En el Parque Nacional de Chirripó (Costa Rica). Provide the correct form of each verb in the preterite, and fill in each remaining blank with an appropriate expression from **¡Así lo decimos!**

El sábado pasado yo (1) _______ (visitar) el Parque Nacional de Chirripó con mis amigos. Nosotros (2) _______ (hacer) muchas cosas. Ana y Luisa (3) _______ (caminar) por el (4) _______. Ellas (5) _______ (ver) muchos (6) _______ muy altos y muchas (7) _______ lindas. Raúl y Saúl (8) _______ (escalar) la (9) _______. Yo no (10) _______ (montar) a (11) _______ pero sí (12) _______ (pescar) en el (13) _______. En la tienda del parque (14) _______ (comprar) muchos (15) _______ de la visita.

COMUNICACIÓN

8-22 En un viaje ... Make a list of things you always take on a trip and a list of things you never take. Compare your list with a classmate's to see if you would make good travel companions.

8-23 Asociaciones. What activities and sights have you experienced that you can associate with these statements?

MODELO: Lo pasamos bien.
► Un viaje que hice con mi familia a las montañas el año pasado.

1. Era una vista impresionante.
2. Lo pasé regular.
3. Fue una estadía interesante.
4. Era precioso(a).
5. Lo pasé maravillosamente bien.
6. Fue un viaje fantástico.
7. Fue un desastre.

8-24 Un folleto turístico. Read the information in the following brochure about the **Parque Nacional Volcán Irazú**. With several classmates, make a list of the things you will take and the activities you plan to do once you're there. Then imagine you are there and write a postcard to one of your friends back home.

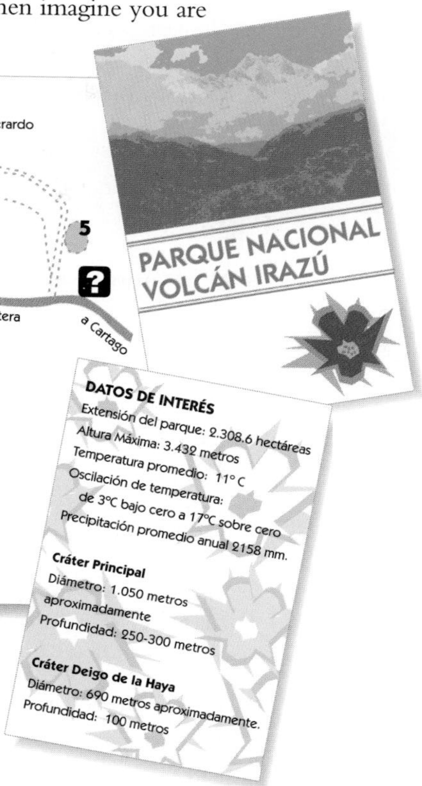

ESTRUCTURAS

4. Adverbs ending in *-mente*

In Spanish many adverbs are formed by adding **-mente** to the feminine singular form of adjectives that end in **-o** or **-a**. Adjectives that have only one form simply add **-mente**. Note that the ending **-mente** is equivalent to the English ending *-ly*. Also note that if the adjective requires an accent mark, the accent remains on the adverb.

lento	→	**lentamente**	alegre	→	**alegremente**
rápido	→	**rápidamente**	fácil	→	**fácilmente**

Susana le habla **tranquilamente** a su suegra.
Susana speaks calmly to her mother-in-law.

Su suegra le habla **francamente** a Susana.
Her mother-in-law speaks frankly to Susana.

- If more than one adverb is used, the suffix **-mente** is added to the last adverb in the series. Use only the feminine form of the adjective for the others.

Guillermo habla **clara** y **lentamente**.	*Guillermo speaks clearly and slowly.*
Patricia mece el bebé **dulce** y **tranquilamente**.	*Patricia rocks the baby calmly and sweetly.*

PRÁCTICA

8-25 ¿Cómo lo haces? Change the following adjectives to adverbs, then use each in a sentence.

MODELO: lento
► lentamente   Camino lentamente a mis clases por la mañana.

1. enorme
2. tranquilo
3. difícil
4. regular
5. brutal
6. alto
7. único
8. cómodo
9. elegante
10. rápido

8-26 En el Parque Nacional Volcán Irazú. Change the adjectives in parentheses to adverbs to find out what Shannon and Juan used to do at the national park.

Shannon y Juan iban al Parque Nacional Volcán Irazú (1) _______ (frecuente). (2) _______ (Normal) paseaban por el bosque. Cuando entraban en el bosque tomaban rutas diferentes porque Juan caminaba (3) _______ (lento) y Shannon caminaba (4) _______ (rápido). (5) _______ (General) después de caminar cinco kilómetros, Juan iba al lago a pescar (6) _______ (tranquilo) mientras que Shannon (7) _______ (único) sacaba fotos de las orquídeas. Siempre lo pasaban (8) _______ (maravilloso) bien.

COMUNICACIÓN

8-27A ¿Cómo lo haces? Take turns with a classmate asking each other how you do various activities. Transform adjectives from the list into adverbs to use in your responses.

MODELO: E1: ¿Qué tal lees en español?
E2: Leo lentamente en español.

cuidadoso	difícil	amable	lento
fácil	alegre	profundo	
rápido	triste	tranquilo	

1. ¿Qué tal escribes en español?
2. ¿Qué tal duermes en verano?
3. ¿Cómo bailas el tango?
4. ¿Cómo llegas a la universidad por la mañana?
5. ¿Cómo tomas los exámenes de español?

A PROPÓSITO ... EL TURISMO NORTEAMERICANO EN LOS PAÍSES HISPANOS

Millones de norteamericanos, de todas las regiones de los Estados Unidos, visitan países hispanos todos los años. Ciertos países son más populares que otros. Aquí tiene una pequeña descripción de los cuatro países más populares.

México: Más de siete millones de norteamericanos visitan México todos los años. Las ciudades preferidas son Acapulco, Cancún, Guadalajara y Ciudad de México. Como México está cerca y tiene un clima cálido *(warm)*, es un sitio ideal para escapar de las incomodidades del invierno. Tanto en las costas del Mar Caribe como en las del Pacífico, México tiene centros turísticos de gran belleza dedicados casi exclusivamente a satisfacer a los turistas norteamericanos.

España: Más de un millón de norteamericanos visitan España todos los años. Las ciudades más populares son Madrid, Barcelona, Sevilla y Málaga. Durante los veranos, miles de estudiantes norteamericanos participan en programas de verano auspiciados *(sponsored)* por universidades españolas.

Puerto Rico y la República Dominicana: Por su ubicación en el mar Caribe, estas dos islas reciben anualmente a cientos de miles de turistas de los Estados Unidos. Entre los atractivos principales de las islas están no sólo sus hermosos balnearios *(beach resorts)* sino también las ciudades coloniales de San Juan y Santo Domingo, consideradas las capitales más antiguas del Nuevo Mundo.

Vamos a comparar

¿Sabes cuál es la ciudad norteamericana más popular entre los turistas hispanoamericanos que visitan los Estados Unidos y Canadá? Y entre los españoles, ¿cuál crees que es la ciudad más visitada de los Estados Unidos y Canadá?

¿En qué país está esta ruta turística?

5. Preterite vs. imperfect

¿Te gustó la película?
FIN

¿Creía que te gustaban las películas de horror?

- In Spanish, the use of the preterite or the imperfect reflects the way the speaker views the action or event being expressed. The uses of these two tenses are compared in the chart on page 270.

The preterite ...	The imperfect ...
• narrates actions or events in the past that the speaker views as completed or finished. Susana y Jorge **estuvieron** en la agencia por dos horas. *Susana and Jorge were at the agency for two hours.*	• describes what was happening in the past, usually in relation to another event or at a given time, with no reference to the beginning or end of the action. Mientras **caminaban** por el parque **hablaban**. *While they were walking in the park they were talking.*
• expresses the beginning or end of a past action or event. La boda **empezó** a las seis. *The wedding began at 6:00.* La recepción **terminó** anoche a las diez. *The reception ended last night at 10:00.*	• expresses habitual actions or events in the past. Le **gustaba** comer mientras **pescaba**. *She liked to eat while she fished.* De vez en cuando le **gustaba** ir al parque. *Occasionally he liked to go to the park.*
• narrates events that occured in a series. Julia **fue** a la recepción, **saludó** a los novios y **salió** inmediatamente. *Julia went to the reception, greeted the bride and the groom, and left immediately.*	• expresses time in the past. **Eran** las cuatro de la tarde. *It was 4:00 p.m.*
	• expresses mental, physical, and emotional conditions or states in the past. Fefa no **sabía** que no nos **gustaba** volar. *Fefa didn't know that we didn't like to fly.* Graciela **era** alta y **tenía** los ojos verdes. *Graciela was tall and had green eyes.*
	• sets the scene for other actions and events that take place. **Llovía** cuando **salió** el avión. *It was raining when the plane left.*

- The preterite and the imperfect are often used together. In the following examples, the imperfect describes what was happening, and the preterite expresses the action that was completed while the first action was in progress.

  Conversábamos con la azafata cuando Elodía **entró** en el avión.
  We were talking with the flight attendant when Elodía boarded the plane.

  Las chicas **estaban pescando** cuando Juan **sacó** la foto.
  The girls were fishing when Juan took the photo.

STUDY TIPS

Distinguishing between the preterite and the imperfect

Here are a few hints for using the preterite and the imperfect in Spanish.

1. Analyze the context in which the verb will be used and ask yourself the following question: Does the verb describe the way things were, or does it tell what happened? Use the imperfect to describe and the preterite to tell what happened.

   Era de noche cuando **llegaron** al aeropuerto.
   Era describes → *It was nighttime.*
   llegaron tells what happened → *They arrived.*

2. In many instances, the use of either the preterite or the imperfect will produce a grammatical sentence. However, your choice of the preterite or the imperfect will communicate how you view the action or event.

Así **fue.**	*That's how it happened.*
Así **era.**	*That's how it used to be.*
Susana **conoció** a Jorge en Cancún.	*Susana met Jorge in Cancún.*
Conocía Madrid mejor antes que ahora.	*I used to know Madrid better than I do now.*

3. Here are some temporal expressions that are frequently used with the preterite and imperfect tenses.

IMPERFECT	PRETERITE
a menudo	**anoche**
con frecuencia	**anteayer**
de vez en cuando	**ayer**
frecuentemente	**esta mañana**
todas las semanas	**el fin de semana pasado**
todos los días/meses	**el mes pasado**
todos los lunes/martes, etc.	**el lunes (martes, ...) pasado**
	una vez

PRÁCTICA

8-28 Ayer fue diferente. Yesterday was different from all other days. Complete the following statements with the correct form of the preterite or imperfect of the verbs in parentheses.

1. (ver) Todos los días yo ________ las montañas, pero ayer no las ________.
2. (montar) Generalmente, Elsa y Javier ________ a caballo, pero ayer no ________.
3. (pescar) Con frecuencia, nosotros ________ en el río, pero ayer ________ en el mar.
4. (ir) Frecuentemente, mis padres ________ a la playa los sábados pero ayer no ________.
5. (viajar) Antes tú ________ en carro, pero ayer ________ en avión.

8-29 ¿Qué pasó en la playa? You and a friend went to the beach yesterday. Describe what happened at the beach by completing each of the following statements with an appropriate expression from the list below.

MODELO: ser temprano cuando ...
➤ Era temprano cuando llegamos a la playa.

decidir entrar en el agua	almorzar en la arena
comenzar a llover	ver a un amigo de la universidad
venir a hablarnos un(a) joven	regresar a nuestras casas

1. (nosotros) llegar cuando ...
2. (nosotros) estar tomando el sol cuando ...
3. (nosotros) nadar en el mar cuando ...
4. ser las doce del día cuando ...
5. (nosotros) caminar por la playa cuando ...
6. ser de noche cuando ...

8-30 Antes y ahora. With a classmate, compare what you used to do last year with what you did last week. Tell how things have changed by replacing the time expression in each sentence and changing the verb accordingly.

MODELO: Íbamos al centro comercial todas las tardes. (ayer a las cinco)
➤ Fuimos al centro comercial ayer a las cinco.

1. El verano pasado iba a la playa a menudo. (el domingo pasado)
2. Comíamos en un restaurante chino de vez en cuando. (el sábado a las siete)
3. Todas las mañanas tomaba el desayuno en la cafetería de la escuela. (esta mañana)
4. Jugábamos al básquetbol frecuentemente. (el jueves por la tarde)
5. Siempre asistía a todas las fiestas. (el miércoles por la noche)

COMUNICACIÓN

8-31 Queríamos ... You and some friends wanted to do a great many things today, but you were unable to do them. Get together with a classmate and explain to each other what your plans were and why your wishes did not come true.

MODELO: Iba a ... esta tarde pero ...
E1: Iba a ver a mi novio(a) esta tarde pero tuve que estudiar.
E2: Yo iba a estudiar esta tarde pero tuve que trabajar.

1. Quería ... pero ...
2. Pensaba ... pero ...
3. Tenía deseos de ... pero ...
4. Planeaba salir a ... pero ...
5. Esperaba asistir a ... pero ...
6. Tenía ganas de ir a ... pero ...

8-32 Entrevista. Interview a classmate about his/her last trip. Use the following questions to guide the conversation. Be prepared to report back to the class.

1. ¿Adónde fuiste en tu último viaje?
2. ¿Cómo fuiste? ¿en avión, en coche ... ?
3. ¿Qué tiempo hacía cuando llegaste?
4. ¿Paraste en un hotel o en casa de familia?
5. ¿Fuiste con otra persona?
6. ¿Qué hicieron en el viaje?
7. ¿Compraron recuerdos del viaje?
8. ¿Qué hora era cuando regresaste a casa?

SÍNTESIS

¡Al fin y al cabo!

¡A ESCUCHAR!

La luna de miel. You will hear a short description of Linnette and Scott's honeymoon trip followed by a series of statements in Spanish. Indicate whether each statement is **Cierto** or **Falso** by putting a check mark in the appropriate column.

	CIERTO	FALSO		CIERTO	FALSO
1.	______	______	5.	______	______
2.	______	______	6.	______	______
3.	______	______	7.	______	______
4.	______	______	8.	______	______

Now circle the letter corresponding to the word or phrase that best completes each of the following statements.

1. La playa donde pasaron unos días se llamaba …	a.	b.	c.
2. La playa era muy bella porque tenía …	a.	b.	c.
3. Linnette y Scott normalmente …	a.	b.	c.
4. A Linnette y a Scott les gustaba su habitación porque …	a.	b.	c.
5. Quieren volver el año que viene a Costa Rica porque …	a.	b.	c.

8-33 Maleta perdida. With a classmate, complete the form to describe your luggage lost en route from Oaxaca to Cozumel. Use the following questions to help guide your conversation.

1. ¿Cómo se llama usted?
2. ¿Cuál fue el número de su vuelo? ¿En qué ciudad originó el vuelo?
3. ¿Adónde iba usted?
4. ¿Cuántas maletas perdió usted?
5. ¿Qué tenía usted en las maletas?
6. ¿Tenían identificación las maletas?
7. ¿Cómo eran las maletas?
8. ¿En qué hotel está usted en Cozumel?

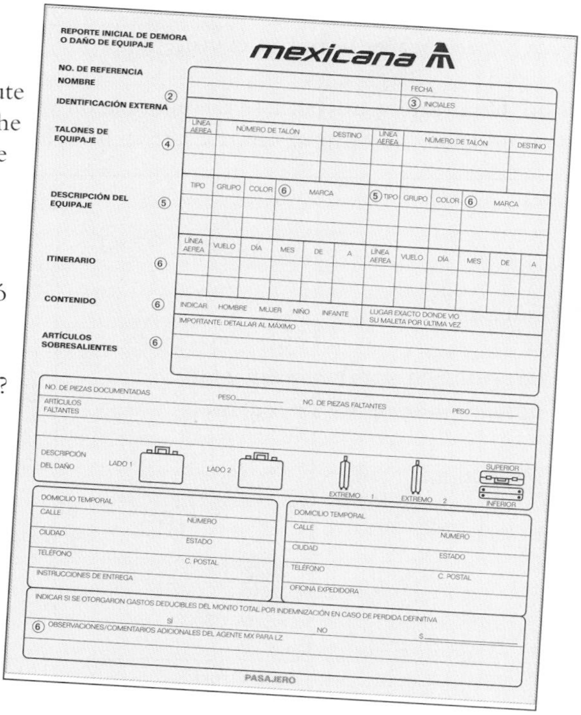
REPORTE INICIAL DE DEMORA O DAÑO DE EQUIPAJE

mexicana

NO. DE REFERENCIA
NOMBRE
FECHA
IDENTIFICACIÓN EXTERNA ②
③ INICIALES
TALONES DE EQUIPAJE ④ — LÍNEA AÉREA | NÚMERO DE TALÓN | DESTINO | LÍNEA AÉREA | NÚMERO DE TALÓN | DESTINO
DESCRIPCIÓN DEL EQUIPAJE ⑤ — TIPO | GRUPO | COLOR ⑥ | MARCA | ⑤ TIPO | GRUPO | COLOR ⑥ | MARCA
ITINERARIO ⑥ — LÍNEA AÉREA | VUELO | DÍA | MES | DE | A | LÍNEA AÉREA | VUELO | DÍA | MES | DE | A
CONTENIDO ⑥ — INDICAR: HOMBRE MUJER NIÑO INFANTE | LUGAR EXACTO DONDE VIO SU MALETA POR ÚLTIMA VEZ
IMPORTANTE: DETALLAR AL MÁXIMO
ARTÍCULOS SOBRESALIENTES ⑥
NO. DE PIEZAS DOCUMENTADAS — PESO — NO. DE PIEZAS FALTANTES — PESO
ARTÍCULOS FALTANTES
DESCRIPCIÓN DEL DAÑO — LADO 1 — LADO 2 — EXTREMO 1 — EXTREMO 2 — SUPERIOR — INFERIOR
DOMICILIO TEMPORAL — CALLE — NÚMERO — CIUDAD — ESTADO — TELÉFONO — C. POSTAL — INSTRUCCIONES DE ENTREGA
DOMICILIO TEMPORAL — CALLE — NÚMERO — CIUDAD — ESTADO — TELÉFONO — C. POSTAL — OFICINA EXPEDIDORA
INDICAR SI SE OTORGARON GASTOS DEDUCIBLES DEL MONTO TOTAL POR INDEMNIZACIÓN EN CASO DE PÉRDIDA DEFINITIVA — SÍ — NO — $
⑥ OBSERVACIONES/COMENTARIOS ADICIONALES DEL AGENTE MX PARA LZ
PASAJERO

For additional activities visit the **¡ARRIBA!** Home Page.

http://www.prenhall.com/arriba

8-34 Unas vacaciones. The following advertisement appeared in the newspaper. With a classmate, take turns asking and answering as many questions as you can related to the offer.

MODELO: ► ¿Cómo se llama el lugar? ¿Sabes dónde está? etc.

Un Mediterráneo muy privado
La felicidad es un coto privado. Su isla privada en el Mediterráneo, en la Bahía de Palma, se llama Hotel Meliá De Mar.
Imagínese un mundo aparte para Vd.: en una zona residencial muy cercana a Palma, una cala en exclusiva, amplios jardines con terrazas y piscinas junto al mar y todas las habitaciones, totalmente renovadas, con vistas a la bahía.
Ideal para los deportes náuticos y cercano al Campo de Golf del Real Club Bendinat, el Meliá De Mar le brinda su excelente gastronomía, y el confort y servicio al máximo nivel como sólo un hotel de 5 estrellas puede brindarle.
Elija en la Bahía de Palma una isla de lujo, una isla privada en exclusiva para Vd. Elija el Hotel Meliá De Mar.
Para mayor información acuda a su Agencia de Viajes y pregunte por nuestros Programas Especiales, o llámenos al 900 14 44 44.
Meliá De Mar
07015 Illetas, Calvia, Mallorca
Tel.: (971) 40 24 00 Fax: (971) 40 58 52
Meliá Hoteles
Al más alto nivel
Grupo Sol

8-35 ¡Un viaje inolvidable! In small groups, discuss the most unforgettable trip you have ever taken. Briefly describe where you went, with whom, and what happened that made it unforgettable. After each person describes his/her experience, the other students may ask questions such as the following:

1. ¿Qué fue lo que más te gustó del viaje?
2. ¿Piensas volver algún día?
3. ¿Qué actividades hiciste en el viaje?
4. ¿Cuánto dinero gastaste?
5. ¿Qué recuerdos compraste?

8-36 Una tarjeta postal. Use the information you shared in 8-35 above to write a postcard telling about your trip. Be sure to include the following information:

Ciudad, fecha

Saludo:

Información sobre el viaje y las actividades; fecha de regreso.

Despedida,

Firma

Destinatario
Dirección
Ciudad, Estado, Código postal
País

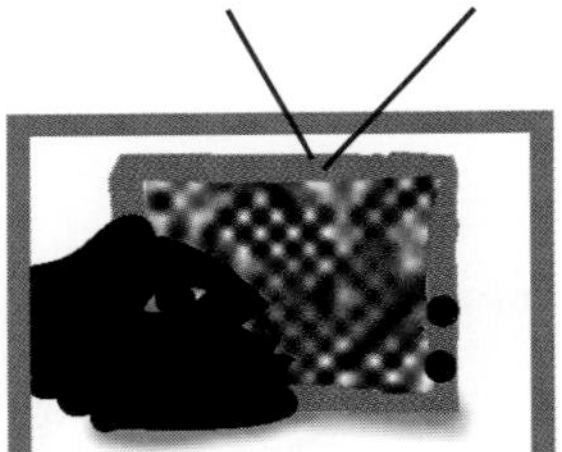

View clips from the ¡ARRIBA! Video. Activities are available through your instructor or on the Prentice Hall Home Page.

¡A LEER!

Marco Denevi es uno de los cuentistas latinoamericanos más conocidos. Nació en Argentina en 1922. Escribió varias novelas, entre ellas Rosaura a las diez (1955) *y* Ceremonia secreta (1960). *Ésta fue convertida en una película norteamericana con Elizabeth Taylor. Denevi se conoce por sus narrativas, minidramas y minicuentos* (ministories), *los que comentan verdades humanas y sociológicas.*

En No hay que complicar la felicidad, *hay dos novios sin nombre que no están contentos con su felicidad. La conclusión es a la vez sorprendente* (surprising) *y misteriosa.*

8-37 Datos biográficos. Complete the biographical information about the author.

Nombre:
Nacionalidad:
Fecha de nacimiento:
Tipo de obras que escribe:
Una novela hecha película:

8-38 Para buscar. Scan the first page of the text to complete these statements.

1. Las dos personas son ...
   ____ amigos
   ____ enemigos
   ____ novios
   ____ hermanos

2. Según el dibujo, están muy ...
   ____ impacientes
   ____ enamorados
   ____ enojados
   ____ histéricos

3. Están en ...
   ____ una iglesia
   ____ una clase
   ____ casa
   ____ un parque

8-39 Para anticipar. In this story, the protagonists do things to each other. In Spanish, this is expressed by using **se**, as in **se miran** *(they look at each other).* Look at the examples below and guess which actions they perform.

____ Se miran.
____ Se aman (quieren).
____ Se besan *(kiss).*
____ Se gritan.
____ Se matan*(kill).*
____ Se detestan.

8-40 Empieza a leer. Scan the reading and put the following events in order.

____ La novia no lo toma en serio *(doesn't take him seriously).*
____ El novio siente celos.
____ "¡Juan!"
____ Los novios se besan.
____ El novio quiere tener celos *(to be jealous).*

No hay que complicar la felicidad

Un parque. Sentados bajo los árboles, Ella y Él se besan.

ÉL: Te amo.
ELLA: Te amo.

Vuelven a besarse.

ÉL: Te amo.
ELLA: Te amo.

Vuelven a besarse.

ÉL: Te amo.
ELLA: Te amo.

Él se pone violentamente de pie.

ÉL: ¡Basta![1] ¿Siempre lo mismo? ¿Por qué, cuando te digo que te amo, no contestas que amas a otro?
ELLA: ¿A qué otro?
ÉL: A nadie. Pero lo dices para que yo tenga celos. Los celos alimentan[2] al amor. Despojado de este estímulo, el amor languidece[3]. Nuestra felicidad es demasiado simple, demasiado monótona. Hay que complicarla un poco. ¿Comprendes?
ELLA: No quería confesártelo porque pensé que sufrirías[4]. Pero lo has adivinado[5].
ÉL: ¿Qué es lo que adiviné?

[1]*Enough!* [2]*nourish, add spice* [3]*languishes* [4]*you would suffer* [5]*you've guessed it*

Ella se levanta, se aleja[6] *unos pasos.*

ELLA: Que amo a otro.
ÉL: Lo dices para complacerme[7]. Porque te lo pedí.
ELLA: No. Amo a otro.
ÉL: ¿A qué otro?
ELLA: No lo conoces.

Un silencio. Él tiene una expresión sombría[8].

ÉL: Entonces, ¿es verdad?
ELLA: *(Dulcemente)* Sí, es verdad. Está allí.

Él se pasea haciendo ademanes[9] *de furor.*

ÉL: Siento celos. No finjo[10], créeme. Siento celos. Me gustaría matar a ese otro.
ELLA: *(Dulcemente)* Está allí.
ÉL: ¿Dónde?
ELLA: Nos espía. También él es celoso.
ÉL: Iré en su busca[11].
ELLA: Cuidado. Quiere matarte.
ÉL: No le tengo miedo.

---

[6]*gets up, moves away* [7]*please me* [8]*somber* [9]*gestures* [10]*I'm not faking* [11]*I'll look for him.*

Él desaparece entre los árboles. Al quedar sola, Ella se ríe[12].

ELLA: ¡Qué niños son los hombres! Para ellos hasta el amor es un juego.

Se oye el disparo de un revólver[13]*. Ella deja de*[14] *reír.*

ELLA: Juan.

Silencio.

ELLA: *(Más alto)* Juan.

Silencio.

ELLA: *(Grita)* ¡Juan!

Silencio. Ella corre y desaparece entre los árboles. Después de unos instantes se oye el grito desgarrador[15] *de Ella.*

ELLA: ¡Juan!

Silencio. Después desciende el telón[15].

[12]*laughs* [13]*a gunshot* [14]*She stops*
[15]*heartrending cry* [16]*curtain*

8-41 ¿Comprendiste? Contesta brevemente en español.

1. Según él, ¿por qué es importante tener celos?
2. ¿Tiene ella la misma opinión?
3. ¿Por qué dice ella que tiene otro novio?
4. ¿Qué busca él entre los árboles?
5. ¿Qué hace ella cuando él sale de la escena?
6. ¿Qué se oye desde los árboles? ¿Qué se oye al final?

8-42 ¿Cuál es tu opinión? In small groups, give your opinion and discuss in Spanish these love-related issues. Give each issue a number between 1 and 5 to show whether you agree or disagree with the statements. Then compare your opinions with those of your classmates.

No estoy de acuerdo		A veces	Estoy completamente de acuerdo	
1	2	3	4	5

OPINIÓN

____ A los hombres les gusta tener celos.
____ Los celos alimentan el amor.
____ El amor vence *(conquers)* todo.
____ Es bueno decirle todo a un(a) novio(a).
____ Los novios deben siempre complacerse *(please each other)*.
____ En el amor, todos somos niños.
____ Es imposible ser feliz en el amor.
____ El amor es complicado.

8-43 Imagínate. Imagine what happens next in the story:

____ Todo es una broma *(joke)* del novio.
____ El segundo amante sale de los árboles. Besa a la novia.
____ Un policía llega y detiene *(arrests)* a la novia.
____ La novia se suicida.
____ (Original...)

Venezuela y Colombia

Venezuela y Colombia son las dos naciones situadas al norte de la América del Sur.

EXPLORACIÓN PETROLÍFERA CERCA DE MARACAIBO, VENEZUELA

8-44 ¿Qué sabes tú? Can you name … ?

1. una bebida colombiana popular
2. el color de una esmeralda
3. un país importante por su petróleo
4. la profesión de Gabriel García Márquez

8-45 Para buscar. Scan the reading to find the following information:

1. la ubicación geográfica de Colombia y Venezuela: al norte, al sur, al este, al oeste de la América del Sur.
2. sus capitales: _________, Colombia; _________, Venezuela
3. el país que tiene costa en el Caribe y en el Océano Pacífico: _______
4. el salto *(falls)* más alto del mundo:_______ en _______
5. una isla tropical venezolana: _______
6. un mineral que se mina en Colombia: ______
7. lo que significa El Dorado: __________
8. dónde se encuentra el Museo del Oro: __________
9. un puerto colombiano fundado en el siglo XVI: ________

LA ISLA MARGARITA

ESTADÍSTICAS DE VENEZUELA

Nombre oficial: República de Venezuela
Área: 916.445 km^2
Población: 21.300.000
Ciudades principales: Caracas (capital) 3.500.000, Maracaibo 1.400.000, Valencia 1.220.000, Barquisimeto 780.000
Forma de gobierno: Democracia representativa
Figuras prominentes: el General Francisco Miranda (1750-1816), precursor de la independencia; el Libertador Simón Bolívar (1783-1830); el novelista y presidente Rómulo Gallegos (1884-1979).
Productos principales: petróleo, aluminio, acero, hierro

SITIO DE INTERÉS

La Isla Margarita, que tiene 920 km^2, es la mayor de de las islas que bordean Venezuela y que forman un bello collar de perlas en el Mar Caribe. Margarita, con su zona franca[1], sus magníficos hoteles y restaurantes, y sus espléndidas playas, es un paraíso tropical para el turista. Allí el turista puede encontrar todo tipo de atracciones naturales.

[1] *duty-free zone*

VENEZUELA, EL PAÍS DEL ORO NEGRO

Cuando los españoles llegaron a Venezuela quedaron[2] tan impresionados por las viviendas de los aborígenes edificadas[3] dentro del gigantesco lago de Maracaibo que nombraron el país Venezuela, nombre que significa pequeña Venecia. El subsuelo del lago de Maracaibo resultó estar lleno[4] de petróleo y gracias a este producto, Venezuela tiene el PNB más alto de la América hispana.

Aunque Venezuela está en el trópico, su clima varía debido a[5] la topografía del país. La majestuosa cordillera de los Andes está al oeste y se extiende por unos 450 km. hasta cerca de Barquisimeto. En el centro están los fértiles llanos[6] que se encuentran alrededor del río Orinoco. Este río tiene 2.200 kilómetros navegables y su cuenca[7] cubre el 80% del territorio venezolano. Al sur está la selva[8], una tierra virgen y salvaje que tiene vistas maravillosas como el Salto del Ángel[9], que a 3.212 pies de elevación es el más alto del mundo. Caracas, la capital, tiene un clima ideal porque está situada en un valle de 17 kilómetros de largo a 3.000 pies de altura.

COLOMBIA, LA NACIÓN DE EL DORADO

Colombia es el único país de la América del Sur cuyas[10] costas dan al Océano Pacífico y al Mar Caribe. Aunque se encuentra en la zona tórrida, las montañas hacen que su clima sea variado: en las costas hace mucho calor, en las alturas es moderado, y en los picos de la montañas hay nieve perpetua.

El interior del país fue explorado en el siglo XVI cuando los españoles comenzaron a buscar El Dorado[11], porque habían oído[12] que los indios chibchas tenían un cacique[13] tan rico que durante los ritos religiosos se cubría con polvo[14] de oro y después se bañaba en un lago de los Andes hasta que se quitaba todo el oro. Otras veces el rito incluía tirar[15] al lago piedras preciosas y objetos de oro.

CATARATAS EN LA REGIÓN AMAZÓNICA DE VENEZUELA

Hoy día el 80% de la población de Colombia vive en el oeste montañoso y el 20% está esparcida[16] por la región que se encuentra al este de las cordilleras. Santa Fé de Bogotá, su capital, es una ciudad cosmopolita con centros culturales como la Pontificia Universidad Javeriana, la Academia Colombiana de la Lengua, el Teatro Colón y la Biblioteca Nacional de Colombia. Se dice que el español más castizo[17] de Hispanoamérica se habla en Colombia.

ESTADÍSTICAS DE COLOMBIA

Nombre oficial: República de Colombia
Area: 1.141.749 km^2
Población: 35.600.000
Ciudades principales: Santa Fé de Bogotá (capital) 5.900.000, Medellín 2.020.000, Cali 1.810.000, Barranquilla 1.105.000, Cartagena 560.000
Forma de Gobierno: Democracia representativa
Figuras prominentes: el general Francisco de Paula Santander (1792-1840), el poeta José Asunción Silva (1865-1896), el novelista Gabriel García Márquez (1928-), el pintor Fernando Botero (1932-)
Productos principales: café, petróleo, carbón, esmeraldas, bananas

[2]*they were left,* [3]*built,* [4]*full,* [5]*because of,* [6]*the plains,* [7]*river basin,* [8]*jungle,* [9]*Angel Falls,* [10]*whose,* [11]*the Gilded Man,* [12]*they had heard,* [13]*chief,* [14]*powder,* [15]*to throw,* [16]*scattered,* [17]*purest*

ESTRECHA CALLEZUELA DE LA ANTIGUA CIUDAD DE CARTAGENA

SITIO DE INTERÉS

Cartagena de Indias

Cartagena fue fundada en la costa del Caribe en 1533 por Pedro de Heredia. En pocos años su excelente puerto se convirtió en el puerto más importante de España en el Nuevo Mundo, y Cartagena se hizo[18] una de las ciudades más ricas del imperio.

Hoy día esta acogedora ciudad, situada en la costa del Caribe, es el centro turístico más importante de Colombia. Cartagena es famosa por su impresionante arquitectura colonial que incluye una muralla de ocho kilómetros de longitud, dieciséis magníficas fortalezas, una catedral del siglo XVI, los monasterios de Santa Cruz, San Francisco y San Pedro Claver, que datan del[19] siglo XVII, y el Palacio de la Inquisición, que es un bello ejemplo de construcción civil del siglo XVIII. Por su arquitectura colonial, en 1984 la UNESCO declaró a Cartagena Patrimonio Cultural de la Humanidad.

PUÑAL CEREMONIAL, MUSEO DEL ORO DE SANTA FE DE BOGOTÁ

ESTUDIANTES UNIVERSITARIOS DE LA UNIVERSIDAD DE CARACAS

8-46 Miniprueba. Indique si las siguientes oraciones son ciertas or falsas.

1. El río más grande de Venezuela es el Amazonas.
2. La Isla Margarita está en el Pacífico.
3. Fernando Botero es un famoso novelista colombiano.
4. Colombia tiene lugares donde hay nieve.
5. La mayoría de la población de Colombia vive en el oeste montañoso.
6. La Pontificia Universidad Javeriana está en Barranquilla.
7. Cartagena fue fundada por el general Santander.
8. Casi todos los turistas en Colombia van a Medellín.
9. La muralla de Cartagena tiene varios kilómetros de largo.
10. En 1988 la UNESCO declaró a Cartagena Patrimonio Cultural de Colombia.

[18]*became*, [19]*they date back to the*

8-47A Descripción. With a classmate, take turns identifying the people, places and things on the left with their descriptions on the right. You each have only half of the information.

MODELO: Santa Fé de Bogotá
E1: ¿Qué es Santa Fé de Bogotá?
E2: Es la capital de Colombia.

¿QUÉ/QUIÉN(ES) ... ?	DESCRIPCIÓN
los Andes	libertador de muchas naciones suramericanas
la Isla Margarita	novelista que ganó el premio Nóbel
Caracas	lago gigantesco rico en petróleo
los chibchas	persona mítica que buscaban los españoles
la selva	sus costas dan al Océano Pacífico y al Caribe
Venezuela	

GABRIEL GARCÍA MÁRQUEZ, ESCRITOR COLOMBIANO

8-48 Identificar. With a classmate, locate and discuss the locations of the following cities, mountains and bodies of water in Colombia and Venezuela.

MODELO: Barranquilla
► Barranquilla es una ciudad que está en el norte de Colombia,
cerca de Cartagena, en la costa del Mar Caribe.

1. Medellín
2. Santa Fé de Bogotá
3. Cali
4. Maracaibo
5. el río Orinoco
6. Caracas

8-49 Un folleto turístico. With a classmate, prepare a brochure for tourists visiting Venezuela or Colombia. Include cities to visit, beaches, natural and historic sites, and places of special interest.

BOTERO, PINTOR COLOMBIANO

LECCIÓN 9

La rutina diaria

COMUNICACIÓN

- Expressing needs related to personal care
- Performing household chores
- Expressing how long ago actions started or finished
- Describing your daily routines and habits

CULTURA

- El noviazgo
- Las tareas domésticas

ESTRUCTURAS

PRIMERA PARTE

- Reflexive constructions: pronouns and verbs
- Reciprocal reflexives
- **Hacer** in time expressions

SEGUNDA PARTE

- Impersonal and passive **se**
- **Se** for unplanned occurrences
- The relative pronouns **que**, **quien**, **lo que**

¡A leer! *El crimen perfecto*, Enrique Anderson Imbert

Nuestro mundo: Chile

PRIMERA PARTE

¡Así es la vida!

El arreglo personal

Antonio, Beatriz y Enrique Castillo son tres hermanos que viven en Barquisimeto, Venezuela. He aquí su rutina de todas las mañanas.

Antonio es madrugador. Siempre se despierta a las seis de la mañana. Después de levantarse se cepilla los dientes, se ducha y se seca con una toalla. Luego, le prepara el desayuno a su mamá y ella se pone muy contenta.

Beatriz es madrugadora también, pero esta mañana está atrasada porque no se despertó temprano. Ahora tiene que levantarse, lavarse la cara, vestirse rápidamente y salir de casa sin maquillarse. Como ella es muy puntual, se pone muy nerviosa cuando llega tarde a la universidad.

Enrique nunca se despierta cuando suena el despertador. Le gusta dormir por las mañanas porque por las noches siempre se acuesta muy tarde. Después de levantarse, se afeita, se pone loción, se peina y se mira en el espejo. Hace cuatro años que trabaja en una agencia de viajes. Muchas veces llega tarde al trabajo y su jefe se pone furioso. En el trabajo, Enrique se duerme todas las tardes. ¡El pobre Enrique es un desastre!

¡Así lo decimos!

El arreglo personal

afeitarse	*to shave*
bañarse	*to bathe*
cepillarse	*to brush*
ducharse	*to shower*
lavarse	*to wash*
maquillarse	*to put on makeup*
mirarse	*to look at oneself*
peinarse	*to comb*
pintarse	*to put on makeup*
... los labios	*to put on lipstick*
... las uñas	*to polish one's nails*
quitarse	*to take off*
ponerse	*to put on*
secarse	*to dry oneself*
vestirse (i, i)	*to get dressed*

Otros verbos reflexivos

acostarse (ue)	*to go to bed*
caerse[1]	*to fall*
despertarse (ie)	*to wake up*
dormirse (ue, u)	*to fall asleep*
enamorarse	*to fall in love*
levantarse	*to get up*
ponerse	*to put on*
reírse	*to laugh*
reunirse	*to get together*
sentarse (ie)	*to sit down*
sentirse (ie)	*to feel*

Para expresar cambios emotivos

ponerse furioso(a)	*to become angry*
ponerse impaciente	*to become impatient*
ponerse contento(a)	*to become happy*
ponerse triste	*to become sad*
ponerse nervioso(a)	*to become nervous*

Artículos de uso personal

el cepillo	*brush*
el cepillo de dientes	*toothbrush*
la crema de afeitar	*shaving cream*
el desodorante	*deodorant*
el espejo	*mirror*
la cuchilla (navaja) de afeitar	*razor (blade)*
el jabón	*soap*
la loción	*shaving lotion*
el lápiz labial	*lipstick*
la máquina de afeitar	*electric razor*
el maquillaje	*makeup*
la pasta de dientes	*toothpaste*
el peine/la peineta	*comb*
la secadora	*hair dryer*
las tijeras	*scissors*

Algunas partes del cuerpo

la cara	*face*
los dedos	*fingers*
los dientes	*teeth*
los labios	*lips*
los ojos	*eyes*
el pelo	*hair*
las uñas	*nails*

Otras palabras y expresiones

el desastre	*disaster*
el despertador	*alarm clock*
dormir como un lirón	*to sleep like a log*
estar atrasado(a)	*to be late*
hace cuatro años que trabaja	*he/she has been working for four years*
ser madrugador(a)	*to be an early riser*
tarde	*late*
temprano	*early*

[1]conjugated like **traer**: **yo me caigo**, **tú te caes**, **Ud. se cae**, etc.

¡A ESCUCHAR!

Los señores Rodríguez. As you listen to a description of the Rodríguez's daily routine, indicate whether each statement describes **el señor Rodríguez**, **la señora de Rodríguez**, or both, by putting a check mark in the appropriate column(s).

ACTIVIDAD	EL SEÑOR	LA SEÑORA
1. Se levanta temprano todos los días.	______	______
2. Trabaja en una oficina.	______	______
3. Se viste.	______	______
4. Se maquilla.	______	______
5. Se afeita.	______	______
6. Toma café con el desayuno.	______	______
7. Trabaja en casa.	______	______
8. Almuerza.	______	______
9. Toma una merienda.	______	______
10. Prepara la cena.	______	______
11. Cena en casa.	______	______

PRÁCTICA

9-1 ¡Fuera de lugar! In each set of words, circle the word or expression that is out of place.

1. a. acostarse
   b. bañarse
   c. dormirse
   d. despertarse

2. a. la secadora
   b. el peine
   c. los dedos
   d. la máquina de afeitar

3. a. el maquillaje
   b. la pasta de dientes
   c. los dientes
   d. el cepillo

4. a. afeitarse
   b. ducharse
   c. ponerse contento
   d. peinarse

5. a. la secadora
   b. la cara
   c. el lápiz labial
   d. el jabón

6. a. las tijeras
   b. las uñas
   c. los labios
   d. los ojos

9-2 El arreglo personal. Complete the chart with personal care items and activities that are considered typically for men, for women, or for both.

MODELO: pintarse las uñas
► para las mujeres

PARA LOS HOMBRES	PARA LAS MUJERES	PARA LOS DOS
________	________	________
________	________	________
________	________	________
________	________	________
________	________	________

9-3 ¿Probable o improbable? Indicate whether the statements are probable or improbable.

MODELO: La señora se mira en el espejo.
► Es probable.

1. _____ El señor Rodríguez va a cepillarse los dientes con el lápiz labial.
2. _____ La señora de Rodríguez necesita jabón para bañarse.
3. _____ El señor Rodríguez compra una secadora porque va a afeitarse.
4. _____ La Sra. de Rodríguez se pone loción después de afeitarse los bigotes.
5. _____ Ella quiere lavarse los dientes con el peine.
6. _____ El Sr. Rodríguez se peina con las tijeras.
7. _____ Ella se pone contenta cuando se mira en el espejo.
8. _____ El Sr. Rodríguez se pone nervioso cuando se mira en el espejo y ve que tiene poco pelo.

9-4 ¿Qué asocias con...? Indicate all the words and expressions you associate with each activity.

MODELO: afeitarse
► la cara, la loción, la crema de afeitar, la máquina de afeitar

1. bañarse
2. mirarse
3. secarse
4. peinarse
5. cepillarse
6. levantarse
7. despertarse
8. dormirse
9. ponerse impaciente
10. vestirse

9-5 ¿En qué orden lo hace Pepín? Put Pepín's routine in a logical order from 1 to 10. For each activity give a logical time of day.

MODELO: se despierta
► Pepín se despierta a las seis de la mañana.

_____ se duerme
_____ se desayuna
_____ se lava
_____ se afeita
_____ se acuesta
_____ se viste
_____ se seca
_____ se mira en el espejo
_____ se cepilla los dientes
_____ se peina

COMUNICACIÓN

9-6 Las emociones. With a classmate, take turns asking each other how you feel in different situations. Refer as necessary to the related list of **cambios emotivos**.

MODELO: hace mal tiempo
► ¿Cómo te sientes cuando hace mal tiempo?
Me pongo (triste, etc.).

ALGUNOS CAMBIOS EMOTIVOS

triste	nervioso(a)	contento(a)
alegre	furioso(a)	rabioso(a)
feliz	impaciente	tranquilo(a)

LAS CIRCUNSTANCIAS	LAS EMOCIONES
hace buen tiempo	
sales bien en un examen	
conoces a una persona importante	
pierdes tu libro de texto	
el profesor llega tarde para un examen	
no suena el despertador	
ves una película estupenda	
te invitan a cenar en un restaurante bueno	

9-7 Persona misteriosa. With a classmate, take turns describing a mysterious person for the other person to draw. Include some of these physical characteristics.

MODELO: ► Es hombre. Tiene el pelo largo, etc.

ojos (pequeños, grandes, tristes, alegres)
cara (redonda, delgada, feliz, enojada, etc.)
dientes (grandes, pequeños, no tiene, etc.)
pelo (rubio, moreno, largo, corto, etc.)
labios (bonitos, finos, rojos, etc.)

A PROPÓSITO ... EL NOVIAZGO

En muchas familias hispanas los padres tienen mucha influencia sobre la vida social de los jóvenes. Un chico y una chica se pueden conocer en la escuela, en un baile o en un club social. Si se gustan, y la chica ya tiene quince años, es posible empezar a salir en grupo con sus amigos. Típicamente, el joven es dos o tres años mayor que la chica. Una vez que se enamoran, los jóvenes hablan de hacerse novios. Tradicionalmente, antes de este paso *(step)*, la chica tiene que recibir la aprobación *(the approval)* de los padres que ya han conocido *(they have already met)* al novio. El novio entonces tiene permiso para visitar a la novia en su casa, y es aceptado casi como un miembro más de la familia. Hoy día en el mundo hispano los novios salen sin chaperona, pero como generalmente los jóvenes no tienen coche propio, siempre salen con otras parejas o con la familia y usan mucho el transporte público. Durante los fines de semana, los jóvenes van en grupo a las discotecas, a los conciertos, al teatro o al cine. Todos estos espectáculos comienzan mucho más tarde que en los EE.UU., y es muy común volver a la casa a las dos o a las tres de la mañana. También es aceptable que las chicas vayan *(go)* a los bares a tomar una cerveza o una copa de vino con sus amigos.

Vamos a comparar

¿Qué diferencias hay entre el noviazgo en el mundo hispano y en los Estados Unidos? ¿Qué te gusta y qué no te gusta del noviazgo en el mundo hispano? ¿Por qué? ¿Crees que el automóvil hace el noviazgo diferente en los Estados Unidos? ¿Cómo es la vida social en los EE.UU.? ¿Es común salir en grupo? ¿Es aceptable que las chicas entren en bares en los EE.UU. o en Canadá?

ESTRUCTURAS

1. Reflexive constructions

A reflexive construction is one in which the subject is both the performer and the receiver of the action expressed by the verb. In this construction, the action expressed by the verb falls upon the subject.

Isabel se peina.
Isabel combs her hair.

Isabel peina a su hermana.
Isabel combs her sister's hair.

The drawing on the left depicts a reflexive action (Isabel is combing her own hair); the drawing on the right depicts a non-reflexive action (Isabel is combing her sister's hair).

Reflexive pronouns

- Reflexive constructions are characterized by the use of the reflexive pronouns shown in the following chart:

Subject pronouns	Reflexive pronouns		Verb
yo	**me**	*(myself)*	**lavo**
tú	**te**	*(yourself)*	**lavas**
él, ella, usted	**se**	*(himself, herself, yourself)*	**lava**
nosotros (as)	**nos**	*(ourselves)*	**lavamos**
vosotros (as)	**os**	*(yourselves)*	**laváis**
ellos, ellas, ustedes,	**se**	*(themselves, yourselves)*	**lavan**

- Reflexive pronouns have the same forms as direct and indirect object pronouns, except in the third person singular and plural. The reflexive pronoun of the third person singular and plural is **se**.

Paco **se baña**.	*Paco bathes.*
Los Rodríguez **se levantan**.	*Mr. and Mrs. Rodríguez get up.*

- As with the object pronouns, reflexive pronouns are placed immediately before the conjugated verb. Note that when talking about parts of the body and articles of clothing, Spanish uses the definite article rather than the possessive adjective.

Me lavo las manos.	*I wash my hands.*

- In progressive constructions and with infinitives, reflexive pronouns are either attached to the **-ndo** form or the infinitive, or placed in front of the conjugated verb. Note that when attaching a reflexive pronoun to the **-ndo** form, a written accent is used.

El niño **está peinándose**. El niño **se está peinando**.	*The boy is combing his hair.*
Sofía **va a maquillarse** ahora. Sofía **se va a maquillar** ahora.	*Sofía is going to put her makeup on now.*

- In English, reflexive pronouns are frequently omitted, but in Spanish reflexive pronouns are required in all reflexive constructions.

Pepe **se afeita** antes de acostarse.	*Pepe shaves before going to bed.*
Marina **se bañó** a las ocho.	*Marina took a bath at eight.*

Reflexive verbs

- Verbs that describe personal care and daily habits carry a reflexive pronoun if the same person performs and receives the action.

Me voy a acostar temprano.	*I'm going to bed early.*
¿**Te afeitas** ahora?	*Are you shaving now?*
Mis hermanos **se levantan** tarde todas las mañanas.	*My brothers get up late every morning.*

- Such verbs can also be used nonreflexively.

Elena **acuesta** a su hija menor.	*Elena puts her youngest daughter to bed.*
La enfermera **afeita** al paciente.	*The nurse shaves the patient.*
¿**Despiertas** a tu tía?	*Do you wake up your aunt?*

- In Spanish, verbs that express feelings, moods, and conditions are often used with reflexive pronouns. A reflexive pronoun is usually not required in English. Instead, verbs such as *to get*, *to become*, or non-reflexive verbs are used.

alegrarse (de)	*to become happy*
divertirse (ie, i)	*to have fun*
enamorarse (de)	*to fall in love (with)*
enfermarse	*to become sick*
enojarse (con)	*to get angry*

Me alegro de ganar.	*I am happy to win.*
Se enoja si pierde.	*He gets angry if he loses.*
Luis **está enamorándose de** Ana.	*Luis is falling in love with Ana.*
Siempre **nos divertimos** en la fiesta.	*We always have fun at the party.*
Me enfermo si como camarones.	*I get sick if I eat shrimp.*

- Some verbs have different meanings when used with a reflexive pronoun.

NON REFLEXIVE		REFLEXIVE	
acostar	*to put to bed*	**acostarse**	*to go to bed*
dormir	*to sleep*	**dormirse**	*to fall asleep*
enfermar	*to make sick*	**enfermarse**	*to become sick*
ir	*to go*	**irse**	*to go away, to leave*
levantar	*to lift*	**levantarse**	*to get up*
llamar	*to call*	**llamarse**	*to be called*
poner	*to put, to place*	**ponerse**	*to put on*
quitar	*to remove*	**quitarse**	*to take off*
vestir	*to dress*	**vestirse**	*to get dressed*

PRÁCTICA

9-8 Marcela y Paco. Complete the following paragraph with the correct present tense form of the reflexive verbs in parentheses.

Yo siempre (1) ______ (alegrarse) mucho de ver a Marcela en la universidad. Nosotros (2) ________ (divertirse) haciendo muchas cosas juntos. Cuando la veo yo (3) _______ (ponerse) muy feliz y ella (4) _________ (ponerse) muy contenta. Yo no (5) ________ (enojarse) con ella nunca porque ella es muy simpática y paciente. Ella casi nunca (6) _______ (enojarse) conmigo tampoco. Si continuamos así, yo voy a (7) _________ (enamorarse) de Marcela. Si ella también (8) _______ (enamorarse) de mí, vamos a ser muy felices.

9-9 En el campamento de verano. Isabel is new at summer camp and has a million questions about everything. With a classmate, take turns asking the questions and responding to them.

MODELO: lavarse las manos ahora (yo)
E1: ¿Me lavo las manos ahora?
E2: Sí, debes lavarte las manos ahora.

1. levantarse a las 8:00 a.m., ¿verdad? (yo)
2. ducharse a las 8:30 a.m., ¿no? (nosotros)
3. vestirse a las 9:00 a.m., ¿sí? (José)
4. sentarse cerca de la televisión (Uds.)
5. lavarse los dientes después de comer (tú)
6. acostarse tarde, ¿verdad? (Ud.)
7. enamorarse este año como siempre (los consejeros)
8. enojarse con Cecilia otra vez (tú)
9. divertirse en las excursiones (nosotros)
10. siempre enfermarse con la comida (Gonzalo)

9-10 Antes de ir a la universidad. Describe six things you generally do in the morning.

MODELO: Me levanto a las siete de la mañana.
► Después de levantarme, me afeito.

9-11 Excusas. Your roommate is preparing for a difficult exam and has asked you to screen his/her calls. Prepare six realistic excuses that you can give so that he/she doesn't have to come to the phone.

MODELO: E1: ¿Puedo hablar con...?
E2: No, está bañándose. (No, se está bañando.)

COMUNICACIÓN

9-12 ¿Qué tienen en común? Compare your schedule with a classmate's by asking each other at what time you do these activities. Then write a brief summary of what you have in common.

MODELO: despertarse (ie)
E1: ¿A qué hora te despiertas?
E2: Me despierto a las siete de la mañana. ¿Y tú?
E1: Yo también. Nos despertamos a las siete.

1. despertarse (ie)
2. dormirse (ue)
3. levantarse
4. bañarse
5. vestirse (i)
6. acostarse (ue)
7. peinarse
8. afeitarse

9-13 ¿Cuándo...? Compare your emotions with those of a classmate by asking when, where, why, with whom, or with what she/he does the following. Be prepared to summarize what you learn for the class.

MODELO: reírse (i)
E1: ¿Cuándo te ríes?
E2: Me río cuando veo una comedia de Steve Martin.
Me gusta especialmente ... (etc.)

1. ponerse furioso
2. enamorarse
3. divertirse
4. reírse
5. ponerse feliz
6. enojarse

2. Reciprocal reflexives

¡Ay! Parece que se quieren tanto.

The plural reflexive pronouns **nos**, **os**, **se**, may be used with certain verbs to express reciprocal actions. These actions are conveyed in English by *each other* or *one another.*

Nos queremos mucho.	*We love each other a lot.*
Los novios **se ven** todos los días.	*The sweethearts see one another every day.*
Marta y José **se escriben** todas las semanas.	*Marta and José write to each other every week.*

PRÁCTICA

9-14 Mi mejor amiga(o) y yo. Form complete sentences explaining some of the things you and your spouse, children, or best friend do together.

MODELO: escribirse cartas durante...

► Nos escribimos cartas durante las vacaciones.

1. verse por las mañanas ...
2. encontrarse después de ...
3. decirse ...
4. entenderse perfectamente ...
5. conocerse ...
6. visitarse por ...
7. llamarse por teléfono ...
8. reunirse para ir ...

9-15 Una escena dramática. Write a short narrative in the preterite to say what Romeo and Julieta did.

MODELO: verse

► Una noche se vieron en una fiesta ...

verse	conocerse	hablarse	escucharse
amarse	besarse	encontrarse	decirse adiós

COMUNICACIÓN

9-16 Una relación especial. In pairs, take turns asking each other questions about a special relationship, be it with a close friend, boyfriend or girlfriend, husband or wife, or a pet.

1. ¿Cuándo se conocieron?
2. ¿Con qué frecuencia se ven?
3. ¿Dónde se encuentran generalmente?
4. ¿Cuántas veces al día se llaman por teléfono?
5. ¿Cómo se saludan cuando se ven?
6. ¿Se quieren mucho?
7. ¿Se enojan a veces?
8. ¿Se perdonan después de una pelea?

9-17 Parejas famosas. With a classmate, say what the following couples have in common.

MODELO: Romeo y Julieta
► Romeo y Julieta se quieren mucho.

ALGUNAS PAREJAS		ALGUNAS RELACIONES
Charlie Brown y Snoopy		quererse...
Anthony y Cleopatra		llamarse...
Juan Carlos y Sofía	(no)	escribirse...
los republicanos y los demócratas		verse...
el gobierno norteamericano y Fidel Castro		besarse...
Tirofijo y Rosa del Sur		escucharse ...
Superhombre y Lois Lane		odiarse... (*hate each other*)
(original)		encontrarse...
		tolerarse...
		(original...)

3. *Hacer* in time expressions

How long have you ...

To express the idea that an action began in the past and is still going on in the present, Spanish uses the following constructions with the verb **hacer**.

- To ask how long or since when a certain action has been continuing, Spanish uses:

¿Cuánto (tiempo) hace que + a verb phrase in the present?
OR
¿Desde cuándo + a verb phrase in the present?

¿Cuánto (tiempo) hace que buscas tu navaja?
How long have you been looking for your razor?

¿Desde cuándo sale tu hermana con Jorge?
Since when has your sister been dating Jorge?

- To answer the above questions, Spanish uses:

Hace + a time expression + **que** + a verb phrase in the present
OR
A verb phrase in the present + **desde hace** + a time expression

The first construction is the equivalent of *for* + period of time, while the second corresponds to the English *since ... ago*.

Hace una hora que busco mi navaja.
I have been looking for my razor for an hour.

Mi hermana sale con Jorge **desde hace** dos años.
My sister has been going out with Jorge since two years ago.

- Note that in Spanish, the verb **hacer** and the main verb are in the present; the English equivalent, however, uses *has* or *have been*.

PRÁCTICA

9-18 Estoy aburrida. Complete the paragraph with the expression **hace ...** and logical verbs to discover why Maribel is bored.

Son las tres de la tarde y (1) ________ más de una hora que (2) __________ a Ramón. Él está en el baño (3) __________ media hora donde (4) __________ y (5) __________ para nuestra cita. En quince minutos empieza la película. (6) __________ más de seis meses que quiero verla. Si Ramón no (7) ___________, vamos a llegar tarde. Él siempre me dice que tiene que esperarme a mí, pero esta vez (8) __________ más de una hora que yo lo (9) ____________ a él. ¡No sé por qué no llega a tiempo!

9-19 Las quejas. With a classmate, invent complaints saying how long someone has been doing an activity in each of the following contexts.

MODELO: en el baño
► Hace más de una hora que Julio está bañándose.

1. en la cocina
2. en el patio
3. en el garaje
4. en la sala
5. en el dormitorio
6. en la terraza
7. en el comedor
8. en el baño

COMUNICACIÓN

9-20 ¿Cuánto tiempo hace que ...? With a classmate, take turns asking each other and saying how long you have been doing these activities.

MODELO: vivir en esta ciudad
E1: ¿Cuánto tiempo hace que vives en esta ciudad?
E2: Hace diez años que vivo en esta ciudad.

1. vivir en el apartamento/ la residencia estudiantil
2. no ver a mi familia
3. buscar trabajo
4. necesitar un televisor *(tv set)* nuevo
5. gustarte el español
6. conocer al (a la) profesor(a)
7. asistir a esta universidad
8. no preparar una comida exótica
9. trabajar
10. no dormirte temprano
11. gustarte cocinar
12. no ver la televisión

Hacer to express *ago* with past actions

hace diez segundos	*ten seconds ago*
hace veinte minutos	*twenty minutes ago*
hace una semana	*a week ago*
hace seis meses	*six months ago*

To tell how long ago an action or event occurred, Spanish uses the following constructions in which **hace** followed by a time expression is equivalent to English expressions of time with *ago*. Note that when the **hace** construction comes first, **que** introduces the main clause; but when **hace** and the time expression follow the verb, **que** is not used.

hace + a time expression + **que** + verb in the preterite

OR

verb in the preterite + **hace** + a time expression

¿**Cuánto (tiempo) hace que** se durmió el bebé?	*How long ago did the baby fall asleep?*
Hace una hora que se durmió.	*He fell asleep an hour ago.*
Los señores Sánchez se conocieron **hace** 25 años.	*Mr. and Mrs. Sánchez met 25 years ago.*

PRÁCTICA

9-21 Adelita, la niñera. Imagine that you are a nanny for two young children. Answer the mother's questions saying how long ago you finished the task.

MODELO: ¿Despertaste a los niños?
► Hace una hora que los desperté.

1. ¿Bañaste a Juanito?
2. ¿Vestiste a Lupita?
3. ¿Lavaste la ropa?
4. ¿Les leíste un cuento?
5. ¿Los acompañaste al parque?
6. ¿Les compraste un helado?
7. ¿Encontraste mi lista para hacer las compras?
8. ¿Fuiste de compras al mercado?
9. ¿Compraste leche?
10. ¿Nos preparaste la cena?

9-22A ¿Cuánto tiempo hace que ... ? With a classmate, take turns asking each other how long ago you did the following.

MODELO: E1:¿Cuánto tiempo hace que visitaste a tus padres?
E2:Hace dos semanas que visité a mis padres.

1. pagar con un cheque
2. devolver una compra
3. ir de compras
4. aprovechar una venta-liquidación
5. ir a la farmacia
6. usar colonia
7. ponerte ropa elegante

9-23 Hechos históricos. Write down five important events and their dates. Then ask another classmate if he/she can tell you how long ago they occurred.

MODELO: La guerra en el Golfo Pérsico.
E1: ¿Sabes cuánto tiempo hace que se terminó la guerra en el Golfo Pérsico?
E2: Sí, hace ___ que se terminó la guerra.

¡Así es la vida!

Los quehaceres domésticos

Hoy esperan en casa de los Real la visita de una familia ecuatoriana que vive en Quito. La señora Real les pide ayuda a sus hijos para hacer los quehaceres domésticos.

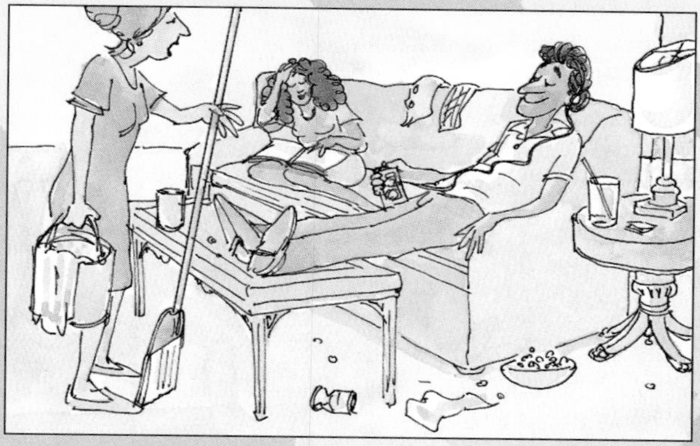

SRA. REAL: ¡Chicos, por favor, me tienen que ayudar! La visita va a llegar pronto. Salvador, tú tienes que pasar la aspiradora en la sala, sacudir los muebles del comedor y poner la mesa. Clemencia, tú tienes que limpiar el baño y barrer la terraza.

SALVADOR: ¡Ah … qué buena era nuestra vida cuando éramos niños y vivíamos en casa de los abuelos! Teníamos a Rafaela, la criada que nos hacía estos pesados quehaceres domésticos.

CLEMENCIA: ¡Caramba! ¡Cómo se extraña lo que no se tiene ahora!¡Ay, cómo extraño a aquel chico alto y fuerte que tenía los ojos verdes! A veces venía a cortar la hierba a casa de los abuelos. Yo lo veía desde la terraza. ¡Era tan guapo! ¡Ah, se dice que recordar es volver a vivir!

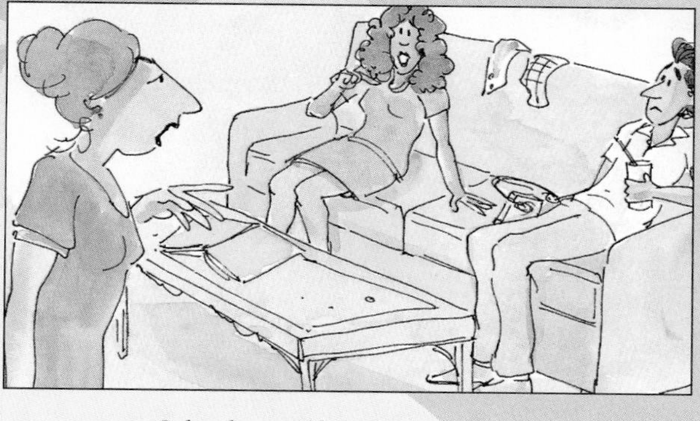

SRA. REAL: Salvador y Clemencia, ¿qué les pasa? ¿Están pensando en las musarañas o qué? ¡Vamos, tienen que ayudarme!

SALVADOR: ¡Ay, mamá! Es que la aspiradora se rompió.

CLEMENCIA: A mí se me perdió la escoba.

SRA. REAL: ¡Holgazanes! Ahora van a saber lo que es bueno …

¡ASÍ LO DECIMOS!

Los quehaceres domésticos

barrer el piso *to sweep the floor*
cocinar la carne *to cook the meat*
cortar la hierba *to mow the lawn*
hacer la cama *to make the bed*
lavar los platos *to wash the dishes*
lavar la ropa *to wash the clothes*
limpiar la casa *to clean the house*
ordenar el cuarto *to pick up one's room*
pasar la aspiradora *to vacuum*
planchar la ropa *to iron the clothes*
poner la mesa *to set the table*
preparar la comida *to prepare dinner*
quitar la mesa *to clear the table*
sacar la basura *to take out the garbage*
sacudir el polvo de los muebles *to dust the furniture*
secar la ropa *to dry the clothes*

Las partes de una casa

el baño *bathroom*
la cocina *kitchen*
el comedor *dining room*
el cuarto/el dormitorio *bedroom*
la ducha *shower*
el garaje *garage*
el jardín *garden, yard*
el pasillo *hall*
el patio *patio*
el piso *floor; apartment* (in Spain)
la planta alta *upstairs*
la planta baja *downstairs; main floor*
la sala *living room*
la terraza *terrace*

Los muebles

la cama *bed*
la cómoda *dresser*
el cuadro *painting*
el librero *bookcase*
la mesa de noche *nightstand*
el sillón *armchair, overstuffed chair*
el sofá *sofa*

Los accesorios

la alfombra *rug*
la aspiradora *vacuum cleaner*
el basurero *garbage can*
el cubo *bucket, pail*
la escoba *broom*
la lámpara *lamp*
la lavadora *washer*
el lavaplatos *dishwasher*
la plancha *iron*
la secadora *dryer*

Preposiciones de lugar

al lado de ... *next to ...*
arriba de ... *on top of ...*
encima de ...
cerca de ... *near ...*
contra ... *against ...*
debajo de ... *under ..., underneath ...*
dentro de ... *within ..., inside of ...*
sobre ... *on ...*

Expresiones de tiempo

a menudo *often*
a veces *sometimes*
después *later*
de vez en cuando *from time to time*
dos veces a ... *twice a ...*
frecuentemente *frequently*
generalmente *generally*
luego *then; later*
todos los días *every day*

Otras palabras y expresiones

la ayuda *help*
¡Caramba! *Darn it!*
el (la) criado(a) *housekeeper*
extrañar *to miss*
holgazán *lazy*
pensar en las musarañas *to daydream*
pesado(a) *tedious, dull*
se me perdió ... *I lost ...*
la visita *guest(s), company*

¡A ESCUCHAR!

¡Todo lo que necesitan para la casa! As you listen to a radio ad for some household products, write the price of each item below its illustration.

MODELO: ► Pueden comprarse una escoba de primera calidad por sólo 11 dólares.

1.
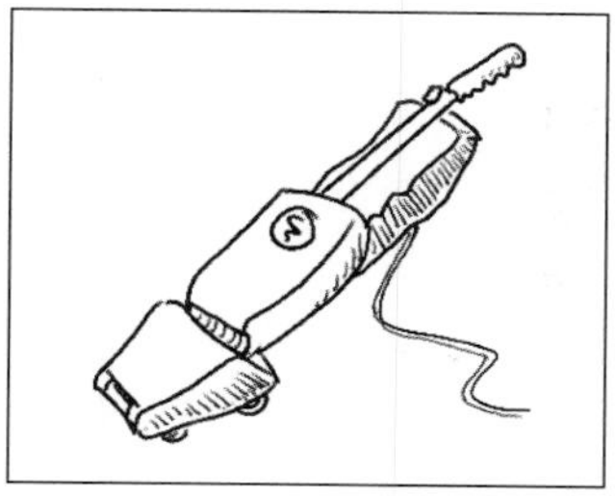

____

2.
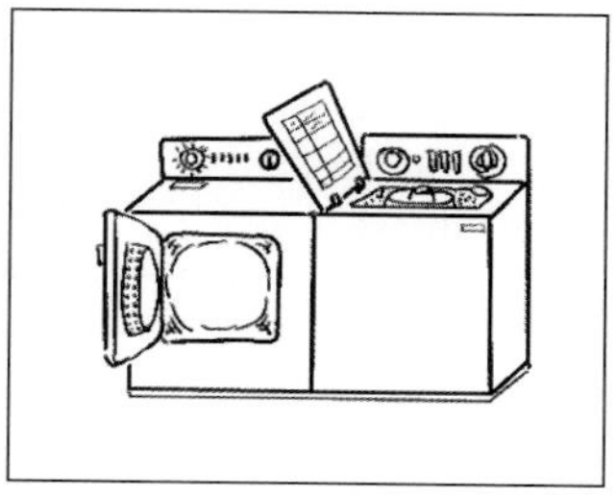

____

3.

____

4.
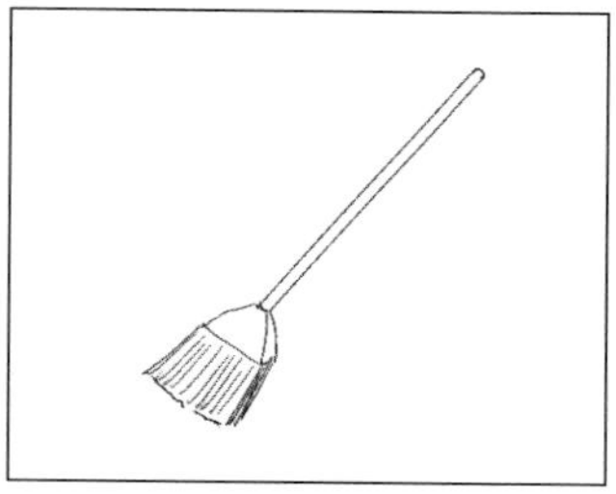

$11.00

5.
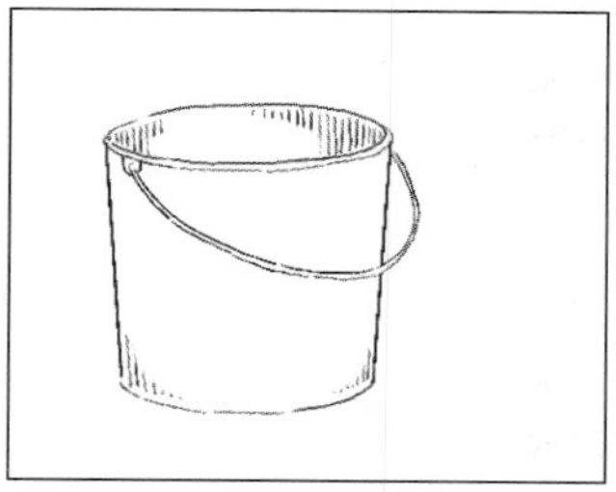

____

6.

____

7.
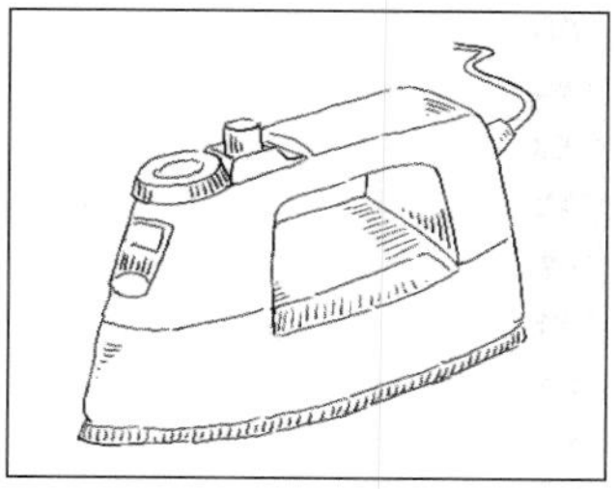

____

8.
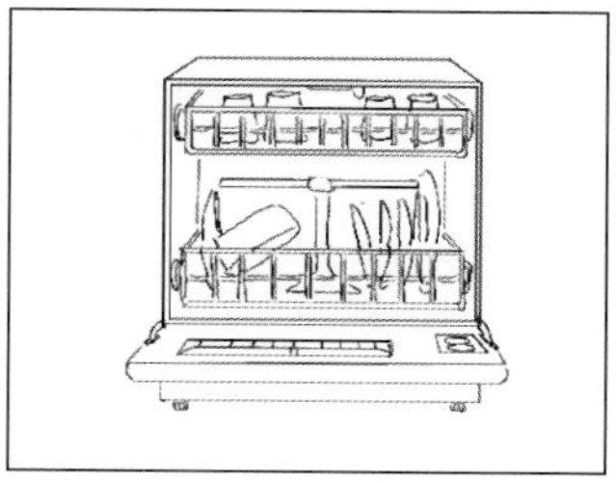

____

PRÁCTICA

9-24 Emparejar. Match each item on the left with its logical pair on the right.

_____ 1. escalera	a. comedor
_____ 2. escoba	b. planta alta
_____ 3. ropa	c. pared
_____ 4. cuadro	d. planchar
_____ 5. cómoda	e. barrer
_____ 6. ducha	f. garaje
_____ 7. mesa y sillas	g. dormitorio
_____ 8. carro	h. baño

9-25 ¿Qué asocias con ... ? With a classmate, take turns saying all the items and activities you associate with each of the following.

MODELO: la ropa
► lavar, lavadora, secar, secadora, planchar, plancha, cómoda ...

1. la comida
2. el dormitorio
3. estudiar
4. el coche
5. limpiar
6. divertirse
7. la terraza
8. la sala

9-26 Los quehaceres domésticos. Write at least eight complete, logical sentences combining elements from each of the columms below and using the preterite.

MODELO: ► Hoy lavé los platos en la cocina.

Yo	poner	la cocina
Tú	lavar	la basura
Mis compañeros y yo	limpiar	los muebles
Mis padres	planchar	la cama
Mi profesor(a)	sacar	los platos
(original)	barrer	la mesa
	sacudir	la ropa
	hacer	la terraza
		el garaje

9-27 ¿Cómo es tu dormitorio? Use the following adverbs of place to describe your room to a classmate.

MODELO: ► En mi dormitorio hay una cama entre la cómoda y el librero.

arriba de
contra
dentro de
lejos de
cerca de
debajo de
entre
sobre

9-32 División del trabajo. You and your roommate need to reach an agreement as to who does what around the house. With a classmate, divide household chores.

MODELO: poner la mesa
E1: ¿Quieres poner la mesa?
E2: Está bien. Pongo la mesa si tú preparas la cena.
E1: De acuerdo. Yo preparo la cena si tú ...

barrer el piso
cocinar la carne
cortar la hierba
hacer la cama
poner la mesa
lavar la ropa
planchar la ropa
ordenar el cuarto
pasar la aspiradora
sacar la basura
sacudir el polvo de los muebles
secar la ropa
comprar la comida
lavar los platos

ESTRUCTURAS

4. Impersonal and passive *se*

SE
VENDE
EL HOGAR SOÑADO
PARA TODA LA
VIDA

Nuestros especialistas en hipotecas le consiguen el dinero para: consolidar deudas en un solo pago mensual, la educación de sus hijos, adquirir una propiedad, hacer mejoras a su casa o lograr algunas metas.

Impersonal *se* to express *people, one, we, they*

- The pronoun **se** may be used with the third-person singular form of a verb to express an idea without attributing the idea to anyone in particular. These expressions are equivalent to English sentences that have impersonal subjects such as *people, one, we, you, they.*

Se dice que vender una casa es una pesadilla.	*People say that selling a house is a nightmare.*
Se permite fumar aquí.	*They permit smoking here.*
Se anuncia una venta-liquidación.	*They're announcing a liquidation sale.*

- The third-person plural may be used alone to express these impersonal subjects.

Dicen que los precios de las casas están bajos ahora.	*They say that housing prices are low now.*

Passive *se*

The pronoun **se** may also be used with the third-person singular or plural form of the verb as a substitute for the passive voice in Spanish. In such cases, the person who does the action is not expressed and the subject of the passive sentence is an object or place. As always, the verb must agree with the subject. In other words, **se** + the third-person singular is used when the noun that follows is singular, and **se** + the third person plural is used when the noun that follows is plural.

Por fin, **se contruyó** la biblioteca.	*Finally, the library was built.*
Se venden muebles de segunda mano aquí.	*Second-hand furniture items are sold there.*
Se habla español en esa mueblería.	*Spanish is spoken in that furniture store.*

PRÁCTICA

9-33 Una agencia de bienes raíces. Roberto and Rosa have found a real estate agency with the services they value. Find out specifically why they like this one by completing the paragraph with the impersonal or the passive **se**. Be sure to use the correct forms of the verbs from the list.

abrir	atender	cerrar	creer
decir	obtener	ofrecer	poder
vender			

Nos gusta la agencia de bienes raíces Casamía porque (1) ________ a las ocho de la mañana y (2) ________ a las ocho de la noche. Además (3) ________ precios magníficos en los pisos que (4) ________. (5) ________ que (6) ________ a los clientes rápidamente y que (7) ________ comprar una casa con una inversión mínima. También (8) ________ electrodomésticos y otros muebles a precios muy razonables. (9) ________ que Casamía es la mejor agencia de bienes raíces de Tampa.

9-34 Se dice que... With a classmate, explain why you prefer to live in one area of town over another. Use impersonal expressions with **se**.

MODELO: ► Me gusta vivir cerca de la universidad porque allí se encuentran restaurantes y tiendas interesantes. Se vive económicamente y se llega a clase en pocos minutos...

9-35 Letreros. You have been asked to make several signs to be used in the display window of an appliance store or real estate office. Following the model, make four signs using **se**.

MODELO: ► Se aceptan tarjetas de crédito.

COMUNICACIÓN

9-36A ¿Se permite ... ? With a classmate, take turns asking each other if the following activities are done in your university, city, or country. Be sure to ask for details whenever possible.

MODELO: permitir fumar en esta universidad
E1: ¿Se permite fumar en esta universidad? ¿Dónde? ¿Por qué? ¿Cuándo?
E2: Sólo se permite fumar en las residencias estudiantiles.

1. permitir fumar en tu apartamento
2. comer bien en tu casa
3. deber limpiar la casa todos los días
4. poder pasear por la noche en esta ciudad sin tener que preocuparse
5. decir que es buena la zona cerca de la ciudad
6. permitir animales domésticos en tu apartamento
7. limpiar tu dormitorio

9-37 ¿Dónde ... ? You and a classmate are preparing an orientation guide for new students. Decide where the following activities can be done in your city. Be sure to indicate the name and location of each place.

MODELO: comprar muebles de segunda mano
E1: ¿Dónde se compran muebles de segunda mano?
E2: Se compran en ... Está en la calle ..., en frente de ... (etc.)

1. servir comida mexicana
2. lavar la ropa
3. comprar aparatos electrodomésticos
4. alquilar muebles
5. vender comida vegetariana
6. vender pasta de dientes
7. ver películas
8. vender maquillaje
9. arreglar zapatos
10. comprar alfombras de lana
11. (original...)

9-38 El criado nuevo. With a classmate, take the roles of home owner and new housekeeper. The houskeeper will ask about the cleaning routine. Use the impersonal or the passive **se**.

MODELO: E1: ¿Qué se necesita para barrer la terraza?
E2: Se necesita la escoba.

1. ¿Qué se necesita para limpiar la cocina?
2. ¿Dónde se guarda la escoba?
3. ¿Se permite fumar en su casa?
4. ¿Se sirve el almuerzo a mediodía?
5. ¿A quién se le abre la puerta?
6. ¿Se permite usar el teléfono?
7. ¿Cuántas veces a la semana se sacude el polvo de los muebles?
8. ¿Dónde se pone la aspiradora después de usarla?

5. *Se* for unplanned occurrences

- In order to describe an involuntary or unplanned event, Spanish frequently uses **se** in conjunction with the third person singular or plural of the verb. In such cases, the action is not viewed as being carried out by someone, but rather as happening to someone. Hence, that someone is an indirect object, and an indirect object pronoun is used.

Se me perdió la escoba.	*My broom got lost.*
¿**Se te rompió** la aspiradora?	*Did your vacuum cleaner break on you?*
Se nos olvidaron las sillas para la fiesta.	*We forgot the chairs for the party.*
Se me olvidó lavar el piso.	*I forgot to wash the floor.*

- Where English uses the possessive adjective, Spanish uses the definite article since possession is indicated by the indirect object pronoun. The preposition **a** + noun or pronoun may be added for clarity or emphasis.

A ti se te cayó el basurero.	*You dropped your garbage can.*
A la criada se le quedaron las tijeras en el jardín.	*The housekeeper's scissors were left behind in the garden.*
A Pablo se le ocurrió buscarme en el patio.	*It occurred to Pablo to go look for me in the patio.*

PRÁCTICA

9-39 Sucesos imprevistos *(Unexpected happenings)*. From the list below, choose six things that have happened to you or to your friends unexpectedly. Express what happened using **se**.

MODELO: caerse

► A Ana se le cayó la taza de café esta mañana.

1. perderse el cepillo de dientes, la pasta de dientes, el peine, etc.
2. quedarse la plancha, la aspiradora, la ropa limpia, el jabón, etc.
3. olvidarse apagar la estufa, preparar la comida, pasar la aspiradora, sacudir el polvo de los muebles, etc.
4. romperse el vaso, el plato, el diente, el lavaplatos, etc.
5. ocurrirse poner la mesa, hacer la cama, limpiar el dormitorio, cortar la hierba, etc.
6. caerse el despertador, el cepillo de dientes, la máquina de afeitar, la navaja, etc.

9-40 Me levanté con el pie izquierdo. In Spanish, when everything goes wrong, you say you got up on your left foot. Complete the following paragraph with the correct preterite form of one of the verbs from the list. Some verbs will be used more than once. Remember to use constructions with **se**.

olvidar	quedar
caer	romper
ocurrir	

¡Qué desastre! Hoy me levanté con el pie izquierdo. (1) _____ poner el despertador y me quedé dormida hasta las ocho. Cuando me preparaba el café, (2) _____ la botella de leche y (3) _____. Salí a buscar el periódico y (4) _____ las llaves (keys) adentro. Tuve que llamar al dueño del apartamento y él se enojó conmigo. (No (5) _____ buscar la llave extra que tiene mi vecino.) Llegué tarde a la oficina. Durante el día (6) _____ las cartas que tenía que contestar. Cuando por fin llegué a casa, vi que no tenía nada que comer. Fui al banco, pero (7) _____ la tarjeta en casa. Volví a casa. Me dormí en el sofá, y decidí empezar de nuevo mañana.

COMUNICACIÓN

9-41 Fue sin esperar. With a classmate, take turns asking each other about events that may have occurred unexpectedly within the past several days.

1. ¿Se te olvidó algo hoy?
2. ¿Se te rompió algún objeto últimamente?
3. ¿Se te perdió algo en estos días?
4. ¿Se te ocurrió alguna idea fabulosa esta semana?
5. ¿Se te descompuso *(broke down)* el auto en los últimos meses?
6. ¿Se te cayó alguna cosa que tenías en las manos hoy o ayer?

9-42 Excusas. What do you say to get out of the following situations? With a classmate, use some of the expressions below as excuses to respond to people who want an explanation.

MODELO: PROFESOR: ¿Dónde está su tarea?
► ¡Ay! ¡Se me quedó la tarea en casa esta mañana!

se me quedó/quedaron
se me rompió/rompieron
se me cayó/cayeron
se me olvidó/olvidaron
se me perdió/perdieron

1. PROFESORA: ¿Por qué no tiene usted su libro para la clase?
2. BIBLIOTECARIO: No encontramos los libros que usted sacó hace tres meses.
3. DUEÑO DEL APARTAMENTO: No recibí su pago este mes.
4. POLICÍA: Se prohibe estacionar *(park)* su coche aquí.
5. CAMARERO: Aquí tiene la cuenta.
6. TU MAMÁ: ¿Por qué hay leche por toda la mesa?
7. JEFE: Busco el reporte que usted escribió.
8. AMIGO: ¿Dónde está mi suéter que te pusiste ayer?
9. PROFESOR: Usted recibió una nota baja en el último examen.
10. DEPENDIENTE: No entiendo por qué esta lámpara no funciona.

9-43 Una vez me levanté con el pie izquierdo. Write a ten-line composition in which you tell about a very bad day when everything went wrong for you, but nothing was your fault. You may wish to use activity 9-40, as a model.

6. The relative pronouns *que, quien, lo que*

- Relative pronouns are used to join two sentences that have a noun or a pronoun in common.

  Tenemos un apartamento grande. El apartamento está en la playa.
  We have a big apartment. The apartment is on the beach.

  Tenemos un apartamento grande **que** está en la playa.
  We have a big apartment that is on the beach.

- The relative pronoun **que**, meaning *that, which, who,* and *whom,* is used for both persons and objects.

El sofá **que** compré está en la sala.	*The sofa (that) I bought is in the living room.*
La alfombra **que** ves allí es del Perú.	*The rug (that) you see there is from Perú.*
La muchacha **que** llamó es mi hermana.	*The girl who called is my sister.*

- The relative pronoun **quien(es)**, meaning *who* and *whom,* refers only to persons and is most commonly used after prepositions and the personal **a**.

Ésas son las dependientas **a quienes** buscaba.	*Those are the clerks who I was looking for.*
Ése es el agente con **quien** hablabas.	*That is the agent who you were talking to.*

- The relative pronoun **lo que**, meaning *what, that which,* is a neuter form, and refers to an idea or a previous situation or event.

Lo que quiero es un apartamento económico.	*What I want is an economical apartment.*
No me gustó **lo que** hiciste.	*I didn't like what you did.*
¿Entiendes **lo que** dice el agente?	*Do you understand what the agent says?*

- In Spanish, the use of the relative pronoun **que** is never optional as it is in many instances in English.

Estoy buscando la escoba **que** compraste.	*I'm looking for the broom that you bought.*
Los platos **que** lavaste están sucios.	*The dishes (that) you washed are dirty.*

PRÁCTICA

9-44 Unas tareas domésticas. Combine the following pairs of sentences to make one using the relative pronoun **que**.

MODELO: ¿Dónde está el cubo? Lo usaste ayer.
► ¿Dónde está el cubo que usaste ayer?

1. La visita viene hoy. Es una amiga de mamá.
2. La ropa está en la secadora. No está seca todavía.
3. Debes sacudir el polvo de los muebles. Están en el comedor.
4. Aquí tienes la aspiradora. Es para limpiar las alfombras.
5. ¿No ves el baño? Está muy sucio.
6. Pon el estéreo. Está en la sala.
7. Voy a preparar la comida. Es para los abuelos.
8. ¿No tienes el jabón? Lo compré ayer.
9. ¿Dónde pusiste la escoba? La tenías hace un minuto.
10. ¡Ay, se me cayó la taza! La traje de México.

9-45 En la tienda de electrodomésticos. Fill in the blanks with the correct forms of the relative pronouns **que**, **quien**, or **lo que**.

1. ¿Dónde está la señorita tan simpática con _____ hablé ayer?
2. Ésa es la nueva empleada ______ comenzó a trabajar hoy.
3. El señor _____ lleva el traje negro me atendió la semana pasada.
4. La aspiradora _____ compramos ya no funciona.
5. Las instrucciones ______ leímos están incompletas.
6. El problema ______ más me preocupa es ______ no tenemos mucho dinero para una nueva aspiradora.
7. ______ usted necesita es hablar con el supervisor.
8. ¿Quiénes son las señoras con _______ conversabas hace unos minutos?
9. El dueño de la tienda ______ le presenté ayer es muy amable.
10. ______ tenemos que hacer es buscar otra tienda.

COMUNICACIÓN

9-46 Tus deseos. With a classmate, take turns expressing your hopes and desires, using the formula **lo que** with the indicated verb. Ask each other for additional information so that you can learn as much as possible.

MODELO: necesitar
E1: Lo que necesito es una "A" en esta clase.
E2: ¿Por qué?
E1: Porque quiero poner contentos a mis padres.

Lo que ...

1. necesitar
2. tener que hacer
3. buscar en la vida
4. gustarme
5. faltarme
6. querer
7. desear para el futuro
8. tener que hacer el presidente
9. impresionarme

9-47A En la agencia de Casabella. You work as a supervisor in an agency that provides temporary cleaning help. Use the phrases below to help a new employee with problems on the job. The employee may or may not accept your advice.

MODELO: E1: Se me rompió el lavaplatos.
E2: Lo que usted debe hacer es lavar los platos a mano.
E1: Lo que no me gusta es poner las manos en agua sucia...

POSIBLES CONSEJOS

Lo que tiene que hacer es ...
Lo que debe hacer es ...
Lo que necesita es ...

SÍNTESIS

¡Al fin y al cabo!

¡A ESCUCHAR!

Una cena. You will hear a brief description of a dinner that Lidia and Pedro had for their good friends Marta and Joaquín. After you hear the description, list six household chores they had to do in order to prepare for the dinner.

1. ____________________
2. ____________________
3. ____________________
4. ____________________
5. ____________________
6. ____________________

Now you will hear several statements about the dinner. Circle the letter of the word or phrase that best completes each statement.

1. La cena fue un …
   a. lunes
   b. miércoles
   c. sábado

2. El apartamento donde cenaron es de …
   a. Lidia
   b. Pedro y Lidia
   c. Marta y Joaquín

3. Lidia va a …
   a. ordenar el apartamento
   b. cocinar
   c. lavar los platos

4. Pedro va a cocinar …
   a. pollo
   b. pescado
   c. bistec de solomillo

5. De postre van a comer …
   a. un flan
   b. manzanas
   c. helado

6. Al final, Pedro le dice a Lidia que tienen que …
   a. empezar a trabajar
   b. darse un beso
   c. cancelar la cena

9-48A ¿Mi casa es tu casa? With a classmate, take turns describing the layout of your houses or apartments. Make a list of the differences between the two plans.

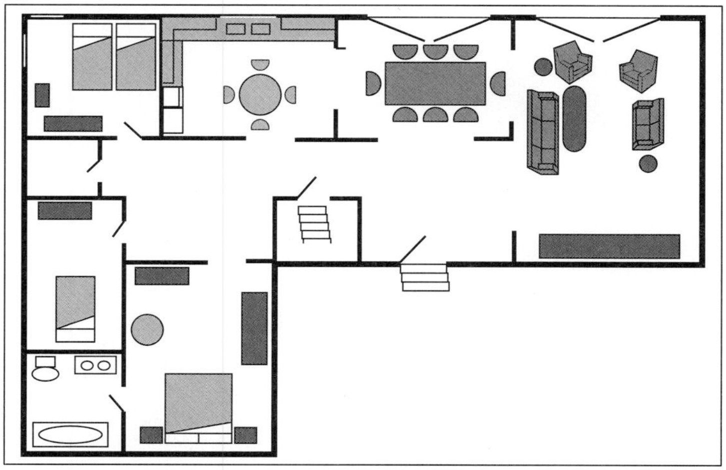

9-49 Las normas. In a group of three or four, discuss your opinions on the following societal rules. Take note of how many agree that they are reasonable norms and how many think they should be changed. Use the impersonal or passive **se** where appropriate, and justify your response.

MODELO: E1: No se permite fumar en algunos restaurantes.
E2: Es una norma justa. Es malo para la salud. No es agradable cuando se está comiendo.
E3: No es una norma justa. Es mi vida y voy a fumar si quiero. Se debe permitir fumar en todos los restaurantes.

LA NORMA

No se permite fumar en clase.
No se toca música en el apartamento después de las once de la noche.
Se asiste a la escuela hasta los 16 años.
Se prohibe comer en la biblioteca.
No se llevan pantalones cortos a la iglesia.
No se dan regalos a un(a) profesor(a).
No se da propina a un policía.
Se dice la verdad en la corte.
Se prohibe tomar alcohol a los menores de 21 años.
No se permite cultivar marijuana.
(original)

9-50 ¡Disculpa! Write a note of at least five lines to a classmate explaining why you failed to keep an appointment. Use **se** for unplanned occurrences, reflexive actions, and the preterite tense. Then give your note to another classmate to respond.

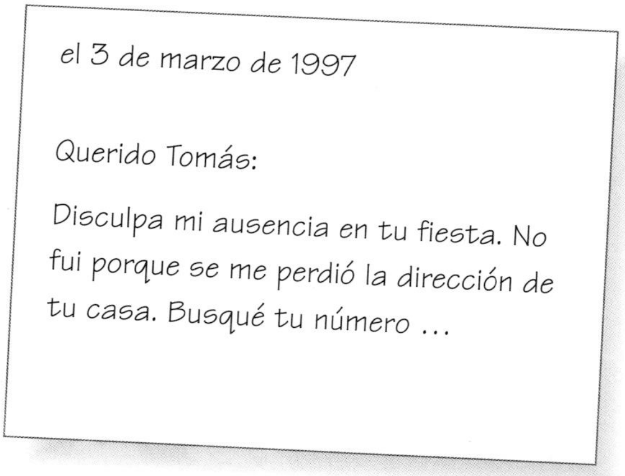
el 3 de marzo de 1997
Querido Tomás:
Disculpa mi ausencia en tu fiesta. No fui porque se me perdió la dirección de tu casa. Busqué tu número ...

9-51 ¡Decisiones importantes! In a group of three or four, discuss the pros and cons of some of these alternatives. Try to reach a consensus to present to the class.

1. alquilar *(rent)* un apartamento o comprar una casa
2. comprar muebles nuevos o de segunda mano
3. vivir cerca de la universidad o lejos de la universidad
4. acostarse y despertarse tarde o temprano
5. limpiar bien todo el apartamento o sólo ordenarlo

¡A LEER!

El escritor argentino, Enrique Anderson Imbert, nació en Buenos Aires en 1910. Enseñó literatura latinoamericana en su propio país y también en los Estados Unidos, en la Universidad de Harvard. Es famoso por ser maestro del microcuento o cuentito, la mayoría de los cuales tiene un fin irónico o sorprendente. En sus cuentos se nota también cierta confusión entre la realidad y el mundo de la fantasía.

El crimen perfecto se incluye en una colección de cuentos que se llama El gato de Cheshire. *El narrador es un tipo criminal que acaba de cometer "el crimen perfecto". Como en mucha de la narrativa de Anderson Imbert, se nota una mezcla de lo humorístico y lo horrible, lo que resulta en una moraleja impresionante.*

9-52 Datos biográficos. Complete the biographical information about the author.

Nombre:

Nacionalidad:

Fecha de nacimiento:

Otra profesión:

Tipo de obras que escribe:

Una característica de su obra:

9-53 Para comparar. Supply the information requested, based on your own experience.

1. un escritor norteamericano que escribe de lo horrible: ___________
2. una novela o un cuento que combina lo humorístico y lo horrible: ___________

9-54 Para anticipar. Look at the illustrations and scan the reading to make guesses about its content and theme. Then select the word or phrase that best completes each sentence.

1. La acción tiene lugar en …
   a. una casa
   b. un parque
   c. un cementerio
   d. una iglesia
2. Éste es un cuento de …
   a. romance
   b. acción
   c. misterio
   d. humor
3. En el dibujo se ve un lugar …
   a. diabólico
   b. musulmán
   c. judío
   d. cristiano

9-55 Para pensar. The *highlighted* words appear in this story. See if you can match each word with its English equivalent, writing the number of the sentence in which it appears beside the appropriate word in the list below.

1. Escondí *(I hid)* el *cadáver* en el cementerio.
2. Las *monjitas* viven en el convento de Santa Eulalia.
3. El río tiene dos *orillas.*
4. Cada *lápida* lleva el nombre de la persona *muerta.*
5. Acosté al muerto en un *sepulcro* en el cementerio.
6. Según los cristianos, después de la muerte, el *alma* sube al cielo.

___ (river) banks
___ (dead) body
___ dead
___ soul
___ gravestone
___ nuns (diminutive term)
___ tomb

9-56 Empieza a leer. Scan the reading to arrange the following events in order.

___ Las monjas se enojan *(get angry).*
___ El criminal mata a alguien.
___ El juez *(judge)* ahora lo sabe todo.
___ Las monjas llevan el cementerio a la otra orilla del río.
___ El criminal esconde el cadáver en un lugar sagrado *(holy).*

El crimen perfecto

Creí haber cometido el crimen perfecto. Perfecto el plan, perfecta su ejecución. Y para que nunca se encontrara el cadáver lo escondí donde a nadie se le ocurriera buscarlo: en un cementerio. Yo sabía que el convento de Santa Eulalia estaba desierto desde hacía años[1] y que ya no había monjitas que enterrasen a monjitas en su cementerio. Cementerio blanco, bonito, hasta alegre con sus cipreses[2] y paraísos a orillas[3] del río. Las lápidas, todas iguales y ordenadas como canteros de jardín[4] alrededor de una hermosa imagen de Jesucristo, lucían[5] como si las mismas muertas se encargasen[6] de mantenerlas limpias. Mi error: olvidé que mi víctima había sido furibundo ateo[7].

Horrorizadas por el compañero de sepulcro que les acosté[8] al lado, esa noche las muertas decidieron mudarse[9] y cruzaron a nado[10] el río llevándose consigo[11] las lápidas y arreglaron el cementerio en la otra orilla, con Jesucristo y todo. Al día siguiente los viajeros que iban por lancha[12] al pueblo de Fray Bizco vieron a su derecha el cementerio que siempre habían visto a su izquierda. Por un instante, se les confundieron las manos y creyeron que estaban navegando en dirección contraria,

---

[1]*for years,* [2]*cypress trees,* [3]*on the banks* , [4]*flower beds,* [5]*shone,* [6]*took it upon themselves,* [7]*a raging atheist,* [8]*I laid,* [9]*move,* [10]nadando, [11]*with them,* [12]barco

como si volvieran[13] de Fray Bizco, pero en seguida advirtieron que se trataba de una mudanza[14] y dieron parte[15] a las autoridades. Unos policías fueron a inspeccionar el sitio que antes ocupaba el cementerio y, cavando[16] donde la tierra parecía recién removida, sacaron el cadáver (por eso, a la noche, las almas en pena[17] de las monjitas volvieron muy aliviadas, con el cementerio a cuestas[18]) y de investigación en investigación...; ¡bueno! el resto ya lo sabe usted, señor Juez.

9-57 ¿Comprendiste? Contesta brevemente en español.

1. ¿Quién es el narrador y dónde se encuentra?
2. ¿Cuál es su crimen?
3. ¿A quién le confiesa su crimen?
4. ¿Por qué es ideal el cementerio de Santa Eulalia?
5. ¿Cuál fue su gran error?
6. ¿Quiénes se mudaron de una orilla del río a la otra?

9-58 ¿Qué opinas? In groups of two or three, ask each other your opinion on these issues in the story.

Nada : 1 ←——— Un poco: 3 ———→ Mucho: 5

LA OPINIÓN	LA PERSONA
Me gustan las películas de horror.	
Me gustan las novelas de Stephen King.	
Me gustan los cuentos de Edgar Allen Poe.	
Tengo miedo de estar en un cementerio de noche.	
Creo en los fantasmas.	
Creo que los muertos andan por el mundo real.	
Creo que hay poca diferencia entre la realidad y la fantasía.	
Creo que todo crimen es imperfecto.	

[13]*as if they were returning,* [14]*move,* [15]*notified,* [16]*digging,* [17]*souls in torment,* [18]*on their backs*

Chile

9-59 ¿QUÉ SABES TÚ?

1. la capital de Chile
2. una cordillera importante
3. ciudades en Chile y en Indiana, EE.UU., cuyo nombre significa *Valley of Paradise.*
4. qué le pasó a Salvador Allende
5. un producto agrícola chileno
6. los países en sus fronteras

9-60 PARA BUSCAR Scan the reading and fill in the missing information.

1. la longitud y el ancho de Chile: _______ km, ______ km (máximo), ______ km (mínimo)
2. dos poetas que ganaron el premio Nóbel: _________ y _________
3. su clima: _________
4. un adjetivo que describe Santiago: ___________
5. una ciudad muy atractiva para los turistas: __________

Estadísticas de Chile

Nombre oficial: República de Chile
Área: 756.622 km²
Población: 14.100.000
Ciudades principales: Santiago (capital) 4.500.000; Viña del Mar 360.000; Concepción 330.000; Valparaíso 285.000; Talcahuano 245.000
Forma de gobierno: Democracia representativa
Jefe de gobierno: Eduardo Frei Ruiz
Figuras prominentes: Pedro de Valdivia (1500-1554), fundador de la ciudad Santiago del Nuevo Extremo; el poeta Alonso de Ercilla (1533-1594); el general Bernardo O'Higgins (1776-1842); la poeta Gabriela Mistral (1889-1957), Premio Nóbel de 1945; el poeta Pablo Neruda (1904-1973), Premio Nóbel de 1971, Isabel Allende (1942-), novelista y cuentista contemporánea
Productos principales: cobre, frutas y vegetales, harina de pescado, nitrato de sodio, vino

Chile es una bella nación con 10.000 km de costas, una longitud de 4.200 kilómetros, un ancho[1] máximo de 445 km y mínimo de 90 km. A pesar de su larga extensión, Chile goza de una temperatura agradable casi todo el año y es sólo en el extremo sur del país o en los picos de los Andes que hace mucho frío. Sus habitantes son tan simpáticos como industriosos. La mayoría son descendientes de españoles, aunque parte de la población es

[1] *width*

ESTUDIANTES DE LA UNIVERSIDAD DE SANTIAGO DE CHILE

mestiza. También hay chilenos de ascendencia alemana, italiana o inglesa. Santiago, su capital, es una ciudad cosmopolita con notable influencia europea.
Aunque todavía existe cierta pobreza en los barrios urbanos y entre los campesinos, Chile es uno de los países más prósperos de Hispanoamérica. En la última década y gracias a la economía del país basada en la libre empresa, ha mejorado, notablemente el nivel de vida del pueblo chileno. Si añadimos a este bienestar económico el cambio positivo que tomó el país hacia la democracia, es fácil apreciar cómo Chile se está convirtiendo en modelo de desarrollo económico y político para el resto de Hispanoamérica.

SITIOS DE INTERÉS

SANTIAGO DE CHILE

La cuarta ciudad más grande del continente, Santiago es una deliciosa mezcla de la Europa del siglo XIX, la España colonial y la arquitectura moderna, que incluye un eficiente metro.

En el centro de la ciudad están el cerro[4] de Santa Lucía, que antes era una fortaleza española y ahora se usa como museo de arte, y el cerro de San Cristóbal, que tiene una inmensa estatua de la Virgen y una vista magnífica de la ciudad. En el centro también hay paseos[5] con bellas esculturas y bancos donde el turista puede sentarse a contemplar los impresionantes edificios coloniales. En los barrios residenciales abundan las amplias avenidas y parques con lindos jardines llenos de plantas y flores de diferentes colores.

AVENIDA O'HIGGINS EN SANTIAGO DE CHILE

Viña del Mar

A 100 kilómetros de Santiago, cruzando valles fértiles y pasos montañosos, se encuentra este balneario[6] famoso en todo el mundo. Su excelente playa está bordeada por kilómetros de lujosos hoteles y condominios. En Viña del Mar el turista puede bañarse en el mar, jugar al golf, probar su suerte[7] en el fabuloso casino o ir a emocionantes carreras de caballo[8].

[2]*free enterprise,* [3]*has improved,* [4]*hill,* [5]*walkways,* [6]*resort,* [7]*luck,* [8]*horse racing,*

9-61 Miniprueba. Indica si las siguientes oraciones son ciertas o falsas. Si son falsas, explica por qué.

1. Chile es una nación larga y estrecha.
2. En el extremo norte de Chile hace mucho frío.
3. La mayoría de los chilenos son descendientes de ingleses.
4. Chile es un país bastante próspero.
5. La economía del país ha mejorado en la última década.
6. Ahora en Chile hay un gobierno democrático.
7. El presidente de Chile es Alberto Fujimori.
8. En la ciudad de Santiago se ve una gran influencia norteamericana.
9. En el cerro de San Cristóbal hay un museo de arte.
10. En el centro de Santiago hay paseos que tienen esculturas.
11. Viña del Mar es un balneario famoso.
12. En Viña del Mar se puede esquiar en la nieve.

9-62 Identificar. With a classmate, find and discuss the locations of the following cities, mountains, and bodies of water in Chile. Use the map on the inside cover of your book.

MODELO: Santiago
Santiago es la capital de Chile. Está en el centro del país, entre la costa y las montañas.

Portillo	Arica
Punta Arenas	Puerto Montt
Valparaíso	Estrecho de Magallanes

ISABEL ALLENDE ESCRIBIÓ *LA CASA DE LOS ESPÍRITUS.*

LECCIÓN 10

¡Tu salud es lo primero!

COMUNICACIÓN

- Expressing wishes, requests, and emotions
- Talking about your own condition and that of others
- Talking about health care
- Giving advice

CULTURA

- Las farmacias
- El ejercicio y la dieta

ESTRUCTURAS

PRIMERA PARTE

- Formal commands
- The Spanish subjunctive: general uses
- The Spanish subjunctive in noun clauses
- The subjunctive to express volition

SEGUNDA PARTE

- The subjunctive to express feelings and emotions
- Indirect commands

¡A leer!: *Curiosidades de la comida*
Nuestro mundo: Los países andinos: Ecuador, Perú y Bolivia

¡Así es la vida!

¡Qué mal me siento!

Don Remigio Campoamor no se siente bien. Le duele todo el cuerpo. Ahora está hablando con su esposa doña Refugio.

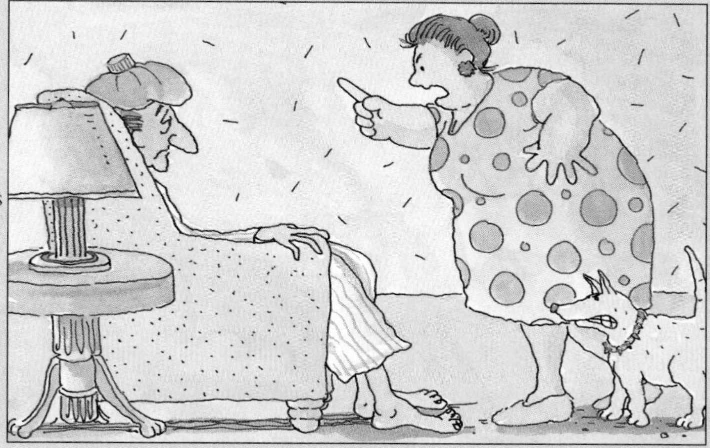

DON REMIGIO: ¡Aaay, Refu! ¡Qué mal me siento!
DOÑA REFUGIO: Remigio, hace tres días que estás enfermo. Quiero que vayas al médico ahora mismo.
DON REMIGIO: De ninguna manera.
DOÑA REFUGIO: ¡Remi! Insisto en que hagas una cita con el doctor Estrada.
DON REMIGIO: ¡Está bien! No sé por qué tienes tanta confianza en los médicos.

En el consultorio del doctor Estrada

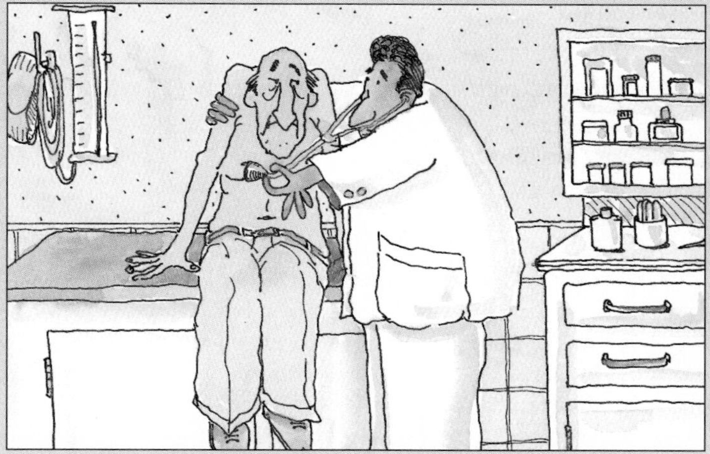

DR. ESTRADA: Don Remigio, ¿cómo se siente? ¿Qué tiene? ¿Qué le duele?
DON REMIGIO: Me duele mucho la garganta y me duelen también el pecho y el oído.
DR. ESTRADA: A ver ... ¡Respire! ¡Tosa! ... Pues, mire, lo que usted tiene es un resfriado y una infección del oído. ¿Es alérgico a los antibióticos?
DON REMIGIO: No. Sólo soy alérgico a ustedes los médicos.
DR. ESTRADA: Don Remigio, usted es algo serio. Mire, tómese estas pastillas, una cada seis horas. Yo le garantizo que se va a sentir mejor. Quiero que venga la semana próxima para hacerle un examen físico.
DON REMIGIO: ¿Otra vez venir a visitarlo? Pero usted sabe que yo odio las visitas al médico.
DR. ESTRADA: Vamos, don Remigio, tranquilo. Usted sabe que para mí su salud es lo primero.

¡ASÍ LO DECIMOS!

Las partes del cuerpo humano

la boca	*mouth*
el brazo	*arm*
la cabeza	*head*
el corazón	*heart*
el cuello	*neck*
el dedo del pie	*toe*
el estómago	*stomach*
la frente	*forehead*
la garganta	*throat*
el hombro	*shoulder*
el hueso	*bone*
la lengua	*tongue*
la mano	*hand*
el músculo	*muscle*
la nariz	*nose*
el oído	*inner ear*
la oreja	*ear*
el pecho	*chest*
el pie	*foot*
el pulmón	*lung*
la rodilla	*knee*
la sangre	*blood*
el tobillo	*ankle*
la uña	*nail*

Verbos relacionados con la salud

guardar cama	*to stay in bed*
hacer ejercicio	*to exercise*
hacer una cita	*to make an appointment*
operar	*to operate*
recetar	*to prescribe*
respirar	*to breathe*
romperse (un hueso)	*to break (a bone)*
sacar (la lengua)	*to stick out (one's tongue)*
tener dolor de ...	*to have a pain in...*
tener fiebre	*to have a fever*
tener náuseas	*to be nauseous*
tener un resfriado	*to have a cold*
tomarse la temperatura	*to take one's temperature*
toser	*to cough*

Medicinas comunes

el antibiótico	*antibiotic*
el antiácido	*antacid*
la aspirina	*aspirin*
el calmante	*pain killer, sedative*
el jarabe	*cough syrup*
la pastilla	*pill; lozenge*
la penicilina	*penicillin*

Expresiones para hablar de la salud

¿Cómo se siente?	*How do you feel?*
¿Cuáles son sus síntomas?	*What are your symptoms?*
Me duele ...	*My...hurts*
Me siento bien (mal, mejor).	*I feel good (bad, better).*
¿Qué le duele?	*What's hurting you?*

Condiciones físicas

la alergia	*allergy*
el dolor de cabeza	*headache*
el dolor de estómago	*stomachache*
el dolor de garganta	*sore throat*
el dolor de muelas	*toothache*
la gripe	*flu*
la enfermedad	*illness*
la infección	*infection*
el resfriado	*cold*
la tos	*cough*

Otros sustantivos relacionados con la medicina

el consultorio	*doctor's office*
el examen físico	*checkup*
la inyección	*shot*
el (la) paciente	*patient*
la prueba/el examen	*test*
la radiografía	*X-ray*
la receta	*prescription*

Otras palabras y expresiones

A ver, ...	*Let's see, ...*
odiar	*to hate*

¡A ESCUCHAR!

¡Qué mal me siento! Doña Refugio calls the doctor to make an appointment, too. As she talks, take note of her symptoms, the likely diagnosis, and the doctor's advice by checking off the appropriate words and phrases in each column.

SÍNTOMA	DIAGNOSIS	CONSEJO
___ tos	___ alergias	___ tomar aspirina
___ fiebre	___ presiones del trabajo	___ descansar
___ dolor de cabeza	___ resfriado	___ tomar sopa
___ dolor de estómago	___ gripe	___ comer mejor
___ dolor de garganta	___ úlceras	___ hacer ejercicio

PRÁCTICA

10-1 Categorías. With a classmate, see how many words and expressions you can fit into each of the following categories.

TIENES 2	SON ÓRGANOS INTERNOS	TIENES 1	TIENES MÁS DE 2
los ojos	...	...	...

10-2 ¿Con qué se usa? Say which part of the body you associate with each item.

MODELO: la transfusión
► la sangre

1. el anillo
2. el zapato
3. el arete
4. el sombrero
5. el maquillaje
6. la crema
7. el pañuelo *(handkerchief)*
8. los guantes
9. el amor
10. el idioma

10-3 ¿Qué tal? Imagine you are not feeling well. Complete the following conversation with a classmate.

COMPAÑERO(A): Hola ... ¿Qué tal? ¿Cómo (1) _______?
TÚ: (2) ______________________________
COMPAÑERO(A): ¿Qué tienes? ¿Qué te pasa?
TÚ: (3) ______________________________
COMPAÑERO(A): ¿Vas a ir al (4) _______?
TÚ: (5) ______________________________
COMPAÑERO(A): Bueno, (6) ________________.

10-4 ¿Qué le pasa? Look at the illustrations and say what's wrong with these people.

MODELO: Alicia
► A Alicia le duele el estómago.

1. Alberto

2. Ana María

3. Samuel y Ricardo

4. Carlos

5. Ramiro y Marta

10-5 ¿Necesito un médico? Read the advertisements, then answer the following questions.

MÉDICOS

Dr. Amaury V. Fuente, M.D.
Medicina Interna
4746 West Flagler Street
Miami, Florida 33135
(305) 555-3666

Dr. Elías Musa, M.D.
Medicina optometrista
4746 West Flagler Street
Miami, Florida 33135
(305) 555-3666

MÉDICOS

Dr. Roberto Sánchez
Cirugía Cosmética y Bariatica
Miembro de la Academia Americana de Ciruglla Cosmética
1650 Coral Way
Miami, Florida 33145
(305) 555-6975

Dr. Tomás A. Cabrera
Urólogo
330 S.W. 27 Avenida. Suite 203
Miami, Florida 33135
•
777 East 25 Street, Suite 410
Hialeah, Florida 33030
(305) 555-7414

1. ¿Qué tienen en común el doctor Fuente y el doctor Musa?
2. ¿Cuáles son las direcciones de sus consultorios?
3. ¿Cuál es la especialidad del doctor Cabrera?
4. ¿Cuál es el teléfono del doctor Cabrera?
5. Si tienes problemas con los ojos, ¿a cuál de estos médicos vas? ¿Por qué?

A PROPÓSITO ... LAS FARMACIAS

Las farmacias en España y en Hispanoamérica son tiendas especializadas en las que sólo se venden medicinas y artículos de aseo personal como jabones, jarabes, pasta de dientes, lociones y champú. Todos los barrios tienen varias farmacias pequeñas y la farmacología goza de gran prestigio porque el farmacéutico puede recomendar medicinas como un médico y muchas personas consultan al farmacéutico en vez de ir al médico cuando tienen algún dolor o malestar. De esta forma, es posible comprar antibióticos como la penicilina y otros medicamentos sin la necesidad de obtener una receta médica.

Las farmacias en el mundo hispano se turnan *(take turns)* y en cada barrio siempre hay una farmacia abierta las 24 horas del día para casos de emergencia. La lista de estas farmacias de turno/de guardia se puede encontrar en la vitrina de todas las farmacias y también la publican muchos periódicos.

Vamos a comparar

¿Qué diferencias hay entre las farmacias de los EE.UU. y Canadá y las farmacias de los países hispanos? ¿Hay farmacias de turno en los EE.UU.? ¿Por qué? ¿Dónde se pueden obtener medicinas en los EE.UU. en caso de una emergencia? ¿Qué medicinas se pueden comprar en los EE.UU. y Canadá sin receta médica?

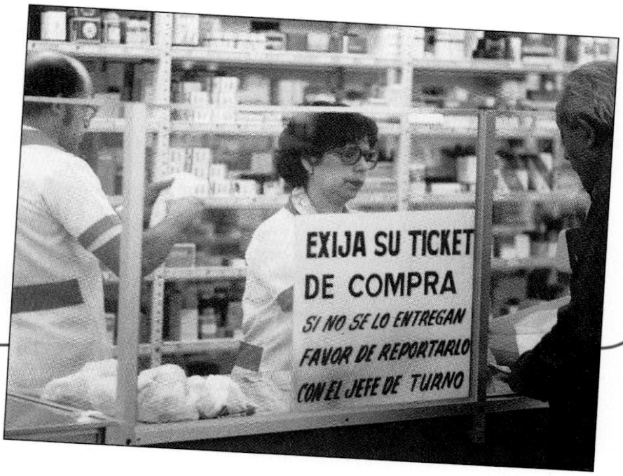
EXIJA SU TICKET
DE COMPRA
SI NO SE LO ENTREGAN
FAVOR DE REPORTARLO
CON EL JEFE DE TURNO

COMUNICACIÓN

10-6A ¡Qué mal me siento! Imagine you are not feeling well. With a classmate, take turns telling your symptoms and giving advice.

MODELO: E1: Me duelen los pulmones.
E2: Fuma menos.

SÍNTOMAS	CONSEJOS
1. Me duelen las piernas.	______________
2. Creo que tengo fiebre.	______________
3. No tengo energía.	______________
4. No me siento bien.	______________
5. Tengo un resfriado terrible.	______________
6. Me duele el estómago.	______________

10-7 En la farmacia. While traveling in Mexico you come down with a bad cold and you go to a pharmacist for advice about what to take. In pairs, write a short conversation about this situation. Be prepared to present it to the class.

10-8 ¿Qué solución? In groups of three or four, create a conversation around one of the following situations. Be prepared to share your skit with the class.

1. a un(a) estudiante se le rompió el tobillo
2. tu mejor amigo(a) sigue fumando aunque tose mucho
3. un miembro de la familia sufre mucha presión, come mucha comida grasosa *(fatty)*, está gordito(a) y se siente mal, pero no quiere consultar con un médico.

ESTRUCTURAS

1. Formal commands

In **Lección 6**, you were introduced to the informal **tú** command forms. The following chart summarizes the formation of the formal commands.

Infinitive	Present indicative		Formal commands	
	1ST PER. SING.	STEM	USTED	USTEDES
hablar	hablo	**habl-**	habl**e**	habl**en**
pensar	pienso	**piens-**	piens**e**	piens**en**
comer	como	**com-**	com**a**	com**an**
atender	atiendo	**atiend-**	atiend**a**	atiend**an**
escribir	escribo	**escrib-**	escrib**a**	escrib**an**
pedir	pido	**pid-**	pid**a**	pid**an**

- Formal commands of **-ar** verbs add **-e**, and formal commands of **-er** and **-ir** verbs add **-a** to the stem of the first person singular of the present indicative.

Hable con el médico.	*Speak to the doctor.*
Piense antes de tomar demasiado.	*Think before drinking too much.*
Pídale una receta al médico.	*Ask the doctor for a prescription.*
Coma comida saludable.	*Eat healthy food.*

- For the plural commands, add **-n** to the **usted** command form.

Piensen antes de hablar.	*Think before speaking.*
Atiendan bien a los pacientes.	*Take good care of the patients.*

- Negative commands are formed by placing **no** in front of the command form.

No coma ese pescado.	*Don't eat that fish.*
No tomen tantas pastillas.	*Don't take so many pills.*

- Subject pronouns may be used with commands for emphasis or clarification. As a rule, they are placed after the verb.

¡**Piense** usted!	*You think!*
¡**No hablen** ustedes!	*You don't talk!*

- With affirmative commands, direct and indirect object pronouns must follow the command form and be attached to it. An accent mark is added to commands of two or more syllables to show that the stress of the original verb remains the same.

Tómese la temperatura.	*Take your temperature.*
Recétele un jarabe.	*Prescribe him a cough syrup.*

- With negative commands, direct and indirect object pronouns are placed between **no** and the command form.

No se enferme.	*Don't get sick.*
No le haga un examen físico.	*Don't do a physical exam on her.*

EXPANSIÓN **More on structure and usage**

1. The verbs **ir**, **saber**, **ser**, **estar** and **dar** have irregular formal commands.

	USTED	USTEDES
ir	**vaya**	**vayan**
saber	**sepa**	**sepan**
ser	**sea**	**sean**
estar	**esté**	**estén**
dar	**dé**	**den**

No le **dé** cigarrillos al niño.	*Don't give cigarettes to the child.*
Vayan al médico.	*Go to the doctor.*
Sepan bien la lección.	*Know the lesson well.*
Sea más amable.	*Be nicer.*

2. Verbs ending in **-car**, **-gar**, and **-zar** change spelling in the formal command in order to keep the same sound of the first-person singular of the present indicative. Verbs ending in **-car** change the **c** to **qu**. Verbs ending in **-gar** are spelled with **gu**, while verbs ending in **-zar** change the **z** to **c**.

INFINITIVE	PRESENT INDICATIVE	COMMANDS
sacar	**saco**	**saque** usted, **saquen** ustedes
jugar	**juego**	**juegue** usted, **jueguen** ustedes
comenzar	**comienzo**	**comience** usted, **comiencen** ustedes

PRÁCTICA

10-9 El doctor Chiringa y los Cholalisa. Felipe Chiringa, MD, is a family friend of twin brothers Roberto and Ruperto Cholalisa. Dr. Chiringa is worried about their work and health habits. Find out what they talk about when he meets them in the street by providing the correct form of the **Ud.** or **Uds.** command of the verbs in parentheses.

DR. CHIRINGA: Señores Cholalisa, ustedes tienen que hacer algo por su salud. No (1) ______ (cenar) tan tarde y no (2) _______ (acostarse) todos los días después de las doce de la noche.

ROBERTO: Sí, doctor, pero (3) _______ (acordarse) de que nosotros llegamos del trabajo muy tarde.

DR. CHIRINGA: Sí, queridos amigos, pero (4) _______(tener) más cuidado, (5) ________ (mirar), no (6) ________ (trabajar) tanto. Por favor, (7) _______ (llegar) a su casa más temprano y (8) ________ (cuidarse) un poco más.

RUPERTO: Doctor, (9) ________ (comprender) nuestra vida. Trabajamos en una panadería por las noches y sólo tenemos tiempo para comer y dormir porque por las mañanas tenemos otro trabajo en un restaurante.

DR. CHIRINGA: Ruperto y Roberto, no (10) ________ (enfadarse), vamos, (11) _________ (seguir) mis consejos y, si es posible, (12) ________ (cambiar) de trabajo.

ROBERTO: No (13) _______ (creer) que es fácil, doctor, siempre estamos buscando un trabajo mejor.

DR. CHIRINGA: Sí, lo sé. Pero la salud es lo primero. Bueno, (14) ________ (venir) los dos mañana a las seis de la tarde. (15) __________ (Consultar) con la enfermera. Yo les voy a recetar un régimen más saludable. ¡No (16) ___________ (faltar)!

ROBERTO Y RUPERTO: ¡De acuerdo, doctor!

COMUNICACIÓN

10-10 ¡Mande usted! With a classmate, create an affirmative and a negative command for the following people. Then compare your commands with those of other classmates.

MODELO: A su profesora
► Profesora, por favor, sea amable. ¡No nos dé otro examen!

1. a un cocinero de la cafetería de la universidad
2. a tus padres
3. a la administración de la universidad
4. al consejo estudiantil
5. a tu médico
6. a una camarera
7. a tu actor favorito
8. a tu actriz favorita.

10-11 En la sala de emergencia. You are a recently graduated physician on your first day in the emergency room of a hospital and your supervisor has told you to consult with him/her about conditions that the patients have. With a classmate, take turns stating the conditions and matching an appropriate response using the **usted** command.

SITUACIÓN	INSTRUCCIÓN
El paciente necesita oxígeno.	(buscar el tanque de oxígeno) ► ¡Busque el tanque de oxígeno!
A la niña le duele el estómago.	(hacerle una radiografía) ____________________
El bebé está tosiendo mucho.	(buscarle un calmante) ____________________
La señora tiene una infección en el brazo.	(tomarle la temperatura) ____________________
El Sr. Pérez tiene una fiebre muy alta.	(darle un jarabe) ____________________
La paciente de la silla se rompió la pierna.	(ponerle una inyección de penicilina) ____________________
El viejo está muy ansioso.	(darle un antiácido) ____________________

2. The Spanish subjunctive: general uses

With the exception of the command forms, you have been using verb tenses (present, preterite, and imperfect) in the indicative mood. The indicative is used to describe actions that are real, definite, or factual.

In this chapter you will learn about the subjunctive mood, which is used to describe a speaker's attitudes, wishes, feelings, emotions, or doubts. Unlike the indicative, which deals with real, factual actions, the subjunctive describes reality subjectively.

The present subjunctive of regular verbs

When you learned the formal commands in this chapter, you learned the **Ud.** and **Uds.** form of the present subjunctive. As you will remember, the present subjunctive is formed by deleting the final **-o** of the first person singular of the present indicative and adding the endings. The endings associated with **-er** verbs are added to the **-ar** verbs and those associated with the **-ar** verbs are added to the **-er** and **-ir** verbs.

hablar	habl~~o~~	→	habl + e	→	**hable**
comer	com~~o~~	→	com + a	→	**coma**
vivir	viv~~o~~	→	viv + a	→	**viva**

	hablar	comer	vivir
yo	**hable**	**coma**	**viva**
tú	**hables**	**comas**	**vivas**
él/ella/usted	**hable**	**coma**	**viva**
nosotros/nosotras	**hablemos**	**comamos**	**vivamos**
vosotros/vosotras	**habléis**	**comáis**	**viváis**
ellos/ellas/ustedes	**hablen**	**coman**	**vivan**

- The chart shows the present subjunctive forms of regular verbs. Note that the endings of **-er** and **-ir** verbs are identical.
- Note that the verbs that are irregular in the **yo** form of the present indicative are not considered irregular in the present subjunctive, because the **yo** form is used as the base of the present subjunctive.

INFINITIVE	1ST PERSON SINGULAR PRESENT INDICATIVE	1ST PERSON SINGULAR PRESENT SUBJUNCTIVE
decir	**digo**	**diga**
hacer	**hago**	**haga**
oír	**oigo**	**oiga**
poner	**pongo**	**ponga**
tener	**tengo**	**tenga**
traer	**traigo**	**traiga**
venir	**vengo**	**venga**
ver	**veo**	**vea**

- The spelling changes that you learned for the command forms of verbs whose infinitives end in **-car**, **-gar**, and **-zar** also occur in all forms of the present subjunctive.

-car:	c → qu	buscar:	**busque**, **busques**, **busque**, **busquemos**, etc.
-gar:	g → gu	llegar:	**llegue**, **llegues**, etc.
-zar:	z → c	empezar	**empiece**, **empieces**, etc.

- The subjunctive forms of **-ar** and **-er** stem-changing verbs have the same pattern of the present indicative.

pensar (ie):	**piense**, **pienses**, **piense**, **pensemos**, **penséis**, **piensen**
devolver (ue):	**devuelva**, **devuelvas**, **devuelva**, **devolvamos**, **devolváis**, **devuelvan**

- In **-ir** stem-changing verbs, the unstressed **e** changes to **i**, and the unstressed **o** changes to **u** in the **nosotros** and **vosotros** subjunctive forms.

sentir (ie, i): **sienta**, **sientas**, **sienta**, **sintamos**, **sintáis**, **sientan**
dormir (ue, u): **duerma**, **duermas**, **duerma**, **durmamos**, **durmáis**, **duerman**

Verbs with irregular present subjunctive forms

- There are six Spanish verbs that have irregular present subjunctive forms:

DAR	ESTAR	HABER	IR	SABER	SER
dé	**esté**	**haya**	**vaya**	**sepa**	**sea**
des	**estés**	**hayas**	**vayas**	**sepas**	**seas**
dé	**esté**	**haya**	**vaya**	**sepa**	**sea**
demos	**estemos**	**hayamos**	**vayamos**	**sepamos**	**seamos**
deis	**estéis**	**hayáis**	**vayáis**	**sepáis**	**seáis**
den	**estén**	**hayan**	**vayan**	**sepan**	**sean**

P R Á C T I C A

10-12 Cuestiones de la salud. Complete the following statements with the correct subjunctive form of the verbs in parentheses.

1. Mis padres quieren que yo (estudiar) __________ para ser médico.
2. El médico sugiere que Paco (aprender) ____________ a nadar para hacer ejercicios.
3. Marisa desea que el médico le (escribir) ___________ una receta.
4. La doctora no permite que sus pacientes (fumar) ________ en el consultorio.
5. La recepcionista quiere que tú (llegar) __________ temprano a la cita.
6. Los expertos recomiendan que nosotros (dormir) __________ más de siete horas todos los días.
7. La enfermera prefiere que yo (pedir) _________ café descafeinado.
8. María y Juana le piden a la doctora que les (dar) ________ un jarabe para la tos.

10-13 El centro naturista. You manage a health food store. Say what you want others to do.

MODELO: Marta / traer los cereales
► Quiero que Marta traiga los cereales.

1. Alberto / buscar los jugos
2. Julia y Ángela / preparar las ensaladas
3. Norma / pedir más sopa de legumbres
4. Roberto / traer las frutas orgánicas
5. Juan José y Berta / poner las vitaminas en la vitrina
6. Ramón / buscar los frijoles negros
7. José / servirles el arroz a los clientes
8. tú / hacer la limpieza de la tienda

10-14 En el consultorio. What instructions has doctora Medina left for her assistants to do on Saturday? Complete the note found on her desk.

MODELO: llamar el laboratorio
► La doctora Medina dice que llamemos al laboratorio.

llamar al doctor Fernández
preparar las pruebas
pedir las recetas
ir por termómetros
barrer el piso
lavar los vasos
buscar información para los pacientes
ordenar el consultorio
cerrar bien la oficina

3. The Spanish subjunctive in noun clauses

¡Espero que tengas un buen viaje!

- A noun clause is a clause that is used like a noun as the direct object or subject of the verb, or as the object of a preposition.

  Necesito **una receta**. (noun—direct object)

  Necesito **una receta nueva**. (noun phrase—direct object)

  Necesito **que Ud. me dé una receta**. (noun clause—direct object)

- A sentence that has two conjugated verbs and two subjects is called a compound sentence. One subject and verb are in the main clause and the other subject and verb are in the dependent clause. Note the following diagram:

MAIN CLAUSE	DEPENDENT NOUN CLAUSE
subject + verb	**que** + 2nd subject + verb (in subjunctive)

Yo quiero que el médico **hable** despacio.
I want the doctor to speak slowly.

Él duda que yo **tome** las pastillas.
He doubts that I will take my pills.

Nosotros esperamos que nuestro abuelo **viva** mucho tiempo.
We hope (that) our grandfather (may) will live a long time.

Él quiere que nosotros **vayamos** a vivir en la Florida.
He wants us to go (that we go) to live in Florida.

- Note that the subjunctive appears in the dependent noun clause, and the action or event referred to has not yet occurred.
- Note that the two clauses are joined together by the connector **que**.
- Note the different English equivalents of the Spanish subjunctive in the previous examples: infinitive, the present tense, the future tense, or the auxiliary verb *may*.

PRÁCTICA

10-15 Tu vida personal. Combine clauses from each column to make logical sentences in Spanish. Be sure to use the subjunctive in the dependent clause.

MODELO: ► Quiero que mi novio baile salsa conmigo.

Quiero		la profesora nos dar menos tarea
Deseo		mis amigos venir conmigo al cine
Prefiero		mis padres me prestar atención
Insisto en	que	mi novio(a) me llamar
Recomiendo		tú ir a la tienda por mí
Permito		mi profesor de … llegar a tiempo
		el médico me dar una receta
		(original)

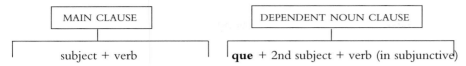

COMUNICACIÓN

10-16 Quiero que ... Write five chores you want someone to do for you. Then exchange lists with a classmate and respond whether or not you are willing to do the chores on his/her list.

MODELO: E1: Quiero que vayas a la tienda por mí y que me compres un refresco. Luego, quiero que me busques el periódico de hoy y que me leas las noticias. Finalmente, quiero que me prepares un bocadillo de jamón y queso.

E2: Te hago un bocadillo de jamón y queso, pero no voy ...

4. The subjunctive to express volition

¿Necesitan que los lleve a casa?
57
1347

- Verbs of volition express the wishes, preferences, suggestions, requests, and implied commands of the speaker. When the verb in the main clause expresses volition, the verb of the noun clause is expressed in the subjunctive mood. The following are verbs of volition:

aconsejar	*to advise*	**pedir (i)**	*to ask for, to request*
decir	*to tell*	**permitir**	*to permit*
desear	*to wish*	**prohibir**	*to prohibit*
insistir (en)	*to insist*	**querer (ie)**	*to want*
mandar	*to order*	**recomendar (ie)**	*to recommend*
necesitar	*to need*	**sugerir (ie, i)**	*to suggest*

- Note in the following examples that the subject of the verb in the main clause is trying to influence the subject of the dependent noun clause.

Carmen **quiere** que yo **vaya** con ella al consultorio.
Carmen wants me to go with her to the doctor's office.

¿**Necesitan** que los **lleve** al hospital?
Do you need (for) me to take you to the hospital?

La doctora **desea** que tú **recojas** la receta.
The doctor wants you to pick up the prescription.

- Note in the following examples that the sentences have only one subject (i.e., there are no noun clauses), and therefore the infinitive rather than the subjunctive is used.

  Refugio **desea ir** a la farmacia.
  Refugio wants to go to the pharmacy.

  Yo **quiero acostarme** temprano.
  I want to go to bed early.

- Sentences using verbs such as **aconsejar**, **decir**, **pedir**, **recomendar**, and **sugerir** require an indirect object pronoun. This indirect object refers to the subject of the dependent clause and is understood as the subject of the subjunctive verb.

  Le **aconsejo** a Ud. que **descanse** más.
  I advise you to rest more. (Literally, *I advise that you rest more.*)

  Nos **piden** que **hagamos** más ejercicio.
  They ask us to exercise more. (Literally, *They ask that we exercise more.*)

- When verbs of communication such as **avisar** *(to inform)*, **decir**, **escribir**, and **notificar** are used in the main clause, and the subject of the verb is simply reporting information (telling someone something), the indicative is used in the dependent clause. If the verb in the main clause is used in the sense of a command (telling someone to do something), the subjunctive is used.

  (Information) Dile a Juan que vamos al cine.
  Tell Juan that we are going to the movies.

  (Command) Dile a Juan que venga temprano.
  Tell Juan to come early.

PRÁCTICA

10-17 En el consultorio del médico. Complete each statement with the correct form of the verb in parentheses.

MODELO: Refugio _________ (querer) que Remigio _________ (ver) al médico.
➤ Refugio quiere que Remigio vea al médico.

1. Mi mamá _________ (desear) que nosotros _________ (hacerse) un examen físico.
2. El médico _________ (querer) que mi hermano _________ (estar) en el consultorio temprano.
3. El médico _________ (insistir) en que yo _________ (respirar) fuerte.
4. Mi hermano no _________ (permitir) que el médico le _________ (poner) una inyección.
5. El médico _________ (recomendar) que yo _________ (tomar) un jarabe.
6. Él _________ (sugerir) que nosotros _________ (correr) todos los días.

10-18 El doctor Stanish. Complete the following paragraph using the correct form of the present subjunctive of the verbs in parentheses.

Nuestro médico es el doctor Stanish. Es polaco-americano pero siempre quiere que nosotros le (1) _________ (hablar) en español. Le aconseja a mi papá que (2) _________ (comer) y (3) _________ (beber) poco. Le prohibe a mamá que (4) _________ (fumar) y siempre le sugiere que (5) _________ (ir) a hacerse un examen físico todos los años. A mi hermana Rosalía le recomienda que (6) _________ (seguir) una dieta balanceada y que (7) _________ (dormir) ocho horas todas las noches. Finalmente, a mí me pide que (8) _________ (ser) más calmado y que (9) _________ (seguir) sus consejos. El doctor Stanish es un gran médico.

10-19 Consejo médico. Combine elements from each column to form eight sentences. Follow the model.

MODELO: yo / querer / que / tú /ir al médico
► Yo quiero que tú vayas al médico.

Refugio	querer		Refugio	no enfermarse
el farmacéutico	recomendar		ustedes	tomar las pastillas
el paciente	desear		los médicos	las pruebas
la doctora Reyes	aconsejar		mis padres	comer menos (más)
Remigio	preferir	que	su esposo(a)	dormir más
tus padres	sugerir		tú	caminar todos los días
el médico	necesitar		nosotros	respirar fuerte
el hospital	insistir en		los pacientes	sacar la lengua
el terapista	pedir		los clientes	pagar la cuenta

COMUNICACIÓN

10-20A Los deseos. You feel bad. Tell your friend what you want him/her to do for you. Your friend will say whether or not he/she is willing to do the favors you ask.

MODELO: traerme un refresco
E1: Quiero que me traigas un refresco.
E2: Ahora mismo *or* ¡Olvídate! *(Forget it!)*

LA ACCIÓN

1. darme un antiácido
2. ponerme la televisión
3. leerme el periódico
4. buscarme una novela
5. llamar al farmacéutico
6. traerme un vaso de agua
7. tomarme la temperatura
8. pedirme una cita con el médico
9. traerme una aspirina
10. comprarme unas pastillas
11. traerme un refresco

10-21A ¿Qué hacer? When your friend asks for advice, make positive recommendations, incorporating some of the suggestions below. She/he will, in turn, react to your advice.

MODELO: E1: Tengo un examen de química mañana.
E2: Te recomiendo que estudies mucho.
E1: Buena idea. (No tengo tiempo, etc.)

ALGUNOS VERBOS DE INFLUENCIA

Te aconsejo ...	Te recomiendo ...
Te sugiero ...	Insisto en ...
Permito ...	Mando ...
Deseo ...	Te digo ...
Te prohíbo ...	Te pido ...

10-22 En el consultorio. Get together with a classmate and role-play the following situation.

A patient with a bad cold visits the doctor's office. The patient describes how he/she is feeling; the doctor asks several questions and finally offers some suggestions on how the patient can get better.

10-23 ¿Cuáles son tus deseos? Write a paragraph in which you express your wishes and desires for the future. Use verbs of volition and the subjunctive or infinitive, as necessary.

SEGUNDA PARTE

¡Así es la vida!

Mejora tu salud

Una buena dieta para un corazón saludable

Todos sabemos lo importante que es vigilar la alimentación para mantener un buen estado de salud. Mantener un control del consumo de azúcar en su dieta contribuye a su bienestar. Otras cosas que se deben tener en cuenta son los alimentos que contribuyen a las enfermedades del corazón.

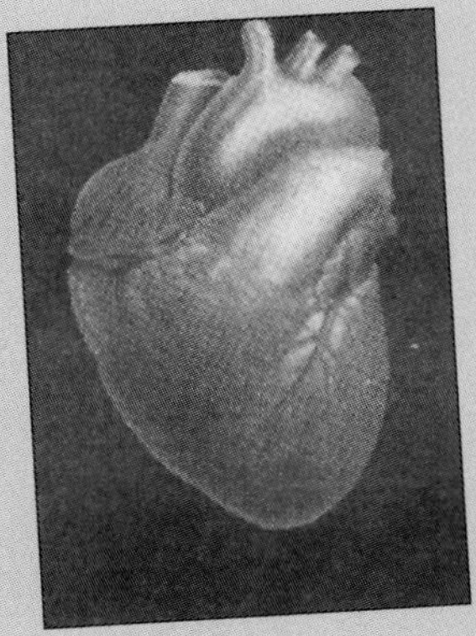

Las enfermedades del corazón cobran más vidas que cualquier otra complicación que genere la diabetes. Esto no debería ocurrir. Cambios en su dieta pueden reducir el riesgo de las enfermedades cardíacas significativamente. Para disminuir estos riesgos, la Asociación Americana de Diabetes ha hecho las siguientes recomendaciones dietéticas:

- Limite su consumo de colesterol a 300 mg. o menos por día. El colesterol está presente en todos los productos de origen animal. También trate de consumir más alimentos ricos en proteínas, tales como avena, o los frijoles.
- Aléjese de los alimentos con alto contenido de grasa. Utilice aceites vegetales y de olivas en su cocina en lugar de mantequilla y manteca.
- Obtenga del 50% al 60% de sus calorías diarias de los carbohidratos (panes, cereales), del 12% al 20% de la proteína (carne, pescado, leche) y no más del 30% de la grasa.
- No coma más de lo necesario. Comer en exceso aumenta el nivel de azúcar en la sangre.

Naturalmente, para la buena salud, el peso adecuado, el ejercicio, el control de los niveles de glucosa y el evitar el alcohol son importantes. Hable con su médico quien le ayudará a planear la dieta adecuada.

¡ASÍ LO DECIMOS!

Los alimentos

la avena — *oatmeal*
los hidratos de carbono — *carbohydrates*
la manteca — *lard (pork fat)*
la proteína — *protein*
los productos lácteos — *milk products*

Otros sustantivos

las bebidas alcohólicas — *alcoholic beverages*
el bienestar — *well-being*
el centro naturista — *healthfood store*
el cigarrillo — *cigarette*
el colesterol — *cholesterol*
la complexión — *body structure*
la diabetes — *diabetes*
la estatura — *height*
el peso — *weight*
el riesgo — *risk*
el sobrepeso — *overweight (excess weight)*

Adjetivos

nocivo(a) — *harmful*
nutritivo(a) — *nutritious*

Actividades para ponerse en forma

adelgazar, bajar de peso — *to lose weight*
cuidarse — *to take care of oneself*
engordar, subir de peso — *to gain weight*
estar a dieta — *to be on a diet*
guardar la línea — *to stay trim*
hacer el jogging/trotar — *to jog*
levantar pesas — *to lift weights*
mantenerse en forma — *to stay in shape*
ponerse en forma — *to get in shape*
vigilar — *to watch*
los ejercicios aeróbicos — *aerobics*

Otras palabras y expresiones

alejarse de — *to get away from*
padecer (de) — *to suffer (from)*
tales como — *such as*
tener en cuenta — *to take into account*

¡A ESCUCHAR!

Una encuesta médica. The telephone rings. When you answer it, you are asked to respond to a survey concerning your diet. Circle the letter of the response to each question that best reflects your eating habits.

1. a. 0 mg.
   b. 300 mg.
   c. 600 mg.
2. a. sí, muchos
   b. a veces
   c. nunca
3. a. sí, mucho
   b. un poco
   c. nada
4. a. de oliva
   b. de maíz
   c. de animal
5. a. 80%
   b. 50-60%
   c. 30%
6. a. menos de una vez
   b. dos o tres veces
   c. todos los días

PRÁCTICA

10-24 Tu salud. Choose the most logical word or expression to complete each sentence.

1. _______ es un cereal que se come generalmente en el desayuno.
   a. La avena
   b. El peso
   c. La manteca
2. La manteca tiene un alto contenido de ________.
   a. grasa
   b. proteína
   c. hidratos de carbono
3. Los frijoles y la avena son _________ saludables.
   a. bebidas
   b. alimentos
   c. grasas
4. El _____ está presente en todos los productos de origen animal.
   a. alcohol
   b. hidrato de carbono
   c. colesterol
5. Mi médico dice que fumar __________ es malo para la salud.
   a. carne
   b. alcohol
   c. cigarrillos
6. Peso mucho. Tengo que ___________.
   a. subir de peso
   b. bajar de peso
   c. comer más mantequilla
7. Esa atleta practica natación todos los días para _________.
   a. hacer el jogging
   b. estar a dieta
   c. mantenerse en forma
8. Cuando necesito comprar alimentos saludables siempre voy al __________.
   a. centro naturista
   b. gimnasio
   c. parque

10-25 Lo bueno y lo malo. With a classmate, make lists of healthy and unhealthy activities.

ACTIVIDADES SALUDABLES	ACTIVIDADES NO SALUDABLES
______________	______________
______________	______________
______________	______________
______________	______________

10-26 Un examen médico. Read the advertisement and then fill out the questionnaire that appears in the ad.

CHEQUEO PARA SU SALUD...

Los hispanos son más propensos a sufrir diabetes...¿por qué correr este riesgo sin necesidad?

En honor a la "Semana de Alerta a la Diabetes", hágase una simple prueba. Este servicio es **gratis** para la comunidad. A continuación unas preguntas, solamente necesita responder SÍ o NO y debe anotar 10 puntos por cada respuesta afirmativa.

	SÍ	NO
Estoy sintiendo los siguientes síntomas con repetida regularidad:		
Sed excesiva	❑	❑
Orino con frecuencia	❑	❑
Mucho cansancio	❑	❑
Pérdida de peso inexplicable	❑	❑
Vista nublada a veces	❑	❑
Tengo más de 40 años:		
Según las tablas de peso, tengo más peso del debido:	❑	❑
Soy mujer y he tenido niños que han pesado más de 9 lbs. al nacer:	❑	❑
Uno de mis padres es diabético:	❑	❑
Mi gemelo/a tiene diabetes:	❑	❑
Mi hermano/a tiene diabetes:	❑	❑

Si su total es 20 o más de 20 puntos, le recomendamos se haga una prueba de diabetes, absolutamente gratis.

LAS PRUEBAS SE EFECTUARÁN:

Martes, 19 de marzo—8:00 am - 11:00 am
Vestíbulo del Coral Gables Hospital
3100 Douglas Road (SW 37 Avenue)
Coral Gables (se servirá un refrigerio)

Sábado, 23 de marzo—10:00 am - 1:00 pm
Westland Mall
1675 W. 49th treet, Hialeah

Las personas que deseen hacerse esta prueba no deben comer dos horas antes del examen.

Contaremos con una dietista que podrá informarle sobre las comidas y contestar cualquier pregunta que pueda tener.

***Para más información o si quiere recibir nuestra revista gratis, llame al* 555-6850.**

Coral Gables Hospital
3100 Douglas Road (S.W. 37 Avenue), Coral Gables, FL 33134

COMUNICACIÓN

10-27 Tus sugerencias. What suggestions would you offer to the following people? Role-play these situations with a classmate.

MODELO: Un(a) amigo(a) está muy delgado(a).
► Te recomiendo que hagas tres comidas grandes todos los días.

1. Un(a) amigo(a) quiere bajar de peso.
2. Un(a) amigo(a) tiene que bajar su nivel de colesterol.
3. Un(a) amigo(a) fuma más de un paquete de cigarrillos todos los días.
4. Tu profesor(a) quiere guardar la línea.
5. Conoces a una persona que padece de diabetes.
6. Tu jefe padece de úlceras.
7. A tu abuelo(a) le preocupa su nivel de colesterol.
8. A un(a) amigo(a) le falta energía.

ESTRUCTURAS

5. The subjunctive to express feelings and emotions

¡Me molesta que se duerman los estudiantes en mi clase!

- The subjunctive is used in noun clauses after verbs that express emotions such as hope, fear, surprise, regret, pity, anger, joy, and sorrow. Some of these verbs are:

alegrarse (de)	*to be glad*
enojar	*to get angry*
esperar	*to hope*
estar contento (de)	*to be happy*
lamentar	*to regret*
molestar	*to bother*
sentir (ie, i)	*to regret*
sorprender	*to surprise*
temer	*to fear*
tener miedo (de)	*to be afraid*

Julia **lamenta que** Carlos **esté** enfermo.
Julia regrets that Carlos is ill.

Nos **sorprende que** el aceite de oliva **sea** bueno para la salud.
It surprises us that olive oil is good for your health.

- As with the verbs of volition, verbs that express feelings and emotions require the subjunctive in the dependent clause if the subject is different from that of the main clause. If there is only one subject, the infinitive is used in the dependent clause.

Esperamos hacer más ejercicio en el futuro.
We hope to exercise more in the future.

José **quiere llegar** temprano.
José wants to arrive early.

A PROPÓSITO ... EL EJERCICIO Y LA DIETA

La preocupación por seguir una dieta saludable y por mantenerse en forma es un fenómeno reciente en los países hispanos. Muchos de los platos tradicionales de la cocina hispana tienen un alto contenido de grasa animal, como la carne de cerdo *(pork)* y la carne de res *(beef)*. Sin embargo, es también costumbre en el mundo hispano que las comidas se preparen con ingredientes naturales y frescos. En esto hay un gran contraste con los EE.UU., donde es muy frecuente que los alimentos se empaquen en fábricas *(factories)* y contengan conservantes *(preservatives)*. Según los expertos, los alimentos naturales son mucho más saludables y su consumo resulta en menos casos de cáncer y de otras enfermedaes.

Los hispanos, generalmente, tampoco se acostumbran a hacer ejercicio y a mantenerse en forma como los norteamericanos. Esta situación está cambiando, especialmente entre los jóvenes de las ciudades. Cada día es más común ver a jóvenes hispanos corriendo por los parques de las ciudades. Los gimnasios y las bicicletas son cada vez más *(more and more)* populares. Además, los hispanos tienen la costumbre de caminar mucho todos los días, un excelente ejercicio que hace que la población hispana se mantenga en bastante buena forma. La dieta hispana ahora es más saludable. Típicamente una comida incluye legumbres, algún tipo de arroz y distintas variedades de frijoles, y el postre casi siempre es alguna fruta. Hoy en día se come menos carne de res que antes. Las comidas generalmente se preparan con aceite de oliva, que no contiene colesterol y que tiene fama de contribuir a la buena salud.

Vamos a comparar

¿Se preocupan mucho por el peso tus amigos? ¿Qué tipo de dieta haces? ¿Camina la gente mucho en los EE.UU.? ¿Por qué? ¿Hacen ejercicios regularmente tú y tus amigos? ¿Qué tipo de ejercicios? ¿Cómo son las comidas en los EE.UU.? ¿Cuáles son los postres preferidos en los EE.UU.?

PRÁCTICA

10-28 Mis reacciones. An employee of a health club gives you a daily report. Express your reactions, following the model and using the cues.

MODELO: Luis hace ejercicios todos los días. Espero que...
► Espero que Luis haga ejercicios todos los días.

1. Mario llega temprano al gimnasio. — Me alegro de que...
2. Rogelio practica poco la natación. — Me enoja que...
3. Beto sube de peso. — Siento que...
4. Alberto y Roque corren por las tardes. — Me sorprende que...
5. Aurelio ya no fuma. — Estoy contento(a) de que...
6. Los señores García no pagan la cuenta. — Espero que...
7. El dueño va a comprar más equipo. — Me alegro de que...
8. Luis no vuelve más al gimnasio. — Me molesta que ...

10-29 Lo que sentimos. Combine words and expressions from each column to form complete sentences.

MODELO: esperamos / que / médico / llegar / pronto
► Esperamos que el médico llegue pronto.

siento		tú	no guardar la línea
lamentamos		los profesores	no cuidarse
mi compañero(a) se alegra de		mi amigo(a)	bajar de peso
el farmacéutico teme	que	mis compañeros	no subir de peso
tú estás contento(a) de		los pacientes	estar a dieta
me molesta		los médicos	tener el colesterol alto
nos enoja		Elena y Berta	hacer ejercicios aeróbicos
esperamos		los expertos	ir al gimnasio
			fumar
			ser alérgico(a)

10-30 Un examen físico. Complete the following conversation between a doctor and a patient with the correct form of the present indicative or present subjunctive of the verbs in parentheses.

PACIENTE: Buenos días, doctor. Yo (1) _______ (sentirse) mal.
MÉDICO: A ver ... ¿qué le (2) ________ (doler)?
PACIENTE: No me (3) ________ (doler) nada pero yo (4) _________ (sentirse) mal.
MÉDICO: Bueno, quiero que (5) ________ (sacar) la lengua y que (6) __________ (respirar) profundo.
PACIENTE: Espero que no (7) ________ (ser) nada serio.
MÉDICO: No, pero usted (8) ________ (tener) una infección en la garganta.
PACIENTE: Me sorprende que (9) __________ (decir) eso. A mí no me (10) _________ (doler) nunca la garganta.
MÉDICO: Sí, pero veo que usted (11) _______ (tener) una infección en la garganta. Le (12) _______ (ir) a poner una inyección de penicilina. Quiero que (13) _______ (volver) a su casa ahora mismo.
PACIENTE: ¡Pero, doctor!
MÉDICO: Lo siento, pero su salud (14) ______ (ser) lo primero.

COMUNICACIÓN

10-31 ¡Mejoremos nuestra salud! With a classmate, take turns telling what you hope to do to improve your general level of health and fitness over the next few months. Then state what you each hope the other will do to achieve the stated goals. Follow the model.

MODELO: E1: Espero bajar cinco libras en un mes.
E2: Espero que hagas ejercicio todos los días.

10-32 Lo que te molesta. Pair up with a classmate and talk about what habits bother you. Feel free to make things up!

MODELO: ► Me molesta que la gente fume.

10-33 Los problemas más graves de la década. Write a list of five health problems that you believe are the most serious today. Compare your list with that of another classmate and comment on each item.

MODELO: E1: Creo que el SIDA *(AIDS)* es el problema más grave de esta década.
E2: Tienes razón. Temo que estén infectadas millones de personas.

10-34A ¿Escuchas bien? Good friends are also good listeners and make appropriate comments when their friends complain. Listen to your classmate's complaints and react with an appropriate expression of emotion.

MODELO: E1: ¡Tengo que escribir un trabajo para mi clase de historia!
E2: ¡Lamento que lo tengas que escribir!

POSITIVAS	NEGATIVAS
Me alegro de ...	Me enoja
Me sorprende ...	Me molesta
Espero ...	No me gusta ...
Estoy contento(a) de ...	Siento ...
	Temo ...
	Tengo miedo de ...
	Lamento ...

6. Indirect commands

- You have already learned how to use direct commands. Commands may also be expressed indirectly, either to the person with whom you are speaking, or to express what a third party should do.
- The basic format of an indirect command is as follows.

Que + subjunctive verb + (subject)

Que vaya Refugio.	*Have (Let) Refugio go.*
Que lo haga ella.	*Let (Have) her do it.*
Que se acuesten temprano.	*Have (Let) them go to bed early.*
Que no me pongan más inyecciones.	*Don't let (have) them give me more injections.*

- This construction is also used to express your wishes for someone else.

¡Que te diviertas!	*(I hope you) have fun!*

- Object and reflexive pronouns always precede the verb. In a negative statement, **no** also precedes the verb.

¡Que **se** vayan!	*Let them go!*
¡Que **no se** caiga!	*Don't let it fall!*

- When a subject is expressed, it generally follows the verb.

¡Que lo hagas **tú**!	*You do it!*
¿El consultorio? ¡Que lo limpien **ellos**!	*The doctor's office? Let them clean it!*

PRÁCTICA

10-35 En el hospital. For each statement below, give an indirect command.

MODELO: Ramiro quiere ser el mejor cirujano.
► Que estudie mucho.

1. La doctora Ruiz quiere operar al paciente.
2. Rolando y Miguel insisten en ver a sus pacientes.
3. María y Ana desean encontrar el termómetro.
4. Paco necesita tomar el jarabe.
5. El paciente no desea hacer ejercicio.
6. La enfermera quiere atender al enfermo.
7. Manuel insiste en pagar la cuenta.
8. El doctor Salazar necesita buscar más antibióticos.

10-36 La enfermera maltratada. An inconsiderate supervisor asks you to do all the work on your hospital ward. Tell him/her to have someone else do it.

MODELO: Busca más aspirinas.
► ¡Que las busque Ester!

1. Tómale la temperatura a la señora López.
2. Dile al paciente que no puede hacer ejercicio.
3. Prepárame un café.
4. Cómprame un bocadillo.
5. Ponle a Miguel una inyección.
6. Prepara una receta nueva para la señora.
7. Atiende a la paciente del cuarto 121.
8. Llama al cirujano inmediatamente.
9. Sugiérele una dieta estricta al señor Estrada.
10. Quítale el cigarrillo a la señora Escobar.
11. Lleva a Jaime al centro naturista esta tarde.
12. Pon a Lourdes a dieta.
13. Hazle una cita a la señorita Maldonado.
14. Dale aspirinas a ese paciente.
15. Explícales las reglas a los visitantes.

10-37 En la sala de emergencia. Imagine you are in charge of the emergency room at a local hospital. Discuss the duties of other staff members with your assistant. Role-play this situation with a classmate using the given cues and following the model.

MODELO: la enfermera Pérez / llevarle la medicina al Sr. López
ASISTENTE: ¿Qué le digo a la enfermera Pérez?
DOCTOR: Que le lleve la medicina al Sr. López.

1. la nutricionista / prepararle el almuerzo a la paciente
2. la recepcionista / llamar al director del hospital
3. el radiólogo / mandarme las radiografías a mi consultorio
4. el doctor Díaz / hacerle un examen físico a la Sra. Gómez
5. los cirujanos / ir a la reunión esta tarde
6. el enfermero Fernández / traer las inyecciones de penicilina

10-38 Dos pacientes con el doctor Peraloca. Complete the following conversation with the correct form of the present indicative or present subjunctive.

Tito y Tuto (1) ______ (ser) dos hermanos que (2) ______ (llegar) al consultorio del doctor Narciso Peraloca porque (3) ______ (estar) enfermos. A Tito le (4) ______ (doler) mucho el pecho y Tuto no (5) ______ (respirar) bien. Los dos (6) ______ (sentirse) muy mal. El doctor Peraloca (7) ______ (comenzar) a hacerles preguntas.

DR. PERALOCA: A ver, Tito, ¿qué le pasa?
TITO: Me (8) ______ (doler) el pecho.
DR. PERALOCA: Temo que usted (9) ______ (tener) un resfriado. Que (10) ______ (ir) mañana al hospital para hacerse unas pruebas y ¡que no (11) ______ (fumar) más!
TITO: Gracias, doctor.
DR. PERALOCA: Y usted, Tuto, ¿cuáles son sus síntomas?
TUTO: Me (12) ______ (doler) todo el cuerpo y no (13) ______ (poder) respirar bien.
DR. PERALOCA: Me enoja que usted no (14) ______ (escuchar) mis consejos. Usted (15) ______ (tener) treinta libras de sobrepeso. Que (16) ______ (ir) a un gimnasio y que (17) ______ (hacer) ejercicio. También le prohibo que (18) ______ (comer) alimentos con grasa. Esta vez ¡que (19) ______ (seguir) mis consejos!
TUTO: Sí, doctor, gracias por sus consejos.

COMUNICACIÓN

10-39 Un mundo mejor. Look in today's newspaper and record five events that are going on in the world. With a classmate, comment on these events using indirect commands.

MODELO: E1: Las universidades necesitan más dinero.
E2: Que les dé el dinero el gobierno.

10-40 Antes de ir de viaje. With a classmate, think up at least six good wishes you would give to a friend before she/he leaves on a trip. Use indirect commands.

MODELO: ¡Que te diviertas! ...

SÍNTESIS

¡Al fin y al cabo!

¡A REPASAR!

10-41 ¿Qué tiene? With a classmate, take turns identifying ways in which Luis will be feeling uncomfortable tomorrow after today's activities. Explain why.

MODELO: E1: Estuvo 10 horas en la playa.
E2: Le va a doler la cabeza por tomar demasiado sol.

1. Tuvo un examen de cálculo.
2. Pasó todo el día limpiando su apartamento.
3. Fue su cumpleaños.
4. Jugó al ajedrez con Garry Kasparov.
5. Corrió el maratón de Boston.
6. Esquió todo el día.
7. Escribió un trabajo de cien páginas.
8. Habló tres horas por teléfono.

10-42 La salud. In groups of three or four, discuss some of your activities and opinions. Be prepared to report your group's consensus to the class.

MODELO: fumar
E1: ¿Quiénes fuman? ¿Por qué? ¿Se debe permitir fumar en lugares públicos? (etc.)
E2: Yo fumo, pero no en lugares públicos.

1. hacer ejercicio
2. enfermarse mucho
3. no gustarle las radiografías
4. preferir la medicina natural
5. consultarle al médico cuando se siente mal
6. nunca tomar pastillas
7. ser alérgico(a) a ...
8. sufrir de dolores de cabeza
9. querer estudiar medicina
10. ser vegetariano

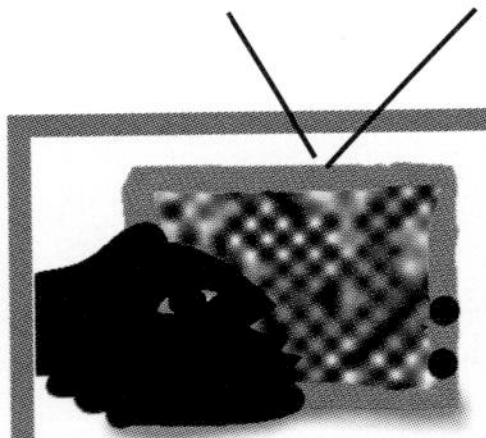

View clips from the ¡ARRIBA! Video. Activities are available through your instructor or on the Prentice Hall Home Page.

10-43 Tú eres el (la) doctor(a). In groups of three or four, role-play the following situation: One of you, a doctor on a call-in radio show, offers the others advice as they call in with their medical problems.

MODELO: E1: Doctor, tengo mucha tos.
E2: Quiero que tome este jarabe.

1. dolor de cabeza
2. dolor de estómago
3. tener algunas libras de sobrepeso
4. el colesterol alto
5. problemas al respirar
6. la presión alta

¡A ESCUCHAR!

La pobre familia Bacallao. You will hear a brief narrative about the problems the Bacallao family is having. Then you will hear several statements. Choose the most logical word or expression to complete each statement, by circling the corresponding letter.

1. a	b	c		4. a	b	c
2. a	b	c		5. a	b	c
3. a	b	c				

El Club Olímpico de San José. As you listen to a radio commercial for a health club in San José, Costa Rica, check off the services they provide.

1. _____ piscina olímpica
2. _____ acondicionamiento físico
3. _____ equipo biomecánico para pesas
4. _____ dieta balanceada
5. _____ danza aeróbica
6. _____ gimnasia para mujeres
7. _____ servicio médico y nutricional
8. _____ masajes

10-44 Cómo mejorar de salud. Write a column for the newspaper giving six specific pieces of advice for how students can stay healthy. Use the verbs of volition you have learned in this lesson.

MODELO: ► Les recomiendo que caminen todos los días.

10-45 El centro naturista El Milagroso. Read the following ad for services and products available through a healthfood store. With a classmate, role-play a visit to the store.

MODELO: E1: Sí, señor(ita). ¿En qué podemos servirle?
E2: Bueno, necesito su consejo. Tengo poca energía. ¿Qué me recomienda?
E1: Le recomiendo que tome nuestras vitaminas A y C. Además, quiero que usted consulte con uno de nuestros consejeros. Aquí ofrecemos ... (etc.)

CENTRO NATURISTA
El Milagroso
Si usted tiene problemas de:
Obesidad - Diabetes - Artritis - Gastritis - Alergias - Colesterol - Asma - Migraña - Úlceras - Circulación deficiente - Presión arterial alta o baja - Pérdida de energía física o mental
¡Nosotros podemos ayudarle!
Ofrecemos consulta naturista, consulta médico-deportiva para niños y jóvenes, nutrición, control de peso, masajes, y terapia en aguas.
Baje 2 tallas y hasta 4 kilos en un mes comiendo lo que le gusta y aumentando su energía física y mental
Vitaminas, tés, medicina tradicional china
Tel. 594-45-77 y 594-86-77
lunes a sábado 10:30 a 21:00 hrs
Zaragoza 125, segundo piso

For additional activities visit the ¡ARRIBA! Home Page.
http://www.prenhall.com/arriba

¡A LEER!

Curiosidades de la comida

10-46 ¿En qué categoría? Rank the following foods on a scale from **menos saludable** to **más saludable**. Compare your rankings with those of a classmate.

MODELO: la avena
► 5, comida saludable

1 menos saludable ← 2 — 3 — 4 → 5 más saludable

_____ las zanahorias
_____ el pollo frito
_____ la mantequilla
_____ la leche descremada
_____ las hamburguesas
_____ el yogur
_____ el helado
_____ el queso
_____ las papitas fritas *(potato chips)*
_____ el apio *(celery)*
_____ las galletas
_____ el pescado al horno
_____ los pasteles
_____ las frutas
_____ la avena
_____ la chuchería *(snacks)*
_____ las rositas de maíz *(popcorn)*
_____ (tu comida favorita: __________)

10-47 Para anticipar. Skim the article, ***Dieta y política***, to guess its content. Which of the following statements probably best summarizes the article?

1. Los políticos comen mucho, especialmente los que viven en Washington.
2. Hay una relación entre lo que comemos y nuestras opiniones políticas.
3. Los que comen menos tienen menos interés en la política.

DIETA Y POLÍTICA

También en "el picar" o comer a deshora hay tendencias políticas. Los conservadores lo hacen con apio y zanahoria. Los liberales con helados o papitas fritas. Mientras que los moderados, con chucherías que, como las rositas de maíz, alimentan y apenas tienen grasa. Pero no todas las rositas de maíz son iguales. A diferencia de las hechas en casa, las de la calle tienen mucha grasa.

Vanidades, 34 (20), 1994. p. 38

10-48 ¿Comprendiste? Answer briefly in Spanish.

1. ¿Hay una relación entre las tendencias políticas y las preferencias en el picar?
2. ¿Quiénes comen lo más saludable?
3. ¿Quiénes comen lo menos saludable?
4. ¿Qué diferencia hay entre las rositas de maíz caseras *(homemade)* y las de la calle?

10-49 ¿Qué prefieres tú? Take a survey of your class to support or disprove the article.

MODELO: E1: ¿Qué te gusta picar? ¿Cuál es tu tendencia política?
E2: Me gusta … . Soy … .

Otra curiosidad

10-50 Otra curiosidad acerca de la comida. The following article also appeared in *Vanidades*. Scan it and match the questions on the left with the information on the right.

1. ¿Dónde?	a. en el tiempo antiguo
2. ¿Qué?	b. reclinados en un diván (tipo de cama)
3. ¿Cuándo?	c. era la costumbre entre la gente bien educada
4. ¿Quiénes?	d. con la mano derecha
5. ¿Por qué?	e. comían
6. ¿Cómo?	f. los griegos
7. ¿Con qué?	g. en Grecia

EN LA ANTIGUA GRECIA

Es cierto —como vemos en las películas— que en la Grecia Antigua se comía mientras se estaba acostado o reclinado en un diván lleno de almohadas, ¡y se consideraba de pésima educación comer sentados o parados! Un dato muy simpático es que algunos de los divanes eran tan altos que resultaba necesario ponerles una escalera para subir a ellos (lo mismo se repetía en las camas). La etiqueta correcta era reclinarse sobre el lado izquierdo del cuerpo y comer con la mano derecha.

Vanidades, 34 (25), 1994, p.16.

10-51 Un resumen. Write two or three sentences summarizing the article in Spanish. Use the information you gained by scanning the article.

10-52 Una encuesta. Write a four-question survey about eating habits, then interview at least two classmates. What can you conclude from their responses?

MODELO: 1. ¿Cómo prefieres comer?
a. parado(a) b. sentado(a) c. reclinado(a)

LOS PAÍSES ANDINOS

10-53 ¿Qué sabes tú? Can you name … ?

1. las capitales del Ecuador, del Perú y de Bolivia: ____________________
2. cuál de los países no tiene puerto al mar: ____________________
3. el científico inglés que investigó las Islas Galápagos: ____________________
4. una antigua civilización de la América del Sur: ____________________
5. una antigua ciudad perdida: ____________________
6. el lago navegable más alto del mundo: ____________________

10-54 Para Buscar. Scan the reading to find the following information.

1. el país más poblado: ________ .
2. el país con el clima menos templado: ________.
3. a qué nación pertenecen *(belong)* las Islas Galápagos: ________.
4. lo que es Machu Picchu: ________.
5. un adjetivo que describe La Paz: ________.

El Ecuador, el Perú y Bolivia son las tres naciones suramericanas en las que mucho de su territorio forma parte de la cordillera de los Andes.

ESTADÍSTICAS DEL ECUADOR

Nombre oficial: República del Ecuador
Área: 283.560 km^2; Islas Galápagos, 7.844km^2
Población: 10.900.000
Ciudades principales: Guayaquil 1.750.000, Quito (capital) 1.500.000, Cuenca 215.000, Machala 155.000, Portoviejo 148.000
Forma de gobierno: Democracia representativa
Jefe de gobierno: Abdalá Bucaram
Figuras prominentes: Atahualpa, el último inca o emperador, murió en 1533; Francisco Eugenio Santa Cruz y Espejo, precursor de la independencia de América (1747-1795); el novelista Jorge Icaza (1906-1978); el pintor Oswaldo Guayasamín (1918-).
Productos principales: petróleo, pescados y mariscos, café y bananas

Las Islas Galápagos son del Ecuador

El Ecuador, tierra de contrastes

La naturaleza ha dividido[1] El Ecuador en cuatro regiones: al este las tierras bajas de la selva amazónica, al oeste la región de la exótica costa del Pacífico, en el centro la majestuosa región andina, y en el mar las encantadoras islas Galápagos. Quito, su capital, es una ciudad colonial que se encuentra anidada[2] en los Andes al pie del nevado volcán Pichincha.

Vista parcial de la ciudad de Quito

Estadísticas del Perú

Nombre oficial: República del Perú
Área: 1.285.215 km^2
Población: 23.450.000
Ciudades principales: Lima (capital) 6.800.000, Arequipa 660.500, Callao 610.200, Trujillo 570.00, Chiclayo 460.000
Forma de gobierno: Democracia representativa
Jefe de gobierno: Alberto Fujimori
Figuras prominentes: Manco Cápac, primer inca o emperador, siglo XIII; el conquistador del Perú, Francisco Pizarro (1478-1541); el político Víctor Raúl Haya de la Torre (1895-1979); el poeta César Vallejo (1892-1938), el escritor Mario Vargas Llosa (1936-).
Productos principales: Cobre, harina de pescado, petróleo y café

Machu Picchu, antiguo centro ceremonial de los incas

El Perú

El Perú está dividido en tres regiones naturales: la costa, la sierra o cordillera de los Andes, y la selva. La costa es la región más poblada y cubre una faja[3] de 40 a 80 kilómetros de ancho. La sierra es la región atravesada[4] por los Andes. Allí hay ciudades como Cuzco, la antigua capital de los incas, a más de 3.500 metros de altura, y las impresionantes ruinas de Machu Picchu, centro ceremonial de los incas. También se encuentra el magnífico lago Titicaca, que a 3.850 m. es el más alto del mundo. La selva cubre el 62% del territorio nacional y forma parte de la cuenca del Amazonas. Su clima es cálido y lluvioso.

[1]*has divided,* [2]*nestled,* [3]*strip,* [4]*crossed*

Estadísticas de Bolivia

Nombre oficial: República de Bolivia
Área: 1.098.581 km^2
Población: 7.550.000
Ciudades principales: La Paz (capital) 1.150.000; Santa Cruz de la Sierra 700.000; Cochabamba 410.000; Oruro 205.000; Potosí 124.000
Forma de gobierno: Democracia representativa
Jefe de gobierno: Gonzalo Sánchez de Lozada
Figuras prominentes: El capitán Alonso de Mendoza (1500-?), fundador de la ciudad Nuestra Señora de la Paz; el Libertador Simón Bolívar (1783-1830), elegido su primer presidente en 1825; el escritor e historiador Alcides Arguedas (1879-1946).
Productos principales: gas natural, estaño, plata, cinc y cobre

BOLIVIA

La Cordillera de los Andes pasa por Bolivia como una gran columna vertebral y forma un altiplano[5] de 700 kilómetros de largo y unos 500 kilómetros de ancho, con una altura media de 3.500 metros. Este altiplano es muy rico en minerales. En el noroeste del país se encuentra la selva con abundantes y valiosas maderas. Al noreste y este están los llanos, tierras dedicadas a la ganadería[6]. El clima varía según la altura. Hay tres zonas: los llanos tropicales, las tierras intermedias entre el altiplano y los llanos y el altiplano, siempre frío y con nieve perpetua en las montañas de más de 4.500 metros.

Vista de La Paz, capital de Bolivia

[5]*high plateau,* [6]*cattle raising*

10-55 Miniprueba. Indique si las siguientes oraciones son ciertas o falsas.

1. Gran parte del territorio de los países andinos está en los Andes.
2. La ciudad más grande del Ecuador es Quito.
3. Quito está al pie de la montaña Pichincha.
4. Alberto Fujimori es el presidente del Perú.
5. Machu Picchu fue la antigua capital del imperio inca.
6. La selva cubre la mayoría del territorio del Perú.
7. Simón Bolívar fue el primer presidente de Bolivia.
8. En Bolivia, las tierras para la ganadería están en el altiplano.
9. En Boliva casi no hay gas natural.

10-56 Identificar. With a classmate, complete the chart below with information about the identity and location of the following places.

MODELO: E1: ¿Qué es Potosí?
E2: Potosí es una ciudad boliviana. Está cerca de Sucre y lejos de La Paz.

IDENTIDAD	DESCRIPCIÓN	LOCALIDAD
	produce café y bananas	
Cuzco		Perú
el altiplano		
	islas	
Quito		en los Andes
	capital	Bolivia
Machu Picchu		
cobre		Perú, Bolivia
	región tropical	
	conquistador	
	el úlitmo inca	

LECCIÓN 11

¿Para qué profesión te preparas?

COMUNICACIÓN

- Expressing doubt, denial and uncertainty
- Persuading others
- Expressing your point of view
- Describing your job
- Gaining information from the want ads
- Writing a brief business letter
- Interviewing for a job

CULTURA

- El desempleo en el mundo hispano
- Los empleos y las relaciones personales

ESTRUCTURAS

PRIMERA PARTE

- The subjunctive to express doubt or denial
- The **nosotros** command forms

SEGUNDA PARTE

- The subjunctive with impersonal expressions
- The subjunctive with indefinite or nonexistent antecedents
- The subjunctive with **ojalá**, **tal vez** and **quizás**

¡A leer!: *Una carta a Dios (Part I)*, Gregorio López y Fuentes

Nuestro mundo: Los países del Río de la Plata: Argentina, Paraguay y Uruguay

PRIMERA PARTE

¡Así es la vida!

El mundo del trabajo

RAÚL JIMÉNEZ ESGUERRA

Ingeniero Industrial

Oficina
Centro Comercial Las Torres
Plaza Junín 32, Suite 202
Quito, Ecuador
Teléfono 34.81.42

María Cardona Gómez

Abogada
Oficina Edificio Girasol
Calle 42 No. 235
Santiago de Chile
Teléfono 234-79-54
Telefax 234-79-33

Ramón Gutiérrez Sergil

ANALISTA DE SISTEMAS

Informática S.A.
Torre Las Brisas
Avenida Fernández Juncos
No. 500
San Juan, Puerto Rico
Teléfono (804) 597-8000
Telex: Informat

Dra. Mercedes Fernández de Robles
Psicóloga Clínica

Oficina
Hospital del Instituto
Nacional de la Salud
Paseo de la Reforma 345
México, Distrito Federal
Teléfonos 367-78-12
367-54-34

Dra. Julia R. Mercado
Contadora/Asesora Financiera

Plaza Letamendi 54
Barcelona, 564, España
Teléfono 892-56-12
Fax 892-67-09

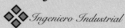

¡ASÍ LO DECIMOS!

LAS PROFESIONES Y LOS OFICIOS

el (la) arquitecto(a)	*architect*
el (la) analista de sistemas	*systems analyst*
el (la) bombero(a)	*firefighter*
el (la) carpintero(a)	*carpenter*
el (la) cartero(a)	*mail carrier*
el (la) cocinero(a)	*cook*
el (la) contador(a)	*accountant*
el (la) dentista	*dentist*
el (la) electricista	*electrician*
el (la) enfermero(a)	*nurse*
el (la) ingeniero(a)	*engineer*
el (la) intérprete	*interpreter*
el (la) mecánico(a)	*mechanic*
el (la) médico(a)	*physician*
el (la) obrero(a)	*manual laborer*
el (la) peluquero(a)	*hair stylist*
el (la) periodista	*journalist*
el (la) plomero(a)	*plumber*
el (la) psicólogo(a)	*psychologist*
el (la) secretario(a)	*secretary*
el (la) traductor(a)	*translator*
el (la) vendedor(a)	*salesperson*
el (la) veterinario(a)	*veterinarian*
el (la) viajante	*traveling salesperson*

TÉRMINOS Y EXPRESIONES DE TRABAJO

el desempleo	*unemployment*
el entrenamiento	*training*
el horario de trabajo	*work schedule*
la meta	*goal*
el puesto	*position (job)*
las responsabilidades	*responsibilities*
el salario, el sueldo	*salary, wages*
trabajar a comisión	*to work on commission*

CARGOS

el (la) coordinador(a)	*coordinator*
el (la) director(a)	*director*
el (la) empleado(a)	*employee*
el (la) gerente	*manager*
el (la) jefe(a)	*boss*
el (la) supervisor(a)	*supervisor*

VERBOS

apagar (fuegos)	*to put out, extinguish (fires)*
contratar	*to hire*
curar	*to cure*
diseñar	*to design*
escribir a máquina	*to type*
negar (ie)	*to deny*
reparar	*to repair*
repartir	*to deliver; to distribute*

¡A ESCUCHAR!

Las profesiones y los oficios. You will hear eight people speak of their education and experience, and of what they like, or would like, to do. Choosing from the list, write in the kind of position each person you hear may be looking for.

MODELO: Soy bilingüe. Me gusta escribir a máquina y contestar el teléfono.
► secretario

analista de sistemas	arquitecto	cocinero	contador
dentista	mecánico	peluquero	periodista

1. ______________________
2. ______________________
3. ______________________
4. ______________________
5. ______________________
6. ______________________
7. ______________________
8. ______________________

PRÁCTICA

11-1 ¿Qué es lo que hace? Identify the profession or occupation that corresponds to what you see in the illustrations. Then describe some of the duties and characteristics of each profession.

MODELO: ► La mujer es una bombera. Trabaja apagando fuegos. Su trabajo es difícil y emocionante.

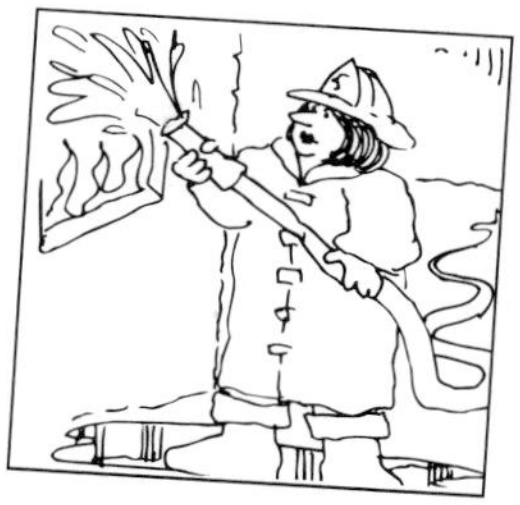

1.

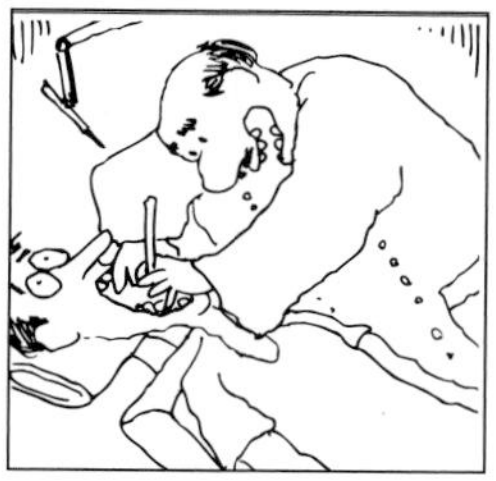

2.

3.

4.

5.

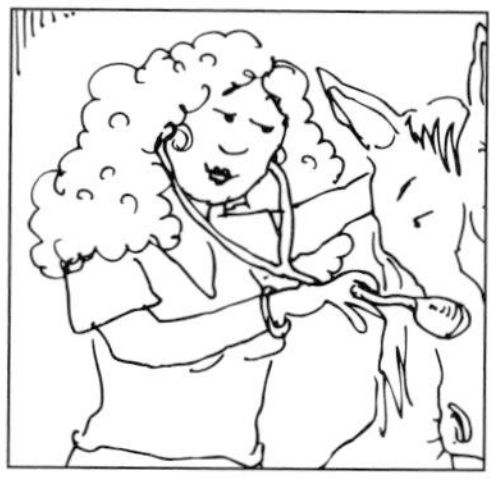

11-2 ¿A quién llamas? In Spanish, say whom you call in each of these situations and add a comment about each.

MODELO: Tu pelo está muy largo y necesitas un corte nuevo.
► Llamo a mi peluquero. Siempre voy a Supercorte donde no tengo que pagar mucho.

1. No hay agua en el baño.
2. Quieres hacer una entrevista para un artículo en el periódico.
3. Necesitas resolver algunos problemas emocionales.
4. Tu coche está haciendo un ruido extraño.
5. Tu perro está enfermo.
6. Quieres muebles nuevos para tu casa.
7. Es hora de preparar los formularios para pagar los impuestos.
8. Quieres que se traduzca una carta del chino al inglés.
9. No hay luz en la sala.
10. Hace dos días que no recibes correspondencia.

11-3 Un aviso para el periódico. Look at the want ads below and answer the questions that follow.

EL COBRADOR DEL FRAC©
necesita
COMERCIALES
-ambos sexos-

SE REQUIERE
- Experiencia en venta de servicios.
- Capacidad de trabajo y ganas de superación.

SE OFRECE:
- Integración en la primera empresa del sector.
- Incorporación inmediata.
- Ingresos superiores a 2.000.000 pts. entre fijo y comisiones.

Para entrevista personal, llamar al teléfono
597 08 73

RANDSTAD EL MEJOR TRABAJO

Secretaria Bilingüe (inglés-español)
Para importante multinacional americana perteneciente al sector farmacéutico buscamos una secretaria bilingüe con excelente presencia, dominio de WP 5.1 y hoja de cálculo y que pueda aportar experiencia previa de al menos 2 años en el registro de productos farmacéuticos. Si éste es tu perfil envíanos urgentemente tu "currículum vitae" con fotografía reciente a la Ref.: SEC-FAR

Graduado Social
Compañía Multinacional busca, para llevar un departamento de Administración de personal, graduados sociales titulados, con dominio de inglés y experiencia en informática (nóminas, red novell, WP 5.1, Lotus 1-2-3). Si eres un persona abierta, tienes capacidad para llevar un equipo, ganas de trabajar y una experiencia de tres años, tenemos un puesto para ti con una remuneración muy interesante. Envíanos tu "currículum vitae" y una fotografía reciente a la Ref: G.SOC>

randstad trabajo temporal
Randstad Empleo E.T.T.S.A. Serrano, 1 Madrid -
Tel. 435 99 98

EMPRESA DE ÁMBITO NACIONAL QUE FABRICA Y COMERCIALIZA SISTEMAS PARA LA CONSTRUCCIÓN

precisa para su delegación en Madrid

ARQUITECTO TÉCNICO

o TÉCNICO EN CONSTRUCCIÓN

- Buscamos un técnico con experiencia mínima de un año en obra o como técnico comercial, para incorporarse a empresa líder en el sector, sólida y solvente, para formarle como técnico y como comercial.Invertimos en su formación porque deseamos desarrolle su carrera profesional y se promocione en nuestra empresa.
- Su trabajo consistirá en realizar proyectos del producto, asesoramiento técnico al cliente, promoción de nuestros productos y captación de clientes.
- Cualidades que deberá poseer: iniciativa, facilidad de trato con la gente, facilidad para convencer, capacidad de trabajo y espíritu competitivo.
- Retribución de 3,5 millones de pesetas brutas iniciales, negociables según experiencia.
- Contrato laboral desde el primer día. Gastos de kilometraje y dietas a cargo de la empresa.

Interesados, enviar CV, con carta de presentación escrita a mano y fotografía reciente, al apartado de Correos 20.037, 08080 Barcelona.

EDITORA internacional de primer orden para su sede en Madrid, selecciona Jefes de ventas de publicidad Referencia JV
- Se responsabilizarán de la captación de publicidad, relaciones con agencias y obtención de nuevos clientes.
- Pensamos en profesionales con amplia experiencia comercial en departamento de publicidad, formación acorde con el puesto y gran capacidad de relación en el ámbito publicitario.

PROMOTORES DE PUBLICIDAD
Referencia Pr/P
- Dependiendo de la dirección, se encargarán del desarrollo de los productos y de la captación de publicidad para los mismos.
- El puesto es acorde para jóvenes profesionales, con formación universitaria y vocación comercial, que deseen iniciar su carrera profesional en compañía internacional en expansión.

Las personas interesadas deberán enviar historial detallado y foto reciente, indicando teléfono de contacto y referencia en el sobre, al apartado de Correos número

10.714, 28080 Madrid.

SE necesita cocinero y ayudante cocina para restaurante. Preguntar por Julia. Tardes. (91/5321286.)

¿Qué anuncio(s) ... ?

1. tiene puestos para hombres y mujeres
2. quiere una persona con experiencia
3. ofrece un trabajo en un restaurante
4. quiere foto
5. busca vendedor(a)
6. ofrece pagar los gastos de viaje
7. ofrece un puesto en una empresa internacional
8. quiere una persona que trabaje bien con la gente
9. ofrece un puesto que paga sueldo y comisión
10. busca una persona que hable más de un idioma
11. ofrece un trabajo en España
12. busca a alguien que tenga experiencia en programas de computadora

COMUNICACIÓN

11-4 Veinte preguntas. Get together in groups of four or five. Take turns writing the name of a profession or occupation on a piece of paper, which is folded and left out of view. The other members of the group will try to guess what is written on the piece of paper by asking appropriate questions, as in the model.

MODELO: E1: ¿Trabajas en un hospital?
E2: Sí, trabajo en un hospital.
(No, no trabajo en un hospital. Otra pregunta.)

11-5 En la oficina de empleos. With another student, role-play an interview at a job placement center. You may start following the model, but be sure to get all of the information below.

MODELO: ENTREVISTADOR(A): ¿Qué tipo de trabajo le interesa?
CLIENTE: Soy cocinero. Me interesa trabajar en un restaurante italiano.
ENTREVISTADOR(A): ¿Por qué?
CLIENTE: Porque amo la comida italiana y soy muy bueno(a) preparando salsas. (etc.)

- su nombre, sus estudios, sus intereses
- si tiene trabajo ahora
- el sueldo que busca
- si tiene coche
- el horario de trabajo que prefiere
- si quiere trabajar a comisión

11-6 Ventajas y desventajas. In small groups, discuss the advantages and disadvantages of the professions in one of the columns below according to these criteria: **horario**, **vacaciones**, **sueldo**, **prestigio**. Share your opinions with the entire class.

MODELO: plomero(a)
E1: Una ventaja es que cobra doble los fines de semana.
E2: Una desventaja es que siempre tiene las manos en agua sucia.

vendedor(a)	traductor(a)	arquitecto(a)	analista de sistemas
secretario(a)	mecánico(a)	intérprete	cocinero(a)
periodista	carpintero(a)	ingeniero(a)	dentista
viajante(a)	psicólogo(a)	veterinario(a)	contador(a)

PROFESIÓN	HORARIO	VACACIONES	SUELDO	PRESTIGIO
1.				
2.				
3.				

11-7 Ahora tú eres el (la) jefe(a) de personal. Using an ad from 11-3 as a model, write one of your own to advertise a position in your company. Then show your ad to a classmate and ask if he/she is interested in applying and why or why not.

ESTRUCTURAS

1. The subjunctive to express doubt or denial

Dudo que podamos nadar hoy.
MARISOL

- The subjunctive is used in noun clauses after expressions of doubt, uncertainty, or denial. Some verbs that express doubt and denial are: **dudar**, **negar** *(to deny)*, **no creer**, **no estar seguro(a) de**, **no pensar**.

  Dudo que Camilo **termine** su carrera.
  I doubt (that) Camilo will finish his career.

  No creo que ésta **sea** la oficina de la gerente.
  I don't believe (that) this is the manager's office.

  Ana María **no está segura de** que **quiera** ser contadora.
  Ana María is not sure (that) she wants to be an accountant.

  No pensamos que el electricista **venga** esta tarde.
  We don't think (that) the electrician is coming this afternoon.

  La profesora **niega** que **haya** mucho desempleo en los EE.UU.
  The professor denies (that) there is much unemployment in the U.S.

- When there is no doubt, uncertainty or disbelief about an action or event, and when the subject appears certain of the facts, the indicative is used in the noun clause.

  Estoy segura que Genaro **va a obtener** el puesto.
  I am sure (that) Genaro is going to get the job.

  Creemos que **está haciendo** su horario de trabajo.
  We believe (that) he is making his work schedule.

- When the verbs **creer** and **pensar** are used to formulate a question, they can imply doubt in the mind of the speaker, thereby triggering the subjunctive in the dependent clause. If the speaker expresses no opinion, or does not anticipate a negative response, the indicative is preferred.

  ¿**Crees** que Claudia me **diga** cuánto tuvo que pagarle al dentista?
  Do you believe (that) Claudia will tell me how much she had to pay the dentist? (Speaker implies doubt)

  ¿**Piensas** que ella **es** bombera?
  Do you think (that) she is a firefighter? (Speaker has no opinion)

PRÁCTICA

11-8 El (la) desconfiado(a). You have a tendency to doubt everything people tell you. Express your doubts about the following statements. Follow the model.

MODELO: Jacobo es muy buen ingeniero.
► Dudo que Jacobo sea muy buen ingeniero.

1. Ese analista de sistemas sabe mucho.
2. El sueldo es muy bueno.
3. El vendedor dice la verdad.
4. La carta que el cartero me va a dar tiene buenas noticias.
5. El jefe es siempre amable con los empleados.
6. El gerente conoce muy bien a todos los viajantes.
7. El secretario va a escribir a máquina el memorándum.
8. Sólo tres bomberos pueden apagar el fuego.

11-9 Cuestiones del trabajo. Fill in the blanks with the correct form of the verb in parentheses.

1. Dudo que el veterinario (tener) __________ su oficina allí.
2. Creo que (ser) __________ el mejor médico del hospital.
3. ¿Estás seguro que ese periodista (tener) __________ que entrevistarme?
4. No creo que el médico (comenzar) __________ a operar a las cinco de la mañana.
5. ¿Niegas que mis hermanas (diseñar) __________ blusas bonitas?
6. Negamos que el supervisor (decir) __________ la verdad.
7. No estoy segura que él (trabajar) __________ bien a comisión.

11-10 Tus opiniones. Write ten logical sentences in Spanish by combining elements from each column to complete the thought.

MODELO: (yo) / no creer / que / el médico / trabajar ...
► No creo que el médico trabaje tanto como yo.

(yo)	no creer		los médicos	conseguir (i) ...
(tú)	creer		el mecánico	buscar (c-qu)...
mis padres	dudar		los secretarios	ser ...
mi mejor amigo(a)	negar (ie)	que	la arquitecta	escribir ...
mi profesor(a)	no pensar (ie)		el enfermero	reparar ...
mi jefe(a)	estar seguro(a)		los plomeros	diseñar ...
los políticos	pensar (ie)		el dentista	curar ...
el consejero			el cartero	repartir ...
			la veterinaria	ganar ...
				trabajar ...

COMUNICACIÓN

11-11 Tus opiniones acerca del trabajo. With a classmate, look at the ads in 11-3 above and make at least two statements about each of them. Begin your statements with an expression of certainty or uncertainty.

MODELO: ➤ Creo que el puesto de arquitecto técnico es interesante, pero no creo que pague bien.

11-12 El intérprete. Working with two or three classmates, imagine you are members of Atlanta's city planning committee. Design an ad for interpreters for the 1996 Olympic Games. Use the questions below to guide you.

1. ¿Es cierto que los intérpretes reciben buenos salarios?
2. ¿Piensas que el gobierno debe certificar a los intérpretes?
3. ¿Crees que es difícil aprender a ser un buen intérprete?
4. ¿Piensas que en los Estados Unidos necesitan más intérpretes de español? ¿Por qué?
5. ¿Crees que es una buena oportunidad para ti?

11-13 ¿Qué hacemos? You and your friends are making plans for the weekend. In groups of three or four, take turns suggesting activities. Use the list below as a guide only. React to each suggestion expressing doubt, and propose a different plan.

MODELO: ver la película ...
E1: Quiero ver la película *Mi familia.*
E2: No creo que sea muy buena. Prefiero comprar boletos para ...

ver la película ...
comprar ... en ...
dar un paseo por/en ...
jugar un partido de ...
tener una fiesta ...
asistir a ...

estudiar ...
visitar a ...
trabajar ...
escribir ...
leer ...

levantarse tarde
salir a comer a ...
escuchar ...
hacer ejercicio
ir a ...

A PROPÓSITO ... EL DESEMPLEO EN EL MUNDO HISPANO

En el mundo hispano hay un alto nivel de desempleo. Cuando el (la) joven universitario(a) termina su carrera y encuentra trabajo, el salario es bastante bajo y va a pasar varios años antes de adquirir un nivel económico razonable. Un fenómeno típico que resulta de esta situación económica es el **pluriempleo** *(moonlighting)*, porque para cubrir sus gastos los jóvenes tienen que tener a veces dos o tres trabajos diferentes. La mala situación económica también obliga a los jóvenes a posponer sus matrimonios, y después de casarse las parejas muchas veces tienen que vivir varios años con los padres de uno de los dos.

Vamos a comparar

¿Qué nivel de desempleo hay en los Estados Unidos? ¿y en Canadá? ¿Conoces a alguien que tenga más de un trabajo? ¿Es común el pluriempleo en los Estados Unidos y en Canadá? ¿En qué se diferencia la situación económica de una joven pareja norteamericana de la de una joven pareja hispana?

2. The *nosotros* command forms

¡Compremos unos helados!
HELADOS SUPERDELICIOSOS

- There are two ways to give a direct command to a group of people that includes yourself: **vamos a** + infinitive or the **nosotros** form of the present subjunctive. As you know, **vamos a ...** is also used to express a simple statement or to ask a question. The interpretation of *Let's ...* results from intonation and context.

Vamos a llamar al plomero.	*Let's call the plumber.*
Hablemos con el carpintero.	*Let's talk with the carpenter.*
No miremos el fuego.	*Let's not look at the fire.*

- As with all command forms, object pronouns are attached to the affirmative and precede the negative commands. In affirmative commands with an attached pronoun, an accent mark is added to maintain the original stress.

Contratemos al plomero.	*Let's hire the plummer.*
Contratémoslo.	*Let's hire him.*
No molestemos a los bomberos.	*Let's not bother the firefighters.*
No los molestemos.	*Let's not bother them.*

- While subjunctive verb forms are generally used for **nosotros** commands, the verb **ir** uses the indicative form **vamos** to express *Let's go*. However, to express *Let's not go*, the subjunctive (**no vayamos**) is required.

Vamos al teatro.	*Let's go to the theater.*
No vayamos al cine.	*Let's not go to the movies.*

- When the pronoun **nos** is attached to the affirmative command of reflexive verbs, the final **-s** is deleted from the verb ending.

Vámonos.	*Let's leave.*
Levantémonos.	*Let's get up.*

PRÁCTICA

11-14 Los enfermeros de emergencia. Imagine that you and your roommate work for the rescue squad. Both of you are at home sleeping when you get a call from the hospital asking you to go to a serious car accident. Discuss what you have to do using the **nosotros** command of the verb.

MODELO: ponerse los zapatos
E1: Tenemos que ponernos los zapatos.
E2: Pongámonos los zapatos.

1. levantarse rápidamente
2. vestirse ahora mismo
3. poner todo el equipo de emergencia en la ambulancia
4. buscar la ruta más rápida en el mapa
5. salir en la ambulancia ahora mismo
6. hacer todo lo posible por ayudar a los heridos *(wounded)*
7. llenar el tanque de oxígeno
8. volver al hospital rápidamente

11-15 Acuerdos y desacuerdos. You and two friends share an apartment and work in the personnel office of a large corporation. However, your friends can never agree on anything. One always agrees with you on what to do; the other always disagrees. Indicate their reactions to your suggestions below, following the model.

MODELO: Vamos a almorzar en el centro hoy.
► Sí, almorcemos en el centro hoy.
No, no almorcemos en el centro hoy.

1. Vamos a ver el horario de trabajo esta mañana.
2. Vamos a hablar con el jefe después.
3. Vamos a entrenar al empleado nuevo ahora.
4. Vamos a diseñar el nuevo horario de trabajo por la tarde.
5. Vamos a preguntarle su opinión a nuestro supervisor.
6. Vamos a volver a casa temprano.
7. Vamos a ver las noticias antes de comer.
8. Vamos a cenar a un restaurante esta noche.

COMUNICACIÓN

11-16A Busquemos trabajo. With a classmate, take turns suggesting possible employment strategies using **nosotros** commands. Take note of whether your classmate agrees with you or suggests something else.

MODELO: buscar un puesto en ...
E1: Busquemos un puesto en AT&T.
E2: Pues, mira, no creo que necesiten personas ahora. Vamos a buscar uno en ...

ALGUNAS ESTRATEGIAS

leer los avisos en el periódico
llamar a la empresa ...
visitar la agencia de empleos en ...
buscar entrenamiento en ...
estudiar para ...
hablar con un amigo que ...
levantarse temprano para ...
buscar trabajo en ...

¡Así es la vida!

En busca de empleo

Isabel Pastrana Ayala es una joven colombiana que acaba de graduarse de la universidad. Ahora está leyendo los avisos clasificados porque quiere conseguir un puesto como analista programadora.

La carta de Isabel

Después de leer los avisos clasificados, Isabel escribe una carta.

18 de julio de 1997

Sr. Germán Posada Turbay, Gerente
Centro de Cómputo, S.A.
Apartado Postal 1620
Santa Fé de Bogotá, Colombia

Estimado señor:

La presente es para solicitar el puesto de analista programadora que anunció su empresa en *El Tiempo*. Acabo de graduarme de la Universidad de Los Andes con especialización en informática y contabilidad. También tengo tres años de experiencia práctica.

Soy bilingüe y me considero una persona entusiasta, responsable y trabajadora. Adjunto mi currículum vitae.

Atentamente,

Isabel Pastrana Ayala

Isabel Pastrana Ayala

Anexo

... tengo tres años de experiencia práctica ...

La entrevista

Isabel llega al despacho del señor Posada para una entrevista.

SR. POSADA: Pase, señorita. Siéntese, por favor.
ISABEL: Muchas gracias.
SR. POSADA: Acabo de examinar su expediente. Sus recomendaciones son excelentes.
ISABEL: Gracias.
SR. POSADA: Dígame, ¿por qué quiere trabajar en nuestra empresa?
ISABEL: Porque todo el mundo dice que es una gran empresa y que ustedes realmente se interesan por el bienestar de sus empleados.
SR. POSADA: Si le ofrecemos el puesto, ¿cuándo puede comenzar a trabajar?
ISABEL: Inmediatamente, pero primero deseo saber cuál es el sueldo.
SR. POSADA: El sueldo es de trescientos mil pesos al mes. ¿Qué le parece?
ISABEL: Me parece bien.
SR. POSADA: ¡Enhorabuena! ¡El puesto es de usted!

Dígame, ¿por qué le gustaría trabajar en nuestra empresa?

¡Así lo decimos!

Términos relacionados con la búsqueda de empleo

la agencia de empleos	*employment agency*
el (la) aspirante	*applicant*
la calificación	*qualification*
el contrato	*contract*
el currículum vitae	*résumé*
el despacho	*office*
la empresa	*firm*
la evaluación	*evaluation*
el expediente	*file, dossier*
la experiencia práctica	*practical experience*
el formulario	*blank form*
la oferta	*offer*
la recomendación	*recommendation*
la referencia	*reference*
la solicitud de empleo	*job application form*
la vacante	*opening, vacancy*

Los beneficios

el aumento	*raise*
la bonificación anual	*yearly bonus*
el plan de retiro	*retirement plan*
el seguro médico	*health insurance*
el seguro de vida	*life insurance*

Verbos

ascender	*to promote, to move up*
definir	*to define*
dejar	*to quit*
despedir	*to fire*
establecer	*to establish*
jubilarse, retirarse	*to retire*
rellenar	*to fill completely, to fill out*
renunciar	*to resign*
solicitar	*to apply for*

Adjetivos

estusiasta	*enthusiastic*
capaz	*capable*
honrado(a)	*honest*
justo(a)	*just*

Otras expresiones

¡Enhorabuena!, ¡Felicitaciones!	*Congratulations!*

La carta comercial

Saludos

Estimado(a) señor(a):	*Dear Sir/Madam:*
Muy señores míos:	*Dear Sirs:*
Muy señora nuestra:	*Dear Madam:*

Despedidas

Atentamente,	*Sincerely yours,*
Cordialmente,	*Cordially yours,*
Lo (la, los, las) saluda atentamente,	*Very truly yours,*

Santa Fé de Bogotá , 11 de junio de 1997

Estimados señores:

Me llamo Raúl Jiménez Esguerra. La presente es para solicitar …

¡A ESCUCHAR!

La solicitud de empleo. Listen to Alejandra talk about her background and experience, then complete her job application with the appropriate information.

Solicitud de empleo

Fecha: ______________ Referido por: ______________

Información personal

Apellidos: ______________ Nombre: ______________

Dirección: ______________

Teléfono: ______________ Fecha de nacimiento: ______________

Empleo deseado

Puesto: ______________ Fecha de comienzo: ______________

¿Está Ud. actualmente empleado? ________ Sueldo deseado: ______________

¿Podemos ponernos en contacto con su jefe actual? ________

Educación: ______________

	Nombre	Lugar
Primaria:	______________	______________
Secundaria:	______________	______________

Universidad: ______________

Idiomas: ______________ Otras habilidades: ______________

Empleos anteriores

Fechas	Compañía	Puesto	Sueldo	Jefe

Referencias

Nombre	Dirección	Teléfono

PRÁCTICA

11-17 Un nuevo puesto. Find out what happened to Raúl after he left his job by completing the following sentences with the correct form of words or expressions from **¡Así es la vida!**

1. Yo __________ mi puesto hace seis meses porque me pagaban poco.
2. Fui a una __________ a buscar trabajo.
3. El profesor Blanco me permitió usar su nombre como una de mis __________.
4. El consejero me dijo que había __________ en la compañía bananera Chiquita.
5. Esa empresa tiene un buen __________.
6. Decidí enviar mi __________ junto con mi solicitud.
7. Ayer firmé un __________ con la empresa.
8. Decidí trabajar bien porque no quiero que me __________ del trabajo.
9. Ayer recibí un __________ de sueldo porque soy muy __________.
10. Mis compañeros me dijeron: ¡__________!

11-18A En busca de empleo. With a classmate, try to guess what each of the following statements refers to.

MODELO: Tienes que rellenar este formulario.
► la solicitud de empleo

1. Ésta de su último jefe es excelente.
2. Hay uno abierto en la administración de la universidad.
3. Es por un año, pero es renovable *(renewable)*.
4. Las necesitas muy buenas para que te quieran en el mercado de trabajo de hoy.
5. Este beneficio es importante para cuando te retires.
6. Esta persona necesita buenas calificaciones y una cara honrada y entusiasta.

COMUNICACIÓN

11-19 ¿En qué orden? With a classmate, list the steps you take to look for a job. Then discuss which steps you consider the most difficult.

MODELO: ► Primero, leer los avisos en el periódico ...

11-20 Una llamada por teléfono. With a classmate, role-play a telephone conversation between a job-seeker and a potential employer.

MODELO: E1: Buenos días. Soy ... ¿Tiene usted vacantes en ...?
E2: Sí, necesitamos ...

11-21A Una entrevista. Take the role of **director(a) de personal** with a job candidate. Unfortunately, your company has no openings.

A PROPÓSITO ... LOS EMPLEOS Y LAS RELACIONES PERSONALES

Las relaciones personales son muchas veces la clave *(key)* para obtener un puesto en los países hispanos. Éste es un factor más importante en el mundo hispano que en los Estados Unidos, donde es mucho más frecuente obtener un puesto a través de agencias de empleos o de anuncios clasificados.

Para obtener un trabajo, los hispanos normalmente acuden *(turn to)* a sus familiares o a sus amigos íntimos cuando saben que uno de ellos los puede ayudar. Los amigos íntimos o familiares se ayudan porque es parte de la ética de la familia hispana, y a los amigos íntimos se les considera parte de la familia. Es costumbre que las personas que ocupan cargos y puestos importantes ayuden a los jóvenes que están dentro de su círculo de amistades. Una vez que los jóvenes hayan obtenido sus puestos y estén establecidos, estos jóvenes van a tener que devolver el favor haciendo algo similar por otros miembros de la familia.

Vamos a comparar

¿Por qué crees que en los Estados Unidos no son tan importantes las relaciones personales para obtener trabajo? ¿Te han ayudado alguna vez tus amigos a obtener trabajo? ¿Cómo?

ESTRUCTURAS

3. The subjunctive with impersonal expressions

¡Es importante que le digas que es un tonto!

- The subjunctive is used in noun clauses after impersonal expressions of necessity, doubt, frequency, probability, denial, opinion, pity and uncertainty. If the dependent clause has an expressed subject, then the subjunctive is used. Some common impersonal expressions that require the subjunctive are:

Es bueno	*It's good*	**Es (una) lástima**	*It's a pity*
Es común	*It's common*	**Es malo**	*It's bad*
Es difícil	*It's difficult*	**Es mejor**	*It's better*
Es dudoso	*It's doubtful*	**Es necesario**	*It's necessary*
Es extraño	*It's strange*	**Es posible**	*It's possible*
Es fácil	*It's easy*	**Es preciso**	*It's essential*
Es importante	*It's important*	**Es probable**	*It's probable*
Es imposible	*It's impossible*	**Es raro**	*It's odd*
Es increíble	*It's incredible*	**Es urgente**	*It's urgent*
Es indispensable	*It's indispensable*		

Es importante que **recomienden** a la solicitante.
It's important that you recommend the applicant.

Es imposible que **asciendan** al secretario; es incompetente.
It's impossible for them to promote the secretary; he's incompetent.

- The indicative is used when the impersonal expression conveys certainty or conviction on the part of the speaker. Some common impersonal expressions of certainty are:

Es verdad	*It's true*	**Es seguro**	*It's certain*
Es cierto	*It's true*	**Es obvio**	*It's obvious*
Es evidente	*It's evident*		

Es verdad que Carlota **es** muy honrada. *It's true that Carlota is very honest.*
Es obvio que **necesitamos** otro empleado. *It's true that we need another employee.*

- Use the infinitive with impersonal expressions when there is no expressed subject in the dependent clause.

Es difícil conseguir trabajo. *It's hard to get work.*
Es necesario rellenar muchos formularios. *It's necessary to fill out many forms.*

PRÁCTICA

11-22 Expresiones de certidumbre e incertidumbre. Read each expression and decide if it expresses certainty or uncertainty. Then write a sentence with each one about your experiences in school or at work.

MODELO: ► Es bueno que yo gane un buen sueldo.

1. Es obvio ...
2. Es urgente ...
3. Es extraño ...
4. Es cierto ...
5. Es importante ...
6. Es probable ...
7. No es seguro ...
8. Es dudoso ...
9. Es verdad ...
10. Es evidente ...
11. Es malo ...
12. Es posible ...

11-23 El empleo. As your roommate gets ready for a job interview at your college or university's student center, give him/her advice by completing the following sentences with the infinitive or the present subjunctive of the verbs in parentheses.

1. Es importante ________ (vestirse) correctamente.
2. Es probable que Juan Antonio ________ (ir) a ser uno de los candidatos al puesto.
3. Es preciso que nosotros ________ (hablar) con la secretaria, es buena amiga y nos puede ayudar.
4. Es imposible que Juan Antonio ________ (obtener) el puesto, es muy irresponsable.
5. Es mejor ________ (ir) temprano a la entrevista.
6. Es malo que no ________ (haber) nada más que un solo puesto.
7. No es fácil ________ (poder) hablar con el director.
8. Es extraño que Julita no ________ (estar) interesada en trabajar en el centro de estudiantes, ella es muy sociable.

11-24 En el despacho de la directora de personal. Complete the following dialog with an appropriate verb form in the subjunctive or indicative.

completar	conocer	contratar	dar	hablar
ir	saber	tener	venir	volver

LIGIA GÓMEZ: Buenos días. Soy Ligia Gómez y vengo a solicitar el puesto de programadora.

SRA. MÉNDEZ: Mucho gusto. Soy la señora Méndez, la directora de personal. Bueno, es importante que usted (1) _______ esta solicitud de empleo. ¿Es verdad que usted (2) _______ experiencia trabajando con las computadoras?

LIGIA GÓMEZ: Sí, usted va a notar en mi currículum vitae que es evidente que (3) _______ mucha informática. Tengo cuatro años de estudio en la universidad, y cuatro más en un banco internacional. Es posible que usted (4) _______ a mi antiguo jefe, el señor Micro.

SRA. MÉNDEZ: Sí, lo conozco bien. Es importante que yo (5) _______ con él sobre las calificaciones de usted. Es mejor que usted (6) _______ mañana. Es probable que la (7) _______.

LIGIA GÓMEZ: Es magnífico que usted me (8) _______ una oportunidad en su empresa. ¡Muchísimas gracias!

SRA. MÉNDEZ: ¡No hay de qué! Es seguro que le (9) _______ a gustar.

COMUNICACIÓN

11-25 Tu opinión. Using impersonal expressions, take turns with a classmate commenting on the current job market and your own prospects. Respond appropriately to each other's comments.

MODELO: E1: Es importante que yo busque trabajo.
E2: Es verdad que tienes que trabajar.

11-26A Consejo. With a classmate, take turns telling each other some of your problems and offering solutions. Use impersonal expressions.

MODELO: Tu amigo(a) está enojado(a).
E1: Mi amigo(a) está enojado(a) conmigo.
E2: Es indispensable que lo(la) llames y que lo(a) invites a salir.

POSIBLES PROBLEMAS

Tus padres son muy exigentes.
Tienes un(a) profesor(a) …
Crees que tu futuro es inseguro.
Vas a tener una entrevista importante.
Tienes un coche viejo.
(original)

4. The subjunctive with indefinite or nonexistent antecedents

Quiero un sombrero que sea exótico.

- An adjective describes, limits, or modifies a noun. A clause that modifies a noun is an adjective clause.

ADJECTIVE: Ascendamos al empleado **trabajador**.
Let's promote the hardworking employee.

ADJECTIVE CLAUSE: Carlos es un empleado **que es trabajador**.
Carlos is an employee who is hardworking.

- The subjunctive is used in an adjective clause when it refers to a person or object that is indefinite or does not exist.

  INDEFINITE ANTECEDENT

  Buscamos un empleado **que sea trabajador**.
  We are looking for an employee who is hardworking.

  Ustedes necesitan un gerente **que sea sensible a los deseos de los empleados**.
  You need a manager who is sensitive to the wishes of the employees.

  NONEXISTENT ANTECEDENT

  No ves ninguna vacante **que te guste**.
  You do not see any opening that you like.

  No hay nadie **que yo conozca** en esta reunión.
  There is no one that I know at this meeting.

- When the dependent clause refers to a person or thing that is certain or definite, the indicative is used.

  Hay alguien aquí **que yo conozco**.
  There is someone here that I know.

  Ése es el contrato **que me gusta**.
  That's the contract that I like.

  Necesitamos al joven **que habla español muy bien**.
  We need the young man who speaks Spanish very well. (We know his name.)

  Buscan la empresa **que está en la calle Bolívar**.
  They are looking for the firm that is on Bolívar Street.

- In questions where it is precisely the existence of a person or object that is being asked about, the subjunctive is used.

  ¿Conoce Ud. a alguien **que trabaje en esa tienda**?
  Do you know anyone who works in that store?

  ¿Hay algún empleado **que entienda el contrato**?
  Is there any employee who understands the contract?

PRÁCTICA

11-27 ¿Quién es? Working with a classmate, fill in the minidialogs with the appropriate form of the present indicative or present subjunctive.

MODELO: E1: Busco un mecánico que pueda reparar mi carro.
E2: Creo que hay uno que trabaja en ese garaje de allí.

1. E1: ¿Conoces al contador que (vivir) _________ al lado de tus padres?
   E2: No, pero hay uno que (tener) _________ su oficina muy cerca.
2. E1: Necesitamos buscar más intérpretes que (hablar) _________ español.
   E2: Es verdad. Pero hay muy pocos que (saber) _________ hablar francés también.
3. E1: Necesito un periodista que (ser) _________ objetivo.
   E2: Creo que hay uno muy bueno que (escribir) _________ para *El País*.
4. E1: No hay ningún enfermero en este hospital que me (gustar) _________.
   E2: ¡Eres muy particular! No hay ningún médico que te (caer) _________ bien tampoco.
5. E1: Buscamos un cocinero que siempre (cocinar) _________ bien.
   E2: Dudo que haya uno que (ser) _________ perfecto.
6. E1: No hay ningún dentista que (poder) _________ verme ahora.
   E2: Es porque son las diez de la noche. Llama mañana al doctor Álvarez. Es el dentista que me (atender) _________ a mí.
7. E1: ¿Buscas al psicólogo que (hablar) _________ por la radio?
   E2: No, busco a uno que (escribir) _________ para el periódico.
8. E1: ¿Sabes que esa arquitecta (tener) _________ mucho prestigio?
   E2: Sí, vi un artículo que (decir) _________ que ella es excelente.
9. E1: Necesito una veterinaria que me (curar) _________ el perro.
   E2: ¡Pero tu perro es feroz! No hay nadie que (querer) _________ atenderlo.
10. E1: No conozco a ningún peluquero que (ser) _________ mejor que don Luis.
    E2: Ve a la peluquería de doña Margarita. No hay nadie que (cortar) _________ el pelo mejor que ella.

11-28 El (la) gerente. Imagine that you are starting an employment office in Los Angeles. Make a list of your staffing needs by formulating statements using **buscar** and **necesitar**, as in the model, and including words from each of the two columns below.

MODELO: ► Busco una secretaria que escriba español.

intérprete	hablar tres idiomas
plombero	saber manejar bien
supervisora	traducir varios idiomas
traductor	poder organizar la oficina
ayudante	ser honrado(a) y capaz
chofer	entender a los clientes
	contestar todas la cartas
	ser muy eficiente
	entender bien los formularios

COMUNICACIÓN

11-29 ¿Cómo es? Get together with a classmate and discuss the qualities you look for in a each of the following.

MODELO: un médico
E1: Busco un médico que sea capaz y que me diga la verdad.
E2: Yo también. Busco un médico que tenga su consultorio cerca de mi casa.

1. un mecánico
2. un profesor
3. un presidente
4. un dentista
5. un contador
6. un psicólogo
7. un plomero
8. un veterinario

11-30 Las profesiones y los oficios. In small groups, take turns interviewing each other to find out what each person would like to be when she/he finishes college. Use the given phrases to formulate the questions, following the model. After you have gathered the information, write a summary of your findings.

MODELO: gustar la ingeniería
E1: ¿Hay alguien en esta clase a quien le guste la ingeniería?
E2: Sí, a mí me gusta la ingeniería porque ...

1. querer ser periodista
2. pensar abrir una peluquería
3. desear ser contador(a)
4. soñar con tener un restaurante
5. preferir ser dentista
6. planear estudiar para veterinario(a)
7. desear ser bombero(a)

11-31A Lo ideal. With a classmate, take turns asking each other what characteristics you each look for in the following people, places or things.

MODELO: un coche
E1: ¿Qué tipo de coche buscas?
E2: Busco un coche que tenga cuatro puertas y que sea rojo.

1. una película
2. una clase
3. un restaurante
4. un(a) amigo(a)
5. un programa de televisión
6. una novela

5. The subjunctive with *ojalá*, *tal vez* and *quizás*

Ojalá que sea una pizza de jamón con champiñones.

- The expression **¡Ojalá!** entered the Spanish language during the Arab occupation of Spain. It comes from an Arabic expression meaning *God (Allah) willing*, and is used in Spanish as the equivalent of *I hope that*. **¡Ojalá!** may be used with or without **que**, and is followed by the subjunctive.

  ¡Ojalá (que) me den una entrevista!
  I hope (that) they grant me an interview!

  ¡Ojalá (que) aceptes la oferta!
  I hope (that) you accept the offer!

- The expressions **tal vez** and **quizás**, meaning *perhaps* or *maybe* are followed by the subjunctive when the speaker wishes to convey uncertainty or doubt. Both expressions are used without **que**.

  Tal vez lea los anuncios.
  Perhaps I'll read the want ads.

  Quizás invite al jefe.
  Maybe I'll invite the boss.

- When **tal vez** or **quizás** follows the verb, the indicative is used.

  Voy a leer los anuncios, **tal vez**.
  I'm going to read the want ads, perhaps.

  Invito al jefe, **quizás**.
  I'll invite the boss, maybe.

PRÁCTICA

11-32 En la oficina del médico. You work at a doctor's office where a new supervisor has been hired. Complete the list of things you hope will change for the better. Follow the model.

MODELO: ► Ojalá que ella (ser) <u>sea</u> organizada.

1. Ojalá que (definir) _________ las responsabilidades de cada empleado.
2. Ojalá que yo (poder) _________ ayudarla.
3. Ojalá que nosotros (recibir) _________ un aumento de sueldo.
4. Ojalá que ella (establecer) _________ metas realistas.
5. Ojalá que los médicos (estar) _________ satisfechos con su trabajo.
6. Ojalá que nos (aumentar) _________ los días de vacaciones.
7. Ojalá que ella (eliminar) _________ las fricciones en la oficina.
8. Ojalá que su supervisión (ser) _________ eficaz *(effective)*.

11-33 Tal vez. Change the following statements so that they express uncertainty with **quizás** or **tal vez**. Follow the model.

MODELO: Isabel envía la solicitud de empleo.
► Tal vez Isabel envíe la solicitud de empleo. *or* Quizás envíe la solicitud de empleo.

1. La secretaria escribe la carta de recomendación.
2. Nosotros estudiamos el plan de retiro.
3. Tú ayudas a la aspirante al puesto.
4. La supervisora prepara la evaluación.
5. Te doy una referencia.
6. Nuestro jefe nos hace una oferta.
7. El coordinador les da el horario de trabajo.
8. El seguro médico es magnífico.

11-34 Raúl, el indeciso. No matter what his friend Paco suggests, Raúl hesitates to commit to anything. Complete the dialog below with an appropriate verb from the box, using the subjunctive or indicative, as required by the context.

buscar	comprar	conocer	encontrar
ir	poder	rellenar	saber
ser	tener	solicitar	perder

PACO: Raúl, ¿por qué no (1) _________ el puesto de gerente de la tienda Telemundo. (Tú) (2) _________ mucho de los aparatos electrónicos.

RAÚL: No sé. Tal vez (3) _________ a la tienda y (4) _________ la solicitud. (5) _________ al dueño; es muy amigo de mi padre. Ojalá que (6) _________ un buen paquete de beneficios.

PACO: Raúl, allí tienen seguro médico y plan de retiro. (7) _________ una oportunidad excepcional allí.

RAÚL: No sé. Quizás (8) _________ un puesto más interesante en el periódico. Tal vez (9) _________ el periódico mañana. Ojalá que (10) _________ encontrar uno.

PACO: ¡Ojalá que no (11) _________ tu oportunidad!

COMUNICACIÓN

11-35A ¿Cómo reaccionas? With a classmate, react to each other's comments about working, using **ojalá**, **tal vez**, or **quizás**. Be sure to take note of each other's reactions and whether or not you are in agreement.

MODELO: E1: Mañana vienen representantes de la CIA para entrevistarnos.
E2: Quizás tengan puestos para nosotros.
E1: ¡Ojalá que no vengan!

1. Tenemos que encontrar trabajo este año.
2. Hay más desempleo ahora que el año pasado.
3. Es cada vez más difícil conseguir un buen puesto.
4. Es normal trabajar a comisión.
5. El horario de trabajo va a ser de las 7:00 hasta las 3:00.
6. El salario de un médico es demasiado alto.
7. (original)

11-36 ¡Ojalá que ... ! Get together with a classmate. Talk about three or more things that you wish would happen in the United States within the next five years. Be prepared to summarize for the class.

MODELO: ► Ojalá que haya menos desempleo.

11-37 En el año 2.025. Pair up with a classmate and discuss what could happen in the world by the year 2.025. Follow the models.

MODELOS: E1: Tal vez no exista el cáncer.
E2: Quizás todo el mundo guarde la línea.

ALGUNOS TEMAS

el trabajo
la salud
las familias
el costo de la educación
la economía,
la población
la contaminación
el gobierno
...

SÍNTESIS

¡Al fin y al cabo!

¡A REPASAR!

11-38 Sé diplomático(a). With a classmate, think of how to tell people to change their ways diplomatically in the following contexts. Use impersonal expressions, clauses with the subjunctive or the indicative, and **nosotros** commands. Be prepared to present your scenarios to the rest of the class.

MODELO: a un amigo que siempre llega tarde a las citas

► Mira, sé que estás muy ocupado y que vives lejos, pero es necesario que llegues a tiempo a nuestras citas. Estoy seguro que tú también quieres ver el comienzo de la película. Además, es difícil entender lo que está pasando si entramos tarde. ¿Prefieres que yo te vaya a recoger? Por favor, ¡vamos a salir más temprano la próxima vez!

1. a un(a) jefe(a) que quiere que le prepares el café
2. a un(a) amigo(a) que no hace lo que debe en un proyecto del grupo
3. a un miembro de la familia que usa tu coche pero que nunca le echa gasolina
4. a un(a) amigo(a) que siempre te pide dinero
5. a un(a) profesor(a) que no te devuelve los trabajos
6. (una situación original)

11-39 ¿En qué orden? Rank the following aspects of a job in order of their importance. Then compare your priorities with those of a classmate. When you differ, each of you can explain your own point of view.

MODELO: E1: Para mí, es importante que un trabajo sea interesante porque no quiero estar aburrido(a).

E2: De acuerdo, pero también es importante que un puesto pague bien.

___ un trabajo interesante
___ la oportunidad de aprender más
___ el sueldo
___ las responsabilidades
___ la seguridad
___ los compañeros
___ el(la) jefe(a)
___ el horario de trabajo
___ el seguro médico
___ el número de días de vacaciones
___ la independencia en el trabajo
___ trabajar a comisión
___ trabajar a sueldo fijo
___ el número de empleados
___ la ubicación geográfica

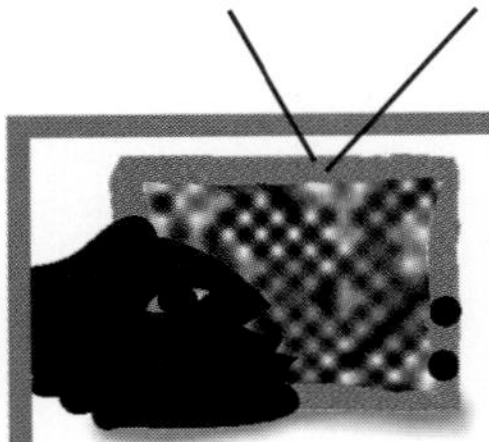

View clips from the ¡ARRIBA! Video. Activities are available through your instructor or on the Prentice Hall Home Page.

11-40 Una carta de recomendación. Write a reference letter with yourself or someone you know in mind. Include your qualifications and potential for progress in a particular job. Begin your letter as follows:

(ciudad, fecha)

A quien le pueda interesar:

11-41 Galindo, S.A. Galindo, S.A. is an exporting company that sells machine parts in Latin America. Because of a slowed economy, it has had to reduce operations. With a classmate, help the company decide how it will reduce expenditures by $50,000 this year. Each of you can make suggestions and agree or disagree with the other in your discussion, but try to come up with a single, unified plan to present to the class. Below is an itemization of expenses that might be reduced or eliminated.

MODELO: E1: Es necesario cortar gastos. Creo que podemos reducirlos si despedimos a los secretarios.

E2: No estoy de acuerdo. ¿Quién va a escribir las cartas, contestar el teléfono, y pagarles a los empleados? Es mejor que ...

Personal	
2 secretarios	36.000
10 empleados	250.000
2 supervisores	80.000
1 director	15.000
Costos de la oficina	
alquiler	100.000
teléfono	10.000
correo	20.000
limpieza	15.000
electricidad	10.000
Otros	
café	500
fiesta anual	1000
bonificación anual	12.000
seguro médico	70.000

11-42 Tu currículum vitae. Write your **currículum vitae** in Spanish. Include the following information:

- nombre y apellido(s)
- dirección
- teléfono
- (correo electrónico)
- metas
- educación, títulos, fechas (en orden cronológico inverso)
- experiencia laboral, fechas (en orden cronológico inverso)
- referencias

11-43 La carta. Write a short letter in which you apply for one of the jobs advertised below. Describe your background qualifications, and be sure to include the return address, date, proper salutation and closing.

SE NECESITA
ANALISTA PROGRAMADOR
para realizar trabajos por contrato
Requisitos: Experiencia mínima de 2 años en Análisis y Diseño de Sistema. Conocimiento del Sistema 36 IBM. Empezar de inmediato, el contrato es por 6 meses
Interesados llamar al Tel:
53-53-70 Centro de Cómputo

Compañía de Telecomunicaciones
De reconocido nombre nacional, requiere para su departamento de ventas, damas o caballeros preferiblemente profesionales. No indispensable experiencia en ventas. Necesario poseer vehículo. Atractivo paquete salarial. También requerimos mensajero y cobrador, indispensable moto propia.
Enviar hoja de vida al Apartado Aéro No. 3518 de Bogotá

Compañía Multinacional
Requiere para su departamento de mercadeo y ventas.
1. Profesionales en administración de empresas, mercadeo, ingeniería en alguna de las siguientes áreas: industrial, química o de alimentos. Edad máxima: 30 años, experiencia deseable en ventas. Dominio del inglés, vehículo propio.
2. Secretaria ejecutiva departamento comercial. Requisitos: a) Experiencia mínima 3 años. b) Experta mecanógrafa. c) Excelente presentación personal. d) Edad máxima 30 años.
3. Secretaria: Asistente Depto. Comercio Exterior. Requisitos: a) Excelente presentación personal. c) Experta mecanógrafa. d) Experiencia con procesador de palabras y Lotus.

Enviar hoja de vida con fotografía reciente, informando sueldo actual a
Anunciador
No. 390, El Tiempo.

11-44 Entrevistas. Role-play the following situation with several classmates. One student plays a manager who is interviewing candidates for the position advertised in the ad below. Other members of the group play the candidates. Each interview should last no longer than two minutes. Use the interview that appears on page 369 of your text as a guide.

EMPRESA CONSTRUCTORA
necesita
INGENIERO CIVIL
Requisitos:
1-Incorporado al respectivo colegio
2-Experiencia en inspección de proyectos de vivienda (tres años mínimo)
3-Experiencia en el control y avance de obras.
4-Edad, 25-40 años
5-Vehículo propio
Enviar currículum vitae y foto reciente, indicando pretensiones de salario (indispensable) al apartado 2674-1000 San José
Nota: El apartado no es de la compañía.

¡A ESCUCHAR!

La entrevista. You will hear a recording of a job interview, then a series of statements in Spanish. In each case, circle the letter corresponding to the statement that is most accurate, based on the information provided in the interview.

1.	a.	b.	c.	5.	a.	b.	c.
2.	a.	b.	c.	6.	a.	b.	c.
3.	a.	b.	c.	7.	a.	b.	c.
4.	a.	b.	c.	8.	a.	b.	c.

¡A LEER!

Una carta a Dios (Part I)

Gregorio López y Fuentes

Gregorio López y Fuentes nació en Veracruz, México, en 1897. De joven luchó en la Revolución Mexicana con las fuerzas del general Carranza. Sus novelas y cuentos relatan los problemas de los campesinos y los indios mexicanos.

La selección, Una carta a Dios *cuenta la historia de Lencho y su familia, unos campesinos trabajadores que pierden su cosecha en una terrible tormenta. En el cuento vemos cómo el protagonista trata de solucionar la díficil situación económica en que se encuentra cuando pierden la cosecha.*

11-45 Anticipar. Skim the reading and illustrations to guess the content of Part I.

1. ¿Dónde?
3. ¿Qué problema tienen?
2. ¿Quiénes?
4. ¿Cuál es su reacción?

11-46 ¿Qué significa ... ? The following descriptions and events occur in the story. Determine the meaning of the italicized words, writing the corresponding letters beside the sentences in which they appear.

___	Espera una *cosecha* grande de maíz.	a.	corral, pen
___	Lencho tiene mucha *esperanza* de que le ayude Dios.	b.	harvest
___	El *granizo* cubre toda la tierra.	c.	drops
___	Aparecen nubes negras y empieza a llover grandes *gotas* de agua.	d.	hail
___	Lencho guarda sus animales en un *corral.*	e.	storm
___	La terrible *tempestad* lo destruye todo.	f.	hope

11-47 La cronología. Put the events in 11-46, above, in a logical order, numbering the sentences 1-6.

Una carta a Dios (Part I)

La casa—única en todo el valle—estaba en lo alto de un cerro[1] bajo. Desde allí se veían el río y, junto al corral, el campo de maíz maduro[2] con flores de frijol que siempre prometían una buena cosecha.

Lo único que necesitaba la tierra era una lluvia, o a lo menos un fuerte aguacero[3]. Durante la mañana, Lencho—que conocía muy bien el campo—no había hecho más que examinar el cielo hacia el noreste.

—Ahora sí que viene el agua, vieja[4] …

Y la vieja, que preparaba la comida le respondió:

—Dios lo quiera[5].

Los muchachos más grandes trabajaban en el campo, mientras que los más pequeños jugaban cerca de la casa, hasta que la mujer les gritó a todos:

—Vengan a comer …

Fue durante la comida cuando, como lo había dicho Lencho, comenzaron a caer grandes gotas de lluvia. Por el noreste se veían avanzar grandes montañas de nubes. El aire estaba fresco y dulce.

[1]*hill,* [2]*ripe,* [3]lluvia, [4]querida, [5](Ojalá que) Dios lo quiera.

El hombre salió a buscar algo en el corral solamente para darse el gusto de sentir la lluvia en el cuerpo, y al entrar exclamó:

—Éstas no son gotas de agua que caen del cielo; son monedas nuevas; las gotas grandes son monedas de diez centavos y las gotas chicas son de cinco …

Y miraba con los ojos satisfechos el campo de maíz maduro con las flores de frijol, todo cubierto por la transparente cortina de lluvia. Pero, de pronto, comenzó a soplar[6] un fuerte viento y con las gotas de agua comenzaron a caer granizos muy grandes. Ésos sí que parecían monedas de plata nueva. Los muchachos, exponiéndose a la lluvia, corrían a recoger[7] las perlas heladas.

—Esto sí que está muy malo—exclamaba mortificado el hombre—ojalá que pase pronto …

No pasó pronto. Durante una hora cayó el granizo sobre la casa, la huerta[8], el monte[9], el maíz y todo el valle. El campo estaba blanco, como cubierto de sal. Los árboles, sin una hoja. El maíz, destruido. El frijol, sin una flor. Lencho, con el alma llena de tristeza. Pasada la tempestad, en medio del campo, les dijo a sus hijos:

[6]*blow,* [7]*gather,* [8]jardín, [9]*woods*

—Una nube de langostas habría dejado más que esto ...[10] El granizo no ha dejado nada: no tendremos ni maíz ni frijoles este año ...

La noche fue de lamentaciones:

—¡Todo nuestro trabajo, perdido!

—¡Y nadie que pueda ayudarnos!

—Este año pasaremos hambre ...

Pero en el corazón de todos los que vivían en aquella casa solitaria en medio del valle, había una esperanza: la ayuda de Dios.

11-48 ¿Comprendiste? Answer the questions briefly in Spanish.

1. ¿Dónde vivía Lencho?
2. ¿Cómo era?
3. ¿Cómo era su casa?
4. ¿Qué necesitaba?
5. ¿Qué esperanza tenía?
6. ¿Qué pasó?
7. ¿Cómo se sintió al principio?
8. ¿Cómo se sintió después?

11-49 ¿De qué color? The story uses color to support the tone or the irony. Look for examples of colors and relate them to the meaning of the passage.

MODELO: tono optimista
► amarillo, maíz maduro.

1. tono optimista
2. tono pesimista
3. ironía

11-50 Tú eres ... With a classmate, assume the role of some of the characters. Explain what happened and what you will do next.

1. Lencho habla con su esposa.
2. Lencho habla con el (la) banquero(a).
3. Un(a) hijo(a) habla con un amigo(a).
4. La esposa habla con una amiga.

11-51 Una carta a ... Write a letter from Lencho's point of view to the Department of Agriculture, or another Federal agency. Explain what happened and ask for help. Exchange letters with a classmate and write a response to each other.

---

[10] *A swarm of locusts would have left more than this ...*

Los países del Río de la Plata

11-52 ¿Qué sabes tú? Can you name or say ... ?

1. las capitales de Argentina, Uruguay y Paraguay:
2. el país que produce y consume la mayor cantidad de carne del mundo:
3. un escritor argentino:
4. la profesión y la nacionalidad de Maradona:
5. por qué hubo una guerra entre la Gran Bretaña y Argentina:
6. qué es un gaucho:

11-53 Para buscar. Scan the reading to find the following information.

1. el país rioplatense más grande: __________.
2. el país que no tiene costa: ____________.
3. un adjetivo para describir Buenos Aires: ____________.
4. los idiomas oficiales de Paraguay: ___________.
5. el país que es modelo de democracia: __________

Gaucho domando un potro en las Pampas argentinas

Los países del Río de la Plata

Argentina, Uruguay y Paraguay son los tres países rioplatenses que forman parte del sistema fluvial de los ríos Paraná, Paraguay y Uruguay, sistema importantísimo de comercio que se distingue porque da al Océano Atlántico.

Estadísticas de Argentina

Nombre oficial: República Argentina
Área: 2.807.560 km^2
Población: 36.321.000
Ciudades principales: Buenos Aires (capital) 11.518.000, Córdoba 995.000, Rosario 990.000, Mendoza 615.000, La Plata 570.000
Forma de gobierno: democracia representativa
Figuras prominentes: el general José de San Martín (1778-1850); el escritor Domingo Faustino Sarmiento (1811-1888); el doctor Bernardo Houssay (1887-1971), Premio Nóbel de Medicina; el escritor Jorge Luis Borges (1899-1986); el novelista Julio Cortázar (1914-1984)

Argentina, el país de las Pampas y los gauchos

Argentina es la nación de habla española más extensa del mundo, con una anchura máxima de 1.423 km y una mínima de 399 km. Debido a su tamaño, existen casi todos los climas y hay una gran variedad de vegetación. Buenos Aires, la capital, es un centro intelectual de gran importancia con muchas casas editoriales, exhibiciones de arte, museos y centros universitarios. Con sus monumentos majestuosos y amplias avenidas, tiene un ambiente parecido al de las grandes ciudades europeas.

Jorge Luis Borges, poeta y cuentista argentino

ESTADÍSTICAS DE PARAGUAY

Nombre oficial: República del Paraguay
Área: 406.752 km^2
Población: 4.400.000
Ciudades principales: Asunción (capital) 580.000, Lambaré 92.000, Fernando de la Mora 88.000
Forma de gobierno: democracia representativa
Figuras prominentes: el militar y político Hernando Arias de Saavedra (1561-1634); el político José Gaspar Rodríguez de Francia (1766-1840); el escritor Augusto Roa Bastos (1918-)

Paraguay, el país de los indios guaraní

Paraguay y Bolivia son los únicos dos países suramericanos que no tienen costas marítimas. Paraguay, sin embargo, tiene dos grandes ríos, el Paraguay y el Paraná, que le dan acceso al Océano Atlántico. La mayoría de los paraguayos es una mezcla de indio guaraní y español; las lenguas oficiales son el español y el guaraní. Asunción, su capital, es una hermosa ciudad colonial.

Argentina en la Copa Mundial

Montevideo

Uruguay, la joya de Suramérica

A pesar de ser el país más pequeño del continente, Uruguay tiene una población bastante instruida y goza de excelentes servicios públicos y medios de transporte. Desde su independencia, excepto por cortos períodos de dictadura, la nación ha servido de modelo de democracia, estabilidad y paz. La bella ciudad de Montevideo es una activa metrópoli con playas estupendas que la hacen muy popular entre los turistas.

Estadísticas de Uruguay

Nombre oficial: República Oriental del Uruguay
Área: 176.215 km2
Población: 3.100.00
Ciudades principales: Montevideo (capital) 1.375.000, Salto 81.000, Paysandú 78.000
Forma de gobierno: democracia representativa
Figuras prominentes: el héroe nacional José Gervasio Artigas (1764-1850); el escritor José Enrique Rodó (1871-1917); el cuentista Horacio Quiroga (1878-1937); la poeta Delmira Agustini (1886-1914)

11-54 Miniprueba. Indique si las siguientes oraciones son **Ciertas** o **Falsas**. Si la oración es falsa, explique por qué.

1. El sistema fluvial de Argentina, Uruguay y Paraguay es muy bueno para la economía de esos países.
2. La ciudad de Córdoba es más grande que Buenos Aires.
3. En Argentina hay una gran variedad de climas.
4. Buenos Aires es un centro cultural muy importante.
5. En Paraguay ahora hay democracia.
6. Las pampas están en Argentina.
7. El quechua es una de las lenguas oficiales de Paraguay.
8. Montevideo les ofrece muchos atractivos a los turistas.
9. Dos ríos importantes de la región son el Paraná y el Amazonas.
10. Uruguay tiene un buen sistema de educación.

11-55 Identificar y describir. With a classmate, identify and describe the importance of the following people, places and things.

MODELO: Mendoza

► Mendoza es una ciudad argentina que está al oeste del país en los Andes, cerca de Santiago de Chile.

1. los gauchos
2. las pampas
3. Jorge Luis Borges
4. Carlos Menem
5. Asunción
6. el Teatro Solís
7. Montevideo
8. Punta del Este
9. la Avenida 9 de Julio
10. el fútbol
11. Iguazú
12. Paraná, Paraguay, Uruguay

11-56 Guía turística. Write a tourist guide for one of these countries. Include places to visit, climate, currency and exchange rate, air fare, etc.

El Salto Iguazú

Lección 12

¿Me puede decir...?

Comunicación

- Exchanging money at a bank
- Asking for and giving directions
- Requesting information at a post office
- Making a hotel reservation
- Registering and requesting services in a hotel

Cultura

- El libro de reclamaciones
- Los hoteles y los paradores de España

Estructuras

Primera parte

- Past participles and the present perfect tense
- Past participles used as adjectives

Segunda parte

- Possesive adjectives and pronouns (long forms)
- The pluperfect tense
- Passive voice

¡A leer!: *Una carta a Dios* (Part II), Gregorio López y Fuentes

PRIMERA PARTE

¡Así es la vida!

En Madrid

Escena 1: En Madrid

Peggy y Terry McGuire son dos turistas de Toronto que están en Madrid y necesitan cambiar dinero. Le preguntan al conserje de su hotel cómo llegar al banco.

PEGGY: Acabamos de llegar a Madrid y queremos ir al banco. ¿Nos puede decir dónde está?
CONSERJE: Está muy cerca. Miren, salgan por la puerta principal, doblen a la derecha y sigan derecho por esa calle hasta la próxima esquina. Allí doblen a la derecha y a sólo dos manzanas[1] pueden ver el banco.
TERRY: Muchas gracias.
CONSERJE: De nada.

Escena 2: En el banco

TERRY: Buenos días. ¿Puede decirme a cómo está el cambio?
CAJERO: Está a 120 pesetas por dólar. ¿Qué cantidad desea cambiar?
TERRY: Quinientos dólares. ¿Qué debo hacer?
CAJERO: Necesito su pasaporte, luego endose sus cheques de viajero y presente este recibo en la ventanilla de pagos.
PEGGY: A propósito, ¿sabe usted dónde puedo comprar sellos?
CAJERO: El correo está lejos, pero puede comprarlos en el estanco de la esquina. Allí se venden sellos, sobres y tarjetas postales.
PEGGY: Muchas gracias.
CAJERO: Para servirle.

---

[1]In Spain a street block is **una manzana** while in Spanish-speaking America it is **una cuadra**.

¡ASÍ LO DECIMOS!

En el banco

el billete	*bill (bank note)*
la caja fuerte	*safe deposit box*
el (la) cajero(a)	*teller; cashier*
el cambio	*exchange; change*
la cola	*line (queue); tail*
la cuenta corriente	*checking account*
la cuenta de ahorros	*savings account*
el cheque de viajero	*traveler's check*
el giro postal	*money order*
la moneda	*currency; coin*
el presupuesto	*budget*
el recibo	*receipt*
el tablero	*exchange rate board*
la ventanilla de pagos	*cashier window*

En el correo

el buzón	*mailbox*
el código postal	*zip code*
el correo aéreo	*air mail*
el (la) destinatario(a)	*addressee*
el estanco	*kiosk*
el (la) remitente	*sender*
el sello	*stamp*
el sobre	*envelope*

Verbos para usar en el banco

cambiar	*to change; to exchange*
cobrar	*to cash; to charge*
endosar	*to endorse, to countersign*
firmar	*to sign*

Otros verbos y expresiones

¿A cómo está ... ?	*How much is ... ?*
acabar de (+inf.)	*to have just* (+ past participle)
cuyo(a)	*whose*
echar	*to toss (in the mailbox)*
enviar	*to send*
prender	*to turn on; to seize*

Cómo dar direcciones

a dos cuadras (manzanas) de ...	*two blocks from ...*
doble(n) a la derecha	*turn right*
doble(n) a la izquierda	*turn left*
en la esquina	*at the corner*
siga(n) derecho	*continue straight*

¡A ESCUCHAR!

Turistas en Madrid. As you listen to Peggy and Terry ask for directions to several different places in Madrid, match each place with the directions given by the concierge.

1. _____La Puerta del Sol
2. _____El Corte Inglés
3. _____El Prado
4. _____La estación Atocha
5. _____El estadio Bernabeu

a. Salir del metro y doblar a la derecha
b. Bajar del metro en Sol
c. Tomar el autobús número 509
d. Ir en el metro directamente
e. Tomar un taxi

PRÁCTICA

12-1A Una cuestión de dinero. With a classmate, take turns matching the terms with their definitions in Spanish. You have the terms your classmate needs and she/he has the terms you need.

MODELO: el lugar donde se cambia dinero

E1: ¿Cómo se llama el lugar donde se cambia dinero?

E2: Es el banco.

LA DEFINICIÓN / EL USO

1. es mandar una carta por avión
2. son más seguros que el dinero en efectivo
3. lo doblas y lo metes en la bolsa
4. en España es la peseta
5. esta persona te atiende en el banco
6. son cinco cifras (números) importantes en una dirección
7. lo pones en el sobre antes de echar la carta en el buzón.

LA EXPRESIÓN

el sobre
la cuenta corriente
la ventanilla de pagos
la cuenta de ahorros
el buzón
el estanco
el recibo

12-2 Cambiando dinero. Look at the receipt and answer the following questions.

flet S.A. G.A.T. 1.074
Agencia de Viajes C.I.F. A 03169828
Avda. de Europa, s/n. Edif. Mariscal
Telf.(96) 586 18 11 - 585 64 52 - Telex 68396 Flet E
BENIDORM (Alicante)

356 A V

Establecimiento .... Liquidación número ....

Nombre Dolores Fernández Nacionalidad U.S.A.

No. pasaporte (o documento Identificación) 042271006

Cheques de viaje					
Número	Expedidor	Divisa	Importe	Cambio	Contravalor
	$	U.S.A.	220	120	12.000
					26.400
				Total	
				Comisión %	
				Liquido (A)	38.400

Billetes de bancos extranjeros			
Divisa	Importe	Cambio	Contravalor

Benidorm, a 22 de 11 de 1996
(Firma autorizada y sello del establecimiento)

1. ¿Cómo se llama la persona que cambió el dinero?
2. ¿Cuál es el número de su pasaporte?
3. ¿Dónde cambió el dinero?
4. ¿Cuándo cambió el dinero?
5. ¿Le cobraron comisión a la persona?
6. ¿De dónde es ella?
7. ¿En qué ciudad estaba?
8. ¿Cuántos dólares cambió?
9. ¿Cuántas pesetas recibió?
10. ¿A cómo estaba el dólar ese día?

12-3 ¿En qué orden? With a classmate, list the steps you must take in order to complete each of these tasks in your city.

MODELO: para cobrar un cheque
► Para cobrar un cheque, primero tenemos que ...

1. para comprar sellos
2. para abrir una cuenta corriente
3. para pagar la cuenta de tu tarjeta de crédito
4. para enviar un paquete a otro país

12-4A Necesito información. With a classmate, role-play the following situation: One of you is a tourist in Mexico City and needs assistance. The other works in a travel agency, and has all the needed information.

MODELO: E1: ¿Dónde puedo cambiar cheques de viajero?
E2: Cámbielos en el hotel, si quiere.

1. ¿Dónde puedo cambiar dólares por pesos?
2. ¿A cómo está el cambio hoy?
3. ¿Puede cambiarme 1.000 dólares?
4. ¿Qué tengo que hacer para cobrar este cheque?
5. ¿Puede darme un recibo, por favor?
6. ¿Sabe dónde se compran tarjetas postales?
7. ¿Sabe si venden sellos también?

COMUNICACIÓN

12-5 Turistas en Bogotá. Imagine that you are a hotel clerk in Santa Fé de Bogotá, Colombia. Two classmates, who are tourists, will ask you for directions, as specified below. Use the map in order to respond accurately.

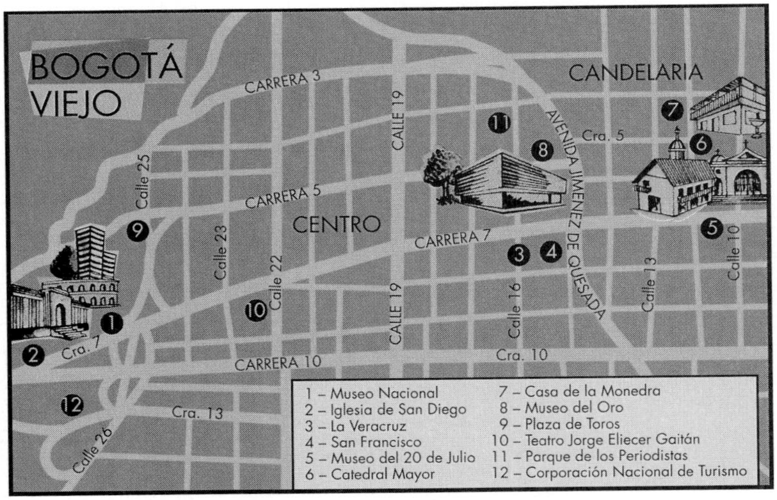

Perdone, ¿cómo se va ... ?

1. del Museo Nacional al Museo del Oro
2. de la Casa de la Moneda al Museo del Oro
3. del Museo del Oro al Teatro Gaitán
4. del Teatro Gaitán a la Plaza de Toros
5. de la Catedral Mayor al Museo 20 de Julio

12-6 Usando tu tarjeta. You can use your ATM card or credit card in many bank machines in the Spanish-speaking world. The bank allows you to withdraw up to your limit in the local currency, and makes the exchange automatically with a small transaction fee. Read the application materials for a popular card in order to answer the questions that follow.

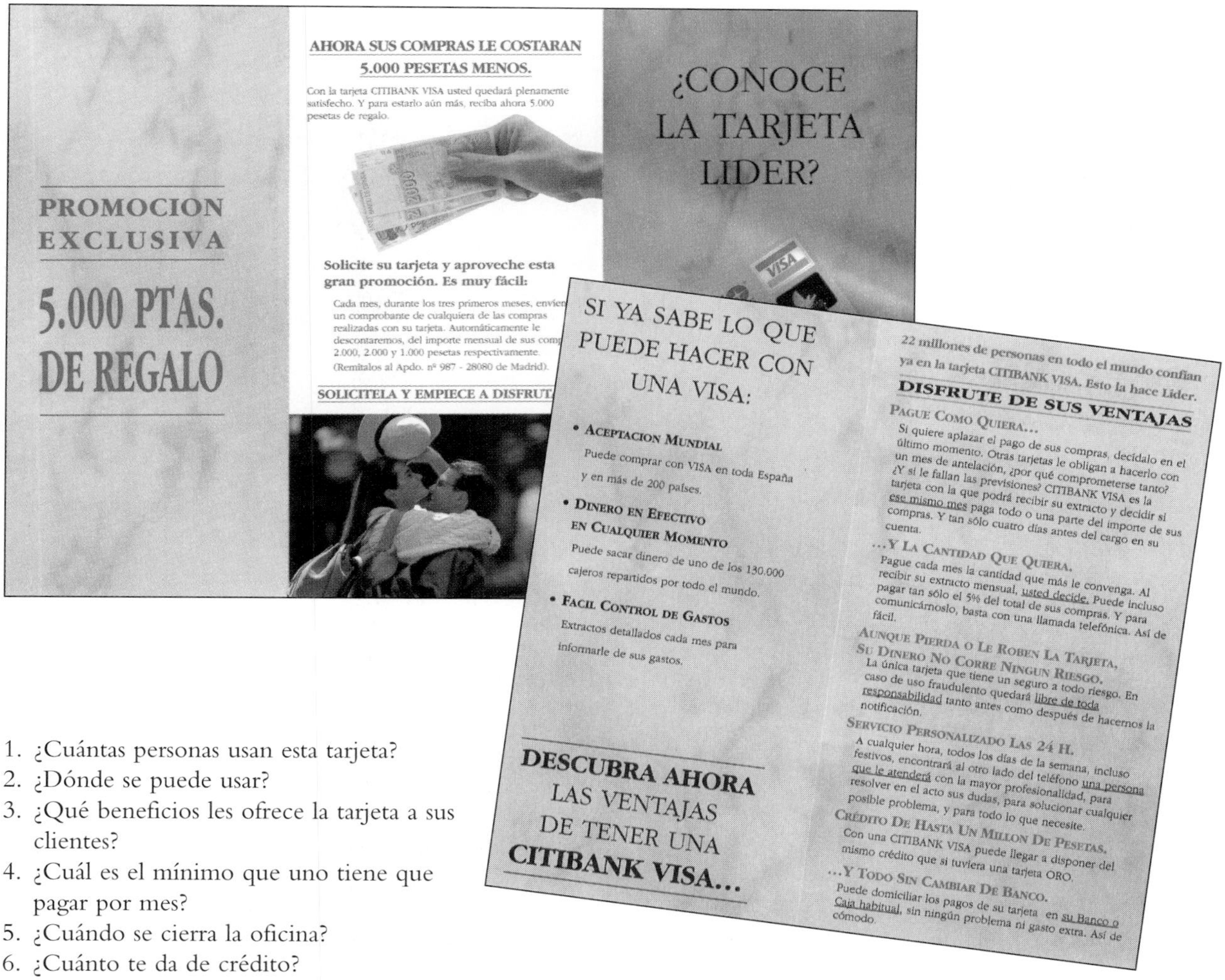

1. ¿Cuántas personas usan esta tarjeta?
2. ¿Dónde se puede usar?
3. ¿Qué beneficios les ofrece la tarjeta a sus clientes?
4. ¿Cuál es el mínimo que uno tiene que pagar por mes?
5. ¿Cuándo se cierra la oficina?
6. ¿Cuánto te da de crédito?
7. En tu opinión, ¿cuál es la mayor ventaja de tener una tarjeta de crédito como ésta? ¿Cuál es una desventaja?

12-7 ¡Usted necesita esta tarjeta! With a classmate, role-play a telephone conversation between a solicitor for a credit card company and a potential customer. The solicitor explains the benefits of the card to the potential customer and tries to convince him/her to sign up.

MODELO: E1: ¿Aló?
E2: Sí, con la señorita García, por favor. Soy Juan Gastón, de Credibanco. ¿Tiene usted nuestra tarjeta de crédito?
E1: Um ... No, no la tengo, pero ...

A PROPÓSITO ... El libro de reclamaciones

El turismo es la industria más importante de España. El gobierno, por lo tanto está muy interesado en complacer *(please)* al turista. Todos los establecimientos públicos tienen un libro de reclamaciones donde el cliente puede comentar o anotar quejas (problemas) sobre el servicio que recibe. Por ejemplo, si usted no está contento con el servicio en un hotel o en un restaurante, usted puede pedir el libro de reclamaciones y anotar su queja en él. El establecimiento entonces está obligado a darle una explicación por escrito.

Vamos a comparar

¿Hay algo similar al libro de reclamaciones de España en los Estados Unidos? ¿Por qué? ¿Piensas que la ética de trabajo en los EE.UU. hace obsoleto el libro de reclamaciones?

Estructuras

1. Past participles and the present perfect tense

- The past participle in Spanish is formed by adding **-ado** to the stem of **-ar** verbs and **-ido** to the stem of **-er** and **-ir** verbs.

tomar	comer	vivir
tomado *(taken)*	**comido** *(eaten)*	**vivido** *(lived)*

- An accent mark is added to the past participle of **-er** and **-ir** verbs whose stems end in **-a**, **-e**, or **-o**.

caer	**caído**	*fallen*	oír	**oído**	*heard*
creer	**creído**	*believed*	traer	**traído**	*brought*
leer	**leído**	*read*	reír	**reído**	*laughed*

- The following verbs have irregular past participles.

abrir	**abierto**	*opened*	ir	**ido**	*gone*
cubrir	**cubierto**	*covered*	morir	**muerto**	*dead*
decir	**dicho**	*said*	poner	**puesto**	*put, placed*
descubrir	**descubierto**	*discovered*	romper	**roto**	*broken*
escribir	**escrito**	*written*	ver	**visto**	*seen*
hacer	**hecho**	*done; made*	volver	**vuelto**	*returned*

- The present perfect in English and Spanish is considered a compound tense because its forms require two verbs. In English, the present perfect is formed with the present tense of the auxiliary verb *to have* + past participle. In Spanish, the present perfect is formed with the present tense of the auxiliary verb **haber** + past participle.

	haber	PAST PARTICIPLE		*to have*	PAST PARTICIPLE
yo	he		*I*	*have*	
tú	has	**tomado**	*you*	*have*	*taken*
él/ella/usted	ha	**comido**	*he, she, you*	*has*	*eaten*
nosotros/nosotras	hemos	**vivido**	*we*	*have*	*lived*
vosotros/vosotras	habéis		*you* (pl.)	*have*	
ellos/ellas/ustedes	han		*they, you* (pl.)	*have*	

- In general, the present perfect is used to refer to a past action or event that is perceived as having some bearing on the present.

Necesito ir al banco. ¿Ya **has ido**?
I need to go to the bank. Have you already gone?

Estoy buscando al conserje. ¿Lo **has visto**?
I'm looking for the concierge. Have you seen him?

- The auxiliary verb **haber** agrees with the subject of the sentence. The past participle, however, is invariable when used in a perfect verb tense.

La cajera **ha escrito** el recibo.
The cashier has written the receipt.

El agente **ha hecho** la reserva.
The agent has made the reservation.

- The auxiliary verb **haber** and the past participle cannot be separated by another word. Object pronouns and negative words are always placed before **haber.**

No **lo he visto**.	*I haven't seen him.*
¿La has abierto?	*Have you opened it?*

- The verb **haber** is not interchangeable with **tener. Haber** means *to have* only when used as an auxiliary verb with the past participle. **Tener** means *to have* or *to own* in the sense of possession.

España **tiene** muchas playas. *Spain has many beaches.*	BUT	¿Las **has** visitado? *Have you visited them?*

- Remember that you can use the present tense of **acabar de** + *infinitive* in order to describe an event that has just happened.

Acabamos de endosar el cheque.
We have just endorsed the check.

Nuestros amigos **acaban de abrir** una cuenta corriente.
Our friends have just opened a checking account.

PRÁCTICA

12-8 En el banco. Your friend has just met you at the bank and wants to know what you've done so far. Tell him/her everything you've done up to this point.

MODELO: mirar el tablero
► He mirado el tablero

1. esperar mucho tiempo en la cola
2. hablar con el cajero
3. endosar unos cheques de viajero
4. cambiar dólares por pesetas
5. pedirle ayuda al presidente del banco
6. comprar sellos en un estanco
7. pedirle un recibo al cajero
8. firmar el cheque

12-9 Una llamada desde Madrid. Imagine you are on a trip to Madrid with some very famous friends. In a phone call to your parents, tell them what you and your friends have done up to this point. Combine elements from each column to form complete sentences in Spanish.

MODELO: Yo/comer en un lugar diferente todos los días
► Yo he comido en un lugar diferente todos los días.

Elton John	ir a la Puerta del Sol
Michael Jordan y yo	caminar por el Paseo del Prado
Plácido Domingo y José Carreras	comer en el Hotel Ritz
Yo	gastar todo su dinero en el Corte Inglés
Tú	cambiar muy pocos cheques de viajero
El Real Madrid	todavía no comer tapas en la Plaza Mayor
Juan Carlos y Sofía	invitarnos al Palacio Real
	cenar en la Casa Botín
	dar tres conciertos
	ganar a Italia
	pelearse en el teatro

12-10 Un robo. Complete the following conversation between a concierge and a hotel manager about a robbery by inserting the present perfect of an appropriate verb from the list below.

pasar	hacer	volver	llevar
decir	entrar	estar	ver
ser	llamar		

CONSERJE: ¿El botones ya le (1)_____ del robo, señor?
GERENTE: No, ¿qué (2)_____?
CONSERJE: Alguien (3)_____ en su oficina y se (4)_____ las llaves de su coche.
GERENTE: ¿Quién (5)_____ eso?
CONSERJE: No sé, creo que (6)_____ el contador.
GERENTE: Pero si él nunca (7)_____ en mi oficina. ¿Alguien lo (8)_____?
CONSERJE: No, señor, todavía no (9)_____ al trabajo.
GERENTE: ¿Ustedes (10)_____ al inspector de policía?
CONSERJE: No, señor.
GERENTE: Pues, llámenlo ahora mismo.

COMUNICACIÓN

12-11 ¿Qué has hecho hasta ahora? Get together with two classmates and talk about what you have done until this moment of the day. Follow the model.

MODELO: He preparado la tarea para dos clases, he ido al laboratorio de lenguas y he hecho ejercicios. Y ustedes, ¿qué han hecho?

12-12 Recuerdos. With a classmate, take turns asking each other about experiences you've had — and have not had. Use the cues to form questions. Follow up by asking for details about each experience.

MODELO: ver películas
E1: ¿Qué películas has visto esta semana?
E2: Esta semana he visto *El mariachi*.
E1: ¿Te ha gustado? (etc.)

ALGUNAS EXPERIENCIAS

visitar ...	estudiar ...	escribir ...	trabajar ...
ver ...	ir ...	hacer ...	volver ...
conocer ...	salir ...	comer ...	leer ...

12-13 Confesiones. With a classmate, take turns telling each other two things you have done to make someone happy this week and two things you have done that you regret. Use the present perfect. Respond in an appropriate way to your classmate's confessions.

MODELO: E1: Le he comprado flores a mi mamá, pero se me olvidó ponerlas en agua.
E2: No importa. Por lo menos las has comprado.

2. Past participles used as adjectives

Lo siento, pero esta ventanilla está cerrada.

- In both English and Spanish, past participles may be used as adjectives to modify a noun. In Spanish, when the past participle is used as an adjective, it agrees in gender and number with the noun it modifies.

  Vimos una película **hecha** en Colombia.
  We saw a movie made in Colombia.

  La ventana **cerrada** da al patio.
  The closed window faces the patio.

- The verb **estar** may be used with the past participle to describe a state or condition that is the result of a previous action. In this resultant condition, the past participle is an adjective and agrees in gender and number with the noun it modifies.

  La caja **está abierta**; la abrió Juanito.
  The cash register is open; Juanito opened it.

  Los presupuestos **están preparados**. Los preparó Javier ayer.
  The budgets are prepared. Javier prepared them yesterday.

PRÁCTICA

12-14 ¡Ya lo hice! You work at a bank and your boss constantly wants you to have certain tasks completed. Respond affirmatively to all the questions using past participles.

MODELO: ¿Abrió la caja fuerte?
► Sí, ya está abierta.

1. ¿Contó todos los billetes?
2. ¿Cambió la dirección en la cuenta de ahorros?
3. ¿Preparó los recibos?
4. ¿Puso todo el dinero en la caja fuerte?
5. ¿Hizo el presupuesto para el año próximo?
6. ¿Comparó las firmas de los dos cheques?
7. ¿Limpió bien la ventanilla de pagos?
8. ¿Apagó todas las luces?

12-15 Dos señoras en el tren para Valencia. You overhear two women talking in the seat in front of you. Complete their exchanges with the correct form of an appropriate past participle. In some cases, more than one answer is possible.

abrir	ahorrar	cansar	cubrir
dormir	hacer	ocupar	perder
preparar	vestir		

1. Me gusta el aire fresco. Deja la ventana __________.
   ¡Cómo no! Te la abro en seguida.
2. ¡Dios mío! La llaves están _________ otra vez.
   No te preocupes. Creo que las tienes en tu bolsa.
3. No me gusta la carne cruda; la prefiero bien ___________.
   Aquí viene el camarero con la comida __________.
4. Tu nieta estaba muy bien ________ ayer en la iglesia. Y su familia es preciosa.
   Es verdad. Su hija es un encanto. No hay nada más tranquilo que un bebé _________.
5. ¿Quieres ir conmigo de vacaciones? Tengo mucho dinero _________.
   No puedo acompañarte. Estoy muy _________.
6. Los vestidos de seda ___________ en China son baratos.
   Es verdad. Pero prefiero las faldas ________ en la India.
7. Me gusta ver las casas __________ de nieve.
   ¡Pero es verano! Sólo las montañas muy altas están ________ de nieve ahora.

12-16 ¿Cómo estabas cuando ... ? Imagine that you have spent a week in Madrid. Use past participles to say how you felt in each of these situations. The list of verbs will help guide your answers.

MODELO: ¿Cómo estabas después de 10 horas en el avión?
► Estaba dormido(a).

decidir (a ir a ...)	enojar	encantar	interesar
preocupar	(bien/mal) vestir	sorprender	desilusionar
preparar	(bien/mal) atender	cansar	

1. ¿Cómo estabas cuando volviste del banco?
2. ¿Cómo estabas cuando alguien te robó la maleta?
3. ¿Cómo estabas después de encontrar tu billetera en la calle?
4. ¿Cómo estabas después de consultar con la agente de viajes sobre el viaje a Málaga?
5. ¿Cómo estabas después de visitar el Museo del Prado?
6. ¿Cómo estabas en la fiesta de tus amigos españoles?
7. ¿Cómo estabas cuando te perdiste en Madrid?
8. ¿Cómo estabas en el Metro?
9. ¿Cómo estabas cuando cenaste en la Casa Botín?
10. ¿Cómo estabas después de ver una película de Almodóvar?

COMUNICACIÓN

12-17 ¿Quién … ? Ask your classmates if they have any of these items. Write the correct form of the past participle and one name in each space.

MODELO: algún producto **hacer** en México
► ¿Tienes algún producto hecho en México?

un producto **importar** de Suramérica	una novela **escribir** en español	vaqueros **romper**
una carta **escribir** por una persona importante	unas camisas **lavar**	una bicicleta **pintar** de azul
una maleta **hacer** en Argentina	una falda **planchar**	un autógrafo **firmar** por Madonna
un libro **abrir**	zapatos **fabricar** en Estados Unidos	algunos cheques **endosar**

12-18 ¿De veras? Write five or more activities that you may or may not have done. Then, with a classmate, try to convince each other that you have done them. Ask questions to get more information before deciding whether or not you believe each other.

MODELO: E1: He viajado a la India.
E2: ¿De veras? ¿Cuándo? ¿Por qué? ¿Con quiénes? (etc.)

SEGUNDA PARTE

¡Así es la vida!

En el hotel

Hotel ☆☆☆☆ **Riogrande** s.a.	
• 80 habitaciones con baño privado incluyendo departamentos y suites • aire acondicionado • calefacción central • salones para convenciones • snack bar y room service las 24 hs. • radio, música funcional	• t.v. color en todas las habitaciones • telex nacional e internacional • teléfonos automáticos con telediscado directo local, nacional e internacional desde todas las habitaciones • cajas de seguridad individuales • playa de estacionamiento techada c/acceso directo automóvil - hotel • canchas de paddle tennis

¡Así lo decimos!

Tipos de alojamiento

el albergue estudiantil	*student hostel*
la casa de huéspedes	*guest house*
el hostal	*hostel*
el parador	*government-run inn*
la pensión	*boarding house*

En el hotel

el aire acondicionado	*air conditioning*
el agua caliente	*hot water*
la almohada	*pillow*
el ascensor	*elevator*
el botones	*bellhop*
la caja de seguridad	*safe deposit box*
el (la) camarero(a)	*housekeeper*
el casillero	*mailbox*
el (la) conserje	*concierge*
el (la) huésped	*guest*
el inodoro	*toilet*
el lavabo	*sink*
la llave	*key*
la manta, la frazada	*blanket*
el papel higiénico	*toilet paper*
la recepción	*front desk*
el (la) recepcionista	*front desk clerk*
el registro	*guest register*
la sábana	*sheet (for a bed)*
el vestíbulo	*lobby*

Adjetivos

cómodo(a)	*comfortable*
disponible	*available*
limpio(a)	*clean*
sucio(a)	*dirty*
lujoso(a)	*luxurious*

Tipos de habitación

la habitación sencilla	*single room*
la habitación doble	*double room*
la habitación con baño privado	*room with private bath*

Cómo expresar quejas

estar descompuesto/roto	*to be broken*
estar lleno	*to be full*
estar tupido	*to be clogged*
no funciona(n)	*out-of-order; it doesn't work*
quejarse	*to complain*

Servicios

el servicio de	
restaurante a la habitación	*room service*
lavandería	*laundry service*
limpieza	*cleaning service*

Arreglando cuentas

la cuenta	*the bill*
marcharse	*to leave*
quedarse	*to stay*

Otras palabras y expresiones

compartir	*to share*

¡A ESCUCHAR!

El hotel Muralto. As you listen to a radio commercial for the *Hotel Muralto*, check off the services that the hotel offers.

___ restaurante	___ bar
___ cocina	___ teléfono
___ Telex	___ agente de viajes
___ servicio de lavandería	___ radio
___ TV con servicio de satélite	___ cerca de un almacén
___ piscina	___ cerca de un teatro

PRÁCTICA

12-19 De viaje. Circle the word or expression that does not belong to the group, and say why.

MODELO: a. lavabo b. llave c. papel higiénico

► Es "llave" porque el lavabo y el papel higiénico están en el baño.

	a.	b.	c.
1.	a. casillero	b. carta	c. lavabo
2.	a. sábana	b. botones	c. manta
3.	a. baño	b. ascensor	c. botones
4.	a. inodoro	b. recepción	c. caja de seguridad
5.	a. recepción	b. teléfono	c. aire acondicionado
6.	a. limpio	b. disponible	c. sucio
7.	a. pensión	b. parador	c. lavandería
8.	a. almohada	b. frazada	c. la cuenta

12-20 La cuenta del hotel. Look at the hotel bill and answer the following questions.

1. ¿Cómo se llama el hotel?
2. ¿Dónde está?
3. ¿Cuáles son los teléfonos del hotel?
4. ¿Cómo se llama la huésped?
5. ¿De dónde es ella?
6. ¿En qué habitación se quedó?
7. ¿Qué tipo de habitación era?
8. ¿Cuánto costó la habitación?

Hotel

Posada Toledo

Calle 58, No. 487
Mérida, Yucatán
México

Teléfonos:
23-16-90
23-33-56

Cliente Fernanda Ozollo
Domicilio Av. Mitre 2052, Mendoza
País Argentina
Pasaporte 046-93127

hab. sencilla
2 x @ $82.500 — $165.000

Habitación 103

12-21 ¡Qué desastre! Complete the description of a very bad trip with a word or expression from **¡Así lo decimos!**

El año pasado me quedé en un hotel económico de Nueva York. Al llegar al hotel, fui a la (1) _____ y firmé el (2) _____. El recepcionista sacó la llave del (3) _____ y me la dio. Yo le di mi anillo y lo puso en la (4) _____. No pude subir a la habitación en el (5) _____ porque no funcionaba. Cuando entré en la habitación vi que estaba muy (6) _____ y que la cama no tenía (7) _____. Luego, cuando entré en el baño, no había agua (8) _____ y el (9) _____ estaba (10) _____. Por la noche, encendí el (11) _____ porque hacía mucho calor pero estaba (12) _____. Tenía mucha hambre y le pedí un bocadillo al (13) _____, pero nunca lo trajeron. Me dormí con la (14) _____ en los oídos porque había una fiesta en la habitación vecina. Al día siguiente, cuando me marchaba del hotel, me dijeron que no encontraban mi anillo. ¡Qué desastre! La próxima vez, voy a quedarme en un (15) _____.

12-22A En el hotel. With a classmate, take turns forming questions to ask each other hotel-related terms.

MODELO: Es un hotel para estudiantes.
E1: ¿Cómo se llama un hotel para estudiantes?
E2: Es un albergue estudiantil.

1. Puedes dejar tu pasaporte y tu dinero con toda seguridad.
2. La necesitas para entrar en tu habitación.
3. Lo pides cuando no quieres salir a un restaurante.
4. Normalmente son blancas, pero las hay de otros colores también. Son para la cama.
5. La compartes cuando viajas con un(a) compañero(a).
6. Aquí se encuentran tus cartas.

COMUNICACIÓN

12-23 ¿Qué tipo de hotel buscas? With a classmate, make a list of 8-10 characteristics or amenities you look for in a hotel.

MODELO: ► Primero, tiene que ser económico ...

12-24 En la recepción. Working in pairs, role-play a conversation between a front desk clerk and a tourist who is looking for a room.

12-25 Una queja. Working in pairs, role-play a conversation between a front desk clerk and hotel guest with a complaint.

POSIBLES QUEJAS

El aire acondicionado (el ascensor, la luz) no funciona.
No hay (toalla, jabón, champú, agua caliente, etc.).
La habitación está sucia.
El inodoro está tupido.

A PROPÓSITO ... HOTELES Y PARADORES EN ESPAÑA

Como a España van más de 50 millones de turistas todos los años, el gobierno regula con mucho cuidado la industria del turismo. Todos los hoteles son inspeccionados y clasificados de acuerdo con el lujo que tienen y los servicios que ofrecen. Siguen la clasificación internacional de hoteles, que se hace asignándoles estrellas *(stars)*. Los hoteles más lujosos tienen cinco estrellas y los más modestos, solamente una estrella.

En 1926, el Marqués de la Vega-Inclán, que en esa época *(time)* era Comisario Regio de Turismo *(Royal Tourist Commissioner)*, concibió la idea de establecer paradores del estado por toda España. La idea era ofrecer alojamiento al viajero en lugares donde no era práctico para el capital privado invertir *(invest)* dinero en hoteles. Estos paradores se establecieron en monumentos antiguos como palacios, castillos y conventos que fueron renovados con gusto exquisito. Hoy día hay 86 Paradores del Estado, pero ahora son privados.

Vamos a comparar

¿Regula el gobierno de los Estados Unidos los hoteles? ¿En qué sentido? ¿Qué piensas de la idea de tener paradores del estado? ¿Hay algo similar en los Estados Unidos?

ESTRUCTURAS

3. Possessive adjectives and pronouns (long forms)

La habitación mía está en el último piso.
HOTEL BABEL

In **Lección 3**, you were introduced to the short (unstressed) forms of possessive adjectives. The chart on the following page presents the long (stressed) forms.

Possessive adjectives (long forms)

SUBJECT PRONOUN	SINGULAR	PLURAL	
yo	**mío, mía**	**míos, mías**	*my, (of) mine*
tú	**tuyo, tuya**	**tuyos, tuyas**	*your* (fam.), *(of) yours*
usted él ella	**suyo, suya**	**suyos, suyas**	*your* (form.) *his, (of) his, (of) its* *her, (of) hers, (of) its*
nosotros	**nuestro, nuestra**	**nuestros, nuestras**	*our, (of) ours*
vosotros	**vuestro, vuestra**	**vuestros, vuestras**	*your* (fam. pl.), (of) *yours*
ustedes ellos ellas	**suyo, suya**	**suyos, suyas**	*your* (form. pl.), *(of) yours* *their, (of) theirs* *their, (of) theirs*

- In contrast to the short forms, which always precede the noun, the long forms of possessive adjectives follow the noun. They also agree with the noun in gender and number.

La habitación **tuya** es el número 120.	*Your room is number 120.*
Aquí tienes unas llaves **mías.**	*Here you have some keys of mine.*
El lavabo **nuestro** está tupido.	*Our sink is clogged.*

- As with the short form of **su(s)**, the long form **suyo(a, os, as)** can be replaced by the construction **de** + *pronoun* in order to clarify the identity of the possessor.

un cheque **suyo** un cheque **de él**	*a check of his*
la cuenta **suya** la cuenta **de ellas**	*their bill*

- The long forms of possessive adjectives may be used as pronouns. In such instances, the definite article is used with the possessive adjective and the noun is omitted.

Los cheques de viajero nuestros son en pesetas.
Our traveller's checks are in pesetas.

Los nuestros son en pesetas.
Ours are in pesetas.

La habitación mía no tiene aire acondicionado.
My room doesn't have air conditioning.

La mía no tiene aire acondicionado.
Mine doesn't have air conditioning.

- Like adjectives, possessive pronouns may be clarified in the third-person forms: (**el suyo, la suya, los suyos, las suyas**) by using the *definite article* + **de** + *pronoun*: **el (la) de usted, los (las) de ellos**, etc. The definite article must agree in gender and number with the noun it replaces.

  La suya (la habitación) es más lujosa que **la mía**.
  Yours (the room) is more luxurious than mine.

  La de usted es más lujosa que **la mía**.
  Yours is more luxurious than mine.

- When the pronoun is used after the verb **ser**, the article is usually omitted.

  El gusto es **mío.**
  The pleasure is mine.

  Esta llave es **tuya.**
  This key is yours.

STUDY TIPS **Possessive adjectives**

In order to use the right form of a possessive adjective or pronoun, concentrate on the thing possessed. Is it singular or plural, masculine or feminine? What is important is not the possessor but the gender and number of the thing possessed.

PRÁCTICA

12-26 En la playa. Complete the narrative below with the correct forms of the possessive adjectives and pronouns.

El fin de semana pasado el grupo (1) _______ (*our*) pasó dos días en la playa. Como yo no tenía mucho dinero, el cuarto (2) _______ (*mine*) no tenía baño privado. Marcela y Lilia pidieron una habitación doble. La habitación (3) _______ (*theirs*) era grande y cómoda y el baño (4) _______ (*theirs*) también. Jorge y Carlos se quedaron en un hotel que daba a la playa. (5) _______ (*Theirs*) era más lujoso y caro que (6) _______ (*ours*), pero las camareras (7) _______ (*ours*) eran más amables que (8) _______ (*theirs*). Es verdad que el vestíbulo (9) _______ (*ours*) era pequeño pero los ascensores (10) _______ (*theirs*) estaban descompuestos. El verano próximo volveremos al hotel (11) _______ (*ours*).

12-27 ¡Siempre equivocados! The *Hotel Las Brisas* in San Juan, Puerto Rico entertains many famous guests. But the front desk clerk and the bellhop at the hotel can't agree on what belongs to whom. Role-play the situation with a classmate, asking and answering the questions following the model.

MODELO: (la radio de usted)
RECEPCIONISTA: ¿Este radio es suyo?
BOTONES: No, el mío es ése.

1. (la toalla de Benito Santiago)
2. (mis llaves)
3. (nuestras sábanas)
4. (la caja de seguridad de Rosie Pérez)
5. (el trombón de Willie Colón)
6. (la blusa de Rita Moreno)
7. (la raqueta de tenis de Gigi Fernández)
8. (tu almohada)
9. (unos trajes de Tito Puente)
10. (unas mantas de usted)

COMUNICACIÓN

12-28 Dividamos la herencia. You and a classmate are executors and heirs of the estate of an eccentric millionaire. Between you, decide who gets what in the inventory below. Remember, you will have to pay taxes on each item, so try to divide the possessions equally among all three parties. Justify your decisions.

MODELO: las joyas de la tía
► Son mías porque me prometió las joyas el año pasado.

EL ARTÍCULO	MÍO(A)(S)	TUYO(A)(S)	DEL GOBIERNO
las joyas de la tía			
el abrigo de piel			
la caja de seguridad			
las cadenas de oro			
la llave misteriosa			
los libros antiguos			
el traje de lana			
el billete de avión a Europa			
la almohada de plumas			
el diario			
el televisor RCA del año 1965			
el Jaguar de 1968			
el apartamento en Marbella			
las cartas de su amigo Pablo Neruda			
1.000.000 Intis (moneda antigua del Perú)			

12-29 ¿De quién es la habitación? Imagine that you and a large group of friends are attending a convention in Madrid, and everyone is staying in the same hotel. Assign yourselves the hotel room keys shown in the following illustration. Then a group leader will ask questions to determine which room key belongs to whom. Follow the models.

MODELOS: E1: ¿De quién es la habitación 205?
E2: Es mía.
E1: Roberto, ¿es tuya la habitación 305?
E3: No. Es suya.

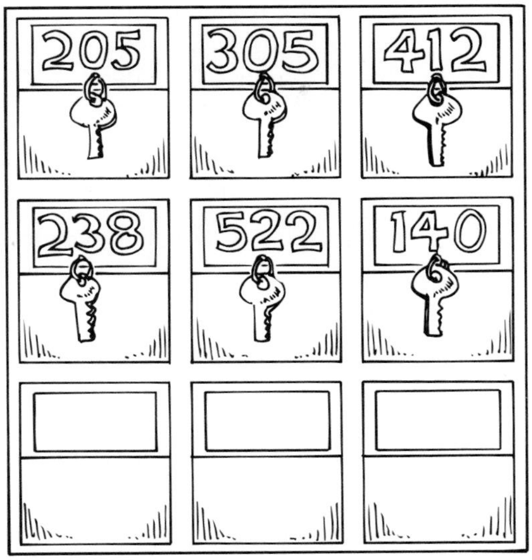

4. The pluperfect tense

- Like the present perfect tense, the pluperfect (or past perfect) is a compound tense. It is formed with the imperfect tense of **haber** + *past participle*.

	IMPERFECT OF *haber*	PAST PARTICIPLE	PAST OF *to have*	PAST PARTICIPLE
yo	**había**		*I had*	
tú	**habías**		*you had*	
él/ella/usted	**había**	**tomado**	*he, she, you had*	*taken*
nosotros/nosotros	**habíamos**	**comido**	*we had*	*eaten*
vosotros/vosotras	**habíais**	**vivido**	*you* (pl. fam.) *had*	*lived*
ellos/ellas/ustedes	**habían**		*they, you* (pl.) *had*	

- The pluperfect is used to refer to an action or event that occurred before another past action or event. Compare the following sentences with the time line.

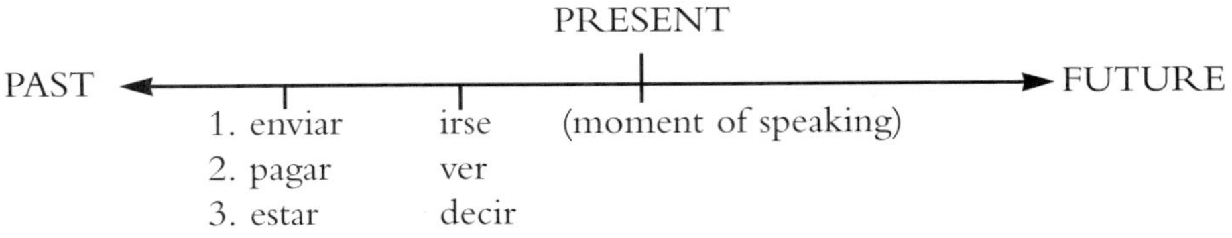

1. Mis padres **habían enviado** la tarjeta postal antes de irse de México.
   My parents had sent the postcard before leaving Mexico.
2. Cuando yo la vi, ya **había pagado** la cuenta.
   When I saw her, she had already paid the bill.
3. Nos dijeron que **habían estado** en ese hotel.
   They told us that they had been at that hotel.

- Remember that in compound tenses nothing may be inserted between the auxiliary **haber** and the past participle; **haber** must agree in number with the subject, and the past participle is invariable.

  Nosotros **habíamos recibido** el mensaje.
  We had received the message.

  Ella **había hecho** las reservaciones.
  She had made the reservations.

PRÁCTICA

12-30 ¡Nunca antes! Say what the following people had never done before they took their trips. Follow the model.

MODELO: Roberto viajó a Lima durante sus vacaciones.
► Nunca antes había viajado a Lima.

1. María visitó a sus abuelos en Madrid.
2. En México comí en un restaurante japonés.
3. Carlos y Juanita se quedaron en un hotel de lujo en Barcelona.
4. José fue al correo a mandar una caja de libros.
5. Reservamos una habitación sencilla en Buenos Aires.
6. Viajaste a Ecuador el mes pasado.
7. Vi una película de Raúl Julia en San Juan.
8. Mis compañeros leyeron una guía de México.

12-31 ¿Qué habías hecho antes? Imagine you are living in Spain as a participant in a study abroad program. A Spanish friend is trying to find out more about your background, your group and what you did prior to your trip to Spain. Role-play the situation with a classmate, asking each other questions and providing answers according to the model.

MODELO: tú / venir a España antes
E1: ¿Habías venido a España antes?
E2: No, no había venido a España antes.
(Sí, yo sí había venido a España antes.)

1. el grupo / pasear por el Parque del Retiro
2. tú y tu familia / viajar por el sur de España
3. tus compañeros de clase / hacer una visita a Toledo
4. el profesor / visitar el Parque de Diversiones de Madrid
5. tú / quedarte en un hotel de cinco estrellas
6. tu amiga Elizabeth / comer tapas
7. tú / pasar la noche en un parador
8. ustedes / ver una corrida de toros en Pamplona

COMUNICACIÓN

12-32A ¡Nunca había hecho eso! Talk with a classmate about things that you had not done prior to attending the university. Be sure to comment on and take note of each other's experiences.

MODELO: vivir en ...
E1: Nunca había vivido en una residencia de estudiantes.
E2: ¿De veras? Yo sí había vivido en una antes de venir a la universidad.

1. tomar una clase de ...
2. vivir con ...
3. estudiar ...
4. salir con mis amigos(as) a ...
5. conocer a ...
6. estar en ...
7. vivir en ...

12-33 Antes de ... With a classmate, think of activities you (we, the country, others, etc.) had not done before the following dates. Some possibilities are included below.

MODELO: 1960
► Antes de 1960, no habíamos ido a la luna.

SUGERENCIAS

ir	ver	tener	votar
elegir	ganar	pagar	trabajar
perder	necesitar	sufrir	recibir

1. 1992
2. 1900
3. este año
4. 1945
5. 1965
6. 1950
7. (original)

5. Passive voice

La pirámide fue construida por los mayas en . . .

- Spanish and English both have active and passive voice. In an active voice construction, the subject of the sentence is the doer of the action.

Carlota hizo la reserva.	*Carlota made the reservation.*
Manuel firmó el registro.	*Manuel signed the guest register.*

- In the passive voice, the action is viewed as being performed by an agent. The agent is most often introduced by the preposition **por.**

La reserva fue hecha **por** Carlota.	*The reservation was made by Carlota.*
El registro fue firmado **por** Manuel.	*The guest register was signed by Manuel.*

- The passive voice is formed with the verb **ser** + *past participle.* The past participle agrees in gender and number with the subject because it is used as an adjective.

El itinerario fue preparado **por** el agente de viajes	*The itinerary was prepared by the travel agent.*
Los hoteles fueron diseñados **por** el arquitecto.	*The hotels were designed by the architect.*
La reservación fue hecha **por** Javier y José.	*The reservation was made by Javier and José.*

EXPANSIÓN More on structure and usage

Remember that in **Lección 9** you learned that if the subject of the passive voice statement is an object, and the agent is not expressed, the pronoun **se** is more commonly used than the passive voice.

Se cerró la ventana.	*The window was closed.*
Se abrieron las puertas.	*The doors were opened.*

Generally the passive voice is used less frequently in spoken language than in written narratives and documents.

PRÁCTICA

12-34 De viaje. Change the following sentences to the passive voice.

MODELO: El turista firmó los cheques de viajero.
Los cheques de viajero fueron firmados por el turista.

1. La cajera atendió al cliente.
2. Los jóvenes endosaron los cheques.
3. El conserje abrió la puerta del hotel.
4. Los estudiantes cambiaron el billete.
5. La mujer cerró la cuenta de ahorros.
6. El profesor cobró el cheque de viajero.
7. La criada limpió la habitación.
8. Los camareros sirvieron la cena.

12-35 La Guía. Using the passive voice in the present or the past, complete the guidebook entry regarding places of interest in Madrid.

MODELO: Los atractivos de Madrid *son visitados* por miles de turistas.

1. El museo del Prado ________ (diseñar) por el arquitecto Juan de Villanueva.
2. La colección española ________ (reunir) por los reyes españoles.
3. Las obras de Goya ________ (pintar) en el siglo XIX.
4. La Plaza Mayor ________ (construir) en 1619.
5. El Palacio Real ________ (conocer) como el Palacio de Oriente.
6. La Fuente de Cibeles __________ (admirar) por todos los que la ven.
7. Los restaurantes _________ (reconocer) como unos de los mejores del mundo.
8. La capital de España ________ (visitar) por miles de turistas cada año.

12-36 En Latinoamérica. This article describes a law recently passed in a Latin American country. Answer the questions below based on the article.

1. ¿Qué fue aprobada por la Cámara?
2. ¿En que país fue aprobada la ley?
3. ¿A quién le fue aprobada?
4. ¿Dónde fue publicado el artículo?
5. Explica la palabra "superpoderes".

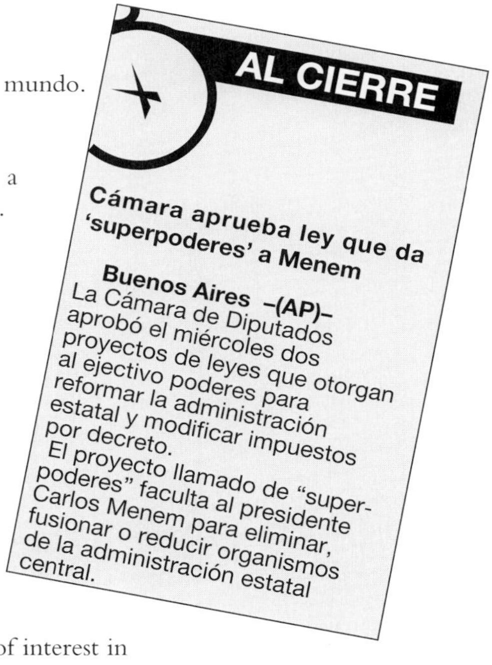
AL CIERRE

Cámara aprueba ley que da 'superpoderes' a Menem

Buenos Aires –(AP)– La Cámara de Diputados aprobó el miércoles dos proyectos de leyes que otorgan al ejectivo poderes para reformar la administración estatal y modificar impuestos por decreto.

El proyecto llamado de "super-poderes" faculta al presidente Carlos Menem para eliminar, fusionar o reducir organismos de la administración estatal central.

COMUNICACIÓN

12-37 En tu ciudad. Write a short guide describing four or five places of interest in your city. Use the passive voice to answer these questions.

- ¿Por quién fue diseñado(a) (construido/a)?
- ¿Para quién(es) fue construido(a)?
- ¿Por cuántas personas es visitado(a) cada año?
- ¿Es conocido(a) en otras partes?

SÍNTESIS

¡Al fin y al cabo!

¡A REPASAR!

12-38 Los hoteles de San José. Study the hotel directory of San José, Costa Rica, and answer the following questions.

1. ¿Cuál es el hotel que tiene más cuartos?
2. ¿Cuál es el que tiene menos?
3. ¿En qué hoteles se puede nadar?

UBICACIÓN	TELÉFONO	APDO.	TELEX	CABLE	CUARTOS	BAR	REST.	ACOND.	T.V.	%	DISCOT.	PISC.	CONF.	TENIS	COCINA	CAL.
HOTEL AMBASADOR Calle 26, Avenida Ctrl. S.J.	21-8155	10186 1000S.J.	2315		71	✔	✔	✔	✔	✔			✔			✔
Hotel AMSTEL Calle 7, Avenidas 1 y 3. S.J.	22-4622	4192 1000S.J.	2820	HAMSTEL	54	✔	✔	✔	✔	✔						✔
HOTEL BALMORAL Calles 7 y 9. Avenida Ctrl. S.J.	22-5022	3344 1000S.J.	2254		127	✔	✔	✔	✔	✔			✔			✔
HOTEL BOUGAINVILLEA Bo. Tournón S.J.	33-6622	69 2120 GUAD	3300	BOUGAI	80	✔	✔	✔	✔	✔		✔	✔			✔
HOTEL COROBICI Autop. Grl. Cañas. S.J.	32-8122	2443 1000S.J.	2700	COROCI	147	✔	✔	✔		✔	✔	✔	✔			✔
GRAN HOTEL COSTA RICA Calle 3, Avenidas Ctrl. y 2., S.J.	21-4000 21-4011	527 1000S.J.	2131	HOTEL RICA	105	✔	✔		✔	✔			✔			✔
HOTEL DON CARLOS Calle 9, Avenidas 7 y 9	21-6707	1593 1000S.J.		DONCARLOS	15	✔		✔	✔	✔						✔
HOTEL EUROPA Calle Ctrl. Avenidas 3 y 5 S.J.	22-1222	72 1000S.J.	3242	EUROPA	69	✔	✔		✔	✔		✔	✔			✔
HOTEL AUROLA HOLIDAY INN Calle 5, Avenida 5, S.J.	33-7233	7802 1000S.J.	3545	AUROLA	201	✔	✔	✔	✔	✔	✔	✔	✔			✔
HOTEL IRAZU Autop. Grl. Cañas, S.J.	32-4811	962 1000S.J.	2307	IRAZU-C.R.	350	✔	✔		✔	✔	✔	✔	✔	✔		✔
HOTEL LA GRAN VIA Calles 1 y 3. Avenida Ctrl. S.J.	22-7737	1433 1000S.J.			32			✔	✔							✔
HOTEL FORTUNA Calles 2 y 4, Avenida 6, S.J.	23-5344	7-1570 1000S.J.			24	✔	✔			✔						✔
HOTEL PLAZA Calles 2 y 4, Avenida Ctrl. S.J.	22-5533	2019 1000S.J.	3409	H. PLAZA	40	✔	✔		✔	✔						✔
HOTEL PRESIDENTE Calles 7 y 9,. Avenida Ctrl. S.J.	22-3022	2922 1000S.J.	2872	PRETEL	50	✔	✔	✔	✔	✔			✔			✔
HOTEL ROYAL GARDEN Calle Ctrl. Avenida Ctrl. y 2 S.J.	57-0023	3493 1000S.J.	2569		54	✔	✔	✔	✔	✔			✔			✔
HOTEL TALAMANCA Calles 8 y 10, Avenida 2. S.J.	33-5033	449 1002P.E.	2555	HOTALA	52	✔	✔		✔	✔			✔			✔
HOTEL TENNIS CLUB Sabana Sur. S.J.	32-1266	4964 1000S.J.	3026	TENNIS	27	✔	✔		✔	✔		✔		✔		✔
HOTEL TORREMOLINOS Calle 40, Avenida 5 Bis. S.J.	22-5266	2029 1000S.J.	2343	HOTOMOL	70	✔	✔		✔	✔		✔	✔			✔
SUITES ROYAL DUTCH Calle 4, Avenida 2, S.J.	22-1066	4258 1000S.J.	2925		24	✔		✔	✔	✔			✔			✔
Hotel Cacts Calles 28 y 30, Avenida 3	21-8616	379-1005S.J.			12		✔		✔	✔						✔

4. ¿Cuáles son los dos hoteles que no tienen bar?
5. ¿Tienen aire acondicionado todos los hoteles?
6. Para jugar al tenis, ¿a qué hotel se puede ir?
7. ¿Qué tienen en común todos los hoteles?
8. ¿Cuál es el único hotel que ofrece todo tipo de servicios?
9. ¿En qué hotel quieres quedarte? ¿Por qué?
10. En tu opinión, ¿en qué hotel quieren quedarse tus padres? ¿Por qué?

For additional activities visit the ¡ARRIBA! Home Page.

http://www.prenhall.com/arriba

12-39 Un hotel de lujo. Create an ad for a hotel in which you include some of the information in 12-38, above. Then, with a classmate, discuss why you would want to stay in the hotel. You may want to use some of these phrases:

Ubicado en …
Situado en …
Conocido por …
Visitado por …
Estimado por …

12-40 Hagamos un viaje. Write a letter to a hotel in a Spanish-speaking country that you would like to visit. Request some of the following information.

- if there is a double room available for specific dates.
- if the room has a private bath
- If the room is air-conditioned
- the rate
- if there is a restaurant nearby
- what other services the hotel offers
- which credit cards they accept
- if they require a deposit (**un depósito**)

12-41 Estimado señor(a) … Write a letter in response to a classmate's letter requesting information about your hotel.

12-42 Tus observaciones. The management at the **parador** where you have stayed has solicited your opinions concerning their service. Complete the form provided along with your comments. Then share your comments with your classmates in small groups.

¿Cuales son sus observaciones sobre los puntos siguientes?

Recepción y Conserjería	☆☆☆	☆☆	☆
Habitaciones	☆☆☆	☆☆	☆
Cocina	☆☆☆	☆☆	☆
Restaurante	☆☆☆	☆☆	☆
Bar	☆☆☆	☆☆	☆
La red de Paradores	☆☆☆	☆☆	☆

Tache, con una x, el recuadro de la figura que corresponda.

Tres figuras	Bien
Dos figuras	Regular
Una figura	Mal

Observaciones generales ______________________

____

____

Nombre y dirección ______________________

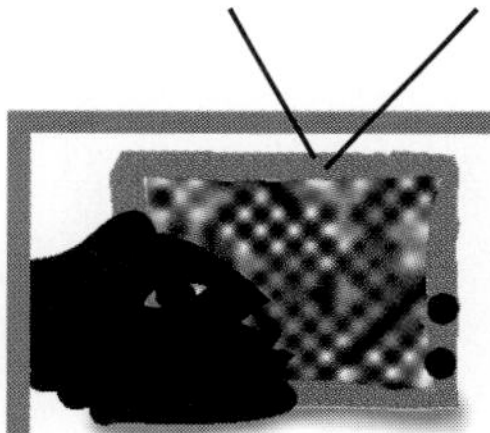

View clips from the ¡ARRIBA! Video. Activities are available through your instructor or on the Prentice Hall Home Page.

12-43 Querido(a) ... Write a letter to a high school friend telling him/her about at least five activities that you hadn't done before this year. Be sure to follow the format of a personal letter and include the place, date, salutation, and closing.

12-44 El presupuesto nuestro. Imagine that three of you are going on a two-week trip to Spain. Get together and prepare a budget. Tell the class about your budget.

- ¿Cuánto dinero vamos a necesitar?
- ¿Cuánto en efectivo?
- ¿Cuánto en cheques de viajero?, etc.
- ¿Cómo vamos a gastar el dinero?
- ¿Cuánto vamos a cambiar antes de irnos?

¡A ESCUCHAR!

Madrid y sus alrededores. As you listen to a letter that Ernesto has written to his family about a trip to Madrid with his Spanish class, check off the places they have visited and those they have yet to visit below.

HAN VISITADO	TODAVÍA NO HAN VISITADO	
_____	_____	Toledo
_____	_____	El Alcázar
_____	_____	La Casa del Greco
_____	_____	La vieja Sinagoga
_____	_____	Algunas ciudades medievales
_____	_____	La Granja
_____	_____	El Palacio Real
_____	_____	El Museo del Prado
_____	_____	El Parque del Retiro
_____	_____	La Plaza Mayor

Completar. Now you will hear six incomplete statements pertaining to the letter. Circle the letter for the word or expression that best completes each statement.

1.	a.	b.	c.
2.	a.	b.	c.
3.	a.	b.	c.
4.	a.	b.	c.
5.	a.	b.	c.
6.	a.	b.	c.

¡A LEER!

Una carta a Dios (Parte II)
Gregorio López y Fuentes

12-45 ¿Qué recuerdas? Answer these questions about *Una carta a Dios (Parte I)* with complete sentences in Spanish.

1. ¿Quién es Gregorio López y Fuentes?
2. ¿Cómo se llama el protagonista de este cuento?
3. ¿Cuál es su problema?
4. ¿Qué esperanza tiene?
5. ¿Qué crees que va a hacer ahora?

12-46 Palabras claves. The following events and descriptions occur in the second part of the story. Determine the meaning of the italicized words from their context, and match them to their English equivalents listed below. Then put the sentences into a logical order, numbering them from 1 to 5.

___ El *cartero* leyó la carta y empezó a reírse.	a. made a mistake
___ "Necesito cien pesos para volver a *sembrar* y vivir …"	b. plant
___ Lencho creía que Dios *se había equivocado*.	c. mail carrier
___ El jefe del correo pidió dinero para *una obra de caridad*.	d. animal
___ Lencho trabajaba como una *bestia* en los campos.	e. charitable work

12-47 Para anticipar. Scan the reading for this information.

1. ¿Qué escribe Lencho?
2. ¿Qué pide?
3. ¿Quién le contesta?

Una carta a Dios (Parte II)

—No te aflijas tanto[1], aunque el mal es muy grande. ¡Recuerda que nadie se muere de hambre!

—Eso dicen: nadie se muere de hambre …

Y durante la noche, Lencho pensó mucho en su sola esperanza: la ayuda de Dios cuyos ojos, según le habían explicado, lo miran todo, hasta lo que está en el fondo de las conciencias.

Lencho era un hombre rudo[2], trabajando como una bestia en los campos, pero sin embargo sabía escribir. El domingo siguiente, con la luz del día, después de haberse fortificado[3] en su idea de que hay alguien que nos protege, empezó a escribir una carta que él mismo llevaría al pueblo para echarla al correo.

No era nada menos que una carta a Dios.

"Dios—escribió—si no me ayudas, pasaré hambre con toda mi familia durante este año. Necesito cien pesos para volver a sembrar y vivir mientras viene la nueva cosecha, porque el granizo …"

Escribió "A Dios" en el sobre, metió la carta y, todavía preocupado, fue al pueblo. En la oficina de correos le puso un sello a la carta y echó ésta en el buzón.

---

[1]*Don't get so upset,* [2]*simple, crude,* [3]*convinced himself*

Un empleado, que era cartero y también ayudaba en la oficina de correos, llegó riéndose mucho ante su jefe, y le mostró la carta dirigida a Dios. Nunca en su existencia de cartero había conocido esa casa. El jefe de la oficina—gordo y amable—también empezó a reír, pero muy pronto se puso serio, y mientras daba golpecitos[4] en la mesa con la carta, comentaba:

—¡La fe! ¡Ojalá tuviera[5] la fe del hombre que escribió esta carta! ¡Creer como él cree! ¡Esperar con la confianza con que él sabe esperar! ¡Empezar correspondencia con Dios!

Y, para no desilusionar aquel tesoro[6] de fe, descubierto por una carta que no podía ser entregada[7], el jefe de la oficina tuvo una idea: contestar la carta. Pero cuando la abrió, era evidente que para contestarla necesitaba algo más que buena voluntad, tinta y papel. Pero siguió con su determinación: pidió dinero a su empleado, él mismo dio parte de su sueldo, y varios amigos suyos tuvieron que darle algo "para una obra de caridad".

---

[4]*tapped,* [5]*I wish I had,* [6]*treasure,* [7]*delivered,*

Fue imposible para él reunir los cien pesos pedidos por Lencho, y sólo pudo enviar al campesino un poco más de la mitad[8]. Puso los billetes en un sobre dirigido a Lencho y con ellos una carta que tenía sólo una palabra como firma: DIOS.

Al siguiente domingo, Lencho llegó a preguntar, más temprano que de costumbre, si había alguna carta para él. Fue el mismo cartero quien le entregó la carta, mientras que el jefe, con la alegría de un hombre que ha hecho una buena acción, miraba por la puerta desde su oficina.

Lencho no mostró la menor sorpresa al ver los billetes—tanta era su seguridad—pero se enfadó[9] al contar el dinero … ¡Dios no podía haberse equivocado[10], ni negar lo que Lencho le había pedido!

Inmediatamente, Lencho se acercó a la ventanilla para pedir papel y tinta. En la mesa para el público, empezó a escribir, arrugando[11] mucho la frente a causa del trabajo que le daba expresar sus ideas. Al terminar, fue a pedir un sello, que mojó con la lengua y luego aseguró con un puñetazo[12].

Tan pronto como la carta cayó al buzón, el jefe de correos fue a abrirla. Decía:

"Dios: del dinero que te pedí, sólo llegaron a mis manos sesenta pesos. Mándame el resto, como lo necesito mucho; pero no me lo mandes por la oficina de correos, porque los empleados son muy ladrones[13]. —Lencho."

---

[8]*half,* [9]*got angry,* [10]*mistaken,* [11]*creasing,* [12]*punched it securely with his fist,* [13]*a bunch of thieves*

12-48 ¿Has comprendido? Answer these questions briefly in Spanish.

1. ¿Por qué estaba preocupado Lencho?
2. ¿A quién le pidió ayuda?
3. ¿Cómo reaccionó el cartero?
4. ¿Qué hizo su jefe?
5. ¿Cómo reaccionó Lencho al recibir la carta?

12-49 Para conversar. With a small group of classmates, discuss the following topics related to the reading.

1. ¿Cómo era Lencho?
2. ¿Cómo era el jefe?
3. ¿Cómo se sintió el jefe al leer la segunda carta?
4. ¿Creen que el jefe va a ser generoso en el futuro?
5. ¿Creen que Lencho va a perder su fe en Dios?
6. ¿Cómo respondió Dios a la segunda carta de Lencho?

12-50 Para escribir. Write a response to Lencho's second letter.

12-51 Otras posibilidades. In groups of three or four, discuss alternate scenarios.

MODELO: Un empleado tira *(throws away)* la carta.
► Consecuencia: Lencho no recibe ningún dinero. Decide vender su finca y buscar trabajo en la ciudad.

1. Un empleado tira la carta dirigida "A Dios".
2. Un empleado le manda la carta a un padre de la iglesia.
3. Un empleado le manda la carta a una agencia federal.

LECCIÓN 13

¿Te gusta la política?

Comunicación

- Means of communication: newspaper, television and radio
- Expressing political points of view
- Describing types of government
- Discussing current political topics

Cultura

- Periódicos del mundo hispano
- La política y los hispanos

Estructuras

PRIMERA PARTE

- The future tense and the future of probability
- The future perfect
- Double object pronouns

SEGUNDA PARTE

- The conditional and the conditional of probability
- The conditional perfect
- **Pero** vs. **sino**

¡A leer! *Media cuarta*, Emilio M. Mozo
Nuestro mundo: Los puertorriqueños y los cubanoamericanos

PRIMERA PARTE

¡Así es la vida!

Los medios de comunicación

El siguiente editorial apareció en *La Opinión,* un importante periódico de Los Ángeles. El autor del editorial ofrece su opinión sobre la situación de las mujeres indocumentadas (que entran en los EE.UU. sin documentos legales). El editorial fue escrito en el verano de 1994.

Mujeres indocumentadas

Los inmigrantes indocumentados son en general un sector extremadamente vulnerable de la sociedad. Dentro de ese grupo, las mujeres son especialmente susceptibles de sufrir toda clase de abusos, que tienden a quedarse impunes, debido a que las víctimas carecen de protección legal por su condición de indocumentadas. El tema fue abordado esta semana en el Capitolio estatal de Sacramento, en una audiencia promovida por el Comité Selecto de la Asamblea sobre el Impacto de la Inmigración en el estado, y copatrocinada por la Asociación de Mujeres Electas de California (CEWAER). Durante la audiencia se reveló que las mujeres inmigrantes indocumentadas tienden a no utilizar los servicios médicos o de asistencia pública por problemas de idioma, temor a la deportación y falta de tradición cultural.

En su condición de trabajadoras, o en las peripecias del ingreso ilegal a este país, las mujeres inmigrantes suelen ser víctimas de tremendos abusos: violencia, violaciones sexuales y explotación laboral. Tales atropellos por lo general quedan impunes. Las víctimas no se atreven a denunciarlos. Temen a las consecuencias de su condición de indocumentadas. Piensan, quizá con razón, que en la práctica, para este sistema legal el no tener documentos de inmigración puede ser una infracción más grave que los abusos y atropellos de que son víctimas.

Las organizaciones defensoras de las mujeres, las entidades que velan por los derechos humanos y las autoridades deben prestar inmediata atención a este gravísimo problema. Los legisladores latinos deben intervenir en la defensa de las mujeres inmigrantes, no importa el grupo étnico o país de origen.

EL MERCURIO

Con Visto Bueno de S.E.:

Gobierno Tiene Listas Reformas Constitucionales

A 44 Subió Número de Muertos por Disturbios Raciales:

Patrullaje Militar Detiene Violencia en Los Angeles

EL TIEMPO

Mayor racionamiento en los hogares

Habrá semana de pasión energética

Honores a Santander

Cae central de radio de FARC

Durante su visita hoy a Ocaña

Gaviria habla sobre la paz

34 MESES DE CARCEL

EL PAIS

DIARIO INDEPENDIENTE DE LA MAÑANA

Comisiones Obreras pide que se amplíe "hasta 24 horas" el paro de mayo

Solchaga advierte que "el Gobierno no se conmoverá" por la convocatoria de huelga

El presidente de Italia dimite para facilitar un Ejecutivo fuerte

¡Así lo decimos!

Las secciones del periódico

los anuncios clasificados	*classified ads*
el artículo	*article*
la cartelera	*entertainment section*
el consultorio sentimental	*advice column*
la crónica	*news story*
la crónica social	*social page*
el editorial	*editorial page*
la esquela	*obituary*
el horóscopo	*horoscope*
la primera plana	*front page*
la sección deportiva	*sports section*
la sección financiera	*business section*
las tiras cómicas	*comics*
el titular	*headline*

La televisión y la radio

la cadena	*network*
el canal	*channel*
el concurso	*game show*
la emisora	*radio station (business entity)*
la estación de radio	*radio station (on the dial)*
el noticiero	*newscast*
la telenovela	*soap opera*
la televisión por cable	*cable TV*

Personas que trabajan en los medios de comunicación

el (la) anfitrión/anfitriona	*show host/hostess*
el (la) comentarista	*newscaster, commentator*
el (la) comentarista deportivo(a)	*sportscaster*
el (la) crítico(a)	*critic*
el (la) locutor(a)	*announcer*
el (la) meteorólogo(a)	*weatherman, weatherwoman*
el (la) patrocinador(a)	*sponsor*
el (la) periodista	*journalist, newspaper man/woman*
el (la) reportero(a)	*reporter*

Otras palabras y expresiones

el acontecimiento	*happening, event*
el certamen, el concurso	*contest or pageant*
en directo, en vivo	*live (on television)*
la falta	*lack*
el (la) lector(a)	*reader*
las noticias	*news*
la prensa	*press; newsmedia*
el (la) radioyente	*radio listener*
la reseña	*review (of book, movie, etc.)*
la revista	*magazine*
el (la) televidente	*television viewer*

Verbos

informar	*to report*
patrocinar	*to sponsor*
revisar	*to check*
transmitir	*to transmit*

Adjetivos

indocumentado(a)	*undocumented*

¡A escuchar!

Los medios de comunicación. You will hear a short article regarding the growing Hispanic influence in the U.S. media. After you hear the selection, you will hear several incomplete statements. Circle the letter corresponding to the best completion for each statement.

1.	a.	b.	c.
2.	a.	b.	c.
3.	a.	b.	c.
4.	a.	b.	c.
5.	a.	b.	c.
6.	a.	b.	c.

PRÁCTICA

13-1 Los programas de televisión. Read the following television schedule from the Mexican newspaper *Novedades*. Then answer the questions based on information provided in the schedule.

TELEVISA PRESENTA

HOY VIERNES 12 DE ABRIL DE 1995

El Canal de las Estrellas 2
XEW TV

7:00 **ECO** con GUILLERMO ORTEGA RUIZ
8:00 **ECO** con RICARDO ROCHA
9:00 **ECO** con JORGE BERRY/ TAUNA FERNÁNDEZ
10:00 **ECO** con RICARDO ROCHA/ JUAN CALDERÓN
11:00 **ECO** con JORGE BERRY/ TAUNA FERNÁNDEZ
12:00 **ECO** con ARBRAHAM ZABLUDOVSKY/ JUAN CALDERÓN
13:00 **PROGRAMA ESPECIAL** (RTC)
14:00 **ECO** con ABRAHAM ZABLUDOVSKY
15:00 **ECO** con GUILLERMO ORTEGA RUIZ/ MAYRA SAUCEDO
16:00 **ECO** con LOURDES RAMOS/ FRANCISCO STANLEY
17:00 **MADRESS EGOISTAS**
18:00 **ALCANZAR**

tu imagen 4
XHTV

6:00 **TELEOPORTUNIDADE**
14:00 **TARZÁN**
15:00 **LA LEY DEL REVOLVER**
16:00 **LA MUJER BIÓNICA**
17:00 **MI BELLA GENIO**
17:30 **MR. ED**
18:00 **EL SANTO**
19:00 **LOS INTOCABLES**
20:00 **MUCHAS NOTICIAS**
21:00 **LAS AVENTURAS DE BRONSON**
22:00 **VIERNES 13**
23:00 **OBSESIÓN DE VENGANZA** (THE DEADLY COMPANIONS), con Maureen O'Hara, Brian Keith y Steve Cochran. Ciclo: "HISTORIAS DEL OESTE" TIEMPO DE F…

5 La SEÑAL
XHGC

12:30 **LA MUJER ARAÑA**
13:00 **EL HOMBRE ARAÑA**
13:30 **PLAZA SÉSAMO**
14:00 **EL MAGO DE OZ**
14:30 **REMI**
15:00 **BLUFOS**
15:30 **FESTIVAL DE PORKY**
16:00 **CAPITÁN ENTELLA**
16:30 **XE-¡AH! RADIO AVENTURA**
17:00 **D'ARTACÁN Y LOS TRES MOSQUEPERROS**
17:30 **LOS CAZAFANTASMAS**
18:00 **LA MAGIA DE TITILA**
18:30 **ASTROB…**
18:45 **PA…**

9
XEQ TV
El Canal de la Familia Mexicana

8:00 **TELESECUNDARIA**
14:00 **NATURALEZA**
15:00 **AMOR DE CHINACO** con Gloria Mann y Jorge Vélez. (Abril 13, aniversario luctuoso de Gloria Mann).
17:00 **SUBLIME MELODÍA** con Ramon Gay, Ana Bertha Lepe y Angélica Moria. Ciclo: "IDOLOS DE SIEMPRE".
19:00 **MARÍA DE NADIE**
20:00 **ABIGAIL**
21:00 **CUANDO … SE QU…**

1. ¿Cuál es el canal de la familia mexicana?
2. ¿Cuál es el canal de las estrellas?
3. ¿En qué canal hay un noticiero?
4. ¿Cómo se llama el programa de opinión pública?
5. ¿De qué tema se trata en ese programa?
6. ¿Ves algunos de los programas que aparecen aquí? ¿Cuáles?
7. ¿Cuáles de los programas te parecen interesantes?
8. ¿Qué películas se pueden ver en algunos de los canales?
9. ¿Qué canal ofrece programas para niños? ¿Cuáles son algunos?
10. ¿Hay algún programa deportivo?

13-2 Los medios de comunicación. Match each word on the left with its definition on the right.

___ 1. los anuncios clasificados
___ 2. el editorial
___ 3. la primera plana
___ 4. la cartelera
___ 5. el patrocinador
___ 6. la reportera
___ 7. la comentarista
___ 8. el noticiero

a. la sección donde se da la opinión del periódico
b. la sección donde aparecen los espectáculos
c. una persona que ofrece su opinión por televisión
d. la empresa que paga los anuncios comerciales
e. la página del periódico donde aparecen las noticias más importantes
f. un programa que informa sobre los acontecimientos más importantes del día
g. la sección donde se leen los anuncios
h. una persona que hace reportajes

13-3 En otras palabras. With a classmate, take turns defining, explaining, and/or giving examples to illustrate these ideas.

MODELO: el canal

► En mi televisor recibo tres canales: 3, 5 y 8. Prefiero el canal 8 porque tiene mis programas favoritos, por ejemplo ...

1. las tiras cómicas
2. el titular
3. el concurso
4. el meteorólogo
5. el certamen
6. la reseña
7. la esquela
8. la anfitriona
9. la telenovela
10. en vivo

COMUNICACIÓN

13-4A Te toca a ti. *(It's your turn.)* With a classmate, take turns interviewing each other. Use complete sentences in Spanish to answer each other's questions.

1. ¿Cuáles son tus programas favoritos de la televisión?
2. ¿Qué programas no te gustan?
3. ¿Te gusta ver telenovelas? Explica tu respuesta.
4. ¿Cuáles son las secciones del periódico que lees todos los días? ¿Por qué?
5. ¿Conoces a alguien que sea reportero?
6. ¿Cuál es tu opinión sobre los certámenes por televisión?
7. ¿Te gusta ver la televisión los sábados por la mañana? ¿Qué programa en particular?

13-5 *Geraldo* o *Cristina*. With a classmate, role-play an interview between a TV talk-show host/hostess and a celebrity guest. As the host/hostess asks questions about the guest's personal life, the rest of the class will play the audience and will also ask questions.

MODELO: E1: Bienvenida a nuestro programa, Sandra Cisneros. Señorita Cisneros, usted es escritora, ¿verdad? Nuestros televidentes quieren saber más acerca de sus cuentos ... ¿por qué los escribió? ¿para quiénes los escribió? ...

E2: Gracias por haberme invitado. Para contestar su pregunta ...

13-6 Radio Mar del Plata. Use this radio ad as a model for creating one for your favorite station. Include some of the following information.

- el nombre o las siglas *(call letters)* de la emisora
- un lema *(slogan)* publicitario
- una mascota o un símbolo de la emisora
- el tipo de programación
- la gente que la escucha
- el nombre de un(a) comentarista
- las horas y los días del programa o de la emisión
- otra información para atraer a los radioyentes

EN EL FIN DE SEMANA
SIEMPRE HAY TIEMPO.
Para compartir y disfrutar la mejor música.
La elegida y presentada por Néstor Vértiz los sábados de 13 a 19 y los domingos de 12:30 a 15.
Y en el momento oportuno, la noticia, el comentario justo, el hecho importante que usted quiere conocer.
Y también el reportaje.
Con la agenda cultural más completa. Con la calidad inconfundible de Néstor Vértiz y la complicidad de Radio Mar del Plata.
Porque para descansar y divertirse, Siempre Hay Tiempo en Mar del Plata.
SIEMPRE HAY TIEMPO.
Sábados de 13 a 19.
Domingos de 12:30 a 15.
EN EL 670 DEL DIAL
RADIO MAR DEL PLATA
SIEMPRE MAS RADIO

13-7 La publicidad. Use the ad you wrote for 13-6 above to create a radio announcement. Then read your announcement to a classmate, and listen as he/she does the same. Would you choose to listen to each other's radio stations?

MODELO: ► Radio Mar del Plata, KRMP, tu emisora de música *country*, te invita a escucharnos los lunes desde las 10 hasta las 11 de la noche cuando entrevistamos a una estrella de la música de hoy.

13-8 Mi punto de vista. With a classmate, find out each other's opinions regarding these statements. Explain why you agree or disagree with the statements. Then continue the activity by making related statements of your own for your classmate to react to.

MODELO: La prensa en los Estados Unidos es muy sensacionalista.
E1: Estoy de acuerdo. Algunos ejemplos son …
E2: Yo no estoy de acuerdo porque esos periódicos nos dan información importante …

1. La prensa en los Estados Unidos es muy conservadora.
2. En los Estados Unidos no hay libertad total de prensa.
3. Hay mucha violencia en los programas de televisión.
4. Una persona inteligente no ve las telenovelas.
5. Muchos de los anuncios de la televisión son muy tontos.
6. La prensa debe ser censurada.
7. Las películas por televisión deben ser censuradas.
8. Algunos comentaristas conservadores incitan a la violencia.
9. Si no nos gusta un programa, debemos escribirle cartas al patrocinador.
10. Debe haber más programas artísticos en la televisión.

13-9 La sección deportiva. Imagine you are a sports writer for a local newspaper. Write a short report on an event that took place recently, including the following information:

- fecha, lugar
- titular
- el acontecimiento
- los resultados

13-10 Los editoriales. The opening editorial deals with a problem endemic to a particular community. In groups of three or four, discuss how editorials can influence public thinking and policy. You may wish to use these questions to help guide you.

- ¿Leen ustedes la sección editorial del periódico?
- En el periódico que leen, ¿el punto de vista es liberal o conservador?
- ¿Han leído un editorial importante en estos días?
- ¿Pueden las opiniones editoriales hacer un papel *(play a role)* en la política?
- ¿Qué cuestión política o social quieren ver ustedes en la sección editorial de su periódico?

A PROPÓSITO ... PERIÓDICOS DEL MUNDO HISPANO

Por lo general, en cada país hispanohablante se publica un periódico principal que se distribuye en toda la nación. Normalmente estos periódicos se publican en la capital del país y ejercen gran influencia sobre la política, la industria y el comercio. A continuación se mencionan algunos de los periódicos más importantes.

El País—Es el diario de mayor circulación de España. Fue fundado en 1976 en Madrid, inmediatamente después de la muerte del dictador Francisco Franco.

El Tiempo—Es el diario principal de Colombia. Publicado en Bogotá, se considera uno de los periódicos más influyentes de la América Latina.

El Mercurio—Es el diario más importante de Chile y el más antiguo de Hispanoamérica. Su circulación cubre todo el territorio chileno y ejerce gran influencia en la política del país.

El Nuevo Herald—Publicado en la ciudad de Miami por *The Miami Herald*, es el diario hispano de mayor circulación en los Estados Unidos. Sus lectores son principalmente los inmigrantes cubanos radicados en el sur de la Florida.

La Opinión—Es el diario hispano de mayor importancia en Los Ángeles, California. Sus lectores son en su mayoría inmigrantes mexicanos. Fundado en 1926, tiene una circulación diaria de más de ciento veinte mil ejemplares.

Vamos a comparar

¿Existe en los Estados Unidos un periódico nacional? ¿Cómo se llama? ¿Cuáles son los periódicos de tu ciudad? ¿Tienen los periódicos en los Estados Unidos y en Canadá influencia en la política? ¿En qué sentido?

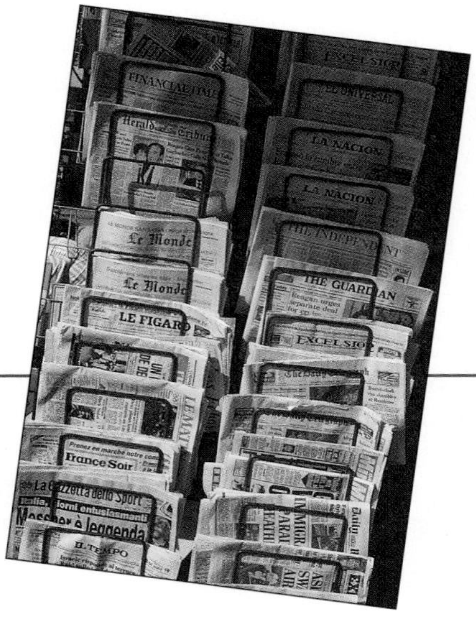

ESTRUCTURAS

1. The future tense

Primero les gritaremos y luego correremos como locos.

	tomar	comer	vivir
yo	tomaré	comeré	viviré
tú	tomarás	comerás	vivirás
él/ella/usted	tomará	comerá	vivirá
nosotros/nosotras	tomaremos	comeremos	viviremos
vosotros/vosotras	tomaréis	comeréis	viviréis
ellos/ellas/ustedes	tomarán	comerán	vivirán

- The Spanish future tense is formed with the present tense endings of the verb **haber.** There is only one set of endings for the **-ar**, **-er** and **-ir** verbs. Note that all endings, except for the **nosotros** forms, have a written accent mark.

  Mañana **hablaremos** con el periodista.
  Tomorrow we will talk with the journalist.

  ¿**Asistirás** al concurso conmigo?
  Will you attend the game show with me?

- As in English, the Spanish future tense expresses what will happen in the future. The English equivalent is *will* + verb.
- There are other ways of expressing future action in Spanish. The present tense, for example, is often used to express the immediate future as in the following examples.

  Regresan de la emisora en media hora.
  They will return from the radio station in a half hour.

  Vengo a las cuatro.
  I will come at four o'clock.

- The future may also be conveyed with the present tense of **ir a** + infinitive.

  Voy a patrocinar ese baile contigo.
  I am going to sponsor that dance with you.

- There are several Spanish verbs that have irregular forms in the future. These verbs form the future by adding the future endings to an irregular stem. The irregular stems can be grouped into three categories.

  CATEGORY 1: The future stem is different from the stem of the regular verb.

decir	**dir-**	diré, dirás, …
hacer	**har-**	haré, harás, …

  CATEGORY 2: The **e** of the infinitive is dropped to form the future stem.

haber	**habr-**	habré, habrás, …
poder	**podr-**	podré, podrás, …
querer	**querr-**	querré, querrás, …
saber	**sabr-**	sabré, sabrás, …

  CATEGORY 3: The **e** or the **i** of the infinitive is replaced by **d** to form the future stem.

poner	**pondr-**	pondré, pondrás, …
salir	**saldr-**	saldré, saldrás, …
tener	**tendr-**	tendré, tendrás, …
venir	**vendr-**	vendré, vendrás, …

The future to express probability

Probability or conjecture in the present is often expressed in Spanish with the future tense. This use of the future has many equivalents in English, for example, *probably, may, might, I wonder,* etc.

¿**Estará** Juan en el periódico?	*I wonder if Juan is at the newspaper.*
¿Qué hora **será**? **Serán** las seis.	*What time can it be? It's probably six.*

PRÁCTICA

13-11 ¿Cómo será el mundo en el año 2 050? Express your opinions by rewriting these statements in the future, and negating those that you believe will not come to pass.

MODELO: Para el año 2 050 vivimos en la luna.
► Es verdad. Viviremos en la luna.
(No, no es cierto. No viviremos en la luna nunca.)

1. Trabajamos sólo 20 horas por semana.
2. No tenemos oficina. Mandamos el trabajo por fax y correo electrónico.
3. No salimos al cine. Las películas nos llegan por cable.
4. No hay restaurantes. Tomamos toda la comida en forma líquida.
5. Los niños no asisten a la escuela. Reciben sus lecciones por computadora.
6. Podemos asistir a un concierto de música sin pagar.
7. Viajamos a cualquier parte del mundo en cinco minutos.
8. Recibimos el periódico en disquete, no en papel.
9. Se pierde interés en la política.
10. Hay una sola nación.

13-12 *Excelsior.* Isela is interviewing for an entry-level position at *Excelsior,* a Mexican newspaper. Complete the dialog between her and the editor, using the future tense of a logical verb from the list. Use the **yo** form of the verb unless otherwise indicated by context.

conocer	escribir	llamar	poder
preparar	recibir	saber	ser
tener	trabajar	ver	

ISELA: Señor Mejías, ¿(1)_______ desde las nueve hasta las cinco?
EDITOR: No. Los nuevos reporteros trabajan desde las cinco hasta las nueve.
ISELA: ¿(2)_______ trabajar con un reportero veterano?
EDITOR: Claro, usted puede trabajar con varias personas.
ISELA: ¿(3)_______ muchas oportunidades para hacer investigación?
EDITOR: Bueno, los nuevos tienen que ayudar a los veteranos.
ISELA: ¿(4)_______ informes políticos?
EDITOR: No. Es más probable que usted escriba informes para la sección social durante su primer año. También, usted (5)________ las esquelas.
ISELA: ¿(6)_______ cuánto me van a pagar?
EDITOR: Sí, le vamos a informar de su sueldo antes de salir hoy.
ISELA: ¿Cuándo (7)________ el primer aumento?
EDITOR: Normalmente lo recibe después del primer año de servicio.
ISELA: ¿(8)_______ a gente importante?
EDITOR: Sí. Usted va a tener mucha oportunidad de conocer a gente importante.
ISELA: ¿Cuándo me (9)________ usted con su decisión?
EDITOR: La voy a llamar mañana.
ISELA: Gracias, señor Mejías. (10)_______ muy interesante trabajar en este periódico.

COMUNICACIÓN

13-13 Promesas. Get together with a classmate to tell each other three or more of your resolutions for this year. Be prepared to report back to the class the ones you have in common.

MODELO: E1: Me levantaré todos los días antes de las ocho de la mañana.
E2: ¿De veras? ¿A qué hora te acostarás?

13-14 ¿Quién será? With a classmate, ask each other questions and make conjectures about the topics below following the model.

MODELO: el próximo presidente
E1: ¿Quién será el próximo presidente?
E2: Será …

1. la mejor película según la Academia Americana de Artes
2. la próxima crisis mundial
3. la próxima crisis doméstica
4. el mejor equipo de béisbol este año
5. el mejor jugador de …
6. la mejor tenista
7. (original)

13-15 El (la) adivino(a). With a classmate imagine that one of you is a fortune teller and the other, a client who wants to know about future events. Answer his/her questions using the future tense.

LECTURA DE
CARTAS TAROT
NEGRO
46-16-00 47-68-42

MARY
Lectura de cartas
Edificio 4, Depto. 13-B
entre Padre Mier
y Matamoros
condominios
Constitución

MODELO: E1: ¿Dónde voy a trabajar el año que viene?
E2: Trabajarás en alguna parte de la universidad.

1. ¿Dónde voy a estar este verano?
2. ¿Qué voy a hacer después de graduarme?
3. ¿Voy a tener éxito en mi trabajo?
4. ¿Cuánto dinero voy a ganar en mi primer trabajo?
5. ¿Dónde voy a vivir?
6. ¿Voy a renunciar a mi trabajo?
7. ¿Con quién voy a pasar el resto de mi vida?
8. ¿Voy a tener hijos? ¿Cuántos?
9. ¿Cómo voy a pasar mi tiempo libre?
10. ¿Voy a ser feliz?

ORIENTACIÓN
LECTURA DE CARTAS
CONSULTA
DE MARTES A VIERNES
DE 9AM. A 8 PM. SRA GRIS
JESÚS M. GARZA 1902
OTE. COL. TERMINAL
72-93-06

2. The future perfect

Pero, ¿Quién habrá mandado estas flores tan hermosas?

The future perfect is formed with the future of the auxiliary verb **haber** + past participle.

	Future	Past participle
yo	**habré**	
tú	**habrás**	**tomado**
él/ella/usted	**habrá**	**comido**
nosotros/nosotras	**habremos**	**vivido**
vosotros/vosotras	**habréis**	
ellos/ellas/ustedes	**habrán**	

- The future perfect is used to express an action which will have occurred by a certain point in time.

  ¿**Habrás terminado** el editorial para las ocho?
  Will you have finished the editorial by eight o'clock?

  No, lo **habré terminado** para las nueve.
  No, I will have finished it by nine.

- The future perfect can also be used to express probability or conjecture about what may have happened in the past, yet has some relation to the present.

  ¿**Habrá llegado** la anfitriona ya?
  I wonder if the show hostess has arrived already?

  ¿**Habrán empezado** a hacer los anuncios clasificados?
  I wonder if they have begun to do the classified ads?

PRÁCTICA

13-16 En el periódico *El País*. Complete the following exchanges overheard in the press room of *El País*. Use the future perfect tense of the verbs in parentheses.

1. —¿Nosotros _______ (terminar) la entrevista con el crítico antes del almuerzo?
   —¡De eso nada! El crítico no _______ (llegar) al periódico a esa hora.
2. —¿ _______ (poder) hacer tú el editorial para esta noche a las ocho?
   —Seguro, yo _______ (hacer) cosas más difíciles en menos tiempo.
3. —¿Ustedes _______ (diseñar) la primera plana en quince minutos?
   —Lo dudo, con todo el trabajo que tenemos, no _______ (terminar) tan rápido.
4. —¿ _______ (escribir) usted en la computadora la sección financiera en una hora?
   —Sí señor, la _______ (hacer) en media hora.
5. —¿ _______ (empezar) a preparar las noticias los comentaristas?
   —No sé si ellos _______ (empezar) todavía.

13-17 ¿Qué habrá pasado? In each of the situations below, you are wondering if something has happened recently. Express your conjectures, following the model and adding appropriate pronouns as necessary.

MODELO: El editor hace sus comentarios para las 10:00. Son las 10:30.
► ¿Los habrá hecho?

1. El meteorólogo dice el tiempo todas las tardes.
2. La radioyente escucha las noticias por las mañanas.
3. El televidente ve el programa todos los jueves.
4. La lectora lee primero los titulares.
5. El patrocinador siempre estudia el mercado.
6. La reportera entrevista al presidente.
7. Los comentaristas siempre llegan a la estación de radio a las 8:00.
8. El patrocinador mira los anuncios todos los días.

COMUNICACIÓN

13-18 Para el año 2 005 ... What will you have done? What will you not have done? Use some of the cues to write statements in the future perfect, then take turns discussing your conjectures with a classmate, asking follow-up questions, as appropriate. Take note of each other's projected activities and see how similar or different they are.

MODELO: terminar
E1: Para el año 2 005 habré terminado mis estudios.
E2: ¿Sí? ¿En qué?

visitar	conocer	conseguir	vivir
ganar	aprender	empezar	trabajar
terminar	escribir	(original)	

3. Double object pronouns

- When both a direct and an indirect object pronoun are used together in a sentence, they are usually placed before the conjugated verb. The indirect object pronoun precedes the direct object pronoun.

  Te traigo **el horóscopo** ahora.
  I'll bring you the horoscope now.

  Te lo traigo ahora.
  I'll bring it to you now.

- The indirect object pronouns **le** (*to you, to her, to him*) and **les** (*to you, to them*) change to **se** when they appear with the direct object pronouns **lo, los, la, las.**

  El periodista **les** trae **las tiras cómicas** ahora.
  The journalist is bringing them the comics now.

  El periodista **se las** trae.
  The journalist is bringing them to them.

- As with single object pronouns, the double object pronouns may be attached to the infinitive or to the present participle. In this case, the order of the pronouns is maintained and an accent mark is added to the stressed vowel of the verb.

  Joven, ¿puede **traerme la sección financiera**?
  Young man, can you bring me the business section?

  Enseguida voy a **traérsela**.
  I'll bring it to you right away.

  ¿El crítico **nos está preparando la reseña del libro**?
  Is the critic preparing us the book review?

  Sí, está **preparándonosla**.
  Yes, he's preparing it for us.

STUDY TIPS

Double object pronouns may appear confusing at first because of the number of combinations and positions that are possible in Spanish sentences. Here are a few strategies to help you with this structure.

1. Review the use of direct objects and direct object pronouns on page 155 of the text. Redo some of the practice activities to reinforce your knowledge of this structure.
2. Also review the use of indirect objects and indirect object pronouns on page 168 of your text.
3. Learning to use double object pronouns is principally a matter of combining the two pronouns in the right order. The following chart shows you the most common combinations.

Indirect object pronouns	Direct object pronouns
me	
te	
le → se	**lo/la**
nos	
os	
les → se	**los/las**

4. Getting used to the way these pronouns sound together will help you make them become second nature to you. Practice repeating out loud phrases such as those below, alone or with your classmates. Increase your pronunciation speed as you become more comfortable with verbalizing the double object pronouns.

me lo da	**te lo doy**	**se los da**
me las traes	**te los traigo**	**se las traemos**
se lo llevo	**se las llevamos**	**se la llevas**

PRÁCTICA

13-19 En *Univisión*. Rewrite the following sentences, changing the direct object nouns to pronouns, and the **ir** + **a** + infinitive expression to the future tense. Follow the model.

MODELO: Le voy a dar el editorial al locutor.
► Se lo daré.

1. Le vamos a mostrar la crónica al reportero.
2. ¿Te va a pagar la cuenta el director?
3. La anfitriona nos va a dar las instrucciones.
4. Le voy a pedir la sección deportiva al comentarista.
5. ¿Le vas a comprar la revista al crítico?
6. Le voy a traer el periódico al lector.
7. Los periodistas nos van a dar el artículo.
8. Me va a enseñar la telenovela el director.

13-20 En el Hotel Convento. With a classmate, assume the roles of **botones** and **conserje** in this historic hotel in Viejo San Juan, Puerto Rico. Respond to each other appropriately using double object pronouns.

MODELO: CONSERJE: ¿Quieres llevarles estas sábanas a los señores Ramírez?
BOTONES: Se las llevo en seguida.

CONSERJE: ¿Quieres mostrarle la habitación 103 a la señorita Machado?
BOTONES: (1)_____ _____ muestro en seguida. ¿Le pides flores a la señora Jiménez?
CONSERJE: Sí, (2)_____ _____ pido. ¿Me haces el favor de llevarles otro televisor a los futbolistas de la habitación 205?
BOTONES: Claro, (3)_____ _____ llevo. ¿Les subes vino a los novios de la 615?
CONSERJE: Claro, (4)_____ _____ subo. ¿No quieres arreglarles estas flores a los novios?
BOTONES: Sí, quiero (5)_______________. ¿Vas a pedir reservas en un restaurante para el señor García?
CONSERJE: Sí, voy a (6)_______________. ¿Me das las llaves del coche azul?
BOTONES: Sí, (7)_____ _____ traigo ahora mismo. ¿Me dices los nombres de los señores que están entrando?
CONSERJE: Sí, (8)_____ _____ digo. ¿Me buscas las maletas de los turistas?
BOTONES: Sí, (9)_____ _____ busco. ¿Me abres la puerta del hotel?
CONSERJE: Claro, (10)_____ _____ abro.

13-21 Un domingo en casa. Everybody wants to read the newspaper at your home on Sundays. Change the nouns to object pronouns in the following sentences. Note the two possible positions for the object pronouns.

MODELO: Mis padres le están enseñando el artículo a mi novio(a).
► Se lo están enseñando. *or* Están enseñándoselo.

1. Mi hermana María Isabel le está mostrando la cartelera a Juan.
2. Le doy la sección financiera a mi prima Josefina.
3. Mamá le lee la primera plana a mi abuela Isabelita.
4. Le devolvemos la sección deportiva a Papá.
5. Le pido la crónica social a mi tío Pedrito.
6. Le comento las noticias a mi abuelo Papá Luis.
7. Todos quieren leerle el horóscopo a la tía Georgina.
8. Le enseño las tiras cómicas a mi primo Enrique.

13-22 El concurso *Riesgo*. With a classmate take turns playing the roles of game show host and assistant. Form questions following the model, and reply using double object pronouns.

MODELO: traer las preguntas para esta noche
E1: Joven, ¿me traes las preguntas para esta noche?
E2: Sí, se las traigo enseguida.

1. buscar los nombres de los participantes
2. hacer un resumen de los datos biográficos
3. traer mi peine y mi maquillaje
4. dar el espejo
5. conseguir las respuestas a las preguntas
6. preparar un café antes de empezar el programa

13-23 Un jefe exigente. The manager of a TV station is very demanding and frequently asks the employees what they are doing. Respond to his questions, using people from the list below.

MODELO: ¿A quiénes les llevas esas sillas?
► Se las llevo a esos jóvenes.

aquellas señoritas	la joven morena	esa señora
aquellos muchachos	esa pareja	este señor
aquel hombre	las televidentes	esos jóvenes

1. ¿A quiénes les vas a presentar la meteoróloga?
2. ¿A quién le traes el televisor?
3. ¿A quién le llevas las noticias?
4. ¿A quiénes les dices el acontecimiento?
5. ¿A quién le enseñas la telenovela?
6. ¿A quiénes les explicas cómo se prepara el concurso?
7. ¿A quién le reservas un boleto para el certamen?
8. ¿A quién le presentas el comentarista?
9. ¿A quiénes les llevas esas sillas?

COMUNICACIÓN

13-24 En la radio. You and a classmate will take turns reading sections of the newspaper aloud for a radio station. Between you, decide who will read each section.

MODELO: la primera plana
E1: ¿Quién les lee la primera plana a los radioyentes?
E2: Se la leo yo. (Se la lees tú.)

1. la esquela
2. la sección deportiva
3. el horóscopo
4. la cartelera
5. los titulares
6. las tiras cómicas
7. la crónica social
8. la sección financiera
9. los editoriales
10. las cartas al editor
11. los anuncios clasificados
12. los artículos

SEGUNDA PARTE

¡Así es la vida!

La política

¡Voten por mí!

Amado Bocagrande es candidato a la presidencia de la República de Paloquemado. Ahora está pronunciando un discurso.

Compañeros y amigos:

¿Buscan un candidato que represente verdaderamente al pueblo? Ese candidato soy yo. Como ustedes saben, nuestro país afronta problemas muy serios. Dudo que el gobierno de mi contrincante, el presidente Pocopelo, pueda resolverlos. Es importante que todos nos unamos y que ustedes voten por mí. Como su presidente, cumpliría las siguientes promesas:

- Aumentaría los programas de ayuda social.
- Eliminaría los impuestos.
- Reduciría la tasa de desempleo.
- Combatiría el crimen.

Recuerden mi lema: Si quieren un país grande, voten por Bocagrande. Gracias.

¡Así lo decimos!

Cargos políticos

el (la) alcalde(sa)	*mayor*
el (la) dictador(a)	*dictator*
el (la) juez	*judge*
el (la) gobernador(a)	*governor*
el (la) ministro(a)	*minister*
el (la) presidente(a)	*president*
la reina	*queen*
el (la) representante	*representative*
el rey	*king*
el (la) senador(a)	*senator*

Tipos de gobierno

la democracia	*democracy*
la dictadura	*dictatorship*
la monarquía	*monarchy*

Los temas de actualidad

el aborto	*abortion*
la corrupción	*corruption*
el crimen	*crime*
la defensa	*defense*
el desempleo	*unemployment*
la drogadicción	*drug addiction*
la inflación	*inflation*
los impuestos	*taxes*
los programas sociales	*social welfare programs*
la protección del medio ambiente	*environmental protection*

Otros sustantivos relacionados con la política

el (la) asesor(a)	*consultant, advisor*
la cámara de representantes (diputados)	*house of representatives*
la campaña	*campaign*
el (la) candidato(a)	*candidate*
el congreso	*congress*
el (la) contrincante	*opponent*
la corte suprema	*Supreme Court*
el escaño	*seat (in congress, senate, etc.)*
el deber	*duty*
el derecho	*right*
el discurso	*speech*
las elecciones	*elections*
el gobierno	*government*
la honestidad	*honesty*
la ley	*law*
el lema	*motto*
el pueblo	*the people, the masses*
el senado	*senate*
la tasa (de desempleo)	*rate (of unemployment)*

Verbos

afrontar	*to face (confront)*
apoyar	*to support*
aspirar (a)	*to run for (congress, etc.)*
aumentar	*to increase*
ayudar	*to help*
combatir	*to fight, to combat*
controlar	*to control*
cumplir (con)	*to make good; to fulfil (a promise)*
elegir (i, i)	*to elect*
eliminar	*to end*
establecer	*to establish, to set*
mantener	*to support (a family, etc.)*
mejorar	*to improve*
prevenir	*to prevent; to warn*
resolver (ue)	*to resolve*
votar	*to vote*

¡A ESCUCHAR!

¡Voten por mí! As you hear another candidate, Pocopelo, respond to Bocagrande's speech, check off his qualifications and his platform.

SÍ	NO	
_____	_____	casado
_____	_____	con hijos
_____	_____	rico
_____	_____	trabajador
_____	_____	va a darles una casa
_____	_____	va a reducir la inflación
_____	_____	va a aumentar la tasa de empleo
_____	_____	va a apoyar la educación
_____	_____	va a proteger el medio ambiente
_____	_____	va a resolver el problema de los políticos deshonestos

Now you will hear several statements pertaining to Pocopelo's speech. Circle the letter corresponding to the most logical word or expression to complete each statement.

1. a.	b.	c.	4. a.	b.	c.
2. a.	b.	c.	5. a.	b.	c.
3. a.	b.	c.	6. a.	b.	c.

PRÁCTICA

13-25 En otras palabras. With a classmate, take turns explaining or giving examples to illustrate these concepts.

MODELO: los impuestos

E1: Tenemos que pagárselos al gobierno. En los Estados Unidos se los pagamos para el 15 de abril.

E2: Son los impuestos.

1. la alcaldesa
2. la monarquía
3. el juez
4. la dictadura
5. la inflación
6. el desempleo
7. el contrincante
8. la corrupción
9. el deber
10. los programas sociales

13-26 La política. Complete one voter's explanation of why he has chosen to vote for Prudencio Sabelotodo this year.

candidato	discursos	elecciones	lema
partido	presidente	república	senado

Este año voy a votar por Prudencio Sabelotodo para (1)_____ de la (2)_____ de Utopía. Prudencio es miembro de Acción en Acción, un (3)_____ que hasta ahora ha tenido poca influencia en el (4)______. Sin embargo, Prudencio es un (5)_____ muy fuerte. Me gustan mucho sus (6)_____ porque son muy emocionantes. Su (7)_____ es "Sabelotodo lo sabe todo". Espero que gane las (8)______.

13-27 Una campaña política. Help Bocagrande complete his political platform by supplying a logical verb in each space below to say what he is going to do if elected.

Les aseguro que voy a ...

1. ________ programas de servicio médico en los barrios pobres.
2. ________ la inflación.
3. ________ los problemas del medio ambiente.
4. ________ a la familia.
5. ________ la drogadicción.
6. ________ el sistema de educación.
7. ________ a las minorías.
8. ________ todas mis promesas.

13-28 ¿Votan por Bocagrande? Compare your view of Bocagrande's platform with a classmate's view. Discuss the following.

1. ¿Lo consideran conservador o liberal?
2. ¿Creen que va a ganar las elecciones?
3. ¿Creen que va a tener éxito si gana las elecciones?
4. ¿Es posible hacer todo lo que promete?
5. ¿Votarán por él? ¿Por qué sí o no?

COMUNICACIÓN

13-29 Mi lema. Imagine you are running for a seat in the house of representatives. Prepare a slogan for your campaign, and present it to the class.

MODELO: ► Marianela Machado: ¡Una para todas!

13-30 Temas de actualidad. Look at this political advertisement. Rank the issues in the order of their importance to you. Briefly explain your choices to a classmate.

Sus hechos ¡cuentan!
• Reformas contra la vulnerabilidad del sistema electoral
• Dispensario médico para familias de pocos recursos
• Incremento en medidas contra el crimen
• Justicia y oportunidades para nuestros profesionales
• Más facilidades para asistir a nuestros ancianos
• Programas pro futuro provechoso para la juventud
Un Representante dedicado a su Distrito
DISTRITO 113
NOV. 8
Perfora #67
LUIS MORSE
REPRESENTANTE - LEAL A SU CONUMIDAD
Pd. Pol. Adv. Paid for by Luis C. Morse Campaign Account, Republican.

13-31A Entrevista para *Cambio 16.* With a classmate, role-play the following situation: One of you, a reporter for the popular Spanish news magazine, *Cambio 16*, is interviewing the other to get his/her perspective on politics.

1. ¿Cree usted que votar es un deber? Explique.
2. ¿Votó usted en las últimas elecciones? ¿Por quién?
3. ¿Es miembro de algún partido político? ¿De cuál? ¿Por qué?
4. ¿Le cae bien alguna figura de la política mundial? ¿Quién y por qué?
5. ¿Quiere usted ser presidente(a) de los Estados Unidos? ¿Por qué?

13-32 Cara a cara. With a classmate, assume the roles of host of *Cara a Cara*, the leading talk show in the country, and a candidate who is running for president. After asking some questions of his/her own, the host may want to take a few questions from the studio audience (the rest of the class).

13-33 Un informe. Take turns with a classmate describing who each of these Hispanic historical/political figures was/is. If you don't know, consult an encyclopedia or the World Wide Web.

1. Isabel la Católica
2. Carlos Menem
3. César Chávez
4. Eva Duarte de Perón
5. Fidel Castro
6. La reina Sofía
7. Óscar Arias
8. Violeta Chamorro

A PROPÓSITO ... LA POLÍTICA Y LOS HISPANOS

Los hispanos no siempre han tenido mucha suerte con sus gobernantes. Tradicionalmente la mayoría de los políticos han sido demagogos que después de salir electos sólo han querido enriquecerse (hacerse ricos) en el poder. Tanto en España como en Hispanoamérica han abundado los famosos **caudillos** (jefes) políticos que casi siempre se convierten en dictadores cuyo único deseo es perpetuarse en el poder. Con la muerte del general Francisco Franco en 1975, España pudo unirse al resto de las democracias europeas y hoy España es ejemplo de libertad y tolerancia. Desde 1982 hasta 1996, el socialista Felipe González fue el presidente del gobierno español. El 3 de marzo de 1996, el Partido Popular presidido por José María Aznar ganó las elecciones presidenciales.

En Latinoanoamérica, Cuba es el único país que aún se encuentra gobernado por un dictador. Fidel Castro, jefe del gobierno cubano, tiene más de tres décadas y media en el poder. Debido a los cambios profundos que han ocurrido en la antigua Unión Soviética, muchos predicen que pronto también habrá cambios en Cuba.

Todas las repúblicas hispanoamericanas, con la excepción de Cuba, están celebrando elecciones más o menos honestas y cada vez se respetan más los derechos humanos y las libertades básicas. Si a estos cambios democráticos añadimos el aparente mejoramiento de las economías de estas naciones, todo parece indicar que el pueblo hispano ahora puede mirar el futuro con más esperanza.

Vamos a comparar

¿Qué diferencias hay entre los políticos norteamericanos y los hispanoamericanos? ¿Cuál es la actitud del gobierno norteamericano hacia Cuba y Fidel Castro? ¿Por qué? ¿Qué diferencias hay entre una dictadura y una democracia?

ESTRUCTURAS

4. The conditional

¡No me dijiste que sería una pizza para gigantes!

In Spanish, the conditional of regular verbs is formed by adding the imperfect ending for **-er** and **-ir** verbs to the infinitive. The same endings are used for **-ar**, **-er** and **-ir** verbs.

	tomar	comer	vivir
yo	tomar**ía**	comer**ía**	vivir**ía**
tú	tomar**ías**	comer**ías**	vivir**ías**
él/ella/usted	tomar**ía**	comer**ía**	vivir**ía**
nosotros(as)	tomar**íamos**	comer**íamos**	vivir**íamos**
vosotros(as)	tomar**íais**	comer**íais**	vivir**íasis**
ellos/ellas/ustedes	tomar**ían**	comer**ían**	vivir**ían**

- The conditional is used to state what you would do under a given set of circumstances.

  ¿**Apoyarías** a mi candidato?
  Would you support my candidate?

  Eliminaríamos los impuestos.
  We would eliminate taxes.

  El presidente **cumpliría** sus promesas.
  The president would keep his promises.

- The conditional is often used to make polite assertions.

  ¿**Podría** hablarle un minuto?
  Could I speak with you for a minute?

  ¿**Sabría** usted qué hora es?
  Would you know what time it is?

- The conditional is also used when the speaker is referring to an event that is future to another past event.

  Creíamos que **habría** más personas en la reunión.
  We thought that there would be more people at the meeting.

  Mis amigos me dijeron que **votarían** por Bocagrande.
  My friends told me that they would vote for Bocagrande.

  Le aseguraron que lo **ayudarían** en la campaña.
  They assured him that they would help him in the campaign.

- The verb **deber**, when used in the conditional tense with an infinitive, is equivalent to the English *should* + infinitive.

  Deberías aspirar a un escaño en el congreso.
  You should run for a seat in congress.

  Los políticos **deberían** pagar sus impuestos.
  The politicians should pay their taxes.

- The conditional has the same irregular stems as the future.

decir	**dir-**	diría, dirías, ...
hacer	**har-**	haría, harías, ...
haber	**habr-**	habría, habrías, ...
poder	**podr-**	podría, podrías, ...
querer	**querr-**	querría, querrías, ...
saber	**sabr-**	sabría, sabrías, ...
poner	**pondr-**	pondría, pondrías, ...
salir	**saldr-**	saldría, saldrías, ...
tener	**tendr-**	tendría, tendrías, ...
venir	**vendr-**	vendría, vendrías, ...

EXPANSIÓN More on structure and usage

Probability or conjecture in the past is often expressed in Spanish with the conditional.

¿**Estaría** el senador en la reunión?
I wonder if the senator was at the meeting.

¿Qué hora **sería**? **Serían** las doce.
I wonder what time it was. It was probably twelve.

PRÁCTICA

13-34 Lo que haría Bocagrande. The candidate could not be here with us today, but he promised he would do the following. State his promises in the conditional.

MODELO: ► Dijo que *aumentaría* los programas de ayuda social.

1. Prometió que __________ (pronunciar) un discurso.
2. Dijo que __________ (ser) uno de los candidatos.
3. Nos aseguró que __________ (ganar) las elecciones.
4. Creía que el pueblo __________ (votar) por él.
5. Prometió que __________ (combatir) la inflación.
6. Dijo que no __________ (subir) los impuestos.
7. Creía que __________ (poder) ayudar a los pobres.
8. Prometió que __________ (prevenir) otra guerra.
9. Dijo que __________ (mejorar) la economía.
10. Creía que para el año 2 005 no __________ (haber) desempleo.
11. ¡Nosotros creíamos que esto __________ (ser) imposible!

13-35 Pepe el cínico. Pepe el cínico and his friend Esperanza are talking about politics. Complete the following dialog with the correct conditional form of a logical verb.

elegir	ganar	necesitar	perder
poder	ser	tener	votar

ESPERANZA: Hola, Pepe, ¿cómo estás? ¿No me dijiste que (1)_____ en las elecciones?

PEPE: ¡Ja, Ja, Ja! Sí, pero no sabía que (2)______ difícil ir a votar. No me dijiste que (3)______ que ir un martes.

ESPERANZA: Pero, Pepe, creía que (4)______ ir temprano, antes de ir a tu trabajo.

PEPE: Bueno, no importa. Siempre sabía que (5)______ mi candidato y que no (6)______ mi voto.

ESPERANZA: Pero, Pepe, ¿no sabías que sin el voto de las personas como tú no se (7)_______ a Pocopelo? Pues, perdió las elecciones.

PEPE: Esperanza, no sabía que (8)______, pero tú sabes perfectamente que no me importa la política.

13-36 ¡Sugerencias! You work at the office of a senator who has a suggestion box for employees. Offer several suggestions using the cues below.

MODELO: darles a los empleados un mes de vacaciones
► Les daría a los empleados un mes de vacaciones.

1. aumentarles el salario a los empleados responsables
2. ofrecerles a todos un plan de retiro
3. sorprender a los buenos empleados con una bonificación anual
4. pagarles el seguro médico a los empleados
5. pedirles tres recomendaciones a los empleados nuevos

COMUNICACIÓN

13-37 ¿Quién sería? With a classmate make a conjecture about which political candidate might have made the following statements, based on his/her political leanings. Discuss your opinions.

Reinaldo del Pueblo es muy liberal.
Sandra Amadecasa es muy conservadora.

MODELO: Dijo que las mujeres deberían quedarse en casa para cuidar a los niños.
► Sería Sandra, porque los conservadores creen en la familia tradicional.

1. Dijo que aumentaría el número de programas sociales.
2. Prometió que votaría en contra del aborto.
3. Dijo que sería importante tener unas fuerzas armadas fuertes.
4. Prometió que apoyaría las demandas de la NRA.
5. Dijo que le bajaría los impuestos a la clase alta.
6. Prometió que eliminaría el seguro social.
7. Dijo que apoyaría varios programas de educación.
8. Prometió que construiría más prisiones y que contrataría a más policías.
9. Cree que todo el mundo debería tener el derecho de llevar armas.
10. Cree que todos deberían tener seguro médico.

13-38A Entrevista. Imagine you are a journalist who is going to interview a famous politician about his/her preelection promises. Pair up with a classmate and role-play the interview using the following questions. The politician will ask you questions as well. Be sure to take note of the politician's excuses.

MODELO: eliminar la pobreza
PERIODISTA: Usted dijo que eliminaría la pobreza.
POLÍTICO(A): Es verdad. Pero ha sido imposible porque el presidente no ha apoyado mi programa.

USTED DIJO QUE ...

1. bajar los impuestos
2. controlar la inflación
3 votar por seguro médico para todos
4. combatir el crimen
5. resolver la cuestión del aborto
6. establecer programas de educación

13-39 Diferentes situaciones. With a classmate, take turns saying what you would do or feel in these places or situations.

MODELO: en la playa
► Me bañaría en el mar.

1. con un millón de dólares
2. en una fiesta aburrida
3. un amigo no te invita a su fiesta
4. en un restaurante encuentras una mosca en la sopa
5. en la clase de español no tienes tu libro
6. en un hotel no tienes con qué pagar
7. en el aeropuerto se te pierde la maleta
8. en un trabajo aburrido

5. The conditional perfect

- The conditional perfect is formed with the conditional of the auxiliary verb **haber** + past participle.

	Conditional	Past participle
yo	**habría**	
tú	**habrías**	**tomado**
él/ella/usted	**habría**	**comido**
nosotros/nosotras	**habríamos**	**vivido**
vosotros/vosotras	**habríais**	
ellos/ellas/ustedes	**habrían**	

- The conditional perfect is used to express an action which would or should have occurred but did not.

Habría ido a la reunión, pero me enfermé.
I would have gone to the meeting, but I got sick.

Habríamos votado en la últimas elecciones, pero no pudimos.
We would have voted in the last elections, but we couldn't.

PRÁCTICA

13-40 El plazo de entrega. Journalists are always fighting a deadline. Write complete sentences using the conditional perfect to say what each person would have done with an extended deadline.

MODELO: Clark Kent / investigar un robo
► Clark Kent habría investigado un robo.

1. Lois Lane / seguir a Clark Kent
2. El jefe / llamar a todos los reporteros
3. El jefe / pensar en su editorial
5. Superhombre / leer la sección deportiva
3. Jimmy Olsen / escribir una crónica impresionante
6. Jimmy / terminar el editorial
7. Lois / ver la sección financiera
8. Clark / entrevistar al presidente
9. Superhombre / buscar las tiras cómicas
10. Los criminales / aparecer en la primera plana

13-41 En la otra vida ... Say what you and others would have done in different circumstances by forming sentences using a word or expression from each column.

MODELO: ► En la otra vida yo habría sido político(a).

En la otra vida ...	yo	establecer ...
En otras circunstancias ...	mis amigos y yo	resolver ...
Con un millón de dólares ...	tú	vivir ...
Con más tiempo ...	mis profesores	controlar ...
Con el apoyo del gobierno ...	el presidente	elegir ...
Con un buen trabajo ...	los políticos	combatir ...
En otra universidad ...	el congreso	ser ...
(original)	(original)	aumentar ...
		trabajar ...
		estudiar ...
		ganar ...
		(original)

COMUNICACIÓN

13-42 ¡(No) Estoy de acuerdo! Get together with a partner and discuss how things would have been different if the other political party had won the majority in Congress. Try to come up with at least six differences, and exchange opinions if you are not always in agreement.

MODELO: E1: Habría sido mejor para la economía.
E2: No estoy de acuerdo. Habría sido peor.

13-43 El (la) analista político(a). Imagine that you are a political analyst the day after an important election. Write an article in which you say how the outcome would have been different in other circumstances.

MODELO: Con más apoyo financiero, mi candidato ...
► Con más apoyo financiero, mi candidato habría ganado las elecciones.

1. Con más tiempo, el presidente ...
2. Con más apoyo financiero, los representantes ...
3. En los años setenta, un senador ...
4. En otro país, el congreso ...
5. En otras circunstancias, los votantes ...
6. Con una mejor economía, los republicanos ...
7. Con otro clima político, mi candidato ...
8. En otra elección, los demócratas ...
9. (original)

6. *Pero* vs. *sino*

- The conjunction *but* is usually expressed in Spanish by **pero.**

  Quiero ser representante, **pero** un buen representante.
  I want to be a representative, but a good representative.

  Los impuestos son necesarios, **pero** no me gustan.
  Taxes are necessary, but I don't like them.

- However, when *but* means *on the contrary* or *rather*, **sino** is used instead of **pero**. **Sino** is always used in an affirmative statement that contradicts a preceding negative statement.

  No quiero hablar con el juez **sino** con el gobernador.
  I don't want to speak with the judge but with the governor.

  No es el Ministro de Educación **sino** el Ministro de Cultura.
  He's not the Minister of Education but the Minister of Culture.

EXPANSIÓN More on structure and usage

You just learned that **sino** is used instead of **pero** to mean *on the contrary* or *rather* in an affirmative statement that contradicts a preceding negative statement. When the affirmative statement uses a conjugated verb, use **sino que.**

No llegaron con nosotros, **sino que** vinieron después.
They didn't arrive with us, but rather came later.

PRÁCTICA

13-44 ¡Lo que queremos hacer! You have been elected to Congress, and your ideas and goals differ from those of many of your friends and colleagues. Define your viewpoints by completing the sentences with either **pero** or **sino**.

1. Yo no quiero combatir el juego en los casinos _______ el crimen violento.
2. Marta desea eliminar la burocracia, _______ no en su estado.
3. A Julio le gustaría ser asesor del presidente, _______ el presidente tiene que prestarle atención.
4. El senador Ramírez no va a aprobar leyes que beneficien a unos pocos, ______ leyes que beneficien a muchos.
5. Vamos a reducir la tasa de desempleo, _____ no si esto va a producir una inflación grande.
6. Ojalá que los otros representantes nos ayuden, ______ sin pedirnos ningún favor después.
7. El presidente va a aumentar los programas de ayuda social, ______ disminuirá el presupuesto de otros ministerios.
8. Nuestro partido político quiere mejorar el sistema de educación, ______ no tiene planes específicos.
9. Ana y Mirta desean darles más ayuda financiera a los estudiantes, ______ no saben cómo hacerlo.
10. No queremos que haya más conflicto en el mundo ______ una paz permanente.

COMUNICACIÓN

13-45 Asesores políticos. With a classmate, help plan your candidate's strategies. Complete each sentence logically using either **pero** or **sino**, depending on the context.

MODELO: Nuestra candidata Gloria S. quiere ganar las elecciones …
► … pero no sabe si tiene el apoyo del pueblo.

1. Quiere reducir la inflación …
2. No quiere que las mujeres trabajen fuera de la casa …
3. Espera nombrar a otra mujer para la Corte Suprema …
4. Dice que es feminista …
5. No quiere apoyar los programas del presidente …
6. No le gusta la plataforma conservadora …
7. Espera establecer más programas sociales …
8. No quiere reducir los impuestos …

SÍNTESIS

¡Al fin y al cabo!

¡A REPASAR!

13-46 El horóscopo. Assist with the preparation of tomorrow's horoscope for the newspaper by writing predictions for at least four of the following astrological signs (not including your own). Use the future tense. Then exchange predictions with classmates for your respective signs. What has been foreseen by those who have made predictions for your sign?

MODELO: Cáncer (22 junio-22 julio)

AMOR: Habrá nuevos romances.
SALUD: Tendrás que tener mucho cuidado con lo que comas.
DINERO: Querrás buscar otro puesto.

Aries (21 marzo-19 abril)
Amor:
Salud:
Dinero:

Tauro (20 abril-20 mayo)
Amor:
Salud:
Dinero:

Géminis (21 mayo-21 junio)
Amor:
Salud:
Dinero:

Cáncer (22 junio-22 julio)
Amor:
Salud:
Dinero:

Leo (23 julio-22 agosto)
Amor:
Salud:
Dinero:

Virgo (23 agosto-21 septiembre)
Amor:
Salud:
Dinero:

Libra (22 septiembre-22 octubre)
Amor:
Salud:
Dinero:

Escorpión (23 octubre-21 noviembre)
Amor:
Salud:
Dinero:

Sagitario (22 noviembre-21 diciembre)
Amor:
Salud:
Dinero:

Capricornio (22 diciembre-19 enero)
Amor:
Salud:
Dinero:

Acuario (20 enero-19 febrero)
Amor:
Salud:
Dinero:

Piscis (20 febrero-20 marzo)
Amor:
Salud:
Dinero:

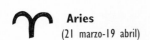

13-47 El futuro del país. In groups of three or four, discuss the nation's future priorities. Compare your ideas with those of other groups, and be prepared to defend your group's opinions.

MODELO: E1: El congreso tendrá que bajar los impuestos para mejorar la economía.
E2: Pero los pobres siempre sufren.
E3: Por eso, el gobierno …

13-48 El gran debate. Get together with two classmates and debate the issues below. The first student to speak expresses an opinion, while the others express agreement or disagreement with the first student. Take turns being the first student.

MODELO: el crimen en las grandes ciudades
E1: Dudo que el crimen en las grandes ciudades pueda ser controlado.
E2: No estoy de acuerdo. Es necesario que el gobierno le dé más poder a la policía.
E3: Yo creo que deberíamos mejorar la situación económica de la gente antes de tratar de controlar el crimen.

la tasa de desempleo	el crimen	los impuestos
las relaciones internacionales	la ayuda social	el aborto
el seguro médico	las drogas	el balance de pagos

13-49 Un editorial. Write an editorial for your university's newspaper. Below are some suggestions for topics. Respond to the following questions in your editorial:

- ¿Cuál es el problema?
- ¿Cómo se puede solucionar?
- ¿Cuáles son los beneficios de esta solución?

1. el estacionamiento
2. la biblioteca
3. los servicios estudiantiles
4. la seguridad
5. las bebidas alcohólicas en la universidad
6. hombres y mujeres en la misma residencia

13-50 Una reseña. Write a review of a movie you have seen recently. Then get together with two or three classmates and summarize your reviews for the group. Discuss between you which one you would recommend most highly. Answer the following questions in your review:

- ¿Cómo se llama la película?
- ¿Quiénes son los actores principales?
- ¿Qué tipo de película es? (por ejemplo, romántica, de acción, de suspenso, una comedia)
- ¿Cuáles son sus puntos fuertes? ¿sus puntos débiles?
- ¿A quién se la recomendarías?

13-51 Un sondeo político. This graph illustrates a political poll taken before an election. With a classmate, look for the information necessary to answer the questions below.

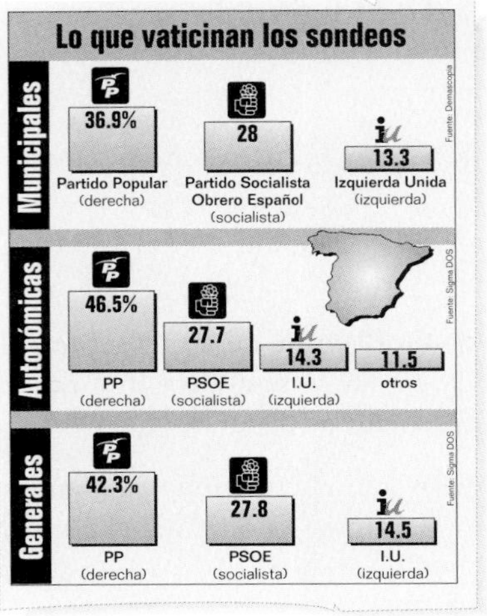

1. ¿En que país tuvo lugar el sondeo?
2. En las elecciones municipales, ¿cuál es el partido más popular?
3. ¿Es un partido liberal o conservador?
4. En la elecciones generales, ¿cuál es el partido menos popular?
5. ¿Es un partido liberal o conservador?
6. ¿Saben ustedes el nombre del líder del PP? ¿Qué puesto tiene en el gobierno?

13-52 Otro sondeo. Get together with three or four classmates. As a group, prepare some questions for a poll about elections in the U.S. Each member of the group then selects three or four other classmates to poll. Tally the results and discuss them in your original group once you've finished.

13-53 Eres el(la) candidato(a). Choose a political office for which you would like to run. Prepare five or more statements of what you would do if successful in the election. Present your platform to the class and be prepared for questions.

MODELO: ► Primero, reduciría el número de empleados federales. Después ...

¡A ESCUCHAR!

El presidente de Argentina habla. You will hear excerpts from an article by Carlos Saúl Menem, president of Argentina, that appeared in the newspaper *La Nación* on May 11, 1995, a few days before he was re-elected. Before listening, read the statements below as a preview of the selection. After you hear the article, you will hear these statements. In each case, circle the option that best completes the statement.

1. De acuerdo con Carlos Menem, los argentinos cambiaron la especulación por ...
   a. el consumo
   b. la inversión *(investment)*
   c. un coche nuevo
2. Ahora el estado invierte *(invests)* en servicios sociales ...
   a. el 10% del presupuesto
   b. el 5% del presupuesto
   c. el 19% del presupuesto
3. Menem dice que a veces ...
   a. ha sido víctima de acusasiones injustas
   b. la libertad es muy importante
   c. el derecho *(right)* de expresión es básico
4. Menem dice que en el futuro tienen que continuar ...
   a. votando en todas las elecciones
   b. el crecimiento *(growth)* económico
   c. siendo más optimistas
5. Memen le pide el voto al pueblo porque ...
   a. él cree que se ha ganado ese derecho
   b. él es un político honesto
   c. no pueden perder lo que han ganado
6. Carlos Saúl Menem termina el artículo diciendo que ...
   a. no voten por su contrincante
   b. están construyendo el futuro juntos
   c. él es el único candidato decente

¡A LEER!

Media cuarta[1]

Emilio M. Mozo nació en Camagüey (Cuba) en 1941. En 1958 salió de su patria para el Canadá, donde se hizo ciudadano. Poeta y cuentista, Mozo es profesor de español en la Phillips Andover Academy en el estado de Massachusetts. En el cuento que vemos a continuación, Mozo recuerda sus orígenes humildes en la isla y las típicas travesuras (pranks) *de muchacho. El niño que narra el cuento tendrá 6 o 7 años cuando le pide a su padrino un par de zapatos nuevos. El padrino, lleno de promesas, no cumple, y los chicos del barrio le dan el apodo de "media cuarta".*

13-54 Datos bibliográficos. Fill in this information about ***Media cuarta***.

Nombre del autor:	Tema del cuento:
Su nacionalidad:	Personajes:
Su profesión:	

13-55 Los padrinos. In Hispanic culture, godparents are important figures. Look at the following statements and check off those that describe the expectations one would have for **un padrino**. Which quality would be of greatest importance to a child?

1. ___ Le da regalos a su ahijado *(godchild)*.
2. ___ Cumple con sus promesas.
3. ___ Protege al ahijado si algo le pasa al padre.
4. ___ Es siempre bondadoso (simpático).
5. ___ Le da abrazos al ahijado.
6. ___ Pasa tiempo con el ahijado.

13-56 ¿Qué significa? The following descriptions and events occur in the story. Match the italicized words in the sentences on the left with their English equivalents on the right.

1. ___ "Vas a ser la *envidia* del barrio".	a. imprisoned
2. ___ Lo *bautizaron* con el nombre de "media cuarta".	b. was known
3. ___ El padrino se puso *lívido* y salió de la casa.	c. measured
4. ___ Mi papá había estado *preso* por fraude.	d. envy
5. ___ Mi padrino me *midió* el pie.	e. baptized
6. ___ Mi padrino *se destacaba* por ser uno de los pocos que tenía empleo.	f. red-faced

13-57 Identificar. In the margin of the story, write the number corresponding to each part where that part occurs.

1. el problema	4. la desilusión
2. la promesa	5. la conclusión

[1]**Una cuarta** is a unit of measurement approximately a hand's length. The **padrino** uses his extended hand to measure the foot of the child. **Media cuarta** would be half a hand's length.

Media cuarta

Las cosas no andaban bien. Papá estaba metido en un asunto en la Capital. Años más tarde descubrí que había estado preso en La Habana por fraude. Sí, la situación era pésima[1] y entre las cosas que más necesitaba era un par de zapatos nuevos. Los que tenía estaban muy dañados por el tiempo y el uso, a pesar de[2] que yo los cuidaba con esmero[3]. Trataba de no salir con ellos los días de lluvia y siempre evitaba las piedrecitas[4] impertinentes que se metían dentro del zapato y causaban tanto estrago[5].

Yo tenía un padrino (todo el mundo tiene sólo uno, creo) llamado Ángel que también era mi primo. Se destacaba en la familia por ser uno de los pocos que tenía empleo. Era dependiente de una tienda de ropa. Tenía que admitir que una de las cosas que más me impresionaba era su camisa de manga corta y una corbata de colores a la que no había que hacerle el nudo[6].

Como Ángel era mi padrino, yo creía que también era algo así como mi Ángel de la Guardia. Por eso, pensaba yo, pasaba por casa una vez por mes para saludarme y ver cómo estaba. En realidad, nunca me había regalado nada. Ni un helado. Yo siempre pensé que la función del padrino era de regalarle cosas al ahijado, por lo menos así les ocurría a los otros chicos del barrio. Lo más cercano a un regalo que recibí de él fue una promesa que me hizo en una ocasión.

---

[1]*terrible,* [2]*in spite of the fact,* [3]*carefully,* [4]*little stones,* [5]*damage,* [6]*knot*

Pasó Ángel una vez por mi casa, como era de costumbre. Era un hombre regordete[7], ni alto ni bajo. Siempre lleno de una alegría radiante. Entraba en la casa y gritaba: —¿Dónde está ese bandolero[8] de muchacho?— Después decía —Niño, dame un beso que estoy muy apresurado[9] y no tengo tiempo que perder.— Pero esa visita fue diferente. Me miró fijamente en los ojos. Después dijo: —Mira, niño, soy tu padrino y nunca te he regalado nada. ¿Necesitas algo?—

—Bueno, padrino … — le respondí algo avergonzado[10], sin terminar la frase.

—No sientas pena[11]. A ver, ¿qué quieres, una pelota … ? Dime lo que quieres.

—Bueno— le dije. —Pues, un par de zapatos— Me miró y después de una breve pausa me ordenó que me quitara los zapatos …

—Para medirte el pie. Oye, es que tú eres bobo[12], ¿o qué?—. Me quité el zapato y como no llevaba calcetines traté de ocultar la uña rota y negra del dedo gordo[13] …

Me midió el pie, poniéndome el dedo gordo de su mano en el talón[14] y el dedo más largo sobre mi dedo gordo …

—Angelina, es media cuarta—. Mamá respondió desde el otro cuarto.

—Sí, ya lo sabía.

—Muchacho, en dos semanas de acá vas a ser la envidia del barrio. Vas a tener los zapatos más lindos que ojos humanos vieron …

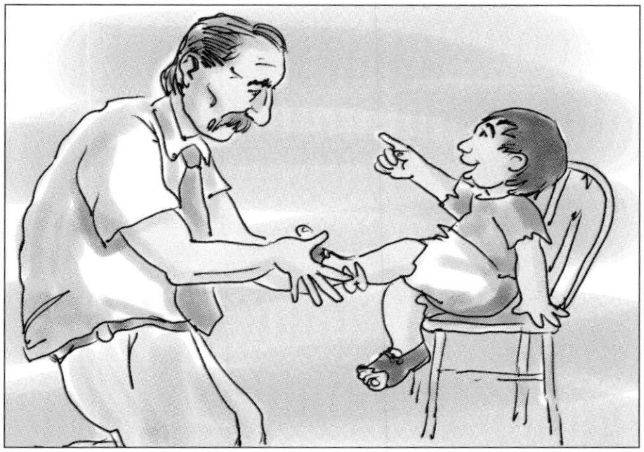

[7]*chubby,* [8]*bandit,* [9]*hurriedly,* [10]*embarrassed,* [11]*don't be ashamed,* [12]*fool,* [13]*toe,* [14]*heel*

Pasaron dos semanas, tres y a lo mejor hasta cuatro. Yo esperando los malditos[15] zapatos. Una tarde de repente apareció mi Padrino. Gritó como era de costumbre: —¿Dónde está ese bandolero?—

—Aquí, Padrino.

—¿Qué hubo?[16]

—Pues, yo bien ...

—Bueno, mi ahijado, me voy porque tengo mucha prisa.

Desde ese día no se mencionaron nunca más los zapatos que mi padrino Ángel me iba a regalar. Sin embargo, él continuó sus visitas cada mes sin saber que en casa se le había bautizado con el nombre de "media cuarta". Después, este apodo se corría de boca en boca por el barrio ...

La última vez que vi a mi Padrino fue cuando vino a visitarme, como era su costumbre, y yo, resentido[17], muy descarado[18], en vez de decirle —Hola, Padrino— le dije: —¿Qué hubo, "media cuarta"?—

Él se puso lívido y sin decir nada salió de la casa. Daba pena[19]. Así perdí a mi Ángel de la Guardia para siempre. Después, ya mayor, me enteré[20] que cuando los muchachos de la vecindad querían molestarlo sólo tenían que gritarle "media cuarta" y se ponía lívido como aquella vez en mi casa.

13-58 ¿Has comprendido? Answer these questions about the story.

1. ¿Cuántos años tendría el niño?
2. ¿Por qué se sentía avergonzado?
3. ¿Cómo era el padrino?
4. ¿Por qué se desilusionó el niño?
5. ¿Por qué le dio el nombre "media cuarta" al padrino?
6. ¿Por qué crees que el padrino no cumplió su promesa?

13-59 Tú eres ... With a classmate, take the roles of the two characters in the story. Ask each other to explain your actions.

MODELO: E1: Padrino, ¿Por qué no cumpliste tu promesa?
E2: Bueno, es que ...

13-60 Otro remedio. With a classmate, write a letter giving advice to each of the main characters.

13-61 Una anécdota personal. Have you ever experienced a disillusion? Write a short narrative explaining what happened.

---

[15]*cursed,* [16]*What's happening?,* [17]*resentful,* [18]*rude,* [19]*It was pitiful,* [20]*I found out*

LOS HISPANOS EN LOS ESTADOS UNIDOS

13-62 ¿QUÉ SABES TÚ? Can you name ... ?

1. los tres grupos principales de hispanos en los Estados Unidos
2. las regiones del los EE.UU. donde hay la mayor concentración de hispanos
3. el nombre de algunos hispanoamericanos importantes
4. la ciudadanía de los puertorriqueños
5. la razón por la cual muchos cubanos salieron de Cuba a partir de 1959

13-63 PARA BUSCAR. Scan the reading to find the following information.

1. la población hispana en los Estados Unidos: ______
2. el año en que la población hispana será la minoría más numerosa: _____
3. una ciudad donde viven muchos puertorriqueños: ______
4. una ciudad de la Florida a la que siempre han emigrado los cubanos: ______
5. otra ciudad de la Florida con una población cubana importante: _____
6. un juego popular entre los cubanos: ______

LOS HISPANOS EN LOS ESTADOS UNIDOS (I)

Hoy en día viven más de 25 millones de hispanos en los Estados Unidos. Esto significa que los hispanos constituyen el grupo minoritario más numeroso de este país después de los afroamericanos. Se calcula que para el año 2.020 los hispanos sobrepasarán a los afroamericanos como la minoría más numerosa. Se puede dividir a los hispanos en los EE.UU. en tres grupos principales: los mexicoamericanos, los puertorriqueños y los cubanoamericanos.

LOS PUERTORRIQUEÑOS

Se calcula que viven aproximadamente 1.850.000 puertorriqueños en los Estados Unidos. La mayoría de éstos se encuentra en Nueva York, Nueva Jersey y Chicago. La inmigración puertorriqueña se debe en gran parte al hecho de que, desde el final de la Guerra Hispanoamericana, España cedió la isla de Puerto Rico a los EE.UU. En 1953, Puerto Rico se convirtió en un estado libre asociado de los EE.UU. aunque sus habitantes son ciudadanos de los EE.UU. desde 1917.

Restaurante puertorriqueño en Brooklyn, Nueva York

Celebrando a Puerto Rico en Nueva York

Gloria Estefan difundiendo el ritmo latino

LOS CUBANOS

La presencia cubana en los Estados Unidos se remonta al siglo XIX, cuando en Tampa, Florida, se estableció una pequeña comunidad de cubanos que vinieron a trabajar en las fábricas de tabaco. Pero la inmigración masiva de los cubanos a la Florida empezó en 1959, después de la revolución del líder Fidel Castro. Los cubanos llegaron a la Florida buscando libertad política y se establecieron principalmente en la ciudad de Miami. La mayoría de los cubanos que abandonó la isla pertenecía a la clase media culta y les fue bastante fácil adaptarse a la nueva vida en los EE.UU. Hay dos millones de cubanoamericanos en los EE.UU. y más de 600.000 de ellos viven en la ciudad de Miami.

13-64 ¿Has comprendido? Indicate whether each statement is **cierto** or **falso**. Correct any false statements.

1. Hay más de 25 millones de hispanos en los EE.UU.
2. Para el año 2.020 habrá más afroamericanos que hispanos en los EE.UU.
3. Puerto Rico es un estado de los EE.UU.
4. Puerto Rico pertenece a los EE.UU. desde la Guerra Hispanoamericana.
5. Hay más puertorriqueños en Atlanta que en Nueva York.
6. Los primeros cubanos llegaron a los EE.UU. el siglo pasado.
7. El motivo de la inmigración cubana de los años 60 fue escapar de la dictadura de Fidel Castro.
8. La mayoría de los cubanos se estableció en la ciudad de Nueva York.

Tienda hispana en la Pequeña Habana, en Miami

13-65 FIGURAS CONOCIDAS. With a classmate, take turns identifying the following people, places, and events in Hispanic America.

MODELO: ¿Quién es Gloria Estefan?
Es una cantante popular cubanoamericana.

1. salsa	a. actriz puertorriqueña *(White Men Can't Jump, It Could Happen to You)*
2. La Pequeña Habana	b. actor puertorriqueño *(Kiss of the Spider Woman, Romero)*
3. Andy García	c. primera congresista de origen puertorriqueño
4. Rita Moreno	d. barrio puertorriqueño de Nueva York
5. Óscar Hijuelos	e. barrio cubano de Miami
6. Raúl Julia	f. actriz puertorriqueña *(West Side Story)*
7. Nydia Velázquez	f. el "rey" de la salsa
8. Los marielitos	g. música y baile puertorriqueños
9. Rosie Pérez	h. autor cubanoamericano que ha ganado el premio Pulitzer
10. 1898	i. actor cubanoamericano *(When a Man Loves a Woman, The Godfather III)*
11. El Barrio ("Spanish Harlem")	j. 125.000 refugiados cubanos que llegaron en 1980
12. Tito Puente	k. Puerto Rico pasó a ser territorio de los EE.UU. después de la Guerra Hispanoamericana

13-66 Entrevistas. Entrevista a un(a) puertorriqueño(a) o a un(a) cubanoamericano(a) que se encuentre estudiando en tu universidad sobre su experiencia y la de sus padres en este país. Toma apuntes durante la entrevista y prepara una breve presentación oral en español para la clase.

Cuban Americans in Miami

LECCIÓN 14

¿Cómo será nuestro futuro?

COMUNICACIÓN

- Discussing technology
- Talking about the environment
- Talking about contrary-to-fact situations
- Expressing conditions and results

CULTURA

- La tecnología y el idioma
- Los problemas que afectan el medioambiente

ESTRUCTURAS

PRIMERA PARTE

- The present perfect subjunctive
- The subjunctive or the indicative with adverbial conjunctions

SEGUNDA PARTE

- The imperfect subjunctive
- The pluperfect subjunctive
- The indicative or the subjunctive in **si**-clauses

¡A leer!: *El regalo de Navidad*, Francisco Jiménez

Nuestro mundo: Los hispanos en los Estados Unidos II: Los mexicoamericanos

PRIMERA PARTE

¡Así es la vida!

El impacto de la tecnología

En el mundo moderno es casi imposible vivir sin tener contacto con la tecnología. Las computadoras, los aparatos electrónicos y los nuevos medios de comunicación son parte de nuestra vida diaria. En los países de habla hispana, particularmente en Hispanoamérica, la tecnología ha tenido un gran impacto en los últimos veinte años. Veamos la opinión de algunos hispanoamericanos.

Lorenzo Valdespino, estudiante de ingeniería
Yo no podría trabajar sin la computadora. En la universidad hacemos todos nuestros diseños en computadoras. Además, yo tengo en casa una microcomputadora que utilizo para mis trabajos y asuntos personales. Llevo todas mis cuentas en una hoja electrónica. Tengo también una impresora que utilizo para imprimir mis cartas y hacer todas mis tareas universitarias. Utilizo el correo electrónico para comunicarme con mis compañeros de otras universidades.

Hortensia Gómez Correa, abogada
La tecnología ha revolucionado el trabajo de nuestra oficina en los últimos años. Hace pocos años, por ejemplo, todas las cartas se escribían a máquina con papel carbón. Hoy en día usamos un procesador de textos en nuestra computadora y sacamos las copias en la fotocopiadora. Antes, cuando necesitábamos enviar un mensaje urgente, usábamos el télex, pero hoy con el fax y el correo electrónico podemos enviar cartas instantáneamente a cualquier parte del mundo.

Adolfo Manotas Suárez, agricultor
La tecnología ha cambiado la forma de hacer las cosechas en nuestra finca. Utilizamos una computadora para hacer un análisis del clima y de los suelos, y también para determinar el mejor momento para recoger la cosecha. De esta forma sabemos cuándo es el mejor momento para sembrar y cuáles son los mejores cultivos. Además de los equipos electrónicos, hoy día la maquinaria agrícola está muy avanzada. Las cosas que antes hacíamos a mano en nuestra finca, hoy las hacemos con máquinas modernas. ¡En la agricultura, el futuro ha comenzado ya!

¡Así lo decimos!

La computadora[1] y sus partes

el disco duro	*hard disk*
el disquete	*disquette*
la impresora	*printer*
la microcomputadora	*personal computer, microcomputer*
la pantalla	*screen*
el teclado	*keyboard*

Programas de computadora y otros aparatos

la base de datos	*database*
la hoja electrónica	*spreadsheet*
el procesador de textos	*word processor*

Los aparatos electrónicos

la antena parabólica	*satellite dish*
el cajero automático	*automatic teller*
la calculadora	*calculator*
el contestador automático	*answering machine*
el correo electrónico	*E-mail*
el disco compacto	*CD*
la fotocopiadora	*photocopy machine*
el fax	*fax*
el juego electrónico	*electronic game*
la máquina de escribir	*typewriter*
el teléfono inalámbrico	*cordless telephone*
el teléfono celular	*cellular telephone*
la videograbadora	*videocassette recorder (VCR)*

Verbos

apagar	*to turn off*
archivar	*to file; to save*
borrar	*to erase*
calcular	*to calculate*
cosechar	*to harvest*
encender (ie)	*to turn on*
fotocopiar	*to photocopy*
funcionar	*to function, to work*
grabar	*to record*
imprimir	*to print*
instalar	*to install*
llevar cuentas	*to keep accounts, bills*
observar	*to observe; to adhere to*
programar	*to program*
recoger	*to pick up*
sembrar (ie)	*to plant*

Adjetivos

electrónico(a)	*electronic*
tecnológico(a)	*technological*

Otras palabras y expresiones

la cosecha	*harvest*
los cultivos	*crops*
el diseño	*design*
la finca	*farm, ranch*
la marca	*brand*
la maquinaria agrícola	*agricultural machinery*
mientras	*while*
el papel carbón	*carbon paper*

BARRANQUILLA
CARTAGENA
MEDELLIN
PEREIRA
CALI
Éstos son los cajeros electrónicos que puede utilizar con su tarjeta Conavi en todo el país.
Tarjeta Conavi

[1]Some countries in Latin America use **la computadora** for *computer* while others use **el computador**. Spain uses **el ordenador**.

¡A ESCUCHAR!

El impacto de la tecnología. You will hear eight statements referring to Lorenzo Valdespino, Hortensia Gómez Correa, and Adolfo Manotas Suárez, whom you have just met in **¡Así es la vida!** Indicate which person each statement describes by placing a check mark in the appropriate column.

	LORENZO V.	HORTENSIA G.	ADOLFO M.
1.	______	______	______
2.	______	______	______
3.	______	______	______
4.	______	______	______
5.	______	______	______
6.	______	______	______
7.	______	______	______
8.	______	______	______

Now you will hear several incomplete statements pertaining to Lorenzo, Hortensia, and Adolfo. Circle the letter of the word or expression that best completes each statement.

1. a. b. c.
2. a. b. c.
3. a. b. c.
4. a. b. c.
5. a. b. c.
6. a. b. c.

PRÁCTICA

14-1 ¿Quién lo necesita y por qué? With a classmate, say who needs the following items and why.

MODELO: la hoja electrónica
► La necesita un contador para llevar cuentas en su trabajo.

1. el disco compacto
2. la calculadora
3. la impresora
4. el teléfono inalámbrico
5. la videograbadora
6. el papel carbón
7. el fax
8. el contestador automático
9. la microcomputadora
10. el juego electrónico

14-2A ¡Hagamos más fácil la vida! What do you need to make your life easier? With a classmate, take turns describing your problem and offering a solution.

MODELO: E1: No puedo ver bien mi documento en la computadora.
E2: Necesitas una pantalla nueva.

EL PROBLEMA

1. El tocadiscos no funciona bien; no se oye bien la música.
2. Tener que buscar bibliografía para un trabajo de la clase de inglés.
3. Quieres que llegue esta carta de recomendación esta tarde.
4. Tienes que trabajar esta noche y no puedes ver el partido de béisbol en la televisión.
5. Tienes que imprimir bien el trabajo para impresionar a tu profesora.

14-3 En la oficina. Complete the following dialog with the correct form on a logical verb.

apagar	archivar	borrar	fotocopiar
imprimir	instalar	programar	

JEFA: Bueno, otro día. Son las 6:00 y tengo que (1)_____ estos documentos antes de salir. No quiero (2)______ ninguno porque son muy importantes todos.

EMPLEADO: Entiendo. Los debo (3)_______ pero la fotocopiadora no funciona. Necesitamos una copia. La impresora todavía funciona. ¿Quiere usted que los (4)_______?

JEFA: Buena idea. ¿Mañana vas a (5)_______ el nuevo procesador de palabras en mi computadora?

EMPLEADO: Claro. Pero primero tengo que (6)______ la computadora. Quiero que se apague automáticamente.

JEFA: Bueno, eso es para otro día. No te olvides de (7)______ la computadora antes de salir esta noche.

EMPLEADO: De acuerdo. ¡Buenas noches!

14-4 ¡Cómo cambian las cosas! Say how technology has changed things by logically completing the following sentences in Spanish.

1. Antes Pepe escribía a máquina, ahora utiliza _________.
2. Pedro utilizaba un télex para mensajes urgentes, ahora utiliza ________.
3. Hace diez años sacábamos copias de una carta con papel carbón, ahora utilizamos ________.
4. En las fincas, hace cincuenta años se hacía todo a mano, ahora se hace ________.
5. En el siglo pasado llevábamos nuestras cuentas con papel y lápiz, ahora utilizamos _________.
6. Hace sesenta años oíamos las noticias por la radio, ahora las vemos en ________.

14-5 El fax. Read the advertisement and answer the following questions.

1. ¿Cuál es la marca del fax?
2. ¿Por qué dice el anuncio que los Fax Fujitsu hablan el mismo idioma que el lector?
3. ¿Cuál es el modelo pequeño?
4. ¿Qué tipo de papel utiliza el dex 455?
5. ¿Qué ofrece la Fujitsu?
6. ¿Cuál es uno de los lemas de la Fujitsu?

A4
B4
A3
Este Fax habla tu mismo idioma
Facsímiles dex de FUJITSU
Los Fax Fujitsu se entienden a la primera. Porque el display, el teclado y hasta el manual están en castellano. Y hay un Fax Fujitsu para cada necesidad. Desde el pequeño dex 11 con las prestaciones de los grandes como marcación automática, 16 tonos de gris, display, etc. Hasta el dex 455, que utiliza papel normal. Y todos con la garantía tecnológica y el buen servicio Fujitsu. Facsímiles Fujitsu. Hablan tu mismo idioma.
FUJITSU
Tecnología hasta donde lleguen tus sueños

COMUNICACIÓN

14-6 ¿Quién ... ? Ask your classmates if they have had the experiences with technology or with agriculture shown on the chart. Write only one name per space.

MODELO: perder un documento en la computadora
► ¿Has perdido un documento en la computadora?

borrar un documento sin querer	programar una computadora	usar la computadora para calcular sus impuestos
usar una máquina de escribir	sembrar flores en su jardín	cosechar vegetales en una finca
trabajar con una supercomputadora	trabajar con una máquina que no funciona bien	apagar su computadora sin archivar el documento

14-7A Una encuesta de Harris. With a classmate, role-play the taking of an opinion poll. Take turns polling each other using the questions below.

MODELO: E1: Buenos días. Con su permiso, me gustaría hacerle algunas preguntas sobre su forma de utilizar la tecnología.
E2: Muy bien, ¿qué desea saber?

1. ¿Utiliza una computadora para sus trabajos universitarios? ¿Qué marca de computadora tiene?
2. ¿Qué programa usa? ¿Le gusta o no le gusta?
3. ¿Cuánta memoria tiene su computadora?
4. ¿Tiene una pantalla grande o pequeña?
5. ¿Su computadora tiene un fax? ¿un módem?
6. ¿Qué juegos tiene su computadora?
7. ¿Prefiere usar la computadora o escribir a mano?
8. ¿Se considera usted un(a) tecnócrata?

14-8 ¡No lo cambiaría por nada! In small groups discuss which office/home appliances are most crucial to your way of life and explain why. Use the following questions as points of departure for your discussion. What conclusions can you draw from your discussion?

- ¿Cuál es el aparato más útil? ¿Por qué?
- ¿Cuál es el aparato menos útil? ¿Por qué?
- ¿Cuál es el aparato más divertido? ¿Por qué?
- ¿Cuál es el aparato menos divertido? ¿Por qué?

14-9 Un mundo sin tecnología. Pair up with a classmate and come up with a list of five problems we would face without modern technology.

MODELO: ► Sin la tecnología moderna, no podríamos mandar información a otros lugares tan rápidamente.

A PROPÓSITO ... La tecnología y el idioma

Mientras que la tecnología avanza a un ritmo muy acelerado, éste no es el caso con el idioma, que tiene que adaptarse constantemente a los inventos que surgen todos los días. Debido a que la mayoría de los nuevos productos electrónicos viene de los países industrializados, es necesario utilizar en español un número de anglicismos (palabras derivadas del inglés) y otros extranjerismos (palabras de otros idiomas) para nombrar estos inventos. En esta lección ya hemos presentado palabras como **fax**, **disco compacto** y **disquete**. A continuación les damos una lista de otros aparatos o instrumentos que vienen del idioma inglés.

módem	**estéreo**
láser	**casete**
sóftware	**monitor**
home page	**chip**

Con frecuencia los aparatos electrónicos varían de nombre de un país a otro. En España, por ejemplo, se dice **el ordenador** para referirse a la computadora. En ciertos países de Hispanoamérica se dice **el computador** o **el microcomputador**.

Vamos a comparar

¿Puedes nombrar algunas palabras que se usan en inglés que vienen de otros idiomas? ¿Qué palabras o expresiones comunes en inglés son de origen español?

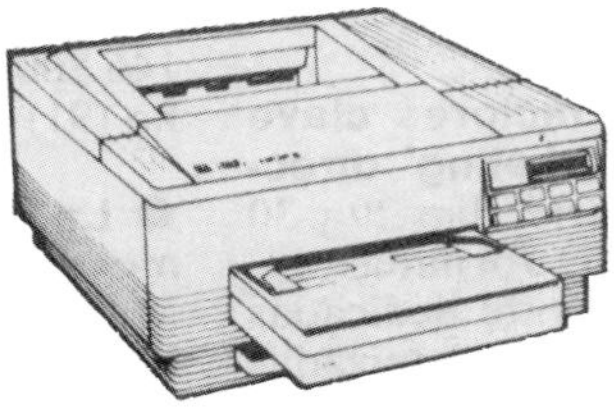

HP LaserJet III
214.000 pts.
8 páginas por minuto. 300 ppp. de Resolución Mejorada. Tipos escalables hasta de 999 puntos en incrementos de cuarto de punto, Estándar del mercado en tecnología láser.

Ya no se concibe un PC sin Microsoft Windows. La nueva Windows 95 lo hace más fácil y productivo.

Soporte Técnico Gratuito

DISPONEMOS DE OTRAS BUENAS OFERTAS

CARACTERÍSTICAS COMUNES

- Caja minitower.
- Memoria RAM de 1 Mb.
- Floppys de 5 1/4" y 3 1/2" alta densidad.
- 2 salidas serie, 1 paralelo, 1 GAME.
- Disco duro de 1.2 Gig de capacidad real.
- Tarjeta video Super VGA 1 Mb (1.024 x 768)
- 6 slots libres.
- Sistema operativo DR. DIS 5.0 castellano
- Teclado expandido.
- Ratón

ESTRUCTURAS

1. The present perfect subjunctive

Espero que no se te haya olvidado empacar el paracaídas.

The present perfect subjunctive is formed with the present subjunctive of the auxiliary verb **haber** + the past participle.

	Present subjunctive of *haber*	Past participle
yo	**haya**	
tú	**hayas**	**tomado**
él/ella/usted	**haya**	**comido**
nosotros/nosotras	**hayamos**	**vivido**
vosotros/vosotras	**hayáis**	
ellos/ellas/ustedes	**hayan**	

- The present perfect subjunctive is, as its name suggests, a combination of the present perfect and the subjunctive. Thus, the present perfect subjunctive is used when the conditions for using the subjunctive are met and the speaker is referring to an event that has some bearing on the present. Generally, the verb in the main clause is in the present tense.

  Dudamos que **hayan comprado** una computadora.
  We doubt that they have bought a computer.

  ¿Crees que Anita **haya podido** mandar su fax?
  Do you believe that Anita has been able to send her fax?

  Espero que Pepe se **haya comunicado** con Rodrigo por correo electrónico.
  I hope that Pepe has communicated with Rodrigo by E-mail.

PRÁCTICA

14-10 El sábado por la noche. You and your roommate have invited friends to watch a movie on your VCR, and you are wondering whether or not you've done everything necessary to prepare for the evening. Express your concerns by completing the sentences with the present indicative and present perfect subjunctive, as in the model.

MODELO: ► Nosotros *dudamos* que Manuel *haya ido* a buscar el video. (dudar / ir)

1. Pepe no __________ que Luisa ___________ a Mari Carmen. (creer / invitar)
2. (Nosotros) no ___________ que Ramiro____________ la película. (pensar / conseguir)
3. Marcos no __________ de que tú __________ a ver el video. (estar seguro / venir)
4. Alfonso y Adolfo _________ que Guille _______ los refrescos. (esperar / traer)
5. Juana y Eloísa _________ que Pedro __________ los bocadillos. (dudar / preparar)
6. Aida y Marisa no __________ que Pablo ___________ la videograbadora. (creer / arreglar)
7. (Yo) __________ que Manuel __________ el apartamento. (esperar / limpiar)
8. Todos nosotros _________ que los invitados __________ pasar un buen rato. (desear / pasar)

14-11 Reacciones. Imagine that you have been away from the office for several days and your assistant is reporting what happened while you were gone. Use the cues to react positively or negatively to the statements below, following the model.

MODELO: Ayer instalamos todos los programas de hoja electrónica en la computadora. (Es bueno ...)
► Es bueno que hayan instalado los programas de hoja electrónica en la computadora.

1. Ayer calculamos todos los gastos de la oficina. (Es fabuloso ...)
2. La secretaria no escribió las cartas. (Es malo ...)
3. Esta mañana enviamos un fax a los vendedores. (Es bueno ...)
4. Anteayer se dañó la fotocopiadora de la oficina. (Es un desastre ...)
5. Yo terminé el informe sobre las ventas mensuales. (Es fantástico ...)
6. Anoche instalamos la base de datos en la computadora. (Es maravilloso ...)
7. El martes compré unos teléfonos portátiles. (Es bueno ...)
8. Ayer pudimos comunicarnos con Madrid por correo electrónico. (Es increíble ...)

14-12A Los preparativos para un nuevo trabajo. Imagine that you are beginning a new job tomorrow. Express your doubts and concerns to a classmate by combining elements from each column. He/she will respond appropriately.

MODELO: la empresa / recibir mi currículum
E1: ¡Ojalá que la empresa haya recibido mi currículum!
E2: Estoy seguro(a) que lo ha recibido.

No es verdad ...	hacer una hoja electrónica perfecta
No es cierto ...	limpiarme el traje
No estoy seguro(a) ...	lavarme la camisa
No creo ...	arreglarme la maleta
Dudo ...	comprarme un diccionario
Ojalá ...	prepararme el almuerzo
Niego ...	romperme el despertador
Temo ...	conseguir el puesto
Espero ...	no perderme la solicitud
Es imposible ...	programar una computadora
	recibir mis cartas de recomendación
	comprarme una computadora
	no dejarme un mensaje en el contestador automático

COMUNICACIÓN

14-13 Mis vacaciones. Describe your last vacation trip to a classmate. She/he will react appropriately using the present perfect subjunctive. Then switch roles.

MODELOS: E1: En mis últimas vacaciones estuve en la selva del Amazonas.
E2: Es fabuloso que hayas estado en la selva del Amazonas.

E2: Un día fuimos a buscar oro y encontré mucho en el río.
E1: ¡No es verdad! No creo que hayas encontrado oro.

14-14 Nuestros deseos. Take turns with a classmate expressing five wishes — realistic or fanciful — you hope to have fulfilled before the day is over. Follow the model.

MODELO: ► ¡Ojalá que mis padres me hayan comprado una computadora!

2. The subjunctive or the indicative after adverbial conjunctions

Conjunctions that always require the subjunctive

- Certain conjunctions are always followed by the subjunctive when they introduce a dependent clause because they express purpose, intent, condition or anticipation. The use of these conjunctions presupposes that the action described in the dependent clause is uncertain or has not yet taken place. Some of these conjunctions are:

antes (de) que	*before*
a fin de que	*in order that*
a menos que	*unless*
con tal (de) que	*provided (that)*
en caso de que	*in case*
para que	*in order that, so that*
sin que	*without*

Explícale la computadora **para que** la **pueda** programar.
Explain the computer to him so that he can program it.

No compraremos la impresora **a menos que** nos **bajen** el precio.
We will not buy the printer unless they lower the price for us.

No me enojaré **con tal que funcione** el programa.
I will not get angry provided that the program works.

Llevaré el teléfono celular **en caso de que** tú lo **necesites**.
I will take the cellular phone in case you need it.

La veré **antes de que** ella **borre** el documento.
I will see her before she erases the document.

Conjunctions with either the subjunctive or the indicative

Llámanos tan pronto como llegues.

- After some conjunctions that introduce time clauses, the subjunctive is used when referring to an action that has not yet taken place. Since the action has yet to take place, we cannot speak with certainty about it.

cuando	*when*	**luego que**	*as soon as*
después (de) que	*after*	**mientras que**	*as long as*
en cuanto	*as soon as*	**tan pronto como**	*as soon as*
hasta que	*until*		

Hablaré con el gerente **cuando llegue**.
I will talk to the manager when he arrives.

Le imprimiremos su documento **en cuanto** lo **termine**.
We will print her document as soon as she finishes it.

No te darán más dinero **hasta que arregles** la computadora.
They will not give you more money until you fix the computer.

- However, if the action referred to in the time clause is habitual or has already taken place, the present or past indicative is used after these conjunctions because we can speak with certainty about things that have already occurred or that occur regularly.

Hablaron con la joven **hasta que se fue**.
They talked with the young woman until she left.

Cuando funciona mi impresora, me siento muy bien.
When my printer works, I feel very good.

- When there is no change in subject, the following prepositions are used with the infinitive: **antes de**, **después de**, **para** and **sin**.

Vamos a comprar un teléfono celular **después de hablar** con el dependiente.
We are going to buy a cellular phone after talking to the clerk.

No puedes recibir programas de Latinoamérica **sin usar** una antena parabólica.
You can't receive programs from Latin America without using a satellite dish.

Trabajo mucho con la hoja electrónica **para aprender** el sistema.
I work with the spreadsheet a lot in order to learn the system.

Aunque

- The conjunction **aunque** *(although, even though, even if)* is followed by the subjunctive when the speaker wishes to convey uncertainty. If the speaker wants to express certainty or refer to a completed event, the indicative is used.

SUBJUNCTIVE: **Aunque** no lo **necesite**, compraré el procesador de textos.
Even though I may not need it, I'll buy the word processor.

Aunque **archives** el documento, debes imprimirlo también.
Even if you save the document, you ought to print it too.

INDICITIVE: **Aunque es** caro, no me gusta.
Although it's expensive, I don't like it.

Aunque estaba en el laboratorio, no me viste.
Although I was in the lab, you didn't see me.

PRÁCTICA

14-15 En el laboratorio de microcomputadoras. Sandra works in a computer lab and is talking with a co-worker. Complete her statements with the correct form of the subjunctive or indicative of the verb in parentheses according to the context.

1. Compraré una computadora cuando _________ (tener) dinero.
2. Te voy a enseñar la videograbadora con tal que _______ (venir) al laboratorio.
3. Ayer te instalamos la fotocopiadora después de que tú _______ (salir) de la oficina.
4. Los contadores harán la cuenta tan pronto como ________ (conseguir) una calculadora.
5. ¿Me enviarás un fax antes de que los administradores me ________ (llamar) por teléfono?
6. Les voy a comprar una computadora para que los estudiantes _______ (poder) hacer mejor su trabajo.
7. Hablé con Mario cuando él ________ (volver) de su clase de informática.
8. Los estudiantes aprenderán a usar las computadoras luego que tú les _______ (explicar) cómo usarlas.
9. No vemos nada en la pantalla aunque ya la ________ (arreglar).

14-16 El (La) experto(a) en computadoras. You are a computer expert. Advise a friend who doesn't know much about computers by completing each sentence with the correct form of the verb in parentheses.

1. Compra una computadora en cuanto __________ (tener) el dinero.
2. Escoge el mejor modelo con tal que no _______ (ser) muy caro.
3. Consigue una buena impresora tan pronto como _________ (poder).
4. Busca un manual en caso que lo ________ (necesitar).
5. Estudia el manual hasta que lo _________ (aprender).
6. Haz tus propios programas cuando ________ (saber) hacerlos.

14-17 En la oficina de Guillermo García. The president of an important software manufacturer is planning a takeover attempt. Complete his diary with appropriate conjunctions from the box.

aunque	cuando	en cuanto	hasta que
mientras que	para que	sin que	tan pronto como
a menos que			

Hoy es el 17 de mayo, y (1) _____ no sé cómo voy a hacerlo, mi plan es comprar la empresa "Siboney" (2) _____ pueda. He estudiado todos los documentos (3) _____ entendamos bien su organización. He hablado con todos sus empleados (4) _____ me lo impidieran. He trabajado 14 horas al día (5) _____ me hayan dejado descansar. Quiero llamar al banquero (6) _____ se abra el banco. ¡Estoy decidido! Voy a comprar "Siboney" (7) _____ el banco me niegue el préstamo.

COMUNICACIÓN

14-18A ¡Dime cuándo volverás! A popular old song in Spanish begins with the phrase **Dime cuándo ...** With a classmate, take turns asking each other this loaded question, using the cues. Be sure to use the subjunctive in the clause that indicates that the action has not yet occurred. Be creative in your response.

MODELO: volver
E1: Dime cuándo volverás.
E2: Volveré cuando termine mis estudios en la universidad.

1. ser feliz
2. buscar trabajo
3. terminar los estudios
4. llamarme
5. regalarme flores
6. aprender a ... (original)

14-19A En el almacén de computadoras. You want to buy the best computer for your money. A classmate is the salesperson. Ask questions based on the cues to get the information you need about the model you are considering. Take note of the salesperson's responses. Can you reach a decision?

MODELO: E1: ¿Podré utilizar la computadora en el avión?
E2: ¡Claro que sí! Mientras vuele en avión, verá que funciona muy bien.

1. ¿Tendrá un monitor a colores?
2. ¿Incluirá un programa de hoja electrónica?
3. ¿Perderá fácilmente los documentos?
4. ¿Será muy rápida?
5. ¿El procesador de textos será fácil de usar?
6. ¿Tendrá también un módem?
7. ¿Me costará mucho mantenerla?
8. ¿Tendrá garantía por más de un año?
9. ¿Se archivarán los documentos automáticamente?

14-20 Mis planes para hoy. Discuss your plans for the day with a classmate. Use the incomplete phrases given as a starting point for your conversation, and respond appropriately to each other's statements.

MODELO: Voy a estudiar tan pronto como ...
E1: Voy a estudiar tan pronto como llegue a casa.
E2: Yo no quiero estudiar. Tan pronto como llegue a casa me voy a acostar.

1. Voy a cenar en cuanto ...
2. Voy a ver la televisión tan pronto como ...
3. Voy a hacer mi tarea antes de que ...
4. Voy a hablar con mis amigos después de que ...
5. Voy a salir con mi novio(a) cuando ...
6. Voy a dormir hasta que ...

14-21 Excusas. Think of some of the things you have to do before the semester ends. Then write a letter to your parents explaining when you will complete your various obligations. Use the expressions **después de que**, **tan pronto como**, **hasta que**, **en cuanto**, **mientras que**, and **aunque.**

14-22 Entrevista. With a classmate, take turns interviewing each other about your future plans. Use the questions given and respond according to the cues.

MODELO: E1: ¿Cuándo vas a casarte? (cuando)
E2: Voy a casarme cuando tenga un trabajo decente.

1. ¿Cuándo vas a graduarte? (después de que)
2. ¿Cuándo comprará tu familia un coche? (tan pronto como)
3. ¿Cuánto tiempo vas a estudiar español? (hasta que)
4. ¿Cuándo vas a saber usar bien tu computadora? (en cuanto)
5. ¿Cuándo buscarás casa? (luego que)
6. ¿Cuándo tendrás suficiente dinero? (aunque)

14-23 Estoy decidido(a). Write five resolutions you wish to make for the remainder of this year. Introduce subordinate clauses with **aunque** to show your resolve. Compare your resolutions with those of a classmate to see if you have any in common.

MODELO: ► Este año voy a aprender a programar mi computadora aunque tenga que dedicar 100 horas a hacerlo ...

¡Así es la vida!

El medio ambiente: Hablan los jóvenes

Entre los jóvenes de Hispanoamérica de hoy en día existe una preocupación por la protección del medio ambiente. Esto se debe en gran parte al hecho de que los países hispanos se encuentran en pleno desarrollo industrial y que los gobiernos se han preocupado muy poco por proteger los recursos naturales de sus países. A continuación se presentan las opiniones de varios jóvenes residentes en diferentes países del mundo hispano.

Liliana Haya Sandoval. El gran problema de la Ciudad de México es el de la contaminación del aire. Aquí hay 20 millones de habitantes y la contaminación que producen los carros y los camiones es algo serio. Imagínense que los expertos dicen que respirar el aire de nuestra ciudad equivale a fumar un paquete de cigarrillos todos los días. Si el gobierno tomara medidas más fuertes, podríamos comenzar a resolver el problema.

María Isabel Cifuentes Betancourt. El cólera en algunos países de nuestro hemisferio ha tomado proporciones epidémicas. Hoy en día tenemos casos de cólera tanto en América del Sur como en muchos países de América Central. La causa principal de esta enfermedad es la contaminación del agua. Mucha gente contrae esta enfermedad bebiendo agua que está contaminada con desechos humanos. Si la gente observara mejor las medidas de higiene, no existiría esta enfermedad.

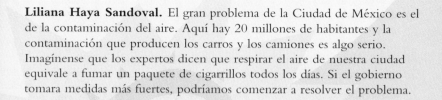

Fernando Sánchez Bustamante. Uno de los principales problemas de Costa Rica es la deforestación. Hace unos treinta años, el cincuenta por ciento del país estaba cubierto de bosques tropicales. Hoy es sólo un diez por ciento. Los bosques y las selvas tropicales son esenciales para la producción de oxígeno. No tendríamos este problema si el gobierno controlara el desarrollo industrial y la explotación de los bosques.

¡ASÍ LO DECIMOS!

PROBLEMAS QUE AFECTAN EL MEDIO AMBIENTE

la basura	*garbage*
la contaminación	*pollution, contamination*
la deforestación[1]	*deforestation*
los desechos	*waste*
la lluvia ácida	*acid rain*
los pesticidas	*pesticides*
la radioactividad	*radioactivity*

EL MEDIO AMBIENTE

el aire	*aire*
la atmósfera	*atmosphere*
la naturaleza	*nature*

OTROS SUSTANTIVOS RELACIONADOS CON EL MEDIO AMBIENTE

el basurero	*trash/garbage can*
la energía	*energy*
el envase (de aluminio)	*(aluminum) container*
la escasez	*shortage*
la fábrica	*factory*
el humo	*smoke*
la medida	*measure*
la multa	*fine*
la planta nuclear	*nuclear plant*
el petróleo	*petroleum*
el reciclaje	*recycling*
la reforestación	*reforestation*
el recurso natural	*natural resource*

VERBOS

arrojar	*to throw out*
conducir	*to drive*
conservar	*to conserve; to preserve*
consumir	*to consume*
contaminar	*to contaminate*
emprender	*to undertake*
multar	*to fine*
proteger	*to protect*
reciclar	*to recycle*

ADJETIVOS

dispuesto	*ready; disposed*
industrial	*industrial*
obligatorio(a)	*mandatory*

¡A ESCUCHAR!

¿Quién lo dice? You will hear a series of statements about the environment. Indicate which of the three people you met in **¡Así es la vida!** — Liliana Haya Sandoval, María Isabel Cifuentes Betancourt, or Fernando Sánchez Bustamente — might have made each statement by writing the probable speaker's first initial beside the corresponding number.

L: Liliana **M:** María **F:** Fernando

1. ____
2. ____
3. ____
4. ____
5. ____
6. ____
7. ____
8. ____
9. ____
10. ____

[1] En España: **despoblación forestal**; **repoblación forestal**.

PRÁCTICA

14-24 ¿Qué solución? Match each problem listed on the left with its solution on the right.

1. la contaminación del aire
2. la deforestación
3. arrojar botellas a la calle
4. los desechos industriales
5. la escasez de energía
6. la escasez de agua
7. echar basura en el parque

a. usar basureros en el parque
b. ahorrar agua
c. conservar electricidad
d. multar a las fábricas
e. establecer programas de reciclaje
f. plantar árboles
g. programa de inspección de emisiones de automóviles

14-25 ¿Qué acción? Complete each statement with the correct form of one of the verbs below.

arrojar	consumir	contaminar
multar	proteger	emprender

1. El accidente del *Exxon Valdez* _____ el agua alrededor de Alaska.
2. En vez de _____ los artículos de plástico, tenemos que aprender a reciclar.
3. La organización *Green Peace* _____ muchos programas de conservación.
4. El gobierno indio _____ a la *Dow Chemical* por un accidente de pesticidas.
5. La EPA es una organización del gobierno que regula y _____ el medio ambiente.
6. En los EE.UU. se _____ más que en cualquier otro país del mundo.

14-26 En otras palabras. With a classmate, take turns explaining and giving examples of the following expressions.

MODELO: obligatorio
► Es algo que tenemos que hacer, por ejemplo, pagar los impuestos.

1. el humo
2. el reciclaje
3. los pesticidas
4. una fábrica
5. los recursos naturales
6. los envases de aluminio

COMUNICACIÓN

14-27 ¿En qué orden? With a classmate, rank the following environmental problems in order of severity, both for you personally, and for developing countries. Be sure to discuss your reasoning in each case.

MODELO: E1: Para mí, el problema más serio es …
E2: Yo creo que el problema más serio para los países en vía de desarrollo es … , etc.

los desechos químicos
la contaminación del aire
la deforestación
la escasez de agua
el uso excesivo de la tierra
la contaminación del agua
los desechos radioactivos
los desechos no reciclables
los pesticidas

14-28A ¿Cuál es tu opinión? With a classmate, take turns asking and answering questions about the environment. Be sure to take note of each other's responses.

1. ¿Crees que la contaminación del medio ambiente es un problema serio?
2. ¿Cómo contribuyes a la conservación de energía?
3. ¿Hay un programa de reciclaje en tu ciudad?
4. ¿Cuál es tu opinión sobre la energía nuclear?
5. ¿Hay un sistema de transporte público en tu ciudad? ¿Cómo es?

14-29 ¡Protejamos nuestro ambiente! With a classmate, create a brochure for the local park board in which you list five things we can do to protect our environment. You may want to model your brochure after the one below.

MODELO: ► ¡No echemos basura a la calle!

A PROPÓSITO ... Los problemas que afectan el medio ambiente

El problema del exceso de población. Uno de los problemas más graves que tiene Hispanoamérica es la falta de control de la natalidad *(birth control)*. Ésta es la causa de que la tasa de crecimiento de la población sea dos veces *(twice)* la de los EE.UU. Esta situación afecta la vida de los habitantes de las grandes ciudades como la Ciudad de México, Buenos Aires, Santiago de Chile y Bogotá. A estas metrópolis llegan todos los años miles de campesinos con la ilusión de encontrar un trabajo mejor y sólo pueden obtener viviendas *(living quarters)* en las afueras *(outskirts)* de las ciudades en casitas miserables sin electricidad ni la más mínima higiene. Estas pobres familias no pueden alimentar ni vestir adecuadamente a sus muchos hijos ni darles la educación necesaria para salir de su triste situación económica y social.

La contaminación de la atmósfera. Las grandes ciudades de Hispanoamérica sufren de niveles muy altos de contaminación atmosférica. Debido a que los automóviles y las fábricas pueden funcionar sin aparatos de filtración, en muchas ciudades se hace difícil respirar. Los expertos opinan, por ejemplo, que la Ciudad de México es la capital más contaminada del mundo. Sin embargo, México ha empezado a limitar el número de coches que pueden circular y han emprendido programas para purificar la atmósfera.

La destrucción del Amazonas. Se calcula que todos los días unos 50.000 acres son destruidos en la región amazónica. Esta destrucción es causada principalmente por pequeños agricultores que talan *(raze)* los bosques para obtener tierras donde sembrar sus cultivos. Sin embargo, una vez destruida la selva, el suelo sólo es productivo por dos o tres años. Hoy en día hay varias organizaciones internacionales dedicadas a tratar de salvar la selva amazónica.

Vamos a comparar

¿Cuáles son algunos de los problemas ecológicos más serios de tu comunidad? ¿De qué manera piensas que se pueden solucionar?

Contaminación atmosférica en la Ciudad de México

ESTRUCTURAS

3. The imperfect subjunctive

- The imperfect subjunctive of regular and irregular verbs is formed by dropping the **-ron** ending of the third-person plural of the preterite and adding the endings below.

-ra	-ramos
-ras	-rais
-ra	-ran

UPS United Parcel Service
Tan seguro como si lo llevara Vd. mismo.

Era importante que **conserváramos** energía.
It was important that we conserve energy.

El gobierno insistía en que la fábrica **reciclara** los desechos.
The government insisted that the factory recycle the waste.

- A written accent is required on the first-person plural of the imperfect subjunctive forms.

arregláramos **contratáramos** **pusiéramos**

- The following chart shows the imperfect subjunctive forms of some common regular and irregular verbs

INFINITIVE	THIRD-PERSON PLURAL PRETERITE	FIRST-PERSON SINGULAR IMPERFECT SUBJUNCTIVES
tomar	tomaron	tomara
beber	bebieron	bebiera
escribir	escribieron	escribiera
caer	cayeron	cayera
conducir	condujeron	condujera
creer	creyeron	creyera
decir	dijeron	dijera
estar	estuvieron	estuviera
ir	fueron	fuera
leer	leyeron	leyera
poder	pudieron	pudiera
poner	pusieron	pusiera
querer	quisieron	quisiera
saber	supieron	supiera
ser	fueron	fuera
tener	tuvieron	tuviera
traer	trajeron	trajera
venir	vinieron	viniera
ver	vieron	viera

- The imperfect subjunctive is required under the same conditions as the present subjunctive. However, the imperfect subjunctive is used to refer to events that were incomplete in relation to a past event. Compare the sentences below to the time line.

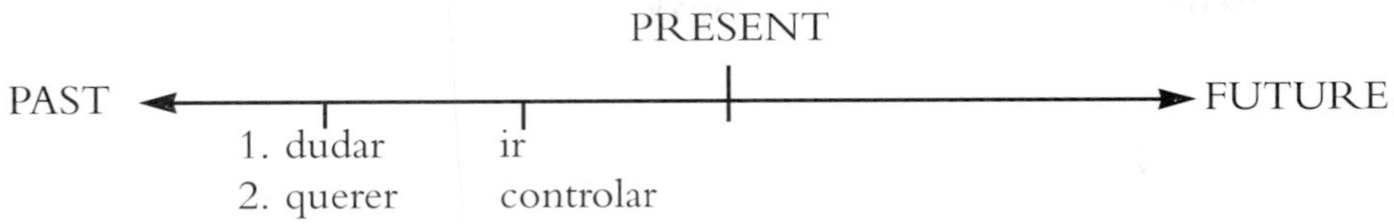

1. **Dudaba** que José **instalara** la computadora.
   He doubted that José would install the computer.

2. Ana **quería** que el gobierno **controlara** la contaminación.
   Ana wanted the government to control pollution.

EXPANSIÓN More on structure and usage

- A common use of the imperfect subjunctive is to make polite requests or statements. In such cases the forms of the verbs **querer**, **poder** and **deber** are used. Note the following examples.

  Quisiera usar la impresora de la oficina.
  I would like to use the office printer.

  ¿**Pudieras** prestarme tu disquete?
  Could you lend me your diskette?

  Debiéramos apagar el fax.
  We should turn off the fax.

- **Ojalá** + imperfect subjunctive is the equivalent of *I wish ...*

  ¡**Ojalá** todos **reciclaran** sus desechos!
  I wish everyone would recycle their waste!

PRÁCTICA

14-30 ¿Qué opinabas? Make complete sentences using the correct imperfect subjunctive form of the verbs.

MODELO: Era importante que yo / estudiar más, salir de casa, volver temprano.
► Era importante que yo estudiara más, saliera de casa y volviera temprano.

1. No creíamos que tú / caminar al trabajo, beber agua contaminada, salir tan tarde
2. El gobierno insistió en que nosotros / no contaminar el aire, reciclar los materiales industriales, conservar el medio ambiente
3. Yo dudaba que el gobierno / protegerme, multarme, escribirme una carta
4. Mis padres querían que nosotros / terminar los estudios, conducir menos, buscar trabajo
5. No había nadie que / decir la verdad, tener mucho éxito, querer ayudarme
6. Los activistas no podían entrar en la fábrica a menos que los policías / permitírselo, abrirles la puerta, darles permiso

14-31 La conferencia. Imagine that an ecologist has just given a talk to your class about how to protect the environment. Use the imperfect subjunctive of the verbs in parentheses to summarize her advice.

MODELO: La doctora Méndez quería que nosotros _____ (reunirnos) hoy.
► La doctora Méndez quería que nosotros nos reuniéramos hoy.

1. La doctora Méndez quería que nosotros _____ (consumir) menos energía.
2. El gobierno sugería que la clase _____ (emprender) un programa de reciclaje.
3. Los especialistas dudaban que todos nosotros _____ (proteger) el medio ambiente.
4. La EPA insistía en que nadie _____ (arrojar) basura en el parque.
5. La organización *Green Peace* temía que las futuras generaciones _____ (sufrir) de los problemas que nosotros hemos creado.
6. La especialista sugirió que la ciudad _____ (empezar) un programa de reforestación.

14-32 La mesa redonda. Report what happened at a Senate committee hearing meeting last night. Write at least eight complete sentences in Spanish by combining an element from each column to complete the thought.

MODELO: el presidente / insistió en que / los senadores / aprobar ...
► El presidente insistió en que los senadores aprobaran la ley.

el presidente	insistió en que	los senadores	construir ...
una agente del gobierno	dudaba que	el gobierno	haber ...
una congresista	quería que	el presidente	trabajar ...
un senador	temía que	su periódico	votar ...
un periodista	sentía que	el público	escribir ...
(original)	lamentaba que	su contrincante	ganar ...
	esperaba que	los votantes	saber ...
	no creía que	yo	proteger ...
	(original)	nosotros	decir ...
		(original)	emprender ...
			(original)

COMUNICACIÓN

14-33A Cuando era niño(a). With a classmate, take turns asking and answering questions about your childhood. Use the imperfect subjunctive in your answers.

MODELO: ¿Qué querían tus padres que hicieras en casa?
► Querían que yo limpiara mi habitación.

1. ¿Para qué profesión esperaban que estudiaras?
2. ¿Qué te prohibían que vieras?
3. ¿Qué te sugerían que hicieras en la escuela?
4. ¿Qué querían que leyeras?
5. ¿Qué deseaban que comieras?

14-34 ¿Cómo eras? Pair up with a classmate and discuss how you felt about the following situations last year. Follow the model.

MODELO: Yo quería que mis amigos ...
► Yo quería que mis amigos me invitaran todas las noches a su casa.

1. Yo sentía que mi profesora favorita ...
2. Yo quería que mi mejor amigo(a) ...
3. Yo dudaba que mis padres ...
4. Yo temía que la gente ...
5. Yo me alegraba de que mis amigos ...
6. Yo esperaba que todo el mundo ...

14-35 Quisiera pedirte un favor ... Use the imperfect subjunctive of **querer**, **poder**, and **deber** to ask a classmate three favors. She/he can respond appropriately.

MODELO: E1: Quisiera pedirte un favor. Mañana tengo examen de cálculo. ¿Pudieras prestarme tu calculadora?
E2: Me gustaría pero tengo el mismo examen y la necesito también.

14-36A ¡Ojalá que el mundo fuera perfecto! Using the cues, pose questions to a classmate, noting his/her responses. Then respond to your classmate's questions. If a situation does not pertain to you, respond with **Ojalá que** + imperfect subjunctive, following the model. Which of you has a more ecologically sound lifestyle?

MODELO: siempre reciclar
E1: ¿Siempre reciclas?
E2: ¡Ojalá siempre reciclara!

	SÍ	NO	
1.	___	___	tener un coche económico
2.	___	___	caminar o tomar el autobús
3.	___	___	buscar un puesto en una industria que protege el medio ambiente
4.	___	___	vivir en un lugar no contaminado
5.	___	___	hacer todo lo posible para proteger el medio ambiente
6.	___	___	conservar energía

4. The pluperfect subjunctive

Ojalá hubiera tenido una®... Polaroid.

- The pluperfect subjunctive is formed with the imperfect subjunctive of the auxiliary verb **haber** + the past participle.

	Imperfect subjunctive	Past participle
yo	**hubiera**	
tú	**hubieras**	**tomado**
él/ella/usted	**hubiera**	**comido**
nosotros/nosotras	**hubiéramos**	**vivido**
vosotros/vosotras	**hubierais**	
ellos/ellas/ustedes	**hubieran**	

- The pluperfect subjunctive is used in dependent clauses under the same conditions as the present perfect subjunctive. However, the pluperfect subjunctive is used to refer to an event prior to another past event. Compare the following sentences to the time line.

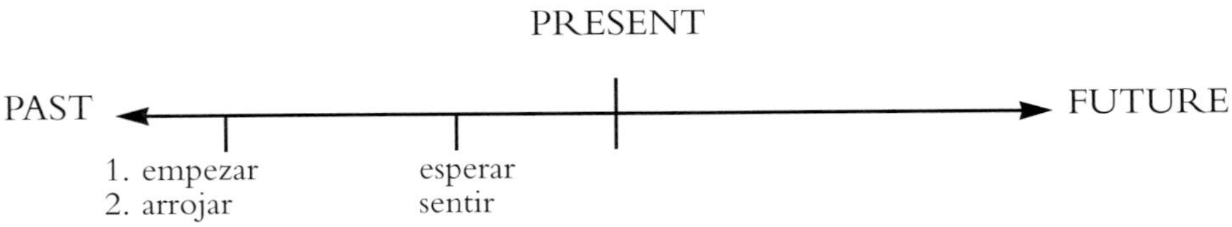

Esperaba que **hubieran** empezado un programa de reciclaje.
I hoped that you had started a recycling program.

Sentíamos que la niña **hubiera arrojado** basura en la calle.
We were sorry that the girl had thrown garbage in the street.

PRÁCTICA

14-37 El medio ambiente. Change the following sentences from the imperfect subjunctive to the pluperfect subjunctive in order to situate the action in the subordinate clause prior to that of the main clause.

MODELO: Esperábamos que se controlara la lluvia ácida.
► Esperábamos que se hubiera controlado la lluvia ácida.

1. Esperábamos que se iniciara un programa de reciclaje.
2. Era imposible que esos países pudieran resolver el problema de la contaminación atmosférica.
3. No creían que nosotros estuviéramos dispuestos a proteger el medio ambiente.
4. No pensaba que nuestro gobierno tomara medidas más fuertes.
5. Era probable que esa fábrica contaminara el aire.
6. Dudaban que tú les escribieras cartas a nuestros representantes.
7. Temían que hubiera una epidemia de cólera.

14-38 ¡No era cierto! Indicate that the following actions, presumed to have taken place last month, did not really happen. Follow the model and use the pluperfect subjunctive.

MODELO: El gobierno multó a una empresa petrolera.
► No era cierto que el gobierno hubiera multado a una empresa petrolera.

1. Un senador introdujo una ley en contra de la industria petrolera.
2. Una empresa química empezó un programa de limpieza del medio ambiente.
3. El gobierno decidió iniciar un programa de reciclaje de plástico.
4. Una empresa de energía contaminó el río Mississippi.
5. El gobierno de Costa Rica terminó su programa de reforestación.
6. El congreso empezó a discutir el problema de la lluvia ácida en el Canadá.
7. Los estudiantes universitarios protestaron en contra de la contaminación del aire.
8. Decidimos abandonar la ciudad y salir a vivir en el campo.

14-39 El dueño sintió que ... The landlord was disappointed during an inspection last week. Learn what the landlord's feelings were by using the pluperfect subjunctive, and following the model to create sentences.

MODELO: Nosotros / no ahorrar electricidad
► El dueño sintió que nosotros no hubiéramos ahorrado electricidad.

1. tú / gastar mucha agua
2. Juana y María Eugenia / fumar en el pasillo
3. yo / no sacar la basura
4. Gastón / arrojar papeles en el césped
5. nosotros / no tener el cuarto limpio
6. Pedro y Ana / no establecer un programa de reciclaje
7. todos / no ser más responsables

COMUNICACIÓN

14-40 Accidentes y catástrofes. With a classmate, take turns commenting on events that you wish had not happened. Relate the event, tell where it occurred, and react, using the pluperfect subjunctive and following the model.

MODELO: E1: Hubo un accidente nuclear.
E2: Sí, creo que fue en Ucrania.
E1: ¡Ojalá no hubiera ocurrido ese accidente!

EL ACONTECIMIENTO	EL LUGAR
1. Se murió César Chávez, el líder de los *United Farm Workers*.	Tokio
2. La guerra continuó durante todo el año.	Madrid
3. Asesinaron a un cardenal.	Oklahoma
4. Muchas personas murieron víctimas de un gas venenoso.	Zaire
5. Alguien quiso asesinar a un candidato presidencial español.	Los Ángeles
6. Murieron muchas personas inocentes en un edificio federal.	Bosnia
7. Muchas personas han sido infectadas con un terrible virus.	Arizona
8. Hubo otro huracán.	la Florida
9. Hubo un terremoto.	Guadalajara
10. Unos terroristas pusieron una bomba en el World Trade Center.	China
11. Hubo una masacre de estudiantes.	Nueva York

14-41 ¡Ojalá que ... ! With a classmate, discuss things that you wish had happened in the past few weeks. Follow the model.

MODELO: ¡Ojalá que ... !
► ¡Ojalá que yo hubiera recibido una oferta de trabajo.

5. The indicative or the subjunctive in *si*-clauses

Simple *si*-clauses

- A **si**-clause states a condition that must be met in order for something to occur. The verb in a simple **si**-clause is usually in the present indicative, while the verb in the result clause is in the present or future tense, or is a command.

  Si quieres, vamos a ver los modelos nuevos.
  If you want, we will go to see the new models.

  Si compras una computadora, te daré mi impresora.
  If you buy a computer, I'll give you my printer.

  Si necesitas ayuda con el programa, pídemela.
  If you need help with the program, ask me.

Contrary-to-fact *si*-clauses

Si hubiéramos ido a las montañas, ahora estaríamos tomando brandy en nuestra cabaña.

- When a **si-**clause contains hypothetical, implausible or contrary-to-fact information, the imperfect subjunctive is used in the **si-**clause and the conditional is used in the result clause.

  Si tuviera tiempo, **reciclaría** mis cajas de cartón.
  If I had time, I would recycle my cardboard boxes.

  Si fuéramos al parque, **podríamos** hacer un pícnic.
  If we went to the park, we could have a picnic.

  Me **interesaría** más por el medio ambiente **si supiera** que podría hacer algo positivo.
  I would be more interested in the environment if I knew I could do something positve.

- Note that a conditional clause does not have a fixed position in the sentence; it may appear at the beginning or at the end.

- When the **si**-clause containing contrary-to-fact information describes a past action, the pluperfect subjunctive is used in the **si-**clause, while the conditional perfect is used in the main clause.

  Si hubiera tenido dinero, **habría comprado** una bicicleta.
  If I had had money, I would have bought a bicycle.

  Si no hubiéramos gastado tanta agua, **habríamos tenido** agua suficiente el año pasado.
  If we had not wasted so much water, we would have had enough last year.

PRÁCTICA

14-42 Los comentarios de Lupe. Although Lupe has never been in any of the following situations, she has an opinion about everything. Complete her statements with the correct forms of the verbs in parentheses.

1. Si yo ______ (ver) una persona arrojar basura en el parque, yo ______ (llamar) a un policía.
2. Si mi hermana _______ (ser) menos materialista, _______ (dedicarse) a combatir la deforestación.
3. Si mi primo Andrés _______ (consumir) mucha electricidad en su casa, yo le ______ (aconsejar) un cambio de estilo de vida.
4. Si mis padres ______ (tener) otra alternativa, no ______ (trabajar) en una planta nuclear.
5. Si los norteamericanos ______ (querer) proteger el medio ambiente, ________ (consumir) menos petróleo.
6. Si a nosotros _______ (preocuparse) nuestro planeta, ______ (proteger) más nuestros recursos naturales.

14-43 Ya es muy tarde. An environmentalist is proposing a series of measures to help control pollution in a particular area, but it's already too late. Nevertheless, we want to say what could have been done if he/she had been consulted earlier. Follow the model.

MODELO: Si el presidente emprende un programa de reforestación, no tendremos el problema de la deforestación.
► Si el presidente hubiera emprendido un programa de reforestación, no habríamos tenido el problema de la deforestación.

1. Si ahorran electricidad, conservarán energía.
2. Si la gente utiliza menos el carro, se resolverá el problema de la contaminación.
3. Si el gobierno aprueba leyes más rígidas, podrán protegerse mejor los recursos naturales.
4. Si el gobierno no construye plantas nucleares, no habrá accidentes catastróficos.
5. Si los habitantes observan mejor las medidas higiénicas, ya no existirá el cólera.
6. Si el presidente desea cambiar la situación, podrá mejorar el medio ambiente.
7. Si protegemos los animales en peligro, estarán aquí para la próxima generación.
8. Si controlamos el uso de los pesticidas, los trabajadores agrícolas sufrirán menos enfermedades.

COMUNICACIÓN

14-44A ¿Qué harías? With a classmate, take turns asking and answering hypothetical questions. Be prepared to report back to the class.

1. ¿Qué harías si tu carro se descompusiera?
2. ¿Qué harías si tus padres no te dieran dinero para tus estudios?
3. ¿Qué harías si quisieras salir con alguien que no conoces?
4. ¿Qué harías si vieras a tu mejor amigo(a) usar drogas?
5. ¿Qué harías si tuvieras mucho tiempo libre?
6. ¿Qué harías si te graduaras hoy de la universidad?

14-45 Las quejas. With a classmate, exchange complaints about your lives. Complete the sentences in an original manner, following the model.

MODELO: Si tuviéramos una computadora …

► Si tuviéramos una computadora trabajaríamos más rápido.

1. Si tuviéramos un fax en casa …
2. Si yo comprara un teléfono portátil …
3. Si mi calculadora funcionara bien …
4. Si ustedes supieran informática …
5. Si compraras una videograbadora para tu casa …
6. Si mi profesor(a) tuviera un contestador automático …

14-46 Si yo fuera presidente. Pair up with a classmate and tell each other three measures each of you would take to protect the environment if you were the president of your country.

MODELO: ► Si yo fuera presidente emprendería un programa de reforestación …

14-47 Si todo hubiera sido diferente … With a classmate, take turns using the cues to tell how things would have been different if you were to have done things differently.

MODELO: asistir a esta universidad

► Si no hubiera asistido a esta universidad, no nos habríamos conocido.

1. viajar a un país hispanoamericano
2. nacer en Argentina
3. conocer a más hispanos
4. trabajar en una empresa internacional
5. ganar más dinero este año
6. estudiar más este año
7. no conocer a los compañeros de clase
8. no nacer en …
9. no asistir a la universidad
10. viajar por Europa antes de venir a la universidad

¡SALVE NUESTRO PARAÍSO!
En un ambiente isleño, nuestros recursos de aqua son muy limitados. Para proteger esta situación crítica de las toneladas de detergentes utilizados anualmente para lavar la ropa de cama ofrecemos una posible alternativa.
Usualmente las sábanas son cambiadas diariamente, pero si usted cree que no es necesario, coloque esta tarjeta encima de la almohada en la mañana, y su cama será arreglada pero no cambiada ese día.
FAVOR DE DECIDIR POR SÍ MISMO.
SAN JUAN Marriott
RESORT & STELLARS CASINO

14-48 ¡Salve nuestro paraíso! Look at the card left in a hotel room and, with a classmate, make at least five statements concerning the problem and some hypothetical solutions.

MODELO: ► Estamos en una isla que tiene escasez de agua. Si estuviéramos en el Amazonas, no tendríamos este problema.

SÍNTESIS

¡Al fin y al cabo!

¡A REPASAR!

14-49 Si yo fuera tú ... Write two hypothetical (or real) problems for which you need advice. Then, with a classmate, take turns presenting each other with your problems and offering solutions.

MODELO: E1: Mi amigo siempre me pide dinero y no me lo devuelve nunca.
E2: Si yo fuera tú, le diría que no tenía dinero, o le pediría el dinero que me debía, o ...

14-50 Un informe. Present a brief report to the class on one of these environmental problems.

1. la lluvia ácida
2. los desechos nucleares
3. la deforestación
4. la contaminación del aire
5. la contaminación del mar

14-51 Tu editorial. Write an editorial of at least 100 words in which you express your opinions about conservation and/or technology. Address these issues in your editorial:

- ¿Cuál es el problema?
- ¿Cuáles son algunas soluciones?
- ¿Cuáles son las ventajas y las desventajas de estas soluciones?

14-52 Lemas. This slogan is part of a campaign to conserve water in Spain. Get together in groups of three or four to design (and illustrate) another slogan dealing with the protection of natural resources.

For additional activities visit the ¡ARRIBA! Home Page.
http://www.prenhall.com/arriba

Tú tienes la llave
Ahorra Agua Ahora y Siempre.
Canal de Isabel II

14-53 Debate. In teams of two or three, debate some of the issues listed. Use some of the phrases below in your debate.

- las ventajas y las desventajas de la tecnología moderna
- las plantas nucleares y el peligro para el medio ambiente
- la destrucción de la selva del Amazonas
- el exceso de población en Latinoamérica

En mi opinión ...	Creo que ...
Para mí lo más importante es ...	Estás equivocado(a) ...
No estoy de acuerdo ...	Desde mi punto de vista ...

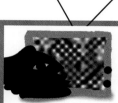

View clips from the ¡ARRIBA! Video. Activities are available through your instructor or on the Prentice Hall Home Page.

14-54 Conferencia de prensa. Form a panel of reporters to write questions and interview two or more candidates for the presidency at a press conference. Your purpose is to expose the candidates' real plans to protect the environment while at the same time promoting technology. Two classmates will role-play the candidates.

MODELO: REPORTERO(A): Candidato número 1, ¿Qué piensa usted hacer para eliminar los desechos nucleares?

CANDIDATO(A) 1: Bueno, cuando sea presidente, voy a cerrar todas las plantas nucleares y buscar otras maneras de producir energía ...

¡A ESCUCHAR!

Un parque nacional. Listen to this press report about a national park. Then circle the letters of the word or expression that best completes each of the six statements based on the report.

1.	a.	b.	c.	4.	a.	b.	c.
2.	a.	b.	c.	5.	a.	b.	c.
3.	a.	b.	c.	6.	a.	b.	c.

¡A LEER!

El regalo de Navidad
Francisco Jiménez

Francisco Jiménez nació en el estado de Jalisco, México. Cuando tenía cuatro años, su familia emigró a los Estados Unidos donde Jiménez pasó su niñez y parte de su adolescencia en campos de trabajadores migratorios. Sus cuentos, que se han publicado en inglés y en español, son autobiográficos. Jiménez hizo su doctorado en Columbia University, y ahora es profesor de español en Santa Clara University, California.

14-55 Los diminutivos. Diminutives are formed by adding **-ito** or **-illo** to the end of a word or expression. They are used commonly in casual speech to indicate that something is small or dear. Underline the diminutives in the following statements and determine their meaning, writing the letter corresponding to their English equivalents beside the sentences in which they appear below.

___ Mi amigo, Miguelito, ya se había ido dos semanas antes.
___ «Quizá ustedes pudieran ayudarnos un poquito.»
___ «¿Tal vez ustedes nos pudieran dar cincuenta centavos por esta carterita?»
___ «Mire, le dejo este pañuelito por diez centavos.»
___ Esperaba recibir una pelotita para la Navidad.
___ Mamá nos contó la historia del nacimiento del niño Jesús y de la llegada de los tres Reyes Magos, que le trajeron regalitos.
___ Mis hermanitos y yo nos acostamos en el colchón.
___ Vi a unos chiquillos conocidos que estaban jugando.
___ Me cubrí con la cobija, y por un agujerito en ella vi a mamá.

a. kids
b. little handkerchief
c. little gifts
d. Mikey
e. little brothers
f. little hole
g. a little bit
h. little wallet
i. little ball

14-56 Los trabajadores migratorios. The children of migrant farm workers are especially affected by the necessity of moving from one crop harvest to the next. Often the living conditions are arduous, educational opportunities are very limited, and worldly possessions are scarce. Lacking the stability of a permanent home is particularly painful during the Christmas season. But a child never loses hope for a special gift at Christmas time. What might a young boy hope for? Choose one or more possibilities from the list and discuss your choice(s).

1. _____ una casa permanente
2. _____ una pelota
3. _____ un hermano
4. _____ un regalo para su mamá
5. _____ dulces
6. _____ un trabajo estable para su padre

The family in this story is one of Mexican migrant farmworkers, **trabajadores migratorios**. Migrant farmworkers move from one place to another according to the seasonal work offered. They may be U.S. citizens, residents, or legal immigrants. **Braceros** are migratory day laborers who enter the U.S. legally and return home to Mexico at the end of the agricultural season. In some Mexican communities, working in the U.S. has a long tradition, which was regularized during the **bracero** contract labor program (1942-1964), initially stimulated by a labor shortage during World War II. Both of these groups, the **trabajadores migratorios** and the **braceros**, contribute to the U.S. economy in every way, including paying taxes. Undocumented workers, **los indocumentados**, enter the U.S. illegally in search of work. The distinctions between the three groups have often been blurred.

14-57 La historia. Look at the illustrations, then reread the events and descriptions in 14-56, above. Write a few lines in Spanish stating what you think the story is about.

El regalo de Navidad

Corcoran is a small town near Fresno, California. It is located in the San Joaquín valley in central California, one of the richest agricultural areas of the country.

Unos pocos días antes de la Navidad, Papá decidió mudarse del campo de trabajo algodonero[1] en Corcoran e irse a buscar trabajo en otra parte. Nosotros éramos una de la últimas familias en salir porque Papá se creyó obligado a quedarse hasta terminar de pizcar[2] el algodón del dueño de la finca, aunque otros cultivadores tenían cosechas mejores. A Papá le pareció que era justo hacer eso; después de todo, el patrón nos permitió vivir gratis en una de sus cabañas[3].

A mí no me molestó demasiado el hecho de tener que mudarnos[4] por tercera vez ese año. Mi amigo, Miguelito, ya se había ido dos semanas antes. Además, llovió tanto en ese tiempo que Papá, Mamá y Roberto, mi hermano mayor, pasaron días sin poder trabajar.

Cuando estábamos empacando para salir, un matrimonio joven tocó a la puerta, y Papá los invitó a entrar. Quitándose el sombrero, el joven se excusó diciendo:

«Perdonen la molestia, pero ustedes saben, con toda esta lluvia, y mi mujer encinta[5] … pues, pensamos … quizá ustedes pudieran ayudarnos un poquito.» Buscó en la bolsa de papel que llevaba, y sacó una cartera pequeña. «¿Tal vez ustedes nos pudieran hacer el favor de darnos cincuenta centavos por esta carterita? Mire, es de pura piel,» dijo, entregándosela a Papá.

---

[1]de algodón, [2]*to pick* (Mexican), [3]casa de un sólo cuarto, [4]*to move,* [5]*pregnant*

Moviendo la cabeza, Papá le contestó: «Lo siento mucho. Ojalá pudiéramos, paisano, pero nosotros tampoco tenemos ni un centavo.»

Cuando le oí decir a Papá «pero nosotros tampoco tenemos ni un centavo,» yo me aterré. Mi esperanza de tener una pelotita propia en esta Navidad se desvaneció, pero solamente por un momento. «No, no puede ser como el año pasado», pensé. «No, seguramente no, seguramente que esta vez Papá y Mamá me van a comprar una pelotita para la Navidad.»

La insistencia desesperada del joven interrumpió mis pensamientos.

«Por favor, ¿qué tal veinticinco centavos?» Antes que Papá pudiera contestarle, el joven sacó rápidamente de la bolsa un pañuelo blanco bordado, y dijo: «Mire, le dejo este pañuelito por diez centavos. Por favor. Es bordado por mi mujer.»

«Lo siento mucho,» repitió Papá.

«Es hermoso,» dijo Mamá, posando la mano sobre el hombro de la mujer, y añadió «Qué Dios los bendiga.»

Entonces, Papá salió con ellos a la puerta y los acompañó hasta la cabaña cercana, donde continuaron tratando de negociar sus pocos haberes[6].

Después de terminar de empacar y de cargar todo en la carcachita[7], Papá cerró la puerta de la cabaña y salimos hacia el norte.

Cuando nos mudamos, apenas hacía tres semanas que yo me había matriculado en la escuela en tercer grado, por primera vez ese año. Al pasar frente a la escuela, que quedaba más o menos a una milla de distancia del campo de trabajo, vi a unos chiquillos conocidos que estaban jugando. Me soñé jugando con ellos con la pelotita que yo iba a tener en la Navidad. Les hice señas con la mano, pero no me vieron.

[6]posesiones, [7]*jalopy*

Después de detenernos en diferentes lugares para pedir trabajo, encontramos a un agricultor que todavía tenía unos pocos sembrados de algodón para pizcar. Nos ofreció trabajo y una carpa[8] donde vivir.

A medida que la Navidad se acercaba, yo me sentía ansioso y entusiasmado. No veía la hora[9] de tener una pelotita propia, de ésas con las que jugaba en la escuela durante la hora de recreo[10].

Cuando por fin llegó el veinticuatro de diciembre, me pareció que el tiempo se detenía. «Sólo tengo que esperar un día más,» pensaba. «Seguro, Papá y Mamá me van a dar una pelotita.»

Esa tarde, después de la cena, todos nosotros nos sentamos en los lados del colchón[11] y escuchamos a Mamá contarnos la historia del nacimiento del niño Jesús y de la llegada de los tres Reyes Magos que trajeron regalitos. Yo apenas escuchaba a medias[12]. Quería que la víspera pasara pronto y que llegara la mañana. Por fin, el sueño venció a mis hermanitos y todos nos acostamos, amontonándonos y cubriéndonos con cobijas[13] que habíamos comprado en una tienda de segunda. No podía dormir pensando en la Navidad. De vez en cuando, las palabras de Papá, «pero nosotros tampoco tenemos ni un centavo,» venían a mi mente, y cada vez que eso ocurría, yo las rechazaba[14] soñando con mi propia pelotita.

Pensando que todos estábamos dormidos, Mamá se levantó cuidadosamente y encendió la lámpara de petróleo. Yo me cubrí con la cobija, y por un agujerito en ella vigilaba a Mamá, tratando de ver los regalos que iba a empacar. Pero solamente podía ver su rostro arrugado[15] y triste. La sombra proyectada por la luz débil hacía aparecer sus ojeras[16] más marcadas y oscuras. Cuando empezó a empacar los regalos, corrían por sus mejillas lágrimas[17] silenciosas. Yo no sabía por qué.

---

[8]*tent,* [9]*I could hardly wait,* [10]*recess,* [11]*mattress,* [12]*half listened,* [13]*blankets,* [14]*rejected,* [15]*wrinkled,* [16]*dark circles under the eyes* [17]*tears*

Al amanecer, mis hermanitos y yo nos apresuramos a levantarnos para tomar nuestros regalos que estaban cerca de los zapatos. Cogí el mío y rompí nerviosamente el papel que lo envolvía. Cuando abrí la cajita y vi que era un paquete de dulces, me quedé pasmado[18]. Roberto y mis otros hermanitos se miraron sorprendidos y me miraron con tristeza. Cada uno de ellos recibió también un paquete de dulces. Buscando la manera de expresarle a Mamá lo que sentía, la miré. Sus ojos estaban llenos de lágrimas. Papá, que estaba sentado cerca a ella en el colchón, levantó una de las esquinas y sacó de allí debajo el pañuelo blanco bordado. Tiernamente le enjugó[19] los ojos con el pañuelo, y se lo entregó diciéndole: «Feliz Navidad, vieja.»

14-58 ¿Has comprendido? Answer the questions briefly in Spanish.

1. ¿Cuántos años tendría el niño?
2. ¿Cuál era la profesión del padre?
3. ¿Por qué tuvieron que salir de su casa?
4. ¿Cómo era la familia?
5. ¿Qué quería venderle el joven al padre?
6. ¿Por qué no compró aquellos objetos?
7. ¿Por qué estaba emocionado el niño aquel 24 de diciembre?
8. ¿Cómo reaccionó cuando vio su regalo?
9. ¿Qué regalo recibió la madre?
10. ¿Cuál fue su reacción cuando lo vio?

14-59 Tú eres ... With a classmate, play the roles of some of the following characters. Ask each other appropriate questions.

1. los compañeros de la escuela y el niño
2. el niño y sus hermanos
3. el niño y su madre
4. el niño y su padre
5. la mamá y el padre

14-60 La generosidad. Write about an experience you have had in which you were touched by another's generosity. Then, tell your experience to a classmate.

14-61 Para investigar. In groups of three or four, research newspaper articles and editorials published in the last five years that deal with the economic, social or political issues faced by migrant workers, both documented and undocumented. Present your findings to the class in Spanish.

[18]*stunned,* [19]*dried*

LOS HISPANOS EN LOS ESTADOS UNIDOS

14-62 ¿QUÉ SABES TÚ? Can you answer these questions?

1. ¿Qué pasó en el año 1848?
2. ¿En qué estados viven muchos mexicoamericanos?
3. ¿Por qué emigran muchos mexicanos a los Estados Unidos?
4. ¿Qué representan las letras "UFW"?
5. ¿Cuál es el significado de las palabras "colorado" y "tejas" (Colorado y Texas)?
6. ¿Cuál es el nombre de una comida popular mexicana?

14-63 PARA BUSCAR. Scan the reading to find the following information.

1. La población mexicoamericana en los Estados Unidos: ______
2. El porcentaje de hispanoamericanos de origen mexicano: ______
3. El día en que se conmemora una batalla importante entre México y Francia: ______
4. Una ciudad de Texas donde se celebran las Posadas: _____
5. Una ciudad californiana donde se celebra el 5 de Mayo: _____
6. El puesto de César Chávez: _____

LOS HISPANOS EN LOS ESTADOS UNIDOS (II): LOS MEXICOAMERICANOS

Por la cercanía de México a los Estados Unidos, cientos de miles de mexicanos emigran todos los años a este país en busca de una vida mejor. Los mexicoamericanos forman casi el 60% de la población hispana de los EE.UU., por lo que constituyen el principal grupo hispano del país. La mayoría vive en los estados de California y Texas, y el resto se concentra en Nuevo México, Colorado, Nevada y Arizona.

Clase bilingüe en Phoenix

Hasta 1848 todo el suroeste de lo que hoy es los EE.UU. pertenecía a México, así es que es necesario recordar que los antepasados[1] de los mexicoamericanos llegaron al suroeste mucho antes que los anglosajones. Hoy en día hay aproximadamente nueve millones de mexicoamericanos viviendo en el suroreste y se calcula que para el año 2.000 habrá unos 12 millones.

[1] *ancestors*

César Chávez fue un líder sindical de los trabajadores agrícolas

TRADICIONES MEXICANAS

El 5 de Mayo. En la ciudad de Los Ángeles, que tiene la población de mexicoamericanos más alta de los EE.UU., tiene lugar una gran celebración en esta fecha, con desfiles, ferias y bailes en el barrio latino de la ciudad. El 5 de Mayo es el aniversario de la Batalla de Puebla, en la que el ejército mexicano derrotó a las fuerzas del ejército francés.

Las Posadas de San Antonio. Todas las Navidades los habitantes de San Antonio, Texas celebran las famosas posadas. En estas celebraciones, los hispanos se pasean por las calles de la ciudad anunciando, con velas encendidas, que ofrecen posada a los Reyes Magos y a los peregrinos que vienen en busca del niño Jesús.

14-64 Miniprueba. Indique si las siguientes oraciones son **Ciertas** o **Falsas**. Corrija las que son falsas.

1. Los mexicoamericanos son el grupo hispano más pequeño de los EE.UU.
2. Muchos mexicoamericanos viven en Nueva York.
3. Los estados de California y Texas tienen la mayor concentración de mexicoamericanos.
4. El territorio del suroeste de los EE.UU. pertenecía a México antes de 1848.
5. El 5 de Mayo se celebra en toda la América Latina.
6. La Batalla de Puebla tuvo lugar el 5 de mayo.
7. La tradición de las Posadas se celebra en las Navidades.
8. César Chávez fue el jefe de un sindicato laboral.

Celebración de las Posadas navideñas en San Antonio

Joven mexicoamericana celebrando el 5 de mayo en Los Ángeles

14-65 Entrevista. Interview a Mexican American student at your university about his/her heritage and experiences. Take notes to be able to present a short summary of the interview to the class.

14-66 Cuéntame ... Mexican American culture has a rich tradition of storytelling. Ask a person of Mexican American origin to tell you a legend or story she/he knows. Retell the story to the class.

APPENDIX 1
B ACTIVITIES

LECCIÓN 1

1-9B Otra vez, por favor. Spell names of Hispanic cities, people, or things to a classmate. If she/he does not get the whole spelling the first time, she/he will ask you to repeat by saying, **otra vez, por favor**. Be careful to just spell out the names and words, not say them.

MODELO: cosa: (enchilada)
► e- ene - ce - hache - i - ele - a - de - a

1. persona famosa (Rita Moreno)
2. ciudad (San Antonio)
3. cosa *(thing)* (café)
4. persona famosa (Santana)
5. ciudad (Santa Bárbara)
6. cosa (montaña)

Now your classmate will spell his/her list to you. Remember, if you do not get the spelling the first time, say **otra vez, por favor.**

1. persona famosa ___________
2. ciudad ___________
3. cosa ___________
4. persona ___________
5. ciudad ___________
6. cosa ___________

1-18B Necesito … Your classmate will tell you what he/she needs (**necesito**). Below is a list of items you have (**tengo**). Make a list of the items that neither of you has.

MODELO: E1: Necesito un escritorio.
E2: Tengo. (No tengo.)

Tengo …

un escritorio
una mesa
una silla
una tiza
una mochila
un lápiz
un papel
un mapa

1-19B ¿Tienes … ? Tengo … Ask your partner if he/she has the same number and kinds of items as you do. Circle the items that you have in common.

MODELO: E1: ¿Tienes treinta lápices?
E2: Sí, tengo treinta lápices.

30 lápices
14 cuadernos negros
17 lápices verdes
3 mapas de España
3 bolígrafos rojos
18 bolígrafos azules
7 relojes
25 pizarras verdes
11 mesas
17 mochilas marrones
10 sillas rojas
16 escritorios
5 ventanas
22 libros

1-27B ¿Qué hay en la clase? Respond to your classmate's questions about your classroom. Then ask him/her the questions below.

MODELO: E1: ¿Cuántos estudiantes hay en la clase?
E2: Hay veinticuatro.

1. ¿Cuántos profesores / profesoras hay en la clase?
2. ¿Cómo se llama el profesor / la profesora?
3. ¿Hay una mesa?
4. ¿Qué hay en la mesa?
5. ¿Cuántas estudiantes hay? (¡ojo! *female students*)
6. ¿Hay dos relojes?

LECCIÓN 2

2-6B ¿Quién eres tú? With a classmate take turns asking questions and supplying appropriate responses. Be sure to take note of the responses so you can report back to the class.

MODELO: E1: ¿Cómo es el profesor?
E2: Es alto y simpático.

1. ¿Cuál es tu nacionalidad?
2. ¿Qué tal?
3. ¿Quién eres?
4. ¿De qué ciudad eres?
5. ¿Cómo es la clase de español?

2-20B ¿Cuál es tu opinión? Find out what a classmate thinks about these people and things. Record his/her opinions below.

MODELO: E1: En tu opinión, ¿cómo es la universidad?
E2: Es buena.

¿CÓMO ... ?	ES / SON	DESCRIPCIÓN
la universidad	es	buena
la profesora de ...		
los estudiantes		
el profesor de ...		
los políticos		
los futbolistas		
la ciudad		
las clases		
el libro		
la librería		
los exámenes		
el presidente		
el congreso		

2-31B Entrevista. Form questions using the **tú** form of the verb to obtain information from a classmate. She/he will interview you as well. Be prepared to report back to the class.

MODELO: ¿Qué estudia en la universidad?
E1: Jorge, ¿qué estudias en la universidad?
E2: Estudio español, …
E1: Jorge estudia español, …

1. ¿Dónde trabaja?
2. ¿Estudia mucho o poco?
3. ¿Dónde estudia?
4. ¿Qué música (popular, clásica, rock) escucha?
5. ¿Dónde conversa con los amigos?

2-39B En el aeropuerto. A classmate will describe a friend or acquaintance for you to meet at the airport. Ask questions to find out as much detail as possible, including name, physical characteristics, age, nationality, field of study, etc. Take note of the information below.

MODELO: Nombre
E1: ¿Cómo se llama?
E2: Raquel

Nombre: Raquel
Apellidos: ______
Apodo: ______
Relación: ______
Edad: ______
Campo de estudio: ______
Rasgos físicos *(physical characteristics)*: ______
Otros detalles: ______

2-41B ¿Es importante o no? Ask a classmate how important the following activities are to him/her and indicate the responses in the chart below. Then he/she will ask you about activities that may be important to you. Be prepared to report back to the class.

MODELO: practicar en el laboratorio
E1: ¿Es importante practicar en el laboratorio?
E2: Sí, es muy importante. Practico mucho en el laboratorio.

LA ACTIVIDAD	MUY IMPORTANTE	IMPORTANTE	NO ES IMPORTANTE
practicar en el laboratorio			
estudiar mucho para un examen			
mirar la pizarra en clase			
bailar bien			
practicar la natación			
llegar a tiempo a clase			

LECCIÓN 3

3-6B Inventario. Dictate the following inventory to your classmate, who will write it down. Then write down the inventory your classmate reads to you, writing out the numbers in Spanish. (**¡Ojo!** Watch agreement!)

MODELO: 747 mesas
► setecientas cuarenta y siete mesas

1. 689 ventanas
2. 101 relojes
3. 579 bolígrafos
4. 161 puertas
5. 444 luces
6. 1201 mochilas
7. 5.900.101 lápices

3-9B Trivialidades. Pair up with a classmate and take turns asking your questions.

MODELO: E1: ¿Qué mes tiene 28 días?
E2: Febrero.

1. ¿Cuántos meses hay en un año?
2. ¿En qué mes celebras tu cumpleaños?
3. ¿Cuántos días tiene un año?
4. ¿En qué meses hay clases en la universidad?
5. ¿Cuál es tu mes favorito?
6. ¿En qué meses no hay clases?

3-10B ¿Cuánto cuesta … ? You are customer at the Budget car rental office in Madrid, Spain. Ask the clerk about the prices of different vehicles. After inquiring about several models, decide which one you want to rent.

MODELO: E1: ¿Cuánto cuesta un Renault 21 por tres días?
E2: Cuesta cuarenta y un mil cuatrocientas pesetas por tres días.
E1: ¡Uf! ¡Es mucho!

1. ¿ … un Ford Escort por siete días?
2. ¿ … un Fiat por día adicional?
3. ¿ … un Ford Orion por siete días?
4. ¿ … un Citroën por un día? ¿por siete días?
5. ¿ … en dólares americanos un Ford Fiesta por un día?

3-16A ¿A qué hora? Ask a classmate at what time he/she does the following activities. Be ready to summarize your classmate's activities for the class. Then answer your classmate's questions about your own activities.

MODELO: arrives at the university
E1: ¿A qué hora llegas a la universidad?
E2: Llego a la/las …
E1: … llega a la universidad a las …

1. practices the lesson
2. has classes in the morning
3. works in the afternoon
4. returns home (**a casa**) from the university
5. watches TV in the evening
6. studies Spanish in the evening
7. dances

3-34B Las materias, la hora, el lugar. With a classmate, take turns asking each other questions and supplying information so that you can complete the listings in your university class schedule.

MODELO: ¿A qué hora es la clase de ... ?

LA HORA	LA CLASE	EL LUGAR	EL (LA) PROFESORA(A)
8:30	cálculo		
	lingüística	Facultad de Arte	
9:00 Guillón		Facultad de Arte	Ramón Sánch
10:35		Facultad de Medicina	
1:55	física	Facultad de ingeniería	

3-44B ¿Cómo estás? With a classmate, take turns asking each other how you feel in different situations. Possible states of being are listed below. Ask additional questions to find out more information. Be prepared to report back to the class.

MODELO: en una fiesta
E1: ¿Cómo estás en una fiesta?
E2: Estoy contento(a).
E1: ¿Por qué?
E2: Porque bailo y converso con mis amigos.
E1: En una fiesta, ... está contento(a) porque baila y conversa con sus amigos.

apurado(a)	ocupado(a)	enfermo(a)	contento(a)
aburrido(a)	enfadado(a)	cansado(a)	preocupado(a)
triste	perdido(a)	muerto(a)	

1. en el hospital
2. en la playa
3. ahora
4. con sus amigos
5. después de un examen
6. en el trabajo
7. por la mañana
8. por la noche
9. en la biblioteca
10. en una discoteca

3-45B ¿Cómo es tu vida? Get to know a classmate better by asking and answering questions about university life, using your respective lists. Be prepared to report back what you have learned to the class.

MODELO: E1: ¿Qué bebes en una fiesta?
E2: Bebo refrescos.
E1: ... bebe refrescos en una fiesta.

1. ¿Dónde vives?
2. ¿Qué lees por la noche?
3. ¿Cuándo les escribes cartas a tus amigos?
4. ¿Dónde comes el almuerzo?
5. ¿Qué bebes en el almuerzo?
6. ¿A qué hora asistes a tu clase de ... ?
7. ¿Cuándo debes llegar a tu clase?

3-48B ¿Dónde están? Your classmate will tell you what people are doing. Tell him/her where they are.

MODELO: E1: Mis amigos están estudiando para su examen de biología.
E2: Están en el laboratorio de biología.

ALGUNOS LUGARES

biblioteca	casa	cafetería	oficina
clase	discoteca	estadio	fiesta
librería	centro estudiantil	residencia	gimnasio

3-53B ¿Qué tienen en común? With a classmate, take turns asking what these personalities have in common. You may wish to incorporate some of the suggestions provided.

MODELO: E1: ¿Qué tienen en común Mickey Mouse y Donald Duck?
E2: Viven en Florida (y en California).

vivir en la Casa Blanca	tener mucho dinero
cantar bien (mal)	escribir novelas
tener problemas	vivir en Europa (en ...)
jugar al tenis	trabajar mucho

1. Gloria Estefan y Gregory Hines
2. Mi familia y tu familia
3. Los estudiantes norteamericanos y los españoles
4. Mary Higgins Clark y Walt Whitman
5. Willie Nelson y Julio Iglesias
6. tú y ... (original)

LECCIÓN 4

4-6B ¿Cómo es tu familia? With a classmate, ask and answer questions about your families.

MODELO: E1: ¿Viven tus abuelos con tu familia?
E2: Sí, viven con nosotros. (No, no viven con nosotros.)

1. ¿Cuántos hermanos o hermanas tienes?
2. ¿Cuántos tíos tienes?
3. ¿Cuántos primos tienes?
4. ¿Viven cerca tus primos?
5. ¿Trabajan o estudian tus hermanos?
6. ¿Tienes hermanastros?
7. ¿Dónde vive tu familia?

4-17B ¿Cómo eres? With a classmate, take turns asking and answering questions about members of your family. Be prepared to report back to the class.

MODELO: más trabajador
E1: ¿Quién es el más trabajador de tu familia?
E2: Mi hermano es el más trabajador de la familia.
E1: El hermano de ... es el más trabajador de su familia.

1. más fuerte
2. mayor
3. más alegre
4. menos paciente
5. más majadero(a)
6. más fascinante
7. más simpático

4-23B ¡Estoy aburrido(a)! When your classmate tells you he/she is bored, suggest activities that he/she might enjoy. Keep trying even when your classmate makes excuses.

MODELO: E1: Estoy aburrido(a).
E2: ¿Por qué no vas a bailar?
E1: No tengo dinero.
E2: ¿Por qué no vas al banco?

ALGUNAS ACTIVIDADES

conversar con …
hacer ejercicio
ir a la playa
tomar un café
pasear por el centro
visitar a la familia
correr por el parque
ir al cine
tener una fiesta
tomar el sol
visitar a los amigos

4-27B Una entrevista. Take turns with a classmate interviewing each other to find out the following information. Then write a brief summary of his/her responses.

MODELO: E1: ¿Entiendes las películas en español?
E2: Sí, entiendo. (Entiendo un poco.)

1. ¿Quieres ir a una fiesta? (¿Qué quieres hacer esta noche?)
2. ¿A qué hora empieza la fiesta?
3. ¿Tienes coche?
4. ¿Prefieres ir en autobús?
5. ¿A qué hora piensas regresar?

4-38B Entrevista. With a classmate, take turns asking and answering questions.

MODELO: E1: ¿Conoces a una persona famosa?
E2: Sí, conozco a Julio Iglesias.

1. ¿Conoces a una persona importante de la universidad?
2. ¿Qué parte de la ciudad conoces mejor?
3. ¿Conoces un buen restaurante en esta ciudad?
4. ¿Sabes cuál es su especialidad?
5. ¿Sabes dónde está?

4-40B La familia real española. With a classmate, ask each other questions to complete the family tree of the Spanish royal family. You each have part of the information.

MODELO: E1: ¿Cómo se llama el abuelo de Juan Carlos?
E2: Se llama …

La familia real española

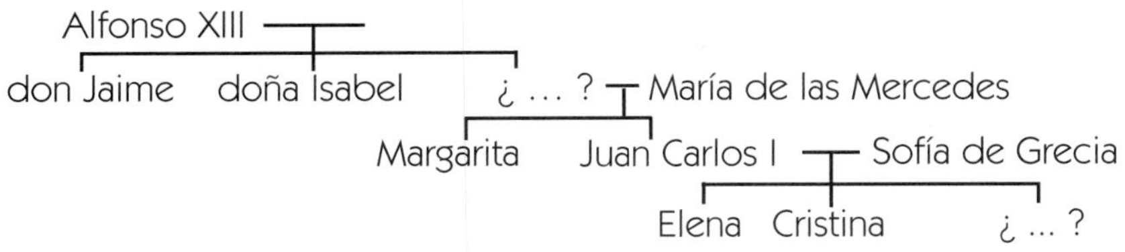

4-41B Una encuesta. Using the expressions below, write a survey with questions asking a classmate about his/her preferences in eating, living, studying, etc. Then, with your classmate, take turns conducting your surveys on each other. Write a summary of your classmate's preferences.

MODELO: preferir ...
E1: En la cafetería, ¿qué prefieres beber?
E2: Prefiero beber un refresco.

1. preferir (comida)
2. preferir (deporte)
3. querer estudiar
4. pensar (en)
5. tener
6. venir
7. (original)

4-53B México lindo. Work with a classmate to complete the information in your charts. You each have some of the information, but some is missing from both of your charts.

MODELO: E1: Es un lugar en la costa del Pacífico. Es popular con los turistas. Tiene playas hermosas. ¿Cómo se llama?
E2: Es Acapulco.

LUGAR	DESCRIPCIÓN	UBICACIÓN	FAMOSA POR ...
	popular con los turistas	en la costa Pacífica	sus playas hermosas
Teotihuacán	antigua ciudad tolteca	cerca de la capital	
	una de las ciudades más grandes del mundo	en la meseta central	
	islas con hermosas playas	en el Golfo de México cerca de Yucatán	su agua turquesa
		cerca de la frontera de los Estados Unidos	su cerveza, Carta Blanca
	ciudad colonial		su platería

LECCIÓN 5

5-21B Una entrevista para *El Norte*. With a classmate, role-play an interview in which you are a famous person and your classmate is a reporter for the newspaper, *El Norte,* published in Monterrey, Mexico.

MODELO: practicar béisbol.
E1: ¿Practica usted béisbol?
E2: Sí, lo practico. (No, no lo practico.)

When she/he finishes interviewing you, ask your own questions based on the suggestions below. Be sure to ask at least one original question and take note of the responses.

MODELO: escribir artículos en inglés también

E2: ¿Escribe usted artículos en inglés también?

E1: Sí, los escribo. (No, no los escribo.)

1. escribir muchos artículos
2. hablar inglés en su trabajo
3. visitar otros países
4. preferir los periódicos mexicanos
5. siempre escribir la verdad
6. necesitar mi fotografía
7. (original)

5-22B Planes para un viaje. With a classmate, role-play a conversation in which you discuss preparations for a trip. Ask your classmate if everything is ready. If something is not ready, ask why.

MODELO: E1: ¿Tienes el mapa?

E2: Sí, lo tengo. (No, no lo tengo. Tengo que buscarlo.)

COSAS PARA EL VIAJE

el mapa
dinero
cheques de viajero
comida
la pelota
las toallas
los trajes de baño
los esquís
los pasaportes
la cámara
las raquetas

5-30B Entrevista. With a classmate, take turns asking and answering questions about your taste in sports, using the cues given.

MODELO: los deportes

E1: ¿Qué deportes practicas?

E2: Practico el fútbol y la natación.

1. el deporte que menos te interesa
2. ¿por qué?
3. el equipo que menos te gusta
4. ¿por qué?
5. un jugador que no te cae bien
6. ¿por qué?

5-54B Consejos. A classmate will ask you for advice on what to do. If she/he refuses to take your advice, keep making suggestions until she/he accepts one.

MODELO: E1: Estoy aburrido(a). ¿Qué hago?

E2: ¿Por qué no das un paseo?

E1: No quiero. No me gusta salir de noche.

E2: Bueno, yo voy contigo. ¿Está bien?

ALGUNAS ACTIVIDADES

dar un paseo
ir a la playa
visitar una librería
ir a un concierto
hacer un pícnic
jugar al tenis
trabajar en la biblioteca
hacer la tarea
comprar entradas para un partido
escuchar música
(original ...)

LECCIÓN 6

6-10B Casa Botín. *La Casa Botín* is an exclusive restaurant in Madrid. If there are 125 pesetas to the dollar, the speciality, **cochinillo asado** *(roast suckling pig)*, costs about $15.00. You are a waiter/waitress serving two tourists. Try to convince them to order the most expensive meals because you earn a bonus if the check exceeds $50.00. You will want to use adjectives such as **exquisito**, **fenomenal**, **delicioso**, **sabroso**, etc.

6-15B ¡Problemas, problemas! Your classmate has a series of problems or dilemmas. For each, offer a possible solution. Be sure to take note of the problems.

MODELO: E1: Mi novio(a) no me habla.
E2: Le dices "adiós".

PROBLEMA	POSIBLES SOLUCIONES
	repetirles lo que quieres
	pedir calamares
	decirle que lo/la quieres mucho
	conseguirlos en el mercado
	reñir con él (ella)
	servir carne y papas
	pedir una sopa caliente

6-19B ¿Qué tal esa fruta? You are a merchant in a market in Puebla, Mexico. You'd like to sell as much as possible to your last customer of the day, but you'll have to convince him/her that both the price and the quality are good. Whenever he/she asks you about one of your products, say it's good, but suggest something else, as well. You want to sell as much as possible before you go home.

MODELO: E1: ¿Qué tal esas papas?
E2: Estas papas están muy buenas, pero la verdad es que estas habichuelas son exquisitas.
E1: ¿Cuánto cuestan?
E2: Estas papas cuestan 1000 pesos el kilo, pero para usted, ...

LOS PRODUCTOS EN EL MERCADO

papas	1000/kilo
uvas	1500/500 gramos
cebollas	750/kilo
zanahorias	700/kilo
naranjas	1000/docena (12)
plátanos	800/kilo
habichuelas	850/kilo
tomates (m.)	800/kilo
toronjas	1000/6
fresas	1000/500 gramos
manzanas	2000/kilo

6-28B El gazpacho. Gazpacho is a favorite summertime dish in Spain. Although there are many versions, it is most often made with fresh tomatoes, cucumbers, onions, peppers and garlic, as well as olive oil and french bread (**barra de pan**). This version is served ice cold, with chopped tomatoes and onions. In the following activity, work with a classmate to find out if you have all the ingredients you need to prepare **gazpacho**. One of you has the recipe, the other the ingredients. Make a grocery list of the items and the quantities you still need to buy.

MODELO: E1: Necesitamos un kilo de tomates.
E2: Tenemos medio kilo. Necesitamos otro medio kilo.

EN TU COCINA HAY ...

medio kilo de tomates
un pepino pasado (old)
1 ají pequeño
2 cebollas grandes
una cabeza grande de ajo
pan integral (whole wheat)
una botella de aceite de maíz
una botella de vinagre de vino blanco
sal y pimienta
una cazuela, una sartén, una cucharada, y una espátula

6-33B Necesito consejo. With a classmate, take turns asking each other for advice regarding the problems listed below, and responding with a **tú** command. Take note of the advice your partner gives you, and whether or not you think it's reasonable.

MODELO: mucho sueño
E1: Tengo mucho sueño pero no me gusta el café.
E2: ¡Toma una taza de chocolate!

ALGUNOS PROBLEMAS

no te gustan la comida que prepara tu mejor amigo(a)
buscas un restaurante de comida vegetariana
quieres invitar a tu profesor(a) a cenar en casa
no sabes cocinar bien
quieres comer mejor pero no tienes tiempo
no te gusta comer solo(a)

6-42B ¡Contéstame! With a classmate, take turns asking questions about each other's eating habits.

MODELO: E1: ¿Siempre tomas leche con la comida?
E2: Sí, siempre tomo leche. (No, no tomo leche nunca.)

1. ¿Cómes mucha carne?
2. ¿Bebes leche con la comida?
3. ¿Te gusta la comida mexicana
4. ¿Comes huevos revueltos?
5. ¿Tienes mucho jugo en el refrigerador?
6. ¿Pides sopa en un restaurante?
7. ¿Tomas mucho café?

LECCIÓN 7

7-4B ¿Qué tienes? ¿Cuánto pagaste? With a classmate, take turns asking each other if you have the following items and how much you paid for each.

MODELO: blusa/seda
E1: ¿Tienes una blusa de seda?
E2: Sí, tengo una.
E1: ¿Cuánto pagaste por ella?
E2: 50 dólares.

¿Tienes ... ?

blusa/algodón	abrigo/piel
chaqueta/seda	vestido/seda
suéter/lana	falda/algodón
zapatos/cuero	abrigo/lana
bolsa/cuero	cartera/cuero
impermeable/plástico	botas/cuero

7-5B ¿Qué llevas cuando ... ? With a classmate, take turns asking each other what you wear on different occasions. Be sure to take note of your partner's responses.

MODELO: E1: ¿Qué llevas cuando tienes examen?
E2: Llevo vaqueros y una playera.

OCASIÓN	ROPA
el presidente te invita a la Casa Blanca	
trabajas en tu coche	
asistes a una boda	
trabajas como camarero(a)	
hace 98 grados Fahrenheit	
preparas la cena	
estás en la sauna	

7-23B Entre amigos. Imagine that you and a classmate are employees of a department store. Take turns asking each other what you did yesterday.

MODELO: llegar tarde al trabajo
E1: ¿Llegaste tarde al trabajo?
E2: No, no llegué tarde al trabajo. (Sí, llegué tarde al trabajo.)

1. empezar a trabajar por la mañana
2. buscarles ropa rebajada a los clientes
3. jugar con los niños de los clientes
4. almorzar en el centro comercial
5. buscar la ropa en los probadores
6. llegar a casa por la tarde

7-30B El año pasado. With a classmate, take turns asking each other what you did last year. Be prepared to summarize what you learn for the rest of the class.

MODELO: E1: ¿Conociste a una persona interesante?
E2: Sí, conocí a ...
E1: ... conoció a ... el año pasado.

1. ¿Conociste a una persona importante?
2. ¿Tuviste mucha tarea para tus clases?
3. ¿Anduviste a casa después de tus clases?
4. ¿Viniste a la universidad los sábados?
5. ¿Hiciste planes para los fines de semana?
6. ¿Les dijiste siempre "adiós" a tus padres?

7-32B ¿Qué pasó? With a classmate, take turns asking each other what happened in different situations and places. Be sure to conjugate the verbs in the preterite.

MODELO: en la fiesta familiar
E1: ¿Qué pasó en la fiesta familiar?
E2: Mi mamá sirvió nuestra comida favorita.

ALGUNAS ACTIVIDADES
todos reír mucho
los turistas preferir una habitación doble
el profesor repetir la lección
los estudiantes pedir refrescos
servir...
mentir ...

7-34B Muchas compras, poco dinero. A customer who is about to begin a new job must update his/her wardrobe. He/she will tell you what he/she needs and ask you the price of each item. In responding, remember that you want to sell the highest quality and most expensive goods, since you work on comission.

MODELO: E1: Necesito una falda.
E2: Tenemos muchas. ¿De qué tela?
E1: De lana. ¿Cuánto cuesta?
E2: Cuesta $150.
E1: Es mucho.
E2: Pero es de primera calidad. (etc.)

ALGUNOS ARGUMENTOS

Es una ganga.	Es su color.
Puedo rebajar el precio.	Para usted, un descuento.
Le queda muy bien.	Es su talla.
No puedo rebajar el precio.	Es muy elegante.
Es muy bonito(a).	Es de última moda.
Ud. va a ahorrar mucho.	Es el estilo que lleva ... (persona famosa)

LECCIÓN 8

8-15B Entrevista. With a classmate, take turns asking about each other's childhood experiences. Be sure to expand on your responses and be prepared to report what you learn from your classmate to the rest of the class.

MODELO: E1: De niño(a), ¿eras tímido(a) o sociable?
E2: Era sociable con mis amigos. Siempre me gustaba jugar con ellos.
E1: De niño(a), … era sociable con sus amigos.

1. De niño(a), ¿eras serio(a)?
2. ¿Ibas mucho al centro comercial? ¿a las tiendas?
3. ¿Comprabas mucha ropa? ¿Qué ropa comprabas?
4. ¿Te gustaba practicar un deporte? ¿Qué deporte?
5. ¿Veías mucho la televisión? ¿Cuál era tu programa favorito?
6. ¿Viajabas mucho con tu familia?
7. ¿Adónde iban ustedes cuando viajaban?

8-27B ¿Cómo lo haces? Take turns with a classmate asking each other how you do various activities. Transform adjectives from the list into adverbs to use in your responses.

MODELO: E1: ¿Qué tal lees en español?
E2: Leo lentamente en español.

cuidadoso	difícil	rápido	amable	animado	alegre
elegante	tranquilo	lento	fácil	profundo	triste

1. ¿Qué tal cantas en español?
2. ¿Qué tal duermes cuando hace frío?
3. ¿Cómo te vistes cuando estás de vacaciones?
4. ¿Cómo trabajas cuando tienes sueño?
5. ¿Cómo hablas cuando estás con tus amigos?

8-47B Descripción. With a classmate, take turns identifying the people, places and things on the left with their descriptions on the right. You each have only half of the information.

MODELO: Santa Fé de Bogotá
E1: ¿Qué es Santa Fé de Bogotá?
E2: Es la capital de Colombia.

¿QUÉ / QUIÉN(ES) …?	DESCRIPCIÓN
Maracaibo	una cordillera majestuosa de montañas
Gabriel García Márquez	el nombre significa pequeña Venecia
Colombia	tierra virgen y salvaje
El Dorado	un lugar turístico muy popular
Simón Bolívar	la capital de Venezuela
	indios que viven en Colombia

LECCIÓN 9

9-22B ¿Cuánto tiempo hace que ... ? With a classmate, take turns asking each other how long ago you did the following.

MODELO: E1: ¿Cuánto tiempo hace que visitaste a tus padres?
E2: Hace dos semanas que visité a mis padres.

1. pagar algo a plazos
2. dormirte en clase
3. ducharte con agua fría
4. ver a un buen amigo
5. levantarte tarde
6. reírte en clase
7. pagar algo en efectivo

9-29B ¡Ésta es su casa! You would like to buy a house, but you have several requirements. Find out if the house of your dreams is the one the realtor wants to sell you. Some of the information you may need is listed below.

1. el número de dormitorios
2. si está cerca de una escuela
3. si hay un supermercado cerca
4. si incluye aparatos electrodomésticos
5. su costo inicial
6. el pago mensual
7. (otra información)

9-36B ¿Se permite ... ? With a classmate, take turns asking each other if the following activities are done in your university, city, or country. Be sure to ask for details whenever possible.

MODELO: permitir fumar en esta universidad
E1: ¿Se permite fumar en esta universidad? ¿Dónde? ¿Por qué? ¿Cuándo?
E2: Sólo se permite fumar en las residencias estudiantiles.

1. permitir hablar inglés en clase
2. dormir bien en la residencia estudiantil
3. poder comprar vino chileno en el supermercado
4. permitir entrar tarde en clase
5. decir que esta ciudad tiene una buena vida nocturna
6. poder terminar los estudios universitarios en cuatro años
7. creer que es importante ganar mucho dinero en este país

9-47B En la agencia de Casabella. You work for an agency that provides temporary cleaning help. Explain your concerns to your supervisor who will suggest possible solutions. If you do not agree with the supervisor, explain why.

MODELO: E1: Se me rompió el lavaplatos.
E2: Lo que usted debe hacer es lavar los platos a mano.
E1: Lo que no me gusta es poner las manos en agua sucia …

POSIBLES PROBLEMAS

Es difícil llegar a la casa para las ocho de la mañana.
No encuentro la aspiradora.
Se me rompieron tres platos.
Hay mucho polvo en el televisor y no se ve bien.
No me permiten fumar.
Es mucho trabajo por poco dinero.
No puedo trabajar cuando tengo hambre.
(original)

9-48B ¿Mi casa es tu casa? With a classmate, take turns describing the layout of your houses or apartments. Make a list of the differences between the two plans.

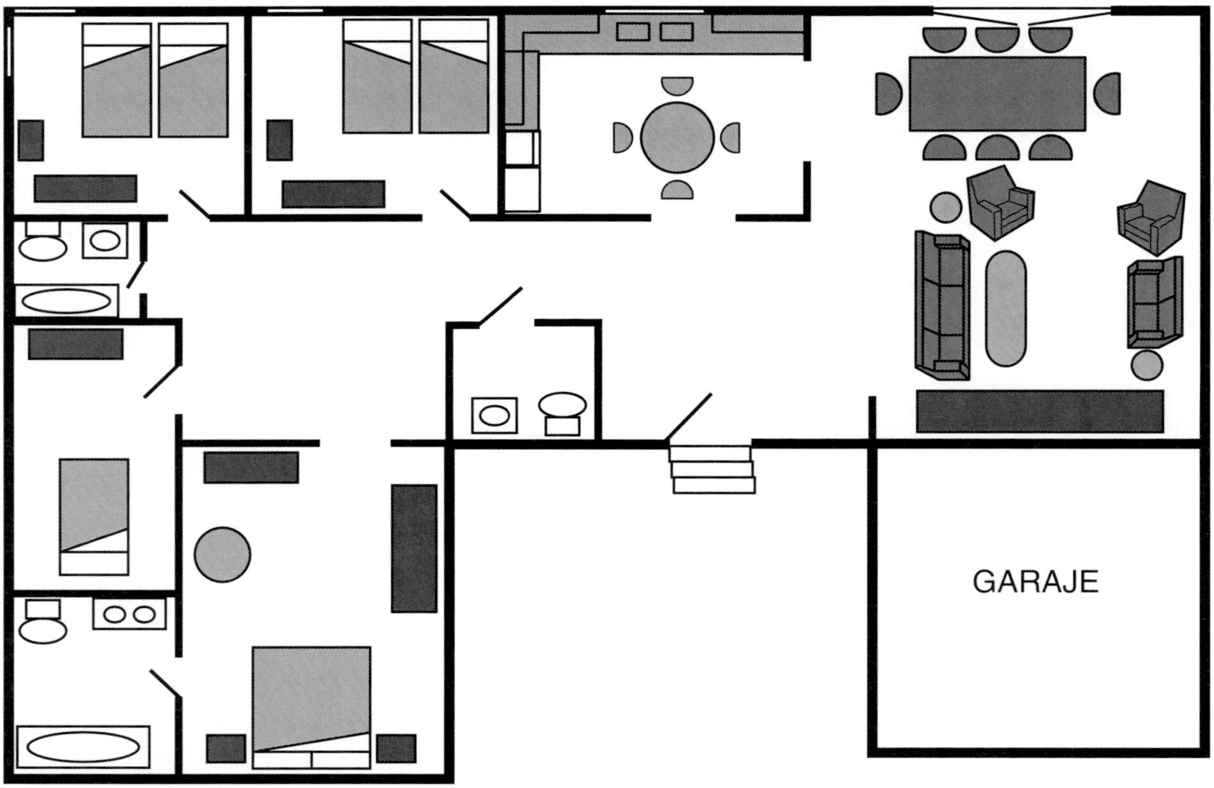

LECCIÓN 10

10-6B ¡Qué mal me siento! Imagine you are not feeling well. With a classmate, take turns telling your symptoms and giving advice.

MODELO: E1: Me duelen los pulmones.
E2: Fuma menos.

SÍNTOMAS	CONSEJOS
1. Tengo gripe.	________________
2. Tengo náuseas.	________________
3. Tengo un dolor de cabeza terrible.	________________
4. Toso mucho.	________________
5. No tengo energía.	________________
6. Soy alérgico(a) a los camarones.	________________

10-20B Los deseos. Your friend feels bad and will ask you to do him/her a number of favors. Tell him/her whether or not you're willing.

MODELO: traerme un refresco
E1: Quiero que me traigas un refresco.
E2: Ahora mismo *or* ¡Olvídate! *(Forget it!)*

ALGUNAS RESPUESTAS ...

POSITIVAS	NEGATIVAS
Está bien.	¡Hazlo tú!
Con mucho gusto.	No puedo ahora. Tengo que ...
Ahora mismo.	¡Olvídate!
¡Claro que sí!	No tengo tiempo.
¡Lo que tú quieras!	¡Ni lo sueñes! *(In your dreams!)*

10-21B ¿Qué hacer? When you ask your friend for advice, she/he always has a positive suggestion. Tell her/him each of your problems, and take note of the advice she/he gives you. Be prepared to report back to the class.

MODELO: E1: Tengo un examen de química mañana.
E2: Te recomiendo que estudies mucho.
E1: Buena idea. (No tengo tiempo, etc.)

LA SITUACIÓN	EL CONSEJO	LA REACCIÓN
un examen de química mañana	Me recomienda que estudie mucho	Buena idea
una persona atractiva en la clase		
un coche viejo		
me falta dinero para comprarle algo a Mamá		
un programa interesante en la TV cuando no estoy en casa		
los padres me visitan este fin de semana; el apartamento está sucio		
no hay comida		
una película esta noche; un examen mañana		
mucho que estudiar; muy cansado(a)		
los amigos quieren salir; no tengo dinero (no tengo tiempo)		
un terrible problema: (original)		

10-34B ¿Escuchas bien? Good friends are also good listeners and make appropriate comments when their friends complain. Express your own gripes to a classmate, and see how sympathetically he/she reacts.

MODELO: E1: ¡Tengo que escribir un trabajo para mi clase de historia!
E2: ¡Lamento que lo tengas que escribir!

ALGUNAS QUEJAS

- problemas personales
- problemas médicos
- problemas familiares (de la familia)
- problemas académicos, etc.

LECCIÓN 11

11-16B Busquemos trabajo. With a classmate, take turns suggesting possible employment strategies using the **nosotros** command. Take note of whether or not she/he agrees with you or suggests something else.

MODELO: buscar un puesto en ...

E1: Busquemos un puesto en AT&T.

E2: Pues, mira, no creo que necesiten personas ahora. Vamos a buscar uno en ....

ALGUNAS ACTIVIDADES

escribirle una carta a ...
leer todo lo posible sobre la empresa
visitar al gerente
hacer una cita con ...
pedirle ayuda al consejero
comprar un traje nuevo
hablar con los amigos para saber su opinión

11-18B En busca de empleo. With a classmate, try to guess what each of the following statements refers to.

MODELO: Tienes que rellenar este formulario.

➤ la solicitud de empleo

1. Lo siento. Sólo le podemos ofrecer 10.000 dólares por año.
2. Si va a esta oficina, usted va a tener más éxito para encontrar trabajo.
3. Si trabaja bien, usted va a recibir uno después de un año.
4. Este beneficio te ayuda cuando estás enfermo(a).
5. ¡El puesto es de usted!
6. Tu familia va a necesitar esto si algo te pasa.

11-21B Una entrevista. Take the role of **solicitante** at a job interview. You must convince the **director(a) de personal** that you deserve a job.

11-26B Consejo. With a classmate, take turns telling each other some of your problems and offering solutions. Use impersonal expressions.

MODELO: Tu amigo(a) está enojado(a).

E1: Mi amigo(a) está enojado(a) conmigo.

E2: Es indispensable que lo(la) llames y que lo(a) invites a salir.

POSIBLES PROBLEMAS

Te peleaste con un(a) amigo(a).
Tienes un examen difícil.
Tienes un trabajo aburrido.
Hay un virus en la computadora.
Tienes un(a) jefe(a) imposible.
(original)

11-31B Lo ideal. With a classmate, take turns asking each other what characteristics you each look for in the following people, places or things.

MODELO: un coche
E1: ¿Qué tipo de coche buscas?
E2: Busco un coche que tenga cuatro puertas y que sea rojo.

1. un puesto
2. un(a) profesor(a)
3. un sueldo
4. un apartamento
5. un equipo de baloncesto
6. un periódico

11-35B ¿Cómo reaccionas? With a classmate, react to each other's comments about working, using **ojalá**, **tal vez**, or **quizás**. Be sure to take note of each other's reactions and whether or not you are in agreement.

MODELO: Mañana vienen representantes de la CIA para entrevistarnos.
E1: Quizás tengan puestos para nosotros.
E2: ¡Ojalá que no vengan!

1. El congreso va a aumentar el sueldo mínimo.
2. Después de cuatro años en la universidad, no encontramos trabajo.
3. El gobierno va a aumentar la compensación para los desempleados.
4. Tenemos que trabajar doble para poder vivir.
5. El salario de un profesor es demasiado bajo.
6. Todos tenemos que saber un segundo idioma para encontrar un buen trabajo.
7. (original)

LECCIÓN 12

12-1B Una cuestión de dinero. With a classmate, take turns matching the terms with their definitions in Spanish. You have the terms your classmate needs and she/he has the terms you need.

MODELO: el lugar donde se cambia dinero
E1: ¿Cómo se llama el lugar donde se cambia dinero?
E2: Es el banco.

LA DEFINICIÓN / EL USO	LA EXPRESIÓN
1. es donde tienes dinero para comprarte un coche nuevo	correo aéreo
2. es donde tienes dinero para pagar las cuentas	los billetes
3. es lo que necesitas cuando quieres devolver un artículo en el almacén	el sello
4. es donde echas las cartas	el código postal
5. en éste escribes el nómbre del remitente y del destinatario	la moneda oficial
6. es donde compras sellos, sobres y tarjetas postales	el(la) cajero(a)
7. es donde se recibe el dinero en el banco	los cheques de viajero

12-4B Necesito información. With a classmate, role-play the following situation: One of you works in a tourist agency in Mexico City. The other is a tourist who needs information.

MODELO: E1: ¿Dónde puedo cambiar cheques de viajero?
E2: Cámbielos en el hotel, si quiere.

1. donde venden periódicos
2. en su hotel
3. ¡Sí, cómo no!
4. endosar los cheques y mostrarle el pasaporte
5. no puedo cambiar más de 100 dólares
6. 550 pesos el dólar
7. en el banco que está en frente

12-22B En el hotel. With a classmate, take turns forming questions to ask each other hotel-related terms.

MODELO: Es un hotel para estudiantes.
E1: ¿Cómo se llama un hotel para estudiantes?
E2: Es un albergue estudiantil.

1. Es importante tenerla cuando te duchas.
2. Sin esto, el mes de agosto es imposible en Madrid.
3. Hace mucho frío en Bolivia. Los hoteles siempre tienen una en la cama.
4. Aquí pides tu habitación.
5. No funciona. Tienes que usar las escaleras.
6. Este señor te sube las maletas.
7. Tienes que pagarla antes de marcharte.

12-32B ¡Nunca había hecho eso! Talk with a classmate about things that you had not done prior to attending the university. Be sure to take note of each other's experiences.

MODELO: vivir en ...
E1: Nunca había vivido en una residencia de estudiantes antes de venir a la universidad.
E2: ¿De veras? Yo sí, pero nunca había estudiado tanto.

1. ver ...
2. comer ...
3. tener que ...
4. trabajar ...
5. hacer ...
6. pagar ...

LECCIÓN 13

13-4B Te toca a ti. *(It's your turn.)* With a classmate, take turns interviewing each other. Use complete sentences in Spanish to answer each other's questions.

1. ¿Qué programas de radio prefieres?
2. ¿Qué programas no te gustan?
3. ¿Te gusta ver programas deportivos?
4. ¿Qué secciones no lees?
5. ¿Qué estación de radio prefieres?
6. ¿Crees que el gobierno debe financiar la radio y la televisión públicas?
7. ¿Te gusta ver los concursos? ¿Qué programa en particular?

13-31B Entrevista para *Cambio 16.* With a classmate, role-play the following situation: One of you, a reporter for the popular Spanish news magazine, *Cambio 16*, is interviewing the other to get his/her perspective on politics.

1. ¿Qué consejos puedes darle a un presidente?
2. En tu opinión, ¿es mejor controlar la inflación o subir los sueldos? ¿Por qué?
3. ¿Crees que la nación debe tener unas fuerzas armadas muy poderosas? ¿Por qué?
4. ¿Quiénes son los senadores de tu estado? ¿Cuál prefieres?
5. ¿Has visitado la Corte Suprema? ¿Sabes cuántos jueces hay?

13-38B Entrevista. Imagine you are a politician who will be interviewed by a journalist about your preelection promises. Give him/her appropriate excuses for why you have or have not fulfilled your mandate. Then ask some questions of your own.

MODELO: eliminar la pobreza

PERIODISTA: Usted dijo que eliminaría la pobreza.

POLÍTICO(A): Es verdad. Pero ha sido imposible porque el presidente no ha apoyado mi programa.

USTED DIJO QUE ...

1. no seguirme por todas partes
2. escribir artículos favorables
3. no sacarle fotos a mi familia
4. hacerme preguntas difíciles
5. ayudarme en las elecciones
6. escribir un artículo criticando a mi contrincante

LECCIÓN 14

14-2B ¡Hagamos más fácil la vida! What do you need to make your life easier? With a classmate take turns describing your problem and offering a solution.

MODELO: E1: No puedo ver bien mi documento en la computadora.
E2: Necesitas una pantalla nueva.

EL PROBLEMA

1. No puedes ver bien el documento en la computadora.
2. Necesitas sacar dinero para salir con alguien esta noche.
3. Pierdes todas las llamadas telefónicas cuando no estás en casa.
4. Quisieras hacer llamadas desde tu coche.
5. Tienes que pasar en limpio *(revise)* un trabajo para mañana.
6. No te gusta sacar copias con papel

14-7B Una encuesta de Harris. With a classmate, take turns asking each other questions for an opinion poll. Take turns polling each other using the questions below.

MODELO: E1: Buenos días. Con su permiso, me gustaría hacerle algunas preguntas sobre su forma de utilizar la tecnología.
E2: Muy bien. ¿Qué desea saber?

1. ¿Tiene un contestador automático en casa? ¿Qué mensaje tiene?
2. ¿Con qué frecuencia usa usted los cajeros automáticos?
3. ¿Tiene un teléfono inalámbrico en casa? ¿Cuáles son sus ventajas y desventajas?
4. ¿Tiene un teléfono celular en su coche? ¿Sabe usted cuánto cuesta la llamada?
5. ¿Tiene una videograbadora? ¿De qué marca?
6. ¿Tiene una máquina de escribir?
7. ¿Conoce a alguien que prefiera usar una máquina de escribir a usar una computadora?
8. ¿Se considera usted una persona del siglo XXI?

14-12B Los preparativos para un nuevo trabajo. Your classmate is beginning a new job tomorrow, and will express his/her concerns to you. Reassure him/her, beginning your sentences with expressions from the list below.

modelo: E1: ¡Ojalá que la empresa haya recibido mi currículum!
E2: Estoy seguro(a) que lo ha recibido.

ALGUNAS EXPRESIONES DE CERTIDUMBRE:

Es verdad
Es cierto
Estoy seguro(a)
Sé
Creo
No dudo
No niego

14-18B ¡Dime cuándo volverás! A popular old song in Spanish begins with the phrase **Dime cuándo ...** With a classmate, take turns asking each other this loaded question, using the cues. Be sure to use the subjunctive in the clause that indicates the action has not yet occurred. Be creative in your response.

MODELO: volver
E1: Dime cuándo volverás.
E2: Volveré cuando termine mis estudios en la universidad.

1. hacer tu trabajo
2. ayudarme a
3. graduarte
4. irte de vacaciones
5. tener suficiente dinero
6. querer ... (original)

14-19B En el almacén de computadoras. You are a computer salesperson. A classmate wants to buy the best computer for the price. Answer his/her questions about the model under consideration. Follow the cues in your responses, being sure to use the subjunctive as required in the subordinate clauses.

MODELO: E1: ¿Podré utilizar la computadora en el avión?
E2: ¡Claro que sí! Mientras vuele en avión, verá que funciona muy bien.

ALGUNAS RESPUESTAS

¡Claro que sí ... !
¡Claro que no ... !
cuando viajar ...
aunque no querer ...
en cuanto aprender a ...
mientras que usted ser ...
hasta que se acabar la garantía ...
tan pronto como la haber pagado ...
después de que usted la programar ...
siempre que usted la mantener bien ...
aunque parecer imposible ...
en cuanto se encender ...
mientras que la utilizar ...

14-28A ¿Cuál es tu opinión? With a classmate, take turns asking and answering questions about the environment. Be sure to take note of each other's responses.

1. ¿Qué ideas tienes con respecto a la conservación de energía?
2. ¿Hay un programa de reciclaje en la universidad?
3. ¿Crees que el gobierno debería tomar medidas más enérgicas para proteger el medio ambiente? Explica tu respuesta.
4. ¿Cuál es tu opinión sobre la energía solar?
5. ¿Cómo vas a la universidad? ¿a pie, en coche, en transporte público? ¿Por qué?

14-33B Cuando era niño(a). With a classmate, take turns asking and answering questions about your childhood. Use the imperfect subjunctive in your answers.

MODELO: E1: ¿Qué querían tus padres que hicieras en casa?
E2: Querían que yo limpiara mi habitación.

1. ¿Qué te prohibían tus padres que hicieras?
2. ¿Qué te pedían tus maestros que hicieras en la escuela?
3. ¿En qué insistían tus amigos que hicieras?
4. ¿Qué libros querían tus padres que leyeras?
5. ¿Qué programas esperaban que vieras en la televisión?

14-36B ¡Ojalá que el mundo fuera perfecto! Using the cues, pose questions to a a classmate, noting the responses. Then respond to his/her questions. If a situation does not pertain to you, respond with **Ojalá que** + imperfect subjunctive, following the model. Which of you has a more ecologically sound lifestyle?

MODELO: siempre reciclar
E1: ¿Siempre reciclas?
E2: ¡Ojalá siempre reciclara!

	Sí	No	
1.	___	___	luchar por la protección del medio ambiente
2.	___	___	contribuir a la repoblación forestal
3.	___	___	ahorrar agua
4.	___	___	consumir poca electricidad
5.	___	___	trabajar para purificar el agua
6.	___	___	usar pocos productos químicos

14-44B ¿Qué harías? With a classmate, take turns asking and answering the following hypothetical questions. Be prepared to report back to the class.

1. ¿Qué harías si no tuvieras ni agua ni electricidad?
2. ¿Qué harías si encontraras una cartera con cien dólares?
3. ¿Qué harías si la gasolina costara cinco dólares el galón?
4. ¿Qué harías si vieras a un pobre viejo durmiendo en la calle?
5. ¿Qué harías si alguien te ofreciera un puesto mañana?
6. ¿Qué harías si te diera un pasaje de avión para España?

APPENDIX 2
VERB CHARTS

REGULAR VERBS: SIMPLE TENSES

Infinitive Present Participle Past Partciple	Indicative					Subjunctive		Imperative
	Present	Imperfect	Preterite	Future	Conditional	Present	Imperfect	
hablar hablando hablado	hablo hablas habla hablamos habláis hablan	hablaba hablabas hablaba hablábamos hablabais hablaban	hablé hablaste habló hablamos hablasteis hablaron	hablaré hablarás hablará hablaremos hablaréis hablarán	hablaría hablarías hablaría hablaríamos hablaríais hablarían	hable hables hable hablemos habléis hablen	hablara hablaras hablara habláramos hablarais hablaran	habla tú, no hables hable usted hablemos hablen Uds.
comer comiendo comido	como comes come comemos coméis comen	comía comías comía comíamos comíais comían	comí comiste comió comimos comisteis comieron	comeré comerás comerá comeremos comeréis comerán	comería comerías comería comeríamos comeríais comerían	coma comas coma comamos comáis coman	comiera comieras comiera comiéramos comierais comieran	come tú, no comas coma usted comamos coman Uds.
vivir viviendo vivido	vivo vives vive vivimos vivís viven	vivía vivías vivía vivíamos vivíais vivían	viví viviste vivió vivimos vivisteis vivieron	viviré vivirás vivirá viviremos viviréis vivirán	viviría vivirías viviría viviríamos viviríais vivirían	viva vivas viva vivamos viváis vivan	viviera vivieras viviera viviéramos vivierais vivieran	vive tú, no vivas viva usted vivamos vivan Uds.

Vosotros **commands**					
hablar	hablad no habléis	comer	comed no comáis	vivir	vivid no viváis

Regular Verbs: Perfect Tenses

Indicative										Subjunctive			
Present Perfect		Past Perfect		Preterite Perfect		Future Perfect		Conditional Perfect		Present Perfect		Past Perfect	
he		había		hube		habré		habría		haya		hubiera	
has	hablado	habías	hablado	hubiste	hablado	habrás	hablado	habrías	hablado	hayas	hablado	hubieras	hablado
ha	comido	había	comido	hubo	comido	habrá	comido	habría	comido	haya	comido	hubiera	comido
hemos	vivido	habíamos	vivido	hubimos	vivido	habremos	vivido	habríamos	vivido	hayamos	vivido	hubiéramos	vivido
habéis		habíais		hubisteis		habréis		habríais		hayáis		hubierais	
han		habían		hubieron		habrán		habrían		hayan		hubieran	

Irregular Verbs

Infinitive Present Participle Past Partciple	Indicative					Subjunctive		Imperative
	Present	Imperfect	Preterite	Future	Conditional	Present	Imperfect	
andar	ando	andaba	anduve	andaré	andaría	ande	anduviera	anda tú,
andando	andas	andabas	anduviste	andarás	andarías	andes	anduvieras	no andes
andado	anda	andaba	anduvo	andará	andaría	ande	anduviera	ande usted
	andamos	andábamos	anduvimos	andaremos	andaríamos	andemos	anduviéramos	andemos
	andáis	andabais	anduvisteis	andaréis	andaríais	andéis	anduvierais	anden Uds.
	andan	andaban	anduvieron	andarán	andarían	anden	anduvieran	
caer	caigo	caía	caí	caeré	caería	caiga	cayera	cae tú,
cayendo	caes	caías	caíste	caerás	caerías	caigas	cayeras	no caigas
caído	cae	caía	cayó	caerá	caería	caiga	cayera	caiga usted
	caemos	caíamos	caímos	caeremos	caeríamos	caigamos	cayéramos	caigamos
	caéis	caíais	caísteis	caeréis	caeríais	caigáis	cayerais	caigan Uds.
	caen	caían	cayeron	caerán	caerían	caigan	cayeran	
dar	doy	daba	di	daré	daría	dé	diera	da tú,
dando	das	dabas	diste	darás	darías	des	dieras	no des
dado	da	daba	dio	dará	daría	dé	diera	dé usted
	damos	dábamos	dimos	daremos	daríamos	demos	diéramos	demos
	dais	dabais	disteis	daréis	daríais	deis	dierais	den Uds.
	dan	daban	dieron	darán	darían	den	dieran	

IRREGULAR VERBS (CONTINUED)

Infinitive Present Participle Past Partciple	Indicative					Subjunctive		Imperative
	Present	Imperfect	Preterite	Future	Conditional	Present	Imperfect	
decir diciendo dicho	digo dices dice decimos decís dicen	decía decías decía decíamos decíais decían	dije dijiste dijo dijimos dijisteis dijeron	diré dirás dirá diremos diréis dirán	diría dirías diría diríamos diríais dirían	diga digas diga digamos digáis digan	dijera dijeras dijera dijéramos dijerais dijeran	di tú, no digas diga usted digamos digan Uds.
estar estando estado	estoy estás está estamos estáis están	estaba estabas estaba estábamos estabais estaban	estuve estuviste estuvo estuvimos estuvisteis estuvieron	estaré estarás estará estaremos estaréis estarán	estaría estarías estaría estaríamos estaríais estarían	esté estés esté estemos estéis estén	estuviera estuvieras estuviéramos estuviera estuvierais estuvieran	está tú, no estés esté usted estemos estén Uds.
haber habiendo habido	he has ha hemos habéis han	había habías había habíamos habíais habían	hube hubiste hubo hubimos hubisteis hubieron	habré habrás habrá habremos habréis habrán	habría habrías habría habríamos habríais habrían	haya hayas haya hayamos hayáis hayan	hubiera hubieras hubiera hubiéramos hubierais hubieran	
hacer haciendo hecho	hago haces hace hacemos hacéis hacen	hacía hacías hacía hacíamos hacíais hacían	hice hiciste hizo hicimos hicisteis hicieron	haré harás hará haremos haréis harán	haría harías haría haríamos haríais harían	haga hagas haga hagamos hagáis hagan	hiciera hicieras hiciera hiciéramos hicierais hicieran	haz tú, no hagas haga usted hagamos hagan Uds.
ir yendo ido	voy vas va vamos vais van	iba ibas iba íbamos ibais iban	fui fuiste fue fuimos fuisteis fueron	iré irás irá iremos iréis irán	iría irías iría iríamos iríais irían	vaya vayas vaya vayamos vayáis vayan	fuera fueras fuera fuéramos fuerais fueran	ve tú, no vayas vaya usted vamos (no vayamos) vayan Uds.

Irregular Verbs (continued)

Infinitive Present Participle Past Partciple	Indicative					Subjunctive		Imperative
	Present	Imperfect	Preterite	Future	Conditional	Present	Imperfect	
oír oyendo oído	oigo oyes oye oímos oís oyen	oía oías oía oíamos oíais oían	oí oíste oyó oímos oístes oyeron	oiré oirás oirá oiremos oiréis oirán	oiría oirías oiría oiríamos oiríais oirían	oiga oigas oiga oigamos oigáis oigan	oyera oyeras oyera oyéramos oyerais oyeran	oye tú, no oigas oiga usted oigamos oigan Uds.
poder pudiendo podido	puedo puedes puede podemos podéis pueden	podía podías podía podíamos podíais podían	pude pudiste pudo pudimos pudisteis pudieron	podré podrás podrá podremos podréis podrán	podría podrías podría podríamos podríais podrían	pueda puedas pueda podamos podáis puedan	pudiera pudieras pudiera pudiéramos pudierais pudieran	
poner poniendo puesto	pongo pones pone ponemos ponéis ponen	ponía ponías ponía poníamos poníais ponían	puse pusiste puso pusimos pusisteis pusieron	pondré pondrás pondrá pondremos pondréis pondrán	pondría pondrías pondría pondríamos pondríais pondrían	ponga pongas ponga pongamos pongáis pongan	pusiera pusieras pusiera pusiéramos pusierais pusieran	pon tú, no pongas ponga usted pongamos pongan Uds.
querer queriendo querido	quiero quieres quiere queremos queréis quieren	quería querías quería queríamos queríais querían	quise quisiste quiso quisimos quisisteis quisieron	querré querrás querrá querremos querréis querrán	querría querrías querría querríamos querríais querrían	quiera quieras quiera queramos queráis quieran	quisiera quisieras quisiera quisiéramos quisiérais quisieran	quiere tú, no quieras quiera usted queramos quieran Uds.
saber sabiendo sabido	sé sabes sabe sabemos sabéis saben	sabía sabías sabía sabíamos sabíais sabían	supe supiste supo supimos supisteis supieron	sabré sabrás sabrá sabremos sabréis sabrán	sabría sabrías sabría sabríamos sabríais sabrían	sepa sepas sepa sepamos sepáis sepan	supiera supieras supiera supieramos supiérais supieran	sabe tú, no sepas sepa usted sepamos sepan Uds.
salir saliendo salido	salgo sales sale salimos salís salen	salía salías salía salíamos salíais salían	salí saliste salió salimos salisteis salieron	saldré saldrás saldré saldremos saldréis saldrán	saldría saldrías saldría saldríamos saldríais saldrían	salga salgas salga salgamos salgáis salgan	saliera salieras saliera saliéramos salierais salieran	sal tú, no salgas salga usted salgamos salgan Uds.

Irregular Verbs (continued)

Infinitive Present Participle Past Partciple	Indicative					Subjunctive		Imperative
	Present	Imperfect	Preterite	Future	Conditional	Present	Imperfect	
ser siendo sido	soy eres es somos sois son	era eras era éramos erais eran	fui fuiste fue fuimos fuisteis fueron	seré serás será seremos seréis serán	sería serías sería seríamos seríais serían	sea seas sea seamos seáis sean	fuera fueras fuera fuéramos fuerais fueran	sé tú, no seas sea usted seamos sean Uds.
tener teniendo tenido	tengo tienes tiene tenemos tenéis tienen	tenía tenías tenía teníamos teníais tenían	tuve tuviste tuvo tuvimos tuvisteis tuvieron	tendré tendrás tendrá tendremos tendréis tendrán	tendría tendrías tendría tendríamos tendríais tendrían	tenga tengas tenga tengamos tengáis tengan	tuviera tuvieras tuviera tuviéramos tuvierais tuvieran	ten tú, no tengas tenga usted tengamos tengan Uds.
traer trayendo traído	traigo traes trae traemos traéis traen	traía traías traía traíamos traíais traían	traje trajiste trajo trajimos trajisteis trajeron	traeré traerás traerá traeremos traeréis traerán	traería traerías traería traeríamos traeríais traerían	traiga traigas traiga traigamos traigáis traigan	trajera trajeras trajera trajéramos trajerais trajeran	trae tú, no traigas traiga usted traigamos traigan Uds.
vengo viniendo venido	vengo vienes viene venimos venís vienen	venía venías venía veníamos veníais venían	vine viniste vino vinimos vinisteis vinieron	vendré vendrás vendrá vendremos vendréis vendrán	vendría vendrías vendría vendríamos vendríais vendrían	venga vengas venga vengamos vengáis vengan	viniera vinieras viniera viniéramos vinierais vinieran	ven tú, no vengas venga usted vengamos vengan Uds.
ver viendo visto	veo ves ve vemos véis ven	veía veías veía veíamos veíais veían	vi viste vio vimos visteis vieron	veré verás verá veremos veréis verán	vería verías vería veríamos veríais verían	vea veas vea veamos veáis vean	viera vieras viera viéramos vierais vieran	ve tú, no veas vea usted veamos vean Uds.

Stem-changing and Orthographic-changing Verbs

Infinitive Present Participle Past Partciple	Indicative					Subjunctive		Imperative
	Present	Imperfect	Preterite	Future	Conditional	Present	Imperfect	
incluir (y) incluyendo incluido	incluyo incluyes incluye incluimos incluís incluyen	incluía incluías incluía incluíamos incluíais incluían	incluí incluiste incluyó incluimos incluisteis incluyeron	incluiré incluirás incluirá incluiremos incluiréis incluirán	incluiría incluirías incluiría incluiríamos incluiríais incluirían	incluya incluyas incluya incluyamos incluyáis incluyan	incluyera incluyeras incluyera incluyéramos incluyerais incluyeran	incluye tú, no incluyas incluya usted incluyamos incluyan Uds.
dormir (ue, u) durmiendo dormido	duermo duermes duerme dormimos dormís duermen	dormía dormías dormía dormíamos dormíais dormían	dormí dormiste durmió dormimos dormisteis durmieron	dormiré dormirás dormirá dormiremos dormiréis dormirán	dormiría dormirías dormiría dormiríamos dormiríais dormirían	duerma duermas duerma durmamos durmáis duerman	durmiera durmieras durmiera durmiéramos durmierais durmieran	duerme tú, no duermas duerma usted durmamos duerman Uds.
pedir (i, i) pidiendo pedido	pido pides pide pedimos pedís piden	pedía pedías pedía pedíamos pedíais pedían	pedí pediste pidió pedimos pedisteis pidieron	pediré pedirás pedirá pediremos pediréis pedirán	pediría pedirías pediría pediríamos pediríais pedirían	pida pidas pida pidamos pidáis pidan	pidiera pidieras pidiera pidiéramos pidierais pidieran	pide tú, no pidas pida usted pidamos pidan Uds.
pensar (ie) pensando pensado	pienso piensas piensa pensamos pensáis piensan	pensaba pensabas pensaba pensábamos pensabais pensaban	pensé pensaste pensó pensamos pensasteis pensaron	pensaré pensarás pensará pensaremos pensaréis pensarán	pensaría pensarías pensaría pensaríamos pensaríais pensarían	piense pienses piense pensemos penséis piensen	pensara pensaras pensara pensáramos pensarais pensaran	piensa tú, no pienses piense usted pensemos piensen Uds.

Stem-changing and Orthographic-changing Verbs (continued)

Infinitive Present Participle Past Partciple	Indicative					Subjunctive		Imperative
	Present	Imperfect	Preterite	Future	Conditional	Present	Imperfect	
producir (zc) produciendo producido	produzco produces produce producimos producís producen	producía producías producía producíamos producíais producían	produje produjiste produjo produjimos produjisteis produjeron	produciré producirás producirá produciremos produciréis producirán	produciría producirías produciría produciríamos produciríais producirían	produzca produzcas produzca produzcamos produzcáis produzcan	produjera produjeras produjera produjéramos produjerais produjeran	produce tú, no produzcas produzca usted produzcamos produzcan Uds.
reír (i, i) riendo reído	río ries ríe reímos reís ríen	reía reías reía reíamos reíais reían	reí reíste rio reímos reísteis rieron	reiré reirás reirá reiremos reiréis reirán	reiría reirías reiría reiríamos reiríais reirían	ría rías ría riamos riáis rían	riera rieras riera riéramos rierais rieran	ríe tú, no rías ría usted riamos rían Uds.
seguir (i, i) (ga) siguiendo seguido	sigo sigues sigue seguimos seguís siguen	seguía seguías seguía seguíamos seguíais seguían	seguí seguiste siguió seguimos seguisteis siguieron	seguiré seguirás seguirá seguiremos seguiréis seguirán	seguiría seguirías seguiría seguiríamos seguiríais seguirían	siga sigas siga sigamos sigáis sigan	siguiera siguieras siguiera siguiéramos siguierais siguieran	sigue tú, no sigas siga usted sigamos sigan Uds.
sentir (ie, i) sintiendo sentido	siento sientes siente sentimos sentís sienten	sentía sentías sentía sentíamos sentíais sentían	sentí sentiste sintió sentimos sentisteis sintieron	sentiré sentirás sentirá sentiremos sentiréis sentirán	sentiría sentirías sentiría sentiríamos sentiríais sentirían	sienta sientas sienta sintamos sintáis sientan	sintiera sintieras sintiera sintiéramos sintierais sintieran	siente tú, no sientas sienta usted sintamos sientan Uds.
volver (ue) volviendo vuelto	vuelvo vuelves vuelve volvemos volvéis vuelven	volvía volvías volvía volvíamos volvíais volvían	volví volviste volvió volvimos volvisteis volvieron	volveré volverás volverá volveremos volveréis volverán	volvería volverías volvería volveríamos volveríais volverían	vuelva vuelvas vuelva volvamos volváis vuelvan	volviera volvieras volviera volviéramos volvierais volvieran	vuelve tú, no vuelvas vuelva usted volvamos vuelvan Uds.

APPENDIX 3
SUPPLEMENTARY VOCABULARY

In the main text we aimed to present a general body of vocabulary that will be useful wherever you travel in the Spanish-speaking world. In this Supplementary Vocabulary, however, we have provided a ready reference for you to personalize and enhance your Spanish. The Supplementary Vocabulary corresponds as closely as possible to the organization of the divisions and function lists of each chapter. Each lesson parte begins with synonyms and variations of words presented in the chapter and is followed by a list of expressions and other function lists that are topically related to it.

LECCIÓN 1 / PRIMERA PARTE

SYNONYMS/VARIATIONS

más o menos = así, así
muchas gracias = mil gracias

GREETINGS

How 'ya doin'.	**¿Cómo andas? (fam.)**
How are you this morning (literally, *How did you wake up?*)	**¿Qué tal amaneciste?** (fam.)
How are you this morning?	**¿Qué tal amaneció?** (formal)
What's new?	**¿Qué hay de nuevo?**

TITLES

Dr.	**doctor(a)**
sir (term of respect)	**don**
madam (term of respect)	**doña**

LECCIÓN 1 / SEGUNDA PARTE

SYNONYMS/VARIATIONS

Conteste(n). = Responda(n).
el español = el castellano
marrón = color café, pardo, castaño
la pizarra = el pizarrón, el tablero

COMMON TEACHER PHRASES

Be quiet.	**Cálle(n)se.**
Get into groups of...	**Pónganse en (Formen grupos de...**
Quiet!	**¡Silencio!**
Review...	**Repase(n)...**
Sit down.	**Siénte(n)se.**
Speak quietly (softly).	**Hable(n) en voz baja.**

COMMON STUDENT PHRASES/QUESTIONS

How do you say...in Spanish?	**¿Cómo se dice... en español?**
How do you spell...?	**¿Cómo se escribe...? ¿Cómo se deletrea...?**
I'm sorry, I don't know.	**Lo siento, no sé.**
In Spanish or in English?	**¿En español o en inglés?**
What does...mean?	**¿Qué significa...? ¿Qué quiere decir...?**

COLORS

beige	**beige, de color beige**
dark	**oscuro** (e.g., **azul oscuro = dark blue)**
golden	**dorado(a)**
light	**claro (e.g., azul claro = light blue)**
navy blue	**azul marino**
olive green	**verde olivo**
silvery	**plateado**
sky blue	**azul celeste**

LECCIÓN 2 / PRIMERA PARTE

SYNONYMS/VARIATIONS

delgado(a) = flaco(a)
simpático(a) = amable
los padres = los papás

NATIONALITIES
CENTRAL AND SOUTH AMERICAN

Bolivian	**boliviano(a)**
Brazilian	**brasileño(a)**
Costa Rican	**costarricense**
Ecuadorian	**ecuatoriano(a)**
Guatemalan	**guatemalteco(a)**
Honduran	**hondureño(a)**
Nicaraguan	**nicaragüense**
Paraguayan	**paraguayo(a)**
Peruvian	**peruano(a)**
Salvadoran	**salvadoreño(a)**
Uruguayan	**uruguayo(a)**

Other nationalities

Afghan	**afgano(a)**
Algerian	**argelino(a)**
Australian	**australiano(a)**
Austrian	**austriaco(a)**
Belgian	**belga**
Bulgarian	**búlgaro(a)**
Canadian	**canadiense**
Chinese	**chino(a)**
Czech	**checo(a)**
Danish	**danés(esa)**
Dutch	**holandés(esa)**
Egyptian	**egipcio(a)**
Ethiopian	**etíope**
Finnish	**finlandés(esa)**
French	**francés(esa)**
German	**alemán(ana)**
Greek	**griego(a)**
Haitian	**haitiano(a)**
Hungarian	**húngaro(a)**
Indian	**indio(a)**
Iranian	**iraní, iranio(a)**
Iraqi	**iraquí**
Irish	**irlándés(esa)**
Israeli	**israelí**
Italian	**italiano(a)**
Jamaican	**jamaiquino(a)**
Japanese	**japonés(esa)**
Lebanese	**libanés(esa)**
Korean	**coreano(a)**
Moroccan	**marroquí**
New Zealander	**neocelandés(esa)**
Nigerian	**nigeriano(a)**
Norwegian	**noruego(a)**
Philippines	**filipino(a)**
Portuguese	**portugués(esa)**
Rumanian	**rumano(a)**
Saudi Arabian	**árabe saudita (saudí)**
Scottish	**escocés(esa)**
Slovakian	**eslovaco(a)**
Sudanese	**sudanés(esa)**
Swedish	**sueco(a)**
Swiss	**suizo(a)**
Thai	**tailandés(esa)**
Vietnamese	**vietnamita**
Yugoslav	**yugoslavo(a)**

LECCIÓN 2 / SEGUNDA PARTE

Synonyms/variations

conversar = charlar, platicar (Méx.)

LECCIÓN 3 / PRIMERA PARTE

General university-related expressions

degree	**el título**
diploma	**el diploma**
final exam	**el examen final**
midterm (U.S.) exam	**el examen parcial**
quarter	**el trimestre**
roommate	**el (la) compañero(a) de cuarto**
to follow a course of study	**cursar**
to fail an exam	**no aprobar/suspender un examen**
to pass an exam	**aprobar un examen**
to have an exam	**tener un examen**

Phrases/expressions for the academic environment

I have a horrible schedule this semester.	**Tengo un horario espantoso este semestre.**
What luck! Professor Solar never takes attendance.	**¡Qué suerte! La profesora Solar nunca pasa lista.**
What's your major?	**¿Cuál es tu especialización?**
My major is…	**Mi especialización es…**
How expensive books are here!	**¡Qué caros son los libros aquí!**

Academic subjects

agronomy	**la agronomía**
anthropology	**la antropología**
architecture	**la arquitectura**
astronomy	**la astronomía**
geometry	**la geometría**
humanities	**las humanidades**
linguistics	**la lingüística**
physics	**la física**
political science	**las ciencias políticas**
psychology	**la psicología**
social sciences	**las ciencias sociales**
theology	**la teología**

La biblioteca

(books) stacks	**la estantería**
almanac	**el almanaque**
atlas	**el atlas**
card catalog	**el fichero**
encyclopedia	**la enciclopedia**
librarian	**el (la) bibliotecario(a)**
magazine	**la revista**
reference book	**el libro de consulta**
reference library	**la biblioteca de consulta**
shelf	**el estante**

Time expressions

sundown	**el atardecer**
sunrise	**el amanecer**
early morning	**la madrugada**

LECCIÓN 3 / SEGUNDA PARTE

Synonyms/variations

beber = tomar
el jugo = el zumo
la lengua = el idioma

Phrases/expressions for use in a cafe

I would like cup of coffee, please.	**Quisiera un cafe, por favor.**
A coke for my friend, and a beer for me.	**Una coca-cola para mi amigo y una cerveza para mí.**
The check, please.	**La cuenta, por favor.**

Other university buildings

auditorium	**el auditorio**
chapel	**la capilla**
medical clinic	**la clínica médica**
observatory	**el observatorio**
stadium	**el estadio**

University officials

board of directors	**la junta directiva**
dean	**el (la) decano(a)**
full professor	**el (la) catedrático(a)**
president	**el (la) presidente(a)**
provost	**el (la) director(a)**
chancellor	**el (la) rector(a)**

LECCIÓN 4 / PRIMERA PARTE

Synonyms/variations

bonito(a) = precioso(a), mono(a), lindo(a)
mamá = mami
realmente = de veras, de verdad
papá = papi

Special greetings

Merry Christmas.	**Feliz Navidad. Felices pascuas**
Happy New Year.	**Feliz año, Feliz año nuevo.**
Happy Easter.	**Felices pascuas.**
Happy Birthday.	**Feliz cumpleaños.**
Congratulations!	**¡Felicidades! ¡Enhorabuena! ¡Felicitaciones!**

Holidays/festivals

All Saints' Day (Nov. 1)	**El Día de Todos los Santos**
All Soul's Day (Nov. 2)	**El Día de los Fieles Difuntos, El Día de los Muertos**
Carnival	**El Carnaval**
Christmans Eve	**La Nochebuena**
Christmas	**La(s) Navidad(es)**
Columbus Day (Oct. 12)	**El Día del Descubrimiento de América, El Día de la Raza**
Easter	**La Pascua Florida**
Epiphany (Jan. 6)	**El día de los Reyes, La Epifanía**
Father's Day	**El Día de los Padres**
Good Friday	**Viernes Santo**
Holy Thursday	**Jueves Santo**
Mother's Day	**El Día de las Madres**
New Year	**Año Nuevo**
Saint's Day	**El Día del Santo**
Valentines Day	**El Día de los Enamorados, El Día de San Valentín**
Passover	**La Pascua**

General

day care center	**la guardería, el jardín infantil**
divorce	**el divorcio**
godson, goddaughter	**el (la) ahijado(a)**
home	**el hogar**
in-law, related by marriage	**político(a) (adj.) (e.g., tío político = uncle by marriage)**
lineage, family relationship	**el parentesco**
marriage	**el casamiento**

LECCIÓN 4 / SEGUNDA PARTE

Synonyms/variations

aló, bueno = Dígame, Dime, Oigo
la función = el show, el espectáculo
¿Qué están presentando? = ¿Qué están dando (pasando)?

Phrases/expressions for the telephone

With whom do I have the pleasure? (formal)	**¿Con quién tengo el gusto?**

I would like to speak with...	**Me gustaría comunicarme con...** (formal)
One moment, please.	**Un momento, por favor.**
Who's calling?	**¿De parte de?**
May I speak with Alfredo, please. (informal)	**Con Alfredo, por favor.**
I'll put him (her) on.	**Se (Te) lo (la) paso.**

Events to which you get invited

baptism	**el bautismo**
engagement party	**la fiesta de compromiso**
first communion	**la primera comunión**
get-together	**la reunión**
graduation	**la graduación**
reception	**la recepción**
Saint's day party	**la fiesta del santo**
wedding	**la boda**

LECCIÓN 5 / PRIMERA PARTE

Synonyms/variations

el baúl = el maletero
la heladera = la nevera
el traje de baño = la trusa

Phrases/expressions for the beach

How beautiful!	**¡Qué bello(a)!**
How white this sand is!	**¡Qué blanca es la arena!**
The sea is very choppy.	**El mar está muy bravo.**
What great waves!	**¡Qué olas más buenas!**
You're so pale!	**¡Qué pálido estás!**
You're so tan!	**¡Qué bronceado(a)/ tostado(a)/ quemado(a) estás!**

Additional beach equipment

blanket	**la frazada, la manta**
bucket	**el cubo, el balde**
fishing net	**la red de pescar**
fishing pole	**la caña de pescar**
sail	**la vela**
sailboat	**el barco de vela**
shovel	**la pala**
suntan lotion	**la loción bronceadora**
water skis	**los esquís acuáticos**

Beach activities

to make sand castles	**hacer castillos de arena**
to sunbathe	**tomar el sol**
to play volley ball	**jugar al vólibol**
to play paddle ball	**jugar a la paleta**
to walk along the shore	**caminar por la orilla del mar**
to water ski	**esquiar en el mar/agua**
to fish	**pescar**
to watch the sun set	**ver la puesta del sol**
to watch the sun rise	**ver la salida del sol**

General

dry	**seco(a)**
horizon	**el horizonte**
humid	**húmedo(a)**
humidity	**la humedad**
shore	**la orilla (del mar)**
wet	**mojado(a)**

LECCIÓN 5 / SEGUNDA PARTE

Phrases/expressions about sports

What bad luck! They always end up in a tie.	**¡Qué mala suerte! Siempre terminan empatados.**
What balance she has!	**¡Qué equilibrio tiene!**
I bet you that horse #12 wins in this race.	**Te apuesto que en esta carrera gana el caballo doce.**
The only thing my husband/wife does is watch sports on T.V.	**Lo único que hace mi esposo(a) es ver deportes en la tele.**
I hate sports.	**Odio los deportes.**
My father is a rugby fan.	**Mi padre es fanático del rugby.**

Sports and sports-related terminology

Verbs

to jog	**trotar**
to pass	**pasar**
to serve (a ball)	**sacar**
to tackle	**atajar (soccer)**

Nouns

bowling	**el boliche, el juego de bolos**
fencing	**la esgrima**
field	**el campo**
foward pass	**el pase adelantado**
game (a match)	**el partido**
goal post	**el poste**
goal	**el gol, la meta**
home run	**el jonrón**

meet	**el concurso, la competencia**
net	**la red**
pass	**el pase**
point	**el punto, el tanto**
race	**la carrera**
skating	**el patinaje**
spectator	**el (la) espectador(a)**
tie	**el empate**
wrestling	**la lucha**
rugby	**el rugby**

BASEBALL POSITIONS

catcher	**el receptor, el atrapador**
first baseman	**el primera base**
second baseman	**el segunda base**
third baseman	**el tercera base**
shortstop	**el entrebases**
pitcher	**el lanzador**
left fielder	**el jardinero izquierdo**
center fielder	**el jardinero central**
right fielder	**el jardinero derecho**

LECCIÓN 6 / PRIMERA PARTE

SYNONYMS/VARIATIONS

el (la) camarero(a) = el (la) mozo(a)
la carne medio cruda = la carne a punto
la legumbre = la verdura, el vegetal
el sándwich = el bocadillo, el emparedado

PHRASES/EXPRESSIONS ABOUT BUYING FOOD

I'd like a half kilo of tomatoes and two kilos of onions.	**Me da medio kilo de tomates y dos kilos de cebollas.**
Please slice the cheese thin.	**Por favor, me corta el queso en rebanadas finas.**
Carlitos, get me a bottle of mineral water and a container of milk	**Carlitos, búscame una botella de agua mineral y un recipiente de leche.**
I always do the grocery shopping late at night.	**Siempre hago las compras en el mercado tarde por la noche.**
Elvira, go to the corner store and get me two lemons.	**Elvira, ve a la tienda de la esquina y consígueme dos limones.**

SOME TYPICAL DISHES

A Cuban dish of shredded beef with tomato sauce, green peppers, garlic and onions.	**la ropa vieja**
A Spanish dish of rice with seafood, pork, chicken and other meats and vegetables.	**la paella**
An Argentine dinner consisting of grilled meat and innards from all parts of the steer.	**la parrillada**
Mexican peppers filled with meat and cheese, served with a white sauce.	**los chiles poblanos**
A very darkly colored, thick vegetable and plantain soup with pork or beef from the Dominican Republic.	**el sancocho prieto**
A Venezuelan fried dough, something like a fritter.	**las arepas**
A Nicaraguan dish of rice and kidney beans.	**el gallo pinto**
A Chilean pot pie-like dish whose main ingredient is corn.	**el pastel de choclo**
A typical sandwich of Uruguay with many variations; the basic version is made with grilled steak, tomato and lettuce on a special roll.	**el chivito**
A thick Colombian stew-like dish consisting of vegetables and meat.	**el puchero**

PESCADOS Y MARISCOS

clam	**la almeja**
crab	**el cangrejo**
hake	**la merluza**
mussel	**el mejillón**
octopus	**el pulpo**
oyster	**la ostra, el ostión**
prawn	**el langostino**
red snapper	**el pargo, el huachinango (Mex.)**
sole	**el lenguado**
squid	**el calamar**
trout	**la trucha**

Carnes

lamb	**el cordero**

Vegetables

alfalfa sprouts	**la alfalfa**
artichoke	**la alcachofa**
avocado	**el aguacate**
beet	**la remolacha**
cabbage	**la col, el repollo**
cassava	**la yuca**
cauliflower	**la coliflor**
celery	**el apio**
corn	**el maíz**
cucumber	**el pepino**
eggplant	**la berenjena**
jícama	**la jícama**
lima beans	**las habas limas**
lentils	**las lentejas**
mushroom	**el champiñón, la seta, el hongo**
peas	**los guisantes**
radish	**el rábano**
spinach	**la espinaca**
taro root	**la malanga**
turnip	**el nabo**
watercress	**el berro**
yam	**el boniato**

Fruit

apricot	**el albaricoque, el damasco, el chabacano**
blackberry	**la zarzamora**
coconut	**el coco**
cherry	**la cereza**
fig	**el higo**
grapefruit	**la toronja, el pomelo**
guava	**la guayaba**
mango	**el mango**
papaya	**la papaya**
peach	**el durazno, el melocotón**
pineapple	**la piña, el ananá**
plum	**la ciruela**
pomegranate	**la granada**
raspberry	**la frambuesa**
sour cherry (Maraschino)	**la guinda**

Beverages

capuccino	**el capuchino**
champagne	**la champaña, el champán**
strong coffe with a little milk	**el café cortado**
sherry	**el jerez**

LECCIÓN 6 / SEGUNDA PARTE

Synonyms/variations

la cazuela = la caserola
el fuego = la candela
el recipiente = la fuente

Expressions when dining at someone's home

No, thank you. I'm full.	**No, gracias. Ya estoy satisfecho(a).**
The meal is exquisite.	**La camida está exquisita.**
Could you pass the salt, please?	**¿Me puede psar la sal, por favor?**
Just a little.	**Un poco/poquito, nada más.**
Yes, I would like a little more…	**Sí, quisiera un poco más de…**
Yes, I'll try it.	**Sí, déjame/déjeme probarlo.**

Cooking terminology

Verbs

to bread	**empanizar**
to brown	**dorar**
to crush (to pound)	**machacar**
to grate	**rayar**
to grease	**engrasar**
to grind	**moler (ue)**
to heat	**calentar (ie)**
to knead	**amasar**
to melt	**derretir (i)**
to rinse	**enjuagar**
to sautée	**sofreír (i)**
to season	**sazonar**
to sift	**cernir (ie)**
to soak	**remojar (poner, dejar en remojo)**
to stir	**revolver (ue)**
to stuff	**rellenar**

Nouns

aluminum foil	**el papel de aluminio**
baking powder	**el polvo de levadura**
collander	**el colador**
condensed milk	**la leche condensada**
cornstarch	**la maicena, la harina fina de maíz**
double boiler	**el baño de María**
flour	**la harina**
melted butter	**la mantequilla derretida**
toothpick	**el palillo de dientes**
wax paper	**el papel encerado**

Herbs and spices

basil	**la albahaca**
bay leaves	**las hojas de laurel**
capers	**las alcaparras**
cinnamon	**la canela**
chives	**las cebolletas**
cloves (ground)	**el clavo (molido)**
cumin	**el comino**
curry	**el curry**
ginger	**el jengibre**
leek	**el puerro**
mustard	**la mostaza**
nutmeg	**la nuez moscada**
parsley	**el perejil**
tarragon	**el estragón**
vanilla	**la vainilla**

LECCIÓN 7 / PRIMERA PARTE

Synonyms/variations

el abrigo = **el sobretodo, la gabardina**
el cinturón = **el cinto**
la chaqueta = **la americana** (Col.), **la campera** (Arg.), **la chamarra (Mex.)**
la falda = **la saya**
el impermeable = **la capa de agua, el piloto** (Arg.)
los jeans = **los vaqueros, los mahones, los pantalones de mezclilla**

Useful shopping expressions

It's the latest (fashion)!	**¡Es lo último!**
It makes me look fat/skinny/tall.	**Me hace ver gordo(a)/flaco(a)/alto(a).**
How handsome/pretty you look.	**¡Qué bonito(a) luces!**
Well, it doesn't become you.	**Pues, no te favorece.**
Do you accept credit cards?	**¿Se aceptan tarjetas de crédito?**
I'm sorry. You have to pay in cash.	**Lo siento. Hay que pagar al contado/en efectivo.**
It's already gone out of style.	**Ya pasó de moda.**

Clothes

brassiere	**el sostén**
panties	**las pantaletas, las bragas**
sweat shirt	**la sudadera**
tuxedo	**el smóking, el esmoquin, la etiqueta**
underwear (bottoms)	**la ropa interior (gen.), elcalzón, los calzoncillos**

Materials

flannel	**la franela**
lace	**el encaje**
linen	**el hilo, el lino**
nylón	**el nilón**
polyester	**el poliéster**
rayon	**el rayón**
velvet	**el terciopelo**

Places to shop

boutique	**la boutique**
grocery store, wine shop	**la bodega**
grocery store	**tienda de abarrotes**
small local convenience store	**el colmado**
small shop/store in a market	**el local**
supermarket	**el supermercado**
vendor's stand	**el puesto**

Accessories

brooch, pin	**el prendedor, el broche**
cap	**el (la) gorro(a)**
handkerchief	**el pañuelo**
heels, high-heels	**los tacos, los tacones**
scarf	**la bufanda**
suspenders	**los tirantes**

LECCIÓN 7 / SEGUNDA PARTE

Synonyms/variations

el anillo = **la sortija**
hacer(le) juego = **pegar**

Types of stores/shops

bakery (for pastries)	**la repostería**
bakery (for bread)	**la panadería**
chocolate shop	**la chocolatería**
dry cleaner	**la tintorería**
furniture store	**la mueblería**
hair salon	**la peluquería**
hardware store	**la ferretería**
stationary store	**la papelería**
tobacco shop	**la tabaquería**
toy store	**la juguetería**

LECCIÓN 8 / PRIMERA PARTE

SYNONYMS/VARIATIONS

el (la) aduanero(a) = el (la) agente de aduana
la azafata = el (la) aeromozo(a), el (la) sobrecargo
el hospedaje = el alojamiento
la llegada = el arribo
la maleta = la valija
la torre de mando = la torre de control

TRAVEL EXPRESSIONS

I would like to confirm my reservation.	**Quisiera confirmar mi reservación.**
I would like to change my ticket/flight.	**Me gustaría cambiar mi pasaje.**
One of my suitcases got lost.	**Se me perdió una maleta.**
Flight 224 will arrive early (ahead of schedule).	**El vuelo 224 llegará adelantado.**
Do you have a flight schedule? (timetable)	**¿Tiene Ud. un itinerario de vuelo?**
Please put your seatbacks in their upright position in preparation for landing.	**Favor de poner sus asientos en posición vertical en preparación para el aterrizaje.**
Go through immigration first; have your visa and passport ready (in your hand).	**Pasen primero por inmigración; tengan el visado y el pasaporte en la mano.**
Do you have anything to declare?	**¿Tiene Ud. algo que declarar?**
There's no room in this bus.	**No hay lugar en este autobús.**
Do we be dare to cross the creek?	**¿Nos atrevemos a cruzar el arroyo?**
We'll get together on the other side.	**Nos juntamos en el otro lado.**

AIRPORT/AIRPLANES

airline	**la línea aérea**
control tower	**la torre de mando**
delay	**la demora**
flap (on wing)	**el alerón**
hangar	**el hangar**
immigration	**la inmigración**
information board	**el tablero**
landing gear	**el tren de aterrizaje**
life preserver	**el salvavidas**
light (small) aircraft	**la avioneta**
money exchange	**la casa de cambio**
propeller	**la hélice**
runway	**la pista**
tourist card	**la tarjeta de turista**
tray	**la bandeja**
visa	**el visado**

LECCIÓN 8 / SEGUNDA PARTE

SYNONYMS/VARIATIONS

asolearse = broncearse, quemarse, tomar el sol
escalar montañas = trepar montañas
la estadía = la estancia
las gafas = los lentes, los espejuelos, los anteojos
¡Qué lástima! = ¡Qué pena!

TOURIST EXPRESSIONS

No thanks, I prefer traveling on my own.	**No gracias, prefiero viajar por mi cuenta.**
Could you take us to...	**Nos puede llevar a...**
That exhibit was awful (a disaster).	**Esa exhibición fue un desastre.**
What a waste of time!	**¡Qué pérdida de tiempo!**
It's the most...I've seen in my life. [e.g., beautiful, boring].	**Es lo más...que he visto en mi vida. [p. ej., bello, interesante, aburrido].**

OTHER COMMON TOURIST SPOTS

botanical gardens	**el jardín botánico**
catacombs	**las catacumbas**
cathedral	**la catedral**
cemetery	**el cementerio**
handicrafts gallery	**el centro de artesanía**
mines of salt, gold, precious stones	**las minas de sal, oro, piedras preciosas**
pyramid	**la pirámide**
ruins	**las ruinas**
temple	**el templo**
zoo	**el (parque) zoológico**

COMMON TOURIST/VACATION ACTIVITIES

to rent a car	**alquilar un carro (coche, auto)**
to write postcards	**escribir tarjetas postales**
to go camping	**hacer camping, acampar**
to take a tour	**hacer turismo**
to play in a casino	**jugar en un casino**
to row (a boat)	**remar (un bote)**
to go up by funicular (train for very steep mountains)	**subir en funicular**
to go up by cable car	**subir en teleférico**
to do "touristy" things	**turistear, hacer de turista**

to sail (a small boat)	**velear, montar en bote de vela**
to see a folkloric show	**ver un espectáculo folclórico**

LECCIÓN 9 / PRIMERA PARTE

SYNONYMS/VARIATIONS

afeitarse = rasurarse
la cara = el rostro (more formal)
el lápiz labial = el pintalabios, la pintura de labios

EXPRESSIONS OF PERSONAL CARE

I have to get my hair cut.	**Me tengo que cortar el pelo.**
My alarm didn't go off.	**No sonó el despertador.**
I hate waking up to an alarm clock; I prefer music.	**Odio despertarme con la alarma; prefiero la música.**
John always arrives at the office well-groomed.	**Juan siempre llega a la oficina muy bien arreglado.**

MAKEUP

eyeliner	**el delineador**
eyeshadow	**la sombra**
lipstick	**el pintalabios, la pintura de labios**
mascara	**el rimel, el tinte para las pestañas**
powder	**el polvo**

PERSONAL CARE ITEMS

conditioner	**el acondicionador**
dental floss	**el hilo dental**
hair dye	**el tinte**
hair roller	**el rulo**
hair spray	**la laca**
nail file	**la lima**
nailpolish remover	**la acetona, el quitaesmalte**
tweezers	**las pinzas**

HAIR

bald	**calvo(a)**
baldness	**la calvicie**
beard	**la barba**
braid	**la trenza**
curls	**los rizos, los bucles**
curly hair	**el pelo rizado**
straight hair (limp)	**el pelo lacio**
highlights	**las mechas**
moustache	**el bigote**
permanent	**el permanente**
sideburns	**las patillas**
wavy hair	**el pelo ondulado**
wig	**la peluca, el tupé**

LECCIÓN 9 / SEGUNDA PARTE

SYNONYMS/VARIATIONS

barrer el piso = pasar la escoba
cocinar la carne = preparar la carne
el cuarto = el dormitorio, la alcoba
el cubo = el balde
hacer la cama = tender la cama
la hierba = el césped, el pasto, la grama
lavar los platos = fregar
lavar la ropa = hacer el lavado
ordenar = recoger
sacudir el polvo de los muebles = pasar el plumero

EXPRESSIONS FOR THE HOME

Plumbers charge so much money nowadays!	**¡Qué caro cobran los plomeros (fontaneros, cañeros) hoy en día!**
I don't have enough money to pay the rent this month.	**No tengo dinero suficiente para pagar el alquiler de este mes.**
Should we take out a second mortgage on the house?	**¿Le sacamos una segunda hipoteca a la casa?**
The toilet got clogged up on me.	**Se me tupió el inodoro.**
S/he doesn't even know how to change a light bulb!	**¡No sabe ni poner un bombillo!**
My nephews left the house a mess.	**Mis sobrinos me dejaron la casa hecha un desorden.**
We have to call the...	**Hay que llamar al (a la)...**
carpinter	**carpintero(a)**
decorator	**decorador(a)**
electrician	**electricista**
exterminator	**fumigador(a)**
gardener	**jardinero(a)**
painter	**pintor(a)**
plumber	**plomero(a)**
superintendent	**administrador(a)**

Parts of the house

(bathroom) sink	**el lavabo**
attic	**el ático**
balcony	**el balcón**
basement	**el sótano**
bathtub	**la bañadera, la tina**
closet	**el clóset**
door	**la puerta**
doorbell	**el timbre**
electrical outlet	**el enchufe**
faucet	**le pila, el grifo**
fence	**la verja, la cerca**
fireplace	**la chimenea**
foyer, entryway	**la entrada**
kitchen sink	**el fregadero**
mailbox	**el buzón**
roof	**el techo**
swimming pool	**la piscina, la alberca, la pileta**
stairs	**la escalera**
stove	**la estufa, el hornillo, la cocina**
toilet bowl	**el inodoro, el retrete**

Furniture

armchair	**la butaca**
china cabinet	**el aparador**
rocking chair	**la mecedora**

Household chores

to paint the walls	**pintar las paredes**
to take the dog out for a walk	**sacar al perro a pasear**
to serve the meal	**servir la comida**
to raise the blinds	**subir las persianas**
to throw out the garbage	**botar la basura**
to open the drapes	**abrir las cortinas**
to wax the floor	**encerar el piso**

Household appliances and accessories

bedspread	**la cubrecama, la sobrecama**
blender	**la licuadora**
coffepot	**la cafetera**
cushion	**el cojín**
dish rack	**el escurreplatos**
electric mixer	**la batidora**
freezer	**el congelador**
hanger	**el perchero, la percha**
ironing board	**la tabla de planchar**
mattress	**el colchón**
microwave oven	**el horno microondas**
mop	**el palo de trapear**
pillow	**la almohada**
refrigerator	**la nevera, el refrigerador**
toaster	**la tostadora**

LECCIÓN 10 / PRIMERA PARTE

Synonyms/variations

la dieta = el régimen
el farmacéutico = el farmacólogo
el (la) paciente = el (la) enfermo(a)
la radiografía = los rayos X, la placa
el resfriado = el resfrío, el catarro
romperse = quebrarse, fracturarse
tener fiebre = tener calentura
tener náuseas = tener mareos

Medical-related expressions

Help!	**¡Socorro!**
I feel so bad!	**¡Qué mal me siento!**
I twisted my ankle.	**Me torcí el tobillo.**
It's a ver sharp pain.	**Es un dolor muy agudo.**
I have some discomfort.	**Tengo una molestia.**
S/he is suffocating.	**Se está ahogando/sofocando.**
What's wrong?	**¿Qué tiene?**

More body parts

artery	**la arteria**
back	**la espalda**
bladder	**la vejiga**
brain	**el cerebro**
buttocks	**las nalgas**
calf	**la pantorrillas**
cheek	**el cachete, la mejilla**
chin	**el mentón, la barbilla**
elbow	**el codo**
eyebrow	**la ceja**
eyelash	**la pestaña**
fist	**el puño**
thumb	**el pulgar (el dedo gordo)**
index finger	**el índice**
middle finger	**el dedo cordial (del corazón)**
ring finger	**el dedo anular**
little finger, pinky	**el meñique**
heel	**el talón**
hip	**la cadera**

jaw	**la mandíbula, la quijada**
joint	**la articulación, la coyuntura**
kidneys	**los riñones**
knuckle	**el nudillo**
large intestine	**el intestino grueso**
liver	**el hígado**
palm	**la palma**
skin	**la piel, la tez**
skull	**el cráneo**
small intestine	**el intestino delgado**
temple	**la sien**
thigh	**el muslo**
tonsils	**las amígdalas**
vein	**la vena**
wrist	**la muñeca**

Kinds of doctors

cardiologist	**el (la) cardiólogo(a)**
dentist	**el (la) dentista**
gynecologist	**el (la) ginecólogo(a)**
oncologist	**el (la) oncólogo(a)**
ophthalmologist	**el (la) oftalmólogo(a)**
pediatrician	**el (la) pedíatra**
radiologist	**el (la) radiólogo(a)**
surgeon	**el (la) cirujano**

Common illsnesses

AIDS	**el SIDA (síndrome de inmunodeficiencia adquirida)**
cancer	**el cáncer**
chicken pox	**la varicela**
diabetes	**la diabetes**
diarrhea	**la diarrea**
disentery	**la disentería**
heart attack (infarct)	**el infarto cardiaco**
heartburn	**la acidez**
hepatitis	**la hepatitis**
hypertension	**la hipertensión**
laryngitis	**la laringitis**
leukemia	**la leucemia**
measles	**el sarampión**
migrain (headache)	**la migraña**
mumps	**las paperas**
pneumonia	**la pulmonía**
rapid heart beat	**la taquicardia**
smallpox	**la viruela**
tetanus	**el tétano**
tonsillitis	**la amigdalitis**

General

discomfort	**el malestar**
dose	**la dosis**
healthy	**saludable, sano(a)**
to get hurt	**lastimarse, lesionarse**
infection	**la infección**
scar	**la cicatriz**

The hospital

bandage	**la venda**
blood pressure	**la presión sanguínea**
emergency room	**la sala de emergencia**
first aid	**los primeros auxilios**
gown, bathrobe	**la bata**
operating room	**la sala de operaciones, el quirófano**
paramedic	**el (la) paramédico(a)**
stethoscope	**el estetoscopio**
to be born	**nacer**
to take one's pressure	**tomarse la presión**
wound	**la herida**

LECCIÓN 10 / SEGUNDA PARTE

Synonyms/variations

las bebidas alcohólicas = los tragos
el cigarrillo = el cigarro

LECCIÓN 11 / PRIMERA PARTE

Synonyms/variations

el (la) cocinero = el (la) chef
el (la) contador(a) = el (la) contable
el desempleo = el paro
escribir a máquina = mecanografiar, escribir/pasar a maquinilla
el (la) médico(a) = el (la) doctor(a)
el plomero = el fontanero, el cañero

Office expressions

We have a meeting at 3 o'clock.	**Tenemos una reunión a las tres.**
I need his file.	**Necesito su expediente.**
Did the fax for me from Mr. Rivera arrive?	**¿Me llegó el fax del Sr. Rivera?**

Professions

archeologist	**el (la) arqueólogo(a)**
economist	**el (la) economista**
editor	**el (la) director(a)**
minister	**el (la) pastor, el (la) ministro**

pilot	**el (la) piloto(a)**
politician	**el (la) político(a)**
priest	**el cura, el padre, el sacerdote**
specialist	**el (la) especialista**
teacher	**el (la) maestro(a)**

Trades

butcher	**el (la) carnicero(a)**
seamstress	**la costurera**
shoemaker	**el (la) zapatero(a)**
tailor	**el sastre**

General

bill, invoice	**la factura**
businessman/woman	**el hombre/la mujer de negocios**
client	**el (la) cliente(a)**
to employ	**emplear**
executive	**el (la) ejecutivo(a)**
file folder	**el archivo, la carpeta**
invoice	**la factura**
office worker	**el (la) oficinista**
sales	**la venta, las ventas**
sales manager	**el (la) jefe(a) de ventas**
salesmanship	**el arte de vender**
workday	**la jornada de trabajo**

LECCIÓN 11 / SEGUNDA PARTE

Synonyms/variations

la agencia de empleos = la agencia de colocaciones
el (la) aspirante = el (la) solicitante
la bonificación = el aguinaldo
la calificación = la capacidad
el expediente = el archivo
el currículum vitae = la hoja de vida
el plan de retiro = el plan de jubilación
retirarse = jubilarse

Phrases/expressions about job searches

How often are raises given?	**¿A cada cuánto dan un aumento?**
No, I don't have a lot of sales experience, but I'm very enthusiastic.	**No, no tengo mucha experiencia en ventas, pero tengo mucho entusiasmo.**
Would you be willing to write a recommendation for me?	**¿Estaría Ud. dispuesto(a) a escribirme una recomendación?**
I worked in a law firm for four summers.	**Trabajé en un bufete de abogados cuatro veranos.**
In addition, I have a very good command of Spanish.	**Además, domino muy bien el español.**
I would like to work in a bilingual environment.	**Me gustaría trabajar en un ambiente bilingüe.**

General

advancement possibilities	**la posibilidad de ascenso**
career	**la carrera**
child care	**la guardería infantil**
educational benefits	**los beneficios educacionales**
flexible time	**las horas flexibles**
pension	**la pensión**
to retire	**jubilarse, retirarse**
sabbatical, to be on	**estar de sabático**
to show up (for work)	**reportarse (al trabajo)**
vacation, to be on	**estar de vacaciones**

LECCIÓN 12 / PRIMERA PARTE

Synonyms/variations

doblar a la... = girar a la..., agarrar a la...
endosar = firmar
enviar = mandar
el estanco = el kiosko, el puesto
el sello = la estampilla, el timbre

Phrases/expressions about banking and postal services

I would like to open a savings account.	**Quisiera abrir una cuenta de ahorros.**
What interest rate is it paying?	**¿Qué tipo de interés tiene?**
I hate having to balance my checkbook.	**Detesto tener que cuadrar la chequera.**
In my neighborhood, one needs a P.O. box.	**En mi barrio hace falta un apartado postal.**
How much postage is necessary for this package?	**¿Cuánto franqueo hace falta para este paquete?**

Banking expressions

to balance	**cuadrar**
banker	**el (la) banquero(a)**
bonds	**los bonos**
cash	**el efectivo**
certificate of deposit	**el depósito a plazo**
checkbook	**la chequera, el talonario de cheques**
deposit slip	**el formulario de depósito**
guard	**el (la) guardia**
interest	**los intereses**
interest rate	**la tasa (el tipo) de interés**

loan	**el préstamo**
mortgage	**la hipoteca**
passbook	**la libreta de banco**
stock market	**la bolsa**
stocks	**las acciones**
to borrow	**pedir prestado**
to invest	**invertir (ie, i)**
to lend	**prestar**
withdrawal slip	**el formulario de retiro**

POSTAL EXPRESSIONS

airmail	**el correo aéreo, por avión**
C.O.D.	**de cobro a la entrega**
delivery	**la entrega**
express mail	**el correo por expreso**
home delivery	**el reparto a domicilio**
mail carrier	**el (la) cartero(a)**
P.O. box	**el apartado postal**
package	**el paquete**
postage	**el franqueo**
special delivery	**la entrega inmediata**
to deliver	**entregar, repartir**

LECCIÓN 12 / SEGUNDA PARTE

SYNONYMS/VARIATIONS

el aire acondicionado = la climatización
el ascensor = el elevador
la camarera = la mucama
el casillero = el buzón
el lobby = el vestíbulo

PHRASES/EXPRESSIONS FOR HOTELS

I need for you to send someone; the bathroom floor has flooded.	**Necesito que manden a alguien; el piso del baño se inundó.**
There are roaches in the room.	**Hay cucarachas en la habitación.**
Yes, thank you. I would like it for tomorrow at 3 P.M.	**Sí, gracias. La/Lo quisiera para mañana a las 3 de la tarde.**
Is breakfast included (in the price) if I eat it in my room?	**¿Está el desayuno incluido si lo tomo en la habitación?**
Is there a sauna?	**¿Tienen un sauna?**
Where does the tour for...leave from?	**¿De dónde sale la excursión para...?**
Can I leave my suitcases for safekeeping?	**¿Se puede dejar las maletas en custodia?**

GENERAL

convention hall	**el salón de conferencias**
deluxe suite	**el suite de lujo**
double bed	**la cama doble (matrimonial)**
heat	**la calefacción**
ice	**el hielo**

LECCIÓN 13 / PRIMERA PARTE

SYNONYMS/VARIATIONS

los avisos clasificados = los anuncios clasificados
la esquela = el obituario, la nota necrológica, la nota mortuoria
la estación de radio = la emisora

PHRASES/EXPRESSIONS ABOUT MASS MEDIA

*We have to renew our subscription to **¡Hola!***	**Tenemos que renovar el la subscripción (el abono) de *¡Hola!***
I saw in El País that you sent a letter to the editor.	**Vi en El País que le mandaste una carta al director.**
Change the station; I can't stand that music.	**Cambia la estación; no soporto esa música.**
Take your umbrella; the weatherman said it was going to rain.	**Lleva el paraguas; el meteorólogo dijo que iba a llover.**
That book is very poorly edited.	**Ese libro está muy mal redactado.**

SOME POPULAR HISPANIC NEWSPAPERS

Argentina-*La Nación, El Clarín*
Bolivia-*El Diario*
Colombia-*El Tiempo, El Espectador*
Costa Rica-*La Gaceta, La Nación*
Cuba-*Granma*
Chile-*El Mercurio*
Ecuador-*El Comercio*
El Salvador-*El Mundo*
Guatemala-*Diario de Centro América, Prensa Libre*
Honduras-*La Gaceta, El Tiempo*
México-*Excelsior, El Universal*
Nicaragua-*La Prensa, Nuevo Diario*
Panamá-*La República, The Star and Herald*
Paraguay-*La Tribuna*
Perú-*El Comercio, El Peruano*
Puerto Rico-*El Nuevo Día, San Juan Star*
La República Dominicana-*El Caribe, El Nacional*
Spain-*El País, El ABC*
Uruguay-*El Día, El País*
Venezuela-*El Nacional, El Universal*

Print media

advertising	**la publicidad**
to censor	**censurar**
censorship	**la censura**
circulation	**la tirada, la circulación**
correspondent	**el (la) corresponsal**
to edit	**redactar, editar**
editor	**el (la) redactor(a)**
galleys	**las galeradas**
manuscript	**el manuscrito**
proofreader	**el (la) corrector(a)**
to publish	**publicar, editar**

LECCIÓN 13 / SEGUNDA PARTE

Synonyms/variations

el crimen = el delito
el desempleo = el paro
las elecciones = los comicios

Political ideologies

capitalism	**el capitalismo**
capitalist	**el (la) capitalista**
communism	**el comunismo**
communist	**el (la) comunista**
fascism	**el fascismo**
fascist	**el (la) fascista**
socialism	**el socialismo**
socialist	**el (la) socialista**
nationalism	**el nacionalismo**
nationalist	**el (la) nacionalista**

Political tendencies

center	**el centro**
conservative	**conservador(a)**
left	**la izquierda**
leftist	**el (la) izquierdista**
liberal	**liberal**
moderate	**el (la) moderado(a)**
reactionary	**el (la) reaccionario(a)**
right	**la derecha**
rightist	**el (la) derechista**
ultra-left	**la extrema izquierda, la ultra izquierda**
ultra-right	**la extrema derecha, la ultra-derecha**

Types of government

civil government	**el gobierno civil**
military junta	**la junta militar**
republic	**la república**

General

cabinet	**el gabinete**
citizenry	**la ciudadanía**
civil code	**el código civil**
constitution	**la constitución**
constitutional guarantees	**las garantías constitucionales**
decree	**el decreto**
executive power	**el poder ejecutivo**
freedom	**la libertad**
of press	**de prensa**
of worship	**de culto**
of association	**de asociación**
legislation	**la legislación**
ministry	**el ministerio**
opposition	**la oposición**
to pass a law	**aprobar una ley**
penal code	**el código penal**
presidency	**la presidencia**
state	**el estado**

Voting

absolute majority	**la mayoría absoluta**
to abstain	**abstenerse**
abstention	**la abstención**
ballot box	**la urna**
to cast a vote	**emitir un voto**
seat (in Congress)	**el escaño**
suffrage	**el sufragio**
tally (of votes)	**el escrutinio**

General

adequate	**adecuado(a)**
alarming	**alarmante**
appeared	**surgido(a)**
broadcasting	**la difusión**
corruption	**la corrupción**
delinquency	**la delincuencia**
delinquent	**delincuencial**
ethics	**la ética**
evildoer, malefactor	**el malhechor**
gang	**la pandilla**
measure	**la medida**
pornography	**la pornografía**
poverty	**la pobreza**
preponderant	**preponderante**
uncontainable	**incontenible**
undeniable	**innegable**
value	**el valor**

LECCIÓN 14 / PRIMERA PARTE

Synonyms/variations

el cómpact disc = el disco compacto
el contestador automático = la contestadora automática
el disquete = el floppy
la finca = la granja, la hacienda
la hoja electrónica = la planilla electrónica
la videograbadora = la videocasetera

Farming

barn	**el granero**
farmer	**el (la) agricultor(a), el (la) granjero(a)**
field	**el campo**
to graze	**pacer**
season	**la temporada**
stable	**el establo**
to store	**almacenar**
tool	**la herramienta**
tractor	**el tractor**

General

battery	**la pila, la batería**
cable	**el cable**
cartridge	**el cartucho, el cartridge**
dictaphone	**la máquina de dictar, el dictáfono**
drive	**la disquetera, el drive**
fax paper	**el papel de fax**
internal clock	**el reloj interno**
key (of a machine)	**la tecla**
magnetic tape	**la cinta magnética**
mouse	**el ratón**
network	**la red**
pliers	**los alicates**
to plug in	**enchufar**
to press (a key)	**oprimir**
screwdriver	**el destornillador**
software	**el software**
wire	**el alambre**
wrench, adjustable	**la llave inglesa**

LECCIÓN 14 / SEGUNDA PARTE

Synonyms/variations

los deshechos = los pesperdicios

Phrases/expressions about the environment

Pollution should be a global concern.	**La contaminación debe ser una preocupación mundial.**
There is a lack of political leadership regarding the environment.	**Hay una falta de liderazgo político en cuanto al medio ambiente.**
Recycling programs are becoming more popular.	**Los programas de reciclaje se están popularizando.**
Consumers need to demand less packaging for the majority of the products.	**Los consumidores tienen que exigir una envoltura más sencilla para la mayoría de los productos.**

General

biodegradable	**la descomposición biológica**
bird	**el pájaro, el ave**
bush	**el arbusto**
carbon monoxide	**el monóxido de carbono**
carcinogen	**el carcinógeno**
chemicals	**los químicos**
dehydration	**la deshidratación**
desert	**el desierto**
ecology	**la ecología**
environmentalist	**el (la) medio ambientalista**
fish	**los peces**
forest	**la selva**
gasoline	**la gasolina, el pétrol, la nafta**
hill	**el cerro, la colina**
woods	**el bosque**
jungle	**la jungla, la selva virgen**
lagoon	**la laguna**
ozone	**el ozono**
plains	**la llanura, el llano**
plants	**las plantas, las matas**
poisonous	**venenoso(a)**
preservatives	**los preservativos (para la comida)**
raw material	**la materia prima**
smog	**el (e)smog, la neblina espesa con humo**
stream	**el arroyo, el riachuelo**
thermal inversion	**la inversión térmica**
to expand	**extender (ie)**
toxic	**tóxico(a)**
tree	**el árbol**
vegetation	**la vegetación**
waterfall	**la catarata, la cascada, el salto de agua**
wildlife	**la fauna, los animales**

APPENDIX 4
SPANISH-ENGLISH VOCABULARY

A

a bordo 8 on board
a eso de 6 at about
a fin de que 14 in order that
a menos que 14 unless
a menudo 6 often
a plazos 7 on installment
a principios de 5 at the beginning of
a qué se debe 4 what's the reason for
a tiempo 8 on time
a través de 6 through
a veces 9 sometimes
abajo 5 down with; below; downstairs
abogado(a) 4 lawyer
aborto 13 abortion
abra(n) el libro 1 open the book
abrazar 7 to embrace
abrazo 4 hug
abrigo 7 coat
abril 3 April
abrir 3 to open
abuela 4 grandmother
abuelo 4 grandfather
abundar 5 to be abundant
aburrido(a) 3 bored, boring
acabar de + inf. 12 to have just + inf.
accesorios 8 accessories
acciones en ejecución 4 actions in progress
aceite de oliva m. 2 olive oil
aceptar 7 to accept
acerca de 6 about
acero 2 steel
acogedor 7 friendly
aconsejar 10 to advise
acontecimiento 13 happening
acordarse (de) 8 to remember
acostar 9 to put to bed
acostarse 9 to go to bed
actividad f. 2 activity
actriz 1 actress
acuarela 1 watercolor
acudir 13 to turn to
adelante 1 ahead, in front
adelgazar 10 to lose weight
además (de) 1 besides; in addition (to); moreover
adiós 1 good-bye
adivinar 13 to guess
adjetivo 1 adjective
administración de empresas 2 business administration
admirar 2 to admire
adoquinado(a) 4 tiled, cobble stoned
aduana 8 customs
aduanero(a) 8 custom agent
adverbio 3 adverb
aerolínea 3 airline
aeromozo(a) 8 flight attendant
aeropuerto 3 airport
afecto 4 affection
afeitarse 9 to shave
aficionado 5 fan
afrontar 13 to face
agencia de viajes 9 travel agency
agencia de bienes raíces 9 real estate agency
agencia de empleos 11 employment agency
agosto 3 August
agradable 5 pleasant
agradecido(a) 5 grateful
agresivo 5 aggressive
agua m. 4 water
agua mineral 3 mineral water
agua de lluvia 5 rain water
agua caliente 12 hot water
águila 4 eagle
agujero 14 hole
ahora 1 now
ahora mismo 3 right now
ahorrar 7 to save
aire m. 14 air
aire acondicionado m. 12 air conditioning
ají verde m. 6 green pepper
ajo 6 garlic
al comienzo 5 at the beginning
al contado 7 cash
al lado de 9 next to
ala 8 wing
albergue estudiantil m. 12 student hostel
alcachofa 6 artichoke
alcalde(sa) 13 mayor
alcázar m. 2 palace; fortress
alegrarse (de) 8 to be happy; to be glad (about)
alegre 4 happy
alejarse de 10 to get away from
alemán m. 2 German
alergia 10 allergy
alérgico(a) 10 allergic
alfarería 4 pottery
alfombra 9 rug
álgebra m. 3 algebra
algo no anda bien 3 something is not going well
algo 6 something
algodón m. 7 cotton
alguien 6 someone, anyone
algún 6 any, some
alguna 2 some
algunas materias 3 some school subjects
alguno(a) 6 any, some
allí 2 there
alma (el alma) 9 soul
almacén m. 7 department store
almohada 12 pillow
almorzar (ue) 6 to have lunch
almuerzo 6 lunch
aló 4 hello (answering the phone)
alojamiento 12 lodging
alrededores m.pl. 4 surrounding areas
altiplano 10 high plateau
alto(a) 2 tall
altura 8 altitude
ama de casa 6 housewife
amable 4 kind
amarillo(a) 1 yellow
ambiente m. 11 environment
ámbito 11 environment
ambos(as) 4 both
América del Sur 1 South America
América del Norte 1 North America
América Central 1 Central America
amigo(a) 2 friend
amo 4 master
amor m. 4 love
amplio(a) 2 wide
analista m. & f. 13 analyst
analista de sistemas 11 systems analyst
anaranjado(a) 1 orange
ancho(a) 5 width
anclado(a) 6 anchored
andar con cuidado 5 to be careful

anfitrión 13 show host (hostess)
anidado(a) 10 nestled
anillo 7 ring
animar 5 to encourage
anoche 7 last night
ansioso(a) 10 anxious
antena parabólica 14 satellite dish
antepasado 14 ancestor
antes de 2 before
antes de Cristo 4 B.C.
antes adv. 8 before; sooner
antes (de) que conj. 14 before
antiácido 10 antacid
antibiótico 10 antibiotic
antiguo(a) 2 ancient
antipático(a) 2 unfriendly
anuncio 5 announcement
añadir 3 to add
apacible 4 pleasant, calm
apagado(a) 14 off
apagar 14 to extinguish; to turn off
aparador m. 8 china cabinet
aparato electrónico 14 electrical appliance
aparatos de la cocina 6 kitchen appliances
apenas 4 hardly, barely
aperitivo 2 aperitive; appetizer
apodo 2 nickname
apoyar 13 to support
aprender (a) 3 to learn
aprovechar 7 to take advantage of
apuntes m. pl. 13 notes
apurado(a) 3 in a hurry
apurarse 8 to hurry
aquí 2 here
árabe 2 Arabic
árbitro 5 referee
árbol 8 tree
archivar 14 to file
arco 2 arch
área de estudio m. 2 field of study
arena 4 sand
arete m. 7 earring
argentino(a) 2 Argentine; Argentinean
arqueología 4 archaeology
arquitecto(a) 11 architect
arquitectura 2 architecture
arraigado(a) 8 rooted, fixed
arreglar 7 to fix
arreglar la cuenta 12 to take care of the bill
arreglo personal 8 personal care
arriba 5 yeah; above, up, high
arriba de 9 on top of
arrojar 14 to throw out
arroz m. 6 rice
arte m. 2 art
arte dramático dramatic art
artesanía 4 handcraft
artículo 7 article, item
artículos de tocador 7 personal care products
asado 6 roasted
ascender 11 to promote
ascensor m. 12 elevator
asegurarse 6 to be sure
asesino 4 murderer
asesor(a) 13 advisor
así 1 thus, that way
así lo decimos 1 this is how we say it
asiento 8 seat
asistente, asistenta 1 assistant
asistir (a) 3 to attend
asolearse 9 to get some sun, to tan
aspiradora 9 vacuum cleaner
aspirante m. & f. 11 applicant
aspirar (a) 13 to run for
aspirina 10 aspirin
asunto 3 matter
atar 7 to tie
atender 6 to attend to, take care of
atentamente 11 sincerely
aterrizaje m. 8 landing
aterrizar 8 to land
Atlántico 2 Atlantic
atletismo 5 track and field
atmósfera 14 atmosphere
atracar 5 to hold up
atractivo(a) 4 attractive
atraer 7 to attract
atrapado(a) 4 trapped
atravesado(a) 10 crossed
atreverse 13 to dare
atropellar 13 to run over
atún m. 6 tuna
aumentar 13 to increase
aumento 13 raise
aunque 1 although, even if, even though
avanzado(a) 2 advanced
avena 10 oatmeal
avenida 2 avenue
avergonzado(a) 13 ashamed
avión m. 1 airplane
ay bendito 5 oh no
ayer 7 yesterday
ayuda 7 help
ayudar 5 to help
azafata 8 stewardess
azafrán m. 6 saffron
azteca 4 Aztec
azúcar m. & f. 6 sugar
azul 1 blue

B

bacalao 6 codfish
bailar 2 to dance
bajar 13 to lower
bajar de peso 10 to lose weight
bajo(a) 2 short
balcón m. 9 balcony
balón m. 5 ball (soccer, basketball, volleyball)
banana m. & f. 6 banana
bañar 9 to bathe
baño 9 bathroom
baño privado 12 private bath
barato(a) 1 cheap, inexpensive
bárbaro(a) 5 awesome
barrer 9 to sweep
barrio 6 neighborhood
base de datos f. 14 database
básquetbol m. 2 basketball
bastante adj. enough, sufficient
bastante adv. 2 rather
bastante bien 1 pretty well
basura 14 trash
basurero 9 garbage can
bate m. 5 bat
batear 5 to bat
batido 6 shake
batir 6 to beat
baúl m. 5 trunk
bautizar 13 to baptize
beber 3 to drink
bebida 6 drink
béisbol m. 2 baseball
bello(a) 2 beautiful
beneficio 13 benefit
besar 4 to kiss
beso 4 kiss
biblioteca 3 library
bien adv. 1 fine, well
bienestar 10 wellbeing
bienvenida 7 welcome
bigote m. 1 moustache
billete m. 12 bill (banknote)
billetera 7 wallet
binoculares m. pl. 8 binoculars
biología 2 biology
bistec de solomillo m. 6 sirloin steak
blanco(a) 1 white
blusa 7 blouse
boca 10 mouth

boda 4 wedding
bocadillo 3 sandwich
boletería 3 ticket office
boleto 8 ticket (airline)
bolígrafo 1 ball point pen
bolsa 7 purse
bolso 7 purse, handbag
bombero(a) 11 firefighter
bonificación anual 11 yearly bonus
bonito(a) 2 pretty
borrador m. 1 eraser
borrar 14 to erase
bosque m. 8 forest
bosque pluvial m. 7 rain forest
bota 7 boot
botella 6 bottle
botones m. s. 12 bellhop
boxeo 5 boxing
brazo 10 arm
brócoli 6 broccoli
buen provecho 6 enjoy your meal
buen viaje 8 have a good trip
buenas noches 1 good evening
buenas tardes 1 good afternoon
bueno(a) 2 good
bueno 4 hello (answering the phone)
buenos días 1 good morning
buscar 3 to look for
butaca 8 armchair
buzón m. 12 mailbox

C

cabaret m. 7 nightclub
cabeza 10 head
cabina 8 cabin
cacique m. 8 Indian chief
cada vez más 5 more and more
cadena 7 chain; network
caer bien 5 to like (a person)
caer mal 5 to dislike (a person)
caerse 8 to fall
café m. 4 cafe
café m. 1 coffee; brown (color)
café con leche 6 coffee with milk
café negro (solo) 6 black coffee
cafetera 6 coffeepot
cafetería 3 cafeteria
caja fuerte 12 safe deposit box
caja registradora 7 cash register
cajero(a) 12 teller
cajero automático 14 automatic teller machine
calamar 6 squid
calcetín 7 sock
calculadora 3 calculator
calcular 14 to calculate
calidad 7 quality
cálido(a) 9 warm
caliente 6 hot
calificación 11 qualification
calle f. 3 street
calmante 10 painkiller, sedative
calor 5 hot
calzado 7 footwear
cama 9 bed
cámara fotográfica 8 camera
cámara de representantes 13 house of representatives
cámara de vídeo 8 video recorder
camarero(a) 6, 12 waiter/waitress; chambermaid
camarón m. 6 shrimp
cambiar 12 to exchange; to change
cambio 12 exchange; change
caminar 2 to walk
camisa 7 shirt
camiseta 7 T-shirt
campaña 13 campaign
campeón(a) 5 champion
campeonato 5 championship
campesino 14 farmer
canal m. 13 channel
cancelar 8 to cancel
cancha 5 court, playing field
canción f. 4 song
candidato(a) 13 candidate
cansado(a) 3 tired
capaz 11 capable
capital m. 2 capital
cara 9 face
caramba 9 darn it
cargo 11 post, position
caridad f. 12 charity
cariño 4 love
cariñosamente 4 love (in letter closing)
carne f. 6 meat
carne de res 10 beef
carnicería 6 meat shop
caro(a) 1 expensive
carpintero(a) 11 carpenter
carretera 5 highway
carro 6 car
carta 4 letter
cartelera 13 entertainment section
cartero(a) 11 mailman, mailwoman
casa 2 home, house
casa de huéspedes 12 guest house
casado(a) 3 married
casilla del piloto 8 cockpit
casillero 12 mailbox
caso 1 case
castillo 2 castle
castizo(a) 8 purest
cataratas 8 waterfall
caza 7 hunting
cazar 4 to hunt
cazuela 6 stewpot, casserole dish, saucepan
cebolla 6 onion
celoso(a) 4 jealous
cena 6 dinner
cenar 6 to have dinner
ceniza 5 ash
centro 2 center
centro comercial 7 shopping center
centro estudiantil 3 student center
centro naturista 10 health-food store
cepillarse 9 to brush
cepillo 9 brush
cepillo de dientes 7 toothbrush
cerca 3 close, near
cerca de 4 close to, near
cerdo 10 pig
cereal m. 6 cereal
certamen m. 13 contest (beauty), pageant
cerveza 6 beer
césped m. 14 lawn
cesta 4 basket
cesto 5 basket
champú m. 7 shampoo
chaqueta 7 jacket
charlar 3 to chat
cheque 7 check
cheque de viajero m. 12 traveler's check
chico(a) 3 man, kid, boy, girl (colloquial)
chino 2 Chinese
chileno(a) 2 Chilean
chisme m. 7 gossip
chismear 7 to gossip
chismoso(a) 5 gossiper, someone who loves to gossip
chocolate m. 6 chocolate
chofer 11 driver
chorizo 6 Spanish sausage
chuleta de cerdo 6 pork chop
ciclismo 5 bicycling
ciencias 2 sciences
científico 1 scientist
cierre(n) el libro 1 close the book
cierto 1 true
cigarra 7 cicada

cigarrillo 6 cigarette
cinc m. 10 zinc
cine m. 3 movie
cinturón m. 7 belt
cinturón de seguridad 8 seat belt
cirujano 10 surgeon
cita 11 appointment, date
ciudad 2 city
claro(a) 5 clear
clase f. 1 class
clase turista 8 coach class
clasificados 13 classified ads
clave f. 13 key
cliente m. 7 customer, client
clima m. 2 climate, weather
cobija 14 blanket
cobrar 12 to cash
cobre m. 10 copper
Coca-Cola 6 Coca-Cola
coche m. 4 car
cocido(a) 6 cooked
cocina 8 kitchen
cocinar 6 to cook
cocinero(a) 11 cook
código postal 12 zip code
cola 8 tail; line
colección 2 collection
colesterol m. 10 cholesterol
collar m. 7 necklace
colombiano(a) 2 Colombian
color m. 1 color
colorete 8 rouge, blush
comandante m. & f. 1 major
combatir 13 to fight, to combat
comedor m. 9 dinning room
comentarista m. & f. 13 newscaster, commentator
comentarista deportivo(a) 13 sportscaster
comenzar 7 to begin
comenzó 1 it began
comer 3 to eat
comercio 7 business
comestible m. 6 food
comida 6 meal
comisaría de policía 1 police headquarters
comisión 11 commission
como 4 as, since
cómo 2 how
¿Cómo le va? 1 how's it going? (formal)
¿Cómo te va? 1 how's it going? (familiar)
cómoda 9 dresser
cómodo(a) 8 comfortable
cómpact disc (Anglicism) 14 compact disc
compañero(a) 3 classmate; partner, companion
compartimiento 6 compartment
compartir 12 to share
complexión 10 body structure
complicado(a) 3 complicated
comprar 3 to buy
computación 3 computer science
computadora 3 computer
comunicaciones 2 communications
con 2 with
con frecuencia 3 frequently
con permiso 3 excuse me
con tal (de) que 14 provided (that)
concierto 5 concert
concurso 13 game show
condimento 6 condiment
conducir 14 to drive
congelador m. 6 freezer
congreso 13 congress
conmigo 5 with me
conocer 3 to know (to be acquainted with a person)
conocido(a) 2 known
conseguir (i) 6 to get, to obtain
conserje m. 12 concierge
conservar 14 to save
construido(a) 2 constructed
consultorio 10 doctor's office
consultorio sentimental 13 advice column
consumir 14 to consume, to use
contador(a) 11 accountant
contaminación 5 pollution, contamination
contaminar 14 to pollute
contar 5 to tell; to count
contento(a) 3 happy
contestador automático m. 14 answering machine
conteste(n) en español 1 answer in Spanish
contiene 2 it contains
contigo 5 with you
continente m. 1 continent
continúa 2 it continues
contra 9 against
contraer matrimonio 8 to get married
contratar 11 to hire
contrato 11 contract
contrincante m. f. 13 opponent
controlar 13 to control
conversar 2 to converse, to chat
coordinador(a) 11 coordinator
copa de vino 6 cup of wine
corazón m. 10 heart
corbata 7 tie
cordialmente 11 cordially
cordillera 2 mountain chain
coreano 2 Korean
correo 12 mail
correo aéreo 12 air mail
correo electrónico 14 E-mail
correr 5 to run, to jog
correr por el parque 4 to jog in the park
corrida de toros 5 bullfighting
corrupción 13 corruption
cortar 6 to cut
cortar la hierba 9 to mow the lawn
corte suprema f. 13 Supreme Court
cortesía 3 courtesy
cosa 5 thing
cosecha 14 harvest
cosechar 14 to harvest
costa 4 coast
costar 5 to cost
crecimiento 14 growth
creer 3 to believe
creía 2 I believed
crema de afeitar 9 shaving cream
criado(a) 9 housekeeper
crimen m. 13 crime
crítica 13 criticism
crítico(a) 13 critic
crónica 13 news story
crónica social 13 social page
crudo(a) 6 rare, raw
cuaderno 1 notebook
cuadra 12 block (Spanish America)
cuadrado(a) 1 square
cuadro comparativo 5 table
cuadro 9 painting, picture
cuál 2 which; what
cualquier 5 any
cuando 14 when
cuándo 2 when
cuánto(s) 1 how much/ how many
cuánto cuesta(n) 1 how much is/ how much are
cuarto n. 2 quarter; room, bedroom
cuarto(a) 7 fourth
cubano(a) 2 Cuban
cubierto(a) 2 covered
cubierto n. 6 place setting
cubo 9 bucket, pail
cubrir 12 to cover

cucaracha 12 roach
cuchara 6 spoon
cucharada 6 tablespoon
cucharadita 6 teaspoon
cucharón m. 6 large spoon
cuchilla de afeitar 9 razor blade
cuchillo 6 knife
cuello 10 neck
cuenca 8 river basin
cuenta 6 bill
cuenta corriente 12 checking account
cuenta de ahorros 12 savings account
cuento 8 short story
cuero 7 leather
cuerpo 8 body
cuesta(n) 1 it costs/ they cost
cuidadosamente 6 carefully
cuidadoso(a) 8 careful
cuidar 5 to take care of
cuidarse 10 to take care of oneself
cultivo 14 crop
cultura 2 culture
cumbre f. 5 peak
cumpleaños 3 birthday
cumplido 4 compliment
cumplir 13 to make good
cuñada 4 sister-in-law
cuñado 4 brother-in-law
cupo 9 cuota; share
curar 11 to cure
currículum vitae 11 résumé
curso 3 course, class
cuyo(a)s 4 whose

D

da tanta guerra como 4 causes as much trouble as
dale 5 come on, go
dar 5 to give
dar guerra 4 to cause trouble
dar igual 5 to be the same
dar la bienvenida 7 to welcome
dar un paseo 5 to take a stroll, walk
dar una película 4 to show a movie
datar de 4 to date back to
de 1 of; from
de acuerdo 4 fine with me, O.K.
de cuadros 7 plaid
de eso nada 8 no way
de lo que 2 than
de manga corta 7 short sleeve
de manga larga 7 long sleeve
de moda 7 in style
de nada 1 you're welcome
de pronto suddenly
de rayas 7 striped
de todas partes 2 from all parts
de veras 2 is that right, really
de vez en cuando 9 from time to time, once in a while
debajo (de) 9 below, under
deber v. 3 to ought to
deber m. 13 duty
decidir 3 to decide
décimo(a) 7 tenth
decir (i) 4 to say, to tell
dedicar 5 to dedicate
dedo 9 finger
dedo del pie 10 toe
defensa 13 defense
definir 11 to define
deforestación 14 deforestation
dejar 11 to quit
delgado(a) 2 thin
delicioso(a) 6 delicious
delincuente m. 4 hoodlum
demasiado(a) 8 too many, too much
democracia 2 democracy
demonios 7 darn it
demorado(a) 8 delayed
dentista m. & f. 11 dentist
dentro (de) 9 inside
dependiente(a) 7 clerk
deporte m. 5 sport
deportista 5 athlete; sports fan
derecha 3 right
derecho 2 law; right; straight
desanimado 5 disappointed
desaparecido p.p. 1 disappeared
desaparición 3 disappearance
desarrollo infantil 3 child development
desastre 9 disaster
desayunar 6 to have breakfast
desayuno 6 breakfast
descansar 4 to rest
descompuesto(a) 12 broken
desconocido(a) 3 unknown person
descriptivo(a) 2 descriptive
descubrimiento 4 discovery
descubrir 5 to discover
descuento 7 discount
desde 2 since; from
desear 10 to wish
desempleo 13 unemployment
desenfrenado(a) 14 rampant
deshechos 14 waste, trash
desodorante m. 7 deodorant
despacho 11 office
despacio 4 slowly
despedida 4 farewell
despedir 11 to fire
despegar 8 to take off
despegue m. 8 take off
despejado 5 clear
despertador m. 9 alarm clock
despertarse 9 to wake up
despertarse a tiempo 9 to wake up on time
despoblación forestal 14 deforestation
después (de) 3 after, later
destacarse 13 to stand out
destinatario(a) 12 addressee
destino 8 destination
destruido(a) 2 destroyed
detrás (de) 3 behind
devolver 7 to return (something)
día m. 1 day
diabetes f.s. 10 diabetes
días de la semana 3 days of the week
diccionario 3 dictionary
diciembre 3 December
dictador(a) 13 dictator
dictadura 13 dictatorship
diente m. 9 tooth
difícil 3 hard
dígame (formal) 2 tell me
dinero 4 money
dioses 4 gods
director(a) 11 director
disco compacto 14 compact disc
disco duro 14 diskette
discoteca 5 discoteque
disciplinado(a) 5 disciplined
discurso 13 speech
diseñado(a) 2 designed
diseñar 11 to design
diseño 14 design
disfrutar 6 to enjoy
disparar 6 to shoot
disponible 12 available
dispuesto 14 ready, disposed
disquete m. 14 disquette
divertido(a) 4 fun, enjoyable
divertirse (i) 8 to have fun
divorciado(a) 3 divorced
doblar 3 to turn
doblar a la izquierda 12 to turn to the left
doblar a la derecha 12 to turn to the right
dólar 1 dollar
doler 10 to hurt
dolor de cabeza 10 headache

dolor de estómago 10 stomachache
dolor de garganta 10 sore throat
dolor de muelas 10 toothache
domingo 3 Sunday
dominicano(a) 2 Dominican
dónde 2 where
dormir 4 to sleep
dormir hasta tarde 8 to sleep late
dormirse 9 to fall asleep
dormitorio 9 bedroom
dos veces 9 twice
dosis f. 10 dose
drogadicción 13 drug addiction
droguería 7 drug store
ducha 9 shower
ducharse 9 to shower
duda 4 doubt
dueño/a 14 owner

E

echar 6 to add
echar (al correo) 12 to toss (in the mailbox)
economía 3 economics
ecuestre 2 equestrian
edad f. 4 age
edificar 2 to build
edificio 2 building
edificio universitario 3 university building
editorial m. 13 editorial page
editorial f. 13 publishing house
efectivo 7 cash
ejemplo 2 example
ejercicios aeróbicos 10 aerobics
el gusto es mío 1 the pleasure is mine
elecciones 13 elections
electricista m. 11 electrician
electrónico(a) 14 electronic
elegir (i) 13 to elect
elevado(a) 2 elevated
eliminar 13 to end
embajador(a) 2 ambassador
emisora 13 radio station (business entity)
emocionante 3 exciting
empacar 14 to pack
empatar 5 to tie (the score)
empezar 7 to begin
empleado(a) 11 employee
emplear 11 to employ
empleo 11 employment
emprender 14 to undertake
empresa 11 firm
en 1 in, on
en busca de 2 in search of
en caso de que 14 in case of
en cuanto 14 as soon as
en directo 13 live (on television)
en seguida 13 immediately
en vez de 6 rather than
en vivo 13 live (on television)
enamorarse (de) 9 to fall in love (with)
encantado(a) 1 delighted
encantar 7 to enchant, to fascinate
encender (ie) 14 to turn on
encendido(a) 14 on
encima de 8 on top of
encontrar (ue) 2 to find
encontrarse (ue) 4 to meet; to be found
encuesta 1 poll, survey
endosar 12 to countersign, to endorse
energía 14 energy
enero 3 January
enfadado(a) 3 angry
enfermarse 10 to get sick
enfermedad 10 sickness, illness
enfermero(a) 11 nurse
enfermo(a) 3 sick
enfrente 3 front
enfriarse 6 to cool down
engordar 10 to gain weight
enhorabuena 11 congratulations
enojarse 5 to get angry
enorme 1 enormous
ensalada 3 salad
ensayo 13 essay
enseguida 6 right away
enseñar 2
to teach; to show
enterarse 11 to find out
entonces 2 then; therefore
entrada 5 ticket
entrar (en) to enter
entre 3 divided by; among, between
entrenador(a) 5 coach
entrenamiento 11 training
entrevista 3 interview
entusiasmo 5 enthusiasm
entusiasta 11 enthusiastic
envase 14 container
enviar 12 to send
envidia 4 envy
época 4 time, era
equipado(a) 6 equipped
equipaje m. 8 luggage, baggage
equipaje de mano m. 8 hand luggage
equipo 5 team
equivocado(a) 5 mistaken, wrong
equivocarse 12 to make a mistake
eran 2 they were
es 1 it/he/she is
escalar montañas 8 to climb mountains
escalera 8 stairs
escalerilla 6 gangplank
escaño 13 seat (in Congress); judge's bench
escasez f. 14 shortage
escoba 9 broom
escriba(n) los ejercicios 1 write the exercises
escribir 3 to write
escrito(a) p.p. 2 written
escuchar 2 to listen
escuche(n) 1 listen
escuela 1 school
escuela secundaria 4 high school
España 1 Spain
español m. 1 Spanish
español(a) adj. 1 Spanish
esparcido(a) 8 scattered
espárrago 6 asparagus
espátula 6 spatula
especialidad 6 specialty
especialización 13 specialty
espejo 9 mirror
esperanza 11 hope
esperar 4 to wait for; to hope; to expect
espeso(a) 5 dense
espléndido(a) 2 splendid
espíritu m. 4 spirit
esposa 4 wife
esposo 4 husband
espuma 6 foam, froth
esquela 13 obituary
esquí acuático m. 5 water ski
esquí m. 5 skiing
esquiar 5 to ski
esquina 12 corner
está 1 it/he/she is
está detrás (de) 3 it's behind
está delante (de) 3 it's in front of
esta noche 2 tonight
establecer 13 to establish, to set
estación de radio 13 radio station (on the dial)
estación de trenes 3 train station
estadía 8 stay
estadísticas 2 statistics
estado 2 state

Estado Asociado 1 Commonwealth
Estados Unidos 1 United States
estadounidense adj. 2 citizen of the U.S.A.
estanco 12 kiosk
estante m. 8 shelf
estaño 10 tin
estar 1 to be
estar a dieta 10 to be on a diet
estar a tiempo 9 to be on time
estar atrasado(a) 9 to be late
estar contento (de) 10 to be happy
estar de moda 7 to be in style
estar demorado(a) 9 to be delayed
estar tupido 12 to be clogged
estar de vuelta 7 to have returned
estar en manos 4 to be in the hands
estatua 2 statue
estatura 10 height
estimado 11 dear
este 1 this
estéreo 4 stereo
estilo 2 style
esto es un(a)... 1 this is a...
estómago 10 stomach
estos 2 these
estoy haciendo 3 I'm doing
estrecho(a) 7 tight
estrella 5 star
estuche m. 4 case
estudia 1 she studies
estudiante m. & f. 1 student
estudiar 2 to study
estudie(n) la lección 1 study the lesson
estudio 2 I study
estufa 6 stove
estupendo 5 terrific
ética 13 ethics
etiqueta 7 price tag
Europa 1 Europe
europeo(a) 2 European
evaluación 11 evaluation
examen m. 2 exam, test
examen físico m. 10 medical exam
excursión 8 tour
exigente 3 challenging, demanding
expediente m. 11 file
experiencia práctica 11 practical experience
explicar 5 to explain
expresiones 2 expressions
expresiones claves 2 key expressions
expresiones de tiempo time expressions
expresiones para la clase 1 classroom expressions
exquisito(a) exquisite
extender (ie) 14 to expand
extensión 1 length
extranjerismo 14 foreign word or phrase
extranjero(a) 2 foreigner
extrañar 9 to miss
extraño(a) 11 strange

F

fábrica 14 factory
fabuloso(a) 4 fabulous, great
fácil 3 easy
facturar el equipaje 8 to check in luggage
facultad de arte 3 art school
facultad de ciencias 3 science school
facultad de derecho 3 law school
facultad de medicina 3 medical school
facultad de ingeniería 3 engineering school
faja 10 strip
falda 7 skirt
falso(a) 1 false
falta 13 lack
faltar 5 to lack; to miss
famoso(a) 1 famous
fanático(a) 5 fan
fanfarrón(a) 4 braggart
fantástico 5 fantastic
farmacéutico(a) 10 pharmacist
farmacia 7 pharmacy, drugstore
fascinante 4 fascinating
fax (Anglicism) m. 14 fax
febrero 3 February
fecha 3 date
felicitaciones 13 congratulations
felicitar 7 to congratulate
feo(a) 2 ugly
feria 14 fair
fiebre f. 10 fever
fiesta 4 party
fijo(a) 13 fixed
filete de pescado m. 6 fish fillet
filete de res m. 6 beef fillet
filosofía 3 philosophy
filosofía y letras 2 humanities/liberal arts
fin de semana 5 weekend
finalmente 4 finally
finca 14 farm, ranch
fino(a) 1 fine
firmar 12 to sign
flaco 2 skinny
flan m. 6 caramel custard
flor f. 8 flower
folleto 8 brochure
forma 1 it forms
formado(a) 2 formed
formulario 11 blank form
foto f. 2 photo
fotocopiadora 14 photocopying machine
fotocopiar 14 to photocopy
fracasar 4 to fail
frambuesa 6 raspberry
francés 2 French
franqueo 12 postage
frasco de colonia 7 bottle of cologne
frasco de perfume 7 bottle of perfume
frazada 12 blanket
frecuente 9 frequent
frecuentemente 9 frequently
fregadero 6 sink
freír 6 to fry
frente a 2 in front of
frente f. 10 forehead
fresa 6 strawberry
fresco 5 cool
frijol m. 6 bean
frío(a) 5 cold
fruta 2 fruit
frutería 6 fruit store
fue 2 it was
fuego 2 fire
fuego alto 6 high heat
fuego bajo 6 low heat
fuego mediano 6 medium heat
fuente f. 2 fountain
fuerte 4 strong
fumar 10 to smoke
función 4 show
funcionar 7 to function, to work
furioso(a) 9 angry
fútbol m. 2 soccer
fútbol americano m. 5 football

G

gafas de sol 8 sun glasses
galería 2 gallery
gambas 6 shrimp
ganadería 10 cattle raising
ganar 5 to win
ganga 7 bargain
garaje m. 9 garage
garganta 10 throat

garza 7 heron
gaseosa 6 soft drink
gastar 7 to spend
gasto 13 expense
generalmente 9 generally
geografía 2 geography
geográfico(a) 2 geographical
gerente m. 6 manager
gimnasia 5 gymnastics
gimnasio 2 gymnasium
giro postal 12 money order
gobernador(a) 13 governor
gobierno 2 government
golf 5 golf
golfo 4 gulf
gordito 2 plump
gordo(a) 2 fat, heavy, overweight
gorila 5 gorilla
gota 11 drop
grabar 14 to record
gracias 1 thanks
gracias a Dios 4 thank God
gramo 6 gram
grande adj. 1 big, large; great
grandes ligas 5 big leagues
granizo 11 hail
grano 6 grain
grasa 10 fat
griego 10 Greek
gripe f. 10 flue
gris 1 gray
gritar 5 to shout
guante m. 7 glove
guapa 2 pretty
guapo 2 handsome
guardar cama 10 to stay in bed
guardar la línea 10 to stay trim
guía m. & f. 9 tour guide
guía turística 9 guide book
guisante m. 6 pea
gustar 5 to like, to be pleasing to

H

habichuela 6 green bean
habitación 2 room
habitación sencilla 12 single room
habitación doble 12 double room
habitante m. 1 inhabitant
hablador(a) 5 talkative
hablar 2 to talk
hablar por teléfono 2 to talk on the phone
hablo 2 I talk
hace … días que it has been … days since
hace frío 5 it's cold
hace sol 5 it's sunny
hace mal tiempo 5 the weather is bad
hace viento 5 it's windy
hace calor 5 it's hot
hace fresco 5 it's cool
hace buen tiempo 5 it's nice out
hacer 3 to do or make
hacer a mano 14 to make by hand
hacer ejercicio 10 to exercise
hacer el jogging 10 to jog
hacer juego 7 to match, to go well with
hacer la cama 9 to make the bed
hacer un pícnic 5 to have a picnic
hacer una cita 10 to make an appointment
hacienda 4 ranch
habichuelas 6 red beans
haga(n) la tarea 1 do the homework
hamaca 4 hammock
hamburguesa 3 hamburger
harina de pescado 10 fishmeal
hasta 1 until
hasta luego 1 see you later, so long
hasta mañana 1 see you tomorrow
hasta pronto 1 see you soon
hasta que 14 until
hay 1 there is, there are
hay cupo 9 there's room
hay que 3 one has to
he aquí 9 here is
hebreo 2 Hebrew
heladera 5 cooler
heladería 6 ice cream shop
helado 6 ice cream
herencia 4 heritage
hermana 4 sister
hermanastra 4 stepsister
hermanastro 4 stepbrother
hermano 4 brother
hermoso(a) 4 beautiful
héroe 5 hero
hervir 6 to boil
hidratos de carbono 10 carbohydrates
hielo 5 ice
hija 4 daughter
hijastra 4 stepdaughter
hijastro 4 stepson
hijo 4 son
hijo(a) único(a) 4 only son/daughter
hispanohablante 1 Spanish-speakers
historia 2 history
hockey m. 5 hockey
hoja de vida 13 résumé
hoja electrónica 14 spreadsheet
hola 1 hello, hi
holgazán 9 lazy
hombre 1 man
hombro 10 shoulder
honestidad 13 honesty
honrado(a) 13 honest
hora de llegada 3 arrival time
horario de clases 3 class schedule
horario de trabajo 11 work schedule
hornear 6 to bake
horno 6 oven
horóscopo 13 horoscope
horrible 6 horrible
hospedaje m. 8 lodging
hostal m. 12 hostel
hotel m. 9 hotel
hoy día 5 nowadays
hueso 10 bone
huésped m. 12 guest
huevo 6 egg
huevo frito 6 fried egg
huevo revuelto 6 scrambled egg
humano(a) 10 human
humo 14 smoke

I

ideal 5 ideal
idioma m. 1 language
iglesia 2 church
igualmente 1 likewise
imaginarse 4 to imagine
impaciente 9 impatient
impermeable m. 7 raincoat
impresionante 8 impressive
impresora 14 printer
imprimir 14 to print
impuesto 13 tax
inaugurado(a) 2 inaugurated
incomparable 2 incomparable
inconforme n. 6 finnicky customer
increíble adj. 11 incredible
independiente adj. 1 independent
indocumentado(a) 13 undocumented
industrial 14 industrial
infección 10 infection
inflación 13 inflation
información 2 information
informar 4 to inform; to report
informática 2 computer science
informe m. 13 report
infórmele 2 inform him
ingeniería 2 engineering

ingeniero(a) 11 engineer
inglés 2 English
ingrediente m. 6 ingredient
inmediatamente 2 immediately
inodoro 12 toilet
insistir (en) 2 to insist
instalar 14 to install
inteligente 1 intelligent
intentar 6 to try
interesante 2 interesting
interesar 5 to be interested
intérprete m. & f. 11 interpreter
invertir 12 to invest
invierno 3 winter
invitado(a) 6 guest
involucrado(a) 5 involved
inyección 10 shot
ir 2 to go
ir al cine 4 to go to the movies
ir de compras 7 to go shopping
ir de excursión 9 to go on an outing
irse 8 to go away, to leave
isla 8 island
italiano 2 Italian
izquierda 3 left

J

jabón m. 7 soap
jamás 6 never
jamón 6 ham
japonés 2 Japonese
jarabe m. 10 cough syrup
jardín m. 9 garden; yard
jardinero(a) 5 outfielder
jeans (Anglicism) 7 jeans
jefe(a) 11 head, chief; boss
jogging (Anglicism) 10 jogging
joven m. & f. 2 young
joyas 7 jewelry
joyería 7 jewelry store
judías 6 green beans
jubilarse 11 to retire
juego electrónico 14 electronic game
jueves 3 Thurday
juez m. f. 13 judge
jugada 5 play (in a game)
jugador 5 player
jugar 5 to play
jugar a las cartas 6 to play cards
jugo 3 juice
jugo de naranja 6 orange juice
jugo de limón 6 lemon juice
jugo de toronja 6 grapefruit juice
julio 3 July
jungla 4 jungle
junio 3 June
junto(a) 3 together
justo 11 just
juventud f. 1 youth

K

kilo 6 kilogram (2.2 pounds)
kilómetro cuadrado 2 square kilometer

L

labios 9 lips
laboratorio de lenguas 3 language laboratory
lado 5 side
lago 8 lake
lágrima 4 tear
lamentar 10 to regret
lámpara 9 lamp
lana 7 wool
langosta 6 lobster
lanzar 5 to throw; pitch
lápida 9 headstone
lápiz m. 1 pencil
lápiz labial m. 9 lipstick
largo 5 length
lástima 9 pity
lavabo 12 sink
lavadora 9 washer
lavaplatos m. pl. 9 dishwasher
lavar 9 to wash
lavarse 9 to wash (oneself)
lea(n) la lección 1 read the lesson
lección 2 lesson
leche n. f. 3 milk
lechuga 6 lettuce
lector(a) 13 reador
lectura 2 reading
leer 3 to read
legumbre f. 1 vegetable
lejos (de) 3 far (from), far away
lema 13 motto
lengua 10 tongue
levantar pesas 10 to lift weights
levantarse 9 to get up
ley f. 13 law
leyenda 4 legend
librería 2 bookstore
librero 9 bookcase
libro 1 book
líder m. 11 leader
ligero(a) 6 light
limonada 6 lemonade
limpiar 9 to clean
limpio(a) 12 clean
lindo(a) 4 pretty
línea 3 line
lista de espera 8 waiting list
listo(a) 5 clever; ready
literatura 3 literature
litro 6 liter (1.057 quarts)
llamada telefónica 1 telephone call
llamada 3 telephone call
llamar 2 to call
llamarse 8 to be called
llanos 8 plains
llave f. 12 key
llavero 7 keychain
llegada 8 arrival
llegan 2 they arrive
llegar (a) 2 to arrive
llegar tarde 3 to arrive late
llenar 12 to fill
lleno(a) 2 full
llevar 7 to take; to wear
llevar a cabo 7 to accomplish
llevar cuentas 14 to keep accounts, bills
llover 5 to rain
lluvia 14 rain
lluvia ácida acid rain
lluvioso(a) 10 rainy
lo antes posible 2 as soon as possible
lo más pronto posible 2 as soon as posible
lo siento 1 I'm sorry
lobby (Anglicism) 12 lobby
loción 9 shaving lotion
loco(a) 3 crazy
locutor(a) 13 announcer
lograr 4 to manage; to be successful
luego 9 then, later
luego que 14 as soon as
lugar m. 2 place
lujo 3 luxury
lujoso(a) 12 luxurious
luna de miel 8 honeymoon
lunes 3 Monday
luz m. 1 light

M

madera 10 wood
madrastra 4 stepmother
madre 4 mother
madrina 4 godmother
maestro 4 teacher
magnífico(a) 5 magnificent, great, wonderful
maíz 6 corn
majadero(a) 4 annoying
mal 1 bad, badly, not well
malcriado(a) 4 spoiled
maleta 8 suitcase

maletero 5 trunk
malo(a) 2 bad
mamá 4 mother
mandar 9 to govern; to command, to order
mandatorio(a) 14 mandatory
manejar 14 to manage, to handle
mano f. 10 hand
mano de obra f. 8 manual labor
manos arriba 6 hands up
manta 12 blanket
manteca 10 lard
mantener 13 to support
mantenerse en forma 10 to stay in shape
mantequilla 6 butter
manzana 6 apple; block (Spain)
mañana 2 tomorrow
mapa m. 1 map
maquillaje m. 9 make up
maquillarse 9 to put on make up
máquina de afeitar 9 electric razor
máquina de escribir 14 typewriter
maquinaria agrícola 14 agricultural machinery
maquinarias 2 machinery
mar 5 ocean
Mar Caribe 1 Caribbean Ocean
maravilloso(a) 2 marvelous
marca 14 brand
marcharse 12 to leave
marisco 6 shellfish; seafood
marrón 1 brown
martes 3 Tuesday
marzo 3 March
más 1 plus
más de 1 more than
más grande 1 largest
más o menos 1 more or less, so so
mantel m. 6 tablecloth
manzana 6 apple
matar 4 to kill
matemáticas 2 math
matemático 1 mathematician
materia 3 subject (academic)
material m. 7 fabric
maya 4 Mayan
mayo 3 May
mayor 4 greater; bigger, biggest; older, oldest
mayoría 2 majority
me da igual 5 it's the same to me
me llamo 1 my name is
me voy 3 I'm going, I'm leaving
mecánico(a) 11 mechanic
mecanografiar 13 to type
mecedora 8 rocking chair
medalla 7 medal
mediano(a) 7 medium
mediante 13 through
medias 7 stockings
medicina 2 medicine
médico(a) 11 physician
medida 14 measurement, measure
medio ambiente 13 environment
medir 13 to measure
Mediterráneo 2 Mediterranean
mejor 2 best; better
mejorar 13 to improve
mencionar 5 to mention
menor 4 smaller, smallest; younger, youngest
menos 1 minus; less
mensaje m. 5 message
mentir 8 to lie
mercado 6 market
mercadotecnia 2 marketing
merienda 6 afternoon snack
merluza 6 hake (superb fish from Cantabric ocean)
mermelada 6 marmalade
mesa 1 table
mesa de noche 9 nightstand
mestizo(a) 5 of mixed blood
meta 11 goal
meteor1ógo(a) 13 weatherman, weatherwoman
mexicano(a) 2 Mexican
mezclar 6 to mix
mi 3 my
mi vida 4 my darling (figurative)
mi cielo 4 my sweetheart, darling (figurative)
micro-computadora 14 personal computer, microcomputer
microondas 6 microwave
microscopio 3 microscope
miel f. 6 honey
miembro 4 member
mientras 3 while
mientras tanto 6 in the meantime, meanwhile
mientras que 13 as long as; while
miércoles 3 Wednesday
millones 1 millions
miniprueba 1 minitest
ministro(a) 13 minister
mirar 2 to look, to watch
mirarse 9 to look at oneself
mitad f. 1 half
mochila 1 backpack
modales m. pl. 5 manners
molde m. 6 baking pan
molestar 5 to bother
molestia 10 discomfort
monarquía 13 monarchy
moneda 4 currency; coin
monja 9 nun
montaña 8 mountain
montañoso(a) 8 mountainous
montar a caballo 8 to go horseback riding
monumento 8 monument
morado(a) 1 purple
moraleja 9 moral (of a story)
morir 7 to die
morirse de hambre 6 to be starving; to die of hunger
mosca 4 fly
mostrador 7 counter
mostrador de la aerolínea 8 airline counter
mostrar 5 to show
motor m. 8 engine
mover 6 to move
muchacha 1 girl
muchacho 1 boy
muchas gracias 1 thank you very much
muchas veces 1 often
mucho 2 a lot, plenty, much
mucho gusto 1 it's a pleasure (to meet you)
mucho que hacer 1 much to do
mudarse 9 to move
muebles pl. 9 furniture
muerto(a) 3 dead
mujer 1 woman
multa 14 fine
multar 14 to fine
mundo 2 world
mundo hispánico 2 Hispanic world
mundo de hoy 3 today's world
murralla 8 wall
músculo 10 muscle
museo 8 museums
música 3 music
muy 2 very
muy bien 2 very well, fine

N

nación 1 nation
nacionalidad 2 nationality
nada 6 nothing
nadar 2 to swim

nadie 6 nobody, no one
naranja 6 orange
nariz f. 10 nose
natación 2 swimming
naturaleza 14 nature
navaja de afeitar 8 razor blade
neblina 5 fog
necesario(a) 3 necessary
necesidad 3 necessity
necesitar 2 to need
necesito uno(a) 1 I need a...
negar (ie) 11 to deny
negro(a) 1 black
neoclásico(a) 2 neoclassical
nervioso(a) 9 nervous
nevado(a) 10 snow covered
nevar 5 to snow
ni...ni 6 neither...nor
nieta 4 granddaughter
nieto 4 grandson
nieve 5 snow
ningún 6 none, not any
ninguno(a) 6 none, not any
niño, niña 1 child
no se preocupe 2 do not worry
no muy bien 1 not very well
no tiene 1 he doesn't have
no funciona(n) 12 out-of-order
noche f. 1 night, evening
nocivo(a) 10 hazardous
nombre m. 2 name
norteamericano(a) 2 American; North American
nota 2 note
notablemente 9 notably
noticia 2 news item
noticias 13 news
noticiero 13 newscast
noveno(a) 7 ninth
novia 2 girlfriend
noviembre 3 November
novio 2 boyfriend
nublado 5 cloudy
nuera 4 daughter-in-law
nuevo(a) 2 new
número 1 number
numeroso(a) 2 numerous
nunca 5 never
nutritivo 10 nutritious

O

o...o 6 either...or
obligar 7 to force
obligatorio(a) 14 mandatory
obra 2 work
obrero 11 manual laborer
observar 14 to observe
obtener 5 to obtain
occidental 7 western
octavo(a) 7 eighth
octubre 3 October
ocupado(a) 3 busy
ocurrir 5 to occurr
ocurrírsele (a uno) 12 to cross one's mind, to occur
oferta 7 offer
oficina 1 office
oficio 13 occupation
ofrecer 4 to offer
oído 10 inner ear
oír 5 to hear
ojalá 11 I hope that
ojo 9 eye
olvidarse (de) 8 to forget
operar 10 to operate
oratoria 3 speech
orden m. 4 order
ordenar el cuarto 9 to pick up one's room
oreja 10 ear
oriental 7 eastern
oriente 2 east
originalmente 2 originally
orilla 9 shore, bank (of a river)
oro 7 gold
orquesta 4 orchestra
orquídea 9 orchid
otoño 3 fall
otorgar 12 to issue, grant
otras expresiones 1 other expressions
otro(a) 2 other; another
oye listen

P

paciente m. & f. 10 patient
pacto de paz 5 peace pact
padecer (de) 10 to suffer (from)
padrastro 4 stepfather
padre 4 father
padres m. pl. 2 parents
padrino 4 godfather
pagar a plazos 7 to pay on installment
pagar al contado 7 to pay cash
pagar en efectivo 7 to pay cash
página 1 page
pago 7 payment
país m. 2 country
paisaje lunar m. 5 moon landscape
pájaro 5 bird
palabra 2 word
palabras interrogativas 2 interrogative word
palacio 2 palace
palmera 7 palm tree
pan m. 6 bread
panadería 6 bakery
panameño(a) 2 Panamenian
panecillo 6 roll
pantalla 14 screen
pantalones m.pl. 7 pants, slacks
pantalones cortes 7 shorts
pantimedias 7 pantyhose
pañuelo 7 handkerchief
papa 6 potato
papá 4 father
papas fritas 6 french fries
papel m. 1 paper
papel carbón 14 carbon paper
papel higiénico 12 toilet paper
papelería 7 stationery store
par m. 7 pair
para 1 for
para 2 in order
para expresar origen 2 to express origen
para expresar ubicación 3 to express location
para chuparse los dedos 6 finger-licking good
para que 14 in order that, so that
paracaídas m. 14 parachute
parador m. 12 government inn
parar 8 to stop
parece 2 it looks like
parecer 5 to appear; to seem
pared f. 1 wall
pareja 13 couple
pariente 3 relative
parlamentario(a) 2 parliamentary
parque m. 2 park
parque nacional 8 national park
parrilla 6 grill
parte f. 1 part
partido 5 game
pasado 4 past
pasaje m. 8 ticket; fare
pasaje de ida y vuelta 8 roundtrip fare
pasajero(a) 8 passenger
pasaporte m. 8 passport
pasar la aspiradora 9 to vacuum
pasar una película 4 to show a movie
pasatiempo m. 4 pastime
pase m. 5 pass (in a game)

pasear por el centro 4 to take a walk downtown
paseo 1 walk, stroll
pasillo 9 hall; aisle
pasta de dientes 7 toothpaste
pastel m. 6 pastry
pastelería 6 pastry shop
pastilla 10 pill; lozenge
pata 7 leg (of an animal); paw
patear 5 to kick
patinar 5 to skate
patio 9 patio
patrocinador(a) 13 sponsor
patrocinar 13 to sponsor
pecho 10 chest
pechuga 6 breast (of chicken)
pedagogía 2 education
pedazo 6 piece
pedir 4 to ask for, to request; to order
pedir (e → i) el menú 6 to ask for the menu
peinarse 9 to comb
peine m. 9 comb
peinilla 9 comb
pelar 6 to peel
pelearse 8 to have a fight
peletería 7 fur store
peligro 2 danger
pelo 9 hair
pelota 5 baseball; tennis ball
pelotero 5 baseball player
peluquero(a) 11 hairstylist
pendiente m. 7 earring
penicilina 10 penicillin
Península Ibérica 1 Iberian Peninsula
pensar 3 to think; to intend
pensar en las musarañas 9 to daydream
pensión 12 boarding house
peor 4 worse, worst
pepino 6 cucumber
pequeño(a) 2 small
pera 6 pear
perder 5 to lose
perdido(a) 3 lost
perdón 3 pardon me
perdurable 4 everlasting
perezoso(a) 2 lazy
perfumería 7 perfume store
perímetro 2 perimeter
periódico 11 newspaper
periodista m. & f. 13 journalist, newspaper man/woman
perla 8 pearl
permitir 10 to permit
pero 3 but
perro 11 dog
persona 1 person
personas desaparecidas 1 missing persons
pertenecer 7 to belong
pesadez f. 1 heaviness
pesado(a) 9 tedious, dull
pesca 7 fishing
pescadería 6 fish shop
pescado 6 fish
pescar 8 to fish
peso 10 weight
pesticidas 14 pesticides
petróleo 10 oil
picado(a) 6 chopped
picar 6 to cut, to slice
pícnic 5 picnic
pico 7 beak
pie m. 10 foot
piel f. 7 skin
pierna 10 leg
piloto 8 pilot
pintar 1 to paint
pintarse 9 to put on make up
pintoresco(a) 4 picturesque
pirámide f. 4 piramid
piso 7 floor
pistola 6 pistol
pizarra 1 blackboard
pizca 6 pinch (of salt, pepper, etc.)
placer m. 5 pleasure
plan de retiro m. 11 retirement plan
plancha 9 iron
planchar 9 to iron
planear 8 to plan
planta 7 floor
planta alta 9 upstairs; upper floor
planta baja 9 downstairs; main floor
planta nuclear 14 nuclear plant
plata 7 silver
plátano 6 plantain; banana
platería 4 items made of silver
plato 9 dish
playa 2 beach
playera 7 polo shirt
plomero(a) 11 plumber
pluma 1 pen
pluriempleo 13 moonlighting
población 1 population
poblado(a) 10 populated
pobre 2 poor
poco 1 little
poder 4 to be able, can
policía m. 2 police officer
policía f. 2 police force
político(a) 5 political
pollo 6 chicken
pollo asado 6 broiled chicken
polvo 9 dust
poner 5 to put; to place
poner la mesa 9 to set the table
ponerse 9 to put on
ponerse a dieta 10 to go on a diet
ponerse en forma 10 to get in shape
por 2 for; times (multiplication)
por ahí (allí) 9 around there
por ahora 9 for now
por aquí 9 around here
por cierto 9 by the way
por Dios 9 for God's sake
por donde 2 through which
por ejemplo 9 for example
por eso 9 that's why
por favor 3 please
por fin 9 finally
por la mañana 3 in the morning
por la noche 3 in the evening
por la tarde 2 in the afternoon
por lo general 9 in general, generally
por supuesto 9 of course
porque 2 because
por qué 2 why
portugués m. 2 Portuguese
posada 14 lodging; inn, lodge
postre m. 6 dessert
práctica 2 practice
practicar 2 to practice
precio 7 cost
precioso(a) 8 beautiful
preciso(a) 11 essential
preferir 8 to prefer
preguntar por 4 to ask about (somebody or something)
pregunta 1 question
premio 3 prize
prender 6 to light; turn on; to seize
prensa 13 press; newsmedia
preocupado(a) 2 worried
preocuparse 5 to worry
preparar 2 to prepare
presentaciones 1 introductions
presentar 5 to present
presentar una película 4 to show a movie
presidente(a) 13 president
presión f. 10 pressure
prestar 5 to lend
presuntamente 6 presumably
presupuesto 12 budget

prevenir 13 to prevent; to warn
primavera 3 spring
primera clase 8 first class
primera plana 13 front page
primero(a) 7 first
primo(a) 4 cousin
prisionero 2 prisoner
priviligiado(a) 2 priviledged
probador m. 7 fitting room
probar (o → ue) 6 to try (taste); to try on
problema m. 3 problem
procedencia 3 origen
procesador de textos m. 14 word processor
producto interno bruto 5 gross national product
profesión 13 profession
profesor 1 professor (masc.)
profesora 1 professor (fem.)
programa radial m. 11 radio program
programar 14 to program
programas sociales 13 social welfare programs
prohibir 10 to prohibit
prometer 8 to promise
propina 6 tip
protección 13 protection
proteger 14 to protect
proteína 10 protein
próximo(a) 2 next
prueba 10 test
psicólogo(a) 11 psychologist
puede 1 he/she can
pueblo 13 people; masses
puerta 1 door
puerta de salida 8 gate; exit door
puerto 6 port
puerto libre 8 duty-free port
puertorriqueño(a) 2 Puerto Rican
pues sí 3 yes, indeed
puesto 11 stand; position; job
pulmón 10 lung
pulsera 7 bracelet
punta 1 tip, point
pupitre m. 1 desk (student)

Q

que 1 that
qué 2 what
qué hay 1 what's new
qué hay en 1 what's in
qué lástima 8 what a pity
qué tal 1 what's up; how's it going
qué tal si 5 what if
quedar 5 to have left
quedar bien 7 to fit well
quedarse 9 to stay
quehaceres domésticos m.pl. 8 household chores
queja 12 complaint
quejarse 12 to complain
querer (ie) 4 to want
querido(a) 4 dear
queso 6 cheese
quién 2 who (singular)
quiénes 2 who (plural)
quiere 1 she wants
química 3 chemistry
quinto(a) 7 fifth
quisiera ... 6 I would like ...
quitar 9 to remove
quitarse 9 to take off
quizá(s) 11 perhaps, maybe

R

rabioso(a) 9 enraged
radio m. radio set
radio f. radio (in general)
radioactividad 14 radioactivity
radiografía 10 x-ray
radioyentes m. pl. 13 listeners (radio)
rápido 4 rapidly
raptado(a) 3 kidnapped
raqueta 5 racquet
raro(a) 5 strange
rasgo 2 characteristic; trace
reaccionar 5 to react
real 2 royal
realmente 4 really
rebaja 7 sale
rebajar 7 to lower
rebanada 6 slice
rebelde 1 rebellious, rebel
recepción 12 front desk
recepcionista m. & f. 12 front desk clerk
receta 6 recipe; prescription
recetar 10 to prescribe
rechazar 4 to reject
recibido(a) 3 received
recibir 3 to receive
recibo 7 receipt
reciclaje m. 14 recycling
reciclar 14 to recycle
recientemente 5 recently
recipiente m. 6 generic pot, bowl, dish, etc.
reclamación de equipaje 9 baggage claim
recoger 14 to pick up
recomendación 11 recommendation
recomendar 10 to recommend
recorrer el país 9 to go around (across) the country
rectoría 3 administration building
recuerdos 8 souvenirs
recurso natural 14 natural resource
redondo(a) 1 round
reducido(a) 2 reduced
referencia 13 reference
reforestación 14 reforestation
refresco 6 refreshment; soda
refrigerador m. 6 refrigerator
regalar 7 to give
regalo 14 gift
regatear 7 to bargain
registro 12 guest register
regresar 3 to return
regular 1 so, so
reina 13 queen
reinado 2 kingdom
reino 2 kingdom
reír 4 to laugh
reírse 9 to laugh
religioso(a) 4 religious
rellenar 11 to fill completely
reloj 1 clock
reloj de pulsera 7 wristwatch
remitente m. 12 sender
renunciar 11 to resign
reñir (i) 6 to quarrel
reparar 11 to repair
repartir 11 to deliver; to distribute
repetir (e → i) 4 to repeat; to have a second helping
repita(n) las frases 1 repeat the sentences
repoblación forestal 14 reforestation
reportero(a) 13 reporter
reposo 10 rest
representante m. f. 13 representative
representar 5 represent
República Dominicana 1 Dominican Republic
rescate m. 3 ransom; rescue operation
reseña 13 review
reservar 6 to reserve
resfriado 10 cold
residencia estudiantil 2 student residence, dormatory
resolver (ue) 13 to solve; to resolve
respiración 14 breathing

respirar 10 to breathe
responder (a) 7 to answer
responsabilidad 11 responsibility
responsable 4 responsible
respuesta 1 answer
restaurante m. 2 restaurant
retirarse 11 to retire
retorno 7 return
reunirse 9 to get together
revisar 8 to inspect; to check
revista 13 magazine
rey m. 2 king
rico(a) 2 rich
riesgo 10 risk
río 8 river
robo 13 robbery
rodear 2 to surround
rodilla 10 knee
rojo(a) 1 red
rollo de película 8 roll of film (for a camera)
romperse 10 to break
ron m. 5 rum
ropa 7 clothing
rosado(a) 1 pink
roto(a) 12 broken
rubio(a) 1 blond
ruido 4 noise
ruina 2 ruin
ruta 5 route

S

sábado 3 Saturday
sábana 12 sheet
saber 4 to know (facts, information)
sabroso(a) 6 savory, tasty
sacar 10 to get; to take
sacar fotos 8 to take pictures
sacar la lengua 10 to stick out one's tongue
saco 7 coat
sacudir 9 to dust
sal f. 6 salt
sala 9 living room
sala de espera 8 waiting room
salario 11 salary, wages
salida 8 departure
salida de emergencia 8 emergency exit
salir 3 to leave, to go out
salir a 5 to go out to do something
salir con 5 to go out with, to date
salir de 5 to leave a place, to leave on a trip
salón de convenciones m. 12 convention hall
salsa de tomate 6 tomato sauce; ketchup
salud f. 10 health
saludable 10 healthy
saludos 4 greetings
salvaje adj. 8 wild
sandalia 7 sandal
sándwich m. 6 sandwich
sangre f. 10 blood
sano(a) 10 healthy
sapo 7 toad
sarape m. 4 colorful Mexican shawl
sartén m. & f. 6 frying pan, skillet
sastrería 7 tailor shop
sazonar 6 to season
se llaman 2 their name is
se mezclan 2 they mingle
se edificó 2 it was built
se extiende 1 it extends
se encuentra 2 it is found
secadora 9 drier; hairdryer
secarse 9 to dry oneself
sección 13 section
sección deportiva 13 sports section
sección de no fumar 8 no-smoking section
sección financiera 13 business section
secretario(a) 11 secretary
secuestrar 6 to kidnap
secuestro 7 kidnapping
seda 7 silk
sede f. 10 seat (of government)
seguir (e → i) 4 to follow; to continue
según 4 according to
segundo(a) 7 second
seguro de vida 11 life insurance
seguro médico 11 medical insurance
sello 12 stamp
selva 5 jungle
sembrar (ie) 14 to plant
semestre m. 3 semester
senado 13 senate
senador(a) 13 senator
sentarse 9 to sit down
sentir 8 to feel; to be sorry for; to regret
sentirse 10 to feel
señor (Sr.) 1 Mr.
señora (Sra.) 1 Mrs.
señorita (Srta.) 1 Miss
septiembre 3 September
séptimo(a) 7 seventh
ser 1 to be
ser humano 4 human being
ser madrugador 9 to be an early riser
serio(a) 3 serious
servicial 4 helpful
servicio 12 service
servicio de camarera 12 cleaning service
servicio de lavandería 12 laundry service
servicio a la habitación 12 room service
servilleta 6 napkin
servir 4 to serve
sexto(a) 7 sixth
si 2 if
sí 1 yes
siempre 5 always
siga 12 continue
siglo 4 century
siguiendo la pista 3 following the trail
silla 1 chair
sillón m. 9 arm-chair, over-stuffed chair
simpático(a) 2 nice, friendly
sin embargo 5 however
sin que 14 without
sin 14 without
sino 13 but; on the contrary, rather
síntoma m. 10 symptom
sirvienta 8 maid
sirviente m. 8 servant
situado(a) 1 situated
sobre 9 about; on
sobre 12 envelope
sobrecargo 9 flight attendant
sobrepeso 10 overweight
sobrina 4 niece
sobrino 4 nephew
sociología 3 sociology
¡Socorro! 3 Help!
sofá m. 9 sofa
sol m. 5 sun
solamente 3 only
soler 13 to be in the habit of
solicitado(a) 3 requested
solicitar 11 to apply for
solicitud de empleo f. 11 job application form
sólo 1 only
soltero(a) 3 single
sombrerería 7 hat store
sombrero 7 hat
sombrilla 5 umbrella

somos de 2 we're from
son de 2 they're from
son las ... en punto 3 it's ... o'clock sharp (on the dot).
sonar 7 to ring
soñar (ue) 5 to dream
sondeo 13 poll
sopa 6 soup
sopa de vegetales 6 vegetable soup
sorprender 10 to surprise
sorpresa 4 surprise
sospechoso(a) 4 suspicious
soy 1 I am
subir (a) 6 to climb
subir de peso 10 to gain weight
subsuelo 8 subsoil
suceso 7 event
sucio(a) 12 dirty
suegro(a) 4 father/mother-in-law
sueldo 11 wages, salary
suelo 7 soil
suerte 5 luck
suéter m. 7 sweater
sugerencia 5 suggestion
sugerir 10 to suggest
suite de lujo m. 12 deluxe suite
Suiza 2 Switzerland
suma 3 sum
superpoblación 14 overpopulation
supervisor(a) 11 supervisor
suponer 5 to suppose
sur 1 south
sustantivo 10 noun

T

tablero 12 information board
tal vez 11 perhaps, maybe
talar 14 to raze
tales como 10 such as
talco 7 powder
talla 7 size
taller m. 5 workshop
taller de reparaciones 5 repair shop
tamaño 7 size
también 2 also, too
tampoco 6 neither, nor
tan ... como 4 as ... as
tan pronto como 14 as soon as
tanto 4 so much
tanto ... como 4 as ... as
tapar 6 to cover
tarde 3 late
tarea 5 task, homework
tarjeta de crédito 7 credit card
tarjeta de embarque 8 boarding pass
tasa 13 rate
taza 6 cup
té m. 6 tea
teclado 14 keyboard
tecnológico(a) 14 technological
teléfono 14 telephone
teléfono celular 14 cellular telephone
teléfono inalámbrico 14 cordless telephone
teléfono portátil 14 portable telephone
telenovela 13 soap opera
televidente m.f. 13 television viewer
televisión 13 television (in general)
televisión por cable 13 cable TV
televisor m. 11 television set
temer 10 to fear
tempestad f. 11 storm
temporada 5 season
temprano 9 early
tenedor m. 6 fork
tener 2 to have
tener _____ años 1 to be (so many) years old
tener calor 2 to be hot
tener celos 8 to be jealous
tener cuidado 2 to be careful
tener dolor 10 to have a pain
tener en cuenta 10 to take into account
tener éxito 13 to succeed
tener fiebre 10 to have a fever
tener frío 2 to be cold
tener hambre 2 to be hungry
tener miedo 2 to be afraid
tener náuseas 10 to be nauseated
tener prisa 2 to be in a hurry
tener razón 2 to be right (correct)
tener sed 2 to be thirsty
tener sueño 2 to be sleepy
tener que + inf. 2 to have to do (something)
tener un resfriado 10 to have a cold
tengo 2 I have
tenis 2 tennis
tenis de mesa 5 table tennis
tenista m. & f. 5 tennis player
tercero(a) 7 third
tercio 7 third
términos deportivos 5 sports-related terms
ternera 6 veal
terraza 9 terrace
terremoto 7 earthquake
territorio 2 territory
terrorista m. & f. 4 terrorist
testigo 4 witness
tía 4 aunt
tiempo 5 weather; time
tienda 7 store
tiene 1 he/she has
tierra 2 homeland; land; earth
tijeras 9 scissors
tímida(o) 4 timid
tío 4 uncle
típico(a) 3 typical
tipo 7 type
tirar 8 to throw
tiras cómicas 13 comics
titular m. 13 headline
título 1 title
tiza 1 chalk
toalla 5 towel
tobillo 10 ankle
tocadiscos m.s. 8 record player
tocar 4 to play (a musical instrument); to touch
todavía 6 yet, still
todos los días 9 every day
tomar 2 to take
tomar apuntes 13 to take notes
tomar el sol 4 to sunbathe
tomarse la presión 10 to take one's blood pressure
tomarse la temperatura 10 to take one's temperature
tomate m. 6 tomato
torcerse el tobillo 10 to twist one's ankle
torre de mandos f. 8 control tower
torta 6 cake
tortilla de papas 6 egg and potato omelet
tos 10 cough
toser 10 to cough
tostada 6 toast
tostadora 6 toaster
tostar 6 to toast
trabaja 1 he works
trabajador(a) 1 hardworking
trabajar 2 to work
trabajo 1 work
traductor(a) 11 translator
traer 5 to bring
traje m. 7 suit
traje de baño 5 bathing suit
transmitir 13 to transmit
tranquilo(a) 8 calm, quiet
tratado 7 treaty
triste 3 sad

trotar 10 to jog
tu 3 your (familiar)
tú 1 you
tupido(a) 12 clogged
turista m. & f. 2 tourist
turístico(a) 2 tourist
turnarse 10 to take turns
turquesa 4 turquoise

U

ubicación 9 location; situation
último(a) 3 last
un poco 1 a little
una vez a... 8 once a...
único(a) 8 only; unique
unido(a) 4 close
universidad 3 university
uña 9 finger/toe-nail
urgente 1 urgent
usar 7 to use
utensilio 6 utensil
uva 6 grape

V

vacante 11 vacancy, opening
vacío(a) 5 empty
vamos a + inf. 2 we are going to do (something)
vas a + inf. 3 you are going to + inf.
vaso 6 glass
vaya(n) a la pizarra 1 go to the board
veces f. pl. 1 times
vecino(a) 4 neighbor
vela 14 candle
vendedor(a) 11 salesperson
vendedor(a) ambulante 7 street vendor
vender 3 to sell
venezolano(a) 2 Venezuelan
venta-liquidación 7 clearance sale
ventana 1 window
ventanilla 8 porthole; small window
ventanilla de pagos 12 cashier window
ver 3 to see
verano 3 summer
verdad f. 1 truth
verdad 1 really
verdadero(a) 7 real
verde 1 green
verdura 6 vegetable
vestíbulo 12 lobby
vestido 7 dress
vestirse 9 to get dressed
veterinario(a) 11 veterinarian
vez f. 3 time
viajar 8 to travel
viajante m. f. 11 traveling salesperson
viaje m. 5 trip
viajero(a) 4 traveler
videograbadora 14 video cassette recorder (VCR)
viejo(a) 2 old
viento 5 wind
viernes 3 Friday
vietnamés 2 Vietnamese
vigilar 10 to watch
vino (tinto) 6 wine (red)
virar 6 to turn
visita 9 guest(s)
visitante m. & f. 2 visitor
visitar 4 to visit
vista 8 view
vitrina 7 display case or window
viva 5 hurray
vivir 3 to live
vivo(a) 4 alive; smart; alert
volar 5 to fly
volcán m. 8 volcano
volíbol m. 5 volleyball
voltear 6 to turn over
volver 4 to return, to come back
votar 13 to vote
vuelo 3 flight
vuelo sin escala 8 non-stop flight

Y

y 2 and
ya 3 already
yate de lujo m. 6 luxury yacht
yerno 4 son-in-law

Z

zanahoria 6 carrot
zapatería 7 shoe store
zapato 7 shoe
zapatos de tenis 7 tennis shoes

APPENDIX 5
ENGLISH-SPANISH VOCABULARY

A

a little un poco 1
a lot mucho 2
abortion aborto 13
about acerca de 6
about sobre 9
above arriba 5
accept aceptar 7
accessories accesorios 8
accomplish llevar a cabo 7
according to según 4
accountant contador(a) 11
acid rain lluvia ácida
actions in progress acciones en ejecución 4
actress actriz 1
add añadir 3
add echar 6
addressee destinatario(a) 12
adjective adjetivo 1
administration building rectoría 3
admire admirar 2
adverb adverbio 3
advice column consultorio sentimental 13
advise aconsejar 10
advisor asesor(a) 13
aerobics ejercicios aeróbicos
affection afecto 4
after después (de) 3
afternoon snack merienda 6
against contra 9
aggressive agresivo 5
agricultural machinery maquinaria agrícola 14
air aire m. 14
air conditioning aire acondicionado m. 12
air mail correo aéreo 12
airline aerolínea 3
airline counter mostrador de la aerolínea 8
airplane avión m. 1
airport aeropuerto 3
aisle pasillo 9
alarm clock despertador m. 9
alert vivo(a) 4
algebra álgebra m. 3
alive vivo(a) 4
allergic alérgico(a) 10
allergy alergia 10
already ya 3
also también 2
although aunque 1
altitude altura 8
always siempre 5
ambassador embajador(a) 2
American norteamericano(a) 2
among entre 3
analyst analista m. & f. 13
ancestor antepasado 14
anchored anclado(a) 6
ancient antiguo(a) 2
and y 2
angry enfadado(a) 3
angry furioso(a) 9
ankle tobillo 10
announcement anuncio 5
announcer locutor(a) 13
annoying majadero(a) 4
another otro(a) 2
answer respuesta 1
answer responder (a) 7
answer in Spanish conteste(n) en español 1
answering machine contestador automático m. 14
antacid antiácido 10
antibiotic antibioticó 1
any cualquier 5
any algún 6
any alguno(a) 6
anyone alguien 6
aperitive aperitivo 2
appear parecer 5
apple manzana 6
applicant aspirante m. & f. 11
apply for solicitar 11
April abril 3
Arabic árabe 2
arch arco 2
archaeology arqueología 4
architect arquitecto(a) 11
architecture arquitectura 2
Argentine argentino(a) 2
Argentinean argentino(a) 2
arm brazo 10
arm-chair sillón m. 9
armchair butaca 8
around here por aquí 9
around there por ahí (allí) 9
arrival llegada 8
arrival time hora de llegada 3
arrive llegar (a) 2
arrive late llegar tarde 3
art arte m. 2
art school facultad de arte 3
article artículo 7
as como 4
as ... as tan ... como 4
as ... as tanto ... como 4
as long as mientras que 13
as soon as en cuanto 14
as soon as luego que 14
as soon as tan pronto como 14
as soon as possible lo más pronto posible 2
as soon as possible lo antes posible 2
ash ceniza 5
ask about (somebody or something) preguntar por 4
ask for pedir (i) 4
ask for the menu pedir (i) el menú 6
asparagus espárrago 6
aspirin aspirina 10
at about a eso de 6
at the beginning al comienzo 5
at the beginning of a principios de 5
athlete deportista 5
Atlantic Atlántico 2
atmosphere atmósfera 14
attend asistir (a) 3
attract atraer 7
attractive atractivo(a) 4
August agosto 3
aunt tía 4
automatic teller machine cajero automático 14
available disponible 12
avenue avenida 2
awesome bárbaro(a) 5
Aztec azteca 4

B

B.C. antes de Cristo 4
backpack mochila 1
bad malo(a) 2
bad mal 1
badly mal 1
baggage equipaje m. 8
baggage claim reclamación de equipaje 9
bake hornear 6
bakery panadería 6
baking pan molde m. 6
balcony balcón m. 9
ball (soccer, basketball, volleyball) balón m 5
ball point pen bolígrafo 1
banana banana m. & f. 6
banana plátano 6
barely apenas 4

bargain ganga 7
bargain regatear 7
baseball béisbol m. 2
baseball pelota 5
baseball player pelotero 5
basket cesta 4
basket cesto 5
basketball básquetbol m. 2
bat bate m. 5
bat batear 5
bathe bañarse 9
bathing suit traje de baño 5
bathroom baño 9
be estar 1
be ser 1
be (so many) years old tener ______ años 1
be able, can poder 4
be abundant abundar 5
be afraid tener miedo 2
be an early riser ser madrugador 9
be called llamarse 8
be careful andar con cuidado 5
be careful tener cuidado 2
be clogged estar tupido 12
be cold tener frío 2
be delayed estar demorado(a) 9
be found encontrarse (ue) 4
be glad (about) alegrarse (de) 8
be happy estar contento (de) 10
be happy (about) alegrarse (de) 8
be hot tener calor 2
be hungry tener hambre 2
be in a hurry tener prisa 2
be in style estar de moda 7
be in the hands estar en manos 4
be interested interesar 5
be late estar atrasado(a) 9
be nauseated tener náuseas 10
be on a diet estar a dieta 10
be on time estar a tiempo 9
be pleasing to gustar 5
be right (correct) tener razón 2
be sleepy tener sueño
be sorry for sentir 8
be starving morirse de hambre 6
be successful lograr 4
be sure asegurarse 6
be the same dar igual 5
be thirsty tener sed 2
beach playa 2
bean frijol m. 6
beat batir 6
beautiful bello(a) 2
beautiful precioso(a) 8
beauty contest certamen m. 13
because porque 2
bed cama 9
bedroom dormitorio 9
bedroom cuarto n. 2
beef carne de res 10
beef fillet filete de res m. 6
beer cerveza 6
before antes (de) que conj. 14
before antes de 2
before antes adv. 8
begin comenzar 7
begin empezar 7
behind detrás (de) 3
believe creer 3
bellhop botones m. s. 12
belong pertenecer 7
below debajo (de) 9
below abajo 5
belt cinturón m. 7
benefit beneficio 13
besides además (de) 1
best mejor 2
better mejor 2
between entre 3
bicycling ciclismo 5
big grande adj. 1
big leagues grandes ligas 5
bigger mayor 4
biggest mayor 4
bill cuenta 6
bill (banknote) billete m. 12
binoculars binoculares m. pl. 8
biology biología 2
bird pájaro 5
birthday cumpleaños 3
black negro(a) 1
black coffee café negro (solo) 6
blackboard pizarra 1
blank form formulario 11
blanket frazada 12
blanket manta 12
block (Spain) manzana 6
block (Spanish America) cuadra 12
blond rubio(a) 1
blood sangre f. 10
blouse blusa 7
blue azul 1
blush colorete 8
boarding house pensión 12
boarding pass tarjeta de embarque 8
body cuerpo 8
body structure complexión 10
boil hervir 6
bone hueso 10
book libro 1
bookcase librero 9
bookstore librería 2
boot bota 7
bored aburrido(a) 3
boring aburrido(a) 3
boss jefe(a) 11
bother molestar 5
bottle botella 6
bottle of cologne frasco de colonia 7
bottle of perfume frasco de perfume 7
bowl recipiente m. 6
boxing boxeo 5
boy muchacho 1
boy (colloquial) chico(a) 3
boyfriend novio 2
bracelet pulsera 7
braggart fanfarrón(a) 4
brand marca 14
bread pan m. 6
break romperse 10
breakfast desayuno 6
breathe respirar 10
breathing respiración 14
bring traer 5
broccoli brócoli 6
brochure folleto 8
broiled chicken pollo asado 6
broken descompuesto(a) 12
broken roto(a) 12
broom escoba 9
brother hermano 4
brother-in-law cuñado 4
brown marrón 1, café m. 1
brush cepillo 9
brush cepillarse 9
bucket cubo 9
budget presupuesto 12
build edificar 2
building edificio 2
bullfighting corrida de toros 5
business comercio 7
business administration administración de empresas 2
business section sección financiera 13
busy ocupado(a) 3
but pero 3
but sino 13
butter mantequilla 6
buy comprar 3
by the way por cierto 9

C

cabin cabina 8
cable TV televisión por cable 13
cafe café m. 4
cafeteria cafetería 3
cake torta 6
calculate calcular 14
calculator calculadora 3
call llamar 2
calm tranquilo(a) 8
calm apacible 4
camera cámara fotográfica 8
campaign campaña 13
cancel cancelar 8
candidate candidato(a) 13
candle vela 14
capable capaz 11

capital capital m. 2
car carro 6
car coche m. 4
caramel custard flan m. 6
carbohydrates hidratos de carbono 10
carbon paper papel carbón
careful cuidadoso(a) 8
carefully cuidadosamente 6
Caribbean Ocean Mar Caribe 1
carpenter carpintero(a) 11
carrot zanahoria 6
case caso 1
cash al contado 7
cash efectivo 7
cash cobrar 12
cash register caja registradora 7
cashier window ventanilla de pagos 12
casserole dish cazuela 6
castle castillo 2
cattle raising ganadería 10
cause trouble dar guerra 4
causes as much trouble as da tanta guerra como 4
cellular telephone teléfono celular 14
center centro 2
Central America América Central 1
cereal cereal m. 6
chain cadena 7
chair silla 1
chalk tiza 1
challenging exigente 3
champion campeón(a) 5
championship campeonato 5
change cambio 12
change cambiar 12
channel canal m. 13
chat conversar 2
cheap barato(a) 1
check cheque 7
check revisar 8
check in luggage facturar el equipaje 8
checking account cuenta corriente 12
cheese queso 6
chemistry química 3
chest pecho 10
chicken pollo 6
chief jefe(a) 11
child development desarrollo infantil 3
Chilean chileno(a) 2
china cabinet aparador m. 8
Chinese chino 2
chocolate chocolate m. 6
cholesterol colesterol m. 10
chopped picado(a) 6
church iglesia 2
cigarette cigarrillo 6
citizen of the U.S.A. estadounidense adj. 2
city ciudad 2
class clase f. 1
class curso 3
class schedule horario de clases 3
classified ads clasificados 13
classroom expressions expresiones para la clase 1
clean limpio(a) 12
clean limpiar 9
cleaning service servicio de camarera 12
clear claro(a) 5
clear despejado 5
clearance sale venta-liquidación 7
clerk dependiente(a) 7
client cliente m. 7
climate clima m. 2
climb subir (a) 6
climb mountains escalar montañas 8
clock reloj 1
close unido(a) 4
close cerca 3
close the book cierre(n) el libro 1
close to cerca de 4
clothing ropa 7
cloudy nublado 5
coach entrenador(a) 5
coach class clase turista 8
coast costa 4
coat abrigo 7
coat saco 7
cobble stoned adoquinado(a) 4
Coca-Cola Coca-Cola 6
cockpit casilla del piloto 8
codfish bacalao 6
coffee café m. 1
coffee with milk café con leche 6
coffeepot cafetera 6
coin moneda 4
cold frío(a) 5
cold resfriado 10
collection colección 2
Colombian colombiano(a) 2
color color m. 1
comb peine m. 9
comb peinilla 9
comb peinarse 9
combat combatir 13
come back volver 4
come on dale 5
comfortable cómodo(a) 8
comics tiras cómicas 13
command mandar 9
commentator comentarista m. & f. 13
commission comisión 11
Commonwealth Estado Asociado 1
communications comunicaciones 2
compact disc cómpact disc (Anglicism) 14
l**compact disc** disco compacto 14
compartment compartimiento 6
complain quejarse 12
complaint queja 12
complicated complicado(a) 3
compliment cumplido 4
computer computadora 3
computer science informática 2, computación 3
concert concierto 5
concierge conserje m. 12
condiment condimento 6
congratulate felicitar 7
congratulations enhorabuena 11
congratulations felicitaciones 13
congress congreso 13
constructed construido(a) 2
consume consumir 14
container envase 14
contamination contaminacion
continent continente m. 1
continue siga 12
continue seguir (i) 4
contract contrato 11
control controlar 13
control tower torre de mandos f. 8
convention hall salón de convenciones m. 12
converse conversar 2
cook cocinero(a) 11
cook cocinar 6
cooked cocido(a) 6
cool fresco 5
cooler heladera 5
coordinator coordinador(a) 11
copper cobre m. 10
cordially cordialmente 11
cordless telephone teléfono inalámbrico 14
corn maíz 6
corner esquina 12
corruption corrupción 13
cost precio 7
cost costar 5
cotton algodón m. 7
cough tos 10
cough toser 10
cough syrup jarabe m. 10
count contar 5
counter mostrador 7
countersign endosar 12
country país m. 2
course curso 3
court cancha 5
courtesy cortesía 3
cousin primo(a) 4
cover cubrir 12
cover tapar 6

covered cubierto(a) 2
crazy loco(a) 3
credit card tarjeta de crédito 7
crime crimen m. 13
critic crítico(a) 13
criticism crítica 13
crop cultivo 14
cross one's mind ocurrírsele (a uno) 12
crossed atravesado(a) 10
Cuban cubano(a) 2
culture cultura 2
cuota cupo 9
cup taza 6
cup of wine copa de vino 6
cure curar 11
currency moneda 4
custom agent aduanero(a) 8
customer cliente m. 7
customs aduana 8
cut cortar 6
cut picar 6

D

dance bailar 2
danger peligro 2
darn it caramba 9
darn it demonios 7
database base de datos f. 14
date fecha 3
date salir con 5
date back to datar de 4
daughter hija 4
daughter-in-law nuera 4
day día m. 1
daydream pensar en las musarañas 9
days of the week días de la semana 3
dead muerto(a) 3
dear estimado 11
dear querido(a) 4
December diciembre 3
decide decidir 3
defense defensa 13
define definir 11
deforestation despoblación forestal 14
delayed demorado(a) 8
delicious delicioso(a) 6
delighted encantado(a) 1
deliver repartir 11
deluxe suite suite de lujo m. 12
demanding exigente 3
democracy democracia 2
dense espeso(a) 5
dentist dentista m. & f. 11
deny negar (ie) 11
deodorant desodorante m. 7
department store almacén m. 7
departure salida 8
descriptive descriptivo(a) 2
design diseño 14
design diseñar 11
designed diseñado(a) 2
desk (student) pupitre m. 1
dessert postre m. 6
destination destino 8
destroyed destruido(a) 2
diabetes diabetes f.s. 10
dictator dictador(a) 13
dictatorship dictadura 13
dictionary diccionario 3
die morir 7
die of hunger morirse de hambre 6
dinner cena 6
dining room comedor m. 9
director director(a) 11
dirty sucio(a) 12
disappearance desaparición 3
disappeared desaparecido p.p. 1
disappointed desanimado 5
disaster desastre 9
discomfort molestia 10
discoteque discoteca 5
discount descuento 7
discover descubrir 5
discovery descubrimiento 4
dish plato 9
dish recipiente m. 6
dishwasher lavaplatos m.pl. 9
diskette disco duro 14
dislike (a person) caer mal 5
display case or window vitrina 7
disposed dispuesto 14
disquette disquete m. 14
distribute repartir 11
divided by entre 3
divorced divorciado(a) 3
do not worry no se preocupe 2
do or make hacer 3
do the homework haga(n) la tarea 1
doctor's office consultorio 10
Dominican dominicano(a) 2
Dominican Republic República Dominicana 1
door puerta 1
dormatory residencia estudiantil 2
dose dosis f. 10
double room habitación doble 12
down with abajo 5
downstairs abajo 5
downstairs planta baja 9
dramatic art arte dramático
dream soñar (ue) 5
dress vestido 7
dresser cómoda 9
drier secadora 9
drink bebida 6
drink beber 3
drive conducir 14
drug addiction drogadicción 13
drug store droguería 7
drugstore farmacia 7
dry oneself secarse 9
dull pesado(a) 9
dust polvo 9
dust sacudir 9
duty deber m. 13
duty-free port puerto libre 8

E

E-mail correo electrónico 14
ear oreja 10
early temprano 9
earring arete m. 7
earring pendiente m. 7
earth tierra 2
east oriente 2
eastern oriental 7
easy fácil 3
eat comer 3
economics economía 3
editorial page editorial m. 13
education pedagogía 2
egg huevo 6
egg and potato omelet tortilla de papas 6
eighth octavo(a) 7
either ... or o ... o 6
elect elegir (i) 13
elections elecciones 13
electric razor máquina de afeitar 9
electrical appliance aparato electrónico 14
electrician electricista m. 11
electronic electrónico(a) 14
electronic game juego electrónico
elevated elevado(a) 2
elevator ascensor m. 12
embrace abrazar 7
emergency exit salida de emergencia 8
employ emplear 11
employee empleado(a) 11
employment empleo 11
employment agency agencia de empleos 11
empty vacío(a) 5
enchant encantar 7
encourage animar 5
end eliminar 13
endorse endosar 12
energy energía 14
engine motor m. 8
engineer ingeniero(a) 11
engineering ingeniería 2
engineering school facultad de ingeniería 3
English inglés 2
enjoy disfrutar 6
enjoy your meal buen provecho 6
enjoyable divertido(a) 4

enormous enorme 1
enough bastante adj.
enter entrar (en)
entertainment section cartelera 13
enthusiasm entusiasmo 5
enthusiastic entusiasta 11
envelope sobre 12
environment ambiente m. 11
environment medio ambiente 13
equestrian ecuestre 2
equipped equipado(a) 6
era época 4
erase borrar 14
eraser borrador m. 1
essay ensayo 13
essential preciso(a) 11
establish establecer 13
ethics ética 13
Europe Europa 1
European europeo(a) 2
evaluation evaluacion
even if aunque 1
even though aunque 1
evening noche f. 1
event suceso 7
everlasting perdurable 4
every day todos los días 9
exam examen m. 2
example ejemplo 2
exchange cambio 12
exchange cambiar 12
excuse me con permiso 3
exercise hacer ejercicio 10
exit door puerta de salida 8
expand extender (ie) 14
expect esperar 4
expense gasto 13
expensive caro(a) 1
explain explicar 5
express location para expresar ubicación 3
express origen para expresar origen 2
expressions expresiones 2
exquisite exquisito(a)
extinguish apagar 14
eye ojo 9

F

fabric material m. 7
fabulous fabuloso(a) 4
face cara 9
face afrontar 13
factory fábrica 14
fair feria 14
fall otoño 3
fall caerse 8
fall asleep dormirse 9
fall in love (with) enamorarse (de) 9
false falso(a) 1
famous famoso(a) 1
fan aficionado 5
fan fanático(a) 5
fantastic fantástico 5
far (from) lejos (de) 3
far away lejos (de) 3
fare pasaje m. 8
farewell despedida 4
farm finca 14
farmer campesino 14
fascinate encantar 7
fascinating fascinante 4
fat grasa 10
fat gordo(a) 2
father padre 4
father papá 4
father/mother-in-law suegro(a) 4
fax fax (Anglicism) m. 14
fear temer 10
February febrero 3
feel sentirse 10
feel sentir 8
field of study área de estudio m. 2
fifth quinto(a) 7
fight combatir 13
file expediente m. 11
file archivar 14
fill llenar 12
fill completely rellenar 11
finally finalmente 4
finally por fin 9
find encontrar (ue) 2
find out enterarse 11
fine fino(a) 1
fine multa 14
fine bien adv. 1
fine muy bien 2
fine multar 14
fine with me de acuerdo 4
finger dedo 9
finger-licking good para chuparse los dedos 6
finger/toe-nail uña 9
finnicky customer inconforme n. 6
fire fuego 2
fire despedir 11
firefighter bombero(a) 11
firm empresa 11
first primero(a) 7
first class primera clase 8
fish pescado 6
fish pescar 8
fish fillet filete de pescado m. 6
fish shop pescadería 6
fishing pesca 7
fishmeal harina de pescado 10
fit well quedar bien 7
fitting room probador m. 7
fix arreglar 7
fixed fijo(a) 13
fixed arraigado(a) 8
flight vuelo 3
flight attendant aeromozo(a) 8
flight attendant sobrecargo 9
floor piso 7
floor planta 7
flower flor f. 8
flue gripe f. 10
fly volar 5
fog neblina 5
follow seguir (i) 4
following the trail siguiendo la pista 3
food comestible m. 6
foot pie m. 10
football fútbol americano m. 5
footwear calzado 7
for para 1
for por 2
for example por ejemplo 9
for God's sake por Dios 9
for now por ahora 9
force obligar 7
forehead frente f. 10
foreign word or phrase extranjerismo 14
foreigner extranjero(a) 2
forest bosque m. 8
forget olvidarse (de) 8
fork tenedor m. 6
formed formado(a) 2
fortress alcázar m. 2
fountain fuente f. 2
fourth cuarto(a) 7
freezer congelador m. 6
French francés 2
french fries papas fritas 6
frequent frecuente 9
frequently con frecuencia 3
frequently frecuentemente 9
Friday viernes 3
fried egg huevo frito 6
friend amigo(a) 2
friendly acogedor 7
friendly simpático(a) 2
from de 1
from desde 2
from all parts de todas partes 2
from time to time de vez en cuando 9
front enfrente 3
front desk recepción 12
front desk clerk recepcionista m. & f. 12
front page primera plana 13
fruit fruta 2
fruit store frutería 6
fry freír 6
frying pan sartén m. & f. 6
full lleno(a) 2
fun divertido(a) 4
function funcionar 7

fur store peletería 7
furniture muebles pl. 9

G

gain weight engordar 10
gain weight subir de peso 10
gallery galería 2
game partido 5
game show concurso 13
gangplank escalerilla 6
garage garaje m. 9
garbage can basurero 9
garden jardín m. 9
garlic ajo 6
gate puerta de salida 8
generally generalmente 9
generally por lo general 9
geographical geográfico(a) 2
geography geografía 2
German alemán m. 2
get conseguir (i) 6
get sacar 10
get angry enojarse 5
get away from alejarse de 10
get dressed vestirse 9
get in shape ponerse en forma 10
get married contraer matrimonio 8
get sick enfermarse 10
get some sun asolearse 9
get together reunirse 9
get up levantarse 9
girl muchacha 1
girl (colloquial) chico(a) 3
girlfriend novia 2
give dar 5
give regalar 7
glass vaso 6
glove guante m. 7
go dale 5
go ir 2
go around (across) the country recorrer el país 9
go away irse 8
go bed acostarse 9
go horseback riding montar a caballo 8
go on a diet ponerse a dieta 10
go on an outing ir de excursión 9
go out salir 3
go out do something salir a 5
go out with salir con 5
go shopping ir de compras 7
go the movies ir al cine 4
go to the board vaya(n) a la pizarra 1
go well with hacer juego 7
goal meta 11
godfather padrino 4
godmother madrina 4
gods dioses 4
gold oro 7
golf golf 5
good bueno(a) 2
good afternoon buenas tardes 1
good evening buenas noches 1
good morning buenos días 1
good-bye adiós 1
gorilla gorila 5
gossip chisme m. 7
gossip chismear 7
gossiper chismoso(a) 5
govern mandar 9
government gobierno 2
government inn parador m. 12
governor gobernador(a) 13
grain grano 6
gram gramo 6
granddaughter nieta 4
grandfather abuelo 4
grandmother abuela 4
grandson nieto 4
grape uva 6
grapefruit juice jugo de toronja 6
gray gris 1
great grande adj. 1
great fabuloso(a) 4
great magnífico(a) 5
greater mayor 4
green verde 1
green bean habichuela 6
green beans judías 6
green pepper ají verde m. 6
greetings saludos 4
gross national product producto interno bruto 5
growth crecimiento 14
guest huésped m. 12
guest invitado(a) 6
guest house casa de huéspedes 12
guest register registro 12
guest(s) visita(s) 9
guide book guía turística 9
gulf golfo 4
gymnasium gimnasio 2
gymnastics gimnasia 5

H

hair pelo 9
hairdryer secadora 9
hairstylist peluquero(a) 11
hake (superb fish from Cantabric ocean) merluza 6
half mitad f. 1
hall pasillo 9
ham jamón 6
hamburger hamburguesa 3
hammock hamaca 4
hand mano f. 10
hand luggage equipaje de mano m. 8
handbag bolso 7
handcraft artesanía 4
handkerchief pañuelo 7
handle manejar 14
hands up manos arriba 6
handsome guapo 2
happening acontecimiento 13
happy alegre 4
happy contento(a) 3
hard difícil 3
hardly apenas 4
hardworking trabajador(a) 1
harvest cosecha 14
harvest cosechar 14
hat sombrero 7
hat store sombrerería 7
have tener 2
have a cold tener un resfriado 10
have a fever tener fiebre 10
have a fight pelearse 8
have a good trip buen viaje 8
have a pain tener dolor 10
have a picnic hacer un pícnic 5
have a second helping repetir (i) 4
have breakfast desayunar 6
have dinner cenar 6
have do (something) tener que + inf. 2
have fun divertirse (i) 8
have just + inf. acabar de + inf. 12
have left quedar 5
have lunch almorzar (o —>ue) 6
have returned estar de vuelta 7
hazardous nocivo(a) 10
he doesn't have no tiene 1
he is es 1
he is está 1
he/she can puede 1
he/she has tiene 1
he/she works trabaja 1
head cabeza 10
head jefe(a) 11
headache dolor de cabeza 10
headline titular m. 13
health salud f. 10
health-food store centro naturista 10
healthy saludable 10
healthy sano(a) 10
hear oír 5
heart corazón m. 10
heaviness pesadez f. 1
heavy gordo(a) 2
Hebrew hebreo 2
height estatura 10
hello hola 1
hello (answering the phone) alló 4, bueno 4
help ayuda 7
help ayudar 5
helpful servicial 4
here aquí 2
here is he aquí 9

heritage herencia 4
hero héroe 5
hi hola 1
high arriba 5
high heat fuego alto 6
high plateau altiplano 10
high school escuela secundaria 4
hire contratar 11
Hispanic world mundo hispánico 2
history historia 2
hockey hockey m. 5
hold up atracar 5
home casa 2
homeland tierra 2
honest honrado(a) 13
honesty honestidad 13
honey miel f. 6
honeymoon luna de miel 8
hoodlum delincuente m. 4
hope esperar 4
horoscope horóscopo 13
horrible horrible 6
hostel hostal m. 12
hot caliente 6
hot calor 5
hot water agua caliente 12
hotel hotel m. 9
house casa 2
house of representatives cámara de representantes 13
household chores quehaceres domésticos m.pl. 8
housekeeper criado(a) 9
housewife ama de casa 6
how cómo
how much is/ how much are cuánto cuesta(n) 1
how much/ how many cuánto(s) 1
how's it going qué tal 1
how's it going (familiar) ¿cómo te va? 1
how's it going (formal) ¿cómo le va? 1
however sin embargo 5
hug abrazo 4
human humano(a) 10
humanities/liberal arts filosofía y letras 2
hunting caza 7
hurray viva 5
hurry apurarse 8
hurt doler 10
husband esposo 4

I

I am soy 1
I believed creía 2
I have tengo 2
I hope that ojalá 11
I need a... necesito uno(a) 1
I study estudio 2
I talk hablo 2
I would like ... quisiera ... 6
I'm doing estoy haciendo 3
I'm going me voy 3
I'm leaving me voy 3
I'm sorry lo siento 1
Iberian Peninsula Península Ibérica 1
ice hielo 5
ice cream helado 6
ice cream shop heladería 6
ideal ideal 5
if si 2
illness enfermedad 10
imagine imaginarse 4
immediately inmediatamente 2
impatient impaciente 9
impressive impresionante 8
improve mejorar 13
in a hurry apurado(a) 3
in addition (to) además (de) 1
in case of en caso de que 14
in front of frente a 2
in general por lo general 9
in order para 2
in order that a fin de que 14
in order that para que 14
in search of en busca de 2
in style de moda 7
in the afternoon por la tarde 2
in the evening por la noche 3
in the meantime mientras tanto 6
in the morning por la mañana 3
inaugurated inaugurado(a) 2
incomparable incomparable 2
increase aumentar 13
incredible increíble adj. 11
indeed pues sí 3
independent independiente adj. 1
Indian chief cacique m. 8
industrial industrial 14
inexpensive barato(a) 1
infection infección 10
inflation inflación 13
inform informar 4
inform him infórmele 2
information informacion
information board tablero 12
ingredient ingrediente m. 6
inhabitant habitante m. 1
inn posada 14
inner ear oído 10
inside dentro (de) 9
insist insistir (en) 2
inspect revisar 8
install instalar 14
intelligent inteligente 1
intend pensar (ie) 3
interesting interesante 2
interpreter intérprete m. & f. 11
interrogative word palabras interrogativas 2
interview entrevista 3
introductions presentaciones 1
invest invertir 12
iron plancha 9
iron planchar 9
is that right de veras 2
island isla 8
it began comenzó 1
it contains contiene 2
it continues continúa 2
it costs/ they cost cuesta(n) 1
it extends se extiende 1
it forms forma 1
it has been ... days since hace ... días que
it is es 1
it is está 1
it is found se encuentra 2
it looks like parece 2
it was fue 2
it was built se edifició 2
it's ... o'clock sharp (on the dot). son las ... en punto 3
it's a pleasure (to meet you) mucho gusto 1
it's behind está detrás (de) 3
it's cold hace frío 5
it's cool hace fresco 5
it's hot hace calor 5
it's in front of está delante (de) 3
it's nice out hace buen tiempo 5
it's sunny hace sol 5
it's windy hace viento 5
it's the same to me me da igual 5
Italian italiano 2
item artículo 7
items made of silver platería 4

J

jacket chaqueta 7
January enero 3
Japonese japonés 2
jealous celoso(a) 4
jeans jeans (Anglicism) 7
jewelry joyas 7
jewelry store joyería 7
job puesto 11
job application form solicitud de empleo f. 11
jog hacer el jogging 10
jog trotar 10
jog correr 5
jog in the park correr por el parque 4
jogging jogging (Anglicism) 10
journalist periodista m. & f. 13
judge juez m.f. 13
judge's bench escaño 13
juice jugo 3

July julio 3
June junio 3
jungle jungla 4
jungle selva 5
just justo 11

K

keep accounts, bills llevar cuentas 14
ketchup salsa de tomate 6
key clave f. 13
key llave f. 12
key expressions expresiones claves 2
keyboard teclado 14
keychain llavero 7
kick patear 5
kid (colloquial) chico(a) 3
kidnap secuestrar 6
kidnapped raptado(a) 3
kidnapping secuestro 7
kilogram (2.2 pounds) kilo 6
kind amable 4
king rey m. 2
kingdom reinado 2
kingdom reino 2
kiosk estanco 12
kiss besar 4
kiss beso 4
kitchen cocina 8
kitchen appliances aparatos de la cocina 6
knee rodilla 10
knife cuchillo 6
know (be acquainted with a person) conocer 3
know (facts, information) saber 4
known conocido(a) 2
Korean coreano 2

L

lack falta 13
lack faltar 5
lake lago 8
lamp lámpara 9
land tierra 2
land aterrizar 8
landing aterrizaje m. 8
language idioma m. 1
language laboratory laboratorio de lenguas 3
lard manteca 10
large grande adj. 1
large spoon cucharón m. 6
largest más grande 1
last último(a) 3
last night anoche 7
late tarde 3
later después (de) 3
later luego 9
laugh reír 4
laugh reírse 9
laundry service servicio de lavandería 12
law ley f. 13
law derecho 2
law school facultad de derecho 3
lawyer abogado(a) 4
lazy holgazán 9
lazy perezoso(a) 2
learn aprender (a) 3
leather cuero 7
leave irse 8
leave marcharse 12
leave salir 3
leave a place salir de 5
leave on a trip salir de 5
left izquierda 3
leg pierna 10
legend leyenda 4
lemon juice jugo de limón 6
lemonade limonada 6
lend prestar 5
length extensión 1
length largo 5
less menos 1
lesson lección 2
letter carta 4
lettuce lechuga 6
library biblioteca 3
lie mentir 8
life insurance seguro de vida 11
lift weights levantar pesas 10
light ligero(a) 6
light luz m. 1
light prender 6
like gustar 5
like (a person) caer bien 5
likewise igualmente 1
line cola 8
lips labios 9
lipstick lápiz labial m. 9
listen escuche(n) 1
listen oye
listen escuchar 2
listeners (radio) radioyentes m.pl.13
liter (1.057 quarts) litro 6
literature literatura 3
little poco 1
live vivir 3
live (on television) en directo 13
live (on television) en vivo 13
living room sala 9
lobby lobby (Anglicism) 12
lobby vestíbulo 12
lobster langosta 6
location ubicación 9
lodge posada 14
lodging alojamiento 12
lodging hospedaje m. 8
lodging posada 14
long sleeve de manga larga 7
look mirar 2
look at oneself mirarse 9
look for buscar 3
lose perder 5
lose weight adelgazar 10
lose weight bajar de peso 10
lost perdido(a) 3
love amor m. 4
love cariño 4
love (in letter closing) cariñosamente 4
low heat fuego bajo 6
lower rebajar 7
lozenge pastilla 10
luck suerte 5
luggage equipaje m. 8
lunch almuerzo 6
lung pulmón m. 10
luxurious lujoso(a) 12
luxury lujo 3
luxury yacht yate de lujo m. 6

M

machinery maquinarias 2
magazine revista 13
magnificent magnífico(a) 5
maid camarera 12
maid sirvienta 8
mail correo 12
mailbox buzón m. 12
mailbox casillero 12
mailman/woman cartero(a) 11
main floor planta baja 9
major comandante m. & f. 1
majority mayoría 2
make an appointment hacer una cita 10
make by hand hacer a mano 14
make good cumplir 13
make the bed hacer la cama 9
make up maquillaje m. 9
man hombre 1
man (colloquial) chico(a) 3
manage manejar 14
manage lograr 4
manager gerente m. 6
mandatory mandatorio(a) 14
mandatory obligatorio(a) 14
manners modales m.pl. 5
manual labor mano de obra f. 8
manual laborer obrero 11
map mapa m. 1
March marzo 3
marketing mercadotecnia 2
marmalade mermelada 6
married casado(a) 3
marvelous maravilloso(a) 2
masses pueblo 13
match hacer juego 7
matchless incomparable 2

math matemáticas 2
matter asunto 3
May mayo 3
Mayan maya 4
maybe quizá(s) 11
maybe tal vez 11
mayor alcalde(sa) 13
meal comida 6
meanwhile mientras tanto 6
measure medida 14
measurement medida 14
meat carne f. 6
meat shop carnicería 6
mechanic mecánico(a) 11
medal medalla 7
medical exam examen físico m. 10
medical insurance seguro médico 11
medical school facultad de medicina 3
medicine medicina 2
Mediterranean Mediterráneo 2
medium mediano(a) 7
medium heat fuego mediano 6
meet encontrarse (ue) 4
member miembro 4
mention mencionar 5
Mexican mexicano(a) 2
microcomputer micro-computadora 14
microscope microscopio 3
microwave microondas 6
milk leche n.f. 3
millions millones 1
mineral water agua mineral 3
minister ministro(a) 13
minitest miniprueba 1
minus menos 1
mirror espejo 9
Miss señorita (Srta.) 1
miss faltar 5
miss extrañar 9
missing persons personas desaparecidas 1
mistaken equivocado(a) 5
mix mezclar 6
monarchy monarquía 13
Monday lunes 3
money order giro postal 12
monument monumento 8
moon landscape paisaje lunar m. 5
moonlighting pluriempleo 13
more and more cada vez más 5
more or less más o menos 1
more than más de 1
moreover además (de) 1
mother madre 4
mother mamá 4
motto lema 13
mountain montaña 8
mountain chain cordillera 2
mountainous montañoso(a) 8
moustache bigote m. 1
mouth boca 10
move mover 6
movie cine m. 3
mow the lawn cortar la hierba 9
Mr. señor (Sr.) 1
Mrs. señora (Sra.) 1
much mucho 2
much to do mucho que hacer 1
muscle músculo 10
museums museo 8
music música 3
my mi 3
my darling (figurative) mi vida 4
my darling (figurative) mi cielo 4
my name is me llamo 1
my sweetheart (figurative) mi cielo 4

N

name nombre m. 2
napkin servilleta 6
nation nación 1
national park parque nacional 8
nationality nacionalidad 2
natural resource recurso natural 14
nature naturaleza 14
near cerca de 4
near cerca 3
necessary necesario(a) 3
necessity necesidad 3
neck cuello 10
necklace collar m. 7
need necesitar 2
neighbor vecino(a) 4
neighborhood barrio 6
neither tampoco 6
neither...nor ni...ni 6
neoclassical neoclásico(a) 2
nephew sobrino 4
nervous nervioso(a) 9
nestled anidado(a) 10
network cadena 7
never jamás 6
never nunca 5
new nuevo(a) 2
news noticias 13
news item noticia 2
news story crónica 13
newscast noticiero 13
newscaster comentarista m. & f. 13
newsmedia prensa 13
newspaper periódico 11
newspaper man/woman periodista m. & f. 13
next prxt ista m.**next to** al lado de 9
nice simpático(a) 2
niece sobrina 4
night noche f. 1
nightclub cabaret m. 7
nightstand mesa de noche 9
ninth noveno(a) 7
no one nadie 6
no way de eso nada 8
no-smoking section sección de no fumar 8
nobody nadie 6
noise ruido 4
non-stop flight vuelo sin escala 8
none ningún 6
none ninguno(a) 6
nor tampoco 6
North America América del Norte 1
North American norteamericano(a) 2
nose nariz f. 10
not any ningún 6
not any ninguno(a) 6
not very well no muy bien 1
not well mal 1
notably notablemente 9
note nota 2
notebook cuaderno 1
notes apuntes m.pl. 13
nothing nada 6
noun sustantivo 10
November noviembre 3
now ahora 1
nowadays hoy día 5
nuclear plant planta nuclear 14
numerous numeroso(a) 2
nurse enfermero(a) 11
nutritious nutritivo 10

O

O.K. de acuerdo 4
oatmeal avena 10
obituary esquela 13
observe observar 14
obtain conseguir (i) 6
obtain obtener 5
occupation oficio 13
occur ocurrírsele (a uno) 12
ocean mar 5
October octubre 3
of de 1
of course por supuesto 9
of mixed blood mestizo(a) 5
off apagado(a) 14
offer oferta 7
offer ofrecer 4
office despacho 11
office oficina 1
often a menudo 9
often muchas veces 1
oh no ay bendito 5
oil petróleo 10
old viejo(a) 2
older mayor 4
oldest mayor 4
olive oil aceite de oliva m. 2

on sobre 9
on encendido(a) 14
on board a bordo 8
on installment a plazos 7
on the contrary sino 13
on time a tiempo 8
on top of arriba de 9
on top of encima de 8
once a... una vez a... 8
once in a while de vez en cuando 9
one has to hay que 3
onion cebolla 6
only solamente 3
only sólo 1
only único(a) 8
only son/daughter hijo(a) único(a) 4
open abrir 3
open the book abra(n) el libro 1
opening vacante 11
operate operar 10
opponent contrincante m.f. 13
orange anaranjado(a) 1
orange naranja 6
orange juice jugo de naranja 6
orchestra orquesta 4
orchid orquídea 9
order pedir 4
order mandar 9
origen procedencia 3
originally originalmente 2
other otro(a) 2
other expressions otras expresiones 1
ought to deber v. 3
out-of-order no funciona(n) 12
outfielder jardinero(a) 5
oven horno 6
over-stuffed chair sillón m. 9
overpopulation superpoblación 14
overweight gordo(a) 2
overweight sobrepeso 10

P

pageant certamen m. 13
pail cubo 9
painkiller calmante 10
painting cuadro 9
pair par m. 7
palace palacio 2
palace alcázar m. 2
palm tree palmera 7
Panamenian panameño(a) 2
pants pantalones m.pl. 7
pantyhose pantimedias 7
paper papel m. 1
pardon me perdón 3
parents padres m.pl. 2
park parque m. 2
parliamentary parlamentario(a) 2
part parte f. 1
party fiesta 4
pass (in a game) pase m. 5
passenger pasajero(a) 8
passport pasaporte m. 8
past pasado 4
pastime pasatiempo m. 4
pastry pastel m. 6
pastry shop pastelería 6
patient paciente m. & f. 10
patio patio 9
pay cash pagar al contado 7
pay cash pagar en efectivo 7
pay on installment pagar a plazos 7
payment pago 7
peace pact pacto de paz 5
peak cumbre f. 5
pear pera 6
pearl perla 8
peel pelar 6
pen pluma 1
pencil lápiz m. 1
penicillin penicilina 10
people pueblo 13
perfume store perfumería 7
perhaps quizá(s) 11
perhaps tal vez 11
perimeter perímetro 2
permit permitir 10
person persona 1
personal care arreglo personal 8
personal care products artículos de tocador 7
personal computer micro-computadora 14
pesticides pesticidas 14
pharmacist farmacéutico(a) 10
pharmacy farmacia 7
philosophy filosofía 3
photo foto f. 2
photocopy fotocopiar 14
photocopying machine fotocopiadora 14
physician médico(a) 11
pick up recoger 14
pick up one's room ordenar el cuarto 9
picnic pícnic 5
picture cuadro 9
picturesque pintoresco(a) 4
piece pedazo 6
pig cerdo 10
pill pastilla 10
pillow almohada 12
pilot piloto 8
pinch (of salt, pepper, etc.) pizca 6
pink rosado(a) 1
piramid pirámide f. 4
pistol pistola 6
pitch lanzar 5
pity lástima 9
place lugar m. 2
place poner 5
place setting cubierto n. 6
plaid de cuadros 7
plains llanos 8
plan planear 8
plant sembrar (ie) 14
plantain plátano 6
play jugar 5
play (a musical instrument) tocar 4
play (in a game) jugada 5
play cards jugar a las cartas 6
player jugador 5
playing field cancha 5
pleasant agradable 5
pleasant apacible 4
please por favor 3
pleasure placer m. 5
plenty mucho 2
plumber plomero(a) 11
plump gordito 2
plus más 1
point punta 1
police force policía f. 2
police headquarters comisaría de policía 1
police officer policía m. 2
political político(a) 5
pollute contaminar 14
pollution contaminación 5
polo shirt playera 7
poor pobre 2
populated poblado(a) 10
population población 1
pork chop chuleta de cerdo 6
port puerto 6
portable telephone teléfono portátil 14
porthole ventanilla 8
Portuguese portugués m. 2
position cargo 11
position puesto 11
post cargo 11
postage franqueo 12
pot recipiente m. 6
potato papa 6
pottery alfarería 4
powder talco 7
practical experience experiencia práctica 11
practice práctica 2
practice practicar 2
prefer preferir 8
prepare preparar 2
prescribe recetar 10
prescription receta 6
present presentar 5
president presidente(a) 13
press prensa 13
presumably presuntamente 6
pretty bonito(a) 2

pretty guapa 2
pretty lindo(a) 4
pretty well bastante bien 1
prevent prevenir 13
price tag etiqueta 7
print imprimir 14
printer impresora 14
prisoner prisionero 2
private bath baño privado 12
priviledged priviligiado(a) 2
problem problema m. 3
profession profesión 13
professor (fem.) profesora 1
professor (masc.) profesor 1
program programar 14
prohibit prohibir 10
promise prometer 8
promote ascender 11
protect proteger 14
protection protección 13
protein proteína 10
provided (that) con tal (de) que 14
psychologist psicólogo(a) 11
publishing house editorial f. 13
Puerto Rican puertorriqueño(a) 2
purest castizo(a) 8
purple morado(a) 1
purse bolsa 7
purse bolso 7
put poner 5
put bed acostar 9
put on ponerse 9
put on make up maquillarse 9
put on make up pintarse 9

Q

qualification calificación 11
quality calidad 7
quarrel reñir (i) 6
quarter cuarto n. 2
queen reina 13
question pregunta 1
quiet tranquilo(a) 8
quit dejar 11

R

résumé currículum vitae 11
résumé hoja de vida 13
racquet raqueta 5
radio (in general) radio f.
radio program programa radial m. 11
radio set radio m.
radio station (business entity) emisora 13
radio station (on the dial) estación de radio 13
radioactivity radioactividad 14
rain lluvia 14
rain llover 5
rain forest bosque pluvial m. 7
rain water agua de lluvia 5
raincoat impermeable m. 7
rainy lluvioso(a) 10
raise aumento 13
rampant desenfrenado(a) 14
ranch finca 14
ranch hacienda 4
ransom rescate m. 3
rapidly rápido 4
rare crudo(a) 6
rate tasa 13
rather sino 13
rather bastante adv. 2
rather than en vez de 6
raw crudo(a) 6
raze talar 14
razor blade cuchilla de afeitar 9
razor blade navaja de afeitar 8
react reaccionar 5
read leer 3
read the lesson lea(n) la lección 1
reading lectura 2
reador lector(a) 13
ready dispuesto 14
real verdadero(a) 7
really de veras 2
really realmente 4
really verdad 1
receipt recibo 7
receive recibir 3
received recibido(a) 3
recently recientemente 5
recipe receta 6
recommend recomendar 10
recommendation recomendación 11
record grabar 14
record player tocadiscos m.s. 8
recycle reciclar 14
recycling reciclaje m. 14
red rojo(a) 1
red beans habichuelas 6
referee árbitro 5
reference referencia 13
reforestation reforestación 14, repoblacition forestal 14
refreshment refresco 6
refrigerator refrigerador m. 6
regret sentir 8
regret lamentar 10
reject rechazar 4
relative pariente 3
remember acordarse (de) 8
remove quitar 9
repair reparar 11
repair shop taller de reparaciones 5
repeat repetir (i) 4
repeat the sentences repita(n) las frases 1
report informar 4
reporter reportero(a) 13
representative representante m. f. 13
request pedir 4
requested solicitado(a) 3
rescue operation rescate m. 3
reserve reservar 6
resign renunciar 11
resolve resolver (ue) 13
responsibility responsabilidad 11
responsible responsable 4
rest reposo 10
rest descansar 4
restaurant restaurante m. 2
retire jubilarse 11
retire retirarse 11
retirement plan plan de retiro m. 11
return retorno 7
return regresar 3
return volver 4
return (something) devolver 7
review reseña 13
rice arroz m. 6
rich rico(a) 2
right derecho 2
right derecha 3
right away enseguida 6
right now ahora mismo 3
ring anillo 7
ring sonar 7
risk riesgo 10
river río 8
river basin cuenca 8
roach cucaracha 12
rocking chair mecedora 8
roll panecillo 6
roll of film (for a camera) rollo de película 8
room cuarto n. 2, habitación 2
room service servicio a la habitación 12
rooted arraigado(a) 8
rouge colorete 8
round redondo(a) 1
roundtrip fare pasaje de ida y vuelta 8
royal real 2
rug alfombra 9
ruin ruina 2
run correr 5
run for aspirar (a) 13

S

sad triste 3
safe deposit box caja fuerte 12
saffron azafrán m. 6
salad ensalada 3
salary salario 11
salary sueldo 11
sale rebaja 7
salesperson vendedor(a) 11
salt sal f. 6
sand arena 4

sandal sandalia 7
sandwich bocadillo 3
sandwich sándwich m. 6
satellite dish antena parabólica 14
Saturday sábado 3
saucepan cazuela 6
save ahorrar 7
save conservar 14
savings account cuenta de ahorros 12
savory sabroso(a) 6
say decir (i) 4
scattered esparcido(a) 8
school escuela 1
science school facultad de ciencias 3
sciences ciencias 2
scissors tijeras 9
scrambled egg huevo revuelto 6
screen pantalla 14
seafood marisco 6
season temporada 5
seat asiento 8
seat (in Congress) escaño 13
seat (of government) sede f. 10
seat belt cinturón de seguridad 8
second segundo(a) 7
secretary secretario(a) 11
section sección 13
sedative calmante 10
see ver 3
see you later hasta luego 1
see you soon hasta pronto 1
see you tomorrow hasta mañana 1
seem parecer 5
seize prender 6
sell vender 3
semester semestre m. 3
senate senado 13
senator senador(a) 13
send enviar 12
sender remitente m. 12
September septiembre 3
serious serio(a) 3
servant sirviente m. 8
serve servir 4
service servicio 12
set establecer 13
set the table poner la mesa 9
seventh séptimo(a) 7
shake batido 6
shampoo champú m. 7
share cupo 9
share compartir 12
shave afeitarse 9
shaving cream crema de afeitar 9
shaving lotion loción 9
she is es 1
shawl (Mexican) sarape m. 4
she is está 1
she studies estudia 1
she wants quiere 1
sheet sábana 12
shelf estante m. 8
shirt camisa 7
shoe zapato 7
shoe store zapatería 7
shoot disparar 6
shopping center centro comercial 7
short bajo(a) 2
short sleeve de manga corta 7
shortage escasez f. 14
shorts pantalones cortes 7
shot inyección 10
shoulder hombro 10
shout gritar 5
show función 4
show mostrar 5
show enseñar 5
show a movie dar una película 4
show a movie pasar una película 4
show a movie presentar una película 4
show host (hostess) anfitrión(a) 13
shower ducha 9
shower ducharse 9
shrimp camarón m. 6, gambas 6
sick enfermo(a) 3
sickness enfermedad 10
side lado 5
sign firmar 12
silk seda 7
silver plata 7
since como 4
since desde 2
sincerely atentamente 11
single soltero(a) 3
single room habitación sencilla 12
sink fregadero 6
sink lavabo 12
sirloin steak bistec de solomillo m. 6
sister hermana 4
sister-in-law cuñada 4
sit down sentarse 9
situated situado(a) 1
situation ubicación 9
sixth sexto(a) 7
size talla 7
size tamaño 7
skate patinar 5
ski esquiar 5
skiing esquí m. 5
skillet sartén m. & f. 6
skinny flaco 2
skirt falda 7
slacks pantalones m.pl. 7
sleep dormir 4
sleep late dormir hasta tarde 8
slice picar 6
slowly despacio 4
small pequeño(a) 2
small window ventanilla 8
smaller menor 4
smallest menor 4
smart vivo(a) 4
smoke humo 14
smoke fumar 10
snow nieve 5
snow nevar 5
snow covered nevado(a) 10
so long hasta luego 1
so much tanto 4
so so más o menos 1
so that para que 14
so, so regular 1
soap jabón m. 7
soap opera telenovela 13
soccer fútbol m. 2
social page crónica social 13
social welfare programs programas sociales 13
sociology sociología 3
sock calcetín 7
soda refresco 6
sofa sofá m. 9
soft drink gaseosa 6
soil suelo 7
solve resolver (ue) 13
some algún 6
some alguno(a) 6
some alguna 2
some school subjects algunas materias 3
someone alguien 6
someone who loves to gossip chismoso(a) 5
something algo 6
something is not going well algo no anda bien 3
sometimes a veces 9
son hijo 4
son-in-law yerno 4
sooner antes adv. 8
sore throat dolor de garganta 10
soup sopa 6
south sur 1
South America América del Sur 1
souvenirs recuerdos 8
Spain España 1
Spanish español m. 1
Spanish español(a) adj. 1
Spanish-speakers hispanohablante 1
spatula espátula 6
specialty especialidad 6
specialty especialización 13
speech discurso 13
speech oratoria 3
spend gastar 7
splendid espléndido(a) 2
spoiled malcriado(a) 4
sponsor patrocinador(a) 13
sponsor patrocinar 13

spoon cuchara 6
sport deporte m. 5
sports fan deportista 5
sports section sección deportiva 13
sports-related terms términos deportivos 5
sportscaster comentarista deportivo(a) 13
spreadsheet hoja electrónica 14
spring primavera 3
square cuadrado(a) 1
square kilometer kilómetro cuadrado 2
squid calamar 6
stairs escalera 8
stamp sello 12
stand puesto 11
star estrella 5
state estado 2
stationery store papelería 7
statistics estadísticas 2
statue estatua 2
stay estadía 8
stay quedarse 9
stay in bed guardar cama 10
stay in shape mantenerse en forma 10
stay trim guardar la línea 10
steel acero 2
stepbrother hermanastro 4
stepdaughter hijastra 4
stepfather padrastro 4
stepmother madrastra 4
stepsister hermanastra 4
stepson hijastro 4
stewardess azafata 8
stewpot cazuela 6
stick out one's tongue sacar la lengua 10
still todavía 6
stockings medias 7
stomach estómago 10
stomachache dolor de estómago 10
stop parar 8
store tienda 7
stove estufa 6
straight derecho 2
strange extraño(a) 11
strange raro(a) 5
strawberry fresa 6
street calle f. 3
street vendor vendedor(a) ambulante 7
strip faja 10
striped de rayas 7
strong fuerte 4
student estudiante m. & f.1
student center centro estudiantil 3
student hostel albergue estudiantil m. 12
student residence residencia estudiantil 2
study estudiar 2
study the lesson estudie(n) la lección 1
style estilo 2
subject (academic) materia 3
subsoil subsuelo 8
such as tales como 10
suddenly de pronto
suffer (from) padecer (de) 10
sufficient bastante adj.
sugar azúcar m. & f. 6
suggest sugerir 10
suggestion sugerencia 5
suit traje m. 7
suitcase maleta 8
sum suma 3
summer verano 3
sun sol m. 5
sun glasses gafas de sol 8
sunbathe tomar el sol 4
Sunday domingo 3
supervisor supervisor(a) 11
support apoyar 13
support mantener 13
suppose suponer 5
Supreme Court corte suprema f. 13
surgeon cirujano 10
surprise sorpresa 4
surprise sorprender 10
surround rodear 2
surrounding areas alrededores m.pl. 4
sweater suéter m. 7
sweep barrer 9
swim nadar 2
swimming natación 2
Switzerland Suiza 2
symptom síntoma m. 10
systems analyst analista de sistemas 11

T

T-shirt camiseta 7
table cuadro comparativo 5
table mesa 1
table tennis tenis de mesa 5
tablecloth mantel m. 6
tablespoon cucharada 6
tail cola 8
tailor shop sastrería 7
take sacar 10
take tomar 2
take llevar 7
take a stroll dar un paseo 5
take a walk dar un paseo 5
take a walk downtown pasear por el centro 4
take advantage of aprovechar 7
take care of cuidar 5
take care of oneself cuidarse 10
take care of the bill arreglar la cuenta 12
take into account tener en cuenta 10
take notes tomar apuntes 13
take off despegue m. 8
take off despegar 8
take off quitarse 9
take one's blood pressure tomarse la presión 10
take one's temperature tomarse la temperatura 10
take pictures sacar fotos 8
take turns turnarse 10
talk hablar 2
talk on the phone hablar por teléfono 2
talkative hablador(a) 5
tall alto(a) 2
tan asolearse 9
tasty sabroso(a) 6
tax impuesto 13
tea té m. 6
teach enseñar 2
teacher maestro 4
team equipo 5
tear lágrima 4
teaspoon cucharadita 6
technological tecnológico(a) 14
tedious pesado(a) 9
telephone teléfono 14
telephone call llamada 3
telephone call llamada telefónica 1
television (in general) televisión 13
television set televisor m. 11
television viewer televidente m.f. 13
tell decir (i) 4
tell contar 5
tell me dígame (formal) 2
teller cajero(a) 12
tennis tenis 2
tennis ball pelota 5
tennis player tenista m. & f. 5
tennis shoes zapatos de tenis 7
tenth décimo(a) 7
terrace terraza 9
terrific estupendo 5
territory territorio 2
terrorist terrorista m. & f. 4
test examen m. 2
test prueba 10
than de lo que 2
thank God gracias a Dios 4
thank you gracias 1
thank you very much muchas gracias 1
that que 1
that way así 1
that's why por eso 9

the pleasure is mine el gusto es mío 1
the weather is bad hace mal tiempo 5
their name is se llaman 2
then luego 9
then entonces 2
there allí 2
there are hay 1
there is hay 1
there's room hay cupo 9
therefore entonces 2
these estos 2
they are from son de 2
they arrive llegan 2
they mingle se mezclan 2
they were eran 2
thin delgado(a) 2
thing cosa 5
think pensar (ie) 3
third tercero(a) 7
third tercio 7
this este 1
this is a ... esto es un(a)... 1
this is how we say it así lo decimos 1
throat garganta 10
through a través de 6
through mediante 13
through which por donde 2
throw tirar 8
throw lanzar 5
throw out arrojar 14
Thurday jueves 3
thus así 1
ticket entrada 5
ticket pasaje m. 8
ticket (airline) boleto 8
ticket office boletería 3
tie corbata 7
tie atar 7
tie (the score) empatar 5
tight estrecho(a) 7
tiled adoquinado(a) 4
time vez f. 3
time época 4
time tiempo 5
time expressions expresiones de tiempo
times veces f.pl. 1
times (multiplication) por 2
timid tímida(o) 4
tin estaño 10
tip propina 6
tip punta 1
tired cansado(a) 3
title título 1
toast tostar 6
toast tostada 6
toaster tostadora 6
today's world mundo de hoy 3
toe dedo del pie 10
together junto(a) 3
toilet inodoro 12
toilet paper papel higiénico 12
tomato tomate m. 6
tomato sauce salsa de tomate 6
tomorrow mañana 2
tongue lengua 10
tonight esta noche 2
too también 2
too many demasidado(a) 8
too much demasidado(a) 8
tooth diente m. 9
toothache dolor de muelas 10
toothbrush cepillo de dientes 7
toothpaste pasta de dientes 7
toss (in the mailbox) echar (al correo) 12
touch tocar 4
tour excursión 8
tour guide guía m. & f. 9
tourist turista m. & f. 2
tourist turístico(a) 2
towel toalla 5
track and field atletismo 5
training entrenamiento 11
translator traductor(a) 11
transmit transmitir 13
trash basura 14
trash deshechos 14
travel viajar 8
travel agency agencia de viajes 9
traveler viajero(a) 4
traveler's check cheque de viajero m. 12
traveling salesperson viajante m. f. 11
treaty tratado 7
tree árbol 8
trip viaje m. 5
true cierto 1
trunk baúl 5
trunk maletero 5
truth verdad f. 1
try intentar 6
try (taste) probar (ue) 6
try on probar (ue) 6
Tuesday martes 3
tuna atún m. 6
turn doblar 3
turn virar 6
turn off apagar 14
turn on prender 6
turn on encender (ie) 14
turn over voltear 6
turn the left doblar a la izquierda 12
turn the right doblar a la derecha 12
turn to acudir 13
turquoise turquesa 4
twice dos veces 9
twist one's ankle torcerse el tobillo 10
type mecanografiar 13
type tipo 7
typewriter máquina de escribir 14

U

ugly feo(a) 2
umbrella sombrilla 5
uncle tío 4
under debajo (de) 9
undertake emprender 14
undocumented indocumentado(a) 13
unemployment desempleo 13
unfriendly antipático(a) 2
unique único(a) 8
United States Estados Unidos 1
university universidad 3
university building edificio universitario 3
unknown person desconocido(a) 3
unless a menos que 14
until hasta 1
until hasta que 14
up arriba 5
upper floor planta alta 9
upstairs planta alta 9
urgent urgente 1
use consumir 14
use usar 7
utensil utensilio 6

V

vacancy vacante 11
vacuum pasar la aspiradora 9
vacuum cleaner aspiradora 9
veal ternera 6
vegetable legumbre f. 1
vegetable verdura 6
vegetable soup sopa de vegetales 6
Venezuelan venezolano(a) 2
very muy 2
very well muy bien 2
veterinarian veterinario(a) 11
video cassette recorder (VCR) videograbadora 14
video recorder cámara de vídeo 8
Vietnamese vietnamés 2
view vista 8
visit visitar 4
visitor visitante m. & f. 2
volcano volcán m. 8
volleyball vólibol m. 5
vote votar 13

W

wages salario 11
wages sueldo 11
wait for esperar 4
waiting list lista de espera 8

waiting room sala de espera 8
wake up despertarse 9
wake up on time despertarse a tiempo 9
walk caminar 2
wall murralla 8
wall pared f. 1
wallet billetera 7
want querer (ie) 4
warm cálido(a) 9
warn prevenir 13
wash lavar 9
wash (oneself) lavarse 9
washer lavadora 9
waste desechos 14
waste deshechos 14
watch mirar 2
watch vigilar 10
water agua m. 4
water ski esquí acuático m. 5
waterfall cataratas 8
we are going to do (something) vamos a + inf. 2
we're from somos de 2
wear llevar 7
weather clima m. 2
weather tiempo 5
weatherman/woman meteorólogo(a) 13
wedding boda 4
Wednesday miércoles 3
weekend fin de semana 5
weight peso 10
welcome dar la bienvenida 7
welcome bienvenida 7
well bien adv. 1
wellbeing bienestar 10
western occidental 7
what qué 2
what cuál 2
what a pity qué lástima 8
what if qué tal si 5
what's in qué hay en 1
what's new qué hay 1
what's the reason for a qué se debe 4
what's up qué tal 1
when cuando 14
when cuándo 2
where dónde 2
which cuál 2
while mientras que 13
while mientras 3
white blanco(a) 1
who (plural) quiénes 2
who (singular) quién 2
whose cuyo(a)s 4
why por qué 2
wide amplio(a) 2
width ancho(a) 5
wife esposa 4
wild salvaje adj. 8
win ganar 5
wind viento 5
window ventana 1
wine (red) vino (tinto) 6
wing ala 8
winter invierno 3
wish desear 10
with con 2
with me conmigo 5
with you contigo 5
without sin 14
without sin que 14
woman mujer 1
wonderful magnífico(a) 5
wood madera 10
wool lana 7
word palabra 2
word processor procesador de textos m. 14
work funcionar 7
work trabajar 2
work obra 2
work trabajo 1
work schedule horario de trabajo 11
world mundo 2
worried preocupado(a) 2
worry preocuparse 5
worse peor 4
worst peor 4
wristwatch reloj de pulsera 7
write escribir 3
write the exercises escriba(n) los ejercicios 1
written escrito(a) p.p. 2
wrong equivocado(a) 5

X

x-ray radiografía 10

Y

yard jardín m. 9
yeah arriba 5
yearly bonus bonificación anual 11
yellow amarillo(a) 1
yes sí 1
yes pues sí 3
yesterday ayer 7
yet todavía 6
you tú 1
you are going to + inf. vas a + inf. 3
you're welcome de nada 1
young joven m. & f. 2
younger menor 4
youngest menor 4
your (familiar) tu 3
youth juventud f. 1

Z

zinc cinc m. 10
zip code código postal 12

INDEX

CREDITS

Text Credits

"Ellos, ellas y los colores" (p. 28), "En la antigua grecia" and "Dieta y política" (p. 352) Reprinted by permission of Editorial América. "Cuento 5" (p. 213). Reprinted by permission of Cruzada Spanish Publications. "Los rivales y el juez" (p. 244). Reprinted by permission of Espasa-Calpe. "No hay que complicar la felicidad" (p. 276). Reprinted by permission of the author. "El crimen perfecto" (p. 317). Reprinted by permission of the author. "Una buena dieta para un corazón saludable" (p. 340). Reprinted by permission. "Una carta a Dios" (pp. 386, 422). Reprinted from *Cuentos campesinos* by permission. "Mujeres indocumentadas" (p. 427). Reprinted by permission of *La Opinión*. "Media cuarta" (p. 460). Reprinted by permission of the author. "El regalo de navidad" (p. 500). Reprinted by permission of the author.

Photo Credits

p. 3, Bob Daemmrich/Stock Boston (top), Robert Frerck/Odyssey Productions(bottom); p. 6, Robert Frerck/Odyssey Productions (both); p. 14, Robert Frerck/Odyssey Productions; p. 29, Robert Frerck/Odyssey Productions; p. 30, Robert Frerck/Odyssey Productions (top), Rob Crandal/The Image Works (bottom); p. 31, Robert Frerck/Odyssey Productions (all); p. 33, Peter Menzel/Peter Menzel Photography (top left, middle left, left middle), Chris Brown/Stock Boston, Inc. (top right), Robert Frerck/Odyssey Productions (bottom); p. 48, Robert Frerck/Odyssey (all); p. 52, Peter Menzel/Peter Menzel Photography; p. 61, Stuart Cohen/Comstock (left), Larry H. Mangino/The Image Works (right); p. 65, Paul White/AP/Wide World Photos (top), Robert Frerck/Odyssey Productions (bottom); p. 66, Diane Hall/Viesti Associates, Inc. (top), Robert Frerck/Odyssey Productions (middle and bottom); p. 67, Robert Frerck/Odyssey Productions; p. 69, Peter Menzel Photography (top), Robert Frerck/Odyssey Productions (bottom); p. 77, Peter Menzel/Peter Menzel Photography; p. 88, Robert Frerck/Odyssey Productions; p. 105, Peter Menzel Photography; p. 109, Gary Conner/PhotoEdit; p. 125, Steve Debow; p. 132, Robert Frerck/Odyssey Productions (both); p. 140, Robert Frerck/Odyssey Productions (both); p. 141, Comstock; p. 143, Robert Frerck/Odyssey Productions; p. 145, Robert Frerck/Odyssey Productions (top and bottom), Frank White/Gamma-Liaison (middle); p. 151, Larry H. Mangino/The Image Works; p. 160, Robert Frerck/Odyssey Productions (all); p. 164, AP/Wide World Photos; p. 180, Rob Crandall/Stock Boston; p. 181, Rob Crandall/Stock Boston (top), Comstock (bottom); p. 182, Robert Frerck/Odyssey Productions; p. 183, Comstock; p. 185, Robert Frerck/Odyssey Productions; p. 192, Robert Frerck/Odyssey Productions; p. 217, Robert Frerck/Odyssey Productions (both); p. 218, Robert Frerck/Odyssey Productions; p. 222, Robert Frerck/Odyssey (left), Rob Crandal/The Image Works (right); p. 231, Robert Frerck/Odyssey Productions; p. 246, Robert Frerck/Odyssey Productions; p. 247, Robert Frerck/Odyssey Productions (top), Joe Viesti/Viesti Associates, Inc. (bottom); p. 248, Joe Gillespie/Viesti Associates, Inc. (right), Susan Van Etten/Picture Cube, Inc. (left); p. 251, Robert Frerck/Odyssey Productions; p. 282, Robert Frerck/Odyssey (middle), Peter Menzel Photography (bottom); p. 290,Robert Frerck/Odyssey Productions (left), Walter Hodges/Westlight (right);p. 319, B. Gleasner/Viesti Associates, Inc.; p. 320, Peter Menzel Photography (both); p. 321, Steve Allen/Gamma-Liaison, Inc.; p. 327, B. Gleasner/Viesti Associates, Inc.; p. 345, Ira Kirschenbaum/Stock Boston; p. 354, Ira Kirshenbaum/Stock Boston; p. 355, Steve Maines/Stock Boston (top), Peter Menzel Photography (bottom); p. 356, Robert Frerck/Odyssey Productions; p. 393, L. Mangino/The Image Works (top), Rogers/Monkmeyer Press (middle), Russell Gordon/Odyssey Productions (bottom); p. 398, Bob Schatz/Gamma-Liaison, Inc.; p. 405, Robert Frerck/Odyssey Productions; p. 409; Robert Frerck/Odyssey Productions; p. 447, Paul White/AP/Wide World Photos (left), Rob Crandall/Stock Boston (right); p. 458, Gary Payne/Gamma-Liaison, Inc; p, 463, Martha Cooper/Viesti Associates, Inc. (top), Comstock (bottom); p. 464, Michael Grecco/Stock Boston (top), Collins/Monkmeyer Press (bottom); p. 465, Tony Arruza Photography; p. 467, Peter Menzel Photography (top left), Jim Pickerell/Stock Boston (right), Robert Frerck/Odyssey Productions (bottom left); p. 481, Robert Frerck/Odyssey Productions (all); p. 485, Robert Frerck/Odyssey Productions; p. 498, Steve Cohen/Viesti Associates, Inc. (left), Comstock (right); p. 505, Crandall/The Image Works; p. 506, Philip Jon Bailey/Stock Boston (top), Robert Frerck/Odyssey Productions (bottom); p. 507, Ken Ross/Viesti Associates, Inc. (top), Arlene Collins/Monkmeyer Press (bottom).

MAR CARIBE
BARRANQUILLA
CARTAGENA
MARACAIBO
TRINIDAD Y TOBAGO
PORT-OF-SPAIN
CARACAS
R. ORINOCO
VENEZUELA
OCÉANO ATLÁNTICO
GEORGETOWN
PARAMARIBO
CAYENNE
GUYANA
SURINAM
GUAYANA FRANCESA
MEDELLÍN
MANIZALES
BOGOTÁ
CALI
COLOMBIA
QUITO
ECUADOR
CORDILLERA DE LOS ANDES
MANAUS
R. AMAZONAS
BELÉM
ECUADOR
QUAYAQUIL
IQUITOS
R. MADEIRA
CAJAMARCA
BRASIL
RECIFE
PERÚ
MACCHU PICCHU
LIMA
AYACUCHO
CUZCO
SALVADOR
L. TITICACA
LA PAZ
AREQUIPA
BOLIVIA
BRASILIA
ARICA
SUCRE
POTOSÍ
IQUIQUE
BELO HORIZONTE
PARAGUAY
RIO DE JANEIRO
SÃO PAULO
SANTOS
ANTOFAGASTA
SALTA
ASUNCIÓN
TRÓPICO DE CAPRICORNIO
TUCUMÁN
OCÉANO PACÍFICO
CHILE
LOS ANDES
CÓRDOBA
R. PARANÁ
R. URUGUAY
PORTO ALEGRE
MENDOZA
DE
ROSARIO
VALPARAÍSO
URUGUAY
SANTIAGO
BUENOS AIRES
MONTEVIDEO
LA PLATA
RÍO DE LA PLA
CORDILLERA
CONCEPCIÓN
BAHÍA BLANCA
ARGENTINA
PUERTO MONTT
AMÉRICA DEL SUR
0 200 400 600 800 MILLAS
0 200 400 600 800 KILÓMETROS
FALKLAND ISLANDS (ISLAS MALVINAS)
ESTRECHO DE MAGALLANES
PUNTA ARENAS
TIERRA DEL FUEGO
CABO DE HORNOS